U0540080

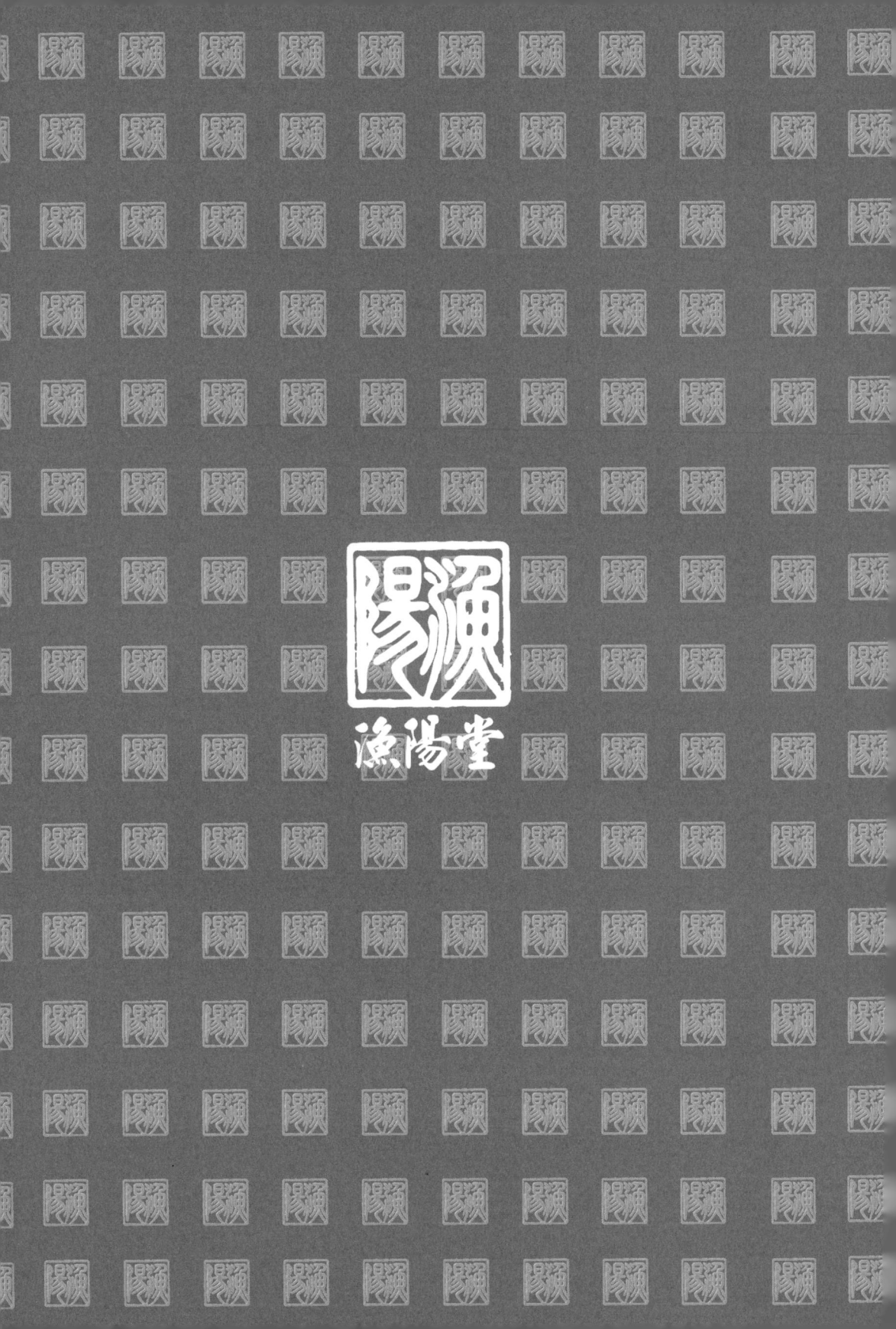

道德經白話精解

著者◎鮮于文柱

漁陽堂

老 子 畫 像〈摘自網路〉

《道德經白話精解》· 目　錄

老子畫像 ……………………………………………………………… 1
《道德經白話精解》· 目錄 ………………………………………… 2
《道德經白話精解》· 洪富連 - 序 ………………………………… 6
《道德經白話精解》· 吳慕亮 - 序 ………………………………… 8
《道德經白話精解》· 自　序 ……………………………………… 10

第一篇、老子生平。 ……………………………………………… 12
第二篇、《道德經》基本概念綜合彙整。 …………………… 14
　第一章、前言。 …………………………………………………… 14
　第二章、陰陽為宇宙運行自然變化之基本規律。 …………… 15
　第三章、〝道〞與〝德〞的基本概念。 ……………………… 17
　　一、〝道〞的基本概念。 ……………………………………… 18
　　〈一〉、宇宙萬物一體同源。 ………………………………… 19
　　〈二〉、〝道〞的靜態本體其本質特性。 …………………… 20
　　〈三〉、〝道〞的本體是萬物之母，其大無外，其小無內。… 21
　　二、〝德〞的基本概念。 ……………………………………… 23
　　〈一〉、〝德〞的動態物質世界。 …………………………… 25
　　〈二〉、陰陽和諧是萬物最有利的狀態。 …………………… 25
　　〈三〉、〝反者道之動〞是宇宙萬物循環往復的原動力。 … 26
　　　　1、物極必反。 ……………………………………………… 27
　　　　2、相反相成。 ……………………………………………… 28
　　　　3、返回原點。 ……………………………………………… 28
　第四章、人能贊天地之化育，與天地並列為三。 …………… 29
　　一、量子意識能影響事物發展的偏向。 ……………………… 31
　　二、量子意識如何觸發概率波函數坍縮成一種確定狀態。 … 32
　　三、萬物唯心造。 ……………………………………………… 33
　第五章、重點列舉老子樸素辯證法的哲學思想。 ………… 36
　　一、老子為何要我們〝無為、不爭、守柔處下。〞 ……… 37
　　〈一〉、無為與有為。 ………………………………………… 39
　　〈二〉、不爭。 ………………………………………………… 41
　　〈三〉、守柔處下。 …………………………………………… 42

1、當本質柔弱、能力不足之時。……………………43
　　2、當功成名就、身處高位時。 ………………………43
　二、"弱者道之用"要掌握事物運動變化中的"勢"。…44
　三、萬物將"自賓、自化"，其科學依據為何？………46
　四、人類世界為何離"道"愈行愈遠。…………………48
　〈一〉、"大道"衰微的主要原因。………………………49
　〈二〉、如何反璞歸真，恢復純樸自然的本性。………50
　第六章、結語。……………………………………………51
第三篇、《道德經》上篇 道經 全文。……………………53
　第一章、天地之始。………………………………………59
　第二章、功成不居。………………………………………68
　第三章、無為而治。………………………………………76
　第四章、和光同塵。………………………………………81
　第五章、天地不仁。………………………………………86
　第六章、谷神不死。………………………………………93
　第七章、天長地久。………………………………………100
　第八章、上善若水。………………………………………108
　第九章、功成身退。………………………………………112
　第十章、滌除玄覽。………………………………………117
　第十一章、無之為用。……………………………………126
　第十二章、杜外養中。……………………………………130
　第十三章、寵辱若驚。……………………………………133
　第十四章、執古御今。……………………………………139
　第十五章、微妙玄通。……………………………………144
　第十六章、致虛守靜。……………………………………152
　第十七章、道政合一。……………………………………159
　第十八章、道廢仁出。……………………………………163
　第十九章、見素抱樸。……………………………………170
　第二十章、唯之與阿。……………………………………174
　第二十一章、惟道是從。…………………………………180
　第二十二章、抱一守中。…………………………………188
　第二十三章、希言自然。…………………………………196

第二十四章、修道四要。……………………………202
第二十五章、道法自然。……………………………205
第二十六章、道重身輕。……………………………210
第二十七章、善行無跡。……………………………216
第二十八章、知雄守雌。……………………………221
第二十九章、天下神器。……………………………231
第三十章、物壯則老。………………………………237
第三十一章、兵者不祥。……………………………243
第三十二章、萬物自賓。……………………………248
第三十三章、知人者智。……………………………257
第三十四章、道蘊萬物。……………………………268
第三十五章、往而不害。……………………………273
第三十六章、以柔克剛。……………………………276
第三十七章、道常無為。……………………………283

第四篇、《道德經》下篇 德經 全文。……………294
第三十八章、上德不德。……………………………301
第三十九章、賤為貴本。……………………………309
第四十章、無中生有。………………………………317
第四十一章、大器晚成。……………………………328
第四十二章、三生萬物。……………………………337
第四十三章、無為之益。……………………………346
第四十四章、知足不辱。……………………………350
第四十五章、大成若缺。……………………………355
第四十六章、知足常足。……………………………361
第四十七章、不行而知。……………………………367
第四十八章、為道日損。……………………………371
第四十九章、聖無常心。……………………………375
第五十章、出生入死。………………………………380
第五十一章、尊道貴德。……………………………388
第五十二章、沒身不殆。……………………………395
第五十三章、大道甚夷。……………………………399
第五十四章、以身觀身。……………………………404

第五十五章、含德之厚。	408
第五十六章、知者不言。	414
第五十七章、治國之道。	419
第五十八章、禍福相依。	424
第五十九章、治人事天。	431
第六十章、道莅天下。	433
第六十一章、大者為下。	438
第六十二章、善人之寶。	442
第六十三章、圖難於易。	447
第六十四章、未兆易謀。	451
第六十五章、善為道者。	456
第六十六章、為百谷王。	459
第六十七章、我有三寶。	461
第六十八章、不爭之德。	467
第六十九章、哀兵必勝。	471
第七十章、被褐懷玉。	476
第七十一章、病病不病。	479
第七十二章、民不畏威。	482
第七十三章、天網恢恢。	485
第七十四章、民不畏死。	491
第七十五章、無以生為。	494
第七十六章、兵強則滅。	498
第七十七章、為而不恃。	501
第七十八章、正言若反。	505
第七十九章、天道無親。	509
第八十章、小國寡民。	513
第八十一章、利而不害。	518
附錄一、論文：揭開量子世界的秘密。	523
附錄二、論文：論述〝簡易、變易、不易〞易之三義。	544
附錄三、鮮于文柱博士簡介及易學相關著作。	594
附錄四、門生張西川、劉芳利簡介。	605~606

《道德經白話精解》・洪富連－序

　　唐朝貞觀年間，由魏徵主編的《群書治要》，將這本闡述治國平天下的經典，呈獻給唐太宗李世民，做為治國準繩，其中第三十四卷《老子》選取八十一章中的五十章，成為魏徵進諫唐太宗要「居安思危」「偃武修文」的重要文獻。這本《老子》與《論語》、《易經》即被認為影響中國人最深遠的三部思想鉅作。

　　老子是中國道家與道教始祖，其《道德經》以道家哲學言，極具思辯色彩，鮮于文柱大師認為老子哲學中樸素辯證法，是首開中國哲學史之先河。他認為事物的發展和變化，都是矛盾對立統一物的一體兩面，對立的雙方都具有相互依存、連結及相互作用的關係。老子這種反向思考，成就了中華文化的多元及包容性。老子認為這就是陰陽的基本規律，也是自然的普遍法則，任何領域都一體適用。

　　鮮于大師認為老子樸素辯證法，反樸歸真，以「道」為本體，順應自然，與天道合一，恢復純真無我本性，以達「德」性的境界。「道」的本體是量子信息能量場，化生於「德」的宏觀世界中，無我無私，其本質是陰陽平衡、和諧統一的穩定狀態。因而道的靜態與德的動態，相互激盪、交互作用，追求平衡統一。《易經・艮卦》：「艮，止也，時止則止，時行則行，動靜不失其時，其道光明也。」尊重大自然的運行，即順天應人之大道也。行事效法天道，順其自然發展，即可達天人合一最高境界。

　　筆者在拙作《八字心法》中，引老子《道德經》第四十二章：「道生一，一生二，二生三，三生萬物。」萬物生成順序：先守住「道」的本體，才能生成陰陽，然後和氣而生，再交互而生成萬物。天是生命之源，地是生命賴以生存的基礎，故曰「道法自然」，「順天應人」。是故，《易經》就是「裁成天地之道，輔相天地之宜」，故自然界提供人類生存之所需，人類也要輔佐自然界完成其生命意義，故曰「天人合一」也。

　　是故，《道德經》中「無為」、「不爭」、「守柔處下」，成為老子思想的核心。人法地，地法天，天法道，道法自然，因此行「無為」之道，就能「無為而無不為」，這種道法自然的無為觀，就能無欲而有所作為，即「無為而無不為」的意義。而「不爭」就是「無為」，這是老子的處事原則，《道德經》中至少提到七次「不爭」。「天地與我同根，萬物與我一體」，何爭之有？「水利善萬物而不爭」「夫唯不爭，故天下莫能與之爭」，體現了老子「柔弱勝剛強」的哲學思想。

　　「萬物負陰而抱陽，沖氣以為和」，故老子主張「守柔處下」，當本

質柔弱、能力不足時，當功成名就、身處高位時，就要守柔處下，就如同風水及命理界所論及的十二長生：生旺墓的生命歷程，這是由盛而衰的自然歷程，故要守拙以待來機。這是萬物存在相互矛盾的對立面，是「弱者道之用」，要掌握事物變化中的「勢」，需知「物壯則老」、「兵強則滅」、「木強則折」，是故「柔弱勝剛強」也。

再者，「量子感應」、「量子糾纏」普遍存在自然界，萬物唯心造，人的意識能量可以德化人民的心念，故以「道治天下」，以「德化萬民」誠為上策也。《道德經》中強調自化、自賓、自定、自正、自富、自樸等，自我轉化的過程，符合宇宙自然規律。為政者或任何人如能過著「甘其食，美其服，安其居，樂其俗」的生活，就能返樸歸真，達誠樸純正的自然境地也。

如今，世道頹廢，大道衰微，陰陽失調，物慾橫流，世態炎涼，道德乖違，人倫失調，社會混濁不清，人心渙散，政不通人不和。局勢如此紛擾不堪，這是道違自然，自然反撲的現象！吾人再不思「道生萬物」之理，後果堪虞！如何以「德」教化，反樸歸真，道法自然，是吾人該研讀《道德經》的時候了。

鮮于大師的《道德經白話精解》一書，先介紹老子生平，再闡述《道德經》基本概念。然後就《道德經》上下篇共八十一章，以淺白的文字加以精解。體例完備，文筆曉然通暢，是當代人研究老子思想最實用的工具書。文柱兄通曉經典，專長《周易》，著作等身，繼《量子世界的奧秘》大作之後，再次出版《道德經白話精解》，其以樸素辯證法來申論老子的哲學，實是創舉，獨樹一格；又以白話文傳播經籍，誠為世人良師，特此推介。

洪富連　甲辰年農曆正月初一謹序於台灣台中清水龍門居牖前

簡介資料：1945 年生於臺灣台中。字硯農，號羅連。
學歷：輔仁大學中文系、星元五術大學五術哲學博士。國立臺灣師範
　　　大學國文研究所、國立臺灣師範大學教育研究所。
現職：北京大學文化資源研究中心・易經應用研究所所長。社團法人
　　　中華易學教育研究院協會創會總院長/理事長。
主編：臺灣民間殯葬禮俗彙編、陰陽宅地理實證寶典、陽宅論壇、現代
　　　陽宅學、中華易學現代化研究、易學認證叢書七種…等十餘種。
專長：文學賞析、生命禮儀、殯葬學、易經命理與風水、易經卜筮學、
　　　易經人相學、奇門遁甲、道教法術文化….其他易經應用文化。

《道德經白話精解》‧吳慕亮-序

玄魁居士近年著作，可謂三不朽之盛事。

讚　曰：
「雲天萬里續前緣，舊雨重逢快若仙，
瀟灑詞章追禹錫，崢嶸翰墨紹青蓮；
桃園聚首欣今日，竹塹聯歡憶昔年，
牛耳術壇推健將，弘揚道德筆如椽。」

　　先師－黃宏介夫子，淬勵；「一人一時，勸人行善立德以口；百世留傳，勉勵修身行道以書。」故生我所欲，文亦我嗜之，有文而長生，此事固所斯也。然！二者不可兼，捨生事文辭，古人歿千載，歷久文長垂，攝養生如木石，雖生亦奚為？故知人壽不一，何形體之壽，有文字之壽，有心力所寄事務之壽也。形體之壽，必其得天獨厚，素稟有餘，加以飲食起居，養生有法；百沴辟易（南宋‧文天祥〈正氣歌〉，載云：「如此再寒暑，百沴自辟易。」），萬病不生而作魯殿之歸。然！此金剛不壞之身，長命百歲，詰問君家，親朋幾希，世間尟矣！
　　若文字之壽，必處順境，且好讀書，內有嚴父，外有良師，書擁百城，交友三益（《論語‧季氏篇》；「子曰：『益者三友，友直，友諒，友多聞，益矣！友便辟，友善柔，友便佞，損矣！』」），益以見聞之廣，

假以日月之長。爾後，孜孜不倦，溫故知新，本所得以發揮，乃可傳著作於久遠；故心力所寄事務之壽，必就其所為，聚精會神，徹首徹尾，不計時日，不惜資糧，不為萬難而屈撓，不辭一己之勞瘁，以成百年大計而萬古之長存。如著書立說，薪火相遞，豈止成千藏之名山，廣傳後世；或捐圖書館院及黌宮典藏，當可作三不朽盛事之一也。

旋有，老子者，楚苦（ㄏㄨˋ）縣厲（ㄌㄞˋ）鄉曲仁里人也。姓李氏，名耳，字伯陽，諡曰聃，周守藏室之史也。孔子適周問禮於老子，則有猶龍之嘆！子曰：「鳥，吾知其能飛；魚，吾知其能游；獸，吾知其能走。走者，可以為網；游者，可以為綸；飛者，可以為矰。至於龍，吾不能知其乘風雲而上天。吾今日見老子，其猶龍邪！」老子修道德，其學以自隱無名為務。居周久之，見周之衰，乃遂去！至關，關令尹喜曰：「子將隱矣，強為我著書。於是老子遂著書上下篇，言道德之意五千餘言而去，莫知所終！」懼怵文柱教授，註釋海外孤本！

柱老，本桃邑鳴鶴軒之諸葛草廬主人，乃當今五術學界之泰斗，亦《孔明大易神數》之宗師，係余之肝膽摯交也。其年登古稀晉五，仍然孜孜不倦，因有椽筆之妙，伊始製作成軸，邐續埋首燈窗，揩管《道德經白話の精解》乙書。柱老辨悟絕倫，橫空無前，智深謀遠，通明多見，才高卓邁，希有之人。以及瑰意琦行，飄然出塵，超群拔俗，無與比倫。稟天地之示，發於胸臆；博古今之典，廣讀墳籍。爰以，夕惕若厲，自云：「古之君子，病其無能也，學之；今之君子，恥其無能也，諱之。」針砭良言，吾曹仰瞻，不及一二，寸楮代序，云爾！

天運甲辰龍歲二月初一日戌時三刻

　　　　　　　隆中　吳慕亮敬序於風城笑傲山房之牖前

※吳慕亮教授，乃當代五術作家，香港上海哲理學院哲學博士。星元五術大學校長及財團法人軒轅教二宗伯暨潭邑《觀顯堂年刊》顧問，以傳道、授業、解惑，著書立說，執經問難，闡微三教，弘揚儒宗，纘承文化為不朽之盛業！

設硯處：延陵堂五術文化會館。臺灣省新竹市民富里少年街100號
電話：03-5214041　手機：0936-996563
E-mail：wcw969696@yahoo.com.tw

《道德經白話精解》・自　序

　　樸素辯證法是老子哲學思想中最有價值的一部份，在中國哲學史上首開先河，從來還沒有誰像他那樣深刻有系統的揭示出事物對立與統一的規律。老子認為事物的發展和變化，都是矛盾對立統一物的一體兩面，對立面的雙方都具有互相依存，互相連結，相互轉化的關係。

　　萬事萬物隨著時間的推移，在陰陽交互作用運動變化的過程中，相反相成，並能向其相反的方向相互轉化，這種由量變引起質變自然的運動變化，老子認為這就是陰陽的基本規律，也是自然的普遍法則，在任何一個領域均一體適用。

　　老子觀察天地萬物永不停歇的處在一種能量與物質，聚散存亡，有形與無形的運動變化過程之中，周而復始，循環不已。因此，其樸素辯證法是原始反終，探究萬物初始的狀態，反璞歸真，以〝道〞的靜態本體本質特性為依歸，順應自然，效法天道，與大道合一，恢復純真無我天賦的本性，以達德性與〝道〞體天人合一的境界。

　　老子是中國古代偉大的哲學家和思想家之一，也是道家學派創始人和主要代表人物，被尊為道家與道教始祖，也是西方人眼中的〝東方三聖〞之首。《道德經》此一中國歷史上首部完整的哲學著作，和《易經》、《論語》被認為是對中國人影響最深遠的三部思想鉅著。

　　據統計，《道德經》是全球僅次於《聖經》被翻譯語言最多的一部哲學類經典著作。能吸引西方人目光的主要原因之一，還在於老子《道德經》中〝正言若反〞樸素辯證法，其相反相成、相互轉化深具思辨色彩的特點。老子思想研究會遍佈全球，英國著名歷史學家曾評價老子說：「在人類生存的任何地方，老子的道家思想都是最早的一種哲學。」可見得其地位之高、影響之遠。

　　在老子看來，這個世界並不是雜亂無章，事物之間有著相互依存和相互轉化的關係，這就是〝道〞。但〝道〞並不直接呈現在人們的感官面前，它隱藏在各種現象的內部，甚至與我們的認知正好相反，但是卻潛移默化地制約著事物的發展趨向。因此，老子在《道德經》中引領我們觀察外在種種現象，去掌握事物背後〝道〞的本質和規律。

　　老子樸素辯證法告訴我們，萬物都存在著相互矛盾的兩個對立面，對立的事物發展變化到極點，物極必反，總是朝著相反的方向轉化，這是必然的趨勢。萬物初始雖然柔弱，但是極具發展潛力；剛強雖至巔峰，

但已開始轉向衰敗之途。老子洞悉自然消長之規律，通曉事物自然發展的趨勢，〝不爭一時，爭千秋〞，寧可居柔弱的一面，掌握事物運動變化中的〝勢〞，掌握趨勢，順勢而為，這就是〝弱者道之用〞的辯證思維。

當柔弱逐漸轉剛強的時候，為了防止走向盛極而衰的窮途末路，老子主張個人心境要守住〝道〞的本體，以達致虛與守靜的最佳狀態。切記要〝戒盈忌滿〞，守柔、處下、不爭、去甚、去奢、去泰，也就是言行不可過中，要去掉那些極端、過分的言行舉止，始終保持著像〝道〞那樣謙虛低下而不盈滿的狀態，如此作為，就可持盈保泰，長久處於陰陽平衡、和諧統一的最佳理想狀態，這才是長久之道。

《道德經》五千言文詞古雅，哲理淵深，言約旨遠，意蘊深刻，內容微妙難識，對於這樣一部奇異而玄妙的哲理著作，在量子科學理論尚未出現之前，沒有建立起《易經》陰陽規律與天人合一的基本概念，想要讓世人能夠有所理解認知，確實是有其一定難度。再加上《道德經》從古至今，原著有很多不同的版本，各專家學者站在不同的角度注解，對於《道德經》本義的解讀，莫衷一是，所以研究起來比較艱難。因此，世人能真正深入理解《道德經》其中玄妙哲理者不多。

宇宙自然的規律只有一個，本書結合《易經》哲學思想、佛家觀念及量子科學理論參合研究，相互解讀，互通有無，各取所長，融和貫通，以其中精義，互相印證，彼此發明，綜合整理之後，做一完整詳盡與眾不同的論說敘述，思想更加縝密，或能讓讀者耳目一新，對老子《道德經》有更深一層的領悟與認識。

本書解讀《道德經》有關〝道〞的內容，即使再深入詳盡，就如同〝說法者，無法可說，是名說法〞，說法者所說的那些語言文字，都是那個指向月亮的手指，仍然不是明月，而是要普羅眾生在這些語言文字上，去悟得〝意在言外的弦外之音〞，這才是作者編撰此書的本意。

謹以此書獻給我最敬愛的父母親！

北京大學　易學應用研究所　客座教授
中華易學教育研究院　易學院士　易學講座教授
中國五術教育協會　星元五術大學　易經學院　院長

鮮于文柱
誌於桃邑　鳴鶴軒之諸葛草廬
公元 2024 年 2 月 1 日

第一篇、老子生平。

老子〈公元前571年~公元前471年〉，姓李，名耳，字聃〈音同單〉，世人尊稱為老子，生於東周的楚國苦縣厲鄉曲仁里〈今河南鹿邑縣〉，《史記正義》中記載，「身長八尺八寸，黃色美眉，長耳大目，廣額疏齒，方口厚唇，日月角懸，鼻有雙柱。周時人，李母懷胎八十一年而生。」師從商容，曾做過周朝〝守藏室之史〞，就是管理〝藏室〞的史官，管理典籍圖書，以博學而聞名。

老子是中國古代偉大的哲學家和思想家之一，也是道家學派創始人和主要代表人物，被尊為道家與道教始祖，唐朝追認李聃為李姓始祖。老子的成就主要體現在《老子》一書裡，其著作《老子》一書又名《道德經》、《道德真經》是道家的經典，也是中國歷史上首部完整的哲學著作，和《易經》《論語》被認為是對中國影響最深遠的三部思想鉅著。

老子傳世作品《道德經》，據統計，是全球僅次於基督教《聖經》被翻譯語言最多的一部「哲學類」經典著作。能吸引西人目光的主要原因之一，還在於老子《道德經》中〝正言若反〞樸素辯證法相反相成、相互轉化，深具思辨色彩的特點。

老子的學說思想對中國哲學發展具有深刻的影響，其思想核心是樸素辯證法，主張〝無為〞，被稱為自然哲學家。《道德經》以〝道可道，非常道〞開篇，提出了一個最高的哲學概念〝道〞，老子哲學思想就是由〝道〞推演出來的。世界名人對《道德經》的評價：胡適說：老子是中國哲學的鼻祖，是中國哲學史上第一位真正的哲學家。老子的哲學和希臘哲學一起作為世界哲學的源頭。— 黑格爾

老子以〝道〞為本，天人合一，自然無為，來解釋宇宙萬物的演變，〝道〞為客觀的自然規律，同時又具有「獨立不改，周行而不殆」的永恆意義。老子把〝天、地、人〞與宇宙萬物結合成為一個不可分割的整體，相互之間有內在的連結，以樸素辯證法對立轉化的觀點，突破了古代哲學以政治和倫理為軸心的局限。

西方學者評出〝東方三大聖人〞，第一是道聖老子，第二是德聖孔子，第三是智聖六祖慧能，正好代表了中國儒、釋、道三教。以老子為代表的道教，以孔子為代表的儒教，以禪宗六祖慧能為代表的中國佛教。英國倫敦的大英圖書館是國家級圖書館，為世間藏書的權威地之一。該圖書館廣場樹立有世界十大思想家的塑像，其中有三人〝老子、

孔子、慧能〞來自東方，是西方人眼中的〝東方三聖〞，正是這儒、釋、道三聖深遠的影響中國文化。

老子與孔子為中國哲學誕生時代的兩位哲學家，老子年長孔子 20 歲，《史記・老子韓非列傳》中記載孔子曾到周問禮於老子，在聽了老子一番說教之後，孔子回到魯國，眾弟子問道：「先生拜訪老子，可得見乎？」孔子道：「見之！」弟子問：「老子何樣？」孔子：「鳥，吾知其能飛；魚，吾知其能遊；獸，吾知其能走。走者可以為罔，遊者可以為綸，飛者可以為矰。至於龍，吾不能知，其乘風雲而上天。吾今日見老子，其猶龍邪！」也就是說，孔子對老子的評價極高，認為老子的思想猶如〝龍〞一般不可捉摸。

西元前 516 年，春秋末期天下大亂，老子棄官歸隱，遂騎青牛西行出函谷關四處雲遊。鎮守函谷關的關令尹喜在土台望氣，見東方紫氣騰騰，霞光萬道，紫氣東來，必有聖人通過。尹喜很敬佩老子，當得知老子要出關雲遊，又覺得很可惜，就想設法留住老子。於是尹喜就對老子說：「先生乃當今大聖人也！聖人者，不以一己之智竊為己有，必以天下人智為己任也。今汝將隱居而不仁，求教者必難尋矣！何不將汝之聖智著為書？關尹雖淺陋，願代先生傳于後世，流芳千古，造福萬代。」

老子就在函谷關住了幾天之後，交給尹喜一篇五千字左右的著作，相傳老子對尹喜道：「老夫授汝《道德經》，分上下兩篇，上篇為《道經》，言宇宙根本，含天地變化之機，蘊神鬼應驗之秘；下篇為《德經》，言處世之方，含人事進退之術，蘊長生久視之道。研習不止，苦修不懈，終有所成！」。關尹得之，如獲至寶，終日默誦，如饑似渴。老子留下《道德經》五千言後，就倒騎青牛出函谷關，從此不知去向。

老子騎青牛出關圖中，前面一個書童模樣的人在前面牽牛引路，關於這個童子是誰？古代留下的典籍資料多有記載，最早傳說出自於道教著名代表人物葛洪的《神仙傳》，童子叫徐甲，據說後來也得道成仙。

《道德經》五千言文詞古雅，哲理淵深，言約旨遠，意蘊深刻，內容微妙難識，對於這樣一部奇異而玄妙的哲理著作，在量子科學理論尚未出現之前，沒有建立起《易經》陰陽規律與天人合一的基本概念，想要用通俗的話語講清楚說明白，讓世人能夠有所理解認知，確實是有其一定的難度。再加上《道德經》從古至今，原著有很多不同的版本，各專家學者站在不同的角度注解，對於《道德經》本義的解讀，莫衷一是，所以研究起來比較艱難。因此，世人能真正深入理解《道德經》其中玄妙哲理者有如鳳毛麟角。

第二篇、《道德經》基本概念綜合彙整。

第一章、前言。

　　老子的哲學思想核心概念就是〝道〞，〝道〞是宇宙的起源及萬事萬物從無到有，從有到無，周而復始，生生不息，完整有系統的演化運行機制，也是自然界一切事物生成、發展、變化及消亡所遵行的自然法則，站在科學的角度來說，〝道〞指的就是宇宙中最基本的自然規律。

　　〝道〞之廣大無邊，放之則彌六合，卷之則退藏於密，遠則無遠弗屆，近則無處不在，萬事萬物都概括其中，廣大備悉，無所不包，〝道〞就在我們日常生活之中，因此孔子說：百姓日用而不知。〝道〞對於我們來說，平時我們看不到摸不著，但是〝道〞始終和我們在一起，存在我們的身上，就像是魚離不開水，但又感覺不到水的存在。

　　客觀世界的一切運動變化都是在一定的規律下進行的，這個規律就叫做〝道〞，它的內涵就是陰陽對立的鬥爭和統一。老子的哲學思想非常重視陰陽規律與天人之間的關係，與《易經》哲理中的兩大主軸〝陰陽規律與天人感應〞相互脗合，同時也可以和當今的科學量子理論互通有無，相得益彰。

　　宇宙間的萬事萬物，包含天人之間及人類之間的互動而產生的種種事情，都有其一定的法則，而此一法則就是宇宙中最基本的自然規律。由此可知，要深刻領悟《道德經》所蘊含的哲理之前，必須先行對陰陽規律之特性與天人之間的互動法則建立起基本概念，這是不可或缺的先行準備工作。

　　老子在《道德經》所說的〝道〞，指的是宇宙客觀的自然規律。此中的〝德〞，指的是依循宇宙自然的規律，在宏觀世界人事上的外在體現，〝道〞是體，〝德〞是用，〝德〞是〝道〞的外化和體現。〝道〞所蘊含的自然規律，自形而上的〝道〞，貫穿形而下的〝德〞，全部都一體適用。〝道〞無形的靜態能量場本體〈微觀世界〉及〝德〞有形的動態物質世界〈宏觀世界〉構成整體的〝道〞。

　　萬物循著陰陽的規律隨著時間的推移，陰陽不斷的交互作用而運動變化，在無形的〝道〞與有形的〝德〞、〝無〞與〝有〞之間，相因相生，相互依存，相互轉化，生生不息，周而復始，循環往復，這種〝無〞與〝有〞、〝能量〞與〝物質〞、〝靜態〞與〝動態〞之間無中生有，由有化無，無盡的轉化，就是〝道〞的完整展現。

〝道〞的靜態本體是〝無〞，無形無象，所蘊含的自然規律，隱藏於萬物的背後無法為人所識，需要依靠〝德〞動態物質世界的〝有〞，也就是萬事萬物的外在顯現的現象，才能彰顯出〝道〞的靜態本體所蘊含的本質特性與規律。老子在《道德經》中引領我們透過外在事物的變化，理解和體悟〝道〞之概念，去掌握隱藏在事物背後〝道〞的本質特性和規律。

《道德經》中深遠奧妙的辯證思維及宇宙論，已經超脫我們人類當前的思維邏輯所能認知的範疇，匪夷所思，玄之又玄，令人難以置信。無欲和有欲，有和無，陰和陽，其中蘊含著萬事萬物千變萬化精微奧妙的法則，這些都是開啟理解〝道〞此一宇宙客觀規律門徑的一把金鑰。

老子在《道德經》所論述樸素辯證法的哲學思想，散佈於八十一章之中，在各章之中本書雖然已經極盡所能的詳細解說，但是初次接觸《道德經》或無基本概念的讀者，恐怕還是難以更進一步完整體會與貫通其中的道理。因此，筆者為求普羅大眾都能快速領悟此一宇宙自然規律，經過綜合彙整之後，以更淺顯易懂、深入淺出的方式，在本篇之中先行簡要重點的列舉敘述，讓讀者建立起一些初步概念之後，有關細節部分請再閱讀《道德經》八十一章本文，如此就能輕車熟路、得心應手的進入此一領域！所以，本篇內容具有導讀的功能。

由於我們當今正常的思維邏輯與〝道〞反璞歸真的思維大相逕庭，所以讀者研讀《道德經》與《易經》一樣，極易旋記旋忘。為方便讀者建立起一貫的思想脈絡，當讀者八十一章閱讀完成小有心得之後，請再回頭閱讀本篇內容，有助於讀者統整記憶，貫通思想。

第二章、陰陽為宇宙運行自然變化之基本規律。

既然〝大道〞中所蘊含的規律是陰陽規律，萬物的運動變化及生成發展都受其所制約規範，我們研讀《道德經》如果對陰陽規律沒有建立起基本觀念與認識，整本《道德經》恐怕會很難順利的進入狀況。因此之故，在此先將陰陽規律做簡要的概述，以方便讀者理解認識。

古人透過觀察萬事萬物，發現在宏觀的動態物質世界中，不論是極大或者極小，不論是有形還是無形，萬物之間都有其普遍一致的關連，永遠都是處於無休止的運動變化之中，而所有事物的性質和運動變化都有其相對立的兩個面，無不是互為聯繫又相互對立、相互變動又不可分

割的統一體。

　中國古代的哲學家們,體會到自然界中都存在著相互對立而又相互作用的這種現象,就用〝陰陽〞這個概念來解釋自然界這兩種對立和相互消長的勢力,並認為〝陰陽〞的對立和消長是事物本身所固有的特性。〝陰陽〞可以經過不同的排列組合,在萬物間生成變化出許多不同的現象與分類,是宇宙萬物中所蘊含的基本型態,也是衍生萬物的基本單位。

　因此,哲學家們進而以哲學的思想方式,歸納出〝陰陽〞的概念,認為〝陰陽〞的對立和消長是宇宙的基本規律。〝道〞講的就是宇宙的客觀規律,指的就是陰陽的規律,在宇宙出現之前就已經存在。

　《易經繫辭・上傳》說:「一陰一陽之謂道」。老子在《道德經》第四十二章中說:「萬物負陰而抱陽,沖氣以為和。」〝陰陽〞是我國古代哲學的重要思想之一,也是《易經》與《道德經》哲學思想的核心所在。〝道〞者,陰陽變化之理也,宇宙運行自然變化之法則。客觀世界萬物的一切運動變化,都是在一定的規律下進行,這個規律就叫做〝道〞,它的內涵就是陰陽之間對立與統一的運動變化。陰陽對立的統一體中,陰陽是一體兩面,成互補關係,兩者相反相成,可以相互依存,也可以相互轉化,任何一方都不可能離開另一方而單獨存在。

　任何事物均可以陰陽的屬性來劃分,但必須是針對相互關聯的一對事物,或是一個事物的兩個方面,這種劃分才有實際意義。如果被分析的兩個事物互不關聯,或不是統一體的兩個對立面,就不能用陰陽來區分其相對屬性及其相互關係。而事物的陰陽屬性,並不是絕對的,而是相對的,同時也說明在一定的條件下,陰和陽之間可以相互轉化,陰可以轉化為陽,陽也可以轉化為陰。

　宇宙間萬事萬物負陰而抱陽,不論是微觀世界還是宏觀世界,無不蘊含著相反的對立面,陰陽之間雖然是相互對立,但是也可以相互交感而達到統一和諧的程度。物極必反,盛極而衰,任何事物的發展變化總是朝著自己的對立面演變轉化,陰極生陽,陽極生陰。陰陽對立和陰陽交感調和的結果,永遠就是陽長陰消、陰長陽消,陰陽相推,相互轉換,相互運動的過程。

　陰陽相互運動變化發展的進程,是穩定的、平衡的、漸進的、動態的、量變的過程。〝陰陽〞對立和消長的統一運動,是自然界一切萬事萬物發生、發展、變化及消亡的根本原因,宇宙中不論是極大或者極小,不論是有形還是無形,永遠都處於無休止的運動變化之中,萬物都逃不脫一個由量變到質變,相互轉化的過程。

而其中否定之否定是過程的核心,是事物自身矛盾運動的結果,也是矛盾的解決形式,沒有矛盾就沒有變化,沒有變化就沒有發展,這個宇宙若是沒有陰陽之間的運動變化,整個宇宙將死寂滅亡。

宇宙萬物依據此一陰陽相反相成、相互轉化的法則,造成萬物不斷的在陰陽之間反覆轉化運行,周而復始,生生不息,循環不已,永無息止,有如一個無端的環。因此,萬物存在著對立和統一〝相反相成〞的關係,看似對立的雙方也可以相互轉化,但是對立面的相互轉化,需要時間的積累,時間在對立面轉化中是不可或缺的必要條件,必須在一定條件下才能得以實現,否則是無法轉化。

天地萬物是循著陰陽的規律,隨著時空的推移而不斷的運動變化,由於陰與陽之間的交互作用,物極必反,盛極而衰,事物的發展是在矛盾統一運動形式下進行的,而其發展變化總是朝著相反的方向演變轉化,陰陽之間由量變轉化成質變,相互轉化是必然的趨勢,在萬事萬物之間形成不斷的生成始終,周而復始,循環不已,宇宙之間就是因為有了陰陽的規律,方能成就萬事萬物生生不息之變化與發展。

而此一周而復始、循環不已的過程中,萬物都各有其一定之周期,而且周期時間長短不一。月盈則虧,日中則昃,窮則變,變則通,通則久,盈虛變化是天地間的普遍規律,整個自然界都處於盈虛盛衰的不斷變化中,時間決定變化的性質,時間是變化的基本條件,一切的變化都是隨著時間進退消長,這也是宇宙中的規律與法則,在日常生活之中,陰陽之道無處不在。

宇宙有甚麼規律,人世上就同樣有甚麼規律,不論是微觀世界〈道〉還是宏觀世界〈德〉,宇宙的規律都是一體適用。陰陽之間雖然是相互對立,但是也可以相互交感而達到陰陽調和、統一和諧的程度。太極圖以均衡對稱的圖形方式,揭示了追求陰陽平衡的觀點,鮮明地強調陰陽變化〈矛盾運動〉以求平衡、和諧的最佳狀態為其根本目的。

我們人處於於天地之間,不論是在哪一個領域,生活中的一切看似混亂繁雜的現象,實際上都只是事物多樣性的表現,它們都有一個內在的平衡與和諧點存在,《道德經》中老子的論述,就是提示我們要如何作為才能達到陰陽和諧的最高境界。

第三章、〝道〞與〝德〞的基本概念。

一、〝道〞的基本概念。

　　老子在《道德經》所說的〝道〞，指的是宇宙客觀的自然規律，我們以〝道〞或〝天道〞來稱呼。此中的〝德〞，指的是依循宇宙自然的規律，在宏觀世界人事上的外在體現，〝道〞是〝德〞的體，〝德〞是〝道〞的用，〝道〞是自然的規律，〝德〞是〝道〞的外化和體現，也是人的修為。〝道〞所蘊含的自然規律，自形而上的〝道〞，貫穿形而下的〝德〞，全部都一體適用。〝道〞無形的靜態能量場本體〈微觀世界〉及〝德〞有形的動態物質世界〈宏觀世界〉構成整體的〝道〞。

　　雖然《道德經》分為《道經》與《德經》上下兩篇，因為〝道〞與〝德〞是一體之兩面，相依相存，具有體用的關係，所以在上下兩篇之中，並無嚴格的劃分。老子〝道〞中談〝德〞，〝德〞中說〝道〞，一方面是談〝道〞，一方面是論〝德〞，體用兼備，明體達用，言簡意賅，論述精到，確實發人深省。

　　〝道〞所蘊含的宇宙自然規律，指的就是陰陽規律，陰陽是不可分割的一體兩面。因此，老子所謂的〝道〞，就是由微觀世界無形無象的量子信息能量場〈〝道〞的靜態本體〉，和由〝道〞所化生成宏觀〝德〞的有形動態物質世界，〝道與德〞這兩個不可分割的一體兩面，完整組合而成〝道〞的整體。

　　〝道〞自然規律的運行，隱於萬物的背後，所以無法被人認識，而且〝道〞的靜態本體是〝無〞，無形無象，需要依靠〝德〞的動態物質世界的〝有〞，也就是萬事萬物外在顯現的現象，才能彰顯出〝道〞的靜態本體所蘊含的本質特性與規律。而〝德〞是指人類認知體悟〝道〞本質特性之後，並按照〝道〞的客觀規律行事，因此，人們把〝道〞運用於人類社會上所產生的行為具體表現，稱之為〝德〞行。

　　所以〝道〞包含有兩重意義：一指宇宙的靜態本體；一指萬物運行的規律。形而上的〝道〞與形而下的〝德〞對稱，就〝道〞的整體而言，有微觀世界〝道〞的靜態本體無形能量場，就有宏觀世界〝德〞的有形動態物質世界。因此，〝道〞既不是光明清晰，也不是昏暗不明。

　　站在宇宙天地之始〝無〞這個立場來看，〝道〞的靜態本體這個萬物之母是〝有〞。但是站在〝德〞這個〝有〞的動態物質世界而言，無形無象一片虛無〝道〞的靜態本體就是〝無〞。〝無〞是〝道〞靜態本體的特徵；〝有〞是〝德〞動態物質世界的特徵。

　　宇宙充滿能量一片虛無混沌的量子信息能量場，是處於陰陽未判，動靜未分，陰陽平衡和諧統一的穩定狀態，也是萬事萬物孕育化生之

母，這裡面蘊含著陰陽的規律與法則，同時也是宇宙不變的自然規律。萬物循著陰陽的規律，隨著時間的推移，陰陽不斷的交互作用而運動變化，宇宙萬事萬物的創始、生成、發展，終結，生成始終，周而復始，循環不已，成就了萬事萬物生生不息之變化，整個宇宙萬物的創始與終結，是一個由〝無〞到〝有〞，由〝有〞到〝無〞，周而復始，循環不已的發展過程。

〝道〞的靜態本體也是老子稱為的〝一〞，虛是其常，有是其變；靜是其常，動是其變。〝有、動〞最終必復歸於〝虛、靜〞。〝道〞的靜態本體無邊無際，渾然一體，是萬物生成的起點，也是萬物共同的歸宿。萬物在宏觀動態的物質世界中，不論其周期長短如何，終究復歸於〝道〞的靜態本體，周而復始，循環往復，這是自然永恆不變的規律。

〝道〞的靜態本體清淨自然，可以在〝德〞的動態物質世界化生萬事萬物，是萬事萬物之母。道隱無名，無象無形，因此〝道〞亦稱之為〝無名〞。〝道〞必須作用於萬事萬物的運作上面，方能得以顯現它的功能，〝道〞化生萬物後，萬物在〝德〞的動態物質世界就有了名字。

〝樸〞指的是一塊未經雕琢修飾的原木，一經加工成器，就可成為日常所用中各種器物。〝樸〞的性質與〝道〞相同類似，〝樸〞製成器物之後就有了名字，因此，老子經常以物質世界中的〝樸〞，作為〝道〞的代名，讓世人能夠從中想像領悟〝道〞的作用與功能。

萬物循著陰陽的規律，隨著時間的推移，陰陽不斷的交互作用而運動變化，在無形的〝道〞與有形的〝德〞、〝無〞與〝有〞之間，相因相生，相互依存，相互轉化，生生不息，周而復始，循環往復，這種〝無〞與〝有〞、〝能量〞與〝物質〞、〝靜態〞與〝動態〞之間無中生有，由有化無，無盡的轉化，就是〝道〞的完整展現。

〈一〉、宇宙萬物一體同源。

宇宙在大霹靂之前是一個體積無限小、密度無限大、重力無限大、時空曲率無限大的點，宇宙中除了奇異點之外，其餘空無一物〈無極〉。宇宙大霹靂的初始期間，此時宇宙是充滿一片虛無混沌的能量場，〈其它名稱諸如：炁、太極、〝道〞的靜態本體、量子信息能量場〉。

「天下萬物生於有，有生於無。」老子所說的〝無〞，指的是《易經》中的〝無極〞，也是科學中的〝奇異點〞。所說的〝有〞，指的是《易經》中的〝太極〞，也是量子科學微觀世界中一片混沌虛無、無實體、處於不確定狀態的〝量子信息能量場〞，宏觀世界的萬事萬物皆由此化

生。宇宙從〝無〞〈無極〉到〝有〞〈〝道〞的靜態本體、太極〉,〝無〞是天地之始,〝有〞是萬物之母。這個萬物之母,指的就是〝道〞的靜態本體,也是量子理論中的量子信息能量場。

萬物由無到有,原本都在無限小的奇異點,因此萬物原本一體,狀似分離,其實各部分只是整體的延伸,均為一體同源,因此,彼此之間都具有深層次的內在連結關係,也就是量子科學理論中的量子糾纏特性,相同類似的兩者之間能夠相互吸引感應,愈是相同類似則感應愈強,差異愈大感應愈弱。

〈二〉、〝道〞的靜態本體其本質特性。

〝道〞的靜態本體其本質特性又是甚麼呢?〝道〞的本體既深遠又幽暗,廣大無邊,無處不在,其虛擬、無實體、不確定性,令人難以辨識其真正的面貌,但是我們確定其中有可以轉化成物質的能量存在,這個原始永恆的能量是以量子信息能量場的型態存在,而且這個量子信息能量場能負載信息,其中有象〈物質〉、有精〈能量〉、有信〈信息〉蘊含著物質、能量、信息,這三者混為一體,無形無象,處於不確定狀態,這些都只是一個虛擬的概念而已,並無實體的物理結構。

站在微觀世界量子理論來看,〝道〞的靜態本體就是一個量子信息能量場,一片混沌虛無,無實體結構,既是物質、又不是物質,既是能量、又不是能量,是處於虛擬不確定的量子疊加態。

在陰陽交互作用下,陰陽此消彼長,陰陽運動變化的過程中,〝道〞的靜態本體只顯示出一片混沌虛無,陰陽未判,動靜未分,處於陰陽平衡陰陽平衡、和諧統一是最穩定的狀態,這就是〝道〞的靜態本體的本質特性,其餘各種狀況都無形的蘊含在〝道〞體之中。其中陰陽平衡、和諧統一就是所謂的〝和〞,也就是〝玄同〞。在〝德〞動態物質世界中人事上的用語,就是「挫其銳,解其紛,和其光,同其塵」。

我們這個宇宙無處不是充滿著無形的量子信息能量場,這個就是〝道〞的靜態本體,蘊含著陰陽自然的規律,在陰陽交互作用下,產生千變萬化的所有可能狀況,包含人與人之間相處互動所產生之事件,只要您想得到的任何狀況都包含在內,所有狀況都有可能發生,無限多個可能狀況,都是虛擬無實體又不確定的量子態,只能以概率大小來代表它的存在。〝道〞的靜態本體此一大的量子信息能量場,能夠孕育化生〝德〞動態物質世界的萬事萬物。

本書中所述的專有名詞〝量子信息能量場〞,我們要如何理解其意

義呢？站在宏觀的角度來說，〝場〞就是基本粒子之間相互作用的區域；站在微觀的角度來說，量子信息能量場就是量子態相互糾纏聯動的區域。量子信息能量場無限多個量子態，每一個量子態所蘊含物質、能量、信息，都是處於不確定狀態，也都代表可能會在宏觀物質世界化生的狀態，只是其概率有大小之分而已。〈有關量子理論相關內容，請參看拙著《量子世界的奧秘》一書〉

在一片虛無混沌的量子信息能量場中，真空的能量是內在不可觀察的，因此稱它們叫〝虛〞能。即使溫度在絕對零度時，虛真空能量圍繞它們的零點基線值漲落，因此，它們被稱之為零點能，而它們的場就叫做真空零點場或Ψ場。真空中充滿著各種複雜的場，包含著電磁場，電磁波在這種媒介中傳播速度與光速相同，由於電磁波所產生的作用是〝局域性的〞，而且波的強度會隨時間和空間而減弱，因此，電磁波不能解釋宇宙中我們在量子理論及生命世界中所發現〝非局域性〞的量子糾纏現象。

當今最接近解釋量子信息能量場的科學理論，當屬匈牙利科學/哲學家歐文・拉茲洛（Ervin Laszlo）教授/博士所論述的Ψ場，〈大寫Ψ，Psi，中文音譯：普西〉Ψ場是一種宇宙全息場，也就是本書中所稱之量子信息能量場。真空的零點場也叫做Ψ場，它通過解釋粒子與其它粒子之間〝非局域性〞糾纏連結現象，使粒子的波函數論述得以完善，同時它還解釋了心靈感應、遙視和遠距離醫治等許多〝Ψ現象〞之謎。

我們知道作為宇宙中所有物質，包含普通物質、暗物質、暗能量…等，存在於被稱之為量子真空的非常廣闊的虛能區域，在該能量區域內處處存在量子信息能量場〈Ψ場、零點場、〝道〞的靜態本體〉，在此一場內所有的量子態，就有如一個無限大的量子電腦中的位元〈bit〉，每一個量子態都具有深層次的量子糾纏關係，相互作用下，創生了延伸至整個時空中宏觀與微觀、整體與部份、心靈與物質之間內在相互〝非局域性〞的糾纏連結。也就是愈是相同類似的兩個量子態之間，具有內在深層次的糾纏連結關係，愈能夠相互吸引感應。

〈三〉、〝道〞的本體是萬物之母，其大無外，其小無內。

〝道〞的範圍廣大無邊，放之則彌六合，卷之則退藏於密，其大無外，其小無內，大到無邊無際，小到無形無狀，一切完美具足，用言語來形容，遠則無遠弗屆，近則無處不在，萬事萬物都概括其中，廣大備悉，無所不包。由於〝道〞的靜態本體是一片渾沌虛無的量子信息能量

場,無形無象,始終處於一種非肉眼可見的隱形狀態,難以文字言語加以形容,所以世間似乎沒有什麼具體事物能和〝道〞完全相像,怎麼樣的解釋比擬,總是覺得不夠周全完整。

〝道〞的靜態本體在量子科學理論上來說,指的就是微觀世界,它充斥在整個宇宙之中,無處不在,包含著萬物本身的微觀世界之中。因此,不論是微觀世界還是宏觀世界,都在〝道〞的靜態本體涵蓋範圍之內。量子信息能量場中每一個量子態也都蘊含著物質、能量、信息,這三者混為一體,無形無象,處於虛擬、無實體、不確定的混沌狀態。

以量子理論來形容〝道〞的本體,不論是宏觀世界還是微觀世界,宇宙中到處充滿著無形的能量,是一片虛無混沌的量子信息能量場,也可稱之為一個大的量子系統。科學家們揭示了宇宙三種不同的存在型態,物質〈陰〉、能量〈陽〉、信息〈意識〉。三種不同存在型態中的物質,指的是我們宏觀的物質世界,所有的物質都是能量轉化而成。

能量指的是宇宙混沌的量子信息能量場,此一大的量子系統中所蘊含的能量;信息指的就是量子態中所蘊含的信息,及能負載人類起心動念此一信息的量子意識信息能量場。也就是天、地、人這三者之間的交互作用,產生了大千世界的千變萬化。〝物質〞與〝能量〞是可以相互轉化,就如同陰陽之間的轉化。能量無法被創造或被銷毀,它只能從一種型態轉變為另一種型態。

萬事萬物的發生、變化或未來的走向,在陰陽交互作用的過程中,陰陽對立與和諧統一不斷的運動變化過程之間,所產生的各種狀態〈量子態,蘊含著能量、物質與信息〉都是處於虛擬、無實體、不確定狀態,每一個量子態其最終發生的可能性,只能用概率來代表,您只要能想得到的狀態,都在宇宙此一大的量子系統量子疊加態中存在,只不過是處於靜態。也就是整個宇宙中具有無限多個量子態,全部虛擬的蘊含在〝道〞的靜態本體此一虛無混沌的量子信息能量場之中。

因為〝道〞本身就是一個混沌虛無的量子信息能量場,這個宇宙就是能量、物質、信息這三種型態組合而成,所有空間〈包含真空〉中都充滿著能量,所有物質都是由能量轉化而成,所有物質其微觀世界就是量子態的信息能量場。

因此,不論是能量,還是物質;微觀還是宏觀世界;亦或〝道〞的靜態本體,還是〝德〞動態的萬事萬物運動變化,皆是受到〝道〞的自然規律所規範,〝道〞的功能與作用永遠存在於宇宙的任何空間,無處不在,包含我們整個身心在內,無一例外!

〝道〞的靜態本體是萬物之母，是混沌未明、一片虛無、不確定的量子信息能量場，其本質特性其最大特徵就是處於陰陽未判，動靜未分，陰陽平衡又和諧統一長久穩定的狀態，能夠在〝德〞的動態物質世界中，自然而然的孕育化生萬事萬物。所以量子信息能量場之中所有的量子態，只要符合〝道〞的靜態本體本質特性此一狀態，其自然化生的概率也就最大，這也就是所謂的〝道〞法自然。所謂的〝道〞法自然，就是概率大的量子態自然而然的化生，這也是老子所謂的〝道〞不自生的意義，〝道〞化生萬物並無任何的刻意作為，完全順其自然。

　　由上述可知，在〝道〞的靜態本體所蘊含陰陽交互作用的過程中，陰陽平衡又和諧統一的量子態，是處於大概率狀態，也就是萬物是大概率之下自然而然的化育而成，沒有任何外在的主宰干預。因此，在沒有人的意識參與之下，這個萬事萬物之母，在自然而然的狀態下，在宏觀的物質世界中所孕育化生的萬物，都是與〝道〞的靜態本體本質特性相同，不論是其個體內在，還是與外在其它群體之間的生態關係，都是處於陰陽平衡、和諧統一，生態平衡，本乎自然的狀態，完全依循〝道〞的靜態本體特性自然而然的運作。

　　同時也說明〝道〞的靜態本體，陰陽未判，動靜未分，陰陽平衡又和諧統一的狀態，就是所謂的〝自然〞。〝自然〞是沒有人為的意識刻意參與，一切均依循〝道〞的靜態本體的本質特性自然發展運行，稱之為自然而然。自然就是〝無為〞，〝道〞常無為而無不為。

二、〝德〞的基本概念。

　　〝德〞的動態物質世界中，萬物都是由〝道〞的靜態本體，此一大的量子信息能量場自然化生而出，所化生的萬物都具有〝道〞靜態本體陰陽平衡，和諧統一狀態的本質特性，〝道〞的靜態本體是內在於萬物之中，也因此老子經常提示我們，要返璞歸真恢復原有如嬰兒的本性。〝道〞的靜態本體及〝德〞的動態物質世界這兩者構成整體的〝道〞，而〝道〞的靜態本體充斥在整個宇宙之間，無處不在，包含著萬物本身的微觀世界之中。

　　〝道〞是靜態的時候，它就是〝無〞，當〝道〞一動而有創生作用時，就轉化成〝德〞的動態物質世界中的〝有〞了。就因為如此，〝道〞的靜態本體所蘊含無形、無象、無聲的萬物，及難以讓人知曉的陰陽規律，才能透過〝德〞的動態物質世界萬物所產生的種種現象，經過哲學思維邏輯推理，來領悟〝道〞靜態本體的本質特性及其規律法則。

〝常〞指的就是永恆，也就是〝道〞此一宇宙客觀自然規律，不以人的意識為轉移，是永恆存在的。雖然〝道〞在宇宙之中有動靜之分的常性，而且在運動變化的過程中，仍然有其一定的規律性，此一宇宙客觀的陰陽規律是永恆存在不變，因此〝道〞的屬性就是〝常〞。

〝無常〞為〝常〞之對稱。在整個宇宙中，只有〝道〞的靜態本體及其蘊含的自然規律具備永恆的屬性。而由〝道〞的靜態本體所化生在〝德〞動態物質世界顯現的萬事萬物，均有其一定的周期。萬事萬物在動態物質世界中經過不斷的運動變化，最終又回歸於〝道〞的靜態本體，稱之為〝歸根復命〞，由此可知，萬事萬物是隨著時間的推移，循著陰陽自然的規律而不斷的運動變化，並非永恆不變，因此〝德〞的屬性就是〝無常〞。

陰陽的對立統一運動，是自然界一切事物生成、發展、變化及消亡的根本原因，這也是宇宙中普遍一致的基本規律。陰陽之間相互依靠而生成，兩者相反而相成，任何事物的發展變化總是朝著相反的方向演變，陰極生陽，陽極生陰，一陰一陽之間的相互轉化交替，隨著時間的推移而不斷的運動變化，陰陽對立和陰陽交感調和的結果，永遠就是陽長陰消、陰長陽消，陰陽相推，相互轉換，相互運動的過程，這就是宇宙自然的規律。

因此陰陽相互對立又相互作用這種特性，隨著時間的推移而不斷的變化，似乎有所缺憾衝突，實際上是相輔相成，它的作用無窮盡。宇宙萬物依據此一陰陽變化、剛柔相推的法則，而生成始終，生生不息，周而復始，循環不已。

而〝天下萬物生於有，有生於無〞此一哲學思想，簡而言之，就是闡述萬物均在陰陽的自然規律制約下，隨著時間的推移，陰陽不斷的交互作用運動變化，〝無中生有〞，又〝由有化無〞，有始就有終，有終才有始，在無形的〝道〞與有形的〝德〞之間，生生不息，周而復始，循環不已，構成一個無端之環，表達了生命從無到有，又從有回到無，陰陽是天地之間萬物共同的規律，在日常生活之中，陰陽之道無處不在。

萬物如何由無形靜態的〝道〞，轉化至有形動態的〝德〞，由〝無〞到〝有〞，由〝能量〞轉化成〝物質〞，由〝靜態〞到〝動態〞，這種相因相生，相互依存，相互轉化，生生不息，周而復始，循環往復的無盡轉化，〝道〞在萬物之中的運作模式與作用究竟如何？宏觀與微觀、整體與部份、心靈與物質之間內在連結關係又是如何？其道理既幽深隱蔽又精微奧妙，超脫一般人的認知與想像，令人匪夷所思。

〈一〉、"德"的動態物質世界。

"道"的靜態本體其本質特性,是一個大的量子信息能量場,始終處於陰陽未判,動靜未分,陰陽平衡和諧統一,虛擬不確定,無實體結構的隱態,"無"是"道"的特徵。"道"是靜態的時候,它就是"無",當"道"一動而有創生作用時,就轉化成"德"的動態物質世界中的"有"了。"德"的動態物質世界其本質特性,是一個始終處於陰陽交互作用,循著陰陽的規律不斷的運動變化,有確定實體結構的顯態,"有"是"德"的特徵。

"陰陽"是由太極動而產生,太極也就是"道"的靜態本體,在這個量子信息能量場之中,雖然"陰陽"未生,但是已經蘊含著組成萬事萬物的共同基因,也就是"陰陽"。"德"的動態物質世界萬事萬物一切運動變化,都是在此規律下進行,這個規律與法則我們就叫做"道",它的內涵就是陰陽規律中所蘊含的各項特性。

"道"是客觀的自然規律,而"德"是指人類認知體悟"道"本質特性之後,並按照"道"的客觀規律行事,因此,人們把"道"運用於人類社會上所產生的行為表現,我們稱之為"德行",而"德性"是指人類認知體悟"道"本質特性的程度。

在"德"的動態物質世界中,萬物都是循著陰陽的規律,隨著時間的推移,不斷的交互作用而運動變化。在陰陽對立變化的過程中,陰陽平衡、和諧統一狀態是必經的階段,此種陰陽平衡、和諧統一狀態,與"道"靜態本體本質相對應,是萬物發展的過程中,最佳的理想狀態。

但是此一狀態並非永久不變,還是會循陰陽的規律或受到人的意識影響而改變。因此,萬物在"始生"、"強盛"、"衰亡"整個過程中,"強盛"之後轉向"衰亡",整個發展過程萬物均會在一定的周期內自然化生、自然結束,復歸於"無",也就是復歸於陰陽平衡、和諧統一"道"的靜態本體。

〈二〉、陰陽和諧是萬物最有利的狀態。

"道"的靜態本體其本質特性是處於陰陽未判、動靜未分、陰陽平衡、和諧統一穩定又長久的狀態,因此,由"道"的靜態本體自然而然所化生在"德"動態物質世界中的萬物,在沒有外力干擾之下,其內在的體質與外在的生態平衡,其本質特性都是朝向與"道"靜態本體相胎和、陰陽平衡、和諧統一的穩定狀態這個方向發展。因此之故,天之道才會有"損有餘而補不足",萬物皆有趨向陰陽平衡、和諧穩定方面發

展的這種作用機制。

在〝德〞動態物質世界中的萬物,陰陽隨著時空的推移而不斷的運動變化,任何事物的發展變化總是朝著相反的方向發展演變,物極必反,盛極而衰。陰陽對立和陰陽交感調和的結果,永遠就是陽長陰消、陰長陽消,陰陽相推,相互轉換,相互運動的過程,陰陽之間雖然是相互對立,但是也可以相互交感而達到統一和諧的狀態,這是陰陽對立變化的過程中必經的階段,是對萬物最有利又和諧穩定的狀態,也是〝道〞靜態本體的本質特徵。

老子在整部《道德經》中所闡述的哲學思想,簡明扼要的來說,就是長生久視之道。老子教導我們如何在人世間各領域達成陰陽平衡、和諧統一的境界,俾使事情能夠長久穩定的發展,這些最基本的道理,在人世間任何一個領域都可一體適用。對國家而言,就是治國方策;對個人而言,就是行為準則;對修道而言,就是頓悟的真經;對養生而言,就是延年益壽最佳的良方。

陰陽對立也不是絕對不可改變的,兩者之間還是有交集的部份,此一部分是具有同一性,兩者還是可以相互交感而達到統一和諧的程度。事物都是互相矛盾而存在的,在人世間當雙方對立矛盾產生之後,要如何作為才能異中求同,求同存異的解決此一矛盾糾紛,以達到雙方意見一致、陰陽和諧的境界呢?

老子提出「挫其銳,解其紛,和其光,同其塵,是謂玄同。」此一具體解決的方法。當雙方矛盾糾紛產生之時,此時應異中求同,求同存異,鈍挫自己既鋒芒又高傲的銳氣,不突出自己的意見,消磨鈍化雙方因意見不同而產生尖銳的對立,以化解雙方對立所產生的紛爭。將雙方不同的意見,整合成雙方都能接受的方案,就算您視對方的意見為庸俗淺見,也要內斂鋒芒,與其無爭,而與您認為庸俗的淺見整合一致之後,化為和諧的統一體。這種化異為同的玄妙之處與〝道〞的本體齊同,我們稱之為玄同。

〈三〉、〝反者道之動〞是宇宙萬物循環往復的原動力。

〝德〞的動態物質世界萬事萬物一切運動變化,都是在陰陽規律下進行,這個規律與法則我們就叫做〝道〞,它的內涵就是陰陽規律中所蘊含的各項特性。陰陽規律中所謂的〝反者道之動〞其最主要的作用,就是宇宙中萬事萬物都始終朝著它相反的方向發展,物極必反最終達到它的對立面。

"反者道之動"的力量，就是讓萬物始終在這陰陽兩端保持運動，不致停留在任何一端，讓萬物永遠循環往復於"陰"與"陽"、"無"與"有"、"道"與"德"…等這兩端，生生不息，周而復始，循環不已。

萬物都是有無相生，均不脫離矛盾和對立，相互轉化永恆不變的規律。"天下萬物生於有，有生於無"，這是對"反者道之動"相反相成，相互轉化法則具體的詮釋，"道"的本質特性就是循環往復。因此，"反者道之動"可以說是推動宇宙萬事萬物運行的原動力。"反者道之動"所代表的意義有"物極必反"、"相反相成"與"返回原點"這三種意義。

1、物極必反。

"道"所蘊含的宇宙中最基本的自然規律，其主要的特性之一，就是"反者道之動"。任何事物的發展變化到達極點，總是朝著相反的方向轉化，天地盈虛，與時消息，盈虛變化是天地間的普遍規律，整個自然界都處於盈虛盛衰的不斷變化中，時間決定變化的性質，時間是變化的基本條件，一切的變化都是隨著時間進退消長。這是天地不變的法則，也是自然之"道"，萬事萬物都是依循"道"的法則運行。

萬物陰陽相互對立的兩種屬性之間，總是相互朝向著對立面運動變化，在臨界點返回，如此周而復始的反覆循環。"返"就是到達"物極必反"的臨界點，是事物運動變化達到極限，朝向其相反方向發展的轉折點，換言之，就是事物由量變已經開始發生質變的過程。

在矛盾的對立統一的過程中，當矛盾雙方的實力平衡的時候，此時的事物處於和諧統一的平衡狀態。當矛盾雙方的對立、鬥爭，出現實力變化時，此時就會打破平衡狀態。當其中一方已經達到壓倒性優勢的時候，另一方就已經達到崩潰的邊緣了，此時就已經達到"質變"的臨界點，也就是"物極必反"的時刻。

《繫辭‧下傳》：「易，窮則變，變則通，通則久」，所謂"窮"，指的就是：事物發展到極點；"變"指的就是，由極點向反面變化；"通"指的就是，變為反面之後，又有一個新的發展；"久"指的就是，有了這些過程之後，事物才能長久發展演變下去。

正因為"物極必反"是宇宙不變的規律，因此，我們在人世間行事，要戒盈忌滿，掌握住一個"度"字，不要過分的強求，否則一旦事物發展到達臨界點，就很容易走向它自己的反面。老子所說的"物壯則老"，"兵強則滅"，"木強則折"。就是說明事物發展到達臨界點，就已經開始走上了盛極而衰的窮途末路。

2、相反相成。

　　萬物負陰而抱陽，無不內含著相反的對立面，在對立面交互作用下，又各自朝向相反的方向滲透變化，這種運動變化造成萬物永遠就是陰陽相推，相互轉化，相互運動變化的過程。因此，萬物存在著對立和統一〝相反相成〞的關係，看似對立的雙方也可以相互轉化，但是對立面的相互轉化，需要時間的積累，時間在對立面相互轉化中是不可或缺的必要條件，必須在一定條件下才能得以實現，否則是無法轉化。

　　此一必備條件就是要依循〝道〞的原則行事，其發展進程是穩定的、平衡的、漸進的、量變的過程，經過逐漸的量變，最終才能達到質變的結果，並非一蹴可幾。

　　因此，我們可以進一步了解到萬物總是處於運動變化之中，變化只是一種現象，而造成變化的規律卻是不變的，變與不變同時存在。此一宇宙自然的規律，不以人的主觀意志為轉移，是客觀的永久存在，而這種運動變化的方向，就是萬物發展的〝勢〞，所以要站在事物發展趨勢最有利的一面順勢而為，這一點非常重要，也是老子哲學思想的核心。

　　在陰陽自然規律中存在著對立和統一〝相反相成〞的關係，看似對立的雙方也可以在一定條件下進行轉化。〝柔弱勝剛強〞這句話，顯示出〝柔弱〞與〝剛強〞這兩個對立面之間，由量變引起質變，相互轉化是必然的結果。

　　天道本就是陰陽平衡和諧的統一體，無善惡美醜之分別，善惡美醜是人的意識參與之後，在個人主觀意識中，由於私欲所產生的分別之心，相反相成，才產生了相互矛盾的對立，是衝突糾紛的根源。隨著時間的推移，陰陽相互作用下不斷的運動變化，相互轉化。因此，善惡美醜並非絕對永久存在，是可以相互轉化，有無相生，難易相成。

3、返回原點。

　　老子縱觀萬物循環往復的規律，了解〝道〞的靜態本體與〝德〞的動態物質世界，其相互之間〝無與有〞、〝靜與動〞、〝體與用〞的關係，及萬事萬物從無到有，由有到無；由靜到動，又由動到靜的完整過程，發現天地萬物隨著時間的推移，其運動變化最終的歸宿是返回原點，也就是〝道〞的靜態本體。

　　天地萬物林林總總，各自由一片虛無〝道〞的靜態本體，化生到動態客觀的物質世界，又各自由動態的客觀物質世界，湮滅回歸到一片虛無靜態〝道〞的本體。因此，〝大道〞的運行規律，萬物並非在〝德〞

的動態物質世界僅有一次的化生出現就此終止,而是生生息息的循環往復,周而復始,循環不已。

"道"微觀虛無靜態本體所化生的萬事萬物,不同領域的事物發展過程都有一個周期,只是周期長短各有不同而已。在"德"宏觀動態物質世界運動變化的模式,依據陰陽自然規律"反者道之動"的法則,萬事萬物化生之後,經過往上發展變化而漸離原點,它們的運動變化會離"道"的靜態本體愈來愈遠。

當萬事萬物發展到最旺盛的頂點,物極必反,盛極而衰,窮極則變,必定會往衰敗滅亡的這方面持續發展,最終又回歸至原點,也就是"清淨本然""道"的靜態本體,從何而來,復歸何處。這就是老子所說的"復命、歸根",由"德"宏觀動態物質世界,重新又回到"道"微觀虛無靜態本體,完成一個周期的循環。

萬事萬物的發展,都是循著《易‧文言傳》元、亨、利、貞的程序與特性,相因相生,一個過程的結束,貞下啟元,將又是另一個過程的開始,周而復始,循環不已。

我們在自然界中觀察天體之運行,這種周而復始,循環不已的現象屢見不鮮。例如:春夏秋冬四季的運行,都是完成一個周期的運動變化之後,又重新開始,周而復始,循環不已。這些現象都是"反者道之動"的一種"返",有如無端之環,始終相連不斷。

人類的意識能左右陰陽變化的方向,所以在人世間行事的時候,當事情處於陰陽和諧、平衡統一狀態之時,是對我們有利的狀態,此時我們就要依循"道"的原則自然而為,使其維持、或者延長這一和諧平衡狀態,不致到達走向衰敗的臨界點。

第四章、人能贊天地之化育,與天地並列為三。

《繫辭傳‧下》第十章「易之為書也,廣大悉備,有天道焉、有人道焉、有地道焉,…三才之道也。」天道、地道講的就是陰陽的規律,人道強調人的思想意念在天道與地道之間,居左右變化的重要地位,萬事萬物無一不是天地人三才交互作用而產生的各種變化。

《易經》的哲學思想以天、地、人來代表,不論三爻卦還是六爻卦,天地都在上下兩端,人處於中間。天代表陽,地代表陰,象徵著宇宙萬事萬物的基本單位就是陰陽,萬事萬物隨著時空的推移,循著陰陽的規律而不斷的運動變化,這也是天地之間萬物共同的規律與法則。

人居其中，象徵天人感應，代表人生長在此一時空中，人的意念偏向能影響客觀環境事物本質的變化。事物發展最終的結果，是受到人的思想意念改變而左右，人在其中居舉足輕重的地位。萬事萬物都是由於陰陽學說與天人感應這兩者，相互不斷的交互作用而產生千變萬化。在這交互作用的過程中，我們追求的就是陰陽平衡、和諧統一、合乎自然規律，天人合一最理想的境界。

《易經》以陰陽規律為〝經〞，闡明天地萬物是循著陰陽的規律，隨著時空的推移而不斷的運動變化，這也是天地之間萬物共同的規律與法則。《易經》以天人感應為〝緯〞，來說明人類心念、意識具有左右萬物變化偏移的能力，人與人之間相處互動因而所產生的事情，也不脫離此一規律與法則所規範。

萬事萬物都是由於陰陽規律與天人感應這兩者，相互不斷的交互作用而產生各種千變萬化，人處於天地陰陽之間，佔舉足輕重的地位，可以贊天地之化育，而與天地並列為三。

人不能離天地而獨立，天地亦不能離人而成功，天、地、人三者不可或缺，只有三者齊備，宇宙的規律方能得以完備，也只有人的參與，萬事萬物的發展才具有意義。因此，聖人摹擬天地之間的運動變化，將人與天地並列於易書的哲理之中，認為天、地、人是體現易道的三種基本材料，稱之為三才。

老子在第二十五章中說：「故道大，天大，地大，人亦大。域中有四大，而人居其一焉。」及第四十二章中說：「道生一，一生二，二生三，三生萬物」。此中所謂之〝三〞，指的是天〈陽、能量〉、地〈陰、物質〉、人〈意識、信息〉三才。〝三生萬物〞指的是人可以參天地之造化，與天地並列為三。

因此，老子在第一章開宗明義的就直接的指出：「故常無欲，以觀其妙；常有欲，以觀其徼。」恆久保持著淡泊名利，不做非分之想，一切順其自然的樸實處世態度，也就是沒有偏私的分別之心，無絲毫想得到個人慾望滿足的妄念。我們就可以諦視出，無絲毫想得到個人慾望滿足的妄念，一切順其自然，方是得長生久視之道其中精微奧妙的結果。

若是恆久保持著分別之心，心中有想得到個人慾望滿足的妄念。就算是能夠達成心中所願，在物極必反的宇宙規律下，其擁有的時間，是有所侷限的，只會提早結束事物發展應有的周期。可見得人的起心動念能夠造成有如天壤之別的結果。

人究竟是如何參與天地之造化呢？這一點在量子科學理論沒有出

現的年代，或許還很難有令人信服的解釋，自從量子科學問世以來，我們從微觀世界的量子理論中獲得科學實證，證明宇宙的客觀規律與《易經》、老子《道德經》的哲學思想及量子科學理論相互脗合，其法則就是陰陽規律及天人感應之間的交互作用，不論是宏觀世界還是微觀世界，任何一個領域都能一以貫之，一體適用。

也就是說，人處於陰陽隨著時間不斷的變化之客觀環境中，客觀環境事物本質的變化與事情的偏向，可以受到人的思想意念改變而左右，也就是古之聖賢所說的名言：人可以參與天地之造化，與天地並列為三，在陰陽變化的過程中，人佔居主導變化方向的作用。

一、量子意識能影響事物發展的偏向。

量子力學經過全世界頂尖物理學家近百年來的努力研究，已經成為有史以來被實驗證明最精確成功的一個理論，迄今為止，所有的實驗數據均無法推翻量子理論的証明，它詭譎莫測的物理特性與現象，超乎我們一般人的認知與想像。

想要更深入的了解量子理論，一定要把人的意識加進去，您才能夠真正的認識搞懂它，意識是量子力學的基礎。在人的意念沒有參與之前，萬事萬物都是隨著時間的推移，循著陰陽的規律不斷的運動變化，一切的結果都是處於虛擬的不確定量子疊加態，以概率來代表。

直到人的意識參與時，量子疊加態才坍縮成與量子意識所負載的信息相同類似的一種，人的意識讓心念所及的事件從無變有，結果從不確定到確定，化虛擬為真實。從微觀世界的不確定到宏觀世界的確定，人的意識在其中是觸發的媒介，站居關鍵的主導地位，宏觀世界展現給我們看到的面貌，會依我們心念意識所負載的信息內容不同而有所變異。

量子科學的思想理論，由微觀的量子世界到宏觀的現實生活中，都是一體適用，人的心念此一量子意識與宇宙間大的量子系統〈陰陽規律中的變化〉，這兩個量子系統之間的交互作用，產生了大千世界的千變萬化，觀察者創造現實，人的意識是物質領域的創造者，人在基本層面上參與了宇宙的造化，每一個人都是自己一生的創造者，個人意識上的抉擇創造了自己的一生，也就是說，不同的思想抉擇，就有不同的人生。

在自然界中，天地人三者是相應的。《莊子·達生》曰：「天地者，萬物之父母也。」《易經》中強調三才之道，將天、地、人並立起來，並將人放在中心地位，這就說明人的地位之重要。天有天之道，天之道在於「始萬物」；地有地之道，地之道在於「生萬物」。人有人之道，人

之道的作用就在於「成萬物」。

　　人的心念意識是量子信息能量場，能夠負載能量與信息，屬於非局域性，具有超脫時空的限制，無遠弗屆的能與心念所及相同類似之目標產生相互相吸引、感應的能力。任何一個起心動念都是一個量子信息能量場的發射，量子意識所負載的信息，都會與宇宙間相同類似者產生內在的連結而相互糾纏感應。

　　由於人的心念意識屬於量子信息能量場的型態，所以此一吸引、感應的能力也具有波的特性，具有相互疊加或抵銷的作用。換句話說，每日正面思考則有與日俱增的作用；反之，每日負面思考則有逐日遞減您正面能量的作用。

二、量子意識如何觸發概率波函數坍縮成一種確定狀態。

　　在微觀世界不只基本粒子是處於量子態，萬事萬物都是處於兩種以上的疊加態，其最終顯示在宏觀世界的結果都是不確定的，每一種狀態都有可能發生，只是發生的概率大小不同而已，以概率波函數來代表。因此，量子世界轉化成真實世界，跟我們的心念意識息息相關，缺少了量子意識的參與，量子世界只是處於一種虛擬不確定的概率狀態。

　　所有量子系統中的量子態，在沒有量子意識參與的時候，沒有確定的狀態，這是量子科學中最詭異的事情，量子科學離不開意識，意識是量子科學的基礎。量子意識本身就是人的起心動念參與，也是量子意識與量子系統之間有如陰陽的交互作用。量子理論說明，在微觀世界兩個糾纏的量子，具有內在連結的關係，雙方也能超越時空的限制，可以立即相互吸引、感應。量子糾纏的非定域性，說明宇宙萬物存在著深層次的內在連結關係，同時也說明宇宙萬物具有整體性。

　　因此，不論微觀還是宏觀世界，外表看起來每一件個體都是分離的，分離其實是一種假像！由於一體同源，都存在著深層次的內在連結關係，每一件東西都是另一件東西的延伸，萬物之間的非局域性糾纏現象是共同的法則。在這物質世界的人世間，所有萬事萬物兩者相同類似者之間，都有屬於自己的一對〝糾纏關係〞。

　　量子科學發現微觀世界的量子態，在人的意識尚未參與之前，是處於不確定的狀態，各種狀態都同時存在，只是其概率大小各有不同而已，是處於一種不確定的量子疊加態，此一量子疊加態自成一個小的量子系統。人的心念意識也是一個量子系統，心念瞬息萬變，每一個心念都會在微觀世界引起一個相對應的量子系統，在人未做出最後抉擇之前，是處於不確定的量子疊加態，每一量子態是以概率大小來代表。

量子糾纏現象揭示了宇宙是個不可分割的整體，萬物都是一體同源，因此都具有內在的糾纏連結關係，具有相互吸引、感應的現象，由微觀的量子世界到宏觀的現實生活中均一體適用，量子糾纏現象是萬物具有的共通性。只是愈是相同類似者之間，相互感應吸引的能力愈強烈，差異性愈大的兩者之間，相互感應吸引的能力愈弱，包含我們人世間的人、事、物也都具有「量子糾纏」的現象。

　　在人類意識未參與之前，陰陽不斷的運動變化之下，宇宙本體原本是一個陰陽和諧又〝清淨本然〞的大的量子系統，一切周而復始、生成始終的生生不息、本乎自然。您能想得出來的任何一種狀況，在宇宙本體無限多個虛擬不確定的量子態中，其中就有一個量子態與您的念頭相同類似。

　　當人的量子意識參與之後，量子系統中的各種疊加態，與量子意識所負載信息相同類似的量子態受到糾纏感應的觸發，其概率轉變成100%，其餘量子態的概率同時坍縮為0。微觀世界量子系統不確定的疊加態，可以經由人的心念意識觸發，化虛擬為實體，由量變到質變，由不確定轉化成宏觀世界的確定狀態。萬事萬物一切的生成變化，一經量子意識觸發，自然始物，自然成物。

三、萬物唯心造。

　　人類的量子意識也就是人的各種情緒與抉擇，是真的可以塑造物質世界。每個人的意識情緒與抉擇，影響最深的就是自己本身，就像是漣漪一般，以自己為中心往外擴散，愈往外圍影響力愈小，人的一生際遇好壞，都是個人在不同的事件中所做的抉擇正確或錯誤所造成的，而人世間的大千世界，都是各個人由於各種不同的思想與抉擇聚合塑造而成。身分地位愈高者，其影響的範圍也就愈大，就因為如此，所以老子在《道德經》中經常以侯王治理國政為喻，提出建言要〝無為而治〞。

　　我們的心念意識是物質世界的基礎，心靈上的意念、意識的偏向，都會改變微觀世界量子態的變化，宏觀世界的現象，就是微觀世界的顯現，所以每個宏觀世界事件的變化，都是由於您的心靈意識影響微觀世界量子系統中量子態的變化所造成的，是由微觀世界的量變，漸進到宏觀世界的質變。

　　人類通過心念或意識的力量，無時不刻在改變著宏觀世界您周圍的一切客觀環境。若是心靈上負面的思考意識導致不良的結果，也可因正面調整改變您心靈上的思想意識而獲得改善。

量子領域顯示出了心靈與物質之間，確實是存在內在的連結，可以相互感應、吸引。萬物唯心造，因此，我們所選擇的情緒會在宏觀世界轉化為真實，同時也顯示，我們喜怒哀樂的意識對物質世界有直接的影響，有改變宏觀動態物質世界的能力。而萬事萬物在宏觀世界所展現給我們看的面貌，是依我們起心動念的不同而有所變異。

　　量子科學所論述驗證的是〝宏觀與微觀、整體與部份、心靈〈意識〉與物質之間〞內在的糾纏連結關係。人的任何起心動念，都會影響了周圍客觀環境與您的心念意識起了相同類似的變化，此一變化是由微觀世界的量變，直至宏觀世界的質變，人類通過心念或意識的力量，無時不刻在改變著周圍世界的一切物質環境。

　　人世間的任何事情都是量子事件，事件的結果或未來的走向，在人的意念未參與抉擇之前，此一事件的各種結果都是處於不確定狀態，也就是都有可能發生，只不過概率大或小的問題；當人的心念意識參與抉擇之後，事件的發生或未來的走向，就會隨著人的心念意識而產生偏移，其它狀況發生的概率就會坍縮歸零。您的起心動念的意識就是〝因〞，事件的結果就是〝果〞。怎麼樣的〝因〞，就有怎麼樣的〝果〞。

　　在您的世界裡任何一個時刻，當您未起心動念前，您的世界中〝道〞的本體是處於一片清虛空無、陰陽平衡、和諧統一的靜態，它不會主動化生萬事萬物，因為在陰陽交互作用的規則下，它是處於被觸發的靜態〈陰〉，被動接受您起心動念量子意識〈陽〉所提供的信息，並且依據您所提供信息的內容，接續完成後續孕育化生萬事萬物的工作，由無到有，化虛擬為真實，由不確定到確定，由量變到質變，在宏觀世界中轉化成真實的動態。

　　天之〝道〞在於始萬物；地之〝道〞在於生萬物；人之〝道〞在於成萬物。您個人所有一切萬象的顯現，是經您起心動念的量子意識觸發，自然始物，自然成物而造成的。宏觀世界所展現給我們看的面貌，是依我們起心動念的不同而有所變異，您的量子意識是化虛擬為真實的關鍵因素。

　　處於陰陽平衡和諧統一的虛擬無實體的量子能量場，其所孕育化生的萬事萬物，在宏觀世界所顯示的是處於陰陽平衡和諧統一的狀態？還是處於陰陽對立矛盾的狀態呢？端視人的意識所提供的信息內容是〝無欲〞還是〝有欲〞而定。

　　當人的抉擇意識所負載的信息是〝有欲〞，也就是陰陽兩者您偏持一方，此一意識有偏私的分別心，想得到個人慾望滿足的妄念，〝有〞

這個萬物之母的量子信息能量場，受到量子意識的量子糾纏的感應，其中與量子信息內容相同類似的量子態，由微觀世界的量變到宏觀世界的質變，從不確定到確定，化虛擬為真實，在宏觀世界就會同時顯示出相對立的另一個面，對立的兩者之間相互矛盾衝突，因而造成事件不和諧紛爭，又難以持續發展下去的局面。這就是老子所稱之的〝有為〞，從一己的私心出發，違反自然規律而行的壞處。

當人的抉擇意識所負載的信息是〝無欲〞，也就是此一意識毫無分別之心，〝有〞這個萬物之母的量子信息能量場，受到量子意識的量子糾纏的感應，其中與量子信息內容相同類似的量子態，由微觀世界的量變到宏觀世界的質變，從不確定到確定，化虛擬為真實，在宏觀世界就會同時顯示出陰陽平衡和諧統一的局面，事件就能夠在和諧統一的狀態下永續發展。這就是老子所稱之的〝無為〞，為無為而無所不為，遵循自然的規律和順應萬物的本性自然發展的好處。

人的量子意識信息能量場所負載的信息內容，能決定〝道〞的本體轉化成客觀世界事件的內容與樣貌，不論您量子意識信息能量場所負載的信息內容如何，〝道〞都不會做任何的干涉，您是如何的思想抉擇，〝道〞轉化成〝德〞，在宏觀世界來顯現出與信息相同類似的內容與樣貌，並加以具體的顯現，這一切完整的轉化過程及後續的運作變化，無不是遵循〝道〞的自然規律而運作，受到自然規律所制約與規範，並無其它外力有所偏私的刻意主導，完全是〝道〞法自然。

〝道〞轉化成〝德〞顯現出具體的內容與樣貌，是受到人的意識信息內容所觸發轉化而成，是依我們起心動念的不同而有所變異，而且全部運作變化過程，都是受到〝道〞的自然規律所規範。因此，萬事萬物在客觀世界所呈現的內容與樣貌，都是遵循〝道〞的自然規律而運動變化，不同的心念意識，就有不同的結果，我們可以用〝萬物唯心造〞這句話來加以理解。

量子理論離不開意識的參與，意識是化虛擬為真實的關鍵因素，也是量子理論的基礎。同樣的《道德經》之中老子所論述的內容，也離不開人的意識是〝無欲〞還是〝有欲〞，不同的抉擇造成〝依道而行〞或〝悖道而為〞這兩種不同的結果。〝依道而行〞就是長生久視之道，〝悖道而為〞就是早亡之道，就因為自然的規律發展趨勢是如此，所以老子在第一章中就告誡我們，「故常無欲，以觀其妙；常有欲，以觀其徼。此兩者同出而異名，同謂之玄，玄之又玄，眾妙之門。」

第五章、重點列舉老子樸素辯證法的哲學思想。

辯證法是一種化解不同意見的哲學論證方法,是一個解決涉及對立雙方之間的矛盾過程。樸素辯證法是老子哲學中最有價值的一部份,在中國哲學史上首開先河,從來還沒有誰像他那樣深刻和有系統的揭示出事物對立與統一的規律。老子認為事物的發展和變化,都是矛盾對立統一物的一體兩面,對立面的雙方都具有互相依存,互相連結,相互作用的關係。

萬事萬物隨著時間的推移,在陰陽交互作用運動變化的過程中,相反相成,並能向其相反的方向相互轉化,這種由量變引起質變自然的運動變化,老子認為這就是陰陽的基本規律,也是自然的普遍法則,在任何一個領域均一體適用。

老子觀察天地萬物永不停歇的處在一種能量與物質,聚散存亡,有形與無形的運動變化過程之中,周而復始,循環不已。因此,其樸素辯證法是原始反終,探究萬物初始的狀態,反璞歸真,以〝道〞的靜態本體本質特性為依歸,順應自然,效法天道,與大道合一,恢復純真無我天賦的本性,以達德性與〝道〞體天人合一的境界。

老子在《道德經》所論述樸素辯證法的哲學思想,其理論思想根源就是前面所述陰陽自然的基本規律及天人合一的思想。萬事萬物都是由於陰陽規律與天人感應〈天人感應為陽,陰陽規律為陰〉相互不斷的交互作用,由不確定到確定,虛擬到真實,量變到質變,微觀到宏觀,而產生各種千變萬化的結果。這兩者是宇宙客觀規律中的兩大主軸,人處於天地陰陽之間,居主導變化方向的地位,此一規律法則恆久不變。

〝道〞的靜態本體是一個大的量子信息能量場,處於陰陽未判,動靜未分,陰陽平衡和諧統一的穩定狀態,也是萬事萬物孕育化生之母,這裡面蘊含著宇宙不變的陰陽規律,及陰陽交互作用、排列組合下,您能想像的任何一種狀態,都是以虛擬、無實體、具有不確定性的量子態,以概率來代表它的存在。

〝道〞的微觀靜態本體是以大概率的量子態自然化生,因此具有不自生之特性。萬物在〝德〞宏觀動態物質世界中,萬物由出生至滅亡又復歸於〝道〞的微觀靜態本體,此一周期過程中的運動變化,完全依循〝道〞的自然規律而運行,受到自然規律所制約與規範,並無其它外力有所偏私的刻意主導,完全是〝道〞法自然。

〝道〞化生萬物的特性是「萬物作焉而不辭,生而不有,為而不恃,功成而弗居。」,「以其不自生,故能長生。」〝道〞在毫無私心的狀態

下自然孕育化生萬物，所以不會據為己有；是無心的施為，並不會自恃有恩德於萬物而居功自傲；滋養萬物卻不自恃其能；任萬物生長而不去支配主宰。這一切的表現就是順其自然發展，不會出自有欲的私心而刻意的有所作為。

因此，〝道〞的靜態本體所表現出來的本質特性，就是陰陽平衡、和諧統一的長久穩定狀態。天地孕育化生萬物無偏私的分別心，一切依循陰陽自然的規律運行變化，依照〝道〞靜態本體的本質特性化生萬物，就因為如此，才能造化萬物呈現一個平衡和諧的統一體，循自然規律生成始終，生生不息，周而復始，循環不已，永恆的繁衍發展。

老子基於上述〝道〞的靜態本體本質特性與自然規律發展的趨勢，提示我們在〝德〞的動態物質世界中，陰氣與陽氣這兩者雖然是相互對立，但是在相互激盪、交互作用的過程中，我們追求的就是陰陽平衡、和諧統一、合乎自然規律，天人合一的最高境界。

因此，行事要應效法天道，也就是不以偏私利己之分別心，刻意來追求個人主觀慾望的滿足，一切行為以〝無為〞的方式，依〝道〞而行，自然而然、順其自然發展，就能達到與〝道〞的靜態本體本質特性相胲合的最高境界，如此而為，事物方能永續的發展。

老子在《道德經》所論述樸素辯證法的哲學思想，我們不能脫離意識的參與來解讀，因為〝無欲〞及〝有欲〞的意識，就會造成〝無為〞及〝有為〞的行為模式，也就是會產生遵循或違背了〝大道〞的行為。這也和量子理論不能脫離人的意識參與來解讀，其中的道理完全相同。

整部《道德經》老子從不同的角度與領域，闡述其樸素辯證法的哲學思想，本章僅重點列舉數項來加以說明，其餘未列舉之項目，也都是不脫離宇宙客觀規律中的兩大主軸，陰陽規律與天人感應這兩者涵蓋範圍之內，讀者可自行驗證領悟其中的道理。

一、老子為何要我們〝無為、不爭、守柔處下。〞

在整部《道德經》中，〝無為〞是老子哲學思想核心中的基礎，非常重要的一個概念，其餘部分可以說都是由其衍生出來的思想。因此，對想要深入理解《道德經》人生智慧的讀者而言，先行對〝無為〞有正確的認識，可以說是重中之重。

歷來有很多注解《道德經》的學者專家，對〝無為〞一詞各自有不同的注解，但仍然有無數人困惑於〝無為〞的真正含義，一般世人甚至認為老子是一個主張無所作為的人。因此，〝無為〞也常被誤認為是一

種消極的態度。若是我們能夠了解老子〝無為〞的思想源自何處，或對讀者深入理解《道德經》能有所助益。

〝大道〞在毫無私心的狀態下自然孕育化生萬物，所以不會據為己有；是無心的施為，並不會自恃有恩德於萬物而居功自傲；滋養萬物卻不自恃其能；任萬物生長而不去支配主宰，〝道〞的靜態本體沒有刻意的有所作為，才能無所不能的孕育化生萬物，〝道〞靜態本體的順其自然的特性，我們可以統而言之，這就是〝大道〞的〝無為〞，所衍生出來的就是〝無欲、無為、不爭、不自主其事〞…等這些特性。

〝大道〞順其自然的結果，在〝道〞的靜態本體體現出來的本質特性，就是陰陽平衡、和諧統一的長久穩定狀態，這種狀態的概率最大，符合大概率之萬物能自然而然的化育而成，沒有任何外在的主宰干預。

因此，所化育的萬物個體，其內部都是處於陰陽平衡和諧統一的狀態，而其外部也與其它個體結合成一個陰陽平衡和諧統一的生態圈，完全依循〝道〞的靜態本體本質特性自然而然的運作。因此，〝道〞的靜態本體陰陽平衡又和諧統一的狀態就是〝自然〞，也是萬物所追求長久穩定最理想的境界。

〝道法自然〞並不是說〝道〞之外還有一個〝自然〞，而是說〝道〞本性自然，所反映出來本就是自然而然的依循陰陽規律運行變化，〝自然〞就是〝清靜、無欲、無為、不爭〞，顯示出來就是〝自然無為〞，〝無為〞就是〝自然〞，所以它根本不需要效法誰，因為〝自然〞就是〝道〞的靜態本體的本質特性，這兩者本就是合而為一。歸納《道德經》的內涵：大道至簡，返璞歸真，順應自然，無為不爭。

〝道〞法自然，自然無為，〝道〞常無為而無不為。〝道〞雖然對萬物的發展運行，不作任何的干預，但是萬物都在〝道〞此一自然規律制約規範下發展運行，無一例外。因此，老子說：〝道〞無為而無所不為，自然的具體效果，就是達到陰陽和諧最長久穩定的狀態。

老子受到〝大道〞自然規律的啟發，豁然開朗的從中獲得啟示，認為〝人法地，地法天，天法道，道法自然。〞認識到〝無為〞的益處，人道效法天道，以天道為依歸，人類若是能以〝無欲〞之心，掌握住自然規律發展的趨勢，佔據有利發展的地位，一切作為循〝道〞而行，行〝無為〞之道，就能〝無為而無不為〞，〝道〞的〝無為〞作用，將產生〝無不為〞的效益。

〝道〞無處不在，天下萬物的微觀世界，就是〝道〞的靜態本體，〝道〞自然無為而萬物自化而成，所化生的萬物，在〝德〞的動態物質

世界，陰陽相互激盪、變動、轉化，化生的過程中，萬物的生成也是與〝道〞的靜態本體本質特性相同，是處於陰陽平衡、和諧統一的最穩定狀態，在〝德〞動態物質世界中的體現，就是〝無為〞。

老子在《道德經》從不同角度強調〝無為〞的重要性，其實這個概念還是由〝道法自然〞的觀點中衍生出來的。〝自然無為〞是老子哲學最重要的一個概念，《道德經》中其餘概念也都是由其衍生出來的思想。

老子主張的〝自然無為〞是〝利他〞的作為，不會出自有欲的私心而刻意的有所作為，一切順應自然的變化規律，使事物保持其天然的本性而無人為做作。在人事上〝利他〞與〝利己〞存在著對立和統一〝相反相成〞的關係，看似對立的雙方也可以在一定條件下進行轉化，由〝利他〞轉化成〝利己〞，從而達到〝無為而無不為〞的最高境界。

〈一〉、無為與有為。

〝道〞就是自然，〝無為〞是〝道〞的表現形式，凡是符合〝道〞自然規律的行為，才可以叫〝無為〞。因此，〝無為〞的先決條件，是以不違反自然規律而為所欲為及不為滿足個人私慾而恣意妄為。〝自然〞是沒有妄念的主觀意識刻意參與，一切均依循〝道〞靜態本體的本質特性自然發展運行，稱之為自然而然。

〝道〞的〝無為〞作用產生〝無不為〞的效果，〝無為〞就是自然，自然就是〝無為〞，是不違反自然，不主宰自然，〝無不為〞就是讓萬物順其自然的孕育而成。順應自然，似乎無所作為，但是萬物也因此生生不息千變萬化，因而成就〝道〞的無所不為，〝道〞常無為而無不為。

〝無為〞不是消極怠惰的〝不為〞，而是所作所為是沒有想得到個人主觀意識上慾望滿足的私心，這種順其自然的作為，稱之為〝無為〞。否則就是〝有欲〞的作為。它和〝有為〞最大的區別在於〝為〞的基礎。〝無為〞是建立在〝無欲〞基礎上的〝為〞，而〝有為〞是建立在〝有欲〞基礎上的〝為〞。〝無為〞離〝道〞不遠近於〝道〞，〝有為〞則捨本逐末的悖〝道〞而馳。

順應〝自然〞還是違反〝自然〞，是〝無為〞與〝有為〞的分水嶺。只有〝無為〞才能〝自然〞，同時〝無為〞本身也就是〝自然〞，老子反對的是出於主觀意識爭名奪利的刻意而為，所倡導的〝自然無為〞，因勢利導，最終實現了〝無不為〞。因而〝無為〞既是手段又是目的，既是功夫又是境界。〝無為〞對國家而言是治國方策，對個人而言則是行為準則。

"無為"是沒有偏私利己之分別心,沒有想得到個人主觀慾望的滿足,在"無欲"的狀況下,一切作為自然而然、順其自然發展的行為。

"有為"是有偏私利己的分別心,想要得到個人主觀慾望的滿足,以"有欲"之心刻意的有所作為。

在"德"的動態物質世界中,顯示出人的意念偏向能影響客觀環境事物本質的變化與事情的偏向。也就是說,以自己為中心,與您相關的人、事、物,未來發展結果的利弊好壞,會受到人的思想意念偏向改變而左右,人可以參贊天地之化育,與天地並列為三,在陰陽變化的過程中佔居主導變化的作用。

老子在《道德經》第一章中就開宗明義的點出,人世間萬事萬物其發展方向與最終的結果如何,又與人的意識是否恆久保持著"無欲"還是"有欲"息息相關,此兩者之間是陰陽一體之兩面,其結果卻有如天壤之別。整部《道德經》就是在論述「常無欲,以觀其妙;常有欲,以觀其徼。」"無欲"方是長生久視之道,能達到"無為而無不為"、"夫唯不爭,故天下莫能與之爭",其中精微奧妙的結果。"有欲"則是不"道"早已,也只是短暫的一時現象,只會提早結束事物發展應有的周期。

老子說明"天道"本就是陰陽平衡和諧的統一體,當人的意識在"無欲"的狀況下,陰陽兩者是處於平衡的狀態,應用在人世間的態度與作為,就是沒有偏私利己之分別心,沒有想得到個人主觀意識慾望滿足的妄念,無善惡美醜之分別,客觀世界事物的對立無從體現,這種"無為,無偏私之心,有如嬰兒、無欲、不爭、謙退、示弱、貴柔守雌、犧牲小我完成大我、維持平衡和諧的統一體"…等一切"德"的表現,此時世間萬物呈現一片陰陽和諧又長久穩定的景象。

當人"有欲"的意識參與之後,由於個人偏私的慾望所產生的分別之心,太極動而兩儀生,"道"開始殘缺,陰陽二者失衡之下出現一個錯動,事物便在客觀世界開始顯現出來,同時也產生了相互矛盾對立的另一個面,我們稱之為"有為",這也是世間衝突糾紛產生亂象的根源。

在對立的統一體中,兩者相反相成,可以相互轉化。而其中的關鍵就是"無欲"和"有欲"之間的轉化。例如看似"無為",結果卻是"無不為",就如"不爭而善勝"此類行為就是如此。"不爭"是"無為","勝"則是"無不為",等於"有所為"。"無為"的方式能化解矛盾,解決糾紛,用"無為"的手段能夠達到"有為"之目的,即"無為"的作用實現了"有為"的效果,這就是"無為而無不為"的意義。

老子教導世人認識"道"裡面"無欲"的妙用,效法天地宇宙的自

然法則,以無私無我、無分別心的態度,順應自然,一切作為循〝道〞而行,這種處理方式就是所謂的〝無為〞,用少私寡欲,遇事隨順,順其自然這種態度與方式去處理事情,不會有相互對立所產生的糾紛與煩惱,社會事物就能自然發展,達到反璞歸真、天人合一、陰陽平衡、統一和諧、永續發展的境界。

所謂妄念,指的是一切自己出自私欲揮之不去主觀意識的想法,但是又必須依靠他人或它物,才能實現自己不切實際或不正當的念頭。

〈二〉、不爭。

老子剖析〝無欲〞其中玄妙又不可思議的道理,驗證這種謙退、無私、不爭的精神,有它積極的意義。在對立的統一體中,兩者相反相成,可以相互轉化,其實這裡面的關鍵就是〝無欲〞和〝有欲〞之間的問題,人生有欲,欲而不止則爭,爭則亂,有欲是亂之源。

老子認為〝爭〞之亂源在於太過以自我為中心,就是〝四個自我〞:自見,自是,自伐和自矜。如果能去掉自己身上的〝四個自我〞,就能〝不爭〞而〝全而歸之〞而立於不敗之地。天下雖大,卻沒有一個人能與其爭勝。〝不爭〞就是〝無為〞,〝不爭〞也是老子的一個重要思想。

〝夫唯不爭,故天下莫能與之爭〞這句話充分體現了老子〝柔弱勝剛強〞的哲學思想。只有懂得以退為進,以捨為得,以屈為伸的人,才是最有智慧的人,所以〝不爭〞是老子堅持的處世原則。依據陰陽規律中相反相成、相互轉化的法則,我們要站在柔弱、低下、謙卑、不爭的一面,也就是站在事物發展趨勢最有利的地位。

當人起心動念沒有出自於個人主觀意識偏私的分別心,想得到個人慾望滿足的妄念,這種與〝道〞的靜態本體一致的思想意念,轉化成行為就是〝無為、不爭〞。正因為不去刻意爭奪,完全依循自然的規律行事,在〝相反相成〞陰陽相互轉化的規律之下,進而達到〝無為而無不為〞及由〝不爭〞轉化為〝天下莫能與之爭〞的境界。

當人起心動念有出自於個人私欲所產生的分別心,這種與〝道〞悖離的思想意念所產生的不正常現象,就會產生了相互矛盾的對立衝突與紛爭,不〝道〞早已,非但沒有好的結果,而且無法持續長久。

效法自然之道,不敢在天下人之先而刻意的有所作為,以〝無欲〞、〝謙讓〞、〝不爭〞、〝居下〞、〝無為〞的方式,無為自然,謙抑禮讓,居後而不爭先,不與人爭,就是因為不去刻意爭奪,因循〝道〞的自然規律行事,反而能夠得到大家的愛戴推崇,才能到達天下無人可與他爭奪

的境界，在人世間任何一個領域中，都能在眾人之先，居領導的地位。

老子用樸素辯證法的觀點，說明表面看似乎相反的兩者之間，實則存有辯證法的因素，陰陽規律中相反相成、對立統一的道理中，在無偏私的分別心下，以〝無為〞的方式誠心自然行事，對立又統一的雙方就能產生〝相反相成〞陰陽相互轉化的效果，由利他〈〝善下〞、〝身後〞、〝不爭〞〉最終轉化為利已〈〝處上〞、〝身先〞、〝莫與之爭〞〉，說明對立的雙方可以相互轉化。

上德之人行道時的行為準則，是效法天道〝利而不害〞的自然法則，沒有偏私利已之分別心，沒有想得到個人主觀慾望的滿足，在〝無欲〞的狀況下，一切作為自然而然、順其自然做事，促成有利的事情，有作為而不爭功，幫助世人而不與人爭名奪利。

貴在中和，不爭之爭。因此，〝不爭〞是一種態度和天賦秉性，並不是手段。〝不爭〞之詞貫穿在老子整部經文當中，與人不爭，反而能「莫之能與之爭」，在名利面前，不與人爭，反而更能獲得人心，得到眾人的擁護愛戴。《道德經》中的〝無為〞，並不是甚麼都不做，而是在不違背〝天之道〞的狀況下，所作所為要以〝不爭〞為前提的作為。

〝天道〞是宇宙自然規律自發的本質特性，而〝人道〞就是上德之人的德行類比效法〝天道〞，它們之間的共同點就是〝利而不害〞與〝為而不爭〞。總而言之，最後老子是以〝天之道，利而不害；人之道，為而不爭。〞作為整部《道德經》的總結。

〈三〉、守柔處下。

老子在第四十二章中說：「萬物負陰而抱陽，沖氣以為和。」萬物均是由初始的柔弱、低下，逐漸往剛強、高上的一面發展，這是必經的過程與趨勢。在發展過程之中，陰陽平衡、和諧統一是最穩定的狀態，也是〝道〞的靜態本體的本質特性，此一狀態就是任何一個領域追求者一個標準的〝度〞，慾望過度的追求，就是悖〝道〞而行，在〝反者道之動〞此一法則之下，再好的事情也將會往反面轉化。

讀者可能心中會有一個疑問，既然〝無為而無不為〞及〝不爭天下莫能與之爭〞，當事業有所成就或已經身處高位的時候，按照〝反者道之動〞此一宇宙的規律，物極必反，勢必會往反面轉化而走向衰敗滅亡之途，此時我們應該怎麼辦呢？

老子認識到事物發展的極限，避免事物向相反的方向發展，防患於未然，因而提出了〝守柔處下〞，也就是不爭、貴柔、守雌、安於卑下…

等原則,使其維持、或者延長這一和諧平衡穩定的狀態,不致到達衰敗的臨界點。我們在此僅以〝守柔處下〞做一個代表性的解讀。老子倡導的〝守柔處下〞有兩種不同的作用,分析如后:

1、當本質柔弱、能力不足之時。

　　萬物都是循著陰陽的規律,隨著時間的推移,不斷的運動變化。在陰陽對立變化的過程中,陰陽平衡、和諧統一狀態是必經的階段,是萬物發展的過程中,最佳的理想狀態,但是此一狀態並非永久不變。萬物在〝始生〞、〝強盛〞、〝衰亡〞整個過程中,〝始生〞階段本質柔弱,有如旭日東升,具有旺盛的生命力與發展潛力。〝強盛〞階段有如日正當中,抵達巔峰,但是已無發展餘地。〝衰亡〞階段有如日薄西山,走向衰亡,復歸於〝無〞,則是必然的趨勢,萬事萬物都受此一陰陽自然的規律所規範制約,這也是萬物發展必然的趨勢。

　　因此,當本質柔弱能力不足之時,要〝守柔處下〞,站在柔弱、低下、謙卑、不爭的一面,也就是站在事物發展趨勢最有利的地位,循〝道〞而行,自然而為,經過時間的推移,〝強弱〞與〝剛柔〞兩者之間由量變引起質變,相互轉化是必然的結果。

　　立足於柔弱,才能順勢而行,〝守柔處下〞在〝道〞的外在實際應用上,就發揮了很大的作用。這裡所說的〝守柔處下〞,只是象徵性的列舉說明而已,舉凡具有柔弱、低下、謙卑…等象徵性質者,皆含蓋在內,柔就是不強硬,弱就是不強勢,柔弱亦含有柔韌歛藏的意思。

2、當功成名就、身處高位時。

　　當萬物在強盛階段,其位階雖然高貴,但是已達物極必反的臨界點,每況愈下,最終走向衰亡是必然的結果。老子領悟出〝道〞的自然規律及整體運作模式之後,教導我們要掌握住萬物發展的大趨勢,站居對後續發展和諧穩定最有利的地位,若是不想到達臨界點發生質變,除了必須〝戒盈忌滿〞之外,還需做到〝守柔處下〞,也就是貴柔守雌,守柔、處下、〝自然〞、〝無欲〞、〝無為〞、〝不爭〞…等,藉著陰陽調和的效果,讓事情處於陰陽和諧、平衡統一對我們最有利的狀態。此時我們就要依循〝道〞的原則自然而為,〝處中和,行無為〞,使其維持、或者延長這一和諧平衡狀態,不致到達走向衰敗的臨界點,這才是持盈保泰長久穩定之道。

　　以往的君侯瞭解「貴以賤為本,高以下為基」,陰陽必須和諧才能

夠穩定長久這個道理之後，因此，謙虛的自稱孤王、寡人或不善。藉著主動降低自己的尊位，這種〝守柔處下〞自處於低下之位，不以盛氣凌人，謙虛為懷的表現，就是為了追求陰陽平衡、和諧統一、合乎自然規律，天人合一最穩定長久的境界。

二、〝弱者道之用〞要掌握事物運動變化中的〝勢〞。

　　研讀《道德經》的讀者們，一開始可能都會有相同的疑惑，為什麼在老子的哲學思想裡面，總是強調看似〝柔弱〞的一面，例如：〝柔弱勝剛強〞，〝夫唯不爭，故天下莫能與之爭。〞，〝無為而無不為〞…等，這些和我們當今主流的價值觀似乎大相逕庭，背道而馳，為什麼會有這種情形呢？老子的理論基礎到底是什麼？若事先不能理解老子的思想理論基礎，可能到頭來還是有如霧裡看花，一頭霧水而不知其所以然。

　　老子說：萬物負陰而抱陽，象徵著萬物均身處於一體兩面的陰陽中間，在陰陽規律下運動變化，永遠受其制約；萬物均追求向上及正面的發展；萬物均是由初始的柔弱、低下，逐漸往剛強、高上的一面發展，這是必經的過程與趨勢，而中間陰陽平衡、和諧統一是最穩定的狀態。

　　萬物在宏觀世界創生之後，初始期間都是柔弱體質，但是具有旺盛的生命力，來日方長，充滿著生機，經過時間的累積，不斷的成長之後，各種不同的物種都會達到其巔峰期，反者〝道〞之動，盛者衰之始，物極必反，顛峰期一過，就會往負面轉化終至消亡，從何而來，便往何而去，回歸到根本的原點。萬事萬物整個周期就有如旭日初升，日正當中，日中則昃，夕陽西沉一般，周而復始，生生不息，循環不已。

　　老子哲學思想中的樸素辯證法告訴我們，萬事萬物都存在著相互矛盾的兩個對立面，對立的事物發展變化到極點，總是朝著相反的方向轉化，例如〝物壯則老〞，〝兵強則滅〞，〝木強則折〞。按照陰陽的規律，物極必反，盛極而衰，陰陽之間的相互轉化是必然的趨勢，說明事物發展到達臨界點，就已經開始走上了盛極而衰的窮途末路。

　　萬事萬物初始雖然柔弱，但是極具發展潛力。剛強雖至巔峰，但已是強弩之末，開始轉向衰敗之途。老子慧眼獨具，洞悉自然規律之消長，瞭解〝物壯則老〞，〝兵強則滅〞，〝木強則折〞的道理，要我們通曉事物自然發展的趨勢，〝不爭一時，爭千秋〞，高瞻遠矚，重視自然規律之消長，寧可居柔弱的一面，我們要知曉掌握自然規律發展大勢之所趨，掌握事物運動變化中的〝勢〞，掌握趨勢，順勢而為。

　　〝弱者道之用〞就是〝道〞的理論思想外在的實際應用，也就是產

生作用的方式,這句話其中蘊含著奧妙的玄機,要用〝弱〞而不用〝強〞,就是因為〝反者道之動〞相反相成,相互轉化的法則,用〝弱〞反而能〝強〞,反之,用〝強〞則反而會變〝弱〞。在強弱一對矛盾中,表面上看似強者,實際上卻是弱者;表面上看似弱者,實際上反倒是強者。

換言之,表面的強弱只是一時的假像,真實的強弱恰恰與表像相反。因此,我們若要求得正面,勢必要從反面著手,例如〝無為而無不為〞,〝夫唯不爭,故天下莫能與之爭〞,這些並不是詭辯之辭,而是蘊含著深奧的天機哲理,是萬事萬物永遠受其制約的自然規律。

所謂的〝柔弱勝剛強〞,並不是指當下而言,而是站在自然規律發展的未來趨勢來說,這裡的柔弱並非軟弱無力,而是指含有柔韌斂藏的意思。老子所提出的〝弱者道之用〞,依據陰陽規律中相反相成、相互轉化的法則,就是要我們站在柔弱、低下、謙卑、不爭的一面,也就是站在事物發展趨勢最有利的地位,除了要依〝道〞而行之外,還要等待萬物消長之機及經過時間的推移,〝強弱〞與〝剛柔〞兩者之間由量變到質變,相互轉化之後,屆時就〝弱能勝過強,柔能勝過剛〞。

這種情形對於那些急功好利、急於求成世俗者而言,確實是難以置信與接受的事情。若是柔弱和剛強立即硬碰硬的正面對抗,那無疑是以卵擊石,必敗無疑。

站在自然規律發展的未來趨勢來說,強大的東西是處於劣勢,而柔弱的東西居於上風,積弱可以為強,積柔也就成剛,欲剛必以柔守之,欲強必以弱保之。老子說:「強大處下,柔弱處上。」也就是說,表面的強弱只是一時的假像,真實的強弱恰恰與表像相反。當然,世間也會有以堅強勝柔弱者,但這只能是暫時的現象,因其不符合〝道〞的規律,故必定不能長久。以柔克剛,以弱勝強,則是體現了〝道〞的永恆真理,也突顯了事物轉化其勢不可阻擋,其力不可戰勝的必然性。

老子主張柔弱,並非追求柔弱本身,而是依據〝道〞體中所蘊含的相反相成、相互轉化的法則,提示我們要站在柔弱、低下、謙卑、不爭的一面,也就是事物發展趨勢最有利的地位。

〝天道〞所謂的〝無為〞之用是〝弱〞,〝人道〞的〝有為〞之用是〝強〞,然而〝天道〞之用〝弱〞為長久之道,那些不合天道的〝人道〞之用〝強〞,實際上是早亡之道。老子有鑑於此,因此提出〝弱者道之用〞此一辯證思維,這也是老子在辯證思維上所提出幾個精闢的結論。

老子在這裡所說的〝弱〞,只是象徵性的列舉說明而已,舉凡具有柔弱、低下、謙卑…等象徵性質者,皆含蓋在內。強者用弱長久,弱者

圖強求生；強者圖強必折，弱者用弱必亡。這裡的〝弱〞就是不強勢，不急躁，不冒進，順其自然，只有在這種狀態下，〝道〞才可以更好的發揮作用。遵循大道而行者，想要有一番成就，就必須守柔、處下、不爭，謙退，示弱，一切順其自然的循序漸進，因為相互轉化不是一蹴可幾的事情，所以成大器者必定晚成。

　　柔弱與剛強之間的轉化，需要一段長時間來醞釀，並非一蹴可幾的事情，當柔弱逐漸轉剛強的時候，為了防止走向物極必反，盛極而衰的窮途末路，老子主張個人心境要守住〝道〞的本體，以達致虛與守靜的最佳狀態。切記要〝戒盈忌滿〞，〝貴柔守雌〞，守柔、處下、不爭、去甚、去奢、去泰，也就是言行不可過中，要去掉那些極端、過分的言行舉止，始終保持著一個〝度〞，像〝道〞那樣謙虛低下而不盈滿的狀態，如此作為，就可持盈保泰，長久處於陰陽平衡、和諧統一的最佳理想狀態，這才是長久之道。

　　萬物都存在對立和統一能相互轉化的兩個面，陰陽規律讓我們進一步了解到萬物總是處於運動變化之中，變化只是一種現象，而造成變化的規律卻是不變的，變與不變同時存在。此一宇宙自然的規律，不以人主觀意志為轉移，是客觀的永久存在，而這種運動變化的方向，就是萬物發展的〝勢〞，所以〝順勢而為〞乃是大智慧的表現，老子要突出的是事物相互轉化的必然性，這也是樸素辯證法中所蘊含的智慧。

三、萬物將〝自賓、自化〞，其科學依據為何？

　　在量子科學理論之中有一個量子系統之間的感應特性，我們稱之為〝量子感應〞。在微觀世界量子系統中，一個系統跟一個比它大的系統互動時，它會開始失去它原有的性質而順從更大的系統，也就是大的系統能感應小的系統，讓小的系統獲得大系統相同的信息，而與大系統趨於一致，就如同磁化作用一般，這種現象稱之為〝量子感應〞。

　　量子理論顯示出了心靈與物質、部分與整體、微觀與宏觀之間，確實是存在內在深層次的連結，可以相互吸引、感應。我們的意識也是量子系統，可以促成物質世界從不確定到確定的轉移。〝量子糾纏、感應〞現象揭示了宇宙是個不可分割的整體，萬物在奇異點之時，都是一體同源，量子領域顯示出了心靈意識與萬物之間，都具有內在深層次的連結，具有相互吸引、感應的能力，只是愈是相同類似者之間，相互感應吸引的能力愈強烈，差異性愈大的兩者之間，相互感應吸引的能力愈弱。

　　人類心念、意識具有左右萬物變化偏移的能力，而且是萬事萬物相

同類似者之間相互吸引、相互感應的媒介，人與人之間相處互動因而所產生的事情，也不脫離此一規律與法則所規範，由微觀至宏觀，由於差異性愈來愈大，其相互感應、吸引的能力仍然存在，只是逐漸減弱而已。在宏觀世界中，包含我們人世間的人、事、物也都具有〝量子糾纏、感應〞的現象，這種現象在自然界普遍存在。

老子說：〝道〞大，天大，地大，人亦大。人能夠參與天地之造化。按照量子理論我們得知，萬物唯心造，人的意識能左右客觀環境或物質的屬性與偏向，也就是客觀環境、物質的好壞，事情未來發展的偏向與最終的結果，都是隨著人類量子意識信息能量場所負載的信息內容而偏向轉化，會在宏觀世界轉化為真實，同時也顯示，我們的意識內容不論其好壞，都能對宏觀的物質世界有直接相同類似的影響。

人的意識其影響的程度，是由本身為中心，就像是波之漣漪一般向外擴散，身分地位愈高、影響力愈大者，其感應所及的範圍愈廣愈大；一般的個人在此一量子系統中，其影響當事者人的本身最為強烈，愈是外圍其影響程度愈是輕微。因此，正面或負面的思想意識，獲益或受害最重大的就是本身自己。

心靈上的心念意識的偏向，都會改變微觀世界量子態的變化，宏觀世界的現象，就是微觀世界的顯現，所以每個宏觀世界事件的變化，都是由於您的心靈意識影響微觀世界量子系統中量子態的變化所造成的結果，是由微觀世界的量變，漸進到宏觀世界的質變，人類通過心念或意識的力量，無時不刻在改變著宏觀世界您周圍的一切客觀環境。量子事件是可逆的，因此，若是心靈上負面的心念意識導致不良的結果，也可因正面調整改變您心靈上的心念意識而獲得改善，反之亦然。

老子在第三十二章中說：「侯王若能守之，萬物將自賓。」第三十七章「侯王若能守之，萬物將自化。」，這裡面所說的自賓與自化，指的是上德的領導統治者，具有深厚的德性能夠感化萬物，當然包含所治理的百姓在內，這就是所謂的〝德化〞。站在量子理論科學角度來解釋，指的就是〝量子感應〞與〝量子糾纏〞現象。

在〝量子感應〞〈天人感應〉作用之下，萬物都能受到人的意識感應而自然的轉化。在人的意識能量所能影響的範圍內，萬物會去除其原有的信息，而接受人的意識此一大的量子系統全部的信息，這就是量子理論中所謂的〝量子感應〞，也是老子在《道德經》中所說的〝自化、自賓〞，自然的自我轉化與順從。

只要領導統治者見素抱樸，少私寡欲，無為而治，遵循〝道〞的原

則行事，不僅可以德化民，而且能恩澤及於萬物眾生，萬物一切均安定和諧，自然而然的歸順服從，呈現一片陰陽和諧、祥和景象。周遭其能力影響所及的範圍內，萬物將受其感應而自然轉化遵循於〝道〞。用我們的一般用語來說明，就是受到感應而潛移默化，近朱者赤，近墨者黑。

老子深諳此理，因此藉著侯王來說明此一自然的規律。也就是領導統治者確守〝道〞的原則行事，效法〝大道〞，常守無為，施無為之德，行無為之政，以〝道〞治天下，以〝德〞化萬民，其影響範圍及於他的子民，其子民皆能受到感應，而轉化成與領導統治者意識內容相同類似而歸於〝道〞，都能過上「甘其食，美其服，安其居，樂其俗」的生活。

但是轉化歸於〝道〞的這種狀況也非永久不變，量子事件是可逆的，當領導統治者守〝道〞不純，有欲之心稍有萌動，或被情慾所牽，心中意識往負面改變，則其子民亦將會往負面做相同類似的轉化，則社會詐偽隨之而興，日益滋長，世道敗壞。同樣的道理，任何一個人能否確守〝道〞的原則行事，外在除了影響個人事件未來的發展與成敗，內在同樣也會影響個人身心的健康與否。

《道德經》中所說的〝自化、自賓、自定、自正、自樸〞，講的都是主體先要如何，次體受到量子感應之後，自然的轉化成與主體相同類似的狀態，這就是〝量子感應〞的效應，也是宇宙自然規律的特性之一。

四、人類世界為何離〝道〞愈行愈遠。

〝道〞的靜態本體是萬物之母，其本質特性就是陰陽平衡，和諧統一又穩定長久的狀態，最大的特徵就是〝自然〞。所以在微觀世界具有此一狀態下的萬物量子態，其自然化生的概率也最大。因此，化生在〝德〞動態物質世界中的萬物，不論是其個體內在，還是與外在其它群體之間的生態關係，都與〝道〞靜態本體的本質特性相脗合，是處於陰陽平衡，和諧統一的狀態。

嬰兒初至人世在一歲期間內，常處於無私無我、無分別心、天真柔和、無知無欲、順其自然的本性，與〝道〞是處於天人合一的狀態，也就是所謂的〝和之至〞。因此，老子在《道德經》中多次以嬰兒來作為〝道〞的代稱之一，〝上德〞之人其德性反璞歸真之後，在人身上的具體體現，就如同嬰兒一樣。在〝德〞的動態物質世界中，陰氣與陽氣這兩者雖然是相互對立，但是在相互激盪、交互作用的過程中，我們追求的就是陰陽平衡，和諧統一，合乎自然規律，天人合一的最高境界。

在宇宙萬物運動發展自然規律中，陰陽平衡是最和諧穩定的狀態，

了解其中的奧妙皆在於〝和〞，就能把握了〝道〞的本質和規律，在人身上的表現，指的就是心中念頭沒有偏私利己之分別心，沒有刻意追求個人主觀慾望滿足的妄念，有如嬰兒無我的赤子之心，常處於天真柔和、無知無欲、少私寡欲，遇事隨順，順其自然，反璞歸真、陰陽平衡、和諧統一的狀態，與〝道〞的靜態本體本質特性天人合一。

因此，在遠古人類尚處於蒙昧無知的草昧時期，正是大道盛世之時，是處於陰陽平衡、和諧統一的狀態，有如嬰兒自然無欲、智慧未開，也沒有奸巧詐偽，符合〝道〞的本質特性。

宇宙間萬事萬物都是以對立統一的方式存在，當大道盛世之時，是處於陰陽平衡、和諧統一的狀態，此時沒人會去關注任何一個面，一旦失去平衡偏向某一面，缺失的那一面馬上就會被彰顯推崇起來，這也是相反相成的自然規律，其目的是讓這個世界處於一個相對平衡的狀態。

〈一〉、〝大道〞衰微的主要原因。

是甚麼原因會造成陰陽失衡呢？究其原因，就是人類智慧漸開之故。在嬰兒成長的過程中，隨著入世漸深，後天不斷的接觸外在事物，經過時間的推移，所獲得的知識學問，也就逐日累積增加。在後天學習的過程中，由於受到自身好惡的影響，每個人都會選擇屬於自己喜好的部分，因此，所學習的內容中，有的合於〝道〞，有的與〝道〞相悖離。這些後天學習而來的知識，同時也內化成每一個人不同的主觀意識及個性與習性。

隨著時代的變遷，人類由蒙昧無知逐漸轉化為後天智慧大開之後，人心愈加不古，知識慾望愈增加，虛偽巧詐、憂愁煩惱也隨之不斷的增加，此時人性貪婪的慾望已經遮蔽住了本性，個人由於修身不足之故，起心動念產生偏私〝有欲與我執〞之分別心，開始有了追求個人主觀慾望實現的妄念，這種慾望繼而在人世間產生各種不同的對立面，於是世風日下，人心不古，崇尚物慾的人心奢靡行為，造成〝不仁不義、大偽似真、不慈不孝、大奸大惡〞等…亂象，人類後天的主觀意識已經逐漸遠離〝道〞的本質特性。

崇尚物慾的人心奢靡行為，在社會中開始蔚為風尚，造成國家社會的動盪與不安，也因此離〝道〞愈行愈遠。講人性欲望的〝人之道〞，在貪婪不知足欲望的驅使下遮蔽住了本性，人性已經逐漸遠離〝道〞的本體，與〝天之道〞背道而馳，已經喪失有如嬰兒之純樸本質，因而大道逐漸衰落廢棄而淡出，這就是〝大道〞衰微的主要原因。老子不禁感

嘆〝大道〞愈來愈荒廢，世間眾人離〝道〞愈來愈遠，方興未艾，似無休止，沒有盡頭啊！

在大道逐漸荒廢淡出的時期，人類從小就被灌輸一種思想，那就是要爭先、爭強，決不能軟弱，在〝恥謙卑、好強梁〞這種思想的驅使下，人們變得急功好利，急於求成，爭強好勝，與〝道〞背道而馳的錯誤思想觀念，已經成為人類共同的認知與固定的行為模式。

由於個人〝我執、我欲〞偏私的慾望所產生的分別心，〝道〞開始殘缺，陰陽失衡之下產生一個錯動，事物便在客觀世界開始顯現出來，同時也產生了相互矛盾對立的另一個面，我們稱之為〝有為〞，這是世間衝突紛爭的根源，也是〝大道廢〞的另一個主因。

由於個人主觀意識偏私有欲的分別心，在客觀世界造成善惡、美醜、好壞相對性的對立。而這種對立又因個人主觀上的認知不同而有所不同，這種相對性的道德標準，在當下的社會上已經積習成俗，並以此作為是非善惡判定的標準，眾人行事都不敢有所逾越。因此，在風氣盛行的當下，就算是修〝道〞之人，也要〝和其光，同其塵〞，行事也不得不有所忌憚，避免犯了忌諱而觸及社會風氣之逆鱗，真是〝人之所畏，不可不畏〞。

大道既然衰落淡出，世道衰頹，道德淪喪，故聖人不得不立仁義，施以德治，用仁義道德來規範人民的心性行為，以匡正社會風氣，使天下由〝德〞漸歸於〝道〞。因此，社會上對某種德行的提倡和表彰，正是由於陰陽失衡，特別欠缺這種德行的緣故。

〝道〞衰敗之後〝德〞出現了，〝德〞廢棄後〝仁〞出現了，〝仁〞廢棄後〝義〞出現了，〝義〞廢棄後〝禮〞出現了。〝禮〞使人們逐漸喪失了忠厚、誠信的品德，是一切動亂的始作俑者。〝德、仁、義、禮〞的出現，代表著〝道〞每況愈下，離〝道〞愈行愈遠，不是〝道〞離我們而去，而是我們棄〝道〞而行。

〈二〉、如何反璞歸真，恢復純樸自然的本性。

人類要尊重陰陽平衡的規律，不要打破自然陰陽和諧統一的穩定狀態，要少私寡欲，平靜柔和，遇事隨順，順其自然。不能為了追求滿足個人主觀的慾望，而有偏私利己之分別心刻意的有心作為，各種欲望的放縱和追求會導致我們迷失本性，這種與〝道〞相悖離，陰陽不和諧的表現，破壞了陰陽和諧統一穩定的狀態，其結果就是提早滅亡。老子認為物質文明科技愈是發達，愈不重視〝道〞的本質特性，就會離〝大道〞

愈遠,不重視精神文明及與大自然和平共處,人類文明終將會自我毀滅。

因此,老子提出〝見素抱樸,少私寡慾,絕學無憂。〞返璞歸真的思想,堅守自身純樸自然的本性,誠於心而形於外,就算是不能完全根絕自我的私心,也要儘量減少偏私的分別心,不落主觀的偏見,要克制想要得到個人慾望滿足的私慾雜念,遇事隨順,順其自然。棄絕一切不合於〝道〞的知識及錯誤的主觀認知,及棄絕由於偏私的慾望所衍生出來的虛名巧智、虛偽仁義、投機取巧。真正的〝大道〞是讓人類歸於樸實自然,去除〝我欲、我執〞偏失的分別心,這才是刻不容緩的正途。

大道無所不在,就在日常生活當中每一個人的心裡,但世人卻離〝道〞漸行漸遠,並不是〝道〞之遠人,而是人自遠之。在人類科技文明發展的同時,如何讓人類去除原有根深蒂固錯誤的思想,同時也要獲得有關新的正確思維概念,認識宇宙自然的規律,在此蛻變過程中,人類精神領域因此破繭而出,羽化成蝶,往上提升一個層次,達到前所未有的高度,如此方有可能達成老子心中理想的境界。

第六章、結語。

根據聯合國教科文組織的統計,《道德經》是除了《聖經》以外被譯成外國文字發佈量最多的文化名著。《紐約時報》上也曾公佈過,從古至今世界上最有影響力的作者,卻是老子。德國被公認為是世界上哲學素養最高的國家,在德國平均每個家庭都有一本《老子》。《道德經》對中國傳統哲學、科學、政治、宗教…等,都產生了深刻的影響,《道德經》與《易經》、《論語》並列為影響中國最深遠的三本思想鉅著。

《道德經》洋洋灑灑五千言,言簡而意味深長,質樸而充滿哲理,玄妙而順理成章,道盡世間萬法之真諦,蘊含宇宙人生的智慧,對中華文明影響極其深遠,開啟了辯證思維的新世界。老子在《道德經》所論述樸素辯證法的哲學思想,其理論思想根源就是陰陽自然的基本規律及天人合一的思想。

老子的《道德經》不容易看懂,因為他的話語其中有轉折,文字簡約偏澀,歷來部分學者沒有依據陰陽自然的基本規律及天人合一的思想,一以貫之的來注解,僅是望文生義,自以為是的錯誤解讀,膚淺的看法極易造成讀者錯誤的認知。

為何從古至今,對於〝道〞到底是什麼,人們始終無法得出一個絕對的定論?因為原本抽象無形的〝道〞經過描述之後,就變成了具體有

形的事物，本來無色、無相、無名，就變成了有色、有相、有名，有了具體形象，就有了局限性，也就不再是客觀存在的〝道〞，而變成了我們主觀上認知的〝道〞。

因此，〝道〞的內涵與範圍，已經超出人類一般的思維邏輯，不論是《易經》、《道德經》、量子科學，還是各宗教…等，只要是用文字語言來描繪形容的思想，任何一個領域都只是以管窺豹片面的認知，無法完整詳細的描繪出整體〝道〞的架構及內涵。

〝究天人之際，通古今之變，天人相感，陰陽和諧〞，是古往今來中國思想家和哲學家終身不渝的追求。《道德經》中所講的〝天道〞，也就是〝道〞的本體，與《易經》哲理、量子科學理論、佛家思想所講的是同一個宇宙自然規律。就算是集上述各家之長，互通有無，綜合整理彙整之後來解釋〝道〞的概念，也只是將〝道〞的輪廓描述得更加清晰一點而已，離完整清晰的〝道〞，仍然是遙不可及。究其原因，世人基於現實物質世界的意識思維，對更高層次的概念還是難以理解，無法清楚的認知之故。

所謂〝說法者，無法可說，是名說法〞。筆者依據有限的知識，抱持著野人獻曝心理，試圖藉著本書的論述描繪出〝道〞的整體大概輪廓，所概略提供的方向，也只是那個指向月亮的手指，仍然不是明月。而是要提供普羅大眾對〝天道〞有一個嶄新的認識與理解，在這些論述的文字上去悟得〝意在言外的弦外之音〞。

基於上述理念，本書論述與老子《道德經》開頭第一章「道可道，非常道，名可名，非常名」兩者意義相同。這個〝道〞的內涵如果能用文字言語表述，就不是真正要告訴您的〝道〞。如果能夠給它一個命名，這個命名也不能真正代表它。

為什麼這個〝道〞與〝法〞千古以來就是無法說清楚呢？因為我們是生活在屬於陰陽這兩個對立面所構建的宇宙之中，若是沒有陰陽相對立兩個面，一切語言、文字皆無法形容描述之故。這也就是修行之人所追求的〝道〞與〝法〞，必須是無分別之菩提心。

因此，想要進一步認識〝道〞，必須跳脫原有的邏輯思維觀念，同時也獲得各種新的正確思維觀念，認識到宇宙根本的真理規律，在此轉變過程中，思維力獲得提高、發展或飛躍，對相關各領域都有了新的見解與認知，並且在精神領域方面能獲得更高一個層次的提升，此時才能發揮〝主觀能動性〞，喚醒我們深藏的潛能，讓您的精神領域提升到前所未有的高度。

第三篇、《道德經》 上篇 道經 全文

第一章　　天地之始
道可道,非常道。名可名,非常名。無名天地之始,有名萬物之母。故常無欲,以觀其妙;常有欲,以觀其徼。此兩者同出而異名,同謂之玄,玄之又玄,眾妙之門。

第二章　　功成不居
天下皆知美之為美,斯惡已。皆知善之為善,斯不善已。故有無相生,難易相成,長短相形,高下相傾,音聲相和,前後相隨。是以聖人處無為之事,行不言之教;萬物作焉而不辭,生而不有,為而不恃,功成而弗居。夫唯弗居,是以不去。

第三章　　無為而治
不尚賢,使民不爭;不貴難得之貨,使民不為盜;不見可欲,使民心不亂。是以聖人之治,虛其心,實其腹,弱其志,強其骨。常使民無知無欲,使夫智者不敢為也。為無為,則無不治。

第四章　　和光同塵
道沖而用之或不盈,淵兮似萬物之宗;挫其銳,解其紛,和其光,同其塵,湛兮似或存。吾不知誰之子,象帝之先。

第五章　　天地不仁
天地不仁,以萬物為芻狗;聖人不仁,以百姓為芻狗。天地之間,其猶橐籥乎?虛而不屈,動而愈出。多言數窮,不如守中。

第六章　　谷神不死
谷神不死,是謂玄牝。玄牝之門,是謂天地根。綿綿若存,用之不勤。

第七章　　天長地久

天長地久。天地所以能長且久者,以其不自生,故能長生。是以聖人後其身而身先;外其身而身存。非以其無私邪?故能成其私。

第八章　　上善若水
上善若水。水善利萬物而不爭,處眾人之所惡,故幾於道。居善地,心善淵,與善仁,言善信,政善治,事善能,動善時。夫唯不爭,故無尤。

第九章　　功成身退
持而盈之,不如其已;揣而銳之,不可長保。金玉滿堂,莫之能守;富貴而驕,自遺其咎。功成身退,天之道也。

第十章　　滌除玄覽
載營魄抱一,能無離乎?專氣致柔,能嬰兒乎?滌除玄覽,能無疵乎?愛民治國,能無為乎?天門開闔,能為雌乎?明白四達,能無知乎?生之畜之,生而不有,為而不恃,長而不宰,是謂玄德。

第十一章　　無之為用
三十輻,共一轂,當其無,有車之用。埏埴以為器,當其無,有器之用。鑿戶牖以為室,當其無,有室之用。故有之以為利,無之以為用。

第十二章　　杜外養中
五色令人目盲,五音令人耳聾,五味令人口爽,馳騁畋獵令人心發狂,難得之貨令人行妨。是以聖人為腹不為目,故去彼取此。

第十三章　　寵辱若驚
寵辱若驚,貴大患若身。何謂寵辱若驚?寵為上,辱為下,得之若驚,失之若驚,是謂寵辱若驚。何謂貴大患若身?吾所以有大患者,為吾有身,及吾無身,吾有何患?故貴以身為天下,若可寄天下;愛以身為天下,若可托天下。

第十四章　　執古御今

視之不見名曰夷，聽之不聞名曰希，搏之不得名曰微。此三者不可致詰，故混而為一。其上不皦，其下不昧。繩繩不可名，復歸於無物。是謂無狀之狀，無物之象，是謂惚恍。迎之不見其首，隨之不見其後。執古之道，以御今之有。能知古始，是謂道紀。

第十五章　　微妙玄通

古之善為士者，微妙玄通，深不可識。夫唯不可識，故強為之容：豫兮若冬涉川，猶兮若畏四鄰，儼兮其若客，渙兮若冰之將釋，敦兮其若樸，曠兮其若谷，渾兮其若濁。孰能濁以靜之徐清？孰能安以久動之徐生？保此道者不欲盈，夫唯不盈，故能敝而新成。

第十六章　　致虛守靜

致虛極，守靜篤。萬物並作，吾以觀復。夫物芸芸，各復歸其根。歸根曰靜，是曰復命。復命曰常，知常曰明。不知常，妄作凶。知常容，容乃公，公乃全，全乃天，天乃道，道乃久，沒身不殆。

第十七章　　道政合一

太上，下知有之，其次親而譽之，其次畏之，其次侮之。信不足焉，有不信焉。悠兮其貴言，功成事遂，百姓皆謂我自然。

第十八章　　道廢仁出

大道廢，有仁義；智慧出，有大偽；六親不和，有孝慈；國家昏亂，有忠臣。

第十九章　　見素抱樸

絕聖棄智，民利百倍；絕仁棄義，民復孝慈；絕巧棄利，盜賊無有。此三者以為文不足，故令有所屬：見素抱樸，少私寡欲，絕學無憂。

第二十章　　唯之與阿

唯之與阿，相去幾何？善之與惡，相去若何？人之所

畏，不可不畏。荒兮其未央哉！眾人熙熙，如享太牢，如春登台。我獨泊兮，其未兆，如嬰兒之未孩；儽儽兮，若無所歸。眾人皆有餘，而我獨若遺。我愚人之心也哉！沌沌兮，俗人昭昭，我獨昏昏。俗人察察，我獨悶悶。澹兮其若海，飂兮若無止。眾人皆有以，而我獨頑似鄙。我獨異於人，而貴食母。

第二十一章　　惟道是從

孔德之容，惟道是從。道之為物，惟恍惟惚。惚兮恍兮，其中有象；恍兮惚兮，其中有物。窈兮冥兮，其中有精，其精甚真，其中有信。自今及古，其名不去，以閱眾甫。吾何以知眾甫之狀哉？以此。

第二十二章　　抱一守中

曲則全，枉則直，窪則盈，敝則新，少則得，多則惑。是以聖人抱一為天下式。不自見，故明；不自是，故彰；不自伐，故有功；不自矜，故長。夫唯不爭，故天下莫能與之爭。古之所謂曲則全者，豈虛言哉！誠全而歸之。

第二十三章　　希言自然

希言自然。故飄風不終朝，驟雨不終日。孰為此者？天地。天地尚不能久，而況於人乎？故從事於道者，道者同於道，德者同於德，失者同於失。同於道者，道亦樂得之；同於德者，德亦樂得之；同於失者，失亦樂得之。信不足焉，有不信焉。

第二十四章　　修道四要

企者不立，跨者不行，自見者不明，自是者不彰，自伐者無功，自矜者不長。其在道也，曰：餘食贅形。物或惡之，故有道者不處。

第二十五章　　道法自然

有物混成，先天地生。寂兮寥兮，獨立而不改，周行而不殆，可以為天下母。吾不知其名，字之曰道，強為之名，曰大。大曰逝，逝曰遠，遠曰反。故道大，天大，地大，人亦大。域中有四大，而人居其一焉。人法地，地法

天，天法道，道法自然。

第二十六章　　道重身輕
重為輕根，靜為躁君。是以聖人終日行不離輜重。雖有榮觀，燕處超然。奈何萬乘之主，而以身輕天下？輕則失根，躁則失君。

第二十七章　　善行無跡
善行無轍跡，善言無瑕讁；善數不用籌策；善閉無關楗而不可開，善結無繩約而不可解。是以聖人常善救人，故無棄人；常善救物，故無棄物，是謂襲明。故善人者，不善人之師；不善人者，善人之資。不貴其師，不愛其資，雖智大迷，是謂要妙。

第二十八章　　知雄守雌
知其雄，守其雌，為天下谿。為天下谿，常德不離，復歸於嬰兒。知其白，守其黑，為天下式。為天下式，常德不忒，復歸於無極。知其榮，守其辱，為天下谷，常德乃足，復歸於樸。樸散則為器，聖人用之，則為官長，故大制不割。

第二十九章　　天下神器
將欲取天下而為之，吾見其不得已。天下神器，不可為也，不可執也。為者敗之，執者失之。是以聖人無為，故無敗；無執，故無失。夫物或行或隨；或歔或吹；或強或羸；或載或隳。是以聖人去甚，去奢，去泰。

第三十章　　物壯則老
以道佐人主者，不以兵強天下。其事好還。師之所處，荊棘生焉。大軍之後，必有凶年。善者果而已，不以取強。果而勿矜，果而勿伐，果而勿驕。果而不得已，果而勿強。物壯則老，是謂不道，不道早已。

第三十一章　　兵者不祥
夫兵者，不祥之器，物或惡之，故有道者不處。君子居則貴左，用兵則貴右。兵者不祥之器，非君子之器，不

得已而用之，恬淡為上。勝而不美，而美之者，是樂殺人。夫樂殺人者，則不可以得志於天下矣。吉事尚左，凶事尚右。偏將軍居左，上將軍居右，言以喪禮處之。殺人之眾，以悲哀泣之，戰勝，以喪禮處之。

第三十二章　　萬物自賓
道常無名，樸雖小，天下莫能臣也。侯王若能守之，萬物將自賓。天地相合，以降甘露，民莫之令而自均。始制有名，名亦既有，夫亦將知止，知止所以不殆。譬道之在天下，猶川谷之於江海。

第三十三章　　知人者智
知人者智，自知者明。勝人者有力，自勝者強。知足者富。強行者有志。不失其所者久。死而不亡者壽。

第三十四章　　道蘊萬物
大道汜兮，其可左右。萬物恃之以生而不辭，功成而不有。衣養萬物而不為主，常無欲，可名於小；萬物歸焉而不為主，可名為大。以其終不自為大，故能成其大。

第三十五章　　往而不害
執大象，天下往。往而不害，安平太。樂與餌，過客止。道之出口，淡乎其無味，視之不足見，聽之不足聞，用之不可既。

第三十六章　　以柔克剛
將欲歙之，必固張之；將欲弱之，必固強之；將欲廢之，必固興之；將欲取之，必固與之。是謂微明。柔弱勝剛強。魚不可脫於淵，國之利器不可以示人。

第三十七章　　道常無為
道常無為而無不為。侯王若能守之，萬物將自化。化而欲作，吾將鎮之以無名之樸。無名之樸，夫亦將無欲。不欲以靜，天下將自定。

第一章　天地之始

　　道可道，非常道。名可名，非常名。無，名天地之始；有，名萬物之母。故常無欲，以觀其妙；常有欲，以觀其徼。此兩者同出而異名，同謂之玄，玄之又玄，眾妙之門。

◎本章主旨：此章開宗明義的述說"道"之廣大無邊，放之則彌六合，卷之則退藏於密，遠則無遠弗屆，近則無處不在，萬事萬物都概括其中，廣大備悉，無所不包，非文字、言語所能形容及稱呼。

　　明確指出宇宙萬物是從"無"中生"有"，而由"有"這個混沌虛無的量子信息能量場中，能化育生長出萬事萬物。人世間萬事萬物其發展方向與最終的結果如何，又與人的意識是否恆久保持著"無欲"還是"有欲"息息相關，此兩者之間是陰陽一體之兩面，同出於"道"的靜態本體，其結果卻有如天壤之別，箇中奧妙，玄之又玄，難以用言語文字加以形容表達。

◎重點提示：

一、"道德經"分上下兩篇，上篇為"道經"，下篇為"德經"。"道德經"中所講述的道德，並非我們現今所認知的品性道德，此中的"道"，指的是宇宙中最基本的自然規律，我們以"道"或"天道"來稱呼。

　　此中的"德"，指的是依循宇宙自然的規律，在宏觀動態物質世界人事上的外在實際應用，"道"是體，"德"是用。"道"相當於現代哲學中自然界的終極原理，"德"則相當於人類社會的最高指導原則。"德"是人的修為，"道"是自然的規律。

　　單純講宇宙的自然規律這種形而上之學，太過於抽象，會讓人摸不著邊際，難以體會領悟其中的道理，必須引用在人事上，落實在日常生活中，經過實際操作運用之後，方可彰顯"道"所產生的效用，否則"道"之效用也就無法顯示出來。因此，上篇為"道經"及下篇為"德經"也不盡然都是講宇宙客觀的規律或宇宙規律在人事上的體現，上下篇都是"道"與"德"這兩者，以相互穿插的方式來闡述說明。

　　宇宙中最基本的自然規律只有一個，獨一無二。自古以來，有關宇宙論雖然各家學說都有從不同角度加以闡述說明，但是或有不夠周全之處，若能博觀而約取，厚積而薄發，截長補短，相互驗證，互通有無的加以相互補充說明，或能讓我們對宇宙的規律能有更進一步的認識，同

時對老子〝道德經〞清楚的詮釋也有所助益。

二、現今許多科學家均相信宇宙中充滿了96%的不明物，由於迄今為止尚未發現其究竟係何物，故稱之為暗物質〈23%〉及暗能量〈73%〉，我們所能觀察到的宇宙僅佔整個宇宙4%而已，所以目前能用文字、語言加以形容說明的內容，都不是真正完整的宇宙規律，也就是說，並非恆久不變真正的〝道〞。

　　按照陰陽的規律，宇宙萬事萬物的創始、生成、發展，終結，生成始終，周而復始，循環不已，成就了萬事萬物生生不息之變化與發展的過程。老子哲學思想中的宇宙論說明，整個宇宙它的創始與終結是一個由〝無〞到〝有〞，由〝有〞到〝無〞，周而復始，循環不已的發展過程。

　　老子所說的〝無〞，指的是《易經》中的〝無極〞，也是科學中的〝奇異點〞。所說的〝有〞，指的是《易經》中的〝太極〞，也是量子科學微觀世界中一片混沌虛無、無實體、處於不確定狀態的〝量子信息能量場〞，宏觀世界的萬事萬物皆由此化生。

　　老子在《道德經》開宗明義地就強調了〝道可道，非常道〞，老子崇尚的是人性能夠自修德性，能夠自我管理慾望回復到返璞歸真的狀態。這種狀態難以用言語文字表達形容，非得自我用心體悟，否則不可得。一定要讓老子說出來，老子便只能結合現實國情，採用〝無為〞這種似乎消極，卻符合〝道〞靜態本體本質特性的說法來闡述說明，試圖引領大眾透過外在事物的變化，理解和體悟〝道〞之概念，去掌握隱藏在事物背後的本質和規律。

◎**直譯**：「道」：第一個道字，指的是天道，在宇宙萬物尚未形成之前就已經存在的真理。是宇宙萬事萬物從無到有、從有到無，周而復始，生生不息，完整有系統的演化運行機制。也是自然界一切事物生成、發展、變化及消亡的自然法則與規律，站在科學的角度來說，指的就是宇宙中最基本的自然規律。

　　「可道」：這裡的〝道〞，指的是用言語文字來描述形容。可以用言語文字來加以描述形容的〝道〞。「非」：不是。「常」：永恆不變。「非常道」：只是片面的一部分〝道〞，而不是完整有系統真正永恆不變的〝道〞。

　　「名」：第一個〝名〞，指的是〝道〞的名稱。「可名」：可以用語言文字來稱呼形容，繼而產生一個具體的概念。「非常名」：〝道〞的名稱可以用語言文字來定性稱呼或加以形容，就不是〝道〞永恆不變的〝道〞

之〝名〞了。因此老子在的第二十五章說：吾不知其名，字之曰〝道〞。

「天地」：在這裡指的是宇宙。「無，名天地之始」：我們用〝無〞這個名字，來代表宇宙尚未形成前，處於一片虛無靜謐的狀態，是整個宇宙最根本的開始。是《易經》中的〝無極〞，也是天文學上稱之為無限小的奇異點。

「有，名萬物之母」：我們用〝有〞這個名字，來代表〝混沌〞的量子信息能量場，是處於陰陽平衡和諧的統一狀態，也就是道家所說的〝炁〞，老子又稱之為〝一〞，是《易經》中的〝太極〞，也是萬事萬物生成發展的總源頭。此中的〝有〞是針對〝無極〞中的〝無〞來說的，指的是已經有了這個〝太極〞，也就是〝道〞的靜態本體，這個大的量子信息能量場。

「故」：因此。「常」：恆久不變的。「欲」：有分別之心，想得到個人慾望滿足的妄念。「常無欲」：恆久保持著淡泊名利，不做非分之想，一切順其自然的樸實處世態度，也就是沒有偏私的分別之心，無絲毫想得到個人慾望滿足的妄念。

「觀」：察看、審視、顯示、諦視。「妙」：原文為〝眇〞，音同渺，通〝妙〞。精微、奧妙。「以觀其妙」：我們就可以諦視出無絲毫想得到個人慾望滿足的妄念，一切順其自然，方是長生久視之道，能達到〝無為而無不為〞、〝夫唯不爭，故天下莫能與之爭〞其中精微奧妙的結果。

「常有欲」：恆久保持著分別之心，心中有想得到個人慾望滿足的妄念。「徼」：音同〝較〞。邊際、界線，侷限的範圍。「以觀其徼」：我們也可以諦視出恆久保持著分別之心，心中有想得到個人慾望滿足的妄念，就算是能夠達成心中所願，在物極必反的宇宙規律下，不〝道〞早已，也只是短暫的一時現象，其擁有的時間，是有所侷限的，只會提早結束事物發展應有的周期。

「此兩者」：指的是無欲和有欲，無和有，陰和陽。「同出而異名」：陰陽是一體之兩面，無法分割，也是這個宇宙的基本規律。〝無欲和有欲〞、無和有，其名相異，其本則一，是陰陽相互對立的兩個面，這兩者同出於太極陰陽和諧的統一狀態，也就是同出於〝道〞的靜態本體，微觀世界量子信息能量場中量子系統的量子疊加態，只是名稱各異而已，當然量子態各自內在所負載的信息也有所不同。

「玄」：深遠奧妙。「同謂之玄」：不論是〝無欲〞還是〝有欲〞這兩種意識的信息，在微觀世界的量子系統中，都是虛擬無實體的量子態疊加而成，只能以概率來代表它存在的狀態。當人的量子意識信息抉擇

〝無欲〞，〝無欲〞之概率就轉化成百分之一百，同時〝有欲〞的概率就會坍縮為零。〝無欲〞因此由微觀世界的量變到宏觀世界的質變，由不確定轉化成確定，化虛擬為真實，在宏觀世界顯示出來，反之亦然。

　　古之聖賢所說的名言：人可以參與天地之造化，與天地並列為三。第二十五章：〝故道大，天大，地大，人亦大。域中有四大，而人居其一焉〞。在您沒有抉擇之前，此一事件最終的結果是不存在的，您的抉擇會影響事件未來的走向與結果，不同的抉擇就有天壤之別的結果，其中深遠奧妙的哲理真是令人不可思議，超脫我們正常的思維。

　　「玄之又玄」：形容事理非常深遠奧妙，令人難以置信，不可思議。「眾妙」：在宇宙客觀自然規律中，所有令人不可思議又神奇奧妙的各種特性與現象之統稱。「門」：進出的通道。門徑。

　　「眾妙之門」：微觀世界各種詭異的特性與現象，超乎我們一般人的認知與想像，匪夷所思，令人難以置信，它不是普通一般的玄妙、深奧，而是玄妙又玄妙、深奧再深奧。無欲和有欲，有和無，陰和陽，其中蘊含著萬事萬物千變萬化精微奧妙的法則，這些都是開啟理解〝道〞此一宇宙客觀自然規律門徑的一把金鑰。

◎意釋：「道可道，非常道。名可名，非常名。」，所謂的〝道〞，指的就是宇宙萬事萬物從無到有、從有到無，生成、發展、變化及消亡，周而復始，生生不息的運動變化機制，我們也可稱之為宇宙中最基本的自然規律。

　　只要是可以用言語文字來加以描述形容的〝道〞，都不是真正永恆不變的〝道〞，說明的只是片面的一部分〝道〞，而不是完整有系統真正永恆不變的〝道〞。〝道〞也不能用語言文字來定性稱呼或加以形容，而讓我們對〝道〞產生一個具體的概念，可以用語言文字來稱呼形容的，就不是永恆不變的〝道〞之〝名〞了。

　　〝道〞之廣大無邊，放之則彌六合，卷之則退藏於密，遠則無遠弗屆，近則無處不在，萬事萬物都概括其中，廣大備悉，無所不包，老子在《道德經》中所列舉的玄牝、雌、水、樸、大、小、川谷、谷神、橐籥、谿、江海、一、赤子、嬰兒…等，都是為了要闡述〝道〞的某項特性，而列舉的〝道〞之代稱。

　　「無，名天地之始；有，名萬物之母。」，老子在第四十章特別說明〝無〞和〝有〞之間的先後關係，及宏觀世界萬物化生的來源之處：天下萬物生於有，有生於無。

這個〝無〞和〝有〞要如何區分，我們可以站在《易緯‧乾鑿度》、《易經》哲學思想與天文學的角度來解釋，以加強對老子哲學思想的認知。《易緯‧乾鑿度》認為，由〝寂然無物〞的〝太易〞到〝太始〞，是一個從無到有的過程。

〝太易〞是〝未見氣〞〈陰陽兩氣〉的一種虛無靜謐的狀態，鄭玄註《乾鑿度》說：〝以其寂然無物，故名之為太易〞。也是《易經》中的〝無極〞，老子哲學中的〝無〞，在天文學上稱之為無限小的奇異點。

〝太初〞是〝氣之始〞，到了〝太始〞階段才有形可見。〝形變而有質〞，這是〝太素〞。氣、形、質三者渾然一體，而未分離，這就是〝混沌〞狀態。〝混沌〞是陰陽未分離的統一狀態，也就是道家所說的〝炁〞，老子又稱為〝一〞或〝有〞，也就是《易經》中的〝太極〞。

〝有〞指的就是太極，也是〝道〞的靜態本體，在太極這個大的量子信息能量場之中，也就是道家所說的〝炁〞，雖然陰陽未生，但處於陰陽平衡和諧統一狀態，是已經蘊含著組成萬事萬物的共同基因，也就是陰陽此一規律〈以現在用語來說，就是應用程式〉。

由〝太極〞生陰陽兩儀，一生為二，〝清輕者上為天，濁重者下為地〞，陽氣輕往上升，陰氣濁往下降，陰陽兩氣相交，兩者交互作用之下，產生千變萬化的萬事萬物。

天下萬物生於有，有生於無。我們用〝無〞這個名字，來代表宇宙尚未形成前，處於一片虛無靜謐的狀態，是整個宇宙最根本的開始。指的是《易經》中的〝無極〞或天文學稱之為無限小的〝奇異點〞。

我們用〝有〞這個名字，來代表宇宙充滿一片虛無〝混沌〞的量子信息能量場，是處於陰陽平衡的和諧統一穩定狀態，老子稱之為〝一〞，是《易經》中的〝太極〞，也是萬事萬物生成發展的總源頭。此中的〝有〞是針對〝無極〞中的〝無〞來說的，已經有了這個微觀世界大的量子信息能量場，也是處於混沌虛無，陰陽未判，動靜未分，〝道〞無形的靜態本體。而對有形的動態宏觀物質世界來說，〝道〞無形的靜態本體此一量子信息能量場就是〝無〞，這一點我們要特別注意。

「故常無欲，以觀其妙；常有欲，以觀其徼。」，因此，我們就可以諦視出恆久保持著無分別心，無絲毫想得到個人慾望滿足的妄念，一切順其自然，方是長生久視之道，能達到〝無為而無不為〞、〝夫唯不爭，故天下莫能與之爭〞其中精微奧妙的結果。

我們也可以諦視出恆久保持著分別之心，心中有想得到個人慾望滿足的妄念，就算是能夠達成心中所願，在物極必反的宇宙自然規律下，

不〝道〞早已，也只是短暫的一時現象，其擁有的時間，是有所侷限的，只會提早結束事物發展應有的周期。

「此兩者同出而異名，同謂之玄，玄之又玄，眾妙之門。」，陰陽是一體之兩面，無法分割，也是這個宇宙的基本規律。〝無欲和有欲〞、無和有，其名相異，其本則一，是陰陽相互對立的兩個面，這兩者同出於太極陰陽和諧統一狀態〝道〞的靜態本體，也就是同出於微觀世界量子系統中的量子疊加態，只是名稱各異而已，當然量子態各自內在所負載的信息也有所不同。

不論是〝無欲〞還是〝有欲〞這兩種意識所產生的量子態，在微觀世界的量子系統中，都是虛擬無實體的量子態疊加而成，只能以概率來代表它存在的狀態。當人的意識信息抉擇〝無欲〞，〝無欲〞之概率就轉化成百分之一百，同時〝有欲〞的概率就會坍縮為零。〝無欲〞因此由微觀世界的量變到宏觀世界的質變，化虛擬為真實，在宏觀世界顯示出來，反之亦然。

在您沒有抉擇之前，此一事件最終的結果是不存在的，您的抉擇會影響事件未來的走向與結果，不同的抉擇就有天壤之別的結果，人的意識能參與宇宙萬物的變化方向及影響其最終的結果，其中深遠奧妙的哲理，真是令人不可思議，超脫我們正常的思維。

微觀世界各種詭異的特性與現象，超乎我們一般人的認知與想像，匪夷所思，令人難以置信，它不是普通一般的玄妙、深奧，而是玄妙又玄妙、深奧再深奧。無欲和有欲，有和無，陰和陽，其中蘊含著萬事萬物千變萬化精微奧妙的法則，這些都是開啟理解〝道〞此一宇宙客觀規律門徑的一把金鑰。

◎延伸閱讀：

一、因為我們這個宇宙是以陰陽為基本型態的宇宙，在宏觀世界萬事萬物的描述形容，都脫離不了陰陽二分法的規範，只要是以二分法的文字語言說出來的〝道〞，沒有人能夠講得清楚〝道〞的具體概念，就算是講得出來的〝道〞，都不是真正完整有系統永恆的〝道〞。

天文學大霹靂理論是物理學家們公認的理論，此一理論認為我們的宇宙起源於137億年前宇宙真空中的一個無限小的極小點所產生的大霹靂。在物理學中無限小的點叫做奇異點，奇異點是一個沒有大小的點，宇宙在大霹靂之前是一個體積無限小、密度無限大、重力無限大、時空曲率無限大的點，宇宙中除了奇異點之外，其餘空無一物〈在《易

經》哲理中稱之為無極〉。

二、宇宙大霹靂的初始期間前 10 的負 37 次方秒，此時宇宙充滿能量一片虛無混沌，〈在《易經》哲理中稱之為太極，此時物質的基本粒子尚未出現，但是一片混沌的量子信息能量場中蘊含著陰陽的規律，及陰陽交互作用下千變萬化的無限可能，只要您想得到的任何狀況，都以量子態〈包含著能量、物質與信息〉蘊涵在內，只是概率大小而已，這也是量子理論的特性〉。

大霹靂 10 的負 37 次方秒之後，宇宙間由能量轉化產生各種基本粒子及反基本粒子對，〝粒子-反粒子對〞除了部分經過不斷的碰撞創生和湮滅外，其餘反粒子則進入其它維度空間，我們現在的宇宙只剩下正粒子，而正粒子又可分為正負或自旋相反的粒子〈陰陽不可分割的成對出現〉，這些現象是在一秒之內完成。

幾分鐘後，由基本粒子組合而成的質子與中子相互結合形成原子核，約 37.9 萬年之後，不同數量的電子和原子核結合成為不同的原子，各種不同的原子其原子核外在的電子數各自不同，形成不同的物質，每一物質都可分陰陽，分別具有不同的陰陽屬性。所有物質中包含因人的相互關係而產生的事情，都不脫離陰陽規律與特性所規範。

三、《繫辭‧上傳》：「是故易有太極，是生兩儀，兩儀生四象，四象生八卦，八卦定吉凶，吉凶生大業。」這段話講的就是八卦產生的原理，也是講天地造分，化成萬物的一個生成原理與過程。太極圖代表在渾沌的量子信息能量場中蘊含著兩條黑白相向，頭尾相抱，靜中有動，動中有靜的游魚，黑白分明的黑魚與白魚就是兩儀，即陰陽的代表，象徵著陰陽交互作用下可以孕育化生萬物，萬事萬物排列組合的最基本單位就是陰陽。

「太極」指的就是陰陽未判，動靜未分，陰陽平衡又和諧統一的狀態，是〝道〞的靜態本體，也是處於混沌未明一片虛無的量子信息能量場。太極動而兩儀生，也就是陽儀 ▬、陰儀 ▬ ▬，兩儀繼續不斷變動，並各以陽儀、陰儀為主體，各自分裂出陽與陰不同之個體與型態，也就是四象，依此原則，四象再分裂成八爻，因而組合成八個基本卦，來代表宇宙間萬事萬物不同的分類。

「孤陰不生，獨陽不長」，「無陽則陰無以生，無陰則陽無以化」，陰中有陽，陽中有陰，兩者相互對立又相互融合，相互蘊含也相互激發，

相互變動亦相互轉化,是一體兩面、如影隨形、變動不拘、生生不息的狀態,任何一方都不可能離開另一方單獨存在,因彼此的消長,陰陽可以經過不同的排列組合,在萬物間生成變化出許多不同的現象與分類。

　　陰陽這兩個構成萬物的基本單位,是由太極動而產生,所以太極這個陰陽未判,動靜未分,混沌未明,一片虛無的量子信息能量場中,雖然陰陽未生,但是已經蘊含著組成萬事萬物的共同基因,也就是陰陽,也可以說,萬物本就是一體同源。

四、老子在第四十二章:〝道生一,一生二,二生三,三生萬物〞。〝道〞指的就是宇宙自然的規律。按照此一規律就會產生宇宙大霹靂,所產生的一片虛無混沌的量子信息能量場就是〝一〞,指的就是太極,也是〝道〞的靜態本體。〝一生二〞太極動而陰陽二氣由此化生,〝二生三〞,所謂〝三〞指的是天、地、人三才。

　　〝三生萬物〞指的是在陰陽相互變動、激發、轉化,生生不息所孕育的過程中,萬事萬物都是陰陽規律與天人感應這兩者,相互不斷的交互作用而產生的千變萬化,在這交互作用的過程中,我們追求的就是陰陽平衡、和諧統一的最穩定狀態,這也是〝道〞靜態本體的本質特性,一切合乎自然規律,才能達到天人合一的最高境界。

五、第二十一章:〝道之為物,惟恍惟惚。惚兮恍兮,其中有象;恍兮惚兮,其中有物〞。〝道〞若是從物質的角度來看,它卻是似有若無,讓人難以確定它的存在。依上述描述形容,我們可以確認老子所說有無中的〝有〞,指的是一片虛無混沌充滿著能量的量子信息能量場,也就是《易經》哲理中所稱的太極。

　　按照量子理論來說,微觀世界所有事物都是處於虛擬、無實體的量子態,只能以概率來代表它的存在,既是物質又不是物質,既是能量又不是能量,是處於虛擬、無實體、不確定狀態,與老子所形容〝道〞的概念完全脗合。

六、「故常無欲,以觀其妙;常有欲,以觀其徼」。《道德經》各家版本對這段話解讀各有不同之處,主要是斷句不同而產生不同的解讀。我們可以結合《易經》哲學思想與量子理論,及後續各章老子引用在人事上的列舉,來確認這段話原本真實的意義。

　　如果是這樣「故常無,欲以觀其妙;常有,欲以觀其徼」斷句,

這個〝欲〞的解釋就是「想要」，在整個文句來說就是贅字了，不符合老子撰寫《道德經》的時候用字簡約的要領。

按照《易經》的哲理，人不能離天地而獨立，天地亦不能離人而成功，天、地、人三者不可或缺，只有三者齊備，宇宙的規律方能以完備，也只有人的參與，萬事萬物的發展才具有意義。因此，聖人摹擬天地之間的運動變化，將人與天地並列為三，認為天、地、人是體現易道的三種基本材料，稱之為三才。

科學家認為宇宙的三個基本型態，能量〈天、陽〉、物質〈地、陰〉、信息〈包含人的意識〉是宇宙的三種基本型態。能量無法消滅，只是轉換成其它型態，能量與物質能夠相互轉換，就有如陰陽之間的相互轉換，而且兩者是互補的關係。我們這個宇宙無處不是充滿著能量，此一大的量子信息能量場中，在陰陽相互作用下，所有的狀況都可能存在，每一種狀況都是一個量子態，每一個量子態都含有能量、物質與信息。

七、在微觀世界不只基本粒子是處於量子疊加態，萬事萬物都是處於兩種以上的量子態疊加而成為一個量子系統，其最終顯示的結果都是不確定的，每一種量子態都有可能發生，只是發生的概率大小而已。微觀的量子世界轉化成宏觀的物質世界，跟我們的心念意識息息相關，沒有量子意識的參與，量子世界充其量只是處於一種虛擬不確定的量子疊加態，人類不在其中，至於何種狀況會化生，對人類毫無意義可言。

量子系統的量子疊加態，從不確定到確定必須要有量子意識的參與，直到意識參與時，與意識信息相同的量子態才能確定成為事實，其餘各種量子態的概率就會坍縮歸零。宏觀世界所展現給我們看的面貌，是依我們起心動念的不同而有所變異。量子科學離不開意識，意識是化虛擬為真實的關鍵因素，也是量子科學的基礎。

八、老子的《道德經》中就以「陰陽」來論述、發揮其思想主張。老子在第四十二章中說：道生一，一生二，二生三，三生萬物。萬物負陰而抱陽，沖氣以為和。第二十五章：故道大，天大，地大，人亦大。域中有四大，而人居其一焉。此中已經說明〝道〞此一宇宙的自然規律，講的就是陰陽規律與天人感應。

人的意識能參與天地陰陽之變化，與天地並列為三。〝無欲〞還是〝有欲〞，有無分別之心，人的意識中是否具有想得到個人慾望滿足之妄念，就會影響事件未來的偏向與結果。因此，老子在第一章開宗明義

的引用在人事上，並加以闡述說明其利弊，也是為其哲學思想爾後各章的列舉闡述預作鋪墊。

　　所謂分別之心，就是對現前之事物產生是非、善惡、人我、大小、好壞、美醜等種種之差別，是出自於個人主觀意識觀感。綜上所述，本章這段話應該是「故常無欲，以觀其妙；常有欲，以觀其徼」才是正確的斷句。

第二章　　功成不居

　　天下皆知美之為美，斯惡已。皆知善之為善，斯不善已。故有無相生，難易相成，長短相形，高下相傾，音聲相和，前後相隨。是以聖人處無為之事，行不言之教；萬物作焉而不辭，生而不有，為而不恃，功成而弗居。夫唯弗居，是以不去。

◎**本章主旨**：此章接續闡述前章〝無欲〞與〝有欲〞之下所產生的因果關係。老子在本章中揭示出事物對立統一的陰陽規律，同時也告訴我們，要如何效法自然法則，用來處理人事上的問題。

　　〝道〞的靜態本體就是陰陽平衡和諧的統一體，當人起心動念中含有私欲，在宏觀世界的人世中，就會同時產生相對立的另一個面，人世間所有相對立之兩個面，諸如善惡、美醜…等，無一定的標準，都是個人在主觀意識上，由於私欲所產生的分別之心，才產生了相互矛盾的對立，是衝突糾紛的根源。

　　天道順其自然的生養萬物，是無心的施為，也不會居功自傲。聖人效法天道功成弗居的精神，不論有什麼成就功勞皆不自矜喜，也正因為聖人不自居功，所以能常居有功的地位，沒有人能抹殺他的功業。

◎**重點提示**：
一、第四十章：〝反者，道之動也〞。老子認為，事物的發展和變化，都是在矛盾對立的狀態中產生的，對立的雙方都具有互相依存，互相連結，相互作用的關係。隨著時間的推移，在陰陽交互作用運動變化的過程中，事物發展將會向相反的方向轉化，而這種運動變化正是陰陽的基本規律，也是自然的普遍法則。

萬事萬物在陰陽的規律下，都有相對立的兩個面，兩者無法分割，是一體之兩面，任何一個面都無法脫離另一個面而獨立存在。人世間所有相對立之兩個面，諸如善惡、美醜…等，無一定的標準，都是個人在主觀意識上，由於喜好認知不同所造成的對立。

　　老子為了彰顯陰陽規律的辯證法則與原理，於本章中提出一系列在日常生活中我們處處可見的對立面，如善惡、美醜、是非、強弱、成敗、禍福…等，而所用的〝相生、相成、相形、相傾、相和、相隨〞等，說明兩個對立面是相對性的比較，而非絕對性的存在。由於相互比較而存在，相互依靠而生成，兩者相反而相成，只是不同的對立概念，所使用的措辭用語不同。

　　〝變易〞是《易經》哲理中最關鍵的內容，任何事物永遠都在運動變化之中。讀過《易經》的人都知道物極必反，陰陽之間的相互轉換，我們所看到的只是事物目前的狀態，隨著時間的推移，它遲早會往相反的一面轉變。

二、天道本就是陰陽平衡和諧的統一體，無善惡美醜之分別，善惡美醜是人的意識參與之後，在個人主觀意識中，由於私慾所產生的分別之心，相反相成，才產生了相互矛盾的對立，是衝突糾紛的根源。隨著時間的推移，陰陽相互作用下不斷的運動變化，兩者之間會相互的轉化。因此，善惡美醜並非絕對永久存在，是可以相互轉化。

　　對〝道〞這個宇宙規律有深刻認識的聖人，教導世人認識〝道〞裡面〝無欲〞的妙用，效法天地宇宙的自然法則，以無私無我、無分別心的態度，順應自然，依〝道〞而行，去做應當做的事。這種處理方式就是所謂的〝無為〞，用這種態度與方式去處理事情，不會有相互對立所產生的糾紛與煩惱，社會就能自然發展，達到陰陽平衡、統一和諧、永續發展的境界。這也就如第一章：〝常無欲，以觀其妙〞所述的精髓。

　　若是恆久保持著分別之心，想要得到個人慾望的滿足，以〝有欲〞的態度處理事情，必定會產生對立衝突，造成不必要的困難與煩惱，就算是一時的能夠達成心中所願，但也因〝物極必反〞這個宇宙自然的規律，顯示只能維持一個短暫有限的時光，就將往負面轉化。也就如第一章：〝常有欲，以觀其徼〞所述的要旨。

三、此一宇宙中陰陽為基本規律，處於矛盾對立的客觀世界，世人應當如何處理應對呢？老子提出了〝無為〞的觀點供世人參考應用。這裡

所講的〝無為〞不是消極怠惰的無所作為，而是所作所為是沒有想得到個人主觀意識上慾望滿足的私心，這種順其自然的作為，稱之為〝無為〞，否則就是〝有欲〞的作為。〝無為〞的方式能化解矛盾，解決糾紛，用〝無為〞的手段能夠達到〝有為〞的目的，促進自然的改造和社會的發展，無為而無不為。

四、老子的哲學思想非常重視陰陽規律與天人合一的關係，與《易經》哲理中的兩大主軸〝陰陽規律與天人感應〞相互脗合，同時也可以和當今的科學量子理論互通有無，相得益彰。

《道德經》前兩章內容是老子的引言，全書的宗旨盡在其中，後續各章老子只是站在各種不同的角度與領域，在細節部分進一步地闡述分析與列舉說明，讓讀者能有更加完整的概念，俾便在日常生活中能充分的實際應用。

◎**直譯：**「天下皆知」：天下的人都知道。「美之為美」：當大家心中有了美之所以為美的感覺時。「斯」：表示承接上文而得出的結論。「惡」：醜。「已」：通〝矣〞。完成、產生。

「天下皆知美之為美，斯惡已」：當天下人心中由於主觀意識上的喜好，都有了美之所以為美的感覺，在相對比較之下，此時醜的感覺就已經產生了。「皆知善之為善，斯不善已」：都有了好之所以為好的感覺，在相對比較之下，此時不好的感覺就已經產生了。

「故」：因此，所以。「相」：兩者相互之間。「相生」：互為因果，周而復始，循環不已。「有無相生」：有和無由相互對立，相互轉化，相因相生。有生於無，物極必反，周而復始，循環不已，這就是陰陽的規律。《老子》的宇宙論哲學思想：無↔有↔陰陽↔萬物↔陰陽↔有↔無。

「相成」：相互對比而成。「難易相成」：難與易是相對的比較，難因易而顯其難，易因難而顯其易，所謂的難易是相互對比而成。「形」：從比較、對照中顯示出來。「長短相形」：所謂的長與短，都是從相對性的比較中顯示出來其長短，而非絕對性的長短。「傾」：相互對立而依存。「高下相傾」：高低與上下都是相互對立而依附存在。

「音聲」：一般聲與音都是並言，但兩者還是有所區別。聲生於心，如心聲，強調聲音的來源。有節奏顯示於外謂之音，例如作曲的音樂家內心有靈感，這是心聲；提筆譜出樂曲，藉著樂器奏出音樂的是音。「相和」：彼此相互應和。

「音聲相和」：音與聲相互應和，才能構成自然界和諧的音律。「前後相隨」：〝前〞與〝後〞是一體之兩面，不可分離。〝前〞因〝後〞顯，〝後〞因〝前〞明，〝前〞與〝後〞相互比較而顯示出其自身的特徵。

「是以」：所以，因此。「聖人」：是指道德修行高深的〝上德〞之人，其道行已經與〝道〞的靜態本體其本質特性相契合，這裡指的是具有〝上德〞的領導統治者。

「處」：治理、辦理。「無為」：沒有偏私利己之分別心，沒有想得到個人主觀意識慾望滿足的妄念，在〝無欲〞的狀況下，一切自然而然，順其自然發展，依〝道〞而行的作為，就是〝無為〞。

「是以聖人處無為之事」：因此，對〝道〞能有深刻領悟的古代聖明君主、帝王，在治理人民的事務時，在〝無欲〞的狀況下，以無私無我的態度，一切作為順應自然，理所應為，義所當為，去做應當做的事。

「行」：實施。「教」：上所施下所效也。在上位者以自身的行為做為模範典型，讓在下位者有所仿效。「言教」：需要用語言文字來表達的，無外乎是自我主觀意識的〝有為〞。「不言之教」：即〝無為〞之教。不以主觀意識好惡的言語來教化百姓，也就是不說教。「行不言之教」：實施不以主觀意識好惡的言語來教化百姓。

「作」：興起。「焉」：語助詞。置於句末，表示肯定的語氣。「辭」：拒絕。「不辭」：不拒絕，就是接受。「萬物作焉而不辭」：宇宙萬物興起而生生不息的繁衍，任何狀況都有可能發生，但是天道無親，對待萬物沒有親疏遠近的分別，所有可能的狀況都完全接受，從不橫加干涉。

「生」：宇宙客觀規律〝道〞所生的〝一〞，這個陰陽和諧的統一體〈〝道〞的靜態本體、太極、量子信息能量場〉，也就是化生萬物的萬物之母。「不有」：不據為己有。「生而不有」：雖然萬物之母生長化育萬物，毫無私心，且不會據為己有。

「為」：做。無心施為的做了化生萬物這件事。「恃」：倚仗。「為而不恃」：在宇宙規律下順其自然的化生萬物，是無心的施為，並不會自恃有恩德於萬物。

「功成」：宇宙客觀規律〝道〞完成化生萬事萬物此一宏偉的功勞。「弗」：不。「弗居」：不居功。「功成而弗居」：宇宙客觀規律〝道〞完成化生萬事萬物此一宏偉的功勞，完全是順其自然的無心施為，因此從不居功自傲。

「夫」：文言發語詞，具提示作用。「唯」：只有，正因為。「夫唯弗居」：由於化生萬物是順其自然的無心施為，正因為內心不存功利。「是

以」：所以，因此。表示因果的連接詞。「不去」：不會失去。「是以不去」：正因為功成不居，所以宇宙客觀規律〝道〞的功績反而永久存在。

◎意釋：「天下皆知美之為美，斯惡已。皆知善之為善，斯不善已。」，當天下人心中由於主觀意識上的喜好，都有了美之所以為美的感覺，在相對比較之下，此時醜的感覺就已經產生了。都有了好之所以為好的感覺，在相對比較之下，此時不好的感覺就已經產生了。

　　〝道〞的本體就是陰陽平衡和諧的統一體，既然是處於陰陽平衡的狀態，就不會有所謂之美醜、善惡之分，但是個人主觀意識美醜、善惡的分別心，當一起心動念，萬事萬物就產生了陰陽對立的這兩個面，這就是宇宙客觀規律兩大主軸，陰陽規律與天人感應交互作用下所產生之千變萬化。

　　「故有無相生，難易相成，長短相形，高下相傾，音聲相和，前後相隨。」，因此，人世間任何一個統一體都可分成兩個對立的面，例如：有和無相互對立，相互轉化，相因相生。有生於無，物極必反，周而復始，循環不已。難與易是相對的比較，難因易而顯其難，易因難而顯其易，所謂的難易是相互對比而成。所謂的長與短，都是從相對性的比較中顯示出來其長短，並不是絕對性的長短。

　　高低與上下都是相互對立而依附存在。音與聲相互應和，才能構成自然界和諧的音律。〝前〞與〝後〞是一體之兩面，不可分離。〝前〞因〝後〞而顯，〝後〞因〝前〞而明，〝前〞與〝後〞相互比較而顯示出其自身的特徵。

　　基於上述所論，了解天道本就是陰陽平衡和諧的統一體，本無善惡美醜之分別，是人的意識參與之後，由於個人私慾所產生的分別之心，所以才會產生了相互矛盾的對立，這是世間衝突糾紛的根源。

　　「是以聖人處無為之事，行不言之教」，因此，對〝道〞能有深刻領悟的古代聖明君主、帝王，在治理人民的事務時，沒有偏私利己之分別心，沒有想得到個人主觀意識慾望滿足的妄念，以無私無我的態度，一切作為順應自然，理所應為，義所當為，依〝道〞而行，去做應當做的事，實施不以主觀意識好惡的言語來教化百姓。也就是說，聖人用無為的觀點對待世事，用不言的方式施行教化。

　　「萬物作焉而不辭，生而不有，為而不恃，功成而弗居。夫唯弗居，是以不去。」，宇宙萬物興起而生生不息的繁衍，任何狀況都有可能發生，但是天道無親，對待萬物沒有親疏遠近的分別，所有可能的狀

況都完全接受，從不橫加干涉。萬物之母生長化育萬物，毫無私心，且不會據為己有。在宇宙規律下順其自然的生養萬物，是無心的施為，並不會自恃有恩德於萬物，在完成化生萬事萬物此一宏偉功勞的同時，也不會居功自傲，正因為功成不居，所以宇宙客觀規律"道"的功績反而永久存在。

　　正因為自然化生萬物一切作為皆出於無私無欲，不為己，不望報，不求功，聖人效法天道功成弗居的精神，不論有什麼成就功勞皆不自矜喜，也正因為聖人不自居功，所以能常居有功的地位，沒有人能抹殺他的功業。

◎延伸閱讀：

一、老子的哲學思想核心概念是"道"。"道"就是宇宙自然的規律，包括宇宙的起源及萬事萬物生成發展所遵行的規律與法則。依據老子在《道德經》各章中的相關論述，可以了解"道"這個宇宙規律內容，主要包含有哪些重要規律與法則。

　　老子在第四十二章："道生一，一生二，二生三，三生萬物"。"道"指的就是宇宙之間自然的規律。"一"指的就是太極，一片虛無混沌的量子信息能量場。"一生二"太極動而陰陽二氣由此化生，"二生三"，所謂"三"指的是天〈陽、能量〉、地〈陰、物質〉、人〈意識、信息〉三才。"三生萬物"指的是在陰陽相互變動、激發、轉化，生生不息所孕育的過程中，萬事萬物都是陰陽規律與天人感應〈天人合一〉這兩者，相互不斷的交互作用而產生的千變萬化。

　　第二十五章："人法地，地法天，天法道，道法自然"。宇宙間的萬事萬物，包含天人之間及人類之間的互動而產生的種種事情，都有其一定的法則，而此一法則就是遵循自然的規律。由上述可知，要深刻領悟《道德經》所蘊含的哲理之前，先行對陰陽規律之特性與天人之間的互動法則建立起基本概念，這是不可或缺的先行準備工作。

二、中國古代的哲學家們，體會到自然界中的一切現象，都存在著相互對立而又相互作用的關係，就用"陰陽"這個概念來解釋自然界兩種對立和相互消長的勢力，並認為"陰陽"的對立和消長是事物本身所固有的特性，進而認為"陰陽"的對立和消長是宇宙的基本規律。

　　古人透過觀察萬事萬物的發展變化，發現在宏觀的動態物質世界中，不論是極大或者極小，不論是有形還是無形，萬物之間都有其普遍

一致的關連,永遠都處於無休止的運動變化中,而所有事物的性質和運動都有相對立的兩個面,例如:天地、畫夜、上下、高低、陰晴、圓缺、吉凶、禍福、剛柔、動靜、得失、成敗…等,無不是互為聯繫又相互對立、相互變動又不可分割的統一體,故而以哲學的思想方式,歸納出〝陰陽〞的概念。

　　客觀世界的一切運動變化都是在一定的規律下進行的,這個規律就叫做〝道〞,它的內涵就是陰陽對立的鬥爭和統一。《繫辭‧上傳》說:「一陰一陽之謂道」。陰陽規律就是《易經》哲學思想的兩大主軸之一,這也是天地之間萬物共同的規律與法則。〝陰陽〞是由太極動而產生,所以太極這個量子信息能量場之中,雖然〝陰陽〞未判,動靜未分,但是已經蘊含著組成萬事萬物的共同基因,也就是〝陰陽〞,也可以說,萬物本就一體同源。

三、宇宙間任何事物均可用陰陽的屬性來劃分,但必須是針對相互關聯的一對事物,或是一個事物的兩個方面,這種劃分才有實際意義。如果被分析的兩個事物互不關聯,或不是統一體的兩個對立面,就不能用陰陽來區分其相對屬性及其相互關係。

　　事物的陰陽屬性,並不是絕對的,而是相對的。這種相對性,一方面表現為在一定的條件下,陰和陽之間可以發生相互轉化,即陰可以轉化為陽,陽也可以轉化為陰。另一方面,體現於事物的無限可分性,而分陰分陽此一變化的過程是始終不斷的在進行,宇宙萬物依據此一陰陽變化、剛柔相推的法則,生成始終,生生不息,周而復始,循環不已。

　　雖然說分陰分陽,陰陽兩者相互對立,但也不是絕對的分開,還是陰中有陽,陽中有陰。而陰陽的對立也不是絕對的,兩者之間還是有交集的部份,此一部分是具有同一性。陰陽之間雖然是相互對立,但是也可以相互交感而達到與〝道〞靜態本體的本質特性相胻和,也就是達到統一和諧又穩定的狀態。

　　任何事物的發展變化總是朝著相反的方向轉化,陰極生陽,陽極生陰。陰陽對立和陰陽交感調和的結果,永遠就是陽長陰消、陰長陽消,陰陽相推,相互轉換,相互運動的過程。

四、陰陽對立和陰陽交感調和的結果,永遠就是陽長陰消、陰長陽消,陰陽相推,相互轉換,相互運動的過程。其發展進程中是穩定的、平衡的、漸進的、動態的、量變的過程。例如:春、夏、秋、冬季節的轉換,

萬物的出生和滅亡，事物總是在不斷的變動轉化，萬物都逃不脫一個由量變到質變，由否定到否定之否定的過程。

任何事物的發展變化總是朝著相反的方向轉化，陰極生陽，陽極生陰。《象傳・雷火豐》說：「日中則昃，月盈則虧。天地盈虛，與時消息，而況於人乎，況於鬼神乎」，日正當中之後就要偏斜，月望盈滿之後就要虧缺，天地尚且都不能常盈而不虛，更何況是人與鬼神呢？盈虛變化是天地間的普遍規律，整個自然界都處於盈虛盛衰的不斷變化之中，時間決定變化的性質，時間是變化的基本條件，一切的變化都是隨著時間進退消長的。

「日中則昃，月盈則虧，否極泰來，剝極則復」，陰極生陽，陽極生陰，反者〝道〞之動，此一「物極必反」宇宙不變的規律，代表著萬事萬物發展到達極點，就會往相反的一面發展變化。引用在人事上，老子《道德經》第五十八章：〝禍兮，福之所倚；福兮，禍之所伏〞。也就是陰極生陽，陽極生陰，陰陽倚伏，這就是陰陽之間極至必反不斷轉化原理的最好例證。

陰陽相推此一陰陽相互之間的作用，這也是唯物辯證法的基本規律之一。表明事物自身發展的整個過程是由肯定、否定，和否定之否定諸環節構成的。其中否定之否定是過程的核心，是事物自身矛盾運動的結果，也是矛盾的解決形式，沒有矛盾就沒有變化，沒有變化就沒有發展，這個宇宙若是沒有變化，就會走向滅亡。

五、「孤陰不生，獨陽不長」，「無陽則陰無以生，無陰則陽無以化」，宇宙間任何事物都包括著陰和陽相互對立的兩個方面，兩者相互依靠又相互制約，相互對立又相互融合，相互蘊含也相互激發，相互變動亦相互轉化，任何一方都不可離開另一方單獨存在，是處於一體兩面、如影隨形、變動不拘、生生不息的狀態，因彼此的消長，〝陰陽〞可以經過不同的排列組合，在萬物間生成變化出許多不同的現象與分類。

天地萬物是循著陰陽的規律，隨著時空的推移而不斷的運動變化，由於陰與陽之間的交互作用，在萬事萬物之間形成不斷的生成始終，周而復始，循環不已，成就了萬事萬物一切生生不息之變化與發展。陰陽的對立統一運動，是自然界一切事物發生、發展、變化及消亡的根本原因，這也是宇宙中普遍一致的基本規律。

宇宙萬物是隨著陰陽的規律一直在變化，萬事萬物的發生、變化或未來的走向，在有意識的生命體未參與之前，各種狀況的發生都是一種

概率,其發展結果具有無限的可能性,只不過概率大或小的問題;當人的量子意識參與其中之後,物質的本質特性與事件的發生或未來的走向,就會隨著人的量子意識信息能量場所負載的信息內容而產生偏移,其它狀況發生的概率就會坍縮歸零。

六、當人的意識存在之後,人處於陰陽隨著時間不斷的變化之客觀環境中,人的意念偏向,能影響客觀環境事物本質的變化與事情的偏向。也就是說,事物發展的結果,可以受到人的思想意念改變而左右,也就是古之聖賢所說的名言:人可以參與天地之造化,與天地並列為三。

　　宇宙的客觀規律與《易經》、老子《道德經》的哲學思想及量子科學理論相互脗合,其法則就是陰陽規律及天人感應之間的交互作用,不論是宏觀世界還是微觀世界,任何一個領域都能一以貫之,一體適用。萬事萬物由微觀世界的量變而到宏觀世界的質變,都是循著陰陽的規律,隨著時間的推移而不斷的變化,是處於變動不拘的狀況下生成發展,周而復始,循環不已。

第三章　　無為而治

　　不尚賢,使民不爭;不貴難得之貨,使民不為盜;不見可欲,使民心不亂。是以聖人之治,虛其心,實其腹,弱其志,強其骨。常使民無知無欲,使夫智者不敢為也。為無為,則無不治。

◎**本章主旨**:前章〝行不言之教〞此一〝無為〞的方式,在治國方面要如何的實際運作,以達到〝無為而治〞的境界呢?此為本章的重點內容。

　　天下之所以大亂是由於紛爭導致,而產生紛爭的原因是由於人的貪慾,人的貪慾又是一些足以誘發引起貪慾的事物所勾引之故,是出自於人心的〝可欲〞。只要執政者奉行〝不尚、不貴、不見〞這種〝不言之教〞,就可斷絕人民的貪慾,使民〝不爭、不為盜、心不亂〞,也就能達到〝虛其心,實其腹;弱其志,強其骨〞國富民強的目的。

　　讓百姓保持〝無知無欲〞的純潔本性,始終保持著心靈上有如嬰兒一般的純真質樸。同時也可以讓那些少數具有奸滑狡詐心機的人,不敢

有所妄為。用此一〝無爲〞的方式來治理國家，天下就能無所不治。

◎重點提示：
一、老子在《道德經》中為人們揭示了亙古不變的宇宙客觀規律。天下之所以大亂是由於紛爭導致，而產生紛爭的原因是由於人的貪慾，人的貪慾又是出自於人心的〝可欲〞。老子堅持去偽存真，保留人性善美而契合自然之道的東西。摒棄所有會引起人心貪欲的東西，尤其是當時蔚為成風的推崇賢能之風尚，更被老子認為是產生罪惡的最大淵藪。

在本章中老子闡述了他的治國思想總原則，行〝不言之教〞的〝無為而治〞。老子針對當時社會亂象，鍼砭時弊，具體地提出了〝不尚賢、不貴難得之貨、不見可欲〞這種治國方式，這一副救世良方，主要是避免〝爭名、逐利、心性迷亂〞這種風氣的養成，要做到清靜無為，不爭名逐利。以達到〝虛其心，實其腹，弱其志，強其骨〞這種國富民強的目的，同時也指出了〝為無為，則無不治〞的道理。

二、本章中所言〝虛其心〞，指的是心中沒有貪婪的慾念，避免心動而迷亂，永保心靈之清淨與純真，那麼就幾近於道。心虛則志弱也，〝弱其志〞也是第四十八章所說的：〝為學日益，為道日損。損之又損，以至於無為。無為而無不為。〞其中的〝弱〞，就是逐日不斷的弱化減損，即〝損之又損〞的減損，因為心中的慾望根除斷絕，非一蹴可幾之事。

老子崇尚自然，無為即是自然。因勢利導，順其自然，百姓各得其所，萬物皆適其性，生命各自其得，則無所不治。人類只要尊重、順應〈為無為〉宇宙規律行事，即可實現無不為〈無不治〉的目的。

◎直譯：「尚」：重視推崇之意。「賢」：本義為多財，引申為多，後來用以形容人〝多才〞，很有才能的意思。「不尚賢」：白石似玉，奸佞似賢，所以賢與不賢一時之間也很難辨別判定。世間紛爭不外乎爭名逐利，為政者治國，不要過分的推崇賢能並給予優越的名位，以免成為一種誘惑，引起人們不擇手段的紛爭搶奪。

「使」：可以，讓。「使民不爭」：針對〝名〞而言，老子提出為政者以〝不尚賢〞此一方式治國，〝行不言之教〞上行下效的方式，可以讓人民之間避免爭名而起紛爭。

「貴」：重視，珍貴。「難得之貨」：也就是價值高的稀世珍寶，很稀有而且很難得到的寶物。「不貴難得之貨」：為政者治國，不應追求難

得的珍稀寶物。「不為盜」：不會因此而有偷盜的行為。「使民不為盜」：天下熙熙，皆為利來；天下攘攘，皆為利往。這是針對〝利〞而言，因為上之所好，下必甚焉，為避免上行下效，人民爭相逐利而收斂珍寶，造成民間興起盜賊之風。

「見」：音同現。顯露。有展示炫耀之意。「可欲」：指足以誘發引起貪慾的事物。「不見可欲」：為政者治國，不應展示炫耀足以誘發人民心中興起貪慾之事物，例如高官名位〈尚賢〉或珍稀寶物〈貴難得之貨〉。「使民心不亂」：使人民的心性不被迷亂。

「是以」：因此，所以。「聖人之治」：具有〝上德〞的領導統治者，其治理天下的方法。「虛」：虛無。「其」：人民，百姓。「心」：古人以為心主思維，在此指的是思維意念。人性本來就是純潔素樸，有如嬰兒般的純真，猶如一張白紙。

「虛其心」：前文〝不尚賢、不貴難得之貨、不見可欲〞，就是對虛其心的全面說明。這種作為是為了純淨百姓的心靈，讓其心中沒有貪婪的思維意念，避免心動而迷亂，恢復原本純潔素樸的本性。

「實」：充實，飽滿。「實其腹」：讓百姓喫飽肚子，就不會因為飢寒而起盜心。隱喻能滿足百姓的物質需求，生活富裕。「弱」：弱化。「志」：心之所向。在這裡指的是非分之想，妄為之志。「弱其志」：弱化百姓為了爭名逐利，意圖有所妄為的非分之想。「強其骨」：能滿足百姓的物質需求，生活富裕，百姓喫飽肚子之後，自然就身強體壯。隱喻國富民強。

「常」：始終，恆久。「無知」：知同智。沒有錯誤的主觀認知。這裡也指的是沒有奸滑狡詐的心機。「無欲」：沒有偏私利己的主觀慾望。「常使民無知無欲」：讓百姓沒有奸滑狡詐的心機，也沒有非分妄想的慾念，始終保持著心靈上有如嬰兒一般的純真質樸。

「夫」：指示代詞，相當於這個或那個。「使夫知者」：〝虛其心，弱其志〞之後，讓那些還有奸滑狡詐心機的人。「使夫知者不敢為」：〝虛其心，弱其志〞之後，讓那些少數還有奸滑狡詐心機的人，不敢有所妄為。「為」：行為、作為。

「無為」：沒有偏私利己之分別心，沒有想得到個人主觀意識慾望滿足的妄念，在〝無欲〞的狀況下，一切自然而然、順其自然發展的行為，就是〝無為〞。「則無不治」：只要奉行無為之治，治理天下事就能無所不治。

◎ **意釋**：前章〝行不言之教〞此一〝無為〞的方式，引用在治國方面，

本章提示為政者要如何實際運作，以達到〝無為而治〞的目的。

「不尚賢，使民不爭」，白石似玉，奸佞似賢，所以賢與不賢一時之間也很難辨別判定。世間紛爭不外乎爭名逐利，為政者治國，不要過分的推崇賢能並給予優越的名位，以免成為一種誘惑，引起人們不擇手段的紛爭搶奪。針對〝名〞而言，老子提出為政者以〝不尚賢〞此一方式治國，為政者以身作則〝行不言之教〞，上行下效之下，可以讓人民之間避免爭名而起紛爭。

「不貴難得之貨，使民不為盜」，為政者治國，不應追求難得的珍稀寶物，以免造成不良之風氣。天下熙熙，皆為利來；天下攘攘，皆為利往。這是針對〝利〞而言，因為上之所好，下必甚焉，為避免上行下效，人民爭相逐利而收斂珍寶，因而興起盜賊之風。因此，老子提出為政者以〝不貴難得之貨〞此一方式治國〝行不言之教〞，可以避免讓民間興起盜賊之風。

「不見可欲，使民心不亂。」，為政者治國，不應展示炫耀足以誘發人民心中興起貪慾之事物，例如高官名位〈尚賢〉或珍稀寶物〈貴難得之貨〉。如此可以使人民的心性不被迷亂。因此，老子提出為政者遠離那些會引起欲望的事物，以〝不見可欲〞此一方式治國〝行不言之教〞，可以避免人民心中迷亂，因而產生非分慾望，同時也遏止了民間爭名逐利之風。

「是以聖人之治，虛其心，實其腹，弱其志，強其骨。」，因此，對〝道〞能有深刻領悟的聖明統治者，其治理天下的方法如下：〝不尚賢、不貴難得之貨、不見可欲〞，這種作為就是為了讓百姓純淨的心靈猶如一張白紙，讓其心中沒有貪婪的思維意念，避免心動而迷亂；同時也弱化百姓為了爭名逐利，意圖有所妄為的非分之想。

讓百姓喫飽肚子，能滿足百姓的物質需求，生活富裕，就不會因為飢寒而起盜心；百姓喫飽肚子之後，自然就身強體壯，同時也達到國富民強的目的。

「常使民無知無欲，使夫智者不敢為也。為無為，則無不治。」，〝虛其心，弱其志〞的目的，就是讓百姓保持〝無知無欲〞的純潔本性。百姓沒有奸滑狡詐的心機，也沒有非分妄想的慾念，始終保持著心靈上有如嬰兒一般的純真質樸。同時也可以讓那些少數具有奸滑狡詐心機的人，不敢有所妄為。

只要執政者奉行〝不尚、不貴、不見〞這種〝不言之教〞，就能達到〝虛其心，實其腹；弱其志，強其骨〞國富民強的目的。沒有偏私利

己之分別心,沒有想得到個人主觀意識慾望滿足的妄念,用這種〝無欲〞、〝無為〞一切自然而然、順其自然發展的方式來治理國家,天下就能無所不治。

◎延伸閱讀:
一、老子出生於春秋的末期,他所看到的春秋時代,周天子的勢力減弱,群雄紛爭,春秋霸權形成,世局已經走向衰亂的時期,當時各諸侯國為了爭奪土地,四處網羅人才,而〝尚賢〞的概念也就應運而生。〝尚賢〞之風的盛行,直接導致了魚龍混雜及心懷鬼胎的〝偽賢人〞紛紛躍上了歷史的舞台。這些濫竽充數、尸位素餐的人出現,非但對社會亂象的終結無益,治絲益棼,反而愈發攪亂原本就已經紊亂的社會秩序。

二、前章所提出〝天下皆知美之為美,斯惡已。〞同樣的〝天下皆以賢之為賢,斯不賢矣。〞因此,老子深刻地指出,當時各諸侯因病給藥的〝尚賢〞偏方,會有嚴重的弊端與後遺症。因為賢與不賢沒有明確的標準,千古難下定論,老子反對的其實不是〝賢〞,而是〝尚〞,過度推崇賢者的結果,卻也導致了爭名逐利之風的盛行。

三、道教尊老子為教主,奉為太上老君,是無世不存的最高尊神,把《道德經》視為最主要的經典。《道德經》的基本思想是〝道〞與〝德〞。〝道〞是宇宙自然的規律,天地萬物的本源,〝德〞是應用宇宙自然的規律,在人世間的外在實際運用,是社會人生的最高境界,可以促使人類生活與行為臻於大道。後世之人利用《道德經》清靜無為的思想,入世治理國家,出世修身得道。因此,道家認為《道德經》這部哲學經典,是同時具有〝治國與治身〞雙重意義的上乘功法。

四、道教認為修道可分為三個時期,第一期入山入洞修煉,僅度己而沒度人;第二期修煉住宮住觀成神仙,度己亦度人;第三期修煉在世間,功果圓滿為大羅金仙,功在人間,否則,坐破鋪毯也枉然。這幾句話的精神概括了修道必須修德,〝道〞靠〝德〞培。如果用來治身,本章之中〝虛其心,實其腹,弱其志,強其骨。〞用道家專用術語來表述,指的是神形兼修、心身全面修煉,就是〝性命雙修〞的原則性論述。〝虛其心〞和〝弱其志〞,指的是心性的修養;〝實其腹〞和〝強其骨〞,指的是肉體生命的修煉。

第四章　和光同塵

　　道沖而用之或不盈，淵兮似萬物之宗；挫其銳，解其紛，和其光，同其塵，湛兮似或存。吾不知誰之子，象帝之先。

◎**本章主旨**：老子在本章中闡述〝道〞靜態本體的本質特性，〝道沖〞指的是陰陽相互對立後，在陰陽平衡統一之前，這一段陰陽相互激盪產生作用與轉化過程中的一種變化。而〝道沖〞的結果，不論是微觀〝道〞靜態本體，還是宏觀動態〝德〞的物質世界，都是追求符合〝道〞靜態本體的本質特性，也就是陰陽平衡，統一和諧，穩定長久的局面。

　　〝道沖〞在宏觀動態〝德〞的物質世界中，有關人事上的實際應用，就是不論是在治國，還是修身求道，都是一體適用。當雙方對立矛盾產生之後，要如何異中求同，求同存異，解決此一矛盾糾紛，以達到雙方意見一致、陰陽和諧的境界呢？〝挫其銳，解其紛，和其光，同其塵。〞這就是老子提供解決的方式。

◎**重點提示**：
一、〝道沖而用之或不盈，淵兮似萬物之宗〞，這裡面這個〝沖〞字是個關鍵字，要如何正確的解讀此字，成為幾千年來注解《道德經》的學者煞費腦筋的事情，只要解讀錯誤，整章內容就偏離了原義。因此之故，我們在論述本章之前，首先要確認此一〝沖〞字所代表的意義為何？我們可以在《道德經》中相關之處找出正確的答案。

　　這段話的下一句〝淵乎似萬物之宗〞指的是宇宙萬物生成發展的總源頭，與第一章〝有，名萬物之母〞指的是同一件事，〝混沌〞的量子信息能量場是處於陰陽平衡、和諧統一的狀態，老子又稱之為〝一〞，是《易經》中的〝太極〞，也是萬事萬物生成發展的總源頭。

二、第四十二章〝道生一，一生二，二生三，三生萬物。萬物負陰而抱陽，沖氣以為和。〞一片虛無混沌的能量場就是〝一〞，指的就是太極。〝一生二〞太極動而陰陽二氣由此化生，〝二生三〞，所謂〝三〞指的是天、地、人三才。〝三生萬物〞指的是在陰陽相互變動、激發、轉化，生生不息所孕育的過程中，萬事萬物都是陰陽規律與天人感應這兩者，相互不斷的交互作用而產生的千變萬化。因此，〝沖氣以為和〞指

的就是陰氣與陽氣這兩者相互對立之間的交互作用,雖然是對立,還是有陰陽平衡和諧的時候,而陰陽平衡和諧就是萬物所追求的目標。

　　第四十五章〝大成若缺,其用不弊。大盈若沖,其用不窮。〞在陰陽尚未出現化生萬物之前,宇宙混沌的能量場是陰陽和諧統一的量子信息能量場,此時是處於陰陽未判,動靜未分,陰陽平衡、和諧統一穩定的狀態,也就是老子所說的〝大成、大盈〞。太極動而兩儀生,陰陽兩儀一生,陰陽產生殘缺,失去了平衡,由靜態的微觀世界轉化為宏觀動態物質世界,產生了相互對立的兩個面,就已非陰陽和諧的統一體,此時就是老子所說的〝若缺、若沖〞。

　　〝若缺、若沖〞說明了此時陰陽雖然相互對立,並非〝大成、大盈〞陰陽和諧的統一狀態,但也不是絕對的分開,還是陰中有陽,陽中有陰。而陰陽的對立也不是絕對的,兩者之間還是有交集的部份,此一部分是具有同一性。陰陽之間雖然是相互對立,但是也可以相互交感而達到統一和諧的程度。

三、任何事物的發展變化總是朝著相反的方向演變,陰極生陽,陽極生陰。陰陽對立和陰陽交感調和的結果,永遠就是陽長陰消、陰長陽消,陰陽相推,相互轉換,相互運動的過程。因此陰陽相互對立又相互作用這種特性,隨著時間的推移而不斷的變化,似乎有所缺憾衝突,實際上相輔相成,它的作用無窮盡,沒有任何壞處。宇宙萬物依據此一陰陽變化、剛柔相推的法則,〝若缺、若沖〞成就了萬物生成始終,生生不息,周而復始,循環不已。

　　由上所述,〝道〞這個宇宙客觀規律,〝道沖〞指的就是陰陽規律中陰陽之間相互作用的特性。簡單的說,就是陰陽相互對立又相互融合,相互蘊含也相互激發,相互變動亦相互轉化,是處於一體兩面、如影隨形、變動不拘、生生不息的狀態。宇宙若是停止陰陽的變化,整個宇宙將死寂滅亡。

　　本章中〝挫其銳,解其紛,和其光,同其塵。〞就是效法天道,當矛盾對立產生之後,老子教導我們要如何來化解雙方對立,是由相互對立轉化成統一和諧的變化過程與解決方式。

◎**直譯**:「道」:指的是宇宙自然的規律。「沖」:〝道沖〞與〝沖氣〞指的是陰陽相互對立後,在陰陽平衡統一之前,這一段陰陽相互激盪產生作用與轉化過程中的一種變化。另一種意思指的是虛空之意,有空間

才能陰陽相互激盪而產生作用。「用之」：陰陽相互對立又相互融合統一，這種特性在宇宙萬事萬物中所產生的作用。

「或」：通今〝又〞字。「不盈」：不盈滿，引申為〝道〞的靜態本體不會達到極端盈滿的程度，始終是處於陰陽平衡、和諧統一穩定的狀態。也表示〝道〞的靜態本體蘊含著陰陽交互作用下，產生無窮盡的變化，任何一種狀況都可能發生。

「道沖而用之或不盈」：〝道〞的靜態本體，蘊含著陰陽規律，在道沖陰陽之間交互作用下，所產生的萬事萬物無窮盡的變化，任何一種狀況都可能發生，但是也不會達到極端盈滿的程度，而〝道〞的靜態本體其本質特性，始終為一片混沌虛無，陰陽未判，動靜未分，處於陰陽平衡、和諧統一穩定的狀態。

「淵」：深遠。「兮」：文言語助詞，相當於〝啊〞！表示感嘆的語氣。「淵兮」：〝道〞具有陰陽之間相互對立又相互融合統一，陰陽交互作用的這種特性，由來已經非常深遠啊！「宗」：祖宗。「似萬物之宗」：似乎是萬事萬物生成發展的根源。

「挫」：消磨、鈍化。「其」：在這裡指的是自己。「銳」：尖銳。形容自己堅持的意見與對方落差極大。引申為因意見不同而產生尖銳的對立。「挫其銳」：消磨鈍化雙方因意見不同而產生尖銳的對立。「解」：化解。「紛」：紛爭。因意見不同而尖銳對立所產生的紛爭。「解其紛」：化解雙方因意見不同尖銳對立所產生的紛爭。

「和」：意指〝混合、調和〞。「光」：光彩。「和其光」：混合各種不同的光彩為一色。引申混合雙方不同意見，整合成雙方都能接受的意見。「塵」：塵土，塵俗。引申為庸俗的事物。「同其塵」：就算您視對方的意見為庸俗之淺見，也要內斂鋒芒，與其無爭，而與您認為庸俗的淺見整合之後化為統一。

「湛」：音同站。清澈透明，意指道的虛無縹緲。「湛兮」：宇宙的規律〝道沖〞，陰陽之間相互對立又相互融合統一的這種屬性，在天地之間，清澈透明，視而不見，毫無形跡。「似」：似乎。「似或存」：它雖然看不見，卻又好像一直存在我們的周遭。

「吾」：指老子。「吾不誰之子」：我不知它的來歷。「象」：好像。應該是。「帝」：這裡指的是天地。「象帝之先」：我不知〝道〞與天地誰在先？應該是〝道〞先於天地而生，也就是先天就存在的。

◎意釋：「道沖而用之或不盈，淵兮似萬物之宗」，〝道〞的靜態本體，

蘊含著陰陽規律，在陰陽之間交互作用下，既對立又相互融合統一，在這種特性交互作用下，所產生的萬事萬物千變萬化，不會達到極端盈滿的程度，〝道〞的靜態本體其本質特性，為一片混沌虛無，陰陽未判，動靜未分，始終是處於陰陽平衡、和諧統一穩定的狀態。這種道沖的特性，造成萬物生成始終，生生不息，周而復始，循環不已，可以說沒有窮盡，永無止歇。

同時也表示〝道〞的靜態本體蘊含著陰陽規律，在道沖陰陽之間交互作用下，所產生的萬事萬物無窮盡的變化，任何一種狀況都可能發生，但是也不會達到極端盈滿的程度。〝道〞具有陰陽之間相互對立又相互融合、陰陽和諧統一，陰陽交互作用的這種特性，由來已經非常深遠啊！似乎是萬事萬物生成發展的根源。

這個萬事萬物之母，自然化生萬物，在宏觀動態的物質世界所孕育化生的萬事萬物，也都是與微觀世界中〝道〞靜態本體的本質特性相胎合，都是處於陰陽平衡、和諧統一，生態平衡，本乎自然的穩定狀態。

「挫其銳，解其紛，和其光，同其塵，湛兮似或存。吾不知誰之子，象帝之先。」，宇宙有甚麼規律，人世間就有相同的規律，〝道〞的作用廣大無邊，其大無外，其小無內，日常生活中處處可見，任何領域都一體適用。〝道〞產生相互對立的兩個面之後，陰陽的對立也不是絕對的，兩者之間還是有交集的部份，此一部分是具有同一性，兩者還是可以相互交感而達到統一和諧的程度。

事物都是互相矛盾而存在的，當雙方對立矛盾產生之後，要如何異中求同，求同存異，解決此一矛盾糾紛，以達到雙方意見一致、陰陽和諧的境界呢？〝道〞在此轉化的過程中難以用文字表達，因此將〝道〞此一本質特性，引用在人事上〈含治國與修身〉加以形容。

此時應異中求同，求同存異，消磨鈍化雙方因意見不同而產生尖銳的對立，化解雙方對立所產生的紛爭。混合雙方不同意見，整合成雙方都能接受的意見，就算您視對方的意見為庸俗淺見，也要內斂鋒芒，與其無爭，而與您認為庸俗的淺見整合之後化為統一。

宇宙的規律〝道沖〞，陰陽之間相互對立又相互融合的這種屬性，在天地之間，清澈透明，虛無縹緲，視而不見，毫無形跡，它雖然看不見，卻又好像一直存在我們的周遭。我不知〝道〞的來歷，與天地究竟誰在先？應該是〝道〞先於天地而生，先天就存在的。

◎延伸閱讀：

一、〝道沖〞之沖氣究竟是哪一種氣呢？按照後來《淮南子》所講的宇宙發生的程序來說，在天地還沒有出現的時候，有一種混沌未分的氣，也就是混沌虛無、陰陽平衡、和諧統一的量子信息能量場，後來這種氣起了分化，輕清的氣上浮為天，重濁的氣下沉為地，這就是天地之始。輕清的氣就陽氣，重濁的氣就是陰氣。在陰陽二氣開始分化而還沒有完全分化的時候，也就是陰陽二氣相互作用的時候，在這種情況中的氣就叫做沖氣，也是陰陽兩氣交互作用的時候。

二、老子所論述〝道〞的內涵。他認為，〝道〞的體就是蘊含著陰陽規律交互作用下的千變萬化，〝沖氣以為和〞，因此〝道〞的靜態本體所呈現的是陰陽平衡、和諧統一的穩定狀態，這只是一個概念而無實體，無形無象，人們視而不見，觸而不著，只能依賴意識去感知它。雖然〝道〞體虛無，卻蘊含著創生萬事萬物的基因〝陰陽〞，它所發揮的作用卻是永無窮盡，不可限量，也是萬事萬物創生的根源。此一宇宙規律存在極其久遠，是先有了〝道〞這個宇宙客觀規律之後，才會有依據宇宙規律而產生的天地萬物，應該其存在於天帝產生之先。

三、〝道沖〞是〝道〞的體，當兩個對立面產生之後，要如何轉化成陰陽平衡的統一和諧局面，〝道沖〞之外在實際應用就是〝挫其銳，解其紛，和其光，同其塵。〞不論是在治國，還是修身求道，都是一體適用。

　　道家在求道的過程中，針對個人行為上來說，對於〝和其光，同其塵〞這兩句尤為重視，並且參考魏伯陽真人所著《參同契》中〝被褐懷玉，外示狂夫〞的這兩句話奉為圭臬，因此，自古以來，部分有道之士往往裝瘋賣傻、蓬頭垢面混跡於塵世，這都是從〝和光同塵〞的此一觀念衍生而來。

四、在這裡將拙著《周易白話精解》火澤睽此卦部分內容摘要貼出，供讀者參考應用。火澤睽的卦義內容，講的是：當雙方對事情已經發生歧見異意、矛盾對立時，應冷靜思考，慎重處理。在睽的時代中，兩者之間必有相同之點及可合之處，想辦法如何求同存異，化分為合是最主要的目的。

　　這種狀況與〝挫其銳，解其紛，和其光，同其塵。〞意境相同，此時行事方針最重要的是不要做會激化對立、加深矛盾的大事，宜小心謹慎的先做一些異中求同，合而不流，能緩和雙方對立、化解矛盾的小

事，並且要放下身段，以欣悅溫和的態度，委曲周旋，柔順行事，則可獲吉。

五、處於睽的大時代，表示此事正處於乖違背離，相互對立的時候，造成事情有了波折、困難、阻礙，難以順利進行，雖然表面上是南轅北轍，相互對立，但暗中還是有大異小同的一面，面對這種狀況，要如何化分為合，尋求解決處理矛盾對立的方法，是卦義的重點，其主要原則如下：

1、「求同存異」：既然事情已經相違不合，也不要急於一時的勉強求合，要冷靜處理，先把會激化雙方對立，加深矛盾的大事情暫擱一旁，小心謹慎的做一些異中求同，能緩和對立，化解矛盾的小事，並且以柔軟的身段，欣悅溫和，謙遜柔順的態度，委曲周旋，謹慎行事，行事時要能通權達變，因時制宜。

2、「同中求異」：與對方委曲斡旋時，要堅持合而不流，群而不黨的大原則。大原則不能變，小原則要有彈性。

六、睽的現象是客觀存在的，也是不可或缺的，有睽才有合。陰陽學說中陰陽對立與陰陽調和，矛盾律中的正、反、合，有對立才有統一，對立統一是大自然生生不息，不斷進步的原動力，所以當處於睽的大時代中，身逢乖違悖離之時，要如何掌握時機，用什麼方式，使睽而能合是非常重要的。

第五章　　天地不仁

　　天地不仁，以萬物為芻狗；聖人不仁，以百姓為芻狗。天地之間，其猶橐籥乎？虛而不屈，動而愈出。多言數窮，不如守中。

◎本章主旨：本章老子藉祭祀時的芻狗為喻，人們在祭祀後對芻狗不予理會的態度，來隱喻天道無偏無私，無愛無憎，全部一視同仁，聖人與天地合其德，效法天地的大公無私，對待百姓也是不會有厚薄、高

低、貴賤之分，以〝無為〞的方式，讓百姓根據自己的需要自作自息。

同時也藉著風箱來隱喻，工於心計以滿足個人慾望的念頭動得愈多，事情就愈複雜化，偏私的計謀終歸失敗難成。還不如以中和〝無為〞沒有偏私的心理，來處理雙方的矛盾爭端。

◎ 重點提示：

一、想要了解本章老子要告訴我們的重點，就要從前幾章內分析老子的思維邏輯。第一章〝有〞指的就是太極，在太極這個量子信息能量場之中，陰陽未判，動靜未分，是處於陰陽平衡和諧統一的穩定狀態，它也是化生萬事萬物的總源頭，這就是老子所說的清靜無為，反璞歸真，一片虛無，有如嬰兒的狀態。不論是微觀還是宏觀世界，化生萬事萬物的量子信息能量場，指的都是相同的一個能量場，也就是〝道〞的靜態本體、太極、〝一〞。

〝故常無欲，以觀其妙；常有欲，以觀其徼。〞這句話是老子哲學思想的重點之一，說明在宏觀世界的我們，當您起心動念時，只要心中無出自於個人主觀意識偏私的分別心，一切順其自然發展，其中妙用無窮；要是起心動念有出自於個人主觀意識偏私的分別心，就會產生陰陽相對立的面，其生成發展最終是有一定的偏限。

二、第二章〝天下皆知美之為美，斯惡已…，〞這段話就是要證明〝有欲〞同時所產生的對立面。宇宙萬事萬物都是依循著陰陽規律與法則生成發展，陰陽是基本的規律，萬事萬物都脫離不了受其規範。

因此，我們處理事情的時候，〝處無為之事，行不言之教〞，不參與出自於個人主觀意識好惡的意見，效法天地宇宙的自然法則，以無私無我、無分別心的態度，順其自然，去做應當做的事，這就是〝無欲〞、〝無為〞。用這種態度與方式去處理事情，不會有相互對立所產生的糾紛與煩惱，事物就能自然發展，達到與〝道〞靜態本體本質特性一致，陰陽平衡、統一和諧、穩定的永續發展境界。

第三章〝不尚賢，不貴難得之貨…〞，就是為了避免由於個人〝有欲〞之心，而產生主觀意識好惡的作法，造成相對立不利的局面。因此，老子教導我們用〝虛其心，實其腹，弱其志，強其骨〞此一〝行不言之教〞的〝無為〞方式，來達到富國強民的目的。

第四章〝道沖而用之或不盈，淵兮似萬物之宗〞，老子這句話說明，這個一片混沌虛無，陰陽未判，動靜未分，處於陰陽平衡和諧統一狀態

的量子信息能量場，它是化生萬事萬物的總源頭。本章說明起心動念若是出自於個人主觀意識好惡的分別心，就會在宏觀世界產生相對立的另一個面，老子教導我們用〝挫其銳，解其紛，和其光，同其塵〞的方式，求同存異來化解紛爭對立，以達陰陽平衡、和諧統一的狀態。

三、按照《易經》哲理與量子理論，我們這個宇宙中的萬事萬物隨著時間的推移，都是循著陰陽的規律不斷的運動變化，在此一運動變化的過程中，具有無限多個可能事件會發生，在靜態的微觀量子世界中，各種可能事件都是一個量子態，以概率來代表其發生的可能性，是處於虛擬、無實體又不確定的量子疊加態，只要人能想像出的任何事件，都在其涵蓋範圍之內。

也就是說，在量子疊加態中所有一切的量子態，都是陰陽之間交互作用而產生的一切虛擬不確定的可能狀態。在您量子意識尚未參與之前，都是虛擬無實體結構的假象，其涵蓋的範圍包含一切的可能性，您的心念意識不參與，它就不會真實的呈現在我們宏觀的物質世界。

但是當人一起心動念，您心中的意念內容就會由微觀世界的量變，轉化成宏觀世界的質變，化虛擬為真實，由不確定狀態轉化成確定狀態。這些奇異玄妙的量子現象，真是玄之又玄，令人不可思議！

由上所述，就可推斷出本章內容老子要告訴我們的信息，屆時解讀時也不會失去方向。〝天地不仁，以萬物為芻狗；聖人不仁，以百姓為芻狗。〞這段話主要說明，大道無情，萬物在天地之間依照自然法則運行，沒有偏私的心。聖人與天地合其德，效法天地的大公無私，對待百姓也是一視同仁，沒有厚薄、高低、貴賤之分，以〝無為〞的方式讓百姓自然發展。

四、〝天地之間，其猶橐籥乎？虛而不屈，動而愈出。〞這段話是藉著風箱的作用，隱喻說明宇宙這個生成萬事萬物的能量場，看起來一片虛無，就好像風箱沒運作時的狀態，沒壓縮彎曲風箱的皮囊，它就像沒風似的一片虛無，但是當您一起心動念，就有如風箱開始啟動壓縮，您的念頭動得愈多，在宏觀世界就化虛擬為真實的顯示出來的就愈複雜，就有如風箱吹出來的風就愈多。這也說明天地間的萬物都是在一靜一動中發展出來的，就像風箱一樣，動則立即生風，靜而虛擬藏之。

五、〝多言數窮，不如守中。〞這段話是說，太多工於心計以滿足個人

慾望所說的話，心中偏私的計謀最終還是會有窮盡失敗的時候。還不如回歸到自然的規律辦事，虛靜無為，沒有出自於個人主觀意識上偏私的心理，事情反能夠永續發展，妙用無窮。這就是〝故常無欲，以觀其妙；常有欲，以觀其徼。〞這段話的進一步解說。

綜合所述，人世間為甚麼還是會有善惡、好壞相互對立的結果發生呢？這皆是人的起心動念抉擇，是〝無欲〞還是〝有欲〞所造成的結果。

◎直譯：「仁」：相互親近相愛。親愛。不是儒家思想中〝己欲立而立人，己欲達而達人〞或〝克己復禮為仁〞的這個仁。「不仁」：無偏無私，無愛無憎，全部一視同仁。「天地不仁」：萬物在天地之間依照自然法則運行，天道無偏無私，無愛無憎，無心偏愛萬物，全部一視同仁，任其自生自成。

「芻狗」：音同除。草紮的狗。人們祭祀時使用以草紮製而成的狗，祈禱時用它，用完後隨手就把它扔掉了，不會珍惜特別愛護。老子藉著祭祀時所用的芻狗，人們祭祀後對芻狗不予理會的態度，來隱喻天地與聖人無偏私厚愛之心，以〝無為〞的態度來對待萬物與百姓。

「天地不仁，以萬物為芻狗」：萬物在天地之間依照自然法則運行，天道無偏無私，無愛無憎，全部一視同仁，任其自生自成，不會有珍惜特別偏愛的心態。「聖人不仁，以百姓為芻狗」：具有〝上德〞的領導統治者與天地合其德，效法天地的大公無私，對待百姓也是一視同仁，不會有厚薄、高低、貴賤之分，以〝無為〞的方式讓百姓根據自己的需要，任其自作自息，故以芻狗為喻。

「猶」：好像。「橐籥」：音同陀月。古代冶煉時用來鼓風吹火的裝置，現在稱之為「風箱」。橐是以牛皮製造而成的風袋；籥為輸風管。拉開皮橐，空氣通過進氣閥而入橐；壓縮皮橐，橐內的空氣通過排氣閥而進入到輸風管，最後再進入冶煉爐中。「天地之間，其猶橐籥乎？」：天地之間萬物生成的方式，就好像風箱的工作原理一樣嗎？

「虛」：皮橐虛空，不能生風。隱喻〝道〞的靜態本體，宇宙中的量子信息能量場處於一片虛無混沌的狀態，是屬於靜態。「屈」：各家解讀為窮盡，原本此一能量場化生萬物就是無窮盡，其實不需多言。此一風箱之隱喻，本就是隱喻一靜一動之間的變化，因此，在此解讀壓縮彎曲也符合所隱喻之現象。

「不屈」：不壓縮彎曲皮橐，此時風箱不動就無法生風。隱喻混沌的量子信息能量場，處於陰陽平衡、和諧統一狀態，靜態不動，萬事萬

物就沒有發生。在量子理論中就表示此時沒有量子意識的參與。

「虛而不屈」：宇宙這個生成萬事萬物的量子信息能量場，看起來一片虛無，就好像風箱沒運作時的狀態，沒壓縮彎曲風箱的皮橐就不會生風，隱喻混沌的量子信息能量場，是處於陰陽平衡、和諧統一狀態，靜態不動，沒有意念的參與，能量場一片虛無，宏觀世界就不會有相關情事發生。

「動」：拉動壓縮風箱的皮橐。隱喻當您一起心動念。「愈」：更加的意思。「動而愈出」：當您拉動壓縮風箱的皮橐，風就會源源不斷的吹出。隱喻當您一起心動念，此一偏私念頭的內容在宏觀世界就會化虛擬為真實的顯示出來。您的念頭動得愈多，就有如風箱吹出來的風愈多，事情就愈複雜化。

「言」：說的話。這裡指的是工於心計以滿足個人偏私慾望所說的話。「多言」：多言必多心，多言必多事，多事必多患。「數」：心計、謀略。多家學者把這個〝數〞注解為〝速〞，感覺有不妥之處。我們可以從第二十七章：〝善數不用籌策〞之中，可以推斷出這個〝數〞所代表的意義。籌策為古時計算時所使用的工具，心算好的人，可以不用計算工具就能算出答案。因此，這個〝數〞就有〝工於用心計算〞的意義，也就是工於心計。「窮」：窮盡。

「多言數窮」：太多工於心計以滿足個人慾望所說的話，心中偏私的計謀最終還是會有窮盡失敗的時候。「中」：一片虛無寧靜，陰陽平衡的和諧統一狀態。沒有對立矛盾的情形產生。「不如守中」：還不如以沒有偏私的心理，回歸到虛無寧靜，陰陽平衡的和諧統一狀態，以〝無為〞的方式，來處理因相互對立而產生矛盾爭端的事情。

◎意釋：「**天地不仁，以萬物為芻狗；聖人不仁，以百姓為芻狗。**」，萬物在天地之間依照自然法則運行，天道無偏無私，無愛無憎，全部一視同仁，任其自生自成，不會有珍惜特別偏愛的心態。聖人與天地合其德，效法天地的大公無私，對待百姓也是一視同仁，不會有厚薄、高低、貴賤之分，以〝無為〞的方式讓百姓根據自己的需要，任其自作自息。

老子藉祭祀時所用的芻狗為喻，人們在祭祀後對芻狗不予理會的態度，來隱喻天地與聖人無偏私厚愛之心，是以〝無為〞的態度來對待萬物與百姓。

「**天地之間，其猶橐籥乎？虛而不屈，動而愈出。**」，天地之間萬物生成的方式，就好像風箱的工作原理一樣嗎？宇宙這個生成萬事萬物

的量子信息能量場,看起來一片虛無,就好像風箱沒運作時的狀態,沒壓縮彎曲風箱的皮囊就不會生風,隱喻混沌的量子信息能量場,處於陰陽平衡的統一體靜態不動的狀態,沒有量子意識的參與,量子信息能量場一片虛無,宏觀世界就不會有相關情事發生。

當您拉動壓縮風箱的皮囊,風就會源源不斷的吹出。隱喻當您一起心動念,此一偏私念頭的內容在宏觀世界就會化虛擬為真實的顯示出來。您的念頭動得愈多,就有如風箱吹出來的風愈多,事情就愈複雜化。

「多言數窮,不如守中。」,老子在本章進一步闡述說明第四章〝挫其銳,解其紛,和其光,同其塵〞,化解矛盾對立的處理方式。當對立矛盾產生之後,不要有太多工於心計以滿足個人慾望所說的話,心中偏私的計謀最終還是會有窮盡失敗的時候。還不如以沒有偏私的心理,回歸到虛無寧靜,陰陽平衡的和諧統一狀態,以〝無為〞的方式,處理因對立而產生矛盾爭端的事情。

◎延伸閱讀:

一、《易經》《說卦傳》第三章〝天地定位,山澤通氣,雷風相薄,水火不相射。〞依據先天八卦方位圖中所示,先天八卦為體,表現的是空間物象,天地定位。先天首乾,乾為天下君,述明宇宙的法則就是陰陽的規律,八卦按其所代表的性質兩兩相對,分成四時,每對都是二個性質相反的卦,相對立的站在兩端,它的內涵就是陰陽對立的和諧統一與鬥爭。

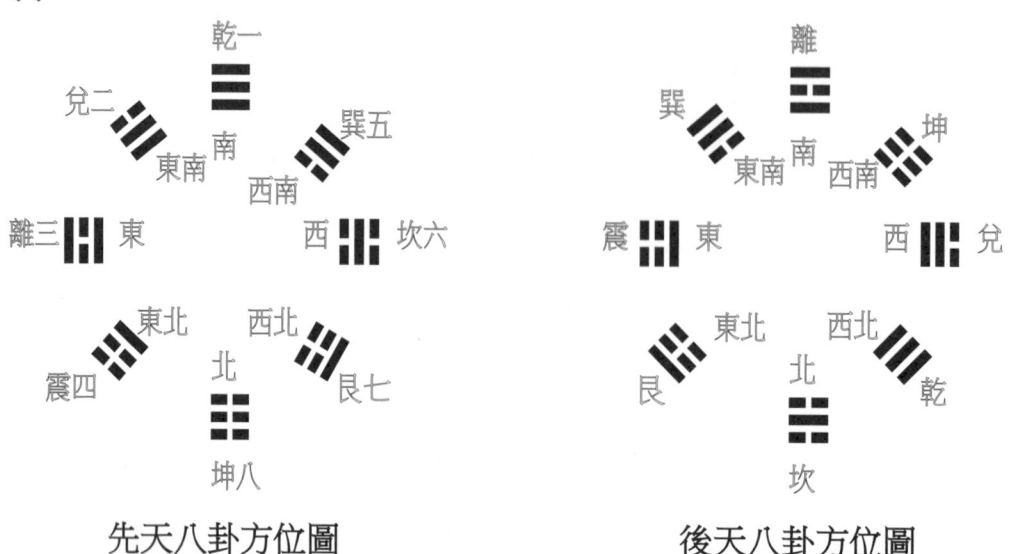

先天八卦方位圖　　　　　　後天八卦方位圖

古代的先聖先哲，體認到自然界中的一切現象，都存在著相互對立而又相互作用的關係，就用〝陰陽〞這個概念來解釋自然界兩種對立和相互消長的勢力，認為〝陰陽〞的對立和消長是事物固有的性質與變化的法則。因此，把許多具體的事物都賦予〝陰陽〞的涵義。

二、八卦代表的八種卦象，其性質上雖是一陰一陽，兩相對立，事實上卻是相資相合，相需相成，形成既對立又和諧，八卦陰陽相互交錯之現象。《繫辭‧上傳》說：「一陰一陽之謂道」。宇宙萬事萬物的基本單位就是陰陽，萬事萬物一切的運動變化，都是在一定的規律下進行，這個規律就叫做「道」，它的內涵就是陰陽對立的和諧統一與鬥爭。

　　陰陽隨著時空的推移而不斷的運動變化，陰陽之間的交互作用與剛柔相推之法則，在萬事萬物之間形成不斷的生成始終，周而復始，循環不已，成就了萬事萬物一切生生不息之變化與發展，陰陽學說就是《易經》的哲學思想其中之一，也是宇宙普遍一致的基本規律與法則。

　　陰陽之間雖然是相互對立，但是也可以相互交感而達到陰陽調和、統一和諧的程度。太極圖以均衡對稱的圖形方式，揭示了追求陰陽平衡的觀點，鮮明地強調陰陽變化〈矛盾運動〉以求平衡、和諧的最佳狀態為其根本目的。就如第四十二章所說：〝萬物負陰而抱陽，沖氣以為和。〞

三、天地定位，山澤通氣，雷風相薄，水火不相射，這段文字是在說明，宇宙的法則就是陰陽的規律，它的內涵就是陰陽對立的和諧統一與鬥爭。八卦代表的八種卦象，天地、山澤、雷風、水火，其性質上雖是一陰卦及一陽卦，兩相對立，事實上卻是相資相合，相需相成，形成既對立又和諧，八卦陰陽相互交錯之現象。

太極圖

我們人處於於天地之間，不論是在哪一個領域，生活中的一切看似

混亂繁雜的現象，實際上都只是事物多樣性的表現，它們都有一個內在的平衡與和諧點存在，我們所要追求的最高境界，就是要如何作為才能達到與〝道〞靜態本體本質特性相脗合，陰陽和諧統一穩定的境界。

　　《道德經》的哲學思想其核心內容指出，我們要效法天道，與天地合其德，也就是虛無清淨，陰陽未判，動靜未分，處於陰陽平衡和諧統一狀態，這就是老子所說的清靜無為，反璞歸真，一片虛無，有如嬰兒，此時的太極是屬於靜態。

四、當人的意識一旦參與，太極動而兩儀生，您的量子意識所負載的信息若是〝無欲〞，也就是〝無為〞，此一事件在宏觀世界顯示出來的就是陰陽和諧統一的狀態；量子意識所負載的信息若是〝有欲〞，也就是有分別之心，出自於偏私利己之心理意識，此一事件在宏觀世界就會產生相互矛盾的對立面，因而造成糾紛與爭執。

　　當矛盾糾紛已經造成之後，要如何地化解對立紛爭，以達和諧統一的局面。若是心中有所偏私，為了滿足個人慾望，而工於心計的出謀策劃，非但無法解決糾紛，終歸還是失敗收場。此時還不如以沒有偏私的心理，以〝無為〞的方式〝挫其銳，解其紛，和其光，同其塵〞來化解矛盾對立，讓事件回歸到虛無寧靜，陰陽平衡的和諧統一狀態。

五、老子《道德經》的哲學思想，我們可以分為〝入世〞與〝出世〞這兩種方式，〝入世〞治國與修身的作為：就是如何以〝無為〞的方式起心動念，以避免在人世間產生對立矛盾；當有矛盾對立的情事發生時，要如何的化解紛爭，以達和諧統一境界。

　　〝出世〞個人修行的作為：個人心境要效法天道，與天地合其德，反璞歸真，虛無清淨，陰陽未判，動靜未分，有如嬰兒，處於陰陽平衡和諧統一的靜態狀況，以達個人修行最佳狀態。若是想要更上層樓，跳出三界外，不在五行中，脫離人道及陰陽之規範，往上提昇到更高一個層次，就必須更進一步達到〝無〞的境界。

第六章　　谷神不死

　　谷神不死，是謂玄牝。玄牝之門，是謂天地根。綿綿若存，用之不勤。

◎ **本章主旨**：本章老子接續第五章再補充說明〝道〞的功能與作用。能孕育化生萬事萬物的〝道〞，其運動變化永不止歇，而運動變化的規律與法則就是陰陽的規律。陰陽之間不斷的交互作用、運動變化，萬事萬物連綿不絕的皆由此化生，是造化天地、生育萬物的根源。

萬物在混沌的量子信息能量場中，沒有實體物理結構，一切都是處於似有若無，虛擬不確定，只能以概率來代表的量子態。〝道〞孕育化生萬事萬物的功能與作用，生成始終，生生息息，周而復始，循環不已，取之不盡、用之不竭。

◎ **重點提示**：

一、老子《道德經》流傳2500多年來，注解者何止百餘家，對本章中〝谷神〞與〝玄牝〞的解讀，眾說紛紜，見解不一，也是爭議較多的地方。這兩個關鍵詞解讀不同，意義就大為迥異，尤其本章是在老子形容〝道〞的特性與內容，也就是宇宙的客觀規律為何？各家不同的解讀，很容易混淆視聽，造成讀者對〝道〞產生錯誤的認知。就如同《易經》各家解讀不一，造成《易經》成為眾人不容易理解的有字天書。

《易經》與《道德經》所講的〝天道〞是相同的一個宇宙規律，由於〝天道〞虛無飄渺難以形容，因此，《易經》與《道德經》都是以假象喻意的方式書寫，假借某種現象來表示所要告訴您的內容是與此相同類似，由此及彼的轉化解讀，就可了解老子要告訴您這句話真實的涵義了。本章中〝谷神〞與〝玄牝〞就是以假象喻意的方式書寫，了解其中道理之後，〝谷神〞與〝玄牝〞的本義就能撥雲見日，一目了然。

二、在遠古的時候，〝谷〞和〝穀〞通用，一個是空虛低下的山谷；一個是能養育人們的穀物，雖然這兩者與〝道〞一片虛無、能孕育化生萬物的特性相符，但是老子當初採用〝谷神〞這個關鍵詞時，心中想要表達定有所偏重。因為有後面一句〝是謂天地根〞，是孕育化生萬事萬物的根源，講的是〝天道〞這個宇宙的規律，指的是〝道〞的靜態本體，是一片混沌虛無，陰陽未判，動靜未分，處於陰陽平衡和諧統一的量子信息能量場，能夠孕育化生萬事萬物。

所以，在這裡的〝谷神〞這句話，我們可以判斷老子當時在書寫本章時，原始的本義指的就是〝穀神〞，是人們所信奉能養育萬物又渺茫恍惚的無形穀神，藉著〝穀神〞來假象喻意的告訴我們〝天道〞的特性，也可以說，〝穀神〞就是〝天道〞的代名詞。

《道德經》中出現這個〝谷〞字，只有這裡是以〝谷神〞方式出現，其它有幾處也出現過，第十五章〝曠兮其若谷〞、第二十八章〝為天下谷〞、第三十九章〝谷得一以盈〞、第四十一章〝上德若谷〞。都是假借山谷的空虛低下的性質，來隱喻〝天道〞虛無而包容萬事萬物的特性。

三、在《易經》裡面論說天地陰陽之道的時候，坤卦上六爻，爻辭：「龍戰於野，其血玄黃」。其中的〝玄〞為青黑色，代表天的顏色，代表陽。《易經》坤卦卦辭：「利牝馬之貞」，以牝馬來取象，〝牝〞為雌性動物，代表陰。

乾為天代表〝陽〞，在陰陽交互作用中，起到觸發的作用，主動提供信息；坤為地代表〝陰〞，也代表雌性、母性，在陰陽交互作用中，是處於被誘發的狀態，被動的接受〝陽〞所提供的信息，並且依據〝陽〞所提供的信息內容，將能量轉化為物質，接續完成後面孕育化生萬事萬物的工作。

四、老子在第四十二章：〝道生一，一生二，二生三，三生萬物〞。〝道〞就是宇宙客觀規律，〝一〞就是一片虛無混沌的量子信息能量場，指的就是太極。〝一生二〞太極動而陰陽二氣由此化生，〝二生三〞，所謂〝三〞指的是天、地、人三才。〝三生萬物〞指的是在陰陽相互變動、激發、轉化，生生不息所孕育的過程中，萬事萬物都是陰陽規律與天人感應這兩者，相互不斷的交互作用而產生的千變萬化，人的意識能參與天地之造化，在此中站居主導的作用。

〝天道〞這個混沌虛無，陰陽未判，動靜未分，處於陰陽平衡和諧統一的量子信息能量場，宏觀世界人的量子意識，當起心動念的參與提供信息，此一陰陽交互作用下能化生萬物的量子信息能量場〈陰〉，接收到量子意識所負載的信息〈陽〉之同時，產生質能相互轉換，就能孕育化生萬事萬物，化虛擬為真實，由不確定到確定，在宏觀世界中顯現。

五、這個宇宙〝質〞與〝能〞是可以相互轉化，就如同陰陽之間的轉化。能量無法被創造或被銷毀，它只能從一種型態轉變為另一種型態。量子理論中科學家們揭示了宇宙三種不同的存在型態，物質〈陰〉、能量〈陽〉、信息〈意識〉，此中的物質指的是我們宏觀的物質世界；能量指的是宇宙混沌的量子信息能量場此一大的量子系統；信息指的就是能負載人類起心動念此一信息的量子意識能量場。也就是天、地、人這三

者之間的交互作用，產生了大千世界的千變萬化。

由上所述，老子在本章中的〝玄牝〞，指的就是陰陽，老子間接的隱喻，這個宇宙的基本規律〝天道〞，就是陰陽規律，萬事萬物都是隨著時間的推移，循著陰陽規律的不斷變化，生成始終，生生息息，周而復始，循環不已。因此，〝谷神不死〞這句話也說明了，永不止歇的運動變化是〝天道〞的特性之一。

◎**直譯**：「谷」：與穀通用。谷：山谷，空虛低下的山谷；穀：養育之意。在此章取穀有養育之意。「神」：形容不測的變化。「谷神」：穀神。是人們所信奉能養育萬物又渺茫恍惚的無形穀神。隱喻混沌虛無，陰陽未判，動靜未分，處於陰陽平衡和諧統一的量子信息能量場，能夠孕育化生萬事萬物。〝穀神〞就是〝天道〞的代名詞，即指虛空無形而變化莫測、永恆不滅的〝道〞。

「不死」：永不止歇。隱喻〝天道〞，它虛空無形而變化莫測，具有神奇孕育化生萬事萬物的能力，無窮無盡，永不止歇，恆常不死。「是謂」：稱之為。「玄」：青黑色。代表天的顏色，乾為天為陽。「牝」：雌性動物，母性。坤為地為陰，以牝馬來取象。陰陽交互作用中，是處於被誘發的狀態，被動接受陽所提供的信息，並且依據陽所提供的信息內容，接續後面孕育化生萬事萬物的工作。

「玄牝」：隱喻陰陽的規律。「谷神不死,是謂玄牝」：隱喻〝天道〞，它虛空無形而變化莫測，具有神奇孕育化生萬事萬物的能力，無窮無盡，永不止歇，恆常不死。〝天道〞所依據的法則，我們稱之為陰陽的規律。

「門」：物之所從此出者。隱喻萬事萬物皆由此孕育化生而出。「玄牝之門」：陰陽之間循著陰陽的規律不斷的交互作用、運動變化，萬事萬物因而皆由此化生而出。「根」：造化天地、生育萬物的根源。與萬物之母同樣意義。

「是謂天地根」：〝天道〞這個宇宙的客觀規律，也就是陰陽的規律與法則，我們可以稱之為造化天地、生育萬物的根源。〝天地根〞就是〝萬物之母〞，指的就是混沌虛無，陰陽未判，動靜未分，處於陰陽平衡、和諧統一的靜態本體，能夠孕育化生萬事萬物的量子信息能量場。

「綿綿」：連續不斷、連綿不絕的樣子。「若存」：似有若無的一種存在。「綿綿若存」：〝道〞陰陽交互作用下，不斷運動變化的功能，孕育化生萬事萬物就連綿不絕，只要您想得到的狀況都可能存在。物質在

混沌的量子信息能量場中沒有實體的物理結構，一切都是處於似有若無，虛擬不確定，只能以概率來代表的量子態。

「用之」：〝道〞孕育化生萬事萬物的功能與作用。「勤」：通盡、完、竭。「用之不勤」：〝道〞孕育化生萬事萬物的功能與作用，生成始終，生生息息，周而復始，循環不已，取之不盡、用之不竭。

◎意釋：「谷神不死，是謂玄牝。玄牝之門，是謂天地根。」，〝穀神〞就是〝天道〞的代名詞，即指空虛無形而變化莫測、永恆不滅的〝道〞。用〝穀神〞來隱喻〝天道〞，它虛空無形而變化莫測，具有神奇孕育化生萬事萬物的能力，無窮無盡，永不止歇，恆常不死。〝天道〞所依據的法則，我們稱之為陰陽的規律。

陰陽之間循著陰陽的規律不斷的交互作用、運動變化，萬事萬物皆由此孕育化生。〝天道〞所蘊含的這個宇宙的客觀規律，也就是陰陽的規律與法則，我們可以稱之為造化天地、生育萬物的根源。〝天地根〞就是〝萬物之母〞，指的就是混沌虛無，陰陽未判，動靜未分，處於陰陽平衡、和諧統一〝道〞的靜態本體，也是能夠孕育化生萬事萬物的量子信息能量場。

「綿綿若存，用之不勤。」，按照量子理論，不論是宏觀還是微觀世界，此一混沌的量子信息能量場其大無外，其小無內，無處不在。〝天道〞這個宇宙的客觀規律，在陰陽交互作用下不斷運動變化的功能，孕育化生的萬事萬物，只要是您能想得出的各種狀況，在此大的量子系統中都有可能發生，以量子態似有若無的存在，只是其概率大小有所區別而已。因此，孕育化生萬事萬物就連綿不絕。

物質在一片虛無混沌的量子信息能量場中，沒有實體的物理結構，都是處於量子化的虛擬量子態，在人的心念意識未參與之前，一切都是處於似有若無，虛擬不確定，只能以概率來代表的量子態。量子系統的量子態由不確定到確定，化虛擬為真實，需要人的意識參與。〝意識是物質世界的基礎，促成了物質世界從不確定到確定的轉移。〞〝道〞孕育化生萬事萬物的功能與作用，生成始終，生生息息，周而復始，循環不已，取之不盡、用之不竭。

◎延伸閱讀：
一、《繫辭傳・上》第四章「易與天地準，故能彌綸天地之道。」《易經》的哲學思想內涵，陰陽規律及天人感應思想，與《道德經》中的宇

宙自然規律相同一致。易道之廣，彌六合則其大無外，藏於密則其小無內。因此，不論是宏觀世界還是微觀世界裡的任何一個領域，都能一以貫之，一體適用。

　　《繫辭傳‧上》第五章「陰陽不測之謂神。」：萬事萬物隨著時間的推移，陰陽不斷的相互轉化之中，其最終發展如何，此時是不確定的。所謂神：《繫辭傳》中曾經說過，一陰一陽之謂道，生生之謂易，在此又說陰陽不測之謂神。因此道、易、神，講的是一個事物的三個面。此一事物指的就是陰陽，陰陽在不同的狀況下，賦予其不同的名稱。

　　若是隨著時間的推移而不斷的交互轉變，這就稱之為道；若是陽生陰，陰生陽，陽又生陰，陰又生陽，陰陽生生不息，這就叫做易。若是陰陽同時存在〈量子疊加態〉，只是有概率大小之別，這就叫做神，是陰陽的特性之一。此神與神明之神不是同一件事情，《繫辭傳》中所說的神，指的是陰陽的規律。

　　陰陽不測之謂神：任何事物都是陰陽兩個面同時存在，陰陽相互轉化，最終或是為陰？或是陽？在此一時空只是概率大小的問題，其最終的結果是隨著人的意念而偏向轉化。

二、宇宙萬物是隨著陰陽的規律一直在變化，萬事萬物的發生、變化或未來的走向，在意識未參與之前，各種狀況的發生都是一種概率，其發展結果具有無限的可能性，只不過概率大或小的問題；當人的意念參與其中之後，事件的發生或未來的走向，就會隨著人的心念意識所負載的信息內容而產生偏移，其它狀況發生的概率就會同時坍縮歸零。

　　微觀的量子世界與宏觀的物質世界，中間就好像隔著一層朦朧簾幕，您看不清楚微觀世界的真面目，一切都是以不確定的量子態存在，除非是您起心動念去觀察它，微觀世界才會依據您的觀察，展現出與您心念意識相同類似的結果出現，才會由微觀世界的不確定狀態，隨著時間的推移，由漸進式的量變到宏觀世界的質變。人的量子意識是否參與，是微觀與宏觀世界如何區分的分界線。

　　《繫辭傳‧上》「乾知大始，坤作成物。乾以易知，坤以簡能。易則易知，簡則易從」。乾陽主導創始萬物開端，本就是乾陽的特性，是件很容易就自然發生的事情。坤陰順應自然，不需花費工夫，就可以順手完成乾陽已經開始的事情。乾坤之易簡〈簡易〉，就是自然始物，自然成物。〈道法自然〉

三、宏觀世界指的就是我們現在生活的世界，所有的物質都是確定的實體，具有特定的物理性質與位置，接受經典物理定律的規範與描述。而微觀世界是我們肉眼無法看到的範圍，宏觀世界的一切物質在微觀世界是沒有實體的物理結構，是處於虛擬不確定的狀態，以概率來代表它的存在，經典的物理定律無法描述解釋，這種狀態我們稱之為具有量子化的量子態。

四、微觀世界的所有一切，都是以量子態的形式顯示，微觀世界是處於一個大量子系統中包含無限多個小量子系統,大大小小的量子系統中的量子態都有內在深層次的連結，愈是相同類似的兩者之間，愈能相互吸引感應，這就是量子糾纏現象，就像是全球網路都可以互通信息一樣。

在微觀世界裡一個量子系統中有多個量子態同時存在,每一個量子態最終都有可能發生，處於不確定狀態，沒有實體的物理結構，每一個量子態其最終發生的可能性，只能用概率來代表。這種狀態就稱之為量子態，此一系統稱之為量子系統，此一量子系統的狀態是由多個量子態組合而成，稱之為量子疊加態。

道〈坤陰〉　　　　　　　德〈乾陽〉

微觀量子世界　　簾幕　　宏觀物質世界

- 以概率來表達虛擬無實體又不確定的量子態。

- 經典物理定律所描述的真實確定狀態。
- 量子意識與量子系統產生交互作用。

量子系統

兩個以上的
量子態疊加

量子意識

霍金說：上帝不但擲骰子，祂還把骰子擲到我們看不見的地方去！

其中與量子意識信息相同類似的量子態轉化為真實

量子意識與量子疊加態交互作用示意圖。

五、所有的量子系統都包含兩個以上的量子態組合而成量子疊加態，量子系統也是處於虛擬不確定狀態，並非固定存在的，其存在的時機是在人的量子意識參與之時，至於此一量子系統究竟有多少量子態疊加組合而成？完全視量子意識所負載的信息內容裡面有幾項選擇而定。

也就是您的量子意識是正反兩面的抉擇，則此一量子系統就是由兩個相對立的量子態組合而成的量子疊加態；如果您的量子意識是由眾多項目中擇優而定，則此一量子系統就是由眾多的量子態組合而成的量子疊加態，餘此類推。

六、此一量子系統量子疊加態之中，就會有一個與您量子意識所負載信息相同類似的量子態存在，由於萬物一體同源，相同類似的兩者之間具有內在連結的糾纏關係，能夠相互吸引感應。當您的量子意識參與之後，與量子系統中相同類似的量子態產生交互作用，其概率轉化成百分百，而此一量子系統中與量子意識信息不相同的量子態，其概率就會同時坍縮歸零。

而量子疊加態中與您意識中信息相同類似的量子態，由虛擬不確定狀態轉化為真實確定狀態，由微觀世界的量變轉化為宏觀世界的質變，由於您的起心動念，化虛擬為真實。這也就是佛家思想中的〝萬物唯心造〞最主要的內涵。

第七章　天長地久

天長地久。天地所以能長且久者，以其不自生，故能長生。是以聖人後其身而身先；外其身而身存。非以其無私邪？故能成其私。

◎**本章主旨**：本章接續第六章〝谷神不死，是謂玄牝〞加強補充說明〝道〞本體的功能與作用，只不過是更加的細部闡述，並且由〝道〞的本體功能，引申到人事上如何的實際應用，並列舉說明。

本章說明天地孕育化生萬物無偏私的分別心，一切依循陰陽自然的規律運行變化，依照〝道〞靜態本體的本質特性化生萬物，就因為如此，才能造化萬物呈現一個平衡和諧的統一體，循自然規律生成始終，生生不息，周而復始，循環不已，永恆的繁衍發展。

聖人效法天地自然無私的精神，將〝天道〞引用在〝人道〞上，就是在人事上的具體應用。天地由於〝無私〞而長存永在，聖人由於退身忘私而成就其理想。在人事上〝利他〞與〝利己〞存在著對立和統一〝相反相成〞的關係，看似對立的雙方也可以在一定條件下相互轉化。

◎重點提示：
一、本章所論述〝道〞本體的功能與作用，是了解老子整體哲學思想的關鍵點之一，而本章的關鍵詞就是〝不自生〞。經過翻查以往各家學者對〝道德經〞這句話的注解，絕大多數都是字面解讀，讀者因此很難深入理解老子要告訴我們這句話真正的涵義，在一知半解之下，就難以在日常生活中充分的應用。
　　首先要了解甚麼是〝不自生〞？為甚麼會有〝不自生〞的情形發生？為甚麼會有〝長生〞的好處出現？為甚麼引用在人事上會有〝後其身而身先，外其身而身存〞的情形出現？…等，深入了解其中奧妙之後，老子的哲學思想內涵大概就能泰半知曉了！

二、首先我們將老子有關〝道〞的本體論述先複習一下，讓讀者對其有一個整體的認識。〝道〞講的就是宇宙的客觀規律，指的就是陰陽的規律，在宇宙出現之前就已經存在。宇宙從〝無〞到〝有〞，〝無〞是天地之始，〝有〞是萬物之母。這個萬物之母，指的就是混沌虛無，陰陽未判，動靜未分，處於陰陽平衡和諧統一的量子信息能量場，也是〝道〞的靜態本體，能夠孕育化生萬事萬物。
　　〝有〞這個萬物之母，在此章中我們稱之為天地。在與人的意識相互作用時，此時是處於陰陽平衡、和諧統一的靜態，它不會主動化生萬事萬物，因為在陰陽交互作用的規則下，它是處於被誘發的狀態〈陰〉，被動的接受意識〈陽〉所提供的信息，並且依據所提供的信息內容，將能量轉化為物質，接續完成後面孕育化生萬事萬物的工作。

三、處於陰陽平衡和諧統一的虛擬無實體的量子信息能量場，其所孕育化生的萬事萬物，在宏觀世界所顯示的是處於陰陽平衡和諧統一的狀態？還是處於陰陽對立矛盾的狀態呢？端視〝陽〞所提供的信息內容是〝無欲〞還是〝有欲〞而定。如果此一宇宙沒有人類的存在，這個世界未來的走向與最終的結果，只是多種可能性的無限疊加而已，對人類而言，已經毫無意義。

當人的意識是出於〝有欲〞，也就是此一意識有偏私的分別心，想得到個人慾望滿足的妄念，〝有〞這個萬物之母的量子信息能量場，受到量子意識的量子糾纏的感應，其中與量子信息內容相同類似的量子態，由微觀世界的量變到宏觀世界的質變，從不確定到確定，化虛擬為真實，在宏觀世界就會同時顯示出相對立的另一個面，對立的兩者之間相互矛盾衝突，因而造成事件不和諧紛爭，又難以持續發展下去的局面。

　　當人的意識是出於〝無欲〞，也就是此一意識毫無分別之心，〝有〞這個萬物之母的量子信息能量場，受到量子意識的量子糾纏的感應，其中與量子信息內容相同類似的量子態，由微觀世界的量變到宏觀世界的質變，從不確定到確定，化虛擬為真實，在宏觀世界就會同時顯示出陰陽平衡和諧統一的局面，事件就能夠在和諧統一的狀態下永續發展。

四、因此，在人的意識沒有參與之下，這個處於陰陽平衡、和諧統一又虛擬無實體的靜態量子信息能量場，因為陰陽未判，不會〝有欲〞自主的以偏私之分別心，來主導萬物孕育化生，此時所化生的萬物，都是靜態量子信息能量場中概率較大的量子態，自然而然的化生出來，這就是因為天地〝無欲〞的〝不自生〞特性，因此，所孕育化生的萬事萬物也是處於陰陽平衡、和諧統一的狀態，一切依循陰陽自然的規律運行變化，生成始終，生生不息，質能相互轉化，周而復始，循環不已，所以天地才能夠天長地久的長生，恆久不死的持續繁衍發展下去。

五、〝陰陽〞的對立和消長是宇宙的基本規律，陰陽的對立統一運動，是自然界一切事物發生、發展、變化及消亡的根本原因。宇宙中不論是極大或者極小，不論是有形還是無形，萬物之間都有其普遍一致的關連性，永遠都處於無休止的變化之中，而所有事物的性質和運動變化都有相對立的兩個面。

　　陰陽規律的特性：陰陽之間雖然是相互對立，但是也可以相互交感而達到統一和諧的程度。物極必反，盛極而衰，任何事物的發展變化總是朝著相反的方向演變，陰極生陽，陽極生陰。陰陽對立和陰陽交感調和的結果，永遠就是陽長陰消、陰長陽消，陰陽相推，相互轉換，相互運動的過程。

　　在陰陽相互變動、激發、轉化，生生不息所孕育的過程中，萬事萬物都是陰陽規律與天人感應這兩者，相互不斷的交互作用而產生的千變萬化，人的意識能參與天地之造化，與天地並列為三，在變化的過程中

佔居主導的作用。

　　由上述陰陽規律的特性中我們可以發現，事物發展變化到極點，總是朝著相反的方向轉化。月盈則虧，日中則昃，窮則變，變則通，通則久，物極必反，盛極而衰，陰陽之間由量變轉化成質變，相互轉化是必然的趨勢，也是宇宙中的規律與法則。

六、老子哲學思想中的樸素辯證法告訴我們，萬事萬物都存在著相互矛盾的兩個對立面，"有無相生，難易相成，長短相形"，例如世間萬物有陰陽、剛柔、強弱…等分別。老子說"反者道之動"，對立的事物發展變化到極點，總是朝著相反的方向轉化，例如"物壯則老"，"兵強則滅"，"木強則折"，說明起心動念有偏私分別心，在對立紛爭下所獲得之目標，當目標獲得當下，就已經開始走上了盛極而衰的窮途末路。

七、老子從"弱者道之用"出發，強調"天下之至柔，馳騁天下之至堅"，以"柔弱勝剛強"，"上善若水"，"夫唯不爭，故無尤"這些論述，我們可以知道老子的哲學思想中，"道"的外在實際應用，就是"無為而無不為"，"貴柔守雌"，要站在事物發展趨勢最有利的一面。

　　按照陰陽的規律，物極必反，盛極而衰，陰陽之間的相互轉化是必然的趨勢，爭奪而來的"剛強"，樹敵對立者眾，已經走向衰途，時日無多；以"無為"沒有私慾不爭的"柔弱"，是站在事物發展趨勢最有利的一面，能建立起陰陽平衡、和諧統一的團體，得道者多助，來日可長可久，這也是本章天長地久的闡述。

　　為了防止走向物極必反，盛極而衰的窮途末路，老子主張"去甚、去奢、去泰"，《易經》雷火豐卦辭：「勿憂，宜日中」，也就是要戒盈忌滿，言行不可過中，要去掉那些極端、過分的言行舉止，始終保持著像"道"那樣謙虛低下而不盈滿的狀態，就可持盈保泰。

　　"柔弱勝剛強"這句話告訴我們，強弱、剛柔兩者之間由量變轉化成質變，相互轉化是必然的結果。因此，老子所崇尚的"無為而無不為"的"道"，就是以"貴柔守雌"柔弱順從自然規律發展為其主要的特徵。

八、老子認為"人法地，地法天，天法道，道法自然。"人道效法天道，以天道為依歸，將"天道"引用在"人道"上，就是在人事上的具體應用。在人事上"利他"與"利己"存在著對立和統一"相反相成"的關係，看似對立的雙方也可以在一定條件下進行轉化。

就如本章老子所說的，天地〝以其不自生也，故能長生〞；聖人效法天地的無私無為，因此〝後身身先〞、〝外身身存〞、〝非以其無私邪？故能成其私〞，說明在無偏私的分別心下，以〝無為〞的方式誠心行事，對立又統一的雙方就能產生〝相反相成〞陰陽相互轉化的效果，由〝利他〞最終轉化為〝利己〞。老子剖析〝無欲〞其中玄妙又不可思議的道理，驗證這種謙退無私的精神，有它積極的意義。

在對立的統一體中，兩者相反相成，可以相互轉化。而其中的關鍵就是〝無欲〞和〝有欲〞之間的轉化。例如看似〝無為〞，結果卻是〝無不為〞，就如〝不爭而善勝〞此類行為就是如此。〝不爭〞是〝無為〞，〝勝〞則是〝無不為〞，等於〝有所為〞，即〝無為〞實現了〝有為〞的結果，這就是〝無為而有所為〞的意義。這也是第四十章〝反者道之動，弱者道之用。天下萬物生於有，有生於無。〞的深入解說。

所以老子才會說：「吾是以知〝無為〞之有益」。也就是說：我因此知道了〝無為〞的好處，能使〝無不為〞成為〝無為〞之益處，能做到這種境界，才稱得上是真正的〝得道〞。因此，老子說：〝道常無為而無不為〞。因此，我們可以歸納《道德經》的內涵：大道至簡，返璞歸真，順應自然，無為而治。

九、〝道〞就是宇宙的客觀規律，〝道〞廣大無邊，無所不包，其大無外，其小無內。現代科學家發現，宇宙當中不論是宏觀還是微觀世界，宇宙的規律都是一體適用，再小的物質裡，都蘊藏著宇宙全部的規律，整個宇宙不論大小都存在著相似性，稱之為「全息理論」。

全息理論為我們引出了一個新的視角，原來世界的每一個局部，都包含了整個世界的縮影，即使是浩瀚無垠的宇宙，把它磨成無量無邊的微塵，每一粒微塵也都是整個宇宙的縮影，一粒微塵是部份，整個宇宙是全體，部份裡有全體的信息、現象與規律。就有如佛學中所說：「一沙一世界，一葉一菩提」其道理是一致的。

因此，〝道〞的自然規律引用在人世間，既可應用於為政治領域，又可以應用於個人修身養性與人際互動方面，同時也可以將個人身心視同一個小宇宙，應用於個人修行這個領域。

◎**直譯：**「天長地久」：時間非常的久遠。隱喻這個宇宙的周期，與人類生命周期相較，具有永恆的意義。「天地」：整個宇宙。在這裡指的是

"有"這個萬物之母,也指的是"道"的整體。「天地所以能長且久者」:這個宇宙的生命周期為何能夠如此久遠。「以其」:就是因為。

「不自生」:不會以偏私之分別心來孕育化生萬物。「以其不自生」:這個處於陰陽平衡、和諧統一又虛擬無實體的靜態量子信息能量場,因為陰陽未判,不會"有欲"自主的以偏私之分別心,來主導萬物孕育化生的工作,萬物是自然化生。也就是在量子信息能量場中,與"道"靜態本體本質特性相同類似的量子態其概率最大,概率最大的量子態會自然化生,"道"無須自主的刻意安排。

「故能長生」:就是因為天地"無欲"的"不自生"特性。因此,所孕育化生的萬事萬物是處於陰陽平衡、和諧統一的狀態,一切依循陰陽自然的規律運行變化,生成始終,生生不息,周而復始,循環不已。所以天地才能夠恆久不死的持續繁衍發展下去。

「是以」:所以,表示因果的連接詞。「聖人」:道德修行高深的"上德"之人。「身」:自身,自己。「後其身」:自行謙退,先人而後己。「身先」:居先,佔據前位,高居人上。「後其身而身先」:德行完美的人能效法自然之道,無為自然,謙抑禮讓,不與人爭,反而能夠得到大家的愛戴推崇,而在眾人之先居領導地位。

「外其身」:置之度外。不放在心上。例如:置生死於度外。「身存」:保全此身。「外其身而身存」:"身"是人自私憂患的根源,為求自保不惜損人利己,所有私心皆為了此身。唯有聖人能與天地合其德,效法天地自然無私的精神,達到了忘身無我的境界,不與人爭,方能保全此身。

「邪」:語助詞。音同耶。表示疑問或反詰,相當於"嗎"。「非」:不是。「非以其無私邪」:難道這不是因為"無私"的緣故嗎?「故能成其私」:就是因為聖人能與天地合其德,效法天地自然無所偏私的精神,達到忘身無我的境界,不與人爭,超脫一般世俗短見,最終方能達成完成大我,私下心中此一更高遠的目標。

◎ 意釋:「天長地久。天地所以能長且久者,以其不自生,故能長生。」,這個宇宙的周期時間非常的久遠,幾乎永恆存在。為何這個宇宙的生命周期能夠如此久遠?因為這個處於陰陽平衡、和諧統一又虛擬無實體的靜態量子信息能量場,陰陽未判,不會自主的以"有欲"偏私之分別心,來主導萬物孕育化生的工作,萬物是自然化生。

也就是說:在量子信息能量場中,與"道"靜態本體的本質特性相同類似,其概率最大的量子態會自然化生,"道"無須自主的刻意安排。

就是因為天地〝無欲〞的〝不自生〞特性,因此,所孕育化生的萬事萬物與〝道〞靜態本體的本質特性相同類似,是處於陰陽平衡、和諧統一的狀態,一切依循陰陽自然的規律運行變化,生成始終,生生不息,質能相互轉化,周而復始,循環不已,所以天地才能夠天長地久的長生,恆久不死的持續繁衍發展下去。

「是以聖人後其身而身先;外其身而身存。」,所以,德行完美的上德之人,能效法自然之道,以〝無欲〞、〝不自生〞、〝無為〞的方式應用在人事上,無為自然,謙抑禮讓,不與人爭,反而能夠得到大家的愛戴推崇,而在眾人之先居領導地位。

〝身〞是人自私憂患的根源,為求自保不惜損人利己,所有私心皆為了此身。唯有聖人能與天地合其德,效法天地自然無私的精神,達到了忘身無我的境界,不與人爭,方能保全此身。

「非以其無私邪?故能成其私。」,無私又能成其私,是不是寫錯啦?老子擔心後世人有所誤解,自問自答:難道這不是因為〝無私〞的緣故嗎?就是因為聖人能效法天地自然無所偏私的精神,達到忘身無我的境界,不與人爭,超脫一般世俗短見,最終方能達成完成大我,私下心中此一更高遠的目標。

聖人之私,與一般凡夫俗子為己利的私心,大相逕庭。聖人之私是為公,拋棄小我,完成大我;一般人是為己,為的是個人的私心私利,兩者截然不同,相去甚遠。

老子認為:天地由於〝無私〞而長存永在,聖人由於退身忘私而成就其理想。老子用樸素辯證法的觀點,說明利他〈〝後其身〞、〝外其身〞〉和利己〈〝身先〞、〝身存〞〉之間存有辯證法的因素,〝不自生故能長生;不自私故能成其私〞,此即陰陽規律中相反相成、對立統一的道理,說明對立的雙方經過一段時間可以相互轉化。

◎延伸閱讀:

一、萬事萬物都是隨著時間的推移,循著陰陽的規律不斷的交互作用而運動變化〈變易〉。陰陽之間的交互作用具有一定的特性,〝陽〞的特性是起到創始觸發的作用;〝陰〞的特性是接受〝陽〞的信息,而完成後續繁衍、生成的工作。自然始物,自然成物,這一切都是自然而然非常簡單又容易的事情。〈簡易〉

萬事萬物都是陰陽之間的交互作用所產生的千變萬化,在宇宙整體的量子信息能量場之中,陰陽交互作用之下,任何狀況都可能發生,只

是概率大小而已,所有的可能狀態,都蘊含在一片混沌虛無"道"靜態本體的量子信息能量場中。

當人起心動念之後,人的量子意識是處於"陽"的地位,負責創始與傳遞信息,而宇宙大的量子信息能量場是處於"陰"的地位,這兩者之間陰陽交互作用下,與人的量子意識信息內容相同類似的量子態,就會由微觀世界的量子疊加態中,瞬間轉化成百分百的概率,由微觀世界的量變到宏觀世界的質變,由不確定到確定,化虛擬為真實,並且由當事人觀察出來。其變化的方向是依據意識所負載的信息內容,而產生多樣性的變化。〈變易〉

上述的運動變化,均依循陰陽交互作用的規律進行,生生不息,周而復始,循環不已。這種"法陰陽之變,通天人之際"的宇宙客觀規律,其理萬世不易,永恆不變。〈不易〉

二、本章"天長地久"及第五章"天地不仁",說明"天道"無偏無私,無愛無憎,全部一視同仁,任其自生自成,不會有珍惜特別愛護的心態,無私、無情是天長地久的原因。

唐代詩人李賀所著《金銅仙人辭漢歌》,其中有一名句"天若有情天亦老",認為天地如果有情〈有私心〉,早就像凡人一樣衰老病死,就不會天長地久了,這是從老子"天長地久"這句名言中演化而來。"天若有情天亦老"從此廣為流傳,由於這句太過出名,當時許多文人墨客都想以此為上聯來對出下聯,從而作出千古絕對。結果唐朝一直都無人能對出廣為傳頌的下聯,許多文人墨客還為此頗感遺憾。

此一千古名句,直到宋朝時,才有了後半句與之相對。宋朝有一位名叫石延年的北宋文學家,在贈友詩聯中寫出了:"天若有情天亦老,月如無恨月長圓!"這句對聯一出,當時就驚豔四座,許多人為此拍手叫絕。後世的一些文人,把李白、蘇軾、李賀和石延年的眾多詩句,各選了其中較為出名的詩句,組成了這樣一首:把酒問青天,天若有情天亦老;舉杯邀明月,月如無恨月長圓。

三、《尚書・蔡仲之命》"皇天無親,惟德是輔",說明上天公正無私,總是幫助依循"天道"行事有德之人。第七十九章"天道無親,常與善人。"說明自然規律對任何人都沒有私心偏愛,永遠幫助有德的善人。《易經》火天大有卦上九爻。爻辭:自天祐之,吉無不利。上九能順應大自然客觀規律,富而不驕,謙而受益,慎終如始,所以才能受到客觀

規律的保護而能持盈保泰。以上所述，在在說明了〝天道〞無偏無私，無愛無憎，萬物全部一視同仁。

第八章　上善若水

　　上善若水。水善利萬物而不爭，處眾人之所惡，故幾於道。居善地，心善淵，與善仁，言善信，政善治，事善能，動善時。夫唯不爭，故無尤。

◎本章主旨：本章老子以水的形象來說明聖人是〝道〞的體現者，因為聖人最美好的善行與水相類似，而水德接近於〝道〞的自然本性，把水的自然本性擬人化，就是上善德性。

　　在自然界的萬事萬物之中，老子最讚美的就是水，將水視為〝道〞的象徵。他認為我們可以從水德之中，更進一步認識〝道〞的存在，也是聖人最為理想的體現。

　　本篇所強調的重點只有兩個字：〝不爭〞。並列舉七項〝不爭〞的水德，也是水最顯著的特性，來隱喻人的品格應該也要像水一般，動靜皆宜，能屈能伸，謙和居下，柔而不爭。

◎重點提示：
一、老子在本章用水德來比喻對〝道〞有深刻領悟者，其最上乘的德性善行有如水一樣。水的特性：一是柔，二是停留在卑下的地方，三是滋潤萬物而不與其相爭。自古以來，有大智慧的人都從水的特性中來找智慧，仿效水的善德而不爭取什麼回報，不違背天時行事，不妄做，不妄為，不妄言，只要做到不爭，越謙下越能團結他人，就不會有矛盾與怨恨的情事發生。

　　水柔弱無定形、無味、善處下、是一切生命的活泉。老子主柔弱，柔弱勝剛強，柔弱者生之徒，天下最柔弱者莫過於水，因此以水比喻〝道〞為至善。河上公注：上善之人，如水之性。守柔者弱，弱者居下，居下不爭。守柔、處下、不爭都是老子堅持的處世原則。這是老子一貫的相反相成的原理〝不爭〞與〝莫與之爭〞表面看似乎相反，實則在陰陽規律中相反相成、對立統一的道理中，說明對立的雙方可以相互轉化。

二、老子列舉出水德中七個〝善〞字，都是受到水的啟發，最後的結論是：為人處世的要旨，即為〝不爭〞。第八十一章〝聖人之道，為而不爭〞，也就是說，寧處別人之所惡也不去與人爭利，所以別人也沒有什麼怨尤。善行的積累，最終形成為一個人的品德，這就是所謂〝積善成德〞的道理。在本章水的論述中，無不滲透著老子〝無為〞、〝無欲〞、〝無求〞的思想，也反映著他那從〝無為〞到〝無不為〞的境界昇華。

三、上善若水，最完善的德行應該具備水德這種心態與行為，不但做有利於眾人的事情而不與其相爭，而且還願意去眾人不願去的卑下地方，願意做別人不願做的事情。他可以忍辱負重，任勞任怨，能盡其所能的貢獻自己的力量去幫助別人，而不會與別人爭功、爭名、爭利，這就是老子〝善利萬物而不爭〞著名思想的主旨。

四、老子用水之特徵和作用，來比喻最優秀的領導者所應該具有的人格特徵。水最基本的特徵和作用主要有下列幾點：1、水性柔弱。水是天下最為柔弱的東西。2、水善於趨下。善於處在低下的位置，善於停留在卑下的地位。3、包容性強。小溪注入江河，江河注入大海，因而水具有容納同類的無窮力量。4、滋養萬物而不與其相爭。老子認為最優秀的領導者，具有如水一般最完善的人格。

◎直譯：「上」：最的意思。「善」：有做好或處理好某事的才能或技巧。又指有德行的人，這裡指的是〝上德〞之人。《道德經》之中所謂的〝善〞，是指上德者所作所為是合於〝道〞本質特性的行為。或循〝道〞而行，稱之為善。

「上善」：最上乘的善行。在這裡隱喻對〝道〞有深刻領悟者，其最上乘的德性善行。「上善若水」：擁有對〝道〞深刻體悟的人，其最上乘的善行就有如水德一樣。

「水善利萬物而不爭」：水的善行在於：水能滋養萬物生命，利益眾生，萬物因水而生，離不開水。水造福萬物卻不求回報，從不炫耀自己的功勞，也不因此而去爭名、爭利、爭功、爭大。水之性至柔至弱，能屈能伸，隨方就圓，無可無不可，與世無爭。

「幾」：接近。「處眾人之所惡，故幾於道」：眾人好高而惡卑，而水處眾人之所惡，即使身處骯髒汙穢、卑下低窪之地也不會嫌惡。不僅如此，還把彙集在那裡的一切汙穢都包容起來。水柔順無形、低卑自處、

與世無爭，洗淨了他物而獨自承受著所有汙穢，這種犧牲奉獻利他的善行與精神，所以最接近於〝道〞的境界。

「居善地」：水德之善行：人往高處爬，水往低處流，水性趨下，避高處下，謙卑自處，隨遇而安。柔順無形，能屈能伸，隨方就圓，能適應各種環境居處而不爭，亦無怨言。

「淵」：沉靜、深沉。「心善淵」：水的德行有如深淵，平靜無浪，波瀾不興，顯現了胸懷寬廣，大度包容，空虛靜默，有涵養深度。「與」：接近、親近。結交、交往。「仁」：對人友善、相親。「與善仁」：不同的水交匯很快就交融在一起，分不清你我，說明水與萬物親近交往，不分彼此，友愛熱情，兼愛而無私，皆出自於仁愛之心。

「言善信」：朔望的潮汐起落有一定的時刻，適時而來去，日夜兩番來，並不違時刻，這就是水的信言，因不失信，故稱為〝潮信〞。象徵水德待人真誠，說話恪守信用。

「政」：政事。「治」：治理。「政善治」：水清淨透明，清澈見底，有如明鏡高懸，一切都可看到，沒有私心舞弊。大地河流循序而下，井然有條，形容為政無私慾，不貪腐，為政不爭，治理政事行清靜無為之道，條理分明，能把國家治理好。

「事善能」：水能方能圓，曲折隨形，隨機處變，其效能千萬種，不勝其數。諸如改變地貌、調節氣候、水力發電、高能水刀、煮飯、燒菜、洗滌汙穢…等，為事不爭，事無不理，處理事情的時候能夠發揮自己的能力，從〝無為〞到〝無不為〞。

「動善時」：河流由於流域內季節性降水、融冰、化雪，冬凝春泮，涸溢不失節，冬天冰雪厚積凝固，春天冰雪融化，何時水多，何時水少，水總是按照規律把握時機，應時而動，適時帶來豐富的水資源，滋潤孕育著萬物。

「夫」：文言發語詞，具提示作用。「唯」：只有。「夫唯不爭」：正因為水及上德之人都具有上述這些最上乘的善行，造福萬物卻不求回報，從不炫耀自己的功勞，也不因此而去爭名、爭利、爭功、爭大，具有這些不爭的美德。「尤」：過失、罪過。責備、怪罪。「故無尤」：因而沒有過失，亦不會招來其他人的怨尤。

◎意釋：「**上善若水。水善利萬物而不爭**」，擁有對〝道〞有深刻體悟的上德之人，其最上乘的善行就有如水德一樣。水的善行在於，水能滋養萬物生命，利益眾生，萬物因水而生，離不開水。水造福萬物卻不求

回報，從不炫耀自己的功勞，也不因此而去爭名、爭利、爭功、爭大。水之性至柔至弱，能屈能伸，隨方就圓，無可無不可，與世無爭。

「處眾人之所惡，故幾於道。」，眾人好高而惡卑，而水處眾人之所惡，即使身處骯髒污穢、卑下低窪之地也不會嫌惡。不僅如此，還把彙集在那裡的一切污穢都包容起來。水柔順無形、低卑自處、與世無爭，洗淨了他物而獨自承受著所有污穢，這種犧牲奉獻利他的善行與精神，所以最接近於〝道〞的境界。

「居善地，心善淵，與善仁，言善信，政善治，事善能，動善時。」，水有哪些接近〝道〞的水德善行呢？老子列舉下列七項水德，這七項水德列舉說明的內容，只是萬中其一，其餘項目不勝枚舉，讀者自行舉一反三，觸類旁通。

居善地：人往高處爬，水往低處流，水性趨下，避高處下，謙卑自處，隨遇而安。柔順無形，能屈能伸，隨方就圓，能適應各種環境居處而不爭，亦無怨言。

心善淵：水的德行有如深淵，平靜無浪，波瀾不興，顯現了胸懷寬廣，大度包容，空虛靜默，有涵養深度。

與善仁：不同的水交匯很快就交融在一起，分不清你我，說明水與萬物親近交往，不分彼此，友愛熱情，兼愛而無私，皆出自於仁愛之心。

言善信：朔望的潮汐起落有一定的時刻，適時而來去，日夜兩番來，並不違時刻，這就是水的信言，因不失信，故稱為〝潮信〞。象徵水德待人真誠，說話恪守信用。

政善治：水清淨透明，清澈見底，有如明鏡高懸，一切都可看到，沒有私心舞弊。大地河流循序而下，井然有條，形容為政無私慾，不貪腐，為政不爭，治理政事行清靜無為之道，條理分明，能把國家治理好。

事善能：水能方能圓，曲折隨形，隨機處變，其效能千萬種，不勝其數。諸如改變地貌、調節氣候、水力發電、高能水刀、煮飯、燒菜、洗滌污穢…等，為事不爭，事無不理，處理事情的時候能夠發揮自己的能力，從〝無為〞到〝無不為〞。

動善時：河流由於流域內季節性降水、融冰、化雪，冬凝春泮，涸溢不失節，冬天冰雪厚積凝固，春天冰雪融化，何時水多，何時水少，水總是按照規律把握時機，應時而動，適時帶來豐富的水資源，滋潤孕育著萬物。

「夫唯不爭，故無尤。」，正因為水及上德之人都具有上述這些最上乘的善行，造福萬物卻不求回報，從不炫耀自己的功勞，也不因此而

去爭名、爭利、爭功、爭大，具有這些不爭的美德，因而沒有過失，亦不會招來其他人的怨尤。

第九章　功成身退

　　持而盈之，不如其已；揣而銳之，不可長保。金玉滿堂，莫之能守；富貴而驕，自遺其咎。功成身退，天之道也。

◎**本章主旨**：本章論述〝道〞這個宇宙中最基本的自然規律，其主要的特性之一，就是〝反者道之動〞。盛極必衰，物極必反，事物發展到極點，總是會朝向相反的一面轉化，這是天地不變的法則，也是自然之〝道〞。

　　天道忌滿，人道忌全，有了貪念就不能持盈保泰，本章重點就是〝戒盈忌滿〞，老子認為不論做什麼事都不可過度，而應該適可而止，鋒芒畢露，富貴而驕，居功貪位，都是過度的表現，難免招災惹禍。知道自然的規律就要順應自然規律，功成名就之後，急流勇退，這才是人生的大智慧。

◎**重點提示**：
一、老子在前章〝上善若水〞中，提醒世人要順應自然，利萬物而不爭，知所進退，知足寡慾。然而，一般人遇到名利當頭的機會，往往利慾薰心，變得自私自利，得寸進尺，恃才傲物，富貴而驕，總是鋒芒畢露，知進不知退，不知盈與虧、滿與溢、捨與得之間的自然規律，不懂得適時而止，急流勇退，以持盈保泰的道理。

二、因此，老子在本章所列舉的項目皆是要〝戒盈忌滿〞，說明〝月盈則虧，水滿則溢，盛極必衰，物極必反，天道忌滿，人道忌全〞此一自然的規律，讓世人引以為戒。

　　老子已經悟出辯證法的道理，正確指出進退、榮辱、正反等互相轉化的關係，因而他奉勸人們要見好即收，否則便會招致災禍。此中所謂的功成身退，其重點也是在〝戒盈忌滿〞，並非一定要告老還鄉，退隱山林，主要是在告誡，不要貪戀權位名利，功成而不居，切勿居功自傲，

恃才傲物，鋒芒畢露。知足常足，終身不辱，知止常止，終身不恥，此之所謂也。

三、物極必反，盛極而衰，世間之事古今中外其實不外乎如此。本章論述當您擁有的東西已經很圓滿了，就要懂得適可而止，鋒芒打造得太過銳利，就很難長久保持；金玉滿堂，也不知道是否能守得住；身處富貴而驕橫，是給自己留下禍根。世界上的事情一旦做得已經圓滿了，就要收斂含藏，進退有度，不要貪得無厭的要求更加圓滿，否則事與願違。只要行為合乎自然的規律，就會受到自然規律的護佑。

四、佛教也是說：人有生老病死，物有成住壞空。「成」，事物出現；「住」，事物繁榮一段時間；「壞」，開始走下坡路；「空」，一切歸於塵土。天道循環往復，周而復始，世間萬物，莫不如此。在日常生活中我們為人處世，修身養性，都要懂得〝物極必反〞的道理。盛極而衰，盈滿而虧，是天地自然之道，天地之間，日月星辰，陰晴圓缺，無一不是遵循著自然陰陽平衡之道。

五、萬物相生相息，相互轉變，是天地間最普遍的自然規律。〝月盈則虧，水滿則溢〞，萬事萬物的發展變化，本來就會朝向相反的一面轉化，凡事要求太滿，勢必走向虧損，人生走到頂峰，再繼續走下去，就註定要走下坡路。老子警世良言之意義，認為做什麼事都不能過度，因此，我們千萬要切記，〝人生一定要忌滿，凡事應適可而止。〞

◎直譯：「持」：拿着，握住。隱喻已經得到而且持有。「而」：連接詞。而且，並且的意思。「盈」：滿。「已」：動詞，停止的意思。「持而盈之，不如其已」：此一情事已經得到而且持有，由於貪得無厭，慾壑難填，有了非分的慾望和企求，還想要在現有的基礎上更加求全求滿。此時應適可而止，否則在物極必反的自然規律下，事件必將會往負面轉化。

「揣」：音同追。在這裡表示搥擊、鍛打的意思。「銳之」：使之既尖銳又鋒利。「揣而銳之，不可長保」：把兵器磨得極尖銳、鋒利，如此其尖端就極細，刀刃也就極薄，在物極必反的自然規律下，使用的過程中就極易折損，再銳利的槍尖刀鋒，使用一段時間後都會變鈍，也因此不容易長久保存。

「金玉」：黃金、白玉也。形容珍奇異寶。「滿堂」：形容極其多。「莫

之」：沒有誰的意思。「金玉滿堂，莫之能守」：財寶乃身外之物，生不帶來，死不帶去，縱然金玉財寶堆積滿堂，一旦臨命終時，又有誰能帶走一分一毫，終究還是守不住。因此，就物質取捨而言，只取所需，不取所欲，財不在多，夠用就好。

「富」：財多也。「貴」：高官也。「驕」：驕奢、驕恣、驕橫。「自遺」：自己留下、取得。「咎」：過失、災禍。「富貴而驕，自遺其咎」：當人們富貴有錢有勢之後，富貴而驕，就容易產生自滿、驕傲、自大的心理，在物極必反、禍福相倚的自然規律下，事情總是朝著相反的一面轉化，最終也難免雲端墜落，咎由自取。

「功成身退，天之道也」：當功成名就事情發展已經到達極點，為避免功高震主，此時應明哲保身，功成而不居，適時急流勇退，見好即收。不可貪功自滿的戀棧權位，如此方能持盈保泰，這才是最合乎自然的天道了。。

◎ 意釋：「持而盈之，不如其已」，〝道〞就是宇宙中最基本的自然規律，在陰陽的規律中，日中則昃，月盈則虧，盛極必衰，物極必反，事物發展到極點，總是朝著相反的一面轉化，這是天地不變的法則，也是自然之〝道〞，萬事萬物都是依循〝道〞的法則運行。天道忌滿，人道忌全，凡事忌滿，水滿則溢，滿招損，謙受益，有了貪念就不能持盈保泰，知道自然的規律就要順應自然規律，凡事應掌握住一個〝度〞，適可而止，這就是人生的大智慧。

此一情事已經得到而且持有，由於貪得無厭，慾壑難填，有了非分的欲望和企求，還想要在現有的基礎上更加求全求滿。由於事物發展到極點，總是朝著相反的一面轉化，這是天地不變的法則，天道忌滿，人道忌全，此時此刻應適可而止，否則盈則溢、滿招損，事件的發展最終必將會有所損害。

「揣而銳之，不可長保。」，把兵器磨得極尖銳、鋒利，如此其尖端就極細，刀刃也就極薄，在物極必反的自然規律下，使用的過程中就極易折損，再銳利的槍尖刀鋒，使用一段時間後都會變鈍，也因此不容易長久保存。

同時也告訴我們，滿招損，謙受益，一個恃才傲物過於鋒芒畢露、耀人眼目的人，這種人不可能受到別人的擁戴與愛護，將會受到他人的排斥、嫉妒與打擊，當然他在此一團體終究無法長久生存下去。

「金玉滿堂，莫之能守」，盛者衰之始，財者禍之源；匹夫無罪，

懷璧其罪；象以齒焚身，蚌以珠剖體。本身是沒有罪過，但是擁有了遭人覬覦搶奪的財寶，非但不容易守藏，還容易致禍。財寶乃身外之物，生不帶來，死不帶去，縱然金玉財寶堆積滿堂，一旦臨命終時，又有誰能帶走一分一毫，終究還是守不住。因此，我們就物質取捨而言，只取所需，不取所欲，財不在多，夠用就好。

「**富貴而驕，自遺其咎。**」，老子說：禍兮福所倚，福兮禍所伏。荀子提出一個循環論：貧賤生勤儉，勤儉生富貴。富貴生驕奢，驕奢生淫佚，淫佚復生貧賤。當人們富貴有錢有勢之後，富貴而驕，就容易產生自滿、驕傲、自大的心理，開始驕橫跋扈，不知有所含藏收斂，在物極必反、盛極必衰、否泰相因、禍福相倚的自然規律下，事情總是朝著相反的一面轉化，顯赫一時，最終也難免雲端墜落，咎由自取。

「**功成身退，天之道也。**」，當功成名就事情發展已經到達極點，為避免〝飛鳥盡，良弓藏；狡兔死，走狗烹。〞功高震主，此時應明哲保身，功成而不居，適時急流勇退，見好即收。不可貪功自滿的戀棧權位，如此方能持盈保泰，這才是最合乎自然的天道了。同時也避免物極必反之下，事情朝向相反的一面轉化，否則後果不堪設想。

老子認為做什麼事都不能過度，自驕自滿，鋒芒畢露都不能長久。盈則傾覆，銳則致咎，一個人在成就了功名之後，就應當順時而退，才是明哲保身之道。

◎延伸閱讀：
一、《易經》中與〝戒盈忌滿〞相關的卦爻辭部分，如謙卦象曰：「天道虧盈而益謙，地道變盈而流謙，鬼神害盈而福謙，人道惡盈而好謙」，由〝天道〞來看，日中則昃，月盈則虧，顯示盈必虧，謙受益。由〝地道〞來看，高山地勢因其盈滿而塌陷變遷，而將多餘的部分流積填滿於低陷之處。鬼神之道也是盈滿者往往招禍，謙虛者反而能夠得福。

所以天地鬼神的客觀世界都是損有餘而補不足，就人之常情而言，也不例外，盈滿者易受厭惡，謙虛者群相交好。由此可證，不論是天理或是人情，都是厭惡盈滿而喜好謙虛的。〈天地鬼神指的就是造化，也就是自然與人事上的客觀規律〉

二、《易經》風天小畜上九爻。爻辭：既雨既處，尚德載。婦貞厲，月幾望。君子征凶。象曰：既雨既處，德積載也。君子征凶，有所疑也。

引申：事情已經成功，需求已經滿足，此事再也沒有可進之餘地，應適可而止，若貪得無厭，需索無度，則事情將朝向負面發展，雖然動機純正，亦有危厲，以滿足現況為宜，勉強前行必有凶險，因為誠信會被人猜疑。

三、《易經》坤卦六爻皆陰，象徵「厚德載物」的大地，與《老子》強調卑退不爭、孕育萬物無私的精神一致。坤為地六三爻。爻辭：含章可貞。或從王事，無成有終。象曰：含章可貞，以時發也。或從王事，知光大也。

引申：身懷長才，平時為避免他人疑忌，要斂而不誇。在適當時機，為上司效勞或從事公務時，要竭盡心力，有始有終，功成也不居功自傲，縱然成績一時無法顯現，由於敬事識時，深謀遠慮，胸中寬廣，最終也會有好的結局。同樣闡述「功成弗居，可以善終」之理，亦可與老子〝功成身退〞的思想脗合。

四、《易經》坎為水九五爻。爻辭：坎不盈，祗既平，無咎。象曰：坎不盈，中未大也。

引申：此事若想能夠出險，唯一的途徑就是收斂驕盈之態，切勿要求過高達到圓滿，只要能達到某一水平即可，要知盈滿則溢，溢就表示失敗與惡果。若能如此作為，此事最終將以「雖不滿意，但可接受」的結果收場，這樣是不會有過錯的。相對應的孔明籤詩：男兒若得封侯印，不負人間走一遭，功成身退，煙霞嘯傲，脫卻紫羅袍，方是男兒道。

情境：每個人行事都想要達到自己最高的理想，您也不例外，但是此事只能達到理想的八成就再也無法往上發展了，如果您堅持要達成理想的目標，將會導致失敗，不可不慎。能達到八成的目標，雖然不太滿意，但是也勉強可以接受，如此也應該可以滿足了，因為盈則溢，滿招損，要居安思危，急流勇退，所謂識時務者方為俊傑。

五、孔子曾經帶著學生到魯桓公的廟宇參觀，看到廟裡有一個欹器。「欹」：〈音同棲〉就是偏斜的意思。「欹器」：一個像杯子一樣的鐵罐裝在鐵桿上，平常空的時候它是偏斜的，可以往裡面舀水，水到中間的時

候，杯子就擺正了。繼續加水，到滿的時候它就翻覆了。

這叫做「中而正，滿而覆，虛而敬」。孔子看了之後深受啟發，說：「哪裡有滿了而不傾覆的東西呢？」所以累積到了滿溢，不如及時停止。《孟子》裡有一句話描寫孔子，說：「仲尼不為已甚者也。」意思就是：孔子是一個做任何事都不會過度的人，能夠適可而止。

六、網路有一篇文章，寫道：「孔子發現了糊塗─取名中庸；老子發現了糊塗─取名無為；莊子發現了糊塗─取名逍遙；墨子發現了糊塗─取名非攻；如來發現了糊塗─取名忘我；世間萬事，唯糊塗最難！有些事問得清楚便是無趣，連佛都說：人不可太盡，事不可太清，凡事太盡，緣份勢必早盡，所以有時候難得糊塗才是上道。」

鄭板橋的難得糊塗：「聰明難，糊塗尤難，由聰明轉入糊塗更難。放一著，退一步，當下安心，非圖後來福報也」。這段文字內中蘊含的哲理，與本章主旨有異曲同工之妙，被視為人生境界之追求。

第十章　滌除玄覽

　　載營魄抱一，能無離乎？專氣致柔，能嬰兒乎？滌除玄覽，能無疵乎？愛民治國，能無為乎？天門開闔，能為雌乎？明白四達，能無知乎？生之畜之，生而不有，為而不恃，長而不宰，是謂玄德。

◎**本章主旨**：本章重點在講〝明道、修道、行道〞的功夫，老子並指引出一條明路。〝修道〞之前首先要〝明道〞，要明白甚麼是〝道〞，知道什麼是不爭之道，無為之道，把目標、方向先確立之後才去〝修道〞。

〝修道〞就是〝修德〞，在日常生活中不斷的修己修心。修己修心就是要時刻內觀，反省警惕自己的言行舉止有無悖離〝道〞，修正自己的不足，提升自己的境界，順應大道的規律去做，立德修己，用我們自己修行的過程去證實〝道〞，漸漸與天地合其德，與大道合一，這才是最自然、最合〝道〞的表現。

當〝修道〞達到一定程度，〝道〞的本體在客觀世界要如何才能體現出來呢？那便是〝德〞！〝道〞為體，〝德〞為用。〝道〞是根本，〝德〞是有所得。〝行道〞就是人按照〝道〞去走，走出來的就叫做〝德〞。

◎重點提示：

一、本章關鍵重點在於＂載營魄抱一，能無離乎？＂綜觀各家解讀多有不同，絕大部分解讀為要＂身心合一＂。這句話若是解讀錯誤，整段文章內容將偏離原義。

　　最後一段文字＂生之畜之，生而不有，為而不恃，長而不宰，是謂玄德。＂部分學者誤認為在第五十一章已經有了＂生而不有，為而不恃，長而不宰，是謂玄德＂這句話，應該是錯簡。殊不知這是老子擔心讀者不能理解＂載營魄抱一，能無離乎？＂特意在此指出一條明路，避免讀者做出錯誤的解讀。

二、本章重點在講＂明道、修道、行道＂的功夫，我們就抽絲剝繭、循序漸進的去瞭解這些內容與程序，來瞭解老子在這一章給我們的啟示。＂修道＂之前首先要＂明道＂，要明白甚麼是＂道＂。

　　天下萬物生於有，有生於無。＂有＂代表宇宙充滿能量一片虛無混沌的量子信息能量場，是處於陰陽平衡的和諧統一穩定狀態，老子稱之為＂一＂，是《易經》中的＂太極＂，也是＂道＂的靜態本體，萬事萬物孕育化生之母，這裡面蘊含著陰陽的規律與法則。

　　萬物之母的本質特性是處於一片混沌，虛無清淨，陰陽未判，動靜未分，陰陽平衡、和諧統一的穩定狀態，這就是老子所說的一片虛無，清靜無為，反璞歸真，抱元守一，有如嬰兒的狀態。嬰兒為何如此？因為化生成宏觀世界的萬物，都蘊含著＂道＂靜態本體的本質特性。

　　陰陽平衡就代表未偏持一方，無偏私之分別心，在＂無欲＂毫無私心的狀態下自然孕育化生萬物，所以＂道＂不會據為己有；是無心的施為，並不會自恃有恩德於萬物而居功自傲；滋養萬物卻不自恃其能；任萬物生長而不去支配主宰。這就是我們要明白的＂道＂之本體，也是老子稱之為的＂一＂，同時也是宇宙不變的規律。

　　以量子理論來形容＂道＂的本體，不論是宏觀世界還是微觀世界，宇宙中到處充滿著無形的能量，是一片虛無混沌的量子信息能量場，也可稱之為一個大的量子系統。在宏觀動態的物質世界中，萬事萬物的生成、發展、變化及消亡，是隨著時空的推移循著陰陽的規律一直在不斷的運動變化。

　　萬事萬物的發生、變化或未來的走向，在陰陽交互作用的過程中，微觀世界各種狀態〈量子態〉都是處於虛擬、無實體、不確定狀態，每一個量子態其最終發生的可能性，只能用概率來代表，萬事萬物的發展

結果具有無限的可能性，只不過概率或大或小的問題，您只要能想得到的狀態，都在宇宙此一大的量子系統量子疊加態中存在，也就是整個宇宙中具有無限多個量子態，全部蘊含在一片虛無混沌的量子信息能量場之中。

三、老子在第四十二章："道生一，一生二，二生三，三生萬物"。此中所謂之"三"，指的是天〈陽、能量〉、地〈陰、物質〉、人〈意識、信息〉三才。"三生萬物"指的是人可以參天地之造化，與天地並列為三。人究竟是如何參與天地之造化呢？這一點我們先要認識清楚！

萬事萬物都是陰陽之間的交互作用所產生的千變萬化，陰陽之間的交互作用具有一定的特性，"陽"的特性是起到創始、傳遞信息、觸發的作用；"陰"的特性是接受"陽"的信息，負責完成後續化育繁衍、生成的工作。自然始物，自然成物，這一切都是自然而然非常簡單又容易的事情。

每一個人的起心動念，如何化虛擬為真實的在宏觀世界中顯現呢？從量子理論中我們可以知道，"道"這個混沌虛無，陰陽未判，動靜未分，處於陰陽平衡和諧統一的量子信息能量場，人的意識也是一個量子信息能量場，能負載信息與能量。

當您起心動念之同時，此一陰陽交互作用下能化生萬物之大的量子信息能量場〈陰〉，被動接收到量子意識所負載的信息〈陽〉之同時，產生質能相互轉換，就能孕育化生萬事萬物，化虛擬為真實，由不確定到確定，由量變到質變，在宏觀世界中顯現。〈細節部分請參考拙著《量子世界的奧秘》一書〉

也就是說，在宇宙規律陰陽交互作用的過程中，我們人的意識其屬性是陽，負載信息內容，採主動態勢；"道"這個混沌虛無，陰陽未判，動靜未分，處於陰陽平衡和諧統一的狀態，蘊含著無限多個虛擬無實體又不確定狀態的大量子信息能量場，其屬性是陰，是被動的靜態。

因此，我們就可知道，老子在《道德經》中多次提及"萬物之母"，"玄牝之門，是謂天地根"，"致虛極，守靜篤"，"貴食母"，"可以為天下母"，"守其雌"，"守其黑"，"牝常以靜勝牡"⋯等，是因何之故了。

四、人在世間任何一件事情，在您抉擇之前，這件事情的結果是處於不確定狀態，不同的抉擇就有不同的結果。老子在《道德經》中就是要告訴我們，要如何的作為才是最佳的抉擇，老子這套哲學思想在當時

是給上等智慧的人看的，教人如何治國治民。

老子的哲學思想要我們尊道守雌,其道理何在呢？在之前我們已經說過〝道〞的本體,也就是萬物之母是處於一片混沌,虛無清淨,陰陽未判,動靜未分,陰陽平衡和諧統一的穩定狀態。

若是您的抉擇意識所負載的信息是〝無欲〞,也就是陰陽平衡未偏持一方,無偏私之分別心,就會在〝道〞之本體,也是老子稱之為的〝一〞,與相同類似的量子態產生量子糾纏的感應,由虛擬化為真實,由不確定產生確定,由微觀世界的量變到宏觀世界的質變而顯示出來,此一事件在宏觀世界顯示出來的就是陰陽平衡和諧統一的狀態。這就是老子所稱之的〝無為〞,為無為而無所不為,遵循自然的規律和順應萬物的本性自然發展的好處。

若是您的抉擇意識所負載的信息是〝有欲〞,也就是陰陽兩者您偏持一方,〈也就是陰陽不能平衡而有所分離,陽多陰少、陰多陽少〉產生了偏私之分別心,就會在〝道〞之本體,與相同類似的量子態產生量子糾纏的感應,由虛擬化為真實,由不確定產生確定,由量變到質變,在宏觀世界顯示出來。

同時在宏觀世界還會產生與此事件相互矛盾對立的另一個面,因而造成糾紛與爭執。這就是老子所稱之的〝有為〞,從一己的私心出發,違反自然規律而行的壞處。

五、〝明道立德,修己修心〞,想要立德就先要明道,然後是修道,最後才是行道立德。當我們明白甚麼是〝道〞之後,個人在〝修道〞方面要如何調整心境來效法天道,以達個人修行最接近反璞歸真、虛無清淨、有如嬰兒、陰陽平衡、和諧統一的最佳狀態呢？

修行先修心,修心就是要維持自己內心的安寧與虛靜,因為眼睛看到,就會心動,心動就會行動,治心先要除慾,所謂慾不可縱,樂不可極,志不可滿,心為物動則爭,也就偏離了〝道〞的方向。但是人都難免有七情六慾,想要達到〝無欲〞的境界,確實不是一件容易的事情！

因此,我們在日常生活中不斷的修己修心,時刻內觀自省,反省警惕自己的言行舉止有無悖離〝道〞,老子說:為道日損,損之又損,以至於無為。不斷的減損自己的缺失,苟日新,日日新,又日新,一直到減損到沒有偏私的分別心為止,不斷修正自己的不足,提升自己的境界,順應大道的規律去做,立德修己,用我們自己修行的過程去證實〝道〞,漸漸與大道合一,這才是最自然、最合〝道〞的表現。

六、〝道〞在宇宙中無處不在，任何物體都包含著〝道〞完整的信息與規律，我們每一個人都可視作一個完整的小宇宙。個人在〝修道〞的時候，您可以把自己當作〝道〞的本體，反璞歸真、抱元守一的〝天道〞，也就是萬物之母。您的心境是處於混沌虛無，陰陽未判，動靜未分，陰陽平衡，和諧統一大的量子信息能量場，致虛與守靜也是您在〝修道〞時所要追求的終極目標。

　　當〝修道〞達到一定程度，〝道〞的本體在客觀世界要如何才能體現出來呢？那便是〝德〞！〝道〞為體，〝德〞為用；〝道〞是根本，〝德〞是有所得。〝德〞比〝道〞要低一個層次，是人體悟出〝道〞之後的外在實際應用與顯現。

　　〝行道〞就是人依循〝道〞去走，走出來的就叫做〝德〞。應用在人世間的態度與作為，就是〝無為，無偏私之心，有如嬰兒，無欲，不爭，謙退，示弱。貴柔守雌，犧牲小我完成大我，維持平衡和諧的統一體〞…等，這一切都是〝德〞的外在顯現。

七、明白上述道理之後，我們就可以分析老子在本章中所述：載營魄抱一，能無離乎？究竟意有何指？老子在本章中提出六個問題，每一個問題的前半句是〝明道、修道、行道〞的功夫，後半句是請您內觀自省有無做到？

　　既然講的是以人為本的〝明道、修道、行道〞的功夫，而〝道〞的本體是處於一片混沌，虛無清淨，陰陽未判，動靜未分，陰陽平衡和諧統一狀態。載：負載。魂為陽、主動。魄為陰、主靜。因此老子以人的魂魄來取象，比喻心境要做到陰陽平衡、和諧統一狀態，不可陰陽分離而偏執一方，也就是不要有偏私之分別心，要守住〝一〞這個〝道〞的本體，這也是老子要告訴我們這句話的真實本義。

◎**直譯**：「載」：負載。我們每一個人都可視作一個完整的小宇宙，本身負載著〝道〞的本體所有信息與規律。「營魄」：營，舊注為魂。營營，有擾動貌。魂為陽、主動。魄為陰、主靜。「抱」：固守。「抱一」：《道德經》裡面老子所說的〝一〞，指的就是〝道〞這個混沌虛無，陰陽未判，動靜未分，處於陰陽平衡、和諧統一的本體，〝一〞是〝道〞的代稱。隱喻要守住〝道〞的本體。

　　「載營魄抱一」：在〝修道〞的過程中，個人的心境要守住〝道〞的本體，以達混沌虛無，陰陽未判，動靜未分，陰陽平衡，和諧統一，

致虛與守靜的最佳狀態。

「離」：陰陽失衡而與〝道〞分離，隱指有偏私的分別心。「能無離乎？」：〝道〞是陰陽平衡、和諧統一的本體，因為〝有欲〞而偏持一方，造成陰陽不能平衡而與〝道〞有所分離，產生了偏私之分別心，同時也會在宏觀世界產生與此事件相互矛盾對立的另一個面，因而造成糾紛與爭執。因此老子提問，在〝修道〞的過程中，能不能做到沒有陰陽分離，而產生了偏私之分別心，這種與〝道〞相違逆悖離情事發生呢？

「專氣」：凝神聚氣，心神專一，制使心不妄動他念。「致柔」：使心境專至於一片柔順祥和的境界。「能嬰兒乎？」：能不能做到心像嬰兒無我的赤子之心，常處於天真柔和、無知無欲、少私寡欲，遇事隨順，順其自然，反璞歸真、天人合一、陰陽平衡、和諧統一，〝道〞的本體狀態呢？

「滌」：音同笛。洗淨、掃除、清除。「玄」：奧妙深邃。「覽」：覽與鑒古通用。鑒者鏡也。「玄覽」：玄鏡。隱指以慧內照心靈深處，深邃靈妙又明澈之心鏡。形容清淨無為的心。

「滌除玄覽」：經常內觀自省，清除一切雜念，摒除妄見及偏私的分別心，讓心靈深處清澈明亮之無為心鏡，始終一塵不染。「疵」：缺點或過失。「能無疵乎」：自己經常要內觀自省，心靈深處是否依然明澈如鏡，能不能做到沒有任何與〝道〞悖離的過失或缺點呢？

「愛民治國」：當〝明道、修道〞到達一定程度，入世當領導人〝行道〞之時，要知道治理國家的根本，就是先愛護百姓。「能無為乎？」：自己要內觀自省，能不能做到以無私無我的態度，一切作為，順應自然，去做應當做的事，不以主觀意識好惡來教化百姓，而用無為而治的觀點來愛民治國呢？

「門」：進出之通道。「天門」：形而上講的就是玄牝之門。形而下講的就是人天賦的眼、耳、鼻、舌、身等這五種感覺器官，是與外在接觸的通道，可以接收到外在的色、聲、香、味、觸等這五欲。「開闔」：開啟或閉合。隱喻接觸或不接觸，受影響或不受影響。

「雌」：雌雄就是陰陽，陰為不受外物所誘而靜止不動；陽為受到外物所誘而心動不已。「能為雌乎？」：能不能做到當受到外物所誘之時，能夠自我控制，止於心而無所求，有如雌性一樣柔順守靜呢？

「明白」：清楚、知曉。「四達」：謂之衢。四通八達的道路，形容通達無礙之義。「明白四達」：了解〝道〞的運行規律之後，掌握著這種規律，就能夠推知天下的事理，聰明智慧通達無礙，無所不知。「知」：

與智通。這裡指的是奸滑狡詐的心機。與第三章〝常使民無知無欲〞的〝知〞意義相同。「能無知乎？」：在無所不知的聰明智慧當中，能不能做到沒有奸滑狡詐的心機智慧呢？

「畜」：養育、繁殖。「生之畜之」：〝道〞這個萬物之母創生畜養萬物。「生而不有」：雖然萬物之母生長化育萬物，卻毫無私心，且不會據為己有。「為而不恃」：在宇宙規律下順其自然的生養萬物，是無心的施為，並不會自恃有恩德於萬物，功成而不居。

「長而不宰」：滋養萬物生長起來，而不去主宰它們未來發展的方向，一切順其自然發展。「是謂玄德」：具有〝道〞這種善行、德行，可以說是最深最自然的德性，這就是所謂的玄德。

◎意釋：「載營魄抱一，能無離乎？」，〝道〞在宇宙中無處不在，微觀世界就是〝道〞的靜態本體，任何物體都包含著〝道〞完整的信息與規律，我們每一個人都可視作一個完整的小宇宙，您本身負載著〝道〞的本體所有信息與規律，是反璞歸真、抱元守一的〝天道〞，也就是萬物之母。

我們在〝明道、修道、行道〞的過程中，個人的心境要守住〝道〞的本體，以達混沌虛無，陰陽未判，動靜未分，陰陽平衡，和諧統一，致虛與守靜的最佳狀態。

〝道〞是陰陽平衡、和諧統一的本體，因為〝有欲〞而偏持一方，造成陰陽不能平衡而與〝道〞有所分離，產生了偏私之分別心，同時也會在宏觀世界產生與此事件相互矛盾對立的另一個面，因而造成糾紛與爭執。因此老子提問，在〝修道〞的過程中，能不能做到沒有與〝道〞分離，有無產生了偏私之分別心，這種與〝道〞相違逆悖離情事發生呢？

「專氣致柔，能嬰兒乎？」，〝修道〞要凝神聚氣，心神專一，心不妄動他念，致使心境專至於一片柔順祥和的境界。在〝修道〞的過程中，時常內觀自省，自己的心能不能做到像嬰兒抱一無我的赤子之心，常處於天真柔和、無知無欲、少私寡欲，遇事隨順，順其自然，反璞歸真、天人合一、陰陽平衡、和諧統一，與〝道〞靜態本體本質特性相互脗合的狀態呢？

老子認為水和嬰兒最可做為人類道德的理想典範，因為嬰兒初至人世，未受污染，天真純潔，血氣柔和，柔弱不懼，無知無欲，既不知所懼，也無害於人，素樸本性，寧靜心意，保有與〝道〞靜態本體本質特性相互脗合的純真無我之本性。

「滌除玄覽，能無疵乎？」，〝修道〞要經常內觀自省，清除一切雜念，摒除妄見及偏私的分別心，讓心靈深處清澈明亮之無為心鏡，始終一塵不染。同時在〝修道〞的過程中，自己還是要經常內觀自省心靈深處，無為之心鏡是否依然清澈明亮一塵不染，能不能做到沒有任何與〝道〞相悖離的瑕疵呢？

　　這段話與中國禪宗五祖弘忍門徒，神秀所作四句偈詩意境相同：身是菩提樹，心為明鏡台。時時勤拂拭，勿使惹塵埃。

　　「愛民治國，能無為乎？」，當〝明道、修道〞到達一定程度，入世當領導人〝行道〞之時，要知道治理國家的根本，就是先愛護百姓。自己經常要內觀自省，是否能夠做到以無私無我的態度，一切作為，順應自然，去做應當做的事，不以主觀意識好惡來教化百姓，而用無為而治的觀點來愛民治國呢？

　　「天門開闔，能為雌乎？」，老子說：五色令人目盲，五音令人耳聾，五味令人口爽，馳騁畋獵令人心發狂，難得之貨令人行妨。在〝修道〞的過程中，我們天賦的眼、耳、鼻、舌、身等這五種感覺器官，是與外在接觸的通道，可以接收到外在的色、聲、香、味、觸等這五種欲望的誘惑。

　　我們儘量不與這些外物接觸，避免影響清淨的心靈，就算是不得已而接觸，也要視而不見，心靜如水。並且要經常內觀自省，面對外物所誘之時，能不能做到自我控制，止於心而無所求，有如雌性一樣柔順守靜呢？

　　「明白四達，能無知乎？」，世界上一切事物都依循著〝道〞的規律運行，在〝明道、修道〞達到一定程度之後，就能夠了解萬事萬物生成發展運行的規律，無不依〝道〞而行，掌握著這種規律，當可洞察事物的真情實況，就算是不出門，沒親身經歷實踐，也能夠推知天下的事理，聰明智慧通達無礙，無所不知。此時，我們還是要經常內觀自省，在無所不知的聰明智慧當中，能不能做到沒有奸滑狡詐的心機智慧呢？

　　老子在第四十七章說：「不出戶，知天下；不窺牖，見天道。是以聖人不行而知，不見而明，不為而成。」這就說明了，不是什麼事都要親自經歷實踐才能認識。同時也說明〝明道、修道〞之後，聰明智慧大開，通達無礙。

　　「生之畜之，生而不有，為而不恃，長而不宰，是謂玄德。」，〝道〞這個萬物之母雖然創生畜養萬物，卻毫無私心，且不會據為己有；順其自然的生養萬物，是無心的施為，也因此並不會自恃有恩德於萬物；滋

養萬物生長起來，而不去主宰它們未來發展方向，一切順其自然發展。可以說是最深最自然的德性。

"明道、修道"之後就是"行道"。"道"的本體在客觀世界要如何才能體現出來呢？那便是"德"！"道"為體，"德"為用。"行道"就是按照"道"去走，走出來的就叫做"德"。

老子說：生之畜之，生而不有，為而不恃，長而不宰，是謂玄德。是明白指引我們，效法"道"的本體應用在人事上應有的心態與作為，不據為己有；無私心的施為，不居功自傲；不自恃其能；不支配主宰，具有這些心態與外在行為的表現，也就是具有"道"這種善行、德行，可以說是最深最自然的德性，這就是所謂的玄德。

◎延伸閱讀：

一、"修道"是漫長辛苦的過程，難免會有所偏失，這裡列舉《易經》地雷復卦部分爻辭內容，供各位讀者參考應用。地雷復初九爻。爻辭：不遠復，無祇悔，元吉。象曰：不遠之復，以修身也。

引申：在追求自己理想目標的同時，由於修身不足，一時受到外界的誘惑而偏離正道，誤入歧途，若能自我反省檢討，知過能改，立即回復正道，還不至於有悔恨情事發生。反之，有過不改，或很久才改，都會有凶險。

二、地雷復六三爻。爻辭：頻復，厲無咎。象曰：頻復之厲，義無咎也。

引申：您個性躁動，很多事情考量不夠周全，經常犯錯，但也有一個優點，每次犯錯之後都能夠改，回復善道。犯了改，改了又犯，屢失屢復，雖能復但又不能守，有失固然是危險的，但是能復就表示心中仍存有善念，其行為也可恕，雖然是愁眉苦臉的回復善道，就這一點而言，在道理上也就沒有什麼好咎尤的。

三、地雷復六五爻。爻辭：敦復，無悔。象曰：敦復無悔，中以自考也。

引申：經歷多少次錯誤的嘗試及經驗的累積，又經過多少次的自我反

省與檢討改進，最終能找出正確的方向或方法，雖然耗時良久，但是並不後悔。

四、本章〝天門開闔，能為雌乎？〞這裡列舉有相同意境的《易經》艮為山卦辭，供各位讀者參考應用。艮為山卦辭：艮其背，不獲其身，行其庭，不見其人，無咎。

直譯：「艮」：靜止，適時而止，止慾，止於至善。「背」：脊背是人身唯一止而不動且又自身不能得見之部位，是最理想的止處，故以背來取象，說明止要止其所當止之處。

「艮其背」：止於脊背。止應止於恰當之處，止其所當止，止得其所。隱喻不要受到外在的誘惑。「身」：指身前，背指背後，兩者之間互不相見。身前指的是五官四肢，經常與外界接觸而主動。隱喻易受外物所惑；背後指的是脊背，不與外物接觸止而不動。隱喻不受外物所惑。

「不獲其身」：不受前身五官四肢所接觸之外物所惑。隱喻能夠自我控制，當行則行，當止則止，內心不受外物所惑。「庭」：庭院，人多之處。「行其庭」：隱喻與外界接觸的時候。「不見其人」：視而不見。隱喻既使在五光十色的大千世界之中，也能自我控制，止於心而無所求，對外界的誘惑能視若無睹，絲毫不受影響。

引申：在艮的時代中，實際上要講的是人要止於其心，使其不受外物所誘，也就是要有自我控制的能力。人體背部代表止而不動之處，而且與前身兩不相見，故以背來取象，說明止應當止於恰當之處，止所當止，止得其所，故曰「艮其背」。

人們的言行舉止皆能自我控制，不受前身所接觸之外物所誘，故曰「不獲其身」。前身與後背永不相見，則可無慾，無欲則剛，就算身處十里洋場，也可視若無睹的不受外情所誘，故曰「不見其人」。能夠如此的自我控制言行舉止，自能沒有過錯。

第十一章　無之為用

三十輻，共一轂，當其無，有車之用。埏埴以為器，當其無，有器之用。鑿戶牖以為室，當其無，有室之用。

故有之以為利,無之以為用。

◎**本章主旨**:本章說明自然之道是永恆普遍的法則,就形而上的"道"而言,"無"是體,"有"是用。"道"的自然規律廣大無邊,放之則彌六合,卷之則退藏於密,其大無外,其小無內,在形而下宏觀世界的日常生活中處處可見。

　　老子所說的"道",是"有"與"無"的統一體,在第二篇中說"有無相生","有"與"無"相互依存、相互為用。在形而下宏觀世界中,"有"可以給人產生了很大的便利,是因為"無"在裡面發揮了它的作用,只是一般人忽略了它的存在而已。

　　因此,老子在本章中特別舉例說明,以具體事物表達"有"與"無"的觀念,把"無"的作用向人們顯現出來,闡述"道"的自然規律中相反相成的特性,來凸顯"有"與"無"之間既對立又統一的辯證關係。

　　老子藉著形而下之器物,來說明虛無飄渺形而上"道"的本體無處不在。並以"有之以為利,無之以為用"作為本章的結論。"有、無;利、用",是本章的關鍵詞和理解的重點。

◎**重點提示**:

一、"有"與"無"的觀念,老子在第一章就開宗明義的提及:「無,名天地之始;有,名萬物之母」。在第四十章提及:「天下萬物生於有,有生於無」。這兩段話中的"有"就是老子所說的"一",指的就是陰陽未判,動靜未分,陰陽平衡又統一的狀態,這片混沌虛無的量子信息能量場,至今永遠存在宇宙的任何空間,無處不在,包含宏觀與微觀世界。

　　第二十五章說:"有物混成,先天地生。寂兮寥兮,獨立而不改,周行而不殆,可以為天下母。吾不知其名,字之曰道。"「有物混成」指的就是"一",也是"道"的本體,蘊含著自然的規律與法則。

　　混沌虛無的原因,是因為這個大的量子信息能量場,萬物既是物質又是能量,具有波－粒二象性,是虛擬、沒有實體、又不確定,物質與能量疊加而成的量子疊加態。因此,老子在第二十一章中特別加以說明:「道之為物,惟恍惟惚。惚兮恍兮,其中有象;恍兮惚兮,其中有物。窈兮冥兮,其中有精;其精甚真,其中有信。」

　　「先天地生」中的天地,指的就是宏觀世界的天地萬物。相對於客觀的物質世界來說,"道"的本體〈老子所說的"一"〉是"無",具有實體的宏觀物質世界是"有","無"是體,"有"是用。關於"有"與

〝無〞的觀念，在本章中說明了〝用〞不離〝體〞，〝有〞不離〝無〞的辯證思想。這些觀念蠻令人腦筋糾結，在此處很多讀者稍不注意就容易造成觀念上的混淆。

二、《周易·繫辭傳上》第十二章：「形而上者謂之道，形而下者謂之器」，形而上者謂之道，所謂形而上，指的就是無形無象的〝道〞，它是超過了現象後面的真相，廣義的說：超脫物質型態以上者稱之為〝道〞。狹義的說：宇宙自然的規律、法則，稱之為〝道〞。

　　形而下者謂之〝器〞，所謂形而下，指的就是有形有象的世界，也就是現象世界，它包括了物質現象和精神現象，廣義的說：只要不是宇宙自然的規律、法則，皆稱之為〝器〞，也就是萬事萬物皆可稱之為〝器〞，包含人在內。狹義的說：可見可觸具有物質型態以下者，具有實用性的物質，稱之為〝器〞。

　　〝道〞是形而上無生無滅者，〝器〞是形而下生滅無常者。〝器〞要比〝道〞低一個層次，本書中的〝德〞也是在廣義的〝器〞所涵蓋的範圍之內。〝道〞與〝器〞是不可分割的一體兩面，〝道〞是抽象性，而〝器〞是具體性。宇宙萬事萬物〈器〉都是依據宇宙自然的規律〈道〉而生成與發展，每一個〝器〞的內在都蘊涵著〝道〞的規律與法則。

　　形而上與形而下的觀念思想，是中國古代哲學思想研究的重要範疇，這兩者相互對稱，相反相成，用來說明〝道〞〈形而上、本體〉與〝器〞〈形而下、萬物〉的關係。〝道〞是可以從〝器〞中去發現總結出來，〝道〞是體，〝器〞是用，二者是相互依存，相成相輔，相互對立，一體兩面的統一體，〝道〞不離〝器〞，〝器〞不離〝道〞。

三、本章節所闡述〝有〞與〝無〞的觀念，可以延伸解讀為，可見與不可見；物質與能量；肉體與心靈；有形與無形…等。我們可以通過認識天地、芻狗、風箱、山谷、水、容器、銳器、車輪、房屋等，從萬變具體的現象中，去了解其中抽象不變的道理。

　　本章老子重點說明〝無〞之作用，藉以強調自己的〝無為〞理念。老子藉外物喻內心，藉有形喻無形，從形而下的〝器〞，彰顯形而上的〝道〞。〝道〞必藉〝器〞才能顯明，〝器〞必有〝道〞的本體，才能發揮功用。

　　老子論述了〝有〞與〝無〞即實在之物與空虛部分之間的相互關系，是相互依存、相互為用，只有兩者相互結合才能發揮器物的作用，並舉

例加以說明。說明在客觀的物質世界中，都是因為〝無〞才能發揮〝有〞的作用，進而產生〝有〞的便利，因此得出〝有之以為利，無之以為用〞的道理，也是在中國文學史上首次提出〝利用〞的概念。

◎**直譯**：「輻」：車輪中連接軸心和輪圈的木條，古時代的車輪由三十根輻條所構成。「轂」：音同谷。是車輪中心的木製圓圈，中有圓孔，即插軸的地方。「當」：正是。「當其無」：當轂的中心有可以插軸的孔洞，正是因為它發揮了空無的作用。「有車之用」：輪子因轂中空而能夠轉動，讓車行走，才會有車輛的形成，因而發揮了人們出行載物的便利。

「埏」：音同山。以水和土揉合。「埴」：音同直。黏土也。「埏埴」：把黏土用水揉和，反復捶擊、踩踏，捏塑成可以燒製陶器的泥坯。「器」：用具的總稱。「埏埴以為器」：陶土做成供人飲食使用中空的容器。「當其無，有器之用」：正是因為容器中間有這個空心，才能發揮放置東西的作用。

「戶」：單扇的門。古時雙扇謂之門，單扇謂之戶。「牖」：音同有。窗的意思。上古的窗專指開在屋頂上的天窗，開在牆壁上的窗叫牖。「戶牖」：門窗。「室」：房屋；房間。「鑿戶牖以為室」：開鑿門窗建造成房屋。「當其無，有室之用」：正是因為房屋中間的空虛，才能發揮有房屋可以住人的作用。

「故」：因此。「有之」：有了車輛、容器、房屋。「以為」：用為、用作。「故有之以為利」：因此，有了車輛、容器、房屋這些東西，用在日常生活上產生許多便利。「無之以為用」：這全是因為轂、容器、室之空無部分，用在日常生活上所發揮的作用。

◎**意釋**：老子論述了〝有〞與〝無〞即實在之物與空虛部分之間的相互關系，是相互依存、相互為用，只有兩者相互結合才能發揮器物的作用。說明宇宙萬事萬物〈器〉都是依據宇宙自然的規律〈道〉而生成與發展，每一個〝器〞的內在都蘊涵著〝道〞的規律與法則。在客觀的物質世界中，都是因為〝無〞才能發揮〝有〞的作用，進而產生〝有〞的便利，並舉例說明如下：

「**三十輻，共一轂，當其無，有車之用。**」，三十根直的木製輻條，可以合在車輪中心有圓孔可以插軸的轂上，正是因為轂的中心空無的作用，輪子因轂中空而能夠轉動，讓車行走，才會有車輛的形成，因而發揮了人們出行載物的便利。

「埏埴以為器，當其無，有器之用。」，把黏土用水揉和，反復捶擊、踩踏，捏塑成可以燒製陶器的泥坯，陶土製作成供人飲食使用中空的容器，例如杯子、碗、盤之類的器皿，因而造成使用上的便利。正是因為容器中間有這個空心，才能發揮放置東西的作用。

「鑿戶牖以為室，當其無，有室之用。故有之以為利，無之以為用。」，開鑿門窗建造成房屋，正是因為房屋中間的空虛，才能發揮有房屋可以住人的作用。因此，有了車輛、容器、房屋這些東西，在日常生活上產生許多便利，這全是因為轂、容器、房屋之空無部分所發揮的作用，有無相生，為我利用。因此，〝有〞之所以能帶給人很多的便利，全都是因為〝無〞在裡面發揮了很大的作用。

第十二章　　杜外養中

五色令人目盲，五音令人耳聾，五味令人口爽，馳騁畋獵令人心發狂，難得之貨令人行妨。是以聖人為腹不為目，故去彼取此。

◎本章主旨：本章再一次強調物極必反，〝反者道之動〞宇宙自然的規律。任何事物到達極點，就會往相反的一面轉化，老子特別舉例說明，在日常生活中，過度的追逐聲色犬馬感官上的刺激享受，不知適可而止，放縱內心的私欲，就會行為放蕩而無法自拔，足以傾毀純淨的身心靈，最終將會泯滅人的本性而喪失自我，終究帶來惡果。

〝為腹不為目〞是一種修身之道。慾望有如無底溝壑，永遠難以完全填滿，滿足基本的物質需求即可，當面對繽紛世界五光十色的誘惑，要知道有所取捨，摒棄心中無盡的慾望，回歸本性純樸無華的生活，不要讓外界誘惑打擾內心的安寧。

本章講述了物欲橫流的危害，闡述恬淡虛無的養生之道，指出〝腹〞與〝目〞之間的辯證關係，進一步強調了老子返璞歸真，以〝道〞為本的自然觀。

◎重點提示：
一、老子告誡人們對於聲色犬馬、珍奇異寶，以及口腹之欲，要加以節制，不可過度盈滿，否則物極必反，事情的發展將會向相反的一面轉

化,所以不要因外在的誘惑而迷失了自我。由此可知,過度的享樂與追求,容易使人心迷亂,惶惶不知所終。但凡人性總是由儉入奢易,由奢返儉難,總是無法滿足現狀,慾望有如無底溝壑,永遠難以完全填滿,如此惡性循環追逐欲望的滿足,終將會離平淡樸實的樂活境界愈來愈遠,以至於身心俱疲、不知所終。

二、本章老子所列舉的五項例子,在日常生活中屬於精神與物質上的需求,這些需求老子並未絕對的反對,老子所反對的是過度地、甚至無度地追逐個人私欲。當面對外在誘惑時,反對放縱私欲,不加以克制的〝縱欲〞,並非叫人摒棄所有的〝欲望〞,老子更在乎的是〝度〞的把握,所謂的〝縱〞便是過了〝度〞,適度的節制是正面的態度,而過度的壓抑當然也非所宜,也是過了〝度〞,這也不符合老子的初衷。

三、心靈本是寧靜、充實的,內心世界不夠豐富,才會不斷追求外來的刺激和身外之物。任何悖離自然本性、違背自然法則、過度或無度地追逐物欲的行為,只會讓人誤入歧途。因此,有道之人只求安飽而不縱情聲色,摒棄物欲的誘惑而安守內心的寧靜。所以當我們面對外界的誘惑時,要知道有所取捨,要能抵擋得住外在誘惑,保持一顆純樸的赤子之心,才能提高自身品德修養。

◎**直譯**:「五色」:指青、赤、黃、白、黑五種顏色,即黑白加三原色。理論上,通過這五種顏色可調出其它所有顏色。比喻繽紛的色彩。「目盲」:比喻眼花撩亂,視覺遲鈍。「五色令人目盲」:隱喻過度追求視覺上的享受,貪戀五彩繽紛的色彩,最後反而眼花撩亂、視覺遲鈍,精、氣、神渙散,無法分辨原有色彩之美,最終導致失去本性上的靈明而趨於迷茫。

「五音」:指宮、商、角、徵、羽五個音階。比喻多樣化的音樂聲。「耳聾」:比喻聽覺不靈敏,分不清五音。「五音令人耳聾」:隱喻過度追求聽覺上的享受與刺激,貪戀多樣化的音樂聲、吵雜的音調,最後反而使耳朵中聽、聽覺遲鈍,無法辨別音樂之美,最終導致本性蒙蔽,失去中正平和之氣而趨於浮躁。

「五味」:指酸、甜、苦、辣、鹹五種口味。比喻多樣化的美味。「口爽」:爽,差失也。失口之用,故謂之爽。形容口舌失去辨味的能力。「五味令人口爽」:隱喻過度追求味覺上的享用,貪求多樣化的美味,強烈

性的刺激味蕾之下，反而使味覺失靈或遲鈍，口舌失去辨味的能力，食不知味，最終受味覺所惑，導致失去真味而使人的本性更加恣縱放蕩。

「馳騁」：縱馬疾馳；奔馳。比喻縱情放蕩。「畋獵」：與田獵相同。打獵。「馳騁畋獵」：縱馬奔馳打獵。隱喻慾望的追求。「心發狂」：心旌放蕩而不可遏止。「馳騁畋獵，令人心發狂」：隱喻過度縱情騎馬打獵，在追逐野獸的過程中，沉溺於騎馬打獵的快意，愈是追逐不到獵物愈是渴望，緊追不捨直至到手為止，內心激盪，難以自抑，最終導致魂不守舍，身心不寧，失常狂亂，不能自抑，使人的本性遭受蒙蔽，更加追逐物慾，心旌放蕩而不可遏止。

「難得之貨」：奇珍異寶。「行妨」：妨，傷害的意思。行為變壞而損害別人的利益。「難得之貨，令人行妨」：隱喻過度愛慕虛榮追求難得的珍奇異寶，沉湎於慾望的溝壑中，往往會使人貪心不足，誘使人心奸詐，不顧節操，因而造成行為不端，最終導致本性喪失，行為墮落，身敗名裂，害人害己的後果。

「是以」：連接詞。表示因果關係。用在下半句的時候，由因及果。就是因為上述原因，因此。「為腹不為目」：只求安飽而不縱情聲色犬馬物慾之追求。「去彼」：摒棄物慾的誘惑與追求。「取此」：保持安定知足的生活。

「聖人」：這裡指的是德性深厚的〝上德〞之人，其德性已經與〝道〞的靜態本體其本質特性相契合，與天地合其德。「是以聖人為腹不為目，故去彼取此」：就是因為上述的各種原因，因此上德之人的生活方式，只求溫飽安寧，而不為縱情聲色之娛，摒棄物慾的誘惑而安守內心的寧靜。所以，當面對繽紛世界五光十色的誘惑，知道有所取捨。

◎ **意釋**：老子告誡人們對於聲色犬馬、珍奇異寶，以及口腹之欲，要加以節制，不可過度盈滿，否則物極必反，事情的發展將會往相反的一面轉化，所以不要因外在的誘惑而迷失了自我。老子列舉日常生活中常見五種情形，供我們參考警惕。

「**五色令人目盲**」，過度追求視覺上的享受，貪戀五彩繽紛的色彩，最後反而眼花撩亂、視覺遲鈍，精、氣、神渙散，無法分辨原有色彩之美，最終導致失去本性上的靈明而趨於迷茫。

「**五音令人耳聾**」，過度追求聽覺上的享受與刺激，貪戀多樣化的音樂聲，嘈雜的音調，最後反而使耳朵中聽、聽覺遲鈍，無法辨別音樂之美，最終導致本性蒙蔽，失去中正平和之氣而趨於浮躁。

「五味令人口爽」，過度追求味覺上的享用，貪求多樣化的美味，強烈性的刺激味蕾之下，反而使味覺失靈或遲鈍，口舌失去辨味的能力，食不知味，最終受味覺所惑，導致失去真味而使人的本性更加恣縱放蕩。

「馳騁畋獵令人心發狂」，過度縱情騎馬打獵，在追逐野獸的過程中，沉溺於騎馬打獵的快意，愈是追逐不到獵物愈是渴望，緊追不捨直至到手為止，內心激盪，難以自抑，這種追求外界刺激帶來快感的放蕩行為，使其心性不能內斂而勞心費神，最終導致魂不守舍，身心不寧，失常狂亂，不能自抑，使人的本性遭受蒙蔽，更加追逐物慾，心旌放蕩而不可遏止。

「難得之貨令人行妨。」，過度愛慕虛榮追求難得的珍奇異寶，沉湎於慾望的溝壑中，往往會使人貪心不足，誘使人心奸詐，不顧節操，因而造成行為不端，最終導致本性喪失，行為墮落，身敗名裂，害人害己的後果。

「是以聖人為腹不為目，故去彼取此。」，就是因為上述的各種原因，因此德性深厚的〝上德〞之人，其生活方式只求溫飽安寧，而不為縱情聲色之娛，摒棄物慾的誘惑而安守內心的寧靜。慾望有如無底溝壑，永遠難以完全填滿。所以，當面對繽紛世界五光十色的誘惑，要知道有所取捨，摒棄心中無盡的慾望，回歸本性純樸無華的生活，不要讓外界誘惑打擾內心的安寧。

第十三章　　寵辱若驚

寵辱若驚，貴大患若身。何謂寵辱若驚？寵為上，辱為下，得之若驚，失之若驚，是謂寵辱若驚。何謂貴大患若身？吾所以有大患者，為吾有身，及吾無身，吾有何患？故貴以身為天下，若可寄天下；愛以身為天下，若可托天下。

◎本章主旨：本章老子藉著〝寵辱若驚〞與〝貴大患若身〞來糾正世情錯誤的觀念。說明得寵與失寵之後繼之而來的羞辱，是相互對立的一體兩面，無法分割，隨著時間的推移，能夠相互轉化，寵在先，辱在後，有得寵必有失寵。今日既能得寵，他日也會有失寵的時候，當失寵

降臨之日,就是羞辱來到之時,輕則顏面掃地,重則性命難保,因此,得寵與失寵都令人驚恐萬分。

老子在本章中分析寵辱的心態與行為表現,再剖析其因何之故?是因為太過於重視外來的名利榮辱,把它看成與自己的身家性命等同重要,既然我們患得患失的心理是來自於〝有身〞,有〝自我〞的意識執著,所以對於外來的寵辱毀譽,把它看成與自己的身家性命等同重要。

要如何解決此一問題呢?老子又提示我們,調整對身體的認知,將名利生死置之於度外,不再執著於自我,沒有成見,不在乎那些榮辱得失,那我還有什麼禍患可言呢?

◎重點提示:

一、人生在世難免會有受到上位者厚愛得寵之時,此時會有兩種情形發生,其一是有居安思危,危機意識的聰明人,此時既驚恐又歡喜,歡喜之情溢於言表,自不待言。心中所驚慌惶恐的是,擔心德不配位,不能勝任上位者的託付,因此,不斷的充實本職學能以不負所託。

受寵之同時,也了解〝趙孟之所貴,趙孟能賤之〞,今日能提攜拔擢您,明日亦可以剝奪您的職位與富貴;今日既能得寵,他日也會有失寵的時候,當失寵降臨之日,就是羞辱來到之時,輕則顏面掃地,重則性命難保。每憶及此,心中就難免驚恐不安,居寵思辱,處高位如臨深淵,貴不敢驕,富不敢奢,也就是本章所說的〝寵辱若驚〞的心理表現。

其二是一般世俗無遠見之人,當受到上位者厚愛得寵之時,不了解福兮禍之所伏的道理,開始恃寵而驕,驕慢放縱,囂張跋扈,狂妄自大,貪圖享受,不知戒慎恐懼,要知〝寵至極,辱必隨之將至〞。當失寵得辱之時,方知大難臨頭,已噬臍莫及。

二、為何會有寵辱若驚的心理表現顯示出來呢?因為太過於重視外來的名利榮辱,把它看成與自己的身家性命等同重要,雖然所擔心的禍患尚未發生,由於有居安思危的危機意識,還是會憂心忡忡的擔心爾後的禍害會降臨在自己的身上,難免心中惶恐不安。

在一般世俗人的眼中,得寵是高貴的顯榮,失寵則是跌下雲端低下的屈辱。既然如此價值判斷寵辱上下這件事情,因此就會十分的重視得失的問題,由於得失名利心太重,「其未得之也,患得之;既得之,患失之。苟患失之,無所不至矣」,患得患失的心理,造成整日都為此事而惶恐不安。《明史・卷二〇七・劉世龍列傳》:「天下風俗之不正,由

於人心之壞。人心之壞，患得患失使然也。」

三、為何會有太過於重視外來的名利榮辱，把它看成與自己的身家性命等同重要的情事發生呢？人生的寵辱得失會如此看重，其癥結所在就是因為我有這個身體而來。所以〝有身〞就是〝寵辱若驚〞等憂患的源頭，也是世間一般人最大的憂患！

本章中的〝有身〞又可分為兩個層次，一個是〝自我〞的這個意識；一個是身體形軀的存在事實。而身體的存在事實，又是〝自我〞意識如何思考抉擇的根本源頭。古人云：〝心為形所累〞，人的欲望越大，生活的壓力也必定隨之增大，人生中如果能少一點欲望，就會多一份輕鬆與灑脫。

北宋文學家范仲淹曾經講過〝不以物喜，不以己悲〞，是中國傳統儒家思想中的一種境界，也是古人修身養性時的一個道德標準，深刻表達了古人的處事深遠與豁達胸襟。說明人不因外物的好壞和自己的得失而感到歡愉和沮喪。言外之意，物欲之得失確實是人們悲喜的根源，亦為人之大患。我們為人若能清心寡欲，物我兩忘，寵辱不驚，自然就能達到〝不以物喜，不以己悲〞的精神境界。君子坦蕩蕩，小人長戚戚，君子不管處在什麼樣的環境下都能處之泰然。

四、既然我們患得患失的心理是來自於〝有身〞，是因為有〝自我〞的意識執著，所以對於外來的寵辱毀譽、禍福吉凶…等，視為身體形軀生存的依憑。要如何解決此一問題呢？老子又提示我們，調整對身體的認知，將名利生死置之於度外，不再執著自我，沒有成見，不在乎那些榮辱得失，那我還有什麼禍患可言呢？第七章：〝後其身而身先，外其身而身存〞，這就是〝無身〞這個道理。

最後老子總結：重視天下比自己身體還重要，愛護天下比自己身體還愛護者，能以天下眾生為念，而不以一己之私利為繫，具有〝先天下之憂而憂，後天下之樂而樂〞之情懷，盡心盡力為天下眾生謀福利，這才是〝無身〞的極致表現，這樣的人就可以將天下託付依靠他了。

五、「盛者，衰之始；福者，禍之基。」摘自清代金纓的《格言聯璧‧悖凶類》。興旺是衰敗的開始，福報是災禍的根本。禍兮福之所倚，福兮禍之所伏。盛極必衰，物極必反，互相依存轉化，並不是一成不變的，這是事物發展運行的自然規律。

得寵與失寵之後繼之而來的羞辱，寵辱其實是相對立的兩個面，也是一體之兩面，無法分割，寵在先，辱在後，有得寵必有失寵。得寵與失寵這種現象，在世間並不少見。

老子在本章中首先藉著對〝寵辱若驚〞現象的描繪，進一步剖析說明〝貴大患若身〞是〝寵辱若驚〞產生的主要原因。然後再進一步針對何謂〝寵辱若驚〞？與何謂〝貴大患若身〞？這兩者各別提出問題，然後細部解說。

何謂〝寵辱若驚〞？老子分析形容〝得寵與失寵〞的行為表現，〝寵為上，辱為下，得之若驚，失之若驚〞，因此得寵若驚，失寵也若驚。

何謂〝貴大患若身〞？老子分析大患產生的原因，〝吾所以有大患者，為吾有身，及吾無身，吾有何患？〞是因為個人患得患失，得失心過重，把得失看得和自己的身家性命同等重要，所以才會有〝貴大患若身〞。當名利生死置之於度外，不再執著於〝自我〞，不在乎那些榮辱得失，那我還有什麼禍患可言呢？

最後老子提出〝故貴以身為天下，若可寄天下；愛以身為天下，若可託天下。〞無身、無我的主張，應該具有〝先天下之憂而憂，後天下之樂而樂〞之情懷，將一切的富貴貧賤、寵辱名利拋諸於腦後，盡心盡力為天下眾生謀福利，這才是〝無身〞的極致表現，這樣就可將天下託付予他。

六、本章之中部分版本〝寵為下，得之若驚，失之若驚，是謂寵辱若驚。〞如果單取〝寵為下〞，必然不能與〝寵辱〞搭配，又不符合世情之邏輯與認知，〝寵辱若驚〞與〝貴大患若身〞皆為當世老子要否定糾正之世情。

〝寵為上，辱為下，得之若驚，失之若驚，是謂寵辱若驚。〞是列舉面臨寵辱、患得患失之人的認知與行為表現，是一般凡夫俗子的認識，而不是《道德經》的認識。如果這些人能達到〝寵為下〞這麼高深的境界，就不會有〝得之若驚，失之若驚〞驚恐的心理了，當然也就不用〝寵辱若驚〞了。因此，如此補正才符合世情與邏輯。〈據唐景福碑增補修正。〉

◎直譯：「寵」：寵愛，得寵。對在下者因喜歡而偏愛。用於上對下，地位高的人對地位低的人。「辱」：侮辱，羞辱。失寵後繼之而來的羞辱與禍害。「若」：好像。所擔心的事情尚未發生，只是預測其後果的嚴重

性而心中惴惴不安。「驚」：驚慌、恐懼。精神上受了突然的刺激而惶恐不安。「寵辱若驚」：得寵的驚慌和擔憂失寵之後，繼之而來的屈辱及遺禍，想起來都會令人驚恐萬分，惶恐不安。

「貴」：非常重視。以…為貴，把…看得很重要。「大患」：極重大的禍害或隱憂。指的是得寵至極，繼之而來失寵後的羞辱及遺禍。「若」：就好像、等同。「身」：自身。「貴大患若身」：非常重視這件禍患隱憂會降臨在自己的身上，其重視程度就等同珍視自己身家性命一樣的重要。

「寵為上，辱為下」：在世俗之人的眼中，得寵是高貴的顯榮，失寵則是跌下雲端低下的屈辱。「得之若驚，失之若驚」：由於得失名利心太重，患得患失，所以一旦遇有外來的寵愛或是羞辱，就感到驚恐而不知所措。

「吾所以有大患者」：我之所以會有大的憂患。「為吾有身」：是因為我把寵辱看得跟身體同等重要，過於在乎這件禍患隱憂，將會傷及自己的身家性命或有利害關係。「及」：等到。「及吾無身」：等到我調整對身體認知的正確觀念，將名利生死置之於度外，不再執著於個人的身家性命與利害，那些榮辱得失不再放在心上。「吾有何患」：那我還有什麼禍患可言呢？

「身」：在這裡指的是一種〝無身〞的態度。「故貴以身為天下者」：因此，視天下如己身，重視天下比自己身體還重要者。「若可」：這樣就可以。「寄」：託付。「愛以身為天下者」：愛護天下比自己身體還愛護者。「托」：同託字。託付，依靠。

◎**意釋**：本章老子藉著〝寵辱若驚〞與〝貴大患若身〞來糾正世情錯誤的觀念。說明得寵與失寵之後繼之而來的羞辱，是無法分割的一體兩面，寵在先，辱在後，有得寵必有失寵。

老子在本章中分析寵辱的心態與行為表現，再剖析其因何之故？既然我們患得患失的心理是來自於〝有身〞，有〝自我〞的意識執著。要如何解決此一問題呢？老子又提示我們，調整對身體的認知，將名利生死置之於度外，不再執著自我，沒有成見，不在乎那些榮辱得失，那我們還有什麼禍患可言呢？

「寵辱若驚，貴大患若身。」，突然之間受到上位者的提攜與偏愛，心中難免驚喜，但是物極必反，仔細思量，寵至極，辱必隨之將至。雖然所擔心的事情尚未發生，但是憂心後續可能還有極其重大的禍害或隱憂，會降臨在自己的身上，因而心中惴惴不安。由於非常擔心害怕此一

事件的後續發展嚴重性，重視這件禍患隱憂的程度，就等同珍視自己身家性命一樣的重要，因此，既驚喜又驚恐，心中惶恐不已，忐忑不安。

「**何謂寵辱若驚？寵為上，辱為下，得之若驚，失之若驚，是謂寵辱若驚。**」，何謂寵辱若驚呢？寵辱事實上是不可分的。在世俗之人的眼中，得寵是高貴的顯榮，失寵則是跌下雲端低下的屈辱。所以，得到榮寵就會喜形於色，同時覺得水漲船高，身分地位也隨之高貴起來；而失寵之後感覺受到屈辱，心中悲戚又覺得顏面盡失。

由於得失名利心太重，一旦得之，就患失之，患得患失，惶恐不安。所以一旦受到上位者的寵愛，就會既驚喜又惶恐不安，當面臨失寵後的羞辱，又會感到驚恐不安，這就是所謂的寵辱若驚。

「**何謂貴大患若身？吾所以有大患者，為吾有身，及吾無身，吾有何患？**」，何謂貴大患若身呢？一般人受到恩寵榮耀或者受辱打擊，都很難保持淡定的心情，就等同大患臨身似的那麼重視在乎。寵必有辱，榮必有患。我之所以會有大的憂患，是因為把寵辱看得跟身體同等重要，太過於執著於自己身體的安危，過於在乎這件禍患隱憂，將會傷及自己的身家性命或有重大的利害關係。

等到我調整對身體認知的正確觀念，將名利生死置之於度外，不再執著於個人的身家性命與利害，不在乎那些榮辱得失，那我還有什麼禍患可言呢？

「**故貴以身為天下，若可寄天下；愛以身為天下，若可托天下。**」，因此，視天下如己身，重視天下比自己身體還重要，愛護天下比自己身體還愛護者，能以天下眾生為念，而不以一己之私利為繫，具有〝先天下之憂而憂，後天下之樂而樂〞之情懷，將一切的富貴貧賤、寵辱名利拋諸腦後，盡心盡力為天下眾生謀福利，這才是〝無身〞的極致表現，這樣的人就可以將天下託付依靠他了。

◎延伸閱讀：

一、本章節中所講的〝寵辱若驚〞的心理與行為表現，是一般人不正確的認知，僅提供網路文章部分內容，以加強讀者有關這方面的認知與觀念。

《菜根譚》是明代的一部語錄體著作。著者洪應明，早年熱衷於仕途功名，晚年歸隱山林，洗心禮佛。萬曆三十年〈1603〉前後曾居住在南京秦淮河一帶，潛心著述。

〝寵辱不驚，閒看庭前花開花落；去留無意，漫隨天外雲捲雲舒。〞

這句話最初出自於明代洪應明的一副對聯，錄入於《菜根譚》。洪應明係明代學者，精通儒、釋、道。早年熱衷於功名，晚年入道，用對聯體總結出一本《菜根譚》。後陳眉公在《幽窗小記》亦有收錄。

　　書名《菜根譚》，取自宋儒汪革語："人咬得菜根，則百事可成。"意思是說，一個人只要能夠堅強地適應清貧的生活，不論做什麼事情，都會有所成就。

二、"寵辱不驚，閒看庭前花開花落；去留無意，漫隨天外雲捲雲舒。"這句話的意思是說，無論是受寵或者受辱都不會在意，只是悠閒地欣賞庭院中花草的盛開和衰落；無論是晉升還是貶職也都不會在意，只是隨意觀看天上的浮雲自如地舒捲。卻深刻道出了人生對事對物、對名對利應有的態度：得之不喜、失之不憂、寵辱不驚、去留無意，這樣才可能心境平和、淡泊自然。

　　這是作者揉合了儒家中庸之道、釋家出世思想和道教無為思想，結合自身體驗，形成的一套出世入世的法則。跳出名利場，置身紛爭外，自然是另一番境界。寵辱不驚，去留無意，願我們有這種難得的豁達、淡泊和自由的心態，活在多姿多彩的人生世界裡。

第十四章　　執古御今

　　視之不見名曰夷，聽之不聞名曰希，搏之不得名曰微。此三者不可致詰，故混而為一。其上不皦，其下不昧。繩繩不可名，復歸於無物。是謂無狀之狀，無物之象，是謂惚恍。迎之不見其首，隨之不見其後。執古之道，以御今之有。能知古始，是謂道紀。

◎本章主旨：本章老子用抽象性的概念，來描述"道"體混沌虛無的本質特徵，"道"的本質特徵是沒有形狀的狀態、沒有物質實體結構的現象、隱約不清、若有若無、形貌不定的樣子。

　　這種抽象性的概念，與量子理論描述所有物質均具有波-粒二象性，同時具有物質與能量這兩種互不相容的性質，在微觀世界中的基本粒子，既是物質又是能量，是處於虛擬、無實體、不確定的量子疊加態，由於是一種量子信息能量場，所以微觀世界是處於一片混沌虛無，無實

體結構，不確定狀態，這與老子用抽象性的概念，來描述〝道〞靜態本體混沌虛無的本質特徵完全脗合。

就〝道〞的整體而言，有看不見微觀世界無形能量場〝道〞的靜態本體，就有看得見宏觀有形〝德〞的動態物質世界，因此整體而言，〝道〞既不是光明清晰，也不是昏暗不明。

◎重點提示：

一、〝道〞對於我們來說，平時我們看不到摸不著〝道〞，但是〝道〞始終充斥著整個宇宙和我們在一起，存在我們的身上，就像是魚離不開水，但魚又感覺不到水的存在。所有宏觀世界的任何物質，其微觀世界就是〝道〞的靜態本體。

老子用抽象性言辭來描述〝道〞的本質特性，既不可見，也不可聽，更無法觸摸。〝道〞既超乎感官知覺之外，也非言辭能說得明白，〝道〞不但超越乎感官知覺，也超越乎我們現實世界的思維與認知，沒有現實世界的特徵，因此難以體會認知，唯有賴心靈體悟方可得一二。

二、老子在本章所講的內容，有兩個部分較難理解，其一是道體本質特性的抽象性描述，它詭異的物理特性與現象，虛無飄渺，不可感知，看不見，聽不到，摸不著，然而又是確實存在的，是所謂的〝無狀之狀，無物之象〞。超乎我們一般人的認知與想像，匪夷所思，令人難以置信。

其二是最後老子的總結，〝執古之道，以御今之有。能知古始，是謂道紀。〞這段話令後世人難以理解其真實涵義，各家學者眾說紛紜，莫衷一是。〝道紀〞之意是說：自然之道是永恆普遍的法則，從古以來即是如此；如果能把握這〝道〞的道理，應用於處理眼前之事，便可以體會其中的道理而抓住了道的綱紀、真諦。

◎直譯：

「夷」：平坦。隱喻一片平坦空虛無物，代表無相。「視之不見名曰夷」：〝道〞的性質，一片平坦空虛無物，看不出什麼東西，因此我們用〝夷〞來代表〝無相〞。「希」：即「稀」，稀少的意思。代表〝無聲〞。「聽之不聞名曰希」：用耳朵聽不到聲音，因此我們用〝希〞來代表〝無聲〞。「搏」：音同博。用手觸摸。「微」：隱匿。代表〝無形〞。「搏之不得名曰微」：用手觸摸也摸不到甚麼東西，因此我們用〝微〞來代表〝無形〞。

「此三者」：〝夷、希、微〞這三種〝道〞體的本質特徵。「詰」：音

同節。追問、究問、反問。「致詰」：追問，質問的意思。「此三者不可致詰」：為甚麼〝道〞的本體是〝無色、無聲、無形〞呢？這三者本就是與道體混融成一個虛無的整體而密不可分，量子疊加態是〝道〞體的本質特徵，所以不可追問到底。「一」：〝道〞的本體。「故混而為一」：這三者本就是與道體混沌成一個虛無的整體而密不可分。

「上」：指〝道〞形而上的本體。「皦」：音同皎。明亮、清晰。「其上不皦」：〝道〞的本體在微觀世界一片混沌虛無，並無具體形象可以顯而易見。「下」：指〝道〞形而下的化身〝德〞，轉化成宏觀物質世界的萬事萬物。「昧」：昏暗不明。「其下不昧」：在〝德〞宏觀動態物質世界的萬事萬物，都是〝道〞的具體顯現，並非昏暗不明。

「繩繩」：相續不絕、無邊無際的樣子。「名」：形容描述。「繩繩不可名」：這裡指的是〝道〞的靜態本體，相續不絕、無邊無際，其大無外，其小無內，其無處不在的特質，言語文字難以形容描述。「復歸於」：這裡指的是宏觀的物質世界，反者〝道〞之動，萬物從何而來，復歸於何處，周而復始，循環不已。

「無物」：指的是〝道〞的靜態本體，這個混沌虛無的量子信息能量場。「復歸於無物」：反者〝道〞之動，物極必反，周而復始，循環往復，宏觀動態的物質世界，萬物從〝無〞而來，必定復歸於〝無〞。這個〝無〞，也就是一片混沌虛無的〝道〞的靜態本體，也是微觀世界的量子信息能量場。

「是謂」：這就是。「狀」：形狀。「無狀之狀」：沒有形狀的狀態。「物」：有實體結構的物質。「象」：現象。「無物之象」：沒有物質實體結構的現象。「惚恍」：亦作恍惚。隱約不清、若有若無、形貌不定的樣子。也就是量子理論中的不確定性原理。

「迎之不見其首」：想迎著它，卻看不見它的開端在何處。「隨之不見其後」：想跟隨它，又看不見它的末尾何在。這兩句形容〝道〞有如一個封閉無端的環，周而復始，循環往復，沒有始終。

「執」：掌握。「古」：亙古不變。「執古之道」：掌握住〝道〞，這個亙古不變宇宙自然的規律。「以」：用來。「御」：應用。「以御今之有」：用來在當今日常生活各領域之中實踐應用。

「古始」：宇宙的原始或〝道〞的端始。「道紀」：〝道〞的規律、真諦、綱紀。「能知古始，是謂道紀」：察古通今，總結〝道〞的規律，追根溯源，就能認知宇宙萬物由〝無〞到〝有〞，由〝有〞化生萬物的自然法則，這也就是〝道〞的真諦。

◎意釋：前幾章老子已經將〝道〞之本體闡述說明。天下萬物生於有，有生於無，〝有〞代表宇宙充滿能量一片虛無混沌的量子信息能量場，是處於陰陽未判，動靜未分，陰陽平衡和諧統一的穩定狀態，也是萬事萬物孕育化生之母，這裡面蘊含著〝道〞本體中陰陽的規律與法則，這就是我們要明白的〝道〞之本體，也是老子稱為的〝一〞，同時也是宇宙不變的自然規律。

「視之不見名曰夷，聽之不聞名曰希，搏之不得名曰微。」，本章老子再將〝道〞的本體性質是甚麼，用抽象性的概念來加以描述。〝道〞的本體一片平坦空虛無物，看不到甚麼東西，因此我們用〝夷〞來代表它〝無相〞。用耳朵聽不到甚麼聲音，因此我們用〝希〞來代表它〝無聲〞。用手觸摸也摸不到甚麼東西，因此我們用〝微〞來代表它〝無形〞。

〝無相、無聲、無形〞用〝夷、希、微〞這三個名詞，都是用來形容〝道〞本體的性質是無法用言語來形容，也無法用五官來感覺。同時也表示〝道〞的本體幽而不顯的虛無性，由於一片虛無，所以沒有侷限性，客觀物質世界任何您能想像得出的具體事物，均可由其化生而出。

「此三者不可致詰，故混而為一。」，為甚麼〝道〞的本體是〝無相、無聲、無形〞呢？雖然在理論上這三者是可以分開來表述，但是因為〝道〞的本體是一片虛無，超乎五官所能感知的範圍，這三者本就是與道體混沌成一個虛無的整體而密不可分，量子疊加態是自然規律的特性，所以沒有答案，不可以打破砂鍋問〈璺〉到底，因為就算您再三追究，也無法追究到盡頭。

在微觀的量子世界中，所有的可能狀況都是以量子態的形式存在，每一個量子態都蘊含著能量、物質與信息。老子在第二十一章之中會進一步說明：「道之為物，惟恍惟惚。惚兮恍兮，其中有象；恍兮惚兮，其中有物。窈兮冥兮，其中有精，其精甚真，其中有信。」

「其上不皦，其下不昧。」，其上指的是〝道〞形而上的本體，本體在微觀世界一片虛無，並無具體形象可以顯而易見；其下指的是〝道〞形而下的化身，是〝道〞的本體轉化成〝德〞，在宏觀動態物質世界中的萬事萬物，萬事萬物都是〝道〞的具體顯現，所以並非昏暗不明。

上下構成〝道〞的整體，這就是陰陽的自然規律，也是宇宙運行自然變化之法則，有看不見微觀世界無形能量的本體，就有看得見宏觀有形的動態物質世界，因此，〝道〞既不是光明清晰，也不是昏暗不明。

「繩繩不可名，復歸於無物。」，原文：「其上不皦，其下不昧。繩繩不可名，復歸於無物。」後兩句是前兩句的延伸解讀，解讀時應該調

整為：「其上不皦，繩繩不可名；其下不昧，復歸於無物。」"其下不昧"指的是宏觀的物質世界，物質世界的"有物"，在"反者道之動"的規律下，萬物復歸於"道"形而上的本體"無物"，因此，上下兩句如此對稱的解讀，方能清楚的理解老子的原義。

"道"的本體一片虛無、相續不絕、無邊無際，無遠弗屆，其大無外，其小無內，其無處不在的特質，言語難以形容描述。"道"是萬物運行必須遵行的法則，"道"無所不在，萬事萬物都受到"道"的自然規律所規範，這同樣也是《易經》的哲理。

反者"道"之動，物極必反，周而復始，循環往復，在萬事萬物生生不息的運動變化規律中，萬物從何而來，就會復歸於何處，萬物從"無"而來，必定復歸於"無"，復歸於"道"的本體，這個一片混沌虛無、無形無象的量子信息能量場，是萬物生成的起點，同樣也是萬物共同的歸宿。

「**是謂無狀之狀，無物之象，是謂惚恍。**」，這個"無"就是"道"的本體，是一片混沌虛無的量子信息能量場，是陰陽未判、動靜未分、處於陰陽平衡、和諧統一的穩定狀態，老子用抽象性的概念，來描述"道"體混沌虛無本質特徵，它的本質特徵是沒有形狀的狀態、沒有物質實體結構的現象、隱約不清、若有若無、形貌不定的樣子。這種抽象性的概念，自古以來能真正瞭解者，恐怕有如鳳毛麟角，所以必須以量子理論來加以輔助說明，方能更進一步的認知。

量子理論說明，客觀的物質世界中，萬物都是由基本粒子由於排列組合不同所構建而成，任何種類的基本粒子均具有波－粒二象性，因此所有物質也均具有波－粒二象性，也就是同時具有物質與能量這兩種互不相容的性質。

在微觀世界中基本粒子是由物質與能量這兩種量子態組合而成量子疊加態，自成一個量子系統，它是一個小的量子信息能量場，既是物質又是能量，也可以說成，既不是物質也不是能量，是處於虛擬、無實體、不確定的量子態，只能用概率來代表它的存在，這只是一種概念。由於是一種量子信息能量場的型態，所以是一片虛無，您看不見、聽不到、也摸不著，處於物質與能量這兩種不確定狀態，這與老子用抽象性的概念，來描述"道"體混沌虛無的本質特徵完全脗合。

因此，萬事萬物的發展結果具有無限的可能性，只不過概率或大或小的問題，您只要能想得到的狀態，都在宇宙此一大的量子系統量子疊加態中存在，也就是整個宇宙中具有無限多個量子態，全部蘊含在一片

虛無混沌的量子信息能量場之中。

「迎之不見其首，隨之不見其後。」，〝道〞的本體是一片虛無、相續不絕、無邊無際，無遠弗屆，其大無外，其小無內，無處不在的量子信息能量場，它綿綿不絕充塞於天地宇宙之間，〝道〞無所不在，故無前後首尾之分，想迎著它，卻看不見它的開端在何處，想跟隨它，又看不見它的末尾何在。

微觀世界〝道〞的靜態本體與〝德〞動態宏觀物質世界，就整體的〝道〞而言，有如一個封閉式無端的環，萬物生生不息，周而復始，循環往復，沒有始終，因此，迎之不見其首，隨之不見其後。

「執古之道，以御今之有。能知古始，是謂道紀。」，因為本章老子用抽象性的概念，所描述〝道〞體混沌虛無的本質特徵，令人不可思議，難以置信。因此老子在最後教導我們如何更進一步的認識〝道〞的本體。

我們只要掌握住〝道〞，這個亙古不變宇宙自然的規律，用來在當今日常生活各領域之中去實踐應用，在實踐中獲得體驗認知，察古通今，總結〝道〞的規律，以〝原始要終〞的探究精神，追根溯源，就能認知宇宙萬物由〝無〞到〝有〞，由〝有〞化生萬物，萬物又回歸於〝無〞的自然法則，這也就是〝道〞的真諦。

第十五章　　微妙玄通

古之善為士者，微妙玄通，深不可識。夫唯不可識，故強為之容：豫兮若冬涉川，猶兮若畏四鄰，儼兮其若客，渙兮若冰之將釋，敦兮其若樸，曠兮其若谷，渾兮其若濁。孰能濁以靜之徐清？孰能安以久動之徐生？保此道者不欲盈，夫唯不盈，故能敝而新成。

◎本章主旨：本章老子以嚴密的邏輯思維，高度抽象性的描述，說明得〝道〞之人的精神境界，遠遠超出一般人所能理解的範疇，同時也指引我們如何去〝修道〞。

老子首先明確的描述了得〝道〞者七大形象特質，其共同點就是〝不欲盈〞。繼而闡明得〝道〞之人〝行道〞的靜定工夫和內心活動，所要達到的境界是〝靜之徐清，動之徐生〞。

唯有不盈，心中沒有執念，才可以〝濁以靜，靜之徐清；安以動，動之徐生〞，在既有的根本上達成和諧統一，老幹新枝，又是一番生機盎然的新氣象。老子總結得〝道〞之人〝微妙玄通〞，是指得道之人心中沒有執念，會根據客觀環境的改變和事物演變的趨勢，而通權達變的作出不同的反應。

◎重點提示：
一、老子稱讚得〝道〞之人的〝微妙玄通，深不可識〞，他們外在的行為表現和內在的修行涵養，已經掌握了事物發展的自然規律，具有獨到的風貌、特異的人格形態，形神俱妙，與世俗之人明顯不同，得〝道〞之人的精神境界，遠遠超出一般人所能理解的範疇，令人難以捉摸，深不可識。

老子首先明確的描述了得〝道〞者七大形象特質，外在行為表現首先要〝豫、猶、儼、渾〞，內在修為涵養則要具備〝渙、敦、曠〞，其共同點就是〝不欲盈〞。這些都是老子對〝修道〞者的靜定工夫和精神風貌，高度抽象的描述與概括。

二、老子所描述得〝道〞之人外在的形象，〝豫兮若冬涉川，猶兮若畏四鄰〞。得〝道〞者讓世俗之人感覺，為甚麼要如此戒慎恐懼，猶豫不絕，遲疑不定呢？《道德經》第四十八章：〝為學日益，為道日損。損之又損，以至於無為，無為而無不為。〞

得〝道〞之人在〝修道〞的過程中，無時不刻的自我檢討反省，不斷地減損自己的執著心，把外緣減少，減之又減，損之又損，去除一切私慾妄見，放棄了一切執著，返璞歸真，最終達到〝無為而無所不為〞的通達境界。「嗜欲深者天機淺，嗜欲淺者天機深」，因此在〝修道〞的過程中，處處嚴格約束自己的言行舉止，使之不逾越常規，謹小慎微的依道而行，唯恐違背〝天道〞，所以才會讓世俗之人有難以捉摸，深不可識的感覺。

三、老子繼而闡明得〝道〞之人〝行道〞的靜定工夫和內心活動，所要達到的境界是〝靜之徐清，動之徐生〞。說明當面臨混亂動盪又困難解決的問題時，〝行道〞所遵循的就是〝濁以靜，物則得清；安以動，物則得生〞此一自然之道。這麼困難的事情，並非一般人就可做到，最重要的先決條件，也就是當事人〝不欲盈〞，不能想要追求此事能夠符

合自己的私心而圓滿解決，否則此事將會往負面發展。

　　《道德經》第四章：〝挫其銳，解其紛，和其光，同其塵〞，是解決對立紛爭的最佳方法。第九章：〝持而盈之，不如其已；揣而銳之，不可長保〞。這兩句都是告訴我們要〝不盈〞。唯有不盈，心中沒有執念，才可以〝濁以靜，靜之徐清；安以動，動之徐生〞，在既有的根本上達成和諧統一，老幹新枝，又是一番生機盎然的新氣象。

　　老子總結得〝道〞之人〝微妙玄通，深不可識〞，並非莫測高深，不可捉摸，而是指得道之人心中沒有執念，所以才沒有固定的思維和行為模式，會根據客觀環境的改變和事物演變的趨勢，而通權達變的作出不同的反應。

四、為什麼老子強調〝不盈〞，因為在自然的規律中，物極必反，反者道之動，任何事物的發展到達極點，就會朝向相反的一面發展，例如月盈則虧、日中則昃，水滿則溢，謙受益，滿招損，天道忌盈，盈則復虧。盈代表著最大值，同時也是轉捩點，在中國傳統的文化中，認為〝花開月圓〞並非最好，〝花未全開月將圓〞才是最佳狀態。

　　老子認為事物只有在〝不盈〞的狀態下，才會有持續發展下去的空間，確保舊有的不被新生事物完全取代，方能永續的發展下去。《道德經》第九章：「持而盈之，不如其已；揣而銳之，不可長保；金玉滿堂，莫之能守。」因此，老子在本章中教我們〝保此道者不欲盈〞，有其一定的道理。

五、有關本章最後一句總結的四個字，歷代注家意見紛紜，頗有爭議。通行本和帛書本都是〝敝而新成〞，有的版本是〝敝不新成〞，這兩者的解讀都有爭議性，〝而〞和〝不〞的古字寫法雷同，有古人誤植的可能。讓我們來仔細分析其原委。

　　〝動之徐生〞，〝不盈〞，首先我們要了解，就是這兩句話影響最後一句是〝敝而新成〞還是〝敝不新成〞。〝動之徐生〞指的是採取此一行動後產生了生機，有了新的局面。〝不盈〞指的事情不追求盈滿，方可長久維繫下去，避免了走向衰亡。

　　採用〝敝而新成〞的注家，其解讀說明：矛盾雙方相反相成，去故更新，敝極則新。說明舊有的衰亡之後，產生另一個新局面。這種解讀方式偏重在〝動之徐生〞，而忽略了〝不盈〞此一因素。既然是〝不盈〞，舊有原來的根本，應該還是存在，不應該會走向衰亡。

採用〝敝不新成〞的注家，其解讀說明：為道者堅守自我，抱陳守舊，安於現狀，不求新成。這種解讀方式明顯的偏重在〝不盈〞，而忽略了〝動之徐生〞此一因素，還是安於現狀，維持舊有的方式，恐怕亂局又會再起，這不是解決問題的好辦法。

　　本書是採用通行本和帛書之〝敝而新成〞，作為本章的總結，解讀內容亦與前兩者有所不同。〝濁以靜之徐清，安以久動之徐生〞，是得〝道〞之人面臨混亂動盪又困難之時，遵循的自然之道，解決問題之方法。

　　不過這不是容易辦到的事情，必須具有〝不欲盈〞的心理態度，心中沒有出自私心追求此事圓滿的執念，必須致虛守靜，清心寡慾，根據客觀環境的改變和事物演變的趨勢，通權達變的悟出新的解決方案，方可在賡續舊有的根本之下，老幹新枝，又是一番生機盎然的新氣象。

◎直譯：「善」：高明，擅長。循〝道〞而行，稱之為善。「士」：對品德好、有學識者的美稱。這裡指的是得〝道〞之人。「善為士者」：指得〝道〞的上德之人。「微」：〝道〞之隱微也。「妙」：〝道〞之奧妙也。「玄」：〝道〞之玄妙。「通」：通曉、通達。「微妙玄通」：微妙玄是〝道〞的本體〝無為〞，通是〝道〞的外在應用，是變化無窮的〝無不為〞。指的是得〝道〞者內外兼修所到達的最高境界。

　　「深不可識」：世俗之人〝嗜欲深者天機淺〞，他們極其淺薄，讓人一眼就能夠看穿；〝嗜欲淺者天機深〞，得〝道〞者的境界，不會淺露易現，玄妙不可言，通達不可測，幽深而難以認知。「夫」：用於句首，有提示作用。「唯」：義同〝惟〞。由於，因為。「夫唯不可識」：就是因為常人無法認知有道之士的修為涵養。

　　「故」：所以，因此。「強為之」：勉強為之。「容」：形容、描述。「故強為之容」：所以給予他們一些勉強的描述形容。是以形象的手法為之刻畫與描寫，而不是概念式的定義。

　　「豫」：屬古象類，生性警覺，步行慎重緩慢，好疑慮。隱喻警惕、慎重的樣子。「兮」：助詞。用於句中或句末，相當於〝啊〞。「若冬涉川」：就像在冬天過冰凍的河面一樣，戰戰兢兢，如臨深淵，如履薄冰，步步謹慎。

　　「猶」：屬猿猴類，性警覺。隱喻警戒心非常強。「若畏四鄰」：猿猴要爬下樹前，先警戒環顧四周，安全無虞之後方才下樹。隱喻擔心自己的言行舉止傷害到周遭其他人的權益，而受到他人非議，人言可畏，謹言慎行，不敢肆意妄為。

「儼」：音同演。儼然，嚴肅莊重的樣子。「其若客」：做客時應有的態度，慎言、莊重、神情專注。形容像作客一樣，態度端正莊重，恭敬的樣子。「渙」：解散。「若冰之將釋」：像春天正在消融解散的冰一樣。形容得〝道〞之人在實際接觸之後，並不像其外表那般嚴肅不可親近，反而感覺他非常和藹可親，如沐春風，像冰雪溶化一樣的自然融合。

「敦」：厚實。敦厚樸實。「樸」：未加修飾的原木。無文飾也。「其若樸」：其人品純樸厚道的樣子，就好像一塊原木未經雕琢一樣敦厚，樸實無華。「曠」：寬廣，豁達。「其若谷」：胸懷寬廣的樣子，就像山谷一樣豁達深遠，虛懷若谷。

「渾」：與混同。混雜、相容並蓄、渾然一體。隱喻混跡在世俗之中。「濁」：水不清之意。本身並不濁，指的是與濁之物混雜在一起，與和光同塵、大智若愚意境相同。「其若濁」：其個性渾厚包容，其德就像水不排斥與萬物相容，與濁水很快就交融在一起，分不清您我，自己彷彿如同濁水一般。

「孰能」：誰能夠。「以靜」：以安靜的手段。「濁」：形容混亂動盪的狀態。引申為：世上任何雜亂無章的情事發生時。「徐」：緩慢的。「孰能以靜，濁之徐清」：誰能夠通過安靜的手段，來使渾濁慢慢的轉化為清澈。「安」：靜也。形容安定平靜的狀態。「久安」：長久的安定平靜。「孰能以久安，動之徐生」：誰能夠讓長久的安定平靜之後，通過行動又獲得新的生機。

「保」：持守。「此道」：指的是〝濁以靜之徐清，安以久動之徐生〞這種〝行道〞的功夫。「保此道者」：持守這個道理的人。「欲」：出自個人私慾。「不欲盈」：不要有出自私心追求此事圓滿的執念。「夫」：文言發語詞，具提示作用。「唯」：只有。

「夫唯不盈」：只有在不追求此事圓滿的心態下。「敝」：陳舊、破敗的意思。在這裡指的是舊有的根本。「新成」：新的氣象。「敝而新成」：在既可賡續舊有的根本之下，老幹新枝，又是一番生機盎然的新氣象。

◎意釋：「古之善為士者，微妙玄通，深不可識。夫唯不可識，故強為之容」，古時候得〝道〞上德之人，其外在的行為表現和內在的修行涵養，已經達到隱微深奧、玄妙通達的境界，對天地萬物的情理洞察無礙，具有獨到的風貌，特異的人格特質，形神俱妙，與世俗之人明顯不同，令人難以捉摸，深不可識。就是因為常人無法認知有道之士的修為涵養，所以在此對他們作一些勉強的描述形容。

「豫兮若冬涉川」，得〝道〞者的行為舉止，無論遇到什麼事情，都會表現出如臨深淵，如履薄冰，以沉穩謹慎的態度依道而行，就像是在冬天過冰凍的河面一樣，戰戰兢兢，唯恐脫離正道而步入歧途。

「猶兮若畏四鄰」，擔心自己的言行會傷害到周遭其他人的權益，受到他人非議，人言可畏，不敢輕舉妄動，因此在行事前，警覺謹慎，考慮周詳，恭敬謙讓，謹小慎微，依道而行，處處嚴格約束自己的言行舉止，使之不逾越常規，唯恐違背〝天道〞。但是給世俗之人的感覺，就是這個人在那裏戒慎恐懼，猶豫不決，遲疑不定的樣子。

「儼兮其若客」，得〝道〞者的外表威儀，由於正氣凜然，神態自然而然地流露出莊嚴肅穆、端謹慎言的威儀，就好像去他人家裡作客，言談舉止端莊得體一樣。

「渙兮若冰之將釋」，等到跟他實際接近相處時，就會感覺他瀟灑的胸襟態度，非常和藹可親，令人如沐春風，其原有嚴肅莊重的神態，就像是春天正在消融解散的冰一樣，頓時消弭於無形。君子〝望之也儼然，即之也溫〞就是這兩句最佳的描述寫照。

「敦兮其若樸」，得〝道〞之人內在端莊厚重，外在樸素自然，其人品純樸善良、敦厚樸實、原始質樸的樣子，就如同渾金璞玉一樣的樸實無華。

「曠兮其若谷」，得〝道〞之人清明空靈的自然心性，寬廣豁達，心胸開闊，虛懷若谷，有容乃大，就像空曠的山谷一樣，無所不容，無所不納。

「渾兮其若濁。」，得〝道〞之人外在的形象，其個性渾厚，相容並蓄、能大肚包容，其德行就像水與萬物親近交往，不分彼此，不排斥與萬物相容，與濁水交匯很快就交融在一起，分不清您我，自己外在的形象，仿佛如同濁水一般，混跡在世俗之中，和常人無異，故無人識得。〈與和光同塵、大智若愚、大巧若拙、大辯若訥意境相同。〉

「孰能濁以靜之徐清？孰能安以久動之徐生？」，這兩句話調整其語句結構之後，〝孰能以靜，濁之徐清？孰能以久安，動之徐生？〞會能更清楚老子要表達之意義。

〝濁之徐清〞是處濁的智慧，靜是手段，清是目的，徐是過程。動極則濁，靜久則清也。濁以靜，物則得清；安以動，物則得生，此乃自然之道也。得〝道〞之人不論是處於何種動盪混亂的狀態下，都能透過靜的工夫，恬退自養，靜定持心，然後漸漸地轉入清明的境界，這是說明陰陽的規律中，〝動和靜、濁和清〞是相互對立統一，〝動極而靜，靜

極則清。〞要達到〝清〞的目的,靜與徐是轉化的條件與過程。

　　〝動之徐生〞是處安的智慧,動是手段,生是目的,徐是過程。得〝道〞之人具有良好的靜定工夫,久處於沉靜安定之中,表面上清靜無為,實際上思想極富創造性,〝動極而靜,靜極而動〞,這是自然的規律。濁而靜則清,清靜則安,久安以動,動則一片生機盎然。這是說明陰陽的規律中,〝靜和動、安和生〞是相互對立統一,要達到〝生〞的目的,動與徐是轉化的條件與過程。

　　上述〝孰能以靜,濁之徐清?孰能以久安,動之徐生?〞得〝道〞之人〝行道〞的靜定工夫和內心活動,與儒家經典《大學》有關注重修身養性的流程,其中一句話:「知止而後有定,定而後能靜,靜而後能安,安而後能慮,慮而後能得。」兩者意境雷同。

　　「保此道者不欲盈,夫唯不盈,故能敝而新成。」,老子在本章前面先描述了得〝道〞者七大形象特質,他們具有警惕慎重、小心警戒、嚴肅莊重、和藹可親、敦厚樸實、胸懷寬廣、渾厚包容的人格修養功夫,微而不顯、含而不露,高深莫識,為人處事,從不自滿高傲,這些特質的共同點就是〝不欲盈〞。這些都是老子對得〝道〞者〝修道〞的靜定工夫和精神風貌,高度抽象性的描述與概括。

　　繼而老子由衷讚歎和總結出得〝道〞者其〝行道〞的方式。當面臨混亂動盪又難以解決的問題時,〝行道〞所遵循的就是〝濁以靜,物則得清;安以動,物則得生〞此一自然之道也。

　　老子自問自答:「這麼困難的事情,誰能做得到呢?只要沒有出自私心追求此事圓滿的執念下,這種〝行道〞功夫方可做到。只有在不追求此事圓滿的心態下,致虛守靜,清心寡慾,方可通權達變悟出新的解決方案,所以才能在既可賡續舊有的根本之下,老幹新枝,又是一番生機盎然的新氣象。」

◎延伸閱讀:

一、本章中有關〝不盈〞,謹提供拙著《周易白話精解》內相關資訊,請卓參!坎為水九五爻。◎爻辭:坎不盈,祗既平,無咎。

直譯:「坎不盈」:流而不盈是水的特性。隱喻出險的途徑在於不盈。「祗」音同知:抵也,到達之意。「祗既平」:水到達某種水位,水位未滿,則能流而不盈。隱喻不自大,不要求盈滿,方可保持水流而不盈的狀態,才能找到出險的途徑。

九五與九二都有剛中之德，九二「坎有險」，意在強調險的存在，九五「坎不盈」，意在強調出險的途徑。九五剛健至尊中正，水德常平而不盈，雖然身陷險中，只要持平，也就是到達某一水位，不要盈滿而溢就可脫險，不盈也就是不自大，要求不要過高，流而不盈，雖未出險，卻終能無咎。

引申：此事若想能夠出險，唯一的途徑就是收斂驕盈之態，切勿要求過高達到圓滿，只要能達到某一水平即可，要知盈滿則溢，溢就表示失敗與惡果。若能如此作為，此事最終將以「雖不滿意，但可接受」的結果收場，這樣是不會有過錯的。

◎**象曰：**坎不盈，中未大也。

意釋：九五陽剛居中得正，位處尊位，但無自大之心，守中道而不自大，方可保持水流而不盈的狀態，如此脫險才有望。

二、此卦爻相對應的孔明籤詩，摘自拙著《孔明大易神數‧普及版》第245籤：男兒若得封侯印，不負人間走一遭，功成身退，煙霞嘯傲，脫卻紫羅袍，方是男兒道。

籤詩直譯：公、侯、伯、子、男這五等爵位中，侯是排在第二等，由下往上數是在八成左右。「男兒若得封侯印」：隱喻此事只能達到理想的八成，就再也無法往上發展了。「不負人間走一遭」：隱喻能達到八成的目標，雖然不太滿意，但是也勉強可以接受，如此也應該可以滿足了。

　　「煙霞嘯傲」：形容高士、隱者在山林之間歌吟，有如閒雲野鶴。「紫羅袍」：貴官所穿之衣袍為紫色。「功成身退，煙霞嘯傲，脫卻紫羅袍，方是男兒道」：隱喻這個時候要，急流勇退，見好就收，這才是應有的作為。

情境：每個人行事都想要達到自己最高的理想，您也不例外，但是此事只能達到您理想的八成，就再也無法往上發展了，如果您堅持要達成理想的目標，將會導致失敗，不可不慎。您現在的處境艱難，您都能感覺得出來，此事能達到八成的目標，雖然不太滿意，但是也可以勉強接受，也應該可以滿足了。

因為盈則溢，滿招損，要居安思危，急流勇退，所謂識時務者方為俊傑，這才是您在此事上面所應有的最好方法。此事要能適可而止，見好就收，不要有好高騖遠，妄想更上層樓之心，就可轉危為安之象。有只能達到理想的八成，想要再提高，就會失敗之象。

第十六章　　致虛守靜

　　致虛極，守靜篤。萬物並作，吾以觀復。夫物芸芸，各復歸其根。歸根曰靜，是曰復命。復命曰常，知常曰明。不知常，妄作凶。知常容，容乃公，公乃全，全乃天，天乃道，道乃久，沒身不殆。

◎**本章主旨**：老子在本章中所講的〝致虛極，守靜篤〞，是在告訴我們〝修道〞的定靜功夫與方法，想要徹底了解此六個字的精髓，達到〝悟道〞的最高境界，必須對〝道〞的本體有全面性完整的認識，否則難以體悟〝致虛極，守靜篤〞其中的奧妙。

　　老子縱觀全局了解〝道〞的本體與外在作用相互之間的關係，及萬事萬物從無到有，由有到無，周而復始，反覆循環的完整過程，發現天地萬物隨著時間的推移，其運動變化最終的歸宿是返回原點。

　　〝道〞的本體虛是其常，有是其變；靜是其常，動是其變。〝有、動〞最終必復歸於〝虛、靜〞。萬物在客觀的物質世界中，不論其周期長短如何，終究復歸於本體，周而復始，循環往復，這是自然永恆不變的規律。

◎**重點提示**：

一、老子哲學思想重點之一是〝反者道之動〞，指出自然界中一切事物的運動和變化，其中總結的規律就是〝反〞，事物會向相反的方向運動變化；同時事物的運動變化就是返回其初始狀態，周而復始，生生不息，循環不已。天地萬物都是從〝道〞的本體中化生出來，它們在客觀的物質世界中，隨著時間的推移不斷的運動變化，而且是離〝道〞越來越遠，並且在最會返回其原點。

二、本章之中〝容乃公，公乃全〞，部分版本為〝容乃公，公乃王〞。〝全

和王〃這兩個字有誤植的可能，全：周到，周遍。〃王〃字的意義就完全不同。依據為王弼注解版本作〃王〃，但王弼的注解為：無所不周普。〃全〃有周普之意，因此疑王弼版本為〃全〃字缺壞而使後人誤植為〃王〃。本書以〃全〃自來注解較為適宜。

◎直譯：「致」：集中心力於某一方面。「虛」：清虛空無是〃道〃的本體。形容心靈空明，沒有偏私之心。「極」：達到頂點。「致虛極」：是十分重要的修道方法。專注於讓心靈一片清虛空無，心無旁鶩，沒有任何偏私之雜念，而且要做到極致。

「守」：堅持、維繫。「靜」：與動對稱。安定不動。形容萬念俱滅，寂然不動。「篤」：音同堵。執著、深厚。「守靜篤」：確實堅守著不動妄念，而且要堅持到底，始終如一。也是對〃致虛極〃修道方法的進一步加強。

「作」：興起。「萬物並作」：萬物都一起蓬勃生長。「復」：還原如初。在這裡指的是周而復始，循環往復。「吾以觀復」：我觀察的是萬物返回原位，周而復始，循環往復的運動變化。「夫」：用於句首，有提示作用。「物」：指一切萬事萬物，包含人也在內。「芸芸」：眾多的樣子。「夫物芸芸」：自然萬物林林總總，紛繁茂盛。「根」：事物的本源。

「各復歸其根」：萬事萬物由一片虛無〃道〃的靜態本體，化生到動態客觀物質世界，又由動態客觀物質世界，湮滅回歸到一片虛無靜態〃道〃的本體。「靜」：〃道〃的本體一片虛無，是處於靜態。相對應動態的客觀物質世界，萬事萬物隨著時間的推移，無時不刻處於運動變化之中。「歸根曰靜」：萬事萬物在動態的客觀物質世界湮滅之後，回歸到〃道〃靜態的本體，故歸根曰靜。

「命」：先天至精，一炁氤氳是也。道自虛無生一炁，便從一氣產陰陽。一炁：化生萬物的原始之炁。氤氳：陰陽二氣交互作用的樣子。在這裡指的就是〃道〃的靜態本體，也是微觀世界的量子信息能量場。「是曰復命」：回歸原點，還復本性，復歸於〃道〃的靜態本體。

「常」：恆久不變。指的是自然永恆不變的規律。「復命曰常」：〃道〃的本體虛是其常，有是其變；靜是其常，動是其變。〃有、動〃最終必歸於〃虛、靜〃。萬物終究復歸於本體，周而復始，循環往復，這是自然永恆不變的規律。

「明」：指的是〃道〃的本體所蘊含的自然規律。引申為能夠認清〃道〃的本體，睿智英明得〃道〃之人。「知常曰明」：對永恆不變的自

然規律有所認識和瞭解，睿智英明的得〝道〞之人。「不知常」：對永恆不變的自然規律不能夠有所認識和瞭解。「妄作凶」：出自於私慾妄想而行事違反自然規律者，結果必凶。

「容」：寬容、包容。「公」：大公無私，毫無偏私的分別之心。「全」：周到，周遍。「天」：指自然的天，自然界天下萬事萬物的代稱。「沒身」：終生。「殆」：危險、不安。「沒身不殆」：終其一生也不會陷入危殆之中。

◎意釋：老子在本章中所講的〝致虛極，守靜篤〞，是在告訴我們〝修道〞的定靜功夫與方法，由於此六字是抽象性的概念，不是那麼容易理解，想要徹底了解此六個字的精髓，達到〝悟道〞的最高境界，若不能先行〝明道〞，了解〝道〞的本體與外在作用相互之間的關係，及萬事萬物從無到有，由有到無，周而復始，循環不已的完整過程，做一個全面性完整的認識，恐怕也是徒勞無功，枉費心力！首先我們要了解能夠化生萬物這個〝道〞的靜態本體究竟為何？

〝道〞的靜態本體是一片混沌虛無，無實體結構，既是物質、又不是物質，既是能量、又不是能量，是處於虛擬不確定的量子疊加態，〝道〞的本體廣大無邊，無處不在，是一個陰陽平衡、和諧統一，陰陽未判，動靜未分大的量子信息能量場。

我們這個宇宙無處不是充滿著無形的能量，此一大的量子信息能量場中，在陰陽交互作用下，蘊含著無限多個虛擬無實體又不確定的量子疊加態，包含人與人相處互動所產生之事件，只要您想得到的任何狀況，萬事萬物它無所不包，都有可能存在，只能以概率大小來代表它的存在。

在您的世界裡任何一個時刻，當您未起心動念前，您的世界中〝道〞的靜態本體是處於一片清虛空無、陰陽平衡、和諧統一的靜態，它不會主動化生萬事萬物，因為在陰陽交互作用的規則下，它是處於被觸發的靜態〈陰〉，被動接受您起心動念量子意識〈陽〉所提供的信息，並且依據您所提供信息的內容，接續完成後續孕育化生萬事萬物的工作，由無到有，化虛擬為真實，由不確定到確定，由量變到質變，在宏觀世界中轉化成真實的動態。宏觀世界所展現給我們看的面貌，是依我們起心動念的不同而有所變異，意識是化虛擬為真實的關鍵因素。

宇宙中具有三種不同的存在型態，物質〈陰〉、能量〈陽〉、信息〈意識〉，此中的物質指的是我們宏觀的物質世界；能量指的是宇宙混沌的量子信息能量場此一大的量子系統；信息指的就是能負載人類起心動念

此一信息的量子意識能量場。能量無法消滅,只是轉換成其它型態,能量與物質能夠相互轉換,就有如陰陽之間的相互轉換,而且兩者是互補的關係。

「**致虛極,守靜篤。**」,〝道〞的靜態本體有了進一步的認識之後,〝致虛極,守靜篤〞此一〝修道〞的定靜功夫與方法,我們可以分為〝出世〞與〝入世〞,修己和渡人這兩個方面來解讀。

〝出世〞指的就是個人〝修道〞的修行。〝道〞不在遠處,就在自己的內心,〝修道〞不可離心,離心之外無〝道〞,修己就是修心。〝致虛極,守靜篤〞此一定靜功夫與方法,您可以心領神會的把心與〝道〞的本體結合為一,去除外在塵緣干擾,內心不起任何妄念,專注於達到清虛空無、心無雜念、定靜忘我的境界,寂然不動,方能體悟〝大道〞的至高境界。

也就是您任何的起心動念,無任何分別偏私之心,一切順其自然而為,清心寡慾,而且要堅持到底,始終如一的去執行。切勿三天打魚,兩天曬網,不能持之以恆,否則將功虧一簣。

〝入世〞指的就是〝修道〞者的修行到達一定程度,在人世間的〝行道〞渡人的方法。修行先修心,渡人先渡己!修己是內功,渡人是外功;內功屬於〝修道〞的一方面,外功屬於〝行道〞的一方面,換言之,內功是〝道〞,外功是〝德〞;〝道〞屬於內求空靜,而〝德〞屬於外修實動,故無〝德〞不能顯〝道〞。

運用〝致虛極,守靜篤〞此一定靜功夫與方法,在〝行道〞時恆久保持著淡泊名利,不做非分之想,一切順其自然的處世態度,也就是沒有偏私的分別心,無絲毫想得到個人慾望滿足的妄念,就可以顯示出〝無為而無不為〞、〝夫唯不爭,故天下莫能與之爭〞,其中精微奧妙的結果。

「**萬物並作,吾以觀復。夫物芸芸,各復歸其根。**」老子告訴我們〝修道〞的定靜功夫與方法,是要做到〝致虛極,守靜篤〞,接下來老子告訴我們這個論點的道理何在。天地萬物都一起蓬勃生長,這是大家有目共睹的事情,不論是有生命還是無生命的物質,從創生到消亡,各自有其長短不同的周期,就算是人類的生命是百年周期,在宇宙的大尺度下,一切都是彈指一瞬間,如夢幻泡影,轉瞬即逝,唯一能帶走的是永不磨滅的意識與靈魂。

老子縱觀全局了解〝道〞的本體與外在作用相互之間的關係,及萬事萬物從無到有,由有到無;由靜到動,又由動到靜的完整過程,發現天地萬物隨著時間的推移,其運動變化最終的歸宿是返回原點,周而復

始，循環不已。天地自然萬物林林總總，紛繁茂盛，各自由一片虛無"道"的靜態本體，化生到動態客觀的物質世界，又各自由動態的客觀物質世界，湮滅回歸到一片虛無靜態"道"的本體。

「**歸根曰靜，是曰復命。**」，"無"是"道"的本體，"有"是道的作用。當"道"是靜態的時候，它是"無"，一動而有創生作用時，那就是"有"了，"無"、"有"合起來是"道"的全部。"道"的本體一片虛無，在您的世界中，您未起心動念的時候，"道"的本體是處於靜態。您一起心動念，就會由無到有，由靜而動的在客觀物質世界轉化顯現，並隨著時間的推移，無時不刻處於運動變化之中。

因此，萬事萬物在動態的客觀物質世界湮滅之後，就回歸到"道"靜態的本體，故稱之為"歸根曰靜"。萬物湮滅之後回歸原點，回復本性，復歸於"道"的靜態本體，這個回歸的過程就叫做復命。

「**復命曰常，知常曰明。不知常，妄作凶。**」，"道"的本體虛是其常，有是其變；靜是其常，動是其變。"有、動"最終必復歸於"虛、靜"。萬物在客觀的物質世界中，不論其周期長短如何，終究復歸於本體，周而復始，循環往復，這是自然永恆不變的規律。因此，"修道"的定靜功夫與方法，守定常道，縱然外在萬物紛紛擾擾，只須"致虛極，守靜篤"，不見其有，不見其動，不隨外在事物的變化而變化，就是達到"虛"的極致和篤實的守住"靜"，這就是"道"的本質和修行的最高境界。

只有致虛守靜做到極點的得"道"之人，才能了解與認識這種永恆不變的自然規律，我們稱之為睿智英明得"道"者。反之，對永恆不變的自然規律及其本質不能夠有所認識和瞭解，只要起心動念是出自於私慾妄想而行事違反自然規律者，其結果必凶。

「**知常容，容乃公，公乃全，全乃天，天乃道，道乃久，沒身不殆。**」，在您一生中世界給您的面貌，隨著您不斷的起心動念，這種過程不斷的發生，周而復始，循環往復，這就是永恆不變的自然規律。當我們完全認識這永恆不變的自然規律之後，就能了解"天地與我同根，萬物與我一體"，天地萬物都來自同一個"道"的本體，人與萬物同為一體，萬物平等，融合為一，誠心捨棄無常的生滅幻象，沒有對錯、是非、好壞。能悟通此道理的得"道"之人，"行道"時心胸就無限寬廣，無所不包，無所不容，滄海納百川而不溢，尺鏡含萬象而有餘。

既然心胸寬容無所不包，就能大公無私，不會有偏私的分別心。既然心胸坦然，大公無私，就能周而普及，無所不能周全。既然無所不能

周全,就包含了自然界天下萬事萬物。天下萬事萬物都是在〝道〞這個自然規律下所規範,〝道〞本無生滅,這個自然規律是恆久不變,亙古長存。

　　因此,〝行道〞時依〝道〞而行,終其一生都不會有危殆情事發生;靈魂不滅,人不會真正死亡,靈魂是量子信息能量場的一種,能量不能消滅,只是轉換型態而已。個人修行若能悟出〝道〞的真諦,身雖死而道常存。

◎延伸閱讀:

一、為加強對本章〝沒身不殆〞的解讀,有關靈魂不滅相關資訊,重點摘自本人拙著《量子世界的奧秘》一書供讀者參考。靈魂是量子信息能量場。

　　死亡究竟是甚麼一回事?人的死亡在於靈魂和肉體的分離,人死後肉體腐化分解,而靈魂是量子信息能量場的一種,人死後靈魂不死,因為能量是永存不滅的。靈魂將何去何從呢?端視此一靈魂信息能量場第八識的資料庫內,所累積之正能量多寡,按照宇宙中量子系統間相互吸引感應的規律,也就是所謂的量子糾纏的特性,自動吸引感應前往相對應正能量範圍內的一個維度空間。

　　如果這一世所累積的正能量仍在人道範圍之內,就投胎轉世再世為人;若正能量增加累積到上一層次能量範圍的維度空間,就輪迴前往天道或更上一個層次;若正能量減損到下一層次能量範圍的維度空間,就輪迴到惡道或畜生道,甚至更下一個層次的維度空間。

　　若是人類心懷負面思想、情緒,企圖以自殺結束生命,這不但是對過去不負責任,對現在不盡責,同時也會累積莫大的負面能量,造成來世六道輪迴時往下沉淪。

二、這一世的肉體終究會毀壞,當肉體此一物質不堪使用的時候,元神將出竅轉化成遊魂〈靈魂〉,遊魂將何去何從呢?端視此一遊魂累積之正能量多寡,自動前往相對應的維度空間。因此,在這一世您的任何起心動念,善惡言行所積累或減損正能量的多寡,除了會影響您此生運勢的起伏之外,也會影響您下一世六道輪迴是往上提升還是往下沉淪的方向。一個人此生未來或來世的幸福與痛苦,不是被神祇所操縱左右的,而是掌握在自己的手裡。

　　您累世所作所為善惡的信息,都儲存在靈魂量子信息能量場的第八

識資料庫內，一個都不會少。下一世再世為人的時候，靈魂第八識資料庫內所儲存累世的善惡之業因信息，在此一生就依據宇宙量子系統之間的量子糾纏的特性，因緣果報的吸引感應相同類似的情事發生，因而產生〝善有善報、惡有惡報〞的因果報應現象。

　　宇宙萬事萬物的生成、發展、消亡，都是循著此一陰陽規律與天人感應的法則，量子意識與客觀環境中的量子系統，相互之間的交互作用，相互吸引感應，生生息息，周而復始，循環不已，萬事萬物無時不刻都處於運動變化之中。

三、我們瞭解宇宙萬物是具有整體性，不論微觀還是宏觀世界，外表看起來每一件個體都是分離的，分離其實是一種假像！由於一體同源，都存在著深層次的內在連結關係，每一件東西都是另一件東西的延伸，是大量子系統中具有內在連結關係的各個小量子系統。而生命周而復始的循環現象，只是在整個宇宙大的量子系統中其中一個小的環節。

　　當我們瞭解生死之間的關係後，就知道死生的真相，也知道人從何來，死亡將往何處去了。也可以說，人的靈魂是不會死亡的，死亡只不過是每個人的本命靈更換一個新的軀殼而已。

　　靈魂與肉體的關係，就好比人與汽車的關係，當汽車老舊不堪使用之後，人換部新車進去駕駛後，又是一部能行駛的汽車。同理可證，沒有靈魂的肉體，只是行屍走肉，當靈魂進入後，就成為活生生有靈性的生物體。

四、慧能禪師在彌留之際，曾安慰痛哭的眾弟子：〝您們不用傷心難過，我另有去處。〞慧能禪師很豁達，了解生命的真諦，他把這段人生當作旅程，認為死亡是另一段旅途的開始。

　　南懷瑾先生曾經引用大禹的名言〝生者寄也，死者歸也〞來表達自己的生死觀，人活著只是寄宿，死亡才是歸宿，生和死只不過是人生旅途中的一個大轉折而已。我們完全不必為了生老病死而恐懼不安，可以學習慧能禪師把死亡看作另一段旅程的起點，貞下啟元，又是一個新的循環的開始。

　　重新認識死亡，擁有正確的生死觀之後，即可知長壽未必可喜，死亡亦不足以憂。佛祖釋迦牟尼曾說：〝我將在此世間的黑暗之中，打擊永生之鼓〞。從那以後，人類對生從何來？死亡將往何處去？心中顯現出一道光明，不再是充滿著陰影，從迷到悟有多遠？一念之間而已。生

死輪迴、因緣果報此一學說,將是說明前世、今生及來世的普遍性原則。

當我們瞭解生從何來,死往何處去,建立起正確的生死觀之後,就不再會因為死亡而恐懼、害怕,一個人只有懷抱著看透生死的勇氣,才能夠重新審視自己,創造出超越自我的生命價值,讓人生更具有意義!

五、靈魂就是一個量子信息能量場,愛因斯坦說:能量不會憑空消失,是無法消滅的,只是一個形態轉換成另一個形態,從一個位置轉移到另一個位置。而人的靈魂在人死之後也是不會消亡的,意識還是存在的,因此生前所做的一切大小事,好壞事,這一切的信息也都會隨著靈魂帶進另一個維度的空間,

我們現在生存的這個維度空間,指的就是所謂的人道。人是由肉體〈有形的物質〉與元神〈也可以稱之為靈魂,是無形又能儲存信息的量子信息能量場〉組合而成。

人的心念意識也是一種量子信息能量場,是元神此一大的量子系統所發出的子系統。人的任何起心動念,就會產生量子信息能量場與客觀環境的量子系統的交互作用,都會影響了周圍客觀環境與您的心意念頭起了相同類似的變化,

您的一生好壞是依我們起心動念的不同而有所變異,會隨著心念意識正面或負面能量的高低,客觀環境呈現與意識相同類似多樣性的變化,萬物唯心造,因而造就您一生運勢的起伏,同時您本身所具有的正能量也會隨著增加或減損。

第十七章　　道政合一

太上,下知有之,其次親而譽之,其次畏之,其次侮之。信不足焉,有不信焉。悠兮其貴言,功成事遂,百姓皆謂我自然。

◎**本章主旨**:本章說明百姓對統治者的反應態度可分為四種等級:最好的統治者,人民只知道有他的存在;次一等的,人民親近他並且稱讚他;再次一等的,人民畏懼他;更次一等的,人民輕侮他。輕侮統治者是因為他沒有誠信,所以人民就不信任他。

最好的國君〝處無為之事,行不言之教〞來教化百姓,當治國功成

事遂的時候，百姓猶然不知這些全都是國君的功勞，還自認為所有一切都是自然而然的發生，是再自然不過的事情。所以這種國君治國治世的理念，才是最上等無為而治的國君！

　　最壞的國君不講誠信，只會以權謀欺騙愚弄人民，國君既沒有誠信，又沒有操守，人民就不可能信賴他，〝上信不足，下則侮之〞，因此，人民打心眼裡瞧不起這個國君，也就開始輕視侮辱他了。

◎ 重點提示：

一、本章第一句〝太上下知有之〞，有的版本是〝太上不知有之〞，眾說紛紜，〝下〞與〝不〞極其相似，有誤植之可能。〝太上下知有之〞解讀為：人民只知道有這個國君，但是不知道他為人民做了些甚麼政績。〝太上不知有之〞解讀為：人民不知道有這個國君，也不知道他為人民做了些甚麼政績。整體來說，兩者解讀都相近，可以接受。但是常理判斷，〝太上下知有之〞較為合情合理，因此本書以此版本為解讀之依據。

　　另外，本章有關〝悠兮其貴言〞這句話的解讀，〝悠兮〞各家版本皆解讀成：悠然的心態或悠久長遠，與之後的〝貴言〞難以結合，〝貴言〞有慎重寡言之意。本書取〝悠〞有思慮之意，解讀成：國君有所決策的時候，都極其慎重的考慮再三，絕不輕言下達政令。如此較為合情合理。

二、本章中老子從君民之間的關係，將國君治國的方式，按照優劣程度分為四個等級，最上等的叫做太上，同時也提出了自己的政治思想主張，描繪出他〝理想國〞的政治藍圖。

　　老子把這種〝理想國〞的政治情境，與儒家主張實行的〝德治〞、法家主張實行的〝法治〞做一相對比。實行〝德治〞人民覺得國君親近愛民，因此稱揚讚頌國君，但與〝無為而治，不言而教〞的國君相比較，還算是次一等級。

　　實行〝法治〞的國君，用嚴刑峻法來壓制人民，實行嚴酷擾民的政策，這就是國君誠信不足的表現，當然人民就不會產生信任，只是逃避畏懼他，惡性循環之下，進而人民就打心底輕視侮辱他了。

　　老子在第三十八章：〝故失道而後德，失德而後仁，失仁而後義，失義而後禮〞。說明天地萬物都是從〝道〞中產生出來的，它們的運動變化會離〝道〞越來越遠。所以老子強烈反對這種〝法治〞治國的政策，而對於〝德治〞老子認為這已經產生了多事的徵兆。

最上等的治國方式，莫過於國君〝貴言〞，治國治民有所決策的時候，都極其慎重的考慮再三，絕不輕言下達政令，避免干擾人民日常作息，以至於人民只知到有國君這個人，而不知道國君為人民施行了那些德政，這才是最上等〝不言而教，無為而治〞的國君！當然，這只是老子的主觀上的願望。

三、老子在本章談的是國君治國的方式與君民之間的關係，全章分為三個層面來闡述。
　　第一層：「太上，下知有之；其次，親而譽之；其次，畏之；其次，侮之。」先說明國君與人民之間的關係，有四種不同的狀態。
　　第二層：「信不足焉，有不信焉。」說明國君的誠信非常重要，也是人民〝侮之〞的主要原因。
　　第三層：「悠兮，其貴言，功成事遂，百姓皆謂『我自然』。」說明最上等的治國方式，是〝不言而教，無為而治〞以自然的規律〝道〞來治國治民，同時也是解釋為什麼會出現「下知有之」的情形。
　　「其次親而譽之，其次畏之，其次侮之」老子藉著本章的敘述，說明〝有為〞之治每況愈下，進一步驗證前一章〝反者道之動〞的哲學思想，天地萬物都是從〝道〞中產生出來的，它們的運動變化會離〝道〞越來越遠。

◎ 直譯：「太」：形容程度極高。「太上」：最上等的國君。「下」：下與上對稱。〝上〞指的是國君、統治者。〝下〞指的是人民。「之」：以下四個〝之〞，指的都是國君。「下知有之」：人民只知道有這個國君，但是不知道他為人民做了些甚麼政績。
　　「親而譽之」：人民親密接近並稱揚讚頌國君的仁政。「畏之」：畏懼害怕國君。「侮之」：輕視侮辱國君。「信」：第一個〝信〞指的是國君的誠信，第二個〝信〞指的是人民對國君的信任。「焉」：語助詞。置於句末，表示肯定的語氣。「信不足焉」：國君對人民承諾失去誠信。「有不信焉」：人民肯定就不再對國君予以信任。
　　「悠兮」：思也－《爾雅》。在這裡指的是慎重思慮。「其」：最上等的國君。「貴言」：極其慎重，不輕言下達政令，避免干擾人民日常作息。「功成」：處無為而治的治理方式，已經獲得成功。「事遂」：行不言而教的教化之事，已經完成。
　　「功成事遂」：〝處無為而治，行不言而教〞這種治國治民方式的成

效,都已經獲得成功及圓滿完成。「百姓皆謂我自然」:百姓對於〝無為而治,不言而教〞這種治國方式,絲毫感覺不到它的存在,只知道每天快樂的日出而作,日入而息,人人都能都能夠安居樂業,因此都說:這種日子自然而然的發生,是再自然不過的事情了。

◎意釋:本章中老子從君民之間的關係,按照優劣程度分為四個等級,最高的等級叫做太上,同時也提出了自己的政治思想主張,描繪出他的理想國政治藍圖。任何一個時代的政治,都兼具這四種統治的方法:德治、禮治、法治、刑治,只不過各自側重的有所不同,越是好的統治者,越重視德治與禮治。

「太上,下知有之」,統治者治國治民的方式與君民之間的關係,按照優劣程度可概分為四個等級。對〝道〞能有深刻領悟的聖明國君,最上等的治理方式,是以無私無我的態度,一切作為,順應自然,依〝道〞而行,也就是〝處無為之事,行不言之教〞來教化百姓,使天下人民不知不覺的自化。人民只知道有這位國君存在,但是國君有哪些政令、政績卻感覺不出來。

「其次親而譽之,其次畏之」,次一等的國君治理方式,以德教化百姓,親近百姓,關心民瘼,如此仁德的國君,行此仁政,能得到天下人民發自內心的親近愛戴與稱揚讚頌。再次一等的國君治理方式,是用刑政與賞罰的政令來治理人民,用各種法律規定來限制人民,懾於威權嚴酷的統治,人民聽到國君的名字就不寒而慄,心生畏懼。

「其次侮之。信不足焉,有不信焉。」,最壞的國君治理方式,不以誠信來修己待人,只會以權謀欺騙愚弄人民,毫無道德感。國君既沒有誠信,又沒有操守,就沒有作為領導者的資格,人民更不可能信賴他,〝上信不足,下則侮之〞,因此,人民打心眼裡瞧不起這個國君,也就開始輕視侮辱他了。

「悠兮其貴言,功成事遂,百姓皆謂我自然。」,老子在最後一段話中,解釋說明〝太上,下知有之〞最上等國君是怎麼樣的治理方式,才會出現〝下知有之〞的君民關係,及〝功成事遂,百姓皆謂我自然〞的施政結果。

最上等國君的治理方式,〝處無為之事,行不言之教〞來教化百姓,使天下人民在不知不覺中自化,就像是魚兒生活在水中,卻感覺不到水的存在。國君治理國事一切作為順應自然,不言而教,無為而治,有所決策的時候,都極其慎重的考慮再三,絕不輕言下達政令,避免干擾人

民日常作息,使人民都能安居樂業,日出而作,日入而息,鑿井而飲,耕田而食,人人都能順利將自己的事情做好,一片祥和太平盛世的景象。

　　國君無為而治的治國方式已經獲得成功,不言而教的教化之事已經完成,當一切功成事遂的時候,百姓猶然不知這些全都是國君的功勞,還自認為所有一切都是自然而然的發生,是再自然不過的事情。百姓只知到有國君這個人,而不知道國君為人民施行了那些德政,所以這種國君的治國治世的理念,才是最上等〝無為而治〞的國君呀!

◎延伸閱讀:本章老子講的是國君治國的方式,《論語・為政篇》裡孔子有句話正好涵蓋了這四種治國的方法。可供讀者參考!

　　孔子說:「道之以政,齊之以刑,民免而無恥。道之以德,齊之以禮,有恥且格。」其主要意思是說:以政令來教導,以刑罰來管束,人民雖不敢犯罪,免於罪過,但是不知羞恥;以德行來教化,以禮治來約束,人民不僅遵紀守法,知道羞恥,還能走上正途,引以為榮。

　　德治就是國君本身道德高尚,作為表率,就像堯舜的時代比較偏重德治;禮治的〝禮〞就是禮儀、禮樂的禮,像周公制禮作樂,所以孔子推崇他,用禮儀來治理;接著是法制,就是政府頒佈很多法律政令來治理百姓;最差的是刑治,就是用刑法來約束人民。

第十八章　　道廢仁出

　　大道廢,有仁義;智慧出,有大偽;六親不和,有孝慈;國家昏亂,有忠臣。

◎本章主旨:前一章老子在國君治國治民的方式,列舉了四個等級,說明最上等以大道治國的盛世,及爾後每況愈下國君的治國治民方式,及其君民之間的關係差異何在。本章老子在大道衰敗之後,同樣是用辯證法來列舉社會與朝堂上的各種現象。

　　〝大道廢,有仁義;智慧出,有大偽;六親不和,有孝慈;國家昏亂,有忠臣〞,是按照修身、齊家、治國的順序,說明個人的〝有欲與我執〞偏執意念,由個人、家庭、國家,由小至大影響的層面與結果。

　　當大道衰敗頹喪難行於世的時候,才顯出仁義、智慧、孝慈、忠臣的可貴,大道普行的時候,反而顯現不出仁義、智慧、孝慈、忠臣在什

麼地方。因此,社會上對某種德行的提倡和表彰,正是由於社會陰陽失衡,特別欠缺這種德行的緣故。

◎重點提示:
一、本章文字雖簡短幾字,字面意思也不難理解,但要解讀其中涵義就頗費周章,因為其中的邏輯關係,要轉幾個彎,頗為燒腦。老子所描述的大道與仁義;智慧與大偽;不和與孝慈,昏亂與忠臣,這四組其邏輯關係與我們平常的思維邏輯有所不同。

要瞭解本章內容其中涵義之前,必須先建立起老子哲學思想中的幾個基本觀念。

1、大道:依據〝道〞的本體,自然形成的一種最高治世法則。每個人皆無偏私之分別心,率真質樸,無善惡美醜之分,一切遵從天性,和諧融洽,順應自然的依〝道〞而行。

國君以〝處無為之事,行不言之教〞來教化百姓,天下人民自我作息,不知不覺的自化,社會秩序井然,和諧安詳,這就是體現大道〝無欲〞、〝無為〞的具體表現,依據自然之道所形成的一種最高治世法則,我們稱之為〝大道〞,

2、老子在第二十五章:「吾不知其名,字之曰道,強為之名,曰大。大曰逝,逝曰遠,遠曰反。」及第十六章:「夫物芸芸,各復歸其根。歸根曰靜,是曰復命。」說明〝道〞的本體在客觀世界反映在人事上的運用,就叫做〝德〞,隨著時間的推移,人類的演變進化與智慧的開啟增進,人性貪婪的慾望遮蔽住本性,將會離〝道〞愈行愈遠。

因此,老子在第三十八章寫到,「故失道而後德,失德而後仁,失仁而後義,失義而後禮。夫禮者,忠信之薄,而亂之首」〝道〞是至高至善至美的存在型態,德治是僅次於道治的一種社會型態。

大意是說:〝道〞衰敗之後〝德〞出現了,〝德〞廢棄後〝仁〞出現了,〝仁〞廢棄後〝義〞出現了,〝義〞廢棄後〝禮〞出現了。〝禮〞使人們逐漸喪失了忠厚、誠信的品德,是一切動亂的始作俑者。〝德、仁、義、禮〞的出現,代表著〝道〞每況愈下,離〝道〞愈行愈遠,不是〝道〞離我們而去,是我們棄〝道〞而行。

本章看似老子反對〝德、仁、義、禮〞,在老子看來,這些都是一些微不足道的枝微末節,老子其實也並不反對,老子只是反對捨本逐

末，反對的是出現〝德、仁、義、禮〞那個沒有〝大道〞的世代。老子認為，愈是執著這些枝微末節而不重視其〝道〞的本體，就會離〝大道〞愈遠，物質文明科技愈是發達，而不重視精神文明及與大自然和平共處，人類文明也終將自我毀滅。因此，真正的〝大道〞是讓民心歸於樸實自然，去除〝我欲、我執〞偏失的分別心，這才是刻不容緩的正途。

3、前一章老子在國君治國治民的方式，列舉了四個等級，說明最上等以大道治國的盛世，及爾後每況愈下國君的治國治民方式，其君民之間的關係差異何在。本章老子在大道衰敗之後，同樣是用辯證法來列舉社會與朝堂上的各種現象。〝大道廢，有仁義；智慧出，有大偽；六親不和，有孝慈；國家昏亂，有忠臣。〞，這種形似相反，實則相成，老子揭示了它們之間的對立統一關係，表達了相當豐富的辯證思想。

宇宙間萬事萬物都是以對立統一的方式存在，當大道盛世時，是處於陰陽平衡和諧統一的狀態，此時沒人會去關注任何一個面，一旦失去平衡偏向某一面，缺失的那一面馬上就會被彰顯推崇起來，這也是自然相反相成的自然規律，其目的是讓這個世界處於一個相對平衡的狀態。

是甚麼原因會造成失衡呢？究其原因，就是人類智慧漸開，天性已經逐漸遠離〝道〞的本體，個人由於修身不足之故，起心動念產生偏私〝有欲〞之分別心，開始有了追求個人主觀意願實現的慾望，於是離〝道〞漸行漸遠，世風日下，人心不古，社會已經不再有如嬰兒之純樸之風，〝不仁不義、大偽似真、不慈不孝、大奸大惡〞等…亂象，崇尚物慾的人心，其奢靡行為已在社會中開始蔚為風尚。

大道既然衰落淡出，世道衰頹，道德淪喪，故聖王不得不立仁義，施以德治，用仁義道德來規範人民的心性行為，以匡正社會風氣，使天下由〝德〞漸歸於〝道〞。

二、太古盛世，大道行世，萬民一體，子孝父慈，人民質樸，天下太平。那時的百姓，人人質樸德厚，雖不知有仁義、忠孝、智慧等名稱概念，但是人人一切言行舉止皆在其中，就像是魚在水中游，卻感不出水的存在一般，君民同忘於〝道化〞之境。雖常在〝道〞中卻不自知有〝道〞，雖日用〝德〞而不曉其〝德〞。無高低貴賤之分，無善惡美醜之念，無名利是非之爭，人們都是物我兩忘，厚樸篤實，一團和氣，安然自在、無憂無慮的過著生活，這就是大道盛世的景象。

當大道衰敗頹喪難行於世的時候，才顯示出仁義、智慧、孝慈、忠

臣的可貴,大道普行的時候,反而顯現不出仁義、智慧、孝慈、忠臣在什麼地方,也不知什麼叫做仁義、智慧、孝慈、忠臣。因此,社會上對某種德行的提倡和表彰,正是由於陰陽失衡,特別欠缺這種德行的緣故。

三、本章可以從兩個方面來理解老子想要告訴我們的內容,其一是指出由於領導者個人失德,大道廢棄,需要提倡仁義道德…等以挽頹風,及老子對當時病態社會的種種現象加以描述。其二是表現了相反相成的辯證法思維,老子把辯證法思想應用於社會,分析了智慧與虛偽、家庭糾紛與孝慈、國家昏亂與忠臣等,都存在著對立統一的關係。國家清平大治、六親融洽和順,就顯不出忠臣孝子;只有六親不和、國家昏亂,才需要提倡忠孝,這也是相互依屬的關係。

四、老子推崇的是太古純樸之世,老子認為國家政治只有回到大道盛世,也就是所謂的無為而治,才是解決他所處的那個紛亂之世的根本之道,儒家鼓吹的仁義,只不過是捨本逐末之舉。不過,老子的理想主張可能是一時無法實現,人類社會科技文明的進展,無法永遠停頓不前,這些都是必經的過程,也是大勢之所趨。

我們只能在人類科技文明發展的同時,如何讓人類去除原有根深蒂固錯誤的思維概念,同時也要獲得有關新的正確思維概念,認識宇宙自然的規律,在此轉變過程中,人類精神領域因此破繭而出,羽化成蝶,往上提升一個層次,達到前所未有的高度,如此方有可能達成老子心中理想的境界。

◎直譯:「大道」:自然法則。上古純樸之世,依據〝道〞的本體,自然所形成的一種最高治世法則。「廢」:停止或衰落。「仁義」:仁愛正義,寬厚正直。「智慧」:聰明才智。用在正途,智慧的體現是能更好地解決問題的能力。出於個人私慾的非正途運用,就稱之為智巧,機謀與巧詐。

「出」:從裡面到外面而顯露。「智慧出」:後天開發出來的智慧。人民由蒙昧無知轉化為民智大開。「大偽」:大奸似忠,大偽似真。一個奸詐虛偽到極點又具有智巧機謀的人,就能隱去其奸詐虛偽的本相,裝的好像非常真誠老實一樣,讓人深信不疑。

「六親」:父子〈包含父母、子女〉、兄弟〈包含兄弟、姊妹〉、夫婦。泛指近親。「不和」:相互之間不能和睦相處。「孝慈」:對上孝敬,對下慈愛。孝敬父母、慈愛子女、親善兄弟姊妹。

「國家昏亂」：國家陷於混亂的時候。為君者不修道德，君昏民暗，上下不明，謂之〝昏〞。治國失道，民心失信，政令不行，上下相怨，社會不寧，謂之〝亂〞。

◎意釋：本章〝大道廢，有仁義；智慧出，有大偽；六親不和，有孝慈；國家昏亂，有忠臣〞，是按照修身、齊家、治國的順序，說明個人的〝有欲與我執〞偏執意念，由個人、家庭、國家，由小至大影響的層面與結果。

「大道廢，有仁義」，上古純樸之世，人民皆無出自私欲之分別心，率真質樸，無善惡美醜之分，做事都是遵從天性，和諧統一，順應自然的去做應當做的事。國君處理國政以〝處無為之事，行不言之教〞來教化百姓，使天下人民根據自己的需要，自我作息，不知不覺的自化，整個社會秩序井然，和諧安詳，這就是體現大道〝無欲〞、〝無為〞的具體表現，依據自然之道所形成的一種最高治世法則。我們稱之為〝大道〞，這也是前一章所謂的太上治國治民之道。

自從人類逐漸擺脫矇昧，民智大開，人口密集，交往複雜，進入所謂的文明社會之後，人民起心動念是以偏私〝有欲〞之分別心，追求個人主觀上願望實現的慾望，由於人與人之間利益上的矛盾衝突，糾紛與爭執不斷，不仁不義的事件開始在社會中顯現。

此時，人民的天性已經逐漸遠離〝道〞的本體，大道逐漸衰落廢棄而淡出，社會已經不再有如嬰兒之純樸之風，亂象開始出現。聖賢有鑑於此，只有退而求其次，開始崇尚仁義，試圖以仁義來教化人心，力挽頹風，這也就是所謂的「大道廢，有仁義」。

「智慧出，有大偽」，人民由矇昧無知逐漸轉化為後天智慧大開之後，這本是一件正常的好事，但是部份人民出自於〝有欲與我執〞的心理，智慧的運用偏離了正道，利用智巧、機謀與巧詐方式，絞盡腦汁，執意妄為的來爭搶功名利祿，以獲得個人私慾之滿足。

因此，群起效尤，以假蒙騙，大偽似真，巧詐取代了純樸，虛偽掩蓋了真誠，社會中各階層爾虞我詐，嚴重的投機取巧與虛偽欺騙之事層出不窮，蔚然成風，人民開始不遵守仁義道德，造成社會動盪紊亂。

大道逐漸衰落而淡出之後，民風已失去純樸，心性被物慾污染，滋生乖巧機詐之心。一個奸詐虛偽到極點又具有智巧機謀的人，就能隱去其奸詐虛偽的本相，裝的好像非常真誠老實一樣，讓人深信不疑，這就是所謂的「智慧出，有大偽」的驗證。

「六親不和，有孝慈」，家庭是組成一個社會及國家的基本單位與強健的基石，因此要建立一個和諧的社會及國家，必須從建立一個和諧的家庭開始。有和諧美滿的家庭，才有一個繁榮富庶的社會，古人所謂齊家、治國、平天下，也就包含這個意義。

「國者，人之積也；人者，心之器也。國家之治亂，繫乎社會之隆污；社會之隆污，繫乎人心之振靡。」社會的民風習俗出自於家庭，而家庭和睦之道是根源於個人之修身，個人品德之良窳，與國家、社會有必然而直接的關係與影響。

在大道日已遠的潮流下，個人修身不足而偏離了正道，與六親之間的交往互動，起心動念皆是以偏私〝有欲〞之分別心，〝我執〞的追求個人主觀的慾望，對父母忤逆，兄弟鬩牆，夫妻之間產生勃豀，矛盾衝突，糾紛爭執與是非不斷，近親之間的關係不能一團和氣的和睦相處，間接影響到社會風氣之隆汙與國家的治亂。

因此之故，聖人明君開始提倡個人修養，以修仁慈孝敬之德，對上孝敬，對下慈愛，孝敬父母、慈愛子女、友愛兄弟姊妹，夫婦相敬，建立起六親和睦相處之孝悌規範，以遏止社會「父不慈，子不孝」的不正歪風，這也就是所謂的「六親不和，有孝慈」。

「國家昏亂，有忠臣。」，國君昏庸無道，以〝有欲與我執〞偏執〝有為〞的方式來治國治民，不以誠信來修己待人，只會以權謀欺騙愚弄人民，毫無道德感。此時君昏民暗，民心失信，政令不行，上下相怨，社會不寧。朝堂奸邪爭權亂朝政，禍亂國家，民不聊生，內憂外患並起，國家政權已岌岌可危。

當世道混亂，國家搖搖欲墜之時，奸臣則賣國求榮，忠臣便盡其無私之心，憂國憂民，挺身而出，殺身諫諍，匡扶正義，捨身報國，成就了萬古不朽的忠臣之名，這也就是所謂的「國家昏亂，有忠臣」。

〝道〞的本體就是陰陽平衡和諧的統一體，沒有偏私〝有欲〞之分別心，也沒有〝我執〞的追求個人主觀願望實現的慾望，世上所謂之美醜、善惡之分，皆是出自個人主觀意識美醜、善惡的分別心，當您一起心動念，萬事萬物就產生了陰陽對立的這兩個面，這就是宇宙客觀規律兩大主軸，陰陽規律與天人感應交互作用下所產生之千變萬化。

從辯證的關係來看，萬事萬物都是相對的，凡事都有兩面性，有〝仁義、孝慈、忠臣〞的時候，不一定是好事，是因為大道衰頹之後，個人以偏私〝有欲〞之分別心，執意妄為追求個人主觀願望實現的慾望，有了〝不仁不義、不慈不孝、奸佞之臣〞之現象，才凸顯出來相對立的〝仁

義、孝慈、忠臣"。

因此，老子的思想中不追求"仁義、孝慈、忠臣"，這些都是大道日益廢頹衰敗之後的產物，都是一些枝微末節，若是大道盛世，"仁義、孝慈、忠臣"皆無從所生。

◎**延伸閱讀**：本章：「大道廢，有仁義；智慧出，有大偽；六親不和，有孝慈；國家昏亂，有忠臣。」在王弼《道德經注》及蘇轍《老子解》的注解中，最後都是以《莊子・大宗師》：「泉涸，魚相與處於陸，相呴以濕，相濡以沫，不如相忘於江湖。與其譽堯而非桀也，不如兩忘而化其道。」為其注解的結尾。莊子的這段話意義非常深遠，可以說是對老子的思想進一步的解說，可以讓我們對本章涵義有更深一層的認識。〈注解：呴：音同許，張口哈氣使對方溫潤。〉

原句白話解讀：「湖泊乾涸了，原先在水中嬉戲的魚都被擱淺在陸地上。兩條魚都快要乾死了，相互之間吹出濕氣呵護著，吐出唾沫濕潤著對方，同舟共濟，患難見真情，能獲大家的讚揚而獲得美名。與其在乾涸的陸地上獲得美名，還不如忘掉所謂的真情或不真情，兩條魚在江湖水中各自無憂無慮的暢游來得快活如意。

同時也說明，與其在這裡讚譽唐堯的聖明與非議夏桀的暴虐，還不如將自己的思想融入"大道"的境界中，不要有偏私的分別心，沒有甚麼是與非、好與壞，把這兩個相對立的人物都忘掉。」

莊子用"泉涸，魚相與處於陸"假托這個寓言，來形容"悟道"的最高境界。上半句是比喻兩條魚陷入險境方顯露出真情，下半句啟示我們，不要有分別之心才能體悟出"大道"的真諦。說明當一個人在精神上沒有兩極化的分別之心，善惡兩忘，即可陰陽平衡，兩者合而為一的"悟道"。

莊子借用魚的處境來類比人間的困境，以及困境中相互救助的情操。然而"相濡以沫"處困之美名，畢竟還不如彼此"相忘於江湖"的優游自在。因此，莊子說：「魚兒於陸地相濡以沫，不如相忘於江湖。」

老子所說：「大道廢，有仁義；智慧出，有大偽；六親不和，有孝慈；國家昏亂，有忠臣。」也是同樣的道理，老子不希望歷史上有出現仁義、忠臣、孝慈之士，因為這並不是一件好事，他們的出現就代表著是處於世道衰微、國家混亂、生靈塗炭的悲慘時代。

假使國家風調雨順，處於太平盛世，大家都自重自愛，沒有殺燒擄掠之情事發生，那麼豈不人人皆是仁義之士、忠臣、孝子。所以"相濡

以沫〞類比〝仁義、忠臣、孝慈之士〞,〝不如相忘於江湖〞類比於〝大道盛世〞。也就是寧可生活在沒有這些美名的大道盛世,也好過有仁義、忠臣、孝慈美名的亂世。

莊子的思想更進一步闡述〝道〞的境界,但是也沒有超出老子思想的範疇。同時也證明,老子本身並沒有排斥儒家所提倡的仁義道德思想,老子只是不喜歡以二元對立來劃分好壞善惡,以實現自己主觀上的意願,也就是由一個人的壞,來襯托出另一個人的好,因為在那種時空下是處於混亂不幸的時代,他希望每個人都是生活在純樸自然,和諧幸福的〝大道盛世〞。

第十九章　　見素抱樸

絕聖棄智,民利百倍;絕仁棄義,民復孝慈;絕巧棄利,盜賊無有。此三者以為文不足,故令有所屬:見素抱樸,少私寡欲,絕學無憂。

◎**本章主旨**:上一章敘述了大道衰敗淡出之後,國家社會病態的種種現象,本章針對國家社會各種病態,向國君提出治理的方案。國君應杜絕崇尚虛名,棄除好高騖遠的智巧與心機,棄絕假仁假義,虛偽欺詐,唯利是圖,與民爭利。

老子為了讓這三條文內涵有所依歸適從,再加強深入的闡明其涵義,〝見素抱樸,少私寡欲,絕學無憂。〞國君不論是外在施政還是自我修身,都要堅守自身純樸自然的本性,減少偏私的分別心,克制個人慾望滿足的私慾雜念。國君要棄絕虛名巧智、虛偽仁義、投機取巧之前,必須要先做到〝見素抱樸〞,〝少私寡欲〞,如此行事方能沒有憂患產生。

◎**重點提示**:

一、老子認為國家社會所產生的亂象,其主要根源在於個人偏私慾望的追求,亂象來源有三,分別為:

〈一〉、外界事物太多的誘惑,所謂「五色令人目盲,五音令人耳聾,五味令人口爽,馳騁畋獵令人心發狂,難得之貨令人行妨」。

〈二〉、個人由於修身不足之故,起心動念產生偏私〝有欲〞之分別心,開始有了追求個人主觀意願實現的慾望,人們起了貪婪偏執之心。

〈三〉、人類智慧漸開，天性已經逐漸遠離〝道〞的本體，離〝道〞漸行漸遠，老子說：「智慧出，有大偽。」是「智慧」帶來了欺詐虛偽，爾詐我虞，大偽似真。因此，老子在本章提出「絕聖棄智，民利百倍；絕仁棄義，民復孝慈；絕巧棄利，盜賊無有。」要求人們「見素抱樸，少私寡慾，絕學無憂」。

二、在本章中，有許多版本的最後一句是以〝少私寡欲〞作為結尾，把〝絕學無憂〞作為下一章的開端。而〝絕學無憂〞與下一章的內容格格不入，或有錯簡之虞。在本章中〝絕學無憂〞與〝見素抱樸，少私寡欲〞並列，對本章結尾有更加完善，相得益彰之感。因此，本書撰寫方式，據文意並參酌前人所斷，將〝絕學無憂〞此句放在本章之末。

◎直譯：「絕」：杜絕、摒棄。「聖」：德行完美能效法自然之道的聖人。這裡指的是假聖人，是自我標榜或他人諂媚奉承的假聖人。「棄」：拋開、捨去。「智」：智巧，機謀與巧詐。「絕聖棄智」：國君治國民的方式，應杜絕自我標榜的以聖人之名自居，摒棄好高騖遠的智巧與心機。

「絕仁棄義」：這個要絕棄的仁義，是人為道德規範人們行為的仁義，和大道之下人們自然而然表現出的仁義有所不同。「復」：恢復、回復。「巧」：虛偽、欺詐。投機、取巧。「利」：珍稀寶物、重利。「此三者」：指棄絕聖智、仁義、巧利這三者。

「以為文」：以此為條文。以棄絕來表達這三個條文的內容。「不足」：還是不夠周延詳細與深入。「以為文不足」：以棄絕這兩個文字來表達這三個條文所要棄絕的內容，還是不夠周延與深入。

「故」：因此。「令」：使、讓。「屬」：歸屬、依歸、適從。「故令有所屬」：因此，為了讓這三者的條文內涵有所依歸適從。「見」：音同現。呈現。「素」：沒有染色的絲。引申為事物本來樸素、純潔的性質。「抱」：持守。「樸」：沒有雕琢的木。引申為樸實、自然不加任何修飾的原始本質。素、樸是同義詞。

「見素抱樸」：保持原有純樸的自然本色。也就是回歸〝道〞的本體。「絕學」：棄絕一切不合於〝道〞的知識，以至於沒有錯誤的主觀認知。棄絕學習聖智、仁義、巧利這三者，由於偏私的慾望所衍生出來的虛名巧智、虛偽仁義、投機取巧。「無憂」：沒有憂患產生。

◎意釋：老子在《道德經》中所闡述〝道〞的靜態本體，是處於陰陽

未判,動靜未分,陰陽平衡又和諧統一的穩定狀態,也是處於混沌未明一片虛無的量子信息能量場。客觀世界所呈現的萬事萬物一切現象,都是每個人的意識抉擇,造就成每個人有不同的世界。

老子在第一章開宗明義的說:「故常無欲,以觀其妙;常有欲,以觀其徼。」說明恆久保持著淡泊名利,不做非分之想,一切順其自然的處世態度,沒有偏私的分別之心,妄求想要得到個人慾望的滿足,就能獲得奧妙的結果。反之,則其結果還是有所侷限範圍。

在第二章:「天下皆知美之為美,斯惡已。皆知善之為善,斯不善已。」老子說明天道本就是陰陽平衡和諧的統一體,當人〝無欲〞的意識參與之後,陰陽兩者處於平衡狀態的時候,本無善惡美醜之分別,客觀世界事物的對立無從體現,世間呈現一片和諧統一的景象,我們稱之為〝無為〞。

當人〝有欲〞的意識參與之後,由於個人偏私的慾望所產生的分別之心,〝道〞開始殘缺,陰陽二者失衡之下出現一個錯動,事物便在客觀世界開始顯現出來,同時也產生了相互矛盾對立的另一個面,這是世間衝突糾紛的根源,我們稱之為〝有為〞。

第三章:「不尚賢,使民不爭;不貴難得之貨,使民不為盜;不見可欲,使民心不亂。」及第十八章:「大道廢…智慧出,有大偽」說明人類智慧漸開,天性逐漸遠離〝道〞的本體,個人起心動念產生偏私〝有欲〞之分別心,開始有了追求個人主觀利益實現的慾望,崇尚虛名,大偽似真,以假亂真,欺詐偷盜的病態現象,由上而下,充斥著整個國家社會。

由上所述,我們可以得知,世間有德行完美能效法自然之道的聖賢之人,就會有自我標榜或他人諂媚奉承其為德行完美的假聖賢之人;有智慧聰穎行為正直之人,就會有利用其聰明智慧,行為機謀巧詐之人;有仁義之士,就會有假仁假義之人。

上一章敘述了大道衰敗淡出之後,國家社會病態的種種現象,本章老子則針對國家社會各種病態,向國君提出治理的方案。

「**絕聖棄智,民利百倍**」,國君治國治民的方式,應杜絕崇尚虛名,切勿自我標榜的以聖人之名自居。摒棄好高騖遠的智巧與心機,切勿為追求聖功偉業而置社情民意於不顧。應結合實際情況,量力而行,給人民以充分自由,與民休息,不奪農時,順其自然,社會經濟才會得到充分的恢復和發展,國泰民安,如此則為人民帶來百倍的利益。

「**絕仁棄義,民復孝慈**」,上一章:「大道廢,有仁義」,這個要棄

絕的仁義，是人為道德規範人民行為的仁義，和大道之下人民自然而然表現出的仁義有所不同。國君不要超越當時實際情況，制定一些不切實際的仁義道德規範，強制要求人民遵守，一旦道德所規範的仁義確立，一定會有一個相對立人性上的假仁假義，大偽似真，爾虞我詐，流於形式的社會病態現象出現。

孝慈是物種的天然本性，自然之德，不待教授而先天具有，非人為後天所塑造的，仁義本為勸說不慈不孝而倡導，但是人性上的假仁假義，反而有害於人民孝慈自然本性之流露，假仁假義被拋棄之後，人人才能回復到孝慈的自然本性。

「絕巧棄利，盜賊無有。」，國君治國治民的方式，應棄絕虛偽欺詐，投機取巧，營營汲利，追求個人主觀利益實現的慾望，滿足窮奢極慾的生活而巧立名目，唯利是圖，與民爭利。因為上之所好，下必甚焉，為避免上行下效，人民爭相逐利而鋌而走險，而有欺騙詐偽與偷盜之行為。國君〝行不言之教〞，去其外誘之私，以絕其中心之欲，可以遏止人民起盜賊之心，讓民間盜賊之風消弭於無形。如此則人民恢復純樸之風，生活無憂，自然盜賊不興，天下太平。

「此三者以為文不足，故令有所屬：見素抱樸，少私寡欲，絕學無憂。」，國君治國治民的方式，僅以棄絕聖智、仁義、巧利這些空洞的條文，表述得還是不夠周延與深入，是無法淨化國家社會所呈現的這些病態亂象，總是要讓它們歸結到具體措施上面。為了讓這三者的條文內涵有所依歸適從，因此，老子又補充說明，再加強深入的闡明這三個條文的涵義，那就是老子返璞歸真的思想，〝見素抱樸，少私寡慾，絕學無憂。〞

國君不論是外在施政三個條文，還是自我修身部分，都要具備以下根本要求：堅守自身純樸自然的本性，誠於心而形於外。就算是不能完全根絕自我的私心，也要儘量減少偏私的分別心，不落主觀的偏見，克制想要得到個人慾望滿足的私慾雜念，遇事隨順，順其自然。

絕學指的是要棄絕一切不合於〝道〞的知識及錯誤的主觀認知，棄絕學習聖智、仁義、巧利這三者，由於偏私的慾望所衍生出來的虛名巧智、虛偽仁義、投機取巧。國君要絕學之前，必須要先做到〝見素抱樸〞，〝少私寡慾〞，如此行事方能沒有憂患產生。

國君將施政理念與自我修身融入大道，以〝處無為之事，行不言之教〞來教化百姓，使天下人民根據自己的需要，自我作息，不知不覺的自化，整個社會秩序井然，和諧安詳，體現大道〝無欲〞、〝無為〞的具

體表現，這才是依據自然之道形成的一種最高治世法則。

◎延伸閱讀：本章中〝絕仁棄義〞及〝盜賊無有〞，要引用《莊子‧胠篋篇》的大盜—盜跖來作進一步注解。〈胠：音同區。跖：音同質。〉

《莊子‧胠篋篇》故盜跖之徒問於跖曰：「盜亦有道乎？」跖曰：「何適而無有道邪？夫妄意室中之藏，聖也；入先，勇也；出後，義也；知可否，知也；分均，仁也。五者不備，而能成大盜者，天下未之有也。」由是觀之，善人不得聖人之道不立，跖不得聖人之道不行；天下之善人少而不善人多，則聖人之利天下也少，而害天下也多。…聖人生而大盜起，抨擊聖人，縱舍盜賊，而天下始治矣。

原文解讀：因此，盜跖的門徒問盜跖說：〝做大盜的也有規矩和準繩嗎？〞盜跖回答說：〝無論哪個地方都怎麼會沒有規矩和準繩呢？憑空猜想屋裡儲藏著多少財物，這就是聖明；帶頭先進入屋裡的，就是勇；最後退出屋子的，就是義；酌情判斷是否動手的，就是智；分贓均等的，就是仁。這五種不具備而成為大盜的，天下是決不會有的。〞

從這一點來看，善人不能通曉聖人之道便不能立業，盜跖不能通曉聖人之道便不能行竊；天下的善人少，而不善的人多，那麼聖人給天下帶來的好處也就少，而給天下帶來的禍患也就多。莊子認為聖人制定了〝仁、義、禮、智、信〞的規則，使天下得到治理，同時也讓更多的不善的事情出現了，甚至盜賊利用聖人制定的規則成了大盜。

所以莊子說〝聖人不死，大盜不止〞，要去掉〝聖智，仁義，巧利〞，這些大偽似真，假仁假義，投機取巧，唯利是圖，天下就得到治理。莊子這段論述與本章所講的〝絕聖棄智，絕仁棄義，絕巧棄利〞其意相通。

第二十章　　唯之與阿

唯之與阿，相去幾何？善之與惡，相去若何？人之所畏，不可不畏。荒兮其未央哉！眾人熙熙，如享太牢，如春登臺。我獨泊兮，其未兆，如嬰兒之未孩；儽儽兮，若無所歸。眾人皆有餘，而我獨若遺。我愚人之心也哉！沌沌兮，俗人昭昭，我獨昏昏。俗人察察，我獨悶悶。澹兮其若海，飂兮若無止。眾人皆有以，而我獨頑似鄙。我獨異於人，而貴食母。

◎**本章主旨**：本章老子先是闡述〝大道〞衰敗的原因究竟為何？並且老子將世俗之人的行為心態與自己作了鮮明的對比描述。

自從民智大開進入文明社會之後，由於個人〝我執、我欲〞偏私的慾望所產生的分別心，〝道〞開始殘缺，陰陽失衡之下產生一個錯動，事物便在客觀世界開始顯現出來，同時也產生了相互矛盾對立的另一個面，這是世間衝突糾紛的根源，也是〝大道廢〞的主因。

老子之所以與眾不同的原因，是因為老子及體悟〝大道〞者均以守道、得道為貴。

◎**重點提示**：本章文字較多，而且用辭簡僻，一字多義，要是不加以詳細分析解說，恐怕很難了解老子要告訴我們的意思。老子從辯證法的原理認為，貴賤善惡、是非美醜等…種種價值判斷，都是相對形成的，而且隨環境的變遷差異而有所變動。在本章裡，老子將世俗之人的行為心態與自己作了鮮明的對比描述。僅分為下列三段略加說明，以方便讀者先建立起一些初步概念。

第一段：「唯之與阿，相去幾何？善之與惡，相去若何？人之所畏，不可不畏。荒兮其未央哉！」老子闡述〝大道〞衰敗的原因究竟為何？人民由於受到外在的誘惑，起心動念是以偏私〝有欲〞之分別心，來追求個人主觀上利益實現，因此離〝道〞愈行愈遠，這也是〝大道〞衰微的主要原因。老子感嘆世間眾人離〝道〞愈來愈遠，方興未艾，似無休止！

第二段：「眾人熙熙，如享太牢，如春登台。我獨泊兮，其未兆，如嬰兒之未孩；儽儽兮，若無所歸。眾人皆有餘，而我獨若遺。」老子描述社會上眾人追逐名利熙熙攘攘的行為，與老子的行為與心境上作一鮮明的對比。

眾人受到外物所誘，趨之若鶩的追逐名利已養成習性，汲汲營營的求取功名利祿，過著奢侈浮華的生活。老子不受外在的誘惑，如同嬰兒無知無欲，內心曠然豁達，不受外誘而隨波逐流。眾人見老子淡泊名利，與世無爭，無欲無為，物質生活貧困似有遺失不足，有如遊子在外無家可歸的樣子。

第三段：「我愚人之心也哉！沌沌兮，俗人昭昭，我獨昏昏。俗人察察，我獨悶悶。澹兮其若海，飂兮若無止。眾人皆有以，而我獨頑似鄙。我獨異於人，而貴食母。」老子在生活態度上，與世俗價值取向截然不同，不受外在名利誘惑，反樸歸真，大智若愚，因此說：我之所以

與眾人不同,實則這就是我心純樸率真的處世態度啊!

老子體悟萬事萬物混沌同源,一體同根,皆是處於陰陽未判,動靜未分,陰陽平衡又和諧統一的狀態,沒有善惡、美醜、好壞之差別區分。因此之故,老子發出〝我愚人之心也哉!沌沌兮!〞的感嘆聲。

老子在本章中前後都講眾人,唯獨中間「俗人昭昭,我獨昏昏。俗人察察,我獨悶悶」用俗人來表述,俗人和眾人有何差異呢?俗人指的是分別心特別強,又嘲諷訕笑老子及及體悟〝大道〞者,與一般的普羅大眾有所不同。老子最後說明,其之所以與眾不同的原因,是因為老子及體悟〝大道〞者均以守道、得道為貴。

◎**直譯**:「唯」:晚輩恭敬低聲應答長輩的聲音。「阿」:長輩高聲回答晚輩的聲音。「唯之與阿」:〝唯〞相對於〝阿〞,這兩種應答聲,相互之間的對比。「相去」:相差。「幾何」:多少。「唯之與阿,相去幾何」:〝唯〞與〝阿〞都是相同的應答之聲,只是身分及聲音高低不同的問題,這兩者差別有多大呢?其實兩者差別不大。

「若何」:如何、怎樣。「人之所畏」:眾人在當下社會相對性的道德標準下,行事會有所畏懼與忌憚。「不可不畏」:在此風氣盛行的當下,就算是修道之人,也要〝和其光,同其塵〞,行事也不得不有所忌憚。這種不可不畏,是發自於自己內心的認識,為了利益眾生而隨順眾生不得不所做的一種選擇。

「荒」:荒廢、荒蕪。「兮」:文言助詞,相當於現代的啊或呀。「荒兮」:這裡指的是〝大道〞愈來愈荒廢,而且還正在進行之中。「未央」:未已、未盡。還沒到達一半。有方興未艾之意。「哉」:表示感歎,相當於〝啊〞!

「熙熙」:和樂的樣子。「眾人熙熙」:形容眾人熙熙攘攘興高采烈的蜂擁而起,去追逐自認為選擇正確的身外名利。「太牢」:是中國古人創建,並一直延續至今的一種祭祀神靈和宗廟的祭祀制度,祭祀之禮有嚴格的等級制度,按照等級從高到低分別:太牢、少牢。這一等級制度,對祭祀人的身份地位也有嚴格的規定,天子才可行太牢之禮,太牢的祭品是牛、羊、豬皆有,少牢只有羊和豬,沒有牛。在這裡形容是最高等級的享受。

「如享太牢」:有如享用太牢等級之珍饈佳餚一般,是人生中最高等級的享受。「如登春台」:有如春天裡登臺眺望美景,心中展望未來,對目標的實現滿懷著憧憬。「我」:老子自己,也隱指其他悟道、遵循大

道者。「泊兮」：安靜少欲望。引申為淡泊名利、與世無爭。「我獨泊兮」：眾人接受外物所誘而追逐名利，唯獨我淡泊名利，與世無爭。「兆」：徵兆，預兆。

「其未兆」：追逐名利的這種現象，在我身上看不出有任何跡象顯示出來。「孩」：古時咳與孩通用，小兒笑聲也。這裡指的是小孩的笑聲。「如嬰兒之未孩」：嬰兒質樸純真，無知無欲，對外界的逗弄，還不會做出笑聲的反應。隱喻不受外在的誘惑。

「儽儽」：音同壘。或作儡。頹喪失意貌。「若無所歸」：好像我生活中沒有目標，頹唐失意無所依靠的樣子。「眾人皆有餘」：眾人抱持著有欲之心追逐名利，無不磨拳擦掌，汲汲營營的求取功名利祿而富足有餘。「而我獨若遺」：唯獨我內心曠然豁達，無欲無為，眾人看我物質生活貧困，似有遺失不足之感。

「愚人」：這裡隱喻純樸、直率的狀態。「我愚人之心也哉！」：我之所以與眾人不同，實則這就是我純樸直率的處事態度啊！「沌沌兮」：形容老子之心境有如〝大道〞靜態本體的本質特性。「俗人」：沒有遠見又分別心特別強的庸俗之人。

「昭昭」：外表看起來精明幹練的樣子。「昏昏」：外表看起來愚鈍昏昧的樣子。「察察」：形容該人凡事觀察細微，明察秋毫，錙銖必較的樣子。「悶悶」：形容該人對事物渾然不覺差異，不靈活或不作聲，無所識別區分的樣子。

「澹兮」：音同旦。恬靜寡欲之意。這裡隱喻恬靜寡欲的胸襟。「澹兮其若海」：老子恬靜寡欲的胸襟，像大海一樣寬闊無際，能容納外在一切非議與嘲笑。「飂兮」：音同餾。高風，風疾速的樣子。「飂兮若無止」：像高空中的清風，永不止歇的吹送。

「有以」：有所作為。「眾人皆有以」：眾人在不同的領域都有所作為或成就。「頑」：形容非常有個性，不受教，永遠堅持不變。「鄙」：言行舉止，非常給人看不起，簡直一無是處。「異於人」：與眾不同。「貴」：重視。「食」：享用、接受、依賴。「母」：大道的本體為化育萬物之母。這裡指的是〝道〞。「食母」：比喻守道，行道。「貴食母」：以守道、得道為貴。

◎意釋：第十八章說明〝大道〞已經衰敗頹喪難行於世，國家社會出現一片亂象。本章老子先是闡述〝大道〞衰敗的原因究竟為何？並且描述社會上眾人與老子在行為與心境上的對比。

在老子的哲學思想中，"大道"之本體是處於混沌未明，一片虛無，陰陽未判，動靜未分，陰陽平衡狀態下，既和諧又統一的量子信息能量場。人的思想意識若無偏私的分別心，在人世間所顯示的現象與結果，就如同"大道"之本體所顯示的一片和諧統一，人民率真質樸，國家社會則呈現祥和安樂的太平盛世。

　　自從民智大開，逐漸進入所謂的文明社會之後，由於受到外在五光十色花花世界的誘惑，人民起心動念是以偏私"有欲"之分別心，來追求個人主觀上利益實現，這種慾望繼而在人世間產生各種不同的對立面，造成國家社會的動盪與不安，也因此離"道"愈行愈遠，這也是"大道"衰微的主要原因。

　　「唯之與阿，相去幾何？」"唯"相對於"阿"，這兩種都是相同的應答之聲，相互之間的對比，差別有多大呢？這兩種同樣都為"是"的應答聲，只是身分地位高者是高聲應答，以顯尊貴；身分地位低者是低聲應答，以示卑下，應答內容沒有多大差異，差別在於聲量的高低而已。

　　在"大道"的本體，人的意識尚未參與之前，兩者並無二致，但是身分地位高低不同的人，由於其主觀意識具有偏私有欲的分別心，造成其在應答時，身分地位高者，聲量提高；身分地位低者，聲量放低，以與其偏私有欲的主觀意識相匹配。

　　「善之與惡，相去若何？」，同樣的道理，人世間的善惡、美醜、好壞，在"大道"的本體，人的意識尚未參與之前，一切都是處於陰陽平衡毫無差異的統一狀態，但是由於個人主觀意識偏私有欲的分別心，陰陽失衡錯動之下，在客觀世界造成善惡、美醜、好壞相對性的對立。而這種對立又因個人主觀上的認知不同而有所不同，因此，善惡、美醜、好壞之間的對比，其間的差異又能如何絕對性的判斷呢？

　　「人之所畏，不可不畏。」，由上所述，這種相對性的道德標準，在當下的社會上由於風靡之化，已經積習成俗，人們已經習慣了各種人為的規則，並以此作為是非善惡判定的標準，眾人行事都不敢有所逾越，就像是身分地位卑下者，不得不放低其應答聲之音量。因此，在風氣盛行的當下，就算是修"道"之人，也要"和其光，同其塵"，行事也不得不有所忌憚，避免犯了忌諱而觸及社會風氣之逆鱗，這就是"人之所畏，不可不畏"。

　　「荒兮其未央哉！」，由於個人"我執、我欲"偏私的慾望所產生的分別心，"道"開始殘缺，陰陽失衡之下產生一個錯動，事物便在客觀世界開始顯現出來，同時也產生了相互矛盾對立的另一個面，我們稱

之為〝有為〞，這是世間衝突糾紛的根源，也是〝大道廢〞的主因。老子感嘆〝大道〞愈來愈荒廢，世間眾人離〝道〞愈來愈遠，方興未艾，似無休止，沒有盡頭啊！

「眾人熙熙，如享太牢，如春登臺。」，〝大道〞衰微當下的社會，世風日下，人心不古，社會已經不再有如嬰兒之純樸之風，眾人起心動念皆是偏私〝有欲〞之分別心，心性迷亂的慾望令人亢奮，為追求個人主觀意願的實現，驅使眾人興高采烈的爭名逐利。緊接著老子觀照世人的缺失，洞察人間百態，描述眾人與老子自己及其他超然物外的修道者，在行為與心境上鮮明的對比。

《史記－貨殖列傳》有句話是「天下熙熙皆為利來，天下攘攘皆為利往」。老子描述當下的社會環境中，眾人熙熙攘攘興高采烈的蜂擁而起，趨之若鶩的去爭逐自認為選擇正確的身外名利，幻想著當心中目標獲得之後，將會有如享用太牢等級之珍饈佳餚一般，真是人生中最高等級的享受。幻想時當下之心境，又有如春天裡登臺眺望一片生意盎然的美景，心中展望著未來，對目標實現滿懷著美麗的憧憬。

「我獨泊兮，其未兆，如嬰兒之未孩；儽儽兮，若無所歸。」，社會上眾人受到外物所誘，趨之若鶩的追逐名利、溺於所好，皆已養成習性。唯獨我淡泊名利，與世無爭，無動於衷，這種爭名奪利、愛慕虛榮的不良現象，在我身上看不出有任何跡象顯示出來。我不受外在的誘惑，就如同質樸純真的嬰兒，無知無欲，對外界的逗弄不會做出笑聲的反應一樣。

眾人見老子淡泊名利，與世無爭，就好像頹喪失意，胸無大志，在人生中沒有目標，有如遊子在外無家可歸的樣子。

「眾人皆有餘，而我獨若遺。我愚人之心也哉！沌沌兮！」，眾人抱持著有欲之心崇尚物慾，追逐名利，無不磨拳擦掌，汲汲營營的求取功名利祿，過著奢侈浮華、富足有餘的生活。唯獨我內心曠然豁達，不受外在物質誘惑而隨波逐流，眾人看我無欲無為、樸素無華的生活，物質生活貧困似有遺失不足之感。

當下眾人熙熙攘攘，縱情於聲色貨利，老子在生活態度上，與世俗價值取向截然不同，甘守淡泊，恬然無繫，不受外在名利誘惑，但求精神層次的提升，不與俗人相隨，無為自然，反樸歸真，大智若愚，老子說：我之所以與眾人不同，實則這就是我心純樸率真的處世態度啊！

老子之〝愚人心〞是體悟〝大道〞本體的性質，自然而然所產生的一種具體表現。萬事萬物混沌同源，一體同根，皆是處於陰陽未判，動

靜未分，陰陽平衡又和諧統一的狀態，沒有善惡、美醜、好壞之差別區分。人世間的〝俗人昭昭、察察〞，皆是個人出於主觀意識〝我欲〞的追求，而產生的分別心所造成的現象，分別心分的愈細微，離〝道〞就愈遠，煩惱問題也就愈多。因此之故，老子發出〝我愚人之心也哉！沌沌兮！〞的感嘆聲，並列舉說明之。

「俗人昭昭，我獨昏昏。俗人察察，我獨悶悶。」，人世間沒有遠見又分別心強的庸俗之人，由於分別心特別強，所以在外表上看起來非常精明幹練的樣子。老子及體悟〝大道〞者，由於毫無分別心，萬事萬物均一視同仁，所以外表上看起來愚鈍昏昧的樣子。這就是所謂的〝俗人昭昭，我獨昏昏〞。

人世間分別心特別強的俗人，內心觀察細微，明察秋毫，凡事錙銖必較，〝人至察、則無友〞，精明苛察之下連朋友都沒得做。老子及體悟〝大道〞者，由於毫無分別心，對事物渾然不覺有所差異，因此看起來〝悶悶的〞，好像毫無識別能力的樣子。這就是所謂的〝俗人察察，我獨悶悶〞。

「澹兮其若海，飂兮若無止。」，世間的俗人認為修道人的行為〝昏昏、悶悶〞，對於這些嘲弄與訕笑，老子及體悟〝大道〞者恬靜寡欲、大度包容的胸襟，像大海一樣寬闊無際，能容納一切細流，因此一切非議笑罵由他，動搖不了老子的心志。老子追隨〝大道〞的心，就像是高空的清風，永不止歇的吹送，絕不會有所駐留。

「眾人皆有以，而我獨頑似鄙。我獨異於人，而貴食母。」，在〝大道〞衰微的當下，眾人〝有欲〞之分別心，為了追求個人主觀上的慾望實現，仿佛都很靈巧有本領，在名利方面都似乎有所作為。唯獨老子及體悟〝大道〞者，非常有個性的不受教，堅持自己追隨〝大道〞的志向永遠不變，這種〝無知、無欲、無為〞的言行舉止，就像一位愚頑、笨拙又鄙陋的粗人，在俗人眼中非常看不起，認為簡直一無是處。

老子之所以與眾不同的原因，是因為老子及體悟〝大道〞者均以守道、得道為貴。

第二十一章　惟道是從

孔德之容，惟道是從。道之為物，惟恍惟惚。惚兮恍兮，其中有象；恍兮惚兮，其中有物。窈兮冥兮，其中有

精，其精甚真，其中有信。自今及古，其名不去，以閱眾甫。吾何以知眾甫之狀哉？以此。

◎**本章主旨**：本章老子從論述〝道〞與〝德〞之間一體兩面的關係入手，再次描述了〝道〞的本體性質。並且說明影響萬事萬物由〝道〞轉化成〝德〞的幾個關鍵因素為物質〈物、象〉、能量〈精〉與信息〈信〉。

萬事萬物在初始期間，是藉由量子意識信息的主動觸發，由量變到質變，〝道〞轉化成〝德〞，化虛擬為真實，由不確定成為確定，在客觀物質世界轉化成與信息相同內容樣貌的顯現，這一切完整的轉化過程及後續的運作變化，無不是遵循〝道〞的自然規律而運作。

老子進一步驗證第一章「故常無欲,以觀其妙;常有欲,以觀其徼。」說明人的起心動念的意識信息內容，不論是〝無欲〞，還是〝有欲〞，就能影響〝道〞轉化成〝德〞之後，在世間此一事件未來的走向與最終的結果，〝道〞在其中並無任何干涉及自主的刻意安排。

◎**重點提示**：

一、本章有幾個地方較為難解：何謂「孔德之容」？「道之為物,惟恍惟惚」要如何去理解？「其中有精,其中有信」，〝精〞和〝信〞指的是甚麼？何謂「眾甫」？最後一句「以此」又是意有何指？全章整體來看，老子以「孔德之容,惟道是從」這一句話統領全章，也是最難理解的關鍵點，要能正確的解讀它，我們必須針對何謂〝道〞？何謂〝德〞？〝道〞之體的性質如何？是如何轉化至〝德〞之用？先行建立起一些基本觀念，方能確認「孔德之容,惟道是從」究竟意有何指，進而對本章的內容才能具有概括性的認識。

為了要能對本章作完整詳細的描述，謹將《易經》哲學思想、量子科學理論與老子哲學思想相互結合綜合解讀，互通有無，相互補充說明，相得益彰之下，更能顯現〝道〞與〝德〞內容的完整性。

二、〝道〞的自然規律就是陰陽規律，陰陽是不可分割的一體兩面，這是陰陽規律眾多規則中一個重要的規則，例如：有無、大小、美醜、善惡…等。我們先瞭解了〝德〞與〝道〞的這層關係，此章後面部分就容易理解了。

〝道〞是無形的，它必須作用於萬事萬物的運作上面，方能得以顯現它的功能。〝道〞所顯現於萬事萬物上面的功能，我們稱之為〝德〞。

在第十四章中：「其上不皦，其下不昧。」其上指的是〝道〞形而上的本體，本體在微觀世界一片虛無，並無具體形象可以顯而易見；其下指的是〝道〞形而下的化身，我們稱之為〝德〞，是〝道〞的本體轉化成宏觀物質世界的萬事萬物，人與人之間相互交際而產生的事情也涵蓋在內，萬事萬物都是〝道〞轉化成〝德〞的具體顯現，並非昏暗不明。

　　上與下，〝道與德〞構成〝道〞的整體，〝道〞是〝德〞的體，〝德〞是〝道〞的用，〝德〞是〝道〞的外化和表現，〝道與德〞是不可分割的一體兩面，這就是陰陽的自然規律。有看不見微觀世界無形〝道〞的本體，就有看得見宏觀有形物質世界〝道〞轉化成〝德〞的具體顯現，因此，〝道〞既不是光明清晰，也不是昏暗不明。

三、這裡面有幾個觀念要特別注意，〝道〞講的就是宇宙的客觀規律，指的就是陰陽的規律，在宇宙出現之前就已經存在。宇宙從〝無〞到〝有〞，〝無〞是天地之始，〝有〞是萬物之母。這個萬物之母，指的就是混沌虛無，陰陽未判，動靜未分，處於陰陽平衡、和諧統一的量子信息能量場，能夠孕育化生萬事萬物。

　　雖然〝有〞這個〝道〞的本體是無形的萬物之母，但是相對於客觀的有形物質世界而言，〝道〞的本體萬物之母就是〝無〞，客觀的物質世界就是〝有〞。〝無〞是〝道〞的特徵；〝有〞是〝德〞的特徵。

　　〝道〞的本體內容又是甚麼呢？陰陽變化是〝道〞的本體自然規律，在陰陽交互作用下，有相互對立狀態，也有陰陽平衡、和諧統一狀態，在陰陽不斷運動變化過程中，對立與和諧統一在變化過程之間，產生了千變萬化，任何狀況都有可能發生，所有狀況都是無形的量子化型態，蘊含在一片虛無、無實體、具有不確定性，〝道〞的本體這個量子信息能量場之中，也就是道家所說的〝炁〞之中。

　　在人的意識沒有參與之下，這個處於陰陽平衡、和諧統一又虛擬、無實體的靜態量子信息能量場，因為陰陽未判，不會有偏私之〝有欲〞的分別心來主導萬物孕育化生。就是因為天地〝無欲〞的〝不自生〞特性，因此，萬事萬物是處於陰陽平衡、和諧統一，最大概率的狀態下，自然的化生而出，一切依循陰陽自然的規律運行變化，生成始終，生生不息，周而復始，循環不已，持續繁衍發展下去。

　　老子說明虛無靜態〝道〞的靜態本體是處於陰陽平衡、和諧的統一體，當陰陽一錯動而有創生作用時，那就轉化成〝有〞了。當人〝無欲〞的意識參與之後，陰陽處於平衡的狀態，無偏私的分別心，客觀世界事

物的對立無從體現，世間呈現一片和諧統一的景象，我們稱之為〝無為〞，合乎〝道〞的靜態本體本質特性，我們稱之為〝有德〞。

　　當人各種程度〝有欲〞的意識參與之後，由於個人偏私的慾望所產生的分別之心，〝道〞的狀態開始陰陽失衡而殘缺，並主動依據人的意識信息內容，陰陽失衡交互作用下，事物便在客觀世界開始顯現出與意識信息內容相同類似的內容與樣貌，同時也產生了相互矛盾對立的另一個面，我們稱之為〝有為〞，這種言行舉止偏離了〝道〞靜態本體的本質特性，我們稱之為〝無德〞。

　　由此可知，人的量子意識信息能量場所負載的信息內容，能決定〝道〞的本體轉化成客觀世界事件的內容與樣貌，不論您量子意識信息能量場所負載的信息內容如何，〝道〞都不會做任何的干涉，您是如何的思想抉擇，〝道〞就會按照既有的自然規律，〝道〞轉化成〝德〞，在宏觀世界來顯現出與信息相同類似的內容與樣貌。

　　〝道〞是萬事萬物生成發展的總源頭，也是萬事萬物之母，〝道〞在客觀物質世界的一切事物中，用〝德〞來表現〝道〞的屬性，也就是說，〝德〞外在顯示的各種不同的內容與樣貌，均是依照〝道〞的規律而顯示形成。

　　因此，「孔德之容，惟道是從」這一句話，不是單指人事上的〝大德〞，而是泛指萬事萬物在客觀世界所呈現的內容與樣貌，都是遵循〝道〞的自然規律而運動變化，不同的心念意識，就有不同的結果，我們可以用〝萬物唯心造〞這句話來加以理解。

四、量子科學理論經過全世界頂尖物理學家近百年來的努力研究，已經成為有史以來被實驗證明最精確成功的一個理論，微觀世界詭譎莫測的物理特性與現象，與老子《道德經》所敘述〝道〞的本體特性完全脗合，超乎我們一般人的認知與想像，令人匪夷所思，如今我們才發現對這個宇宙的認知，有許多部分都是錯誤的，當您開始研究量子理論，您會確信自己對這個世界簡直是一無所知。

　　〝道〞的本體在量子科學上來說，指的就是微觀世界，其大無外，其小無內，充斥在我們的四周，無處不在。量子理論中科學家們揭示了宇宙三種不同的存在型態，物質〈陰〉、能量〈陽〉、信息〈意識〉，此中的物質指的是我們宏觀的物質世界，所有的物質都是能量轉化而成。

　　能量指的是宇宙混沌的量子信息能量場此一大的量子系統；信息指的就是能負載人類起心動念此一信息的量子意識信息能量場。〝物質〞

與〝能量〞是可以相互轉化，就如同陰陽之間的轉化。能量無法被創造或被銷毀，它只能從一種型態轉變為另一種型態。

　　構成物質的基本粒子，具有量子化的特性，我們稱之為量子。量子具有既是能量又是物質的「波－粒二象性」，是一個量子系統中有兩個量子態疊加而成的量子疊加態，在微觀世界是處於虛擬、無實體、不確定狀態，只能用概率代表它的存在，這種存在只是一種無實體的概念而已，由於是一種量子信息能量場，所以無處不在。

　　當人未觀察之前，基本粒子是一種無形的量子信息能量場，當人的量子意識想觀察粒子是否為物質之時，基本粒子的量子疊加態中物質與能量這兩種量子態，其中物質量子態與意識信息相同類似，致使其概率轉化為百分之百，能量的量子態概率則坍縮歸零，粒子由微觀世界虛擬、無實體、不確定的量子態，轉化為宏觀世界具有實體物理結構的確定狀態。無形的量子會隨著人的心念意識，而改變其物質本質的性質，由波－粒二象性轉化為具有實體的物質粒子在宏觀世界中顯現。

五、量子理論的宇宙規律總結。

　　整個宇宙是由無限多個小量子系統組合而成的一個大量子系統，宇宙中萬事萬物的基本型態就是陰陽，萬事萬物隨著時間的推移，循著陰陽的規律在微觀世界中不斷的變化，在變化過程中有無限多個量子態產生，在大量子系統中組合而成量子疊加態，只要您能想得到的每一種量子態都有可能發生，以概率大小來代表，是屬於無實體結構、不確定的虛擬狀態。

　　人的心念意識也是一個量子系統，心念瞬息萬變，每一個心念都會在微觀世界引起一個相對應的量子態，也是以概率大小來代表，在人未做出最後抉擇之前，是處於不確定的量子疊加態。

　　在人類意識未參與之前，陰陽不斷的運動變化之下，宇宙本體原本是一個陰陽和諧又〝清淨本然〞的大的量子系統，一切周而復始、生成始終的生生不息、本乎自然。您能想得出來的任何一種狀況，在宇宙本體無限多個虛擬不確定的量子態中，其中就有一個量子態與您的念頭相同類似。

　　一旦經過人的心念意識參與之後，就使這個〝清淨本然〞虛擬、無實體的不確定狀態，轉化成與您量子意識信息相同類似，並顯現在宏觀世界的真實確定狀態，因而生成了千變萬化的大千世界。以上所述，可以解釋老子為何在本章中所描述「道之為物，惟恍惟惚。惚兮恍兮，其

中有象；恍兮惚兮，其中有物。」，是因為微觀世界構成物質的基本粒子，是能量又是物質，是處於虛擬、不確定、無實體似有若無的狀態。

在本章中所描述「窈兮冥兮，其中有精；其精甚真，其中有信。」由於所有物質均是由能量轉化而成，當然物質也可以轉化成能量，但是能量是先於物質的存在，當物質在〝道〞的本體微觀世界中，尚未轉化成物質之前，是以虛擬、無實體、不確定的量子態存在，無處不在。因此，我們可以得知〝其中有精，其中有信〞，〝精〞指的就是基本粒子此一量子態，〝信〞指的就是量子態中所負載的信息。

宇宙萬事萬物在〝道〞的本體微觀世界中，都具有能量與信息，只是以虛擬、無實體、不確定的量子態存在。當基本粒子〝由無到有〞，由微觀世界的量變到客觀世界的質變，轉化到客觀的物質世界中，則成為具有實體物理結構的確定狀態，此時的物質還是具有能量與信息。意識是物質世界的基礎，促成了物質從微觀世界〝不確定〞到宏觀世界〝確定〞的轉移。

六、《易經》哲學思想的兩大主軸。

《繫辭傳・上》「乾知大始，坤作成物。」乾坤、陰陽在生成萬物的過程中，各自有其特性與功能。乾陽主導萬物資始，萬物的生成就由此起頭開始。坤陰順從乾陽接續完成萬物資生，萬物化育生成的工作，是在坤陰這裡完成。也就是說，宇宙間先有量子信息能量場，因能量場的變動才有物質的出現，而且是以陰陽的方式成對出現。《易經》與《道德經》的理論思想，在在都說明了是站在時代尖端的科學論著。

《易經》哲學思想的兩大主軸〝陰陽規律下的萬般變化〞與〝天人感應中人的意識信息〞，這兩者交互作用而產生萬事萬物的千變萬化過程中，〝天人感應中人的意識信息〞〈乾陽〉居主導創生的觸媒作用，而〝陰陽規律下的萬般變化〞〈坤陰、〝道〞的本體、量子信息能量場〉則順應自然完成化育萬物的工作。一切生成發展變化的過程，都是自然始物，自然成物，非人為主觀意識所能轉移的宇宙客觀自然規律。

萬事萬物相同類似的兩者之間，具有內在深層次的連結，可以相互吸引、感應、互通信息〈量子糾纏〉。因此，人類心念意識所負載的信息，在陰陽變化的萬象中，與信息內容相同類似的量子態，產生深層次的糾纏感應，由微觀世界的量變到宏觀世界的質變，繼而在宏觀世界中顯現。因此，人的意識具有左右萬物變化偏移的能力。

萬事萬物都是由於陰陽規律與天人感應〈天人感應為陽，陰陽規律

為陰）相互不斷的交互作用，由不確定到確定，虛擬到真實，量變到質變，微觀到宏觀，而產生各種千變萬化的結果。

這兩者是宇宙客觀規律中的兩大主軸，人處於天地陰陽之間，居主導變化方向的地位，此一規律法則恆久不變。萬事萬物一切的變化，一經量子意識觸發，自然始物，自然成物。

由上述可知，本章中「以閱眾甫」，所謂的〝眾甫〞，甫就是父，也就是負載信息的量子意識信息能量場，母指的就是化生萬事萬物〝道〞的靜態本體。萬事萬物均是由〝道〞的靜態本體，陰陽平衡、和諧統一、虛擬、無實體、不確定狀態，藉由量子意識信息的主動觸發，繼而轉化成客觀物質世界具有物質結構的實體、形象、確定又與信息相同內容樣貌的顯現，〝眾甫〞指的就是這個初始開端的轉化過程。

本章中的「以此」指的就是，老子內觀冥想上述萬事萬物初始期間，由〝道〞的本體轉化成宏觀世界由無到有的整個運作過程之後，才瞭解〝道〞轉化成〝德〞顯現出具體的內容與樣貌，是受到人的意識信息內容所觸發轉化而成，而且全部運作變化過程，都是受到〝道〞的自然規律所規範。

◎直譯：「孔」：引申為深遠廣大之意。「德」：〝道〞是〝德〞的體，〝德〞是〝道〞的用，〝道與德〞是不可分割的一體兩面，〝道〞所顯現的萬事萬物我們稱之為〝德〞，〝德〞是〝道〞的外化和表現。「孔德」：在這裡形容廣大無邊的萬事萬物。「容」：事物的內容與樣貌。

「孔德之容」：萬事萬物在客觀世界所呈現的內容與樣貌，都是〝道〞轉化成〝德〞的具體顯現。「惟」：只。「道」：〝道〞的本體所蘊含的自然規律。「是從」：遵循，依從。「惟道是從」：由〝道〞的本體轉化成〝德〞，轉化過程及後續的運作變化，無不是遵循〝道〞的自然規律。

「道之為物」：〝道〞的本體我們把它當作物質來看。「惟」：文言助詞，常用於句首。「恍惚」：似有似無、飄忽不定的樣子。「惚兮恍兮」：在不確定狀態下。「其中有象」：我們可以知道其中具有物質的形象。只是一個虛擬的概念。「其中有物」：可以知道其中具有物質存在。

「窈」：深遠。「冥」：幽暗。「兮」：文言語助詞，相當於〝啊〞！表示感嘆的語氣。「窈兮冥兮」：〝道〞的本體既深遠又幽暗，廣大無邊，無處不在，其虛擬、無實體、不確定性，令人難以辨識其真正的面貌。

「精」：能量。物質是由原始永恆的能量轉化而成。物質是能量的壓縮，非物質的能量是先於物質，這幾乎是頂尖物理學家的共同看法，

也是《易經》中所蘊含的哲理。「其中有精」：既深遠又幽暗〝道〞的本體之中具有原始永恆的能量。

「其精甚真」：物質虛擬無形，但是這個能量場確實存在。「信」：信息。每一個物質或起心動念，都具有不同的能量與信息。「其中有信」：〝道〞的本體是一個大的量子信息能量場，其中包含無限多個不同的量子態，不同的量子態代表不同的事物，不同的事物負載不同的信息。

「自今及古」：由現今溯及既往至遠古。「其名不去」：這裡的〝名〞，指的是影響〝道〞轉化成〝德〞的幾個關鍵因素，物質〈物、象〉、能量〈精〉、信息〈信〉，其名稱、性質自古以來都沒有改變。「閱」：檢驗、視察。「甫」：甫與父通，引伸為始。「以閱眾甫」：可以用來視察檢驗萬事萬物由〝道〞轉化成〝德〞是如何開端的。

「眾甫之狀」：萬事萬物由〝道〞轉化成〝德〞，在初始期間其運作的真實狀態。「哉」：表示感歎，相當於〝啊〞！「以」：憑藉。「此」：〝道〞的自然規律。「以此」：吾何以知眾甫之狀哉？是憑藉著我已經了解〝道〞轉化成〝德〞，這一切完整的轉化過程及後續的運作變化，無不是遵循〝道〞的自然規律而運作。

◎意釋：「孔德之容，惟道是從。」，萬事萬物在客觀世界所呈現的內容與樣貌，都是〝道〞轉化成〝德〞的具體顯現。萬事萬物從初始期間，由〝道〞的本體轉化成〝德〞，在客觀物質世界顯現出具體的內容與樣貌，這一切完整的轉化過程及後續的運作變化，無不是遵循〝道〞的自然規律而運作。

「道之為物，惟恍惟惚。」，〝道〞的本體其性質是甚麼呢？如果我們把它當作物質來看，它是物質又不是物質，似是而非，似有似無、飄忽不定的樣子。以量子科學來解讀，它是波－粒二象性，是物質與能量兩種量子態疊加而成的量子疊加態，如同陰陽不可分割的一體兩面，既是物質又是能量，是以虛擬、無實體、不確定的量子化狀態，只能用概率的大小來代表它的存在，是一種量子信息能量場，也就是道家所說的〝炁〞，在空間中無處不在，也因此似是而非，似有似無、飄忽不定的樣子。

「惚兮恍兮，其中有象；恍兮惚兮，其中有物。窈兮冥兮，其中有精，其精甚真，其中有信。」，在不確定狀態下，我們可以知道其中具有物質的外貌形象，也可以知道其中有物質存在，形象與物質只是一個虛擬的概念而已，並無實體的物理結構。

〝道〞的本體既深遠又幽暗，廣大無邊，無處不在，其虛擬、無實體、不確定性，令人難以辨識其真正的面貌，但是我們知道其中有可以轉化成物質的能量存在,這個原始永恆的能量是以量子信息能量場的型態存在，在〝道〞的本體中，物質是虛擬、無實體、不確定狀態，但是此一能量場是真實的存在，而且這個量子信息能量場能負載信息。

　　〝道〞的本體是一個大的量子信息能量場，也就是道家所說的〝炁〞，自成一個大的量子系統，其中包含無限多個次量子系統，每個次量子系統是兩個以上的量子態疊加而成,每一個量子態都是一個量子信息能量場，其中有物質〈物、象〉、能量〈精〉與信息〈信〉，依據不同的事物而具有不同的能量與負載不同的信息。

　　「自今及古，其名不去，以閱眾甫。吾何以知眾甫之狀哉？以此。」，老子說：我為甚麼能夠瞭解萬事萬物由〝道〞轉化成〝德〞，它一開始運作的真實狀態是如何？又如何由虛擬、無實體、不確定〝道〞的本體，轉化成客觀物質世界具有多樣性內容與樣貌的確定實體，而且後續整體的運作發展變化，都是遵循〝道〞的自然規律呢？

　　那是因為我從現今溯及既往至遠古，經過內觀冥想發現影響萬事萬物由〝道〞轉化成〝德〞的幾個關鍵因素，物質〈物、象〉、能量〈精〉與信息〈信〉，其名稱、性質從未改變。

　　因此，經過視察檢驗後發現，萬事萬物在初始期間，是藉由量子意識信息的主動觸發，由量變到質變，〝道〞轉化成〝德〞，化虛擬為真實，由不確定成為確定，在客觀物質世界轉化成與信息相同內容樣貌的顯現，這一切完整的轉化過程及後續的運作變化，無不是遵循〝道〞的自然規律而運作。

　　因此之故，老子在《道德經》第一章開宗明義的就說「故常無欲，以觀其妙；常有欲，以觀其徼。」說明人的起心動念的意識信息內容，不論是〝無欲〞，還是〝有欲〞，就能影響〝道〞轉化成〝德〞之後，在世間此一事件未來的走向與最終的結果。

第二十二章　　抱一守中

　　曲則全，枉則直，窪則盈，敝則新，少則得，多則惑。是以聖人抱一為天下式。不自見，故明；不自是，故彰；不自伐，故有功；不自矜，故長。夫唯不爭，故天下莫能

與之爭。古之所謂曲則全者，豈虛言哉！誠全而歸之。

◎ 本章主旨：老子在本章同樣以樸素辯證的思維，相反相成、相互轉化的自然規律，來論述〝無為〞和〝不爭〞是道家思想的精髓。在自然規律中〝不爭〞與〝天下莫能與之爭〞存在著對立和統一〝相反相成〞的關係，看似對立的雙方也可以在一定條件下進行轉化。

老子認為〝爭〞之亂源在於太過以自我為中心，本章就是老子正面表述四個以自我為中心的通病，若能去除〝四個自我〞：自見，自是，自伐和自矜此一通病者，就能〝不爭〞而〝全而歸之〞，立於不敗之地。〝不爭〞是老子的一個重要思想。

〝夫唯不爭，故天下莫能與之爭〞這句話充分體現了老子〝柔弱勝剛強〞的哲學思想。只有懂得以退為進，以捨為得，以屈為伸的人，才是最有智慧的人，所以「守柔、處下、不爭」都是老子堅持的處世原則。

◎ 重點提示：

一、本章之中「曲則全，枉則直，窪則盈，敝則新，少則得，多則惑。」及「不自見故明；不自是故彰；不自伐故有功；不自矜故長。」一字多義，在不同角度則解讀各異，自古以來，各家注解眾說紛紜，莫衷一是，令讀者眼花撩亂，無法理解當初老子要真正表達的意義。幸好老子在本章中有所提示，「是以聖人抱一為天下式」、「夫唯不爭，故天下莫能與之爭」，〝抱一〞與〝不爭〞，為本章解讀注解時提供了依據及方向。

《道德經》第十章中「載營魄抱一」，裡面老子所說的〝一〞，指的就是〝道〞這個混沌虛無，陰陽未判，動靜未分，處於陰陽平衡、和諧統一的本體，同時也是本章中〝抱一〞要守住之〝道〞的靜態本體。

〝道〞的靜態本體外在顯示就是〝德〞，應用在人世間的態度與作為，整體而言，就是〝無為、無偏私之心、有如嬰兒、無欲、不爭、謙退、示弱、守拙、貴柔守雌、犧牲小我、完成大我、維持平衡和諧的統一體⋯等，這一切作為就是〝德〞的表現。

這裡面蘊含著本章中關鍵的意義，不要有〝我執〞、〝有欲〞的分別心去看待所面臨的事物，不要有為追求個人主觀意識慾望的實現，而〝我執〞的堅持自己的主觀意念與他人產生對立紛爭，也就是〝不爭〞，「夫唯不爭，故天下莫能與之爭。」

二、研讀《道德經》的讀者，一開始可能都會有相同的疑惑，為什麼

在老子的哲學思想裡面，總是強調看似〝柔弱〞的一面，例如：〝柔弱勝剛強〞，〝夫唯不爭，故天下莫能與之爭。〞…等，這和我們當今主流的價值觀似乎背道而馳，為什麼會有這種情形呢？我們研讀《道德經》的朋友們，若是事先不能理解老子的思想理論基礎，可能到頭來還是有如霧裡看花，一頭霧水而不知其所以然。為了讓讀者能有正確的認知，在此再次詳細解說其中緣由所在。

〝道〞的本體包含萬事萬物運作的自然規律，瀰漫著整個宇宙，其大無外，其小無內，當然也包含著所有物質世界的微觀量子世界，同時也包含著人與人之間交際活動所產生的事件，〝道〞的本體是一片虛無，陰陽平衡和諧的統一體，在量子物理科學稱之為量子信息能量場，宏觀世界萬事萬物都是由此化生。

萬事萬物在宏觀世界創生之後，初始期間都是柔弱體質，但是具有旺盛的生命力，經過時間的累積，不斷的成長之後，各種不同的物種都會達到其巔峰期，反者〝道〞之動，盛者衰之始，物極必反，顛峰期一過，就會往負面轉化終至消亡，從何而來，便從何而去，回歸到根本的原點，稱之為〝復命〞。萬事萬物整個周期就有如旭日初升，日正當中，日中則昃，夕陽西沉一般，周而復始，生生不息，循環不已。

三、老子哲學思想中的樸素辯證法告訴我們，萬事萬物都存在著相互矛盾的兩個對立面，對立的事物發展變化到極點，總是朝著相反的方向轉化，例如〝物壯則老〞，〝兵強則滅〞，〝木強則折〞，說明起心動念有偏私分別心，在對立紛爭下所獲得之目標，當目標獲得當下，就已經開始走上了盛極而衰的窮途末路。

按照陰陽的規律，物極必反，盛極而衰，陰陽之間的相互轉化是必然的趨勢，爭奪而來的〝剛強〞，樹敵者眾，已經走向衰途，來日無多；以〝無為〞沒有私慾不爭的〝柔弱〞、〝不爭〞，能建立起陰陽平衡、和諧統一的團體，得道者多助，來日方長。

〝柔弱勝剛強〞這句話告訴我們，強弱、剛柔兩者之間由量變引起質變，相互轉化是必然的結果。因此，老子從〝弱者道之用〞出發，站在萬物發展趨勢最有利的一個面，強調〝天下之至柔，馳騁天下之至堅〞，以〝柔弱勝剛強〞，〝夫唯不爭，故天下莫能與之爭。〞

四、萬事萬物初始雖然柔弱，但是具有旺盛的生命力與發展潛力。剛強雖至巔峰，但已是強弩之末，開始轉向衰敗之途，老子〝不爭一時，

爭千秋〞，高瞻遠矚，重視自然規律之消長，因此我們就可以知道老子的哲學思想中，為甚麼要崇尚柔弱，老子在〝道〞的外在實際應用，就是〝無為而無不為〞，〝示弱守拙〞，老子的哲學思想就是在此自然規律下發展而來的，以柔弱順應自然規律的發展為其主要的特徵。

　　柔弱與剛強之間的轉化，需要一段長時間來醞釀，並非一蹴可幾的事情，當柔弱逐漸轉剛強的時候，為了防止走向物極必反，盛極而衰的窮途末路，老子主張個人心境要守住〝道〞的本體，以達混沌虛無，陰陽未判，動靜未分，陰陽平衡，和諧統一，致虛與守靜的最佳狀態，要〝去甚、去奢、去泰〞，言行戒盈忌滿，不可過中，去掉那些極端、過分的言行舉止，始終保持著像〝道〞那樣謙虛低下而不盈滿的狀態，就可持盈保泰。

五、人生有欲，欲而不止則爭，爭則亂，有欲是亂之源。老子認為〝爭〞之亂源在於太過以自我為中心，就是〝四個自我〞：自見，自是，自伐和自矜。如果能去掉自己身上的〝四個自我〞，就能〝不爭〞而〝全而歸之〞而立於不敗之地。天下雖大，卻沒有一個人能與其爭勝。〝不爭〞是老子的一個重要思想。

　　〝夫唯不爭，故天下莫能與之爭〞這句話充分體現了老子〝柔弱勝剛強〞的哲學思想。只有懂得以退為進，以捨為得，以屈為伸的人，才是最有智慧的人，所以「守柔、處下、不爭」都是老子堅持的處世原則。

◎直譯：「曲」：委曲。抑制自己的主觀意願，以遷就他人與己相對立的意見或不利的客觀環境。「全」：保全。保全自己的主觀意願最終能夠獲得。「曲則全」：委曲自己，遷就別人，以求保全。是一種示弱不爭的表現。

　　「枉」：委屈。屈己從人。隱喻在小處遭受一些委屈。「直」：伸張。隱喻在大處獲得伸張而得到更多的好處。「枉則直」：屈己從人。在小處委屈一些，以求得較大的好處。

　　「窪」：低下、凹陷的地方。隱喻低調謙下、謙卑自處。「窪則盈」：隱喻低調謙下、謙卑自處者，有增進充實的空間。「敝」：凋敝、破舊。隱喻舊的事物發展一段長久的時間之後，一定會產生弊病。「敝則新」：舊的事物產生弊病之後，經過謙讓不爭的態度，悟出新的解決方案，在能夠賡續舊有的根本之下，老幹新枝，又是一番新的氣象。

　　「少則得」：隱喻持續專一在某一領域，就能在此一領域有所心得

而成為專家。「多則惑」：隱喻選擇太多，誘惑太多，令人產生迷惑而無從選擇。「是以」：因此、所以。「聖人」：能夠通曉道德智慧，德行深厚的上德之人。

「抱一」：《道德經》裡面老子所說的〝一〞，指的就是〝道〞這個混沌虛無，陰陽未判，動靜未分，處於陰陽平衡、和諧統一的靜態本體。隱喻要守住〝道〞的本體。「式」：法則、典範。

「自見」：音同現。以自我為中心又愛表現的人，經常固執己見。「故」：所以。「明」：有自知之明。「自是」：自以為是。「彰」：彰顯。鮮明的顯示。「自伐」：誇耀自己的功勞。「自矜」：自尊自大、自負。「長」：長久持續成長。「夫」：文言發語詞。

「唯」：只有，因為。「古之」：古時候。「豈」：助詞，表示反詰。難道。「虛言」：空話，假話。「誠」：實在，確實。「全而歸之」：則天下將全部歸於他。

◎意釋：在自然規律中〝柔弱〞與〝剛強〞存在著對立和統一〝相反相成〞的關係，看似對立的雙方也可以在一定條件下進行轉化。謙卦象曰：「天道虧盈而益謙，地道變盈而流謙，鬼神害盈而福謙，人道惡盈而好謙」，由〝天道〞來看，日中則昃，月盈則虧，顯示盈必虧，謙受益。由〝地道〞來看，高山地勢因其盈滿而塌陷變遷，而將多餘的部分流積填滿於低陷之處。鬼神之道也是盈滿者往往招禍，謙虛者反而能夠得福。

所以天地鬼神的客觀世界都是損有餘而補不足，就人之常情而言，也不例外，世人都有一個共同的心理，那就是對柔弱者體貼關心，對剛強者敬而遠之。由此可證，不論是天理或是人情，都是厭惡剛強盈滿而喜好柔弱謙虛的。

「曲則全」，在與對方的主觀意識相互對立，或在不利的客觀形勢下，不可逞匹夫之勇的與對方發生爭執衝突，過剛則易折，往往會得不償失。此時採取〝示弱〞與〝不爭〞韜光養晦之道，才是具有大智慧者，要抑制自己的主觀意願以遷就對方，保持低調，示弱認慫，受得住一時委曲，不但能夠避禍全身，還容易被人接納，營造出良好的人際關係。

時間就是最好的緩衝，時空一直在變動，當時空轉為對己有利，情勢相互轉化，主從易位，掌握契機，適時採取行動，自己的主觀意願最終能夠獲得保全。無論是順勢還是逆勢，〝曲則全〞的韜光養晦、委曲求全之道，都是趨利避害的人生大智慧，這就是所謂〝曲則全〞的道理。

「枉則直」，一個有遠大的理想，想要做一番大事的人，在整個奮鬥的過程中，會有千絲萬縷的事情發生，當時空不利或力有未逮之時，迫於情勢之無奈，難免會遇上魚與熊掌無法兼得的狀況。此時應看遠不看近，看大不看小，有捨才有得，大原則可以不變，小原則要有彈性，利弊分析，決定取捨。切忌逞一時之氣，因貪圖小利而失去更大的利益，為了無足輕重的小事，因小失大而貽誤大事之遂行。不懂得犧牲局部利益的人，是無法享受最後勝利的成果。

大丈夫能屈能伸，有時彎曲不是屈服，而是為了生存和更好的發展。收斂藏鋒，藏巧於拙，用晦而明，寓清於濁，以屈為伸，才是真正的大智大慧。既然受到客觀情勢所迫而無法事事周全、面面俱到，適時的〝謙讓、不爭〞，韜光養晦，屈己從人，這個讓步看起來是「枉」，實際上是為了更好地去完成「直」的使命，就是因為〝屈就〞反而能夠獲得更大的〝伸展〞。尺蠖之屈，以求伸也；龍蛇之蟄，以存身也。

在小處遭受一些委屈，在大處方能獲得伸張，進而得到目標理想的實現，這種善於委曲自己，能屈能伸，趨利而避害，換取整個局面改變的人，才是智慧者最佳的抉擇，這就是所謂〝枉則直〞的道理。

「窪則盈」，自然的規律是將多餘的部分，流積填滿於低陷之處，善處低下，謙虛低調者，〝守柔者弱，弱者居下，居下不爭〞，在一般人看來，都是柔弱不爭之人，就是因為如此，反而更能盈滿受福。《書經‧大禹謨》：「謙受益，滿招損，時乃天道。」一個人若是虛懷若谷，謙恭低調，您的人生會漸漸不斷的充實！智慧也會不斷的提升成長。反之，人若是有了自滿高傲的心，自滿之後便無法再增加，等於妨礙自己德行的提升，這就是所謂〝窪則盈〞的道理。

「敝則新」指的是舊的事物持續發展，經過一段長久的時間之後，一定會產生弊病。這裡所說的〝新〞，不是改朝換代與之前的事物毫無關聯的〝新〞，而是在舊有的根本上，革新之後開枝散葉，另外產生一個嶄新的氣象，能夠完成永續發展的千秋大業，否則與老子的哲學思想不相脗合。〝敝則新〞的意義與第十五章相同：「孰能濁以靜之徐清？孰能安以久動之徐生？保此道者不欲盈，夫惟不盈，故能敝而新成。」意境相同。

當您發現事物已經產生弊病，面臨混亂動盪又困難解決的問題之時，《道德經》第四章：〝挫其銳，解其紛，和其光，同其塵〞，是遵循自然之道，解決對立紛爭的最佳方法。此時必須具有〝不欲盈、謙讓、不爭〞的心理態度，心中沒有出於私心以追求此事圓滿的執念，在舊有

的根本上,根據客觀環境的改變和事物演變的趨勢,通權達變的悟出和諧統一之新的解決方案,方可在賡續舊有的根本之下,老幹新枝,又是一番生機盎然的新氣象,這就是所謂〝敝則新〞的道理。

「少則得」,第四十八章:「損之又損,以至於無為,無為而無不為。」人世間分別心分得愈細,則煩惱愈多,所以老子告訴我們,要不斷的減損自己出自於主觀慾望的分別心,當減損至陰陽平衡,毫無主觀慾望之分別心,就能達到〝無為〞的境界,〝無為而無不為〞等於就是〝無所不得〞。

在日常生活中,很多事情也都是這樣,少私寡慾,想得到的少,追求簡單,目標清晰,反而知足常樂得到的更多。反之,慾望追求太多,煩惱就跟著增多,人生就不快樂了。

例如:學習持續專注在某一個點上,久而久之,就心有所得而成為這個領域的專家。〝螣蛇無足而飛,鼫鼠五技而窮。〞螣蛇有如一種龍,雖沒有腳,但僅憑會飛騰此專一強項,就能騰雲駕霧,遨遊太空。鼫鼠五技而窮,技能雖多,博而不精,有何助益?這就是所謂〝少則得〞的道理。

「多則惑」,第十二章:「五色令人目盲,五音令人耳聾,五味令人口爽」,自然的規律告訴我們,任何過多或無度地追逐物慾的行為,事情的發展將會向相反的一面轉化,最終導致失去本性上的靈明而趨於迷茫,所以不要因外在的誘惑而迷失了自我。對絕大多數人而言,無論是大事,還是小事,選擇太多,誘惑太多,各有千秋,不分軒輊之下,令人陷入迷茫困惑而無所適從,這就是所謂〝多則惑〞的道理。

「是以聖人抱一為天下式。」,老子在本章中說明矛盾轉化的辯證法思想:「曲則全,枉則直,窪則盈,敝則新,少則得,多則惑。」這些表面上看似乎相反,實則在陰陽規律相反相成、對立統一,自然規律規範下,說明對立的雙方假以時日可以相互轉化。因此,能夠通曉道德智慧的聖人,只守住〝道〞的原則,就可以把它作為天下所有事理的通則典範。

本章:「不自見故明;不自是故彰;不自伐故有功;不自矜故長。」是老子正面表述四個以自我為中心的通病,而第二十四章:「自見者不明,自是者不彰,自伐者無功,自矜者不長。」是四個以自我為中心的負面表述,能夠去除此一通病者,就能達到〝不爭〞的境界。

「不自見故明」,任何一件事情必須從主客觀的角度去觀察,才能認清事情全貌。有些以自我為中心又愛表現的人,經常固執己見,主觀

的從自身立場去看問題，還自認為有獨到的見解，這種人有主觀的成見，就無法接受他人客觀的意見，不但毫無自知之明，還容易與對方產生對立衝突、爭執糾紛，這種態度實在是不可取。

我們應該以平常心來看待一切事物，不僅以主觀立場觀察問題，還必須不戴有色眼鏡堅持己見，多聆聽他人意見，以同理心及客觀的角度來審視問題，以謙讓和諧的態度面對問題，如此方能明察秋毫，客觀公正的洞悉問題全貌，此時再做定奪，可避免無謂的爭執，這才是具有自知之明的智慧之人，也就是所謂〝不自見故明〞的道理。

「**不自是故彰**」，有一種自以為是的人，總是先入為主的固執己見，不肯虛心聆聽他人的意見，從對方處境與角度去理解別人，總以為只有自己才是對的，別人說的都是錯的，將自己的意見強加給他人。自以為是的人真實心理的訴求，是想從旁觀者身上獲得對自己的讚賞和肯定，這種人一般都是死要面子，幾乎不會考慮自己的錯誤，對是非曲直就無法判斷清楚，真正的是非對錯在他面前就無法彰顯出來，當然就容易與他人發生爭執就紛。

不自以為是的人，能夠虛心受教，聆聽各方面的意見，博採眾議，才能獲得他人的尊重，同時也能夠明辨是非，對是非取直能做出正確的判斷，採取和諧統一的作為，化解雙方的歧見與紛爭，因此真理正義、是非對錯得以彰顯，這就是所謂〝不自是故彰〞的道理。

「**不自伐，故有功**」，有一種人做了一點小事，就過度的自我膨脹，逢人就臉上貼金的自我炫耀表功，唯恐他人不知道，有時還加油添醋的誇大自己的功勞，希望能獲得他人的誇讚與認同，這種爭功諉過、虛誇浮華的作為，反而讓人覺得其言過其實有點虛假，甚至鄙視其行為，有功也變成無功，得不償失。

真正有功而又謙虛低調有修養者，覺得自己沒有什麼多大的貢獻，有功等於無功似的，言行謹慎，不自我誇耀表功，不自取其美，也不會把功勞據為己有。天下明眼人畢竟還是很多，當然不會埋沒了真正功高望重的知名度，這就是所謂〝不自伐故有功〞的道理。

「**不自矜故長**」，有一種人太過於高估自己的能力，覺得自己的能力最強，只能看到自己的優點，反而看不到自己的缺點，自己追求的目標超出自己的能力太多，過高的評價自己，這種人就叫做自負，實質上是無知的表現，主要表現在不自知。自負的人很自信，孤芳自賞，妄自尊大，恃才傲物，一意孤行，言行傲慢，自以為了不起，力小而任重，經常誤事而引起無端的紛爭，這種太過於自負的人，無法長久任事。

想要能在此一職務上長久任事,成長發展,必須言行謹慎,虛心謙下,功成不居,多聆聽他人善意建言,才能夠有所精進成長,真正的有所成就與發展,如此才能持續成長,這就是所謂"不自矜故長"的道理。

「夫唯不爭,故天下莫能與之爭。」,本章說明在無偏私的分別心下,以"無為"的方式誠心行事,對立又統一的雙方就能產生"相反相成"陰陽相互轉化的效果,由"不爭"最終轉化為"天下莫能與之爭"。正因為不去刻意爭奪,完全因循自然的規律行事,"相反相成"相互轉化之下,所以才能到達天下無人可與他爭奪的地步。

「古之所謂曲則全者,豈虛言哉!誠全而歸之。」,所以老子認為古人所說的"曲則全",也就是說委曲就可以保全這樣的話,難道是假的?這絕不是一句空話,確實可以達到天下全部歸於他。

老子剖析"無欲"其中玄妙又不可思議的道理,驗證這種謙退、無私、不爭的精神,有它積極的意義。在對立的統一體中,兩者相反相成,可以相互轉化,其實這裡面的關鍵就是"無欲"和"有欲"之間的問題,人生有欲,欲而不止則爭,爭則亂,有欲是亂之源。

看似"無為",結果卻是"無不為"。"不爭"就是"無為","全而歸之"則是"無不為",等於"有所為",即"無為"實現了"有為"之"全而歸之"的結果,這就是"無為而有所為"的意義。

第二十三章　希言自然

希言自然。故飄風不終朝,驟雨不終日。孰為此者?天地。天地尚不能久,而況於人乎?故從事於道者,道者同於道,德者同於德,失者同於失。同於道者,道亦樂得之;同於德者,德亦樂得之;同於失者,失亦樂得之。信不足焉,有不信焉。

◎**本章主旨**:老子在第二十一章中論述了"道"與"德"之間一體兩面的關係,說明影響萬事萬物由"道"轉化成"德"的關鍵因素。人的起心動念的意識信息內容,不論是"有德",還是"無德",都能影響"道"轉化成"德"之後,事件未來的走向與最終的結果。

老子在第二十二章說明要如何的去"行道",正面表述了四個以自我為中心的通病,去除此一通病者,就能達到"不爭"的境界,由"不

爭〞轉化為〝天下莫能與之爭〞而有所得之境界。

老子在本章中列舉自然現象進一步說明,不正常的現象是無法維繫長久,只有合乎〝道〞的靜態本體所蘊含之自然規律,才會有好的結果與持續長久發展。同時也說明,〝得道、有德、無德〞之所以會〝有失有得〞的結果,其原因就是因果關係!不同的抉擇就會造成不同的結果。

◎重點提示:

一、坊間解讀老子《道德經》的各家著作,對本章中:「希言自然」這一句話,注解各異,莫衷一是,讀者無法得到正確的解答。其實老子在第十四章中:「視之不見名曰夷,聽之不聞名曰希,搏之不得名曰微。」將〝道〞的本體特性,已經做了很好的說明。

另外在本章之中:「故從事於道者,道者同於道,德者同於德,失者同於失。同於道者,道亦樂得之;同於德者,德亦樂得之;同於失者,失亦樂得之。」文字看起來非常白話,又似重複性太多,似為贅言,再加上歷來注解者解讀又不夠深入,致使讀者無法了解老子要告訴我們真正的含義。

其實這裡面所包含的意義非常深遠,前半段說明〝得道、有德、無德〞的最終結果如何?後半段講的是為何會有上述這種結果,其原因何在?這兩段話其實講的就是〝因果論〞、〝萬物唯心造〞、〝量子糾纏〞、〝以通神明之德,以類萬物之情〞、〝方以類聚,物以群分〞、〝天人感應〞及〝天地與我同根,萬物一體同源〞…等這些自然規律與特性。

本書解讀內容與方式,結合《易經》哲學思想、佛家觀念及量子科學理論,與眾不同,能讓讀者耳目一新,對老子《道德經》有更深一層領悟與認識,尤其是對致力於〝求道〞者而言,更是不可多得的《道德經》白話精解書籍。

二、本章中:「信不足焉,有不信焉」文字,在《道德經》裡一共出現兩次,另一次是在第十七章中,部分注解者,一視同仁的用同樣的解釋,筆者並不認同。第十七章的主題是講不同的為政者,其為政方式各有不同,因而獲得人民不同的信任程度。本章講的主題是致力於求道者,由於求道的層次不同,而有不同的結果,究其原因是信念不足之故。因此,不同的主題要作具體分析,絕不能一概而論。

◎直譯:「希言」:聽而未聞,卻聽不到的聲音。「自然」:〝道〞的本

體中所蘊含的自然規律。「希言自然」：〝道〞的本體中所蘊含的自然規律是一種概念，所以您是聽不到它的言語聲音。「飄風」：疾風。突發而暴起的風。「朝」：早上。「飄風不終朝」：暴起的疾風吹不到一個上午。

「驟雨」：暴雨來的快又急。「驟雨不終日」：形容暴雨來得快，去得也快，不會下一整天。飄風、驟雨這兩句，皆是隱喻不正常的現象無法維繫長久，只有合乎〝道〞的靜態本體，陰陽和諧統一的穩定狀態，才能持續長久。

「孰」：誰。「孰為此者」：是誰讓疾風暴雨在短時間之內就止歇的。「天地」：天地間〝道〞體所蘊含的自然規律。「而況」：何況。「從事於道者」：致力於求道這件事情者。「同」：等同之意。「道者同於道」：能夠真正悟道者，等同於就能天人合一與〝道〞結合一體。

「德者同於德」：行道能接近於〝道〞者，就是有德，等同於有所得，而且能長久發展下去。「失者」：偏離〝道〞或與〝道〞相悖離者。「失者同於失」：偏離〝道〞或與〝道〞相悖離者，失道者等同於必定有所失，而且無法長久持續發展下去。

「樂得之」：樂於一切如實照辦，不會有任何的異議。隱喻一切按照當事人符合或偏離〝道〞的狀況，自然而然的起到相對應的結果，〝道〞在其中並無任何干涉。「信不足焉」：致力於求道者，由於信念不堅或信心不足者。「有不信焉」：對〝道〞所蘊含的自然規律，不予採信或背道而馳。

◎意釋：「希言自然。」，〝道〞的本體，是處於陰陽未判，動靜未分，陰陽平衡又和諧統一的狀態，也是處於混沌未明一片虛無的量子信息能量場。第十四章：「聽之不聞名曰希」及第四十一章：「大音希聲，大象無形」。〝道〞的本體中所蘊含的自然規律是一種概念，所以您是聽不到它的言語聲音，這就是老子所謂的〝希言自然〞。

〝道〞是無形的，包含所蘊含的自然規律有哪些？它必須作用於萬事萬物的運作上面，方能得以顯現它的作用與功能。〝道〞所顯現於萬事萬物上面的功能，我們稱之為〝德〞。〝道與德〞構成〝道〞的整體，〝道〞是〝德〞的體，〝德〞是〝道〞的用，〝德〞是〝道〞的外化和表現，〝道與德〞是不可分割的一體兩面，這就是陰陽的自然規律。

〝道〞的本體因為陰陽未判，不會有偏私之〝有欲〞的分別心來主導萬物孕育化生，就是因為天地〝無欲〞的〝不自生〞特性，因此，所孕育化生的萬事萬物是處於陰陽平衡、和諧統一的狀態，一切依循陰陽

自然的規律運行變化，生成始終，生生不息，周而復始，循環不已，長久持續繁衍發展下去。

由於人的意識所負載的量子信息內容，可以主導萬事萬物變化的內容與方向。因此，當人〝無欲〞的意識參與之後，陰陽是處於平衡的狀態，無偏私的分別心，客觀世界事物的對立無從體現，世間呈現一片和諧統一的景象，我們稱之為〝無為〞，合乎〝道〞的靜態本體，我們稱之為〝有德〞。這種〝無為〞是可以永續發展下去的作為，也是老子哲學思想中的核心之一。

當人各種程度〝有欲〞的意識參與之後，由於個人偏私的慾望所產生的分別之心，〝道〞的狀態開始陰陽失衡而殘缺，並主動依據人的意識信息內容，陰陽失衡交互作用下，事物便在客觀世界開始顯現出與意識信息內容相同類似的內容與樣貌，同時也產生了相互矛盾對立的另一個面，我們稱之為〝有為〞。

這種言行舉止偏離了〝道〞的靜態本體內涵，我們稱之為〝無德〞。這種〝有為〞是無法維持長久的作為，也是老子極力勸說要求避免的情形。上述重點觀念了解之後，讀者方能確實領悟老子在本章中所表述的精髓何在！

「故飄風不終朝，驟雨不終日。」，萬事萬物的生成發展及運作，愈是合乎〝道〞的靜態本體內涵，也就是陰陽和諧統一的穩定狀態，愈能永續發展下去；愈是偏離〝道〞的靜態本體內涵，則愈是難以維持長久的發展。老子特別例舉大自然的現象加以佐證說明：疾風不會永遠不斷的吹著，不用一個早上，風自然就會停歇。驟雨也不會永遠不斷的下著，不用一整天，驟雨自然會止歇。

「孰為此者？天地。天地尚不能久，而況於人乎？」，是誰主宰不讓偏激不正常的疾風驟雨長久的持續下去呢？這又是甚麼道理呢？唯有〝天地〞才能有這個能力，天地之道，本乎自然，萬事萬物之生成變化，皆是天道運行的自然規律！因為偏激不正常的疾風驟雨，違反了〝道〞體陰陽和諧的自然規律，所以無法長久的維持下去。既然天地都無法讓違反自然規律的萬事萬物持續發展下去，天地尚且如此，更何況是人呢？

這也就同時說明，只要人的起心動念產生偏私〝有欲〞之分別心，開始有了追求個人主觀意願實現的慾望，〝有欲、我執〞的〝有為〞，偏離了〝道〞的靜態本體內涵，都不會有好的結果，當然也就維持不長久，不可能永續發展下去。老子在《道德經》中所闡述的內容，簡而言之，

就是教導我們要如何的作為才是長久之道。

「故從事於道者，道者同於道，德者同於德，失者同於失。」，所以，致力於求道這件事情者，應該了解求道有〝明道、修道、行道、悟道〞四個進程階段。〝悟道〞就是因開悟而〝得道〞，等同於與〝道〞合而為一。得道飛昇，羽化登仙，是多少求道者夢寐以求的最高層次，古往今來，能達此一境界者，有如鳳毛麟角。

此時的〝得道〞者，能憑一念之間顯示其真身，亦能一念之間化為能量場而無處不在，遊於太虛，可長可久，與道同在，這就是所謂〝道者同於道〞的道理。〝得道〞是屬於〝道〞的範疇，而〝明道、修道、行道〞是屬於〝德〞的範疇。

第二十一章：「孔德之容，惟道是從」。〝道〞是無形的，它必須作用於萬事萬物的運作上面，方能得以顯現它的功能。不論人類的思想意識或言行舉止是否合乎〝道〞的靜態本體，也就是說，不論是否合乎〝道〞，還是偏離或背離了〝道〞，我們均稱之為〝德〞。〝德〞的外在實際作用與顯示體現，不論是〝有德〞還是〝無德〞，都是〝德〞的範疇，受到〝道〞體所蘊含的自然規律所規範。

「同於道者，道亦樂得之；同於德者，德亦樂得之；同於失者，失亦樂得之。」，〝德〞比〝道〞要低一個層次，〝道〞為體，〝德〞為用。〝道〞是根本，〝德〞等同於有所〝得〞。換句話說，在人世間思想意識、言行舉止合乎〝道〞，就等同於能有所〝得〞。〝德〞代表著人在客觀的物質世界中，由於〝明道、修道、行道〞的功夫深淺，領悟〝道〞的程度參差不同，而得失各自有不同結果之統稱。

在〝德〞的領域層次中，以〝無為〞進而達成〝無所不為〞而有所〝得〞，這種〝行道〞方式，接近於〝道〞的靜態本體，也才能永續發展成長，我們稱之為〝有德〞，行事會有好的結果，等同於〝有所得〞之意。〝有德〞才會〝得〞，〝無德〞不會〝得〞。〝有德〞在正確的行為上才有所〝得〞，非法所〝得〞就是〝失德、無德〞。〝德〞愈大，所〝得〞也就愈大。

例如第二十二章：「曲則全，枉則直，窪則盈，敝則新，少則得，多則惑。」就是〝德者同於得〞的精髓所在。又如在《易經》火天大有上九爻，爻辭：自天祐之，吉無不利。說明：「遵循自然的規律行事，就能受到自然規律的護佑，因此可長保富有，吉祥而無所不利」，這就是所謂〝德者同於德〈得〉〞的道理。

有些人由於〝明道、修道、行道〞的功夫深淺不同而認識不清，錯

誤作為誤以為是正確的作為，偏離〝道〞或與〝道〞相悖離者，稱之為〝失道〞。失道者亦稱之為〝無德〞，失道者行事不會有好的結果，等同於必定會有所損失，而且無法長久持續發展下去。例如第二十四章：「企者不立，跨者不行，自見者不明，自是者不彰，自伐者無功，自矜者不長。」這就是所謂〝失者同於失〞的道理。

之前所述「道者同於道，德者同於德，失者同於失。」講的是〝得道、有德、無德〞的結果，接下來「同於道者，道亦樂得之；同於德者，德亦樂得之；同於失者，失亦樂得之。」這段話講的是為何會有上述這種結果，其原因何在？這兩段話其實講的就是因果關係！

人的量子意識信息能量場所負載的信息內容，能決定〝道〞的本體轉化成客觀世界事件的內容與樣貌，不論您是〝有德〞還是〝無德〞，量子意識信息能量場所負載的信息內容如何，〝道〞都不會做任何的干涉，您如何的抉擇，〝道〞就會按照既有的自然規律，由〝道〞轉化成〝德〞，在宏觀世界來顯現出與您意識信息相同類似的內容與樣貌，也因此造就了此一事件最終的結果，有甚麼樣的因，就會有甚麼樣的果。

上述現象，如同在佛家裡面講的〝因果論〞與〝萬物唯心造〞；在量子理論上講的就是〝量子糾纏〞，及人的意識能造成微觀世界量子疊加態概率波的坍縮；在《易經》裡面講的就是〝以通神明之德，以類萬物之情〞、〝方以類聚，物以群分〞及〝天人感應〞。

而《道德經》裡面所講的「故道大，天大，地大，人亦大。域中有四大，而人居其一焉」及「萬物復歸其根」，也就是〝天地與我同根，萬物一體同源〞，指的是萬事萬物都有其內在深層次的連結，可以相互吸引感應，愈是相同類似者，吸引感應愈強烈，而人的意識是其中觸發的媒介與橋梁，您如何的抉擇就造成甚麼樣的結果。

這段話裡面有三個〝樂得之〞，其實就是隱喻〝道〞樂於一切如實照辦，在客觀世界中，顯示和您的思想意識完全相同類似內容與結果，不會做任何的干涉，也不會有任何的異議。真正能夠〝得道〞者，〝道〞也樂於與其合而為一；〝有德〞者就能有所得，且能長久持續發展下去；〝無德〞者就不會有好的結果，必然有所損失，且無法長久的持續發展下去，正是「禍福無門，唯人自召」，一切按照當事人符合或偏離〝道〞的狀況，自然而然的起到相對應的結果。這就是所謂〝樂得之〞的道理。

「信不足焉，有不信焉。」，同樣是從事於〝道〞者，為何會有〝得道〞、〝有德〞、〝無德〞之差異呢？這完全和個人的信念息息相關。有的人信念不堅、信心不足或半信半疑，雖有心致力於求道，由於認知層次

深淺不同，所獲得之成就也各有所不同；也有些人對〝道〞所蘊含的自然規律，嗤之以鼻，不予採信或背道而馳，所作所為當然就不會受到自然規律所護佑，而有所損失且無法持續長久。

第二十四章　修道四要

　　企者不立，跨者不行，自見者不明，自是者不彰，自伐者無功，自矜者不長。其在道也，曰：餘食贅形。物或惡之，故有道者不處。

◎**本章主旨**：本章藉著「企者不立，跨者不行」這兩種在日常生活中，一些人不正常又無法持久的姿態與行為，隱射當人起心動念與〝道〞的靜態本體相悖離，有出自於個人私欲所產生妄想的心理態度。
　　這種爭勝好強、好高騖遠的心理，與〝道〞悖離的思想意念所產生的不正常現象，都是違反自然規律，既是〝無德〞，也是〝無得〞，無得就必定有所損失，非但沒有好的結果，而且短暫不能持久。
　　有這種心理態度的人，在言行舉止上面付諸於實施的行為，就是本章所說〝自見、自是、自伐、自矜〞，這四個以自我為中心的通病負面表述。這種不合乎自然與〝道〞相悖離的〝餘食贅形〞，眾人普遍的會厭惡它。因此，以謙虛自守的有〝道〞之士，必定也是不屑一顧的不會接受它。

◎**直譯**：「企」：舉踵也。踮起腳跟，用腳尖著地站立。引申為殷切的企盼、渴望。好高的心理。「不立」：站立不長久。「企者不立」：踮起腳後跟，用腳尖著地站立的人，這種站立姿勢維持不會長久。在這裡是一種假象喻意的方式書寫，隱喻心中非常渴望能夠高人一等，或能達成所企盼的目標，但是所使用錯誤的方法與態度，是無法維持長久。
　　「跨」：以超出正常行走的步伐與跨度，大步的往前走。「不行」無法走遠。「跨者不行」：三步併作兩步走，這種走路的方式是無法走遠。隱喻想要一鍬挖一口井，這種急於求成、好高騖遠的心理，不切實際，無法持久。
　　「自見」：音同現。以自我為中心又愛表現的人，經常固執己見。「不明」：沒有自知之明。「自是」：自以為是。「不彰」：不能彰顯。「自伐」：

誇耀自己的功勞。「自矜」：自尊自大、自負。「不長」：不能長久持續發展成長。

「其在道也」：從〝道〞的觀點來看。「餘食」：吃飽之後，剩餘的食物。「贅」：多而無用的。「贅形」：在形體上多而無用的贅瘤。「餘食贅形」：吃飽之後，剩餘的食物，及身上多而無用的贅瘤，形容都是令人噁心又厭惡的事物。

「物」：相對於「我」而言，指的是我以外的人、事、境界。引申為他人、眾人。例如：物聽〈眾人的言論〉；物意〈眾人的心意〉。「或」：近似，非全面性。在這裡引申為普遍性。「物或惡之」：眾人普遍的厭惡。「不處」：不置身其中。引申為不願接受。更口語化一點，可解釋為不屑為之。

◎**意釋**：〝道〞的靜態本體就是一片虛無、混沌未明、陰陽未判、動靜未分、陰陽平衡、和諧統一的量子信息能量場。當人起心動念能與〝道〞的靜態本體一致，沒有出自於個人主觀意識偏私的分別心，想得到個人慾望滿足的妄念，這就是〝有德〞，也是〝有所得〞。

這種與〝道〞的靜態本體一致的思想意念，轉化成行為就是〝無為〞，進而達到〝無為而有所為〞全而歸之，及由〝不爭〞轉化為〝天下莫能與之爭〞而有所得，又能長久持續發展的境界。

當人起心動念與〝道〞的靜態本體相悖離，有出自於個人私慾所產生的分別心，就會產生了相互矛盾的對立衝突與糾紛，這就是〝無德〞，也是〝無得〞，無得就必定有所損失。這種與〝道〞悖離的思想意念所產生的不正常現象，非但沒有好的結果，而且無法持續長久。

〝道〞的靜態本體此一量子信息能量場〈陰〉，當接收到起心動念量子意識所負載的信息〈陽〉之同時，產生質能相互轉換，就能孕育化生與信息相同類似的萬事萬物，化虛擬為真實，由不確定到確定，在宏觀世界中顯現，這就是所謂的「孔德之容，惟道是從」。

所有事件不同的結果，都是自己心理意識所造成的結果。也就是說：正面思想〈有德〉就會有正面的結果；負面思想〈無德〉就會有負面的結果，這也是本章敘述的重點。

「**企者不立**」，一個人若是心中非常渴望的企盼能夠高人一等，或者急切的想要達成所企盼的目標，這種好高騖遠、癡心妄想的心理與態度，是不會有好的結果，也無法維持長久。就像是踮起腳後跟，用腳尖著地站立的人，這種站立姿勢是不能維持太長久。

「**跨者不行**」，一個人若是有非分之想，急於求成，妄想一步登天，想要一鍬挖一口井，這種不切實際的心理與態度，必將事與願違，只會落得欲速不達，到頭來一無所得的下場，同時也無法持續長久。就像是以超出正常行走的步伐與跨度，三步併作兩步，大步的往前走，這種走路的方式也是無法走遠。

上述兩種與〝道〞相悖的心理態度，皆非自然正常現象，短暫而不能持久，這就是〝無德〞，也是〝無得〞的表現，無得就必定有所損失。有這種思想意念的人，在言行舉止上面付諸於實施的行為，就是本章所說〝自見、自是、自伐、自矜〞這四個以自我為中心的通病負面表述。

「**自見者不明**」，有些以自我為中心又愛表現的人，經常固執己見，主觀的從自身立場去看問題，還自認為有獨到的見解，這種人有主觀的成見，就無法接受他人客觀的意見，還容易與對方產生對立衝突、爭執糾紛，引起眾人的厭惡與排斥，沒有自知之明，當然就不會有好的結果，這就是所謂的〝自見者不明〞的道理。

「**自是者不彰**」，通常偏執一端、自以為是的人，總是先入為主的固執己見，不肯虛心聆聽他人的意見，從對方處境與角度去理解別人，總以為只有自己才是對的，別人說的都是錯的，將自己的意見強加給他人。自以為是的人，幾乎不會考慮自己的錯誤，是非曲直就無法判斷清楚，真正的是非對錯在他面前就無法彰顯出來，非常容易與他人發生爭執就紛，當然就不會有好的結果，這就是所謂的〝自是者不彰〞的道理。

「**自伐者無功**」，某種人做了一點小事，就過度的自我膨脹，逢人就臉上貼金的自我炫耀表功，唯恐他人不知道，有時還加油添醋的誇大自己的功勞，希望能獲得他人的誇讚與認同，這種爭功諉過、虛誇浮華的作為，反而讓人覺得其言過其實有點虛假，懷疑他的功勞，甚至鄙視其行為，有功也變成無功，得不償失，這就是所謂的〝自伐者無功〞的道理。

「**自矜者不長**」，有些人太過於高估自己的能力，覺得自己的能力最強，只能看到自己的優點，看不到自己的缺點，所追求的目標超出自己的能力太多，過高的評價自己，這種人就非常自負，實質上是無知的表現，主要表現在不自知。自負的人妄自尊大，恃才傲物，一意孤行，言行傲慢，力小而任重，自逞其能，經常誤事而引起無端的紛爭，無法長久任事，這就是所謂的〝自矜者不長〞的道理。

「**其在道也，曰：餘食贅形。物或惡之，故有道者不處。**」，上述這些爭勝好強、好高騖遠心理上的行為，都是違反自然規律，必然短暫

而不能持久。從〝道〞的觀點來看，這些心理與態度，可以說：「都是一些多餘令人厭惡又噁心的事情。」就像是吃飽之後，還要讓您勉強吃完剩餘的食物一般噁心又厭惡，及身上長出多而無用的贅瘤，十足令人厭惡又噁心。這種不合乎自然與〝道〞相悖離的〝餘食贅形〞，眾人普遍的會厭惡它。因此，以謙虛自守的有〝道〞之士，必定也是不屑一顧的不會接受它。

◎**延伸閱讀**：本章中：「企者不立，跨者不行」可參考《易經》天雷無妄卦，六二爻爻辭：不耕穫，不菑畬，則利有攸往。

直譯：「不耕穫」：不要剛播種就盼望著收穫。隱喻不要急功好利，不要有不勞而獲的非分之想。「菑」音同資：一年的生田。「畬」音同於：三年的熟田。「不菑畬」：不要剛墾荒一年就盼望成為三年的熟田。隱喻不要期望過高，不要有急於求成的想法。

引申：只問耕耘，不問收穫，不急功好利，不求非分之想，不好高騖遠，不妄求一夕致富，腳踏實地，順其自然，依道而行，能夠如此的去行事，當然是有利的。反之，則不利於有所前往。

第二十五章　　道法自然

　　有物混成，先天地生。寂兮寥兮，獨立而不改，周行而不殆，可以為天下母。吾不知其名，字之曰道，強為之名，曰大。大曰逝，逝曰遠，遠曰反。故道大，天大，地大，人亦大。域中有四大，而人居其一焉。人法地，地法天，天法道，道法自然。

◎**本章主旨**：本章中老子再加強描述了〝道〞的本質與特性，說明〝道〞虛無靜態本體化生的萬事萬物，在宏觀物質世界運動變化的模式。萬事萬物經過往上發展變化而漸離原點〈逝〉，離〝道〞越來越遠，物極必反，當到達極點之後〈遠〉，會往反面發展而返回到根本的原點〈反〉，又回到〝道〞的虛無靜態本體，完成一個周期的循環。

　　老子同時也說明，宇宙之間有四大，〝道大，天大，地大，人亦大〞，

人的意念偏向，能影響客觀環境事物本質的變化與事情的偏向，人可以參贊天地之化育，與天地並列為三。因此，老子將〝人〞列入整個宇宙之間四大之一。

〝道法自然〞是說〝道〞所反映出來本就是自然而然的陰陽自然規律，本性自然，自然就是〝道〞的特質本性。〝道〞以下之〝天地〞，此一陰陽的自然規律，一以貫之，由於層次不同，下一層依循著上一層的自然規律，狀似仿效上一層，所以老子說，〝人法地，地法天，天法道，道法自然。〞

◎**直譯**：「有物」：有個東西。在這裡指的是〝道〞的本體，是抽象性的事物，並非指的是物質。是在〝道〞之字號尚未確定前，暫時所使用的稱謂。「混成」：〝道〞的靜態本體蘊含著陰陽的自然規律，及蘊含著陰陽交互作用下，所產生無限多的變化，每一個變化的結果，都是一個包含著能量〈精〉、物質〈物、象〉、信息〈信〉的量子態，混合疊加而成一個混沌、虛無、不確定、無實體的量子信息能量場。

「天地」：指的是由〝道〞的靜態本體轉化生成到客觀物質世界的萬事萬物。「寂兮」：寂靜而無聲。「寥兮」：空曠而無形。「獨立」：在宇宙中獨一無二，不依靠任何外力推動運行。「不改」：不以人的主觀意志為轉移，永不改變。「周行」：周而復始，循環不已的運動變化。「不殆」：生生不息，永不止歇。「可以為天下母」：萬事萬物皆由其轉化而成，是萬事萬物之根源。

「字」：古代人與人之間相互稱呼時，最常用的一種稱呼。「強」：勉強。「名」：稱謂，名稱。「強為之名」：勉強給〝道〞一個稱謂，來形容這個〝道〞的狀態與運行模式。「曰」：稱為、叫做。「大」：其大無外，其小無內，大到無邊無際包含一切。「逝」：往也，快速離去。事物化生之後，往上發展變化而漸離原點。

「遠」：事物發展到達極點。「反」：〝反者道之動〞，物極必反，事物發展到達極點，必定會往反面發展而返回到原點。「域中」：整個宇宙之間。「法」：效法，仿效。「自然」：沒有人為的意識刻意參與，一切運動變化，均依循〝道〞的靜態本體所蘊含的自然規律，自然發展運行，稱之為自然而然。

《道德經》中所謂的〝道法自然〞，什麼是自然？此一問題千古難解，好像也沒人站在科學與哲學的角度去完整深入的解釋，所幸如今已經進入了量子科學的時代，我們可以進一步的去探討宇宙萬物如何化生

的奧祕。

　　〝道〞的靜態本體此一混沌虛無的量子信息能量場中，蘊含著陰陽交互作用下，萬物的發展結果具有無限的可能性，您所能想得到的任何狀況都包含在內，無限多個狀況〈量子態〉都是處於虛擬、無實體、不確定的狀態，每一個量子態其最終發生的可能性，只能用概率來代表，只不過概率或大或小的問題，萬物之中概率大的狀況自然就容易化生出現，這就是第七章中所說的「不自生」。

　　因此我們可以說，《道德經》中所謂的〝自然〞，指的就是在〝道〞的靜態本體所蘊含所有可能的萬物之中，舉凡與〝道〞靜態本體本質特性相同的量子態，其概率就愈大，都是處於陰陽平衡、和諧統一，既穩定又長久的狀態，自然其化生的概率就愈大，因此化生在宏觀世界的萬物，先天都具有〝道〞靜態本體的本質特性，例如嬰兒…等。

　　「道法自然」：〝道〞所反映出來本就是自然而然的陰陽自然規律，本性自然，自然就是〝道〞的特質本性。在〝道〞的靜態本體「不自生」狀況下，自然的化生而出在〝德〞的動態物質世界之中，萬物的運動變化也是依循〝道〞的自然規律發展變化，也就是所謂的〝道法自然〞。

◎意釋：〝道〞的整體性質包含了〝道與德〞，〝道〞是〝德〞的體，是一片混沌虛無的量子信息能量場，〝德〞是〝道〞的用，是〝道〞的外化和表現，〝德〞包含萬事萬物的運行變化。〝道與德〞兩者之間的相互轉化，及如何周而復始的運行變化，其複雜又不可思議的內涵，是難以一言道盡其中之奧妙。

　　因此，老子除了在第一章、第四章、第十四章、第二十一章各自從不同角度描述〝道〞的本體特質外，在本章中老子再加強描述了〝道〞的本質與特性。不過僅憑本章的描述，可能讀者還是有如霧裡看花，一頭霧水。

　　因此之故，作者的解讀內容與方式，結合《易經》哲學思想、佛家觀念及量子科學理論參合研究，相互解讀，互通有無，各取所長，融和貫通，以其中精義，互相印證，彼此發明，綜合整理之後，做一完整詳盡與眾不同的敘述，或能讓讀者耳目一新，對老子《道德經》有更深一層領悟與認識，尤其是對致力於〝求道〞者而言，更是嶄新的認識。

　　「有物混成，先天地生。寂兮寥兮，獨立而不改，周行而不殆，可以為天下母。」，有個東西在沒有正式命名之前，我們暫且稱之為〝有一物〞。此物為多種成分渾然一體的組合而成混沌虛無狀態，此一量子

信息能量場在宏觀物質世界萬事萬物尚未生成之前，它就已經存在了。此物寂靜而無聲，空曠而無形，一片混沌虛無，在宇宙中獨一無二，不需依靠任何外力推動運行，而且不以人的主觀意志為轉移，周而復始，循環不已的運行變化，永不止歇，永久存在。宏觀物質世界的萬事萬物，皆由其化育而生成，可以說是萬事萬物之根源。

「吾不知其名，字之曰道，強為之名，曰大。」，老子說：我不知道此物之名稱，就幫它取個名字，稱其為〝道〞。為了更形象描述〝道〞的狀態與運行模式，讓世人對〝道〞有較充分的理解，就勉強以〝大〞這個稱謂來形容〝道〞的特質，其大無外，其小無內，無邊無際，放之則彌六合，卷之則退藏於密。這裡形容的〝大〞，指的是無邊無際〝道〞的整體，包含〝道〞的本體及顯現於外的〝德〞，也就是宇宙間動態的萬事萬物運動變化，都是在〝道〞所涵蓋的範圍之內。

「大曰逝，逝曰遠，遠曰反。」，接下來的〝逝、遠、反〞，是形容〝道〞虛無靜態本體化生的萬事萬物，在宏觀物質世界運動變化的模式。依據陰陽自然規律〝反者道之動〞的法則，萬事萬物生成之後，經過一段時間往上發展變化而漸離原點〈逝〉，〝大〞之後就意味著〝逝〞。它們的運動變化會離〝道〞越來越遠，〝逝〞之後就意味著〝遠〞。

物極必反，盛極而衰，窮極則變，當到達極點之後〈遠〉，必定會往反面發展而返回到根本的原點〈反〉，〝遠〞之後就意味著〝反〞，這就是老子所說的〝復命、歸根〞，由〝德〞的動態物質世界，重新又回到〝道〞的虛無靜態本體，完成一個周期的循環。

就像是我們這個包含萬事萬物的宇宙，從奇異點大爆炸開始之後，形成一片混沌虛無的量子信息能量場，這就是〝道〞的靜態本體，整個宇宙都是由其化生而成，宇宙至今還一直在膨脹擴張〈逝〉，按照陰陽自然的規律，有膨脹就會有收縮，當宇宙膨脹到達極點〈遠〉，就會往反面發展，這個〝反〞有往反面發展及返回原點之意，最終我們的宇宙將會收縮到原點，周而復始，循環不已。

在我們人世間的萬事萬物，不同的事物其生存周期各自不同，在其周期之內也都不脫離此一運動變化的模式，由原點出發，經過發展變化而達到極點，然後又會往反面發展回歸到原點。因此之故，老子再三的提醒我們，切記要〝戒盈忌滿〞，也就是言行不可過中，要去掉那些極端、過分的言行舉止，始終保持著像〝道〞那樣謙虛低下而不盈滿的狀態，保持一個適當的〝度〞，如此就可長久的持盈保泰。

有始就有終，有終才有始，萬事萬物就在一片虛無、不確定、無實

體〝道〞的靜態本體，與有實體又確定〝德〞的動態物質世界，〝道與德〞、〝無與有〞、〝靜與動〞這兩者之間，周而復始，循環不已，生生不息，有如一個無端的環，貞下啟元，又是一個新的開始。

不論是在〝道〞的靜態本體，還是在〝德〞的動態物質世界之中，始終具有能量、物質與信息這三種型態，能量永久不滅，只是改變型態而已，物質與能量能夠相互轉化。在〝道〞的靜態本體量子信息能量場中，是以虛無、不確定、無實體的能量場概念存在，混沌的量子信息能量場之中的量子態蘊含著能量、物質與信息；而在〝德〞的動態物質世界之中，是以有實體又確定的物質型態顯現，每一事物其中都蘊含著能量與信息，循著陰陽的自然規律不斷的運動變化。

在〝道與德〞的範疇之中，〝道〞所蘊含的陰陽自然規律，無處不在，〝大道〞無影無形，沒有可供我們辨認的具體形狀，但是它確實存在我們生活之中，只是我們日用而不知。

「故道大，天大，地大，人亦大。域中有四大，而人居其一焉。」，接下來老子說明整個宇宙之間有四大，〝道大，天大，地大，人亦大〞，〝道大〞是無庸置疑的事情。天地指的就是陰陽，天為陽，地為陰，天地、乾坤、陰陽在生成萬物的過程中，各自有其特性與功能。乾陽〈天〉主動提供信息，主導萬物資始，萬物的生成就由此起頭開始。坤陰〈地〉被動接收信息，順從乾陽接續完成萬物資生，萬物化育生成的工作，是在坤陰這裡完成，天地陰陽在化育萬物的工作上，佔居非常重要的地位，因此，老子稱：天大、地也大。

人為甚麼也大呢？陰陽交互作用下，可以產生千變萬化，只要您想得到的任何事物都包含在內，都是以量子態蘊含在〝道〞的靜態本體量子信息能量場中，是以虛無、不確定、無實體又混沌的能量場概念存在。在《易經》哲理中，天〈陽、能量〉、地〈陰、物質〉、人〈意識、信息〉三才，人在中間位置，居主導變化的地位。

萬事萬物相同類似的兩者之間，具有內在深層次的連結，可以相互吸引、感應、互通信息〈量子糾纏〉。因此，人的量子意識所負載的信息，能與〝道〞的本體所蘊含無限多個量子態中，信息內容相同類似的量子態，產生內在的連結而相互吸引感應，由微觀世界的量變到宏觀世界的質變，繼而在宏觀物質世界中顯現。因此，人的意識具有左右萬物變化偏移的能力，這就是所謂的天人感應〈天人合一〉。

人處於〝德〞的動態物質世界，陰陽隨著時間推移而不斷的運動變化，人的意念偏向，能影響客觀環境事物本質的變化與事情的偏向。也

就是說，事物發展的結果，可以受到人的思想意念左右而改變，也就是古之聖賢所說的名言：人可以參贊天地之化育，與天地並列為三。因此之故，老子將〝人〞列入整個宇宙之間四大之一。

綜上所述，我們可以完整的將〝道〞的本體再描述一下，讓讀者能有清楚的認知。〝道〞的靜態本體蘊含著陰陽的自然規律，及動態下陰陽交互作用所產生無限多的變化，每一個變化的結果，都是一個包含著能量〈精〉、物質〈物、象〉、信息〈信〉的量子態，混合疊加而成一個混沌、虛無、不確定、無實體大的量子信息能量場。

「**人法地，地法天，天法道，道法自然。**」，老子在本章結尾總結，〝人法地，地法天，天法道，道法自然。〞在〝道〞的靜態本體及〝德〞的動態物質世界之中，一切的運作都是依據陰陽的自然規律，一以貫之。當人出現之後，人的意念能參贊天地之造化，所依據的也是陰陽的自然規律與天人感應，只不過與天地陰陽來相較，〝人〞可以說是低了一個層次。

而就天地陰陽來說，乾陽主動提供信息，主導萬物資始，坤陰被動接收信息，順從乾陽接續完成萬物資生，所以說天又比地高一個層次。〝道〞的整體蘊含著陰陽的自然規律，天地萬物是由〝道〞的本體化生而來，因此〝道〞比天地又高一個層次。

〝道法自然〞並不是說〝道〞之外還有一個〝自然〞，而是說〝道〞所反映出來本就是自然而然的陰陽自然規律，本性自然，〝自然〞就是清靜、無為、不爭，這也就是〝道〞靜態本體中所蘊含的陰陽平衡，和諧統一又穩定長久的特質本性，沒有人為的意識刻意參與，一切運動變化，均依循〝道〞的靜態本體所蘊含的自然規律，自然發展運行，顯示出來就是〝自然〞，所以它根本不需要效法誰，因為〝自然〞就是〝道〞的靜態本體的本質特性，這兩者本就是合而為一。

〝道〞以下之〝天、地〞，此一陰陽的自然規律一以貫之，由於層次不同，下一層依循著上一層的自然規律，狀似仿效上一層，所以老子說，〝人法地，地法天，天法道，道法自然。〞這裡面除了人的主觀意念各自不同而有所差異，正確與錯誤的思想意念，能影響客觀環境事物本質的變化與事情的偏向，所以必須效法陰陽的自然規律〝清靜、無為、不爭〞之外，其餘〝天、地〞本就是蘊含著此一自然規律。

第二十六章　道重身輕

重為輕根，靜為躁君。是以聖人終日行不離輜重。雖有榮觀，燕處超然。奈何萬乘之主，而以身輕天下？輕則失根，躁則失君。

◎**本章主旨**：老子在本章中進一步說明如何效法自然。「重為輕根，靜為躁君」這就是老子觀察陰陽自然規律下的現象，領悟出其中的道理之後，轉化類比到人世間，成為我們為人處世應該有的作為。

　　本章中敘述的重點不外乎〝輕重、動靜〞相互之間的關係，老子接著正反兩面舉例來敘述其中的利弊，藉以告誡世人，並指引出正確的取捨方式。

　　〝道〞的本體性質是處於陰陽平衡又和諧統一的穩定狀態，是處於混沌未明一片虛無的量子信息能量場，也是化生成萬事萬物的根本所在。化生成宏觀動態的物質世界其結果是利？是弊？〝輕重、動靜〞之分，完全在於人的意念抉擇是否正確而定。

◎**重點提示**：在人世間任何一個領域皆有〝輕重、動靜〞之分，歷來《道德經》注解者，在解讀本章內容時，站在不同的領域解讀，因此和歷來解讀《易經》所產生的狀況類似，也就是一本《易經》每個人都有不同的解釋，令讀者無所適從。

　　老子這本《道德經》闡述的就是〝道與德〞之間的關係，〝道〞的本體本就是混沌虛無的量子信息能量場，處於陰陽平衡的統一體，是屬於靜態不動的穩定狀態，沒有意念的參與，能量場一片虛無，自然始物，自然成物，這一切都是自然而然非常簡單又容易的事情。

　　〝道〞的靜態本體它是處於被誘發的狀態〈陰〉，被動的接受人的意識〈陽〉所提供的信息，並且依據所提供的信息內容，將能量轉化為物質，接續完成後面孕育化生萬事萬物的工作。因此，人的心念意識是出自於〝無欲〞還是〝有欲〞，不同的取捨抉擇，影響宏觀的動態物質世界產生與意識信息內容相同類似的情形發生。

　　老子在本章中敘述的重點不外乎〝輕重、動靜〞相互之間的關係，「重為輕根，靜為躁君」，如何的正確取捨，完全在於我們一念之間的抉擇是否正確而定。因此，本章的解讀不能脫離〝道〞的本體性質，才是正確的解讀方式，至於之後要引申轉化到其它哪個領域，皆可視需要做類比之解讀。

◎直譯：「重」：重與輕對稱，形容兩者主要與次要的關係。從人德的角度來說，〝重〞就是穩重、持重、凝重和忍辱負重的意思。在這裡引申為根基、根本。指的是〝道〞的本體，隱喻〝無欲〞之下的〝無為〞。「輕」：在這裡指的是宏觀動態的物質世界。

「根」：指的是〝道〞的本體。「重為輕根」：重是輕的根本和基礎。比喻穩重的心性是限制輕浮妄動的根基。引申為宏觀動態的物質世界，萬事萬物皆由〝道〞靜態本體這個根本化生而成。

「靜」：靜與動對稱。從人德的角度來說，〝靜〞就是安靜、清靜、閒靜的意思。在這裡也指的是〝道〞的靜態本體，隱喻〝無欲〞之心的〝無為〞。「躁」：急躁、妄動。指嗜欲之情。隱喻〝有欲〞之心的〝有為〞。「君」：主宰控制、制約。

「靜為躁君」：定靜的心性能夠制約急躁妄動的思緒產生。引申為以靜態〝道〞的本體為根基，心中無出自於個人主觀意識偏私的分別心，以〝無欲〞之定靜心性，就可主宰控制在宏觀動態物質世界產生妄求躁動的〝有為〞。

「是以」：所以。「聖人」：指的是德性深厚的上德之人。「終日」：整天。從早到晚。「輜重」：指行軍作戰隨軍運載的軍用器械、糧秣等後勤補給，不可一日或缺，否則作戰難以為繼。引申為靜態〝道〞的本體。「榮觀」：榮盛的景象，指世間繁紛華麗、燈紅酒綠等宴樂之所。引申為外在五光十色名利的誘惑。

「燕處」：相處的意思。「超然」：超脫世俗而不受拘束，超然物外。形容不以物喜，不為己悲的心理態度，心不為所動的樣子。「雖有榮觀，燕處超然」：雖然身處在五光十色名利的誘惑中與其相處，仍然能淡泊名利，超然於物外不受影響。

「奈何」：嘆辭。口語化的意思：不知如何是好。「乘」：音同勝。古代用於計算車輛的單位。「萬乘」：指擁有一萬輛作戰兵車的大國。天子地方千里，兵車萬乘，後世稱天子為萬乘。「萬乘之主」：指大國之君王。「身」：親自，本人。「輕」：捨本逐末的以輕為重。隱喻〝有欲〞之心的〝有為〞。「天下」：國家。

「失根」：失去民心或國家傾覆滅亡。這裡的〝根〞指的是國家或者是民心。「輕則失根」：捨本逐末的以〝有欲〞之心，妄求個人主觀慾望的滿足，而本末倒置的以〝有為〞方式治理國政，將會造成失去民心或國家傾覆滅亡。

「躁」：指的是以〝有欲〞之心，妄求得到個人主觀慾望的滿足，

而行為狂妄的輕舉妄動，做出〝有為〞的作為。「失君」：失去君王的地位。這裡的〝君〞指的是君位，而非控制或制約。

◎ **意釋**：前一章中有關「人法地，地法天，天法道，道法自然。」人所效法的是一以貫之的陰陽自然規律，簡單的說：就是道法自然。因此，老子在本章中進一步說明如何效法自然。「重為輕根，靜為躁君」這就是老子觀察陰陽自然規律下的現象，領悟出其中的道理之後，轉化類比到人世間，成為我們為人處世應該有的作為。

〝道〞是萬物之本，也就是萬物之根本所在，同時也是人之根本所在。道法自然是要我們去認識效法自然而然之自然，在順應自然之前，首先要清楚地認識事情的輕重本末，切勿本末倒置的捨本求末，否則無法遵道而行、順應自然。那麼我們這個宇宙中又有哪些是自然現象呢？

宇宙在大霹靂後的70億年又突然加速膨脹起來，現今的許多天文科學家均相信宇宙中充滿了96%看不見的不明物，在宇宙中能看得見的物質部份，是由各星系及恆星、行星和星雲塵埃所構成，比例大約佔全宇宙的4%，其餘部份則分別由73%的〝暗能量〞及23%的〝暗物質〞所構成，可見宏觀的動態物質世界在巨大未知的〝暗能量〞及〝暗物質〞海洋裡，其比例有如海洋中零星的漂浮物。

「**重為輕根**」，按照自然的陰陽規律，宇宙間有能夠看得到的有形物質，就必定有看不到的無形能量。由此可知，由〝道〞虛無靜態本體所化生的萬事萬物，指的就是在宏觀動態物質世界的〝德〞，〝道與德〞合起來就是〝道〞的整體，〝德〞所代表的宏觀動態物質世界與〝道〞虛無靜態本體的能量場相較，〝道〞為重、為靜，〝德〞為輕、為動。〝道〞虛無靜態的本體是宏觀動態物質世界〝德〞的根基。

由於萬有引力的作用，在自然現象中，任何物體總是趨向重心更低的位置，接近根基的部分都會較頂部為重，否則頭重腳輕之下容易傾覆。萬物萬事都有輕重之分，輕重的辯證之理比比皆是，就以植物來說，一般而言，近根的那端總比近梢的那端要質密厚重。

重的根基部分，代表寧靜、穩重，而相對的那一端代表輕率、浮躁，容易變動。重就有如事物的「根本」，輕有如事物的「枝葉」。草木之花因其輕而零落，草木之根因其重而穩紮，君不自重則失民心，人不自重則人必辱之，這就是所謂的「重為輕根」。

在輕與重的關係中，重為輕之根，輕為重之末，只注重輕而忽略重，本末倒置之下則會失去根本；在動與靜的關係中，靜是根本，動是其次，

捨本求末之下亦會失去根本。「重為輕根」，不輕舉、不妄動者謂之「重」；輕舉妄動者謂之「輕」。輕以重為根，動以靜為君，〝輕與重、靜與動〞是對兩種性質與比重的相對比較，也是物理現象的對稱。

「靜為躁君」，以靜態〝道〞的本體為根基，穩重定靜的心性是限制輕浮妄動的根基，也能夠制約急躁妄動的思緒產生。心中無出自於個人主觀意識偏私的分別心，以〝無欲〞之定靜心性，就可主宰控制在宏觀動態物質世界產生妄求躁動的〝有為〞，而產生〝無為〞的作為。

反之，當個人的主觀意識是出於〝有欲〞，也就是此一心念意識具有偏私的分別心，妄想得到個人主觀慾望的滿足，心中就會產生浮躁妄動的意念，繼而在宏觀動態物質世界產生輕舉妄動〝有為〞的作為。輕舉妄動者，其事必定不夠周全，而招致禍患，這就是所謂的「靜為躁君」的意義。

老子在《道德經》這八十一章裡面，告訴我們的就是如何領悟〝道〞的本體內涵，運用在〝德〞的範疇裡加以實現，俾使人類生活與文明能夠永續發展下去。在本章中敘述的重點不外乎〝輕重、動靜〞相互之間的關係，老子接著正反兩面舉例來敘述其中的利弊，藉以告誡世人，並指引出正確的取捨方式。

〝道〞的本體性質是處於陰陽未判，動靜未分，陰陽平衡又和諧統一的狀態，是處於混沌未明一片虛無的量子信息能量場，也是化生成萬事萬物的根本所在。〝孔德之容，惟道是從。〞化生成宏觀動態的物質世界其結果是利？是弊？是長久發展？還是僅為曇花一現？〝輕重、動靜〞之分，完全在於人的意念抉擇是否正確而定。

個人的心境要守住靜態〝道〞的本體，以達混沌虛無，陰陽未判，動靜未分，陰陽平衡，和諧統一，致虛與守靜的最佳狀態。這就是老子在本章中所述「重為輕根，靜為躁君」，讓我們領悟之後，以達到〝捨輕就重與捨動就靜〞的正確取捨抉擇。

您任何的起心動念，無任何分別偏私之心，無絲毫想得到個人慾望滿足的意念，一切順其自然而為，清心寡慾，淡泊名利，去除外在塵緣干擾，內心不起任何非分之想，專注於達到清虛空無、心無雜念、定靜忘卻私我的境界，寂然不動，方能體悟出〝無為而無不為〞〝夫唯不爭，故天下莫能與之爭〞〝大道〞的至高境界。

「**是以聖人終日行不離輜重。雖有榮觀，燕處超然。**」，老子為了讓世人能夠充分理解「重為輕根，靜為躁君。」的重要性，特別正反兩面的舉例說明其中的利弊所在。「重為輕根，靜為躁君。」是老子的正

面敘述。君子務本，本立而道生，所以德性深厚的上德之人，整日裡所作所為都須臾不離〝行道〞的根本，起心動念無任何分別偏私之心，無絲毫想得到個人慾望滿足的妄念，常存穩重、清靜、無為〝無欲〞之心，一切順其自然而為。

就有如行軍作戰隨軍運載的軍用器械、糧秣等後勤補給，是行軍作戰的根基，不可一日或缺，否則作戰難以為繼一般。就是因為上德之人能領悟「重為輕根，靜為躁君」的真諦，雖然身處在繽紛世界五光十色名利誘惑的大染缸之中，與其相處，也能認清本末輕重而知有所取捨，仍然能淡泊名利的超然於物外，處之泰然而不受外在誘惑的影響。

「奈何萬乘之主，而以身輕天下？輕則失根，躁則失君。」，老子身處於周王勢力減弱的春秋時期，這個時期有一個非常鮮明的特點就是「亂」，在此期間全國共分為一百四十多個大小諸侯國，諸侯群雄紛爭迭起，兼併戰爭極為慘烈。老子有感而發，接著反面敘述人君捨本逐末的以輕為重，急躁妄為，取捨錯誤的弊端。

一個萬乘大國的君王，肩負一國興衰的重責大任，理當以民心為重，將個人私慾置之於度外，以〝道〞的本體為根基，治理國政之時，起心動念無任何分別偏私之心，沒有妄求得到個人慾望的滿足，凡事不輕舉妄動、急躁妄為，以〝無欲〞之心，行〝無為〞之事，一切順其自然而為，進而〝無所不為〞，就能獲得民心，建立千秋大業，國祚長存。

奈何有些萬乘君王，自己本身就捨本逐末的以輕為重，以〝有欲〞之心，妄求個人主觀慾望的滿足，而本末倒置、行為狂妄的輕舉妄動，做出〝有為〞的作為，如此錯誤的取捨抉擇，老子深深地感嘆說：「真是令人不知如何是好。」

法不輕舉，事不妄動。輕舉者，民心不服，其法必廢；妄動者，其事不周，必招禍患。萬乘之國的君王武力必定強盛，如此捨本逐末、狂妄躁動的興兵作戰，兵凶戰危，置人民於水火之中，將會造成民心叛離或導致國家傾覆滅亡而失去君位，這就是所謂的「輕則失根，躁則失君」的意義。

◎延伸閱讀：《禮記‧大學》裡有一句話說：「物有本末，事有終始，知所先後，則近道矣。」就是在說明做一件事情，掌握本末終始、先後次序是非常重要的。但是，因為一般人往往會有倒末為本的疏失，所以就有「本末倒置」的說法。

「有其本，必有其末。未聞有本盛而末不茂者。」意思是說事情都

有本有末，沒聽過根本壯盛而枝節末端不茂盛的事。「本末倒置」的「本」就是根本的意思，「末」是枝節末端的意思，這句成語的意思就是把根本的事忽略了，反而注重細微末端、較不重要的事。

第二十七章　　善行無跡

　　善行無轍跡，善言無瑕謫；善數不用籌策；善閉無關楗而不可開，善結無繩約而不可解。是以聖人常善救人，故無棄人；常善救物，故無棄物，是謂襲明。故善人者，不善人之師；不善人者，善人之資。不貴其師，不愛其資，雖智大迷，是謂要妙。

◎**本章主旨**：本章老子進一步闡述說明，身負國家興亡重任的大國之君，其治理國政正確的作為究竟為何？老子列舉「善行」、「善言」、「善數」、「善閉」、「善結」這五個最好的治理方式，這些都是以合乎〝道〞的要求為標準來衡量，說明只要善於〝行不言之教，處無為之事〞，就是合乎自然又最好的治理方式。

　　本章老子哲學思想的重點在〝襲明〞，求〝道〞者對自然規律有所認識和瞭解之後，才能依循自然規律做出最好的作為。天下沒有可棄之物，也沒有無用之人。國君在施政時讓那些有用及看似無用的人和物，都能人盡其才，物盡其用，發揮出意想不到最好的作用，這就是所謂的〝襲明〞。

　　最後老子提供如何精進修道者修為的方法，善人與不善人之間，在老子眼中都是可以相互取資借鑑，並從而令雙方都能夠有所成長。這裡面蘊涵著精深微妙的道理，修行者應當深刻的省思與珍視。

◎**重點提示**：本章是對〝自然無為〞思想的引申，老子將其擴展到更廣泛的生活領域中，藉著「善行」、「善言」、「善數」、「善閉」、「善結」五者，來申述體〝道〞的國君只要〝行不言之教，處無為之事〞，就能符合〝道〞的自然規律，做到〝人盡其才，物盡其用〞最好的施政效果，更表達了有〝道〞者無棄人、棄物的胸懷。同時老子也分析了「善人者」與「不善人者」的意義，及兩者之間一體兩面的關係與存在價值。

◎直譯:「善」:本章之中的所謂的〝善〞,是指上德者所作所為是合於〝道〞本質特性的行為。有德必善,有善必德。循〝道〞而行,稱之為善。「善行」:依據自然永恆不變的規律,做出最好的行事作為。說明國君治理國政最好的作為就是處無為之事,行無為而治。

「轍跡」:軌跡,行車時車輪留下的痕跡。「無轍跡」:引申為國君之無為而治,一切自然而為,讓人民感覺不出在施政上面有何影響人民生活的作為。「言」:政令文告。「善言」:國君依〝道〞而行,當以身教為教,最好的教導方式就是行不言之教,而不以政令文告曉諭百姓。

「瑕」:玉石上的斑點。比喻缺點、過失,如:瑕疵。「讁」:音同哲。譴責,如:指讁。「無瑕讁」:國君以自身的行為做為典範,不以主觀意識好惡的言語來教化百姓,行不言之教,就不會有政策上的缺失過錯而遭受人民的指讁。「數」:計算。引申為策略、謀劃。「善數」:國君依〝道〞而行,做出治國最好的策略謀劃。

「籌策」:〝籌〞與〝策〞是古代用木或竹削制而成的條片狀物,用於計算和計數的器具。引申為揣摩進退,算計得失利害之意。「閉」:閉守門戶。「善閉」:引申為依〝道〞而行,做出最好的防守國門拒敵攻入的措施。「關楗」:音同見。閉門之具。古代家戶裡的門,有關門的栓楗,橫的叫關,即栓;豎的叫楗,即梢,均為木製。

「無關鍵而不可開」:有鎖就會有鑰匙可以開啟,只要是人為刻意製造的閉鎖裝置,就會有開啟的一天。引申為一個國家的國防不可依恃山川丘陵之險,或城門城牆堅固的程度,因為並非牢不可破。國君應凝聚民心,眾志成城,方能無懈可擊。

「結」:約束,束縛。引申為民心之維繫。「善結」:善於用繩索綑綁束縛之人。引申為依〝道〞而行,善於維繫民心之國君,施政與〝道〞體所蘊含的自然規律相結合,〝處無為之事,行不言之教〞。「繩約」:指繩索。約,指用繩捆物。「善結無繩約而不可解」:引申為善於維繫民心之國君,〝處無為之事,行不言之教〞,上下一心,同心同德,牢不可解。

「是以」:因此。「常」:恆久不變。「常善」:依〝道〞而行,所做出最好的作為。「救人」:愛護、愛惜之意。引申為愛護人民,使人盡其才。「無棄人」:天生我材必有用,天下沒有被遺棄不用之人。「救物」:愛惜物力,使物盡其用。「無棄物」:各種東西皆有其可用之處,無棄置不用之物。

「襲」:沿襲,因循,依循。「明」:引申為能夠認清〝道〞的本體所蘊含的自然規律。第十六章〝知常曰明〞,對永恆不變的自然規律有

所認識和瞭解。「襲明」：對永恆不變的自然規律有所認識和瞭解，並且依〝道〞而行而做出最好的作為。

「善人」：真正完美的善就是依〝道〞而行，依道而行者稱之為善人。「不善人」：舉凡不能依〝道〞而行者，稱之為不善人。「善人者，不善人之師」：依〝道〞而行者，是不能依〝道〞而行者效法學習的榜樣。「資」：資助、提供。資助借鑑。鑑，鏡也。「不善人者，善人之資」：不能依〝道〞而行者，其錯誤的作為，是依〝道〞而行者反面的教材，可提供為自我反省檢討的借鑑。

「貴」：注重、重視。「不貴其師」：不善人不重視向依〝道〞而行者效法學習。「愛」：珍惜。「不愛其資」：善人不珍惜反面教材可資借鑑的教育意義。「雖智」：引申為自以為聰明巧智。「大迷」：非常嚴重的愚昧糊塗。「要妙」：精深微妙的道理。

◎**意釋**：老子在前一章說明：悟道的聖人終日行事不偏離〝道〞的本體所蘊含的自然規律，雖然身處名利誘惑之中與其相處，也能認清本末輕重而知有所取捨，能超然於物外，處之泰然而不受外在的影響。無奈大國之君捨本逐末的以輕為重，以〝有欲〞之心，妄求個人主觀慾望的滿足，本末倒置、行為狂妄的輕舉妄動，做出〝有為〞的作為，如此錯誤的取捨抉擇，悖離了〝道〞的根基〝以身輕天下〞，進而造成國家的動亂與衰亡。

因此，老子在本章中進一步闡述說明，身負國家興亡重任的大國之君，其治理國政正確的作為究竟為何？老子在本章中列舉「善行」、「善言」、「善數」、「善閉」、「善結」這五個最好的治理方式，這些都是以合乎〝道〞的要求為標準來衡量，以「無為」為「為」，所以才能達到「無轍跡」、「無瑕謫」、「不用籌策」、「無關楗而不可開」、「無繩約而不可解」最自然又最好的治理效果。

大國之君最上等的治理方式，是以無私無我的態度，一切作為，順應自然，依〝道〞而行，而做出最好的作為。也就是老子在第二章所說的：「處無為之事，行不言之教」來教化百姓，使天下人民不知不覺的自化，此即是老子理想中的德政。

老子在第十七章說：「太上，下知有之」，國君最好的治理國政方式，就是〝處無為之事，行不言之教〞，一切自然而為，無為而治，絲毫不影響人民正常的生活。人民只知道有這位國君存在，但是國君在施政上面有哪些作為卻感覺不出來，當治國功成事遂的時候，人民猶然不知這

些全都是國君的功勞，還自認為所有一切都是自然而然的發生。

「善行無轍跡」，國君依〝道〞而行的〝無為而治〞，就像是車輛行駛過後，地上沒有留下任何軌跡一樣，這就是所謂的〝善行無轍跡〞。引申為做好事不留名，默默無聞地付出，讓接受了您幫助的人，都沒感覺到您的存在，這才是最高境界的做善事。

「善言無瑕讁」，大國之君宣導政令最好的教育人民方式，就是〝處無為之事，行不言之教〞，國君當以身教為教，以自身的行為做為典範，讓人民有所仿效，而不以政令文告來曉諭人民，實施不以主觀意識好惡的言語刻意的來教化人民，用無為的觀點，一切合乎自然，循〝道〞而行，不違背自然規律，實行不言的方式施行教化，就不會有政策上的缺失過錯而遭受人民的指讁挑剔，這就是所謂的〝善言無瑕讁〞。

引申為善於說話的人，不會說出不該說或者有語病的話，所以不會有不當的措辭語句出口，以致有令人難堪，或者遭受他人指讁挑剔的情事發生。

「善數不用籌策」，國君治理國政最好的策略謀劃，就是一切遵照自然的規律循〝道〞而行，無私、無我的一切作為，順應自然，理所應為，義所當為，依〝道〞而行，而做出最好的作為。只要奉行無為之治，治理天下事就能無所不治，因此也不必費盡心神去揣摩如何進退取捨，及算計一時的得失利害。就像是擅長心算的人，計算時不需要計算工具來輔助運算一樣，這就是所謂的〝善數不用籌策〞。

「善閉無關楗而不可開」，一個國家的國防穩固與否，不在於城牆的堅固程度，也不在於城門的門鎖有多堅牢，而在於城內民心的凝聚，人民就是城牆，民心就是牆鎖，只要眾志成城，哪怕不用門栓，也能使得城門打不開攻不破。因此國防不可單一的仗恃山川丘陵之險，或城門城牆堅固的程度，因為並非牢不可破，國君應凝聚民心，眾志成城，方能無懈可擊，這才是令敵人無法開啟的無形之鎖。

孟子曰：「固國不以山谷之險。」以道治國，人皆體德，則「路不拾遺，夜不閉戶」。就好像善於看守門戶的人，不必使用栓梢，也能令盜賊無法進門。也可引申為良好的教化，盜賊不興，夜不閉戶，而無宵小之入侵，這就是所謂的〝善閉無關楗而不可開〞。

「善結無繩約而不可解」，善於依循自然永恆不變的規律維繫民心之國君，在治理人民的事務時，與〝道〞體所蘊含的自然規律相結合，循〝道〞而行，以無私無我的態度，一切作為順應自然，〝處無為而事，行不言之教〞，不以繁苛的法令規章來約束人民，遂行無為而治，上下

一心,同心同德,君民之心相互維繫牢不可解。

　　就好像擅長打結的人,用不著繩索,沒有繩索之形,所以不可以解,猶如能深獲民心,不以法令威禁,而民心自然固結不可解,這就是所謂的〝善結無繩約而不可解〞。

　　一個國家之國防安全與人心的維繫,不閉而亂,不結則散,對於有〝道〞之國君而言,雖無繩約之束縛,無關楗之防範,但心中施政與〝道〞體之自然規律相結合,順乎自然之道,不摻雜人為之偽,無縫隙可乘,所以其關結皆無懈可擊,不可開也不可解,想要讓人民上下同心,就得以〝道與德〞服人。

　　「**是以聖人常善救人,故無棄人**」,在老子的哲學思想中,〝道〞的靜態本體是處於混沌未明,一片虛無,陰陽未判,動靜未分,陰陽平衡狀態下,既和諧又統一的量子信息能量場。人世間的善惡、美醜、好壞,在〝大道〞的本體之中,一切都是處於陰陽平衡毫無差異的統一狀態。

　　老子在之前所述,「善行,無轍跡;善言,無瑕謫;善數,不用籌策;善閉,無關楗而不可開;善結,無繩約而不可解」,所得出的總結,善與不善都有其一定的長處與價值,本質上並無差別。因此,教導我們要依循〝道〞的本體所蘊含的自然規律行事與作為。

　　萬物在天地之間依照自然法則運行,天道無偏無私,無愛無憎,全部一視同仁,任其自生自成,不會有珍惜特別愛護的心態。聖人與天地合其德,效法天地的大公無私,仁民愛物,對待人民與萬物也是一視同仁,不會有厚薄、高低、貴賤之分。

　　因此,對自然規律有所認識和瞭解的上德之人,無偏私的分別心,懂得識人用人的道理,不論對有無才幹,根據每個人的特點,安排到最適合的崗位,讓其在崗位上發揮最大的作用,真正做到人盡其才,各得其所,那麼就不會有懷才不遇之憾。

　　「**常善救物,故無棄物,是謂襲明。**」,同樣的道理,天生萬物必有其用,萬物沒有什麼是不可用的,關鍵就看您能不能事先發掘其隱藏的用處,化腐朽為神奇,將〝無用〞變為〝有用〞,甚至是有其大用。老子學說中的〝無為〞就是〝無不為〞,因此〝無用〞也就是〝無不用〞,天下沒有真正無用的東西,這就是老子對〝無用〞即〝無不用〞含義的最佳闡釋。

　　天下沒有可棄之物,也沒有無用之人。對自然規律有所認識和瞭解之後,所有行為依循自然規律做出最好的作為,尤其是身負重責大任的國君,在施政時讓那些有用及看似無用的人和物,都能人盡其才,物盡

其用,發揮出意想不到最好的作用,體現出國君的才能與智慧,這就是所謂的〝襲明〞。

本章老子哲學思想的重點在〝襲明〞,求〝道〞者對自然規律有所認識和瞭解,〝明道〞之後,才能依循自然規律做出最好的作為。但是想要達到上德之人的境界,並非一蹴可幾的事情,須經長期不斷的自我修練精進,方能有所悟通。

「故善人者,不善人之師;不善人者,善人之資。」,因此,對自然規律有所認識和瞭解,依〝道〞而行能做出最好作為之善人,是不能依〝道〞而行之不善者效法學習的榜樣;不能依〝道〞而行不善者,其錯誤的作為,是依〝道〞而行者反面的教材,可提供善者自我反省檢討的借鑑。兩者之間相互學習仿效與檢討改進,可提升雙方對〝道〞體所蘊含自然規律的認知境界,方能依循自然規律做出最好的作為。

「不貴其師,不愛其資,雖智大迷,是謂要妙。」,要是不能依〝道〞而行的不善者,不重視向依〝道〞而行之善者效法學習,不能見賢思齊,則永無得〝道〞之時;善人不珍惜反面教材可資借鑑的教育意義,藉以警示自己時刻要畏避警惕,不要習染了不良的陋習,則永無精進與悟〝道〞之日。

孔子說:「三人行,必有我師焉。擇其善者而從之,其不善者而改之。」唐太宗說:「以銅為鏡,可以正衣冠;以古為鏡,可以知興替;以人為鏡,可以明得失。」善於學習的人會擇優而從,鑑劣而改。善人與不善人之間,在老子眼中都是可以相互取資借鑑,並從而令雙方都能夠有所成長。

〝不貴其師,不愛其資〞者,雖然自以為聰明巧智,實際上卻是非常愚昧糊塗的行為啊!因為相互取資借鑑這裡面,蘊涵著精深微妙的道理,修行者應當深刻的省思與珍視。

第二十八章　　知雄守雌

知其雄,守其雌,為天下谿。為天下谿,常德不離,復歸於嬰兒。知其白,守其辱,為天下谷,常德乃足,復歸於樸。樸散則為器,聖人用之,則為官長,故大制不割。

◎**本章主旨**:本章進一步告訴我們,〝行道〞之前先要〝修道〞,〝修

道〞之前先要〝明道〞，要明白甚麼是〝道〞，才能守得住〝道〞。學道，悟之為難。既悟，守之為艱。然行道之妙，實出於守道之要耳。

〝知其雄，守其雌；知其白，守其辱〞，知道什麼是不爭之道、無為之道之後，才去〝修道〞。〝修道〞就是〝修德〞，當修道者達到〝常德不離，復歸於嬰兒；常德乃足，復歸於樸〞之後，就可以〝行道〞。

天道本就是陰陽平衡和諧的統一體，本無黑白、榮辱之分別，黑白、榮辱是個人主觀意識中，由於私欲所產生貴陽賤陰的分別心，偏執一方追求陽的一面，才會產生了矛盾對立，也是衝突糾紛的根源。黑白、榮辱並非絕對永久存在，隨著時間的推移，在陰陽交互作用下，〝白黑、榮辱〞會相互轉化，它遲早會往相反的一面轉化。

◎重點提示：

一、本章在《道德經》通行本中，知其白與守其辱之間，有一段「守其黑，為天下式。為天下式，常德不忒，復歸於無極。知其榮」似為後世人加上去的文字，頗有爭議，讓我們來探討其真偽究竟如何？

《道德經》第四十一章〝大白若辱〞，以及《莊子‧天下篇》中〝老聃曰：知其雄，守其雌，為天下谿；知其白，守其辱，為天下谷〞。由此驗證可知，本章的原文應該是〝知其白，守其辱，為天下谷〞，至於〝知其白〞與〝守其辱〞之間的文字，應為後世人竄寫加入，因此本書予以刪除。

互文也叫互辭，是古詩文中常採用的一種修辭方法。古文中對它的解釋是：〝參互成文，合而見義。〞具體地說，由上下文意互相交錯，互相補充，來表達一個完整句子意思的修辭方法。

就像是《易經》一卦之中六爻爻位的名稱，最下者稱為初爻，而不稱下爻，最上者稱為上爻，而不稱終爻，其最主要的目的是要表達第一爻與第六爻的關係，既有終始之義，也有上下之義，故採取互文相通的辦法，將「終始」、「上下」之義全部包含在內，也就是說「初」也代表「下」，「上」也代表「終」之意。

了解互文相通的意義之後，我們來看原文〝知其白，守其辱〞其實真正要表達的意思是〝知其白，守其黑；知其榮，守其辱〞。後世人出自於善意，擔心讀者不解其意，所以硬在其後加段文字，又為了對稱之故，另外加上〝為天下式。為天下式，常德不忒，復歸於無極。〞

〝復歸於無極〞這句話加得有點突兀，〝無極〞是形而上〝道〞的用詞，比〝太極〞高一個位階，而本章中另外提的〝嬰兒、樸〞都是形

而下〝德〞的物質世界中〝道〞的別稱代名。在〝嬰兒與樸〞中間〝無極〞的嵌入，似與老子的思路不符。

二、形而上者謂之〝道〞，所謂形而上，指的就是無形無象的〝道〞。形而下者謂之〝器〞，也就是由〝道〞在〝德〞的物質世界中所化生的萬事萬物，皆可稱之為〝器〞，包含人在內。〝道〞是體，〝器〞是用，二者是相互依存，相輔相成，相互對立，一體兩面的統一體，〝道〞不離〝器〞，〝器〞不離〝道〞。

　　形而下的〝器〞，彰顯形而上的〝道〞。〝道〞必藉〝器〞才能顯明，〝器〞必有〝道〞的本體，才能發揮功用。〝道〞是形而上無生無滅者，〝器〞是形而下生滅無常者。〝器〞要比〝道〞低一個層次，〝道〞與〝器〞是不可分割的一體兩面，〝道〞是抽象性，而〝器〞是具體性。宇宙萬事萬物〈器〉都是依據宇宙自然的規律〈道〉而生成與發展，每一個〝器〞的內在都蘊涵著〝道〞的陰陽自然規律與法則。

三、我們這個宇宙是受陰陽自然的規律所規範，因此，所有事物的性質和運動變化，都有相對立的陰陽兩個面，無不是相互對立，相互變動又不可分割的統一體，故而以哲學的思想方式，歸納出〝陰陽〞的概念。例如：

陽：天、晝、高、晴、圓、吉、福、剛、雄、強、動、得、成…等。
陰：地、夜、低、陰、缺、凶、禍、柔、雌、弱、靜、失、敗…等。

　　《易經》在講形而上的時候，用陰陽兩字來代表，在講形而下的時候，用的是剛柔兩字來代表。本章中老子不用剛柔，而用形而下的雌雄，來代表陰陽的意義。

四、我們要如何〝明道、修道〞，本章第一段老子以〝知其雄，守其雌〞來列舉說明，老子用雌雄來代表陰陽，其目的就是要表達這是站在陰陽規律中，萬物發展趨勢最有利的地位來闡述說明，讓我們先行了解〝反者道之動，弱者道之用〞其中的道理。

　　〝知其雄〞就是先行〝明道、悟道〞，〝守其雌〞就是〝明道、悟道〞之後的〝修道〞，不能知，守就會很困難，因為〝貴柔守雌〞、〝處下不爭〞這樣的作為，是與一般人的認知大相逕庭。老子要求我們先行戒盈

忌滿，堅守〝貴柔守雌〞、〝處下不爭〞，以〝無為〞的原則，方能做到〝為天下谿〞，天下皆歸心順服，而〝修道〞的程度才能到達〝常德不離，復歸於嬰兒〞的境界。

第二段老子以〝知其白，守其黑；知其榮，守其辱〞來列舉說明，老子用〝白黑、榮辱〞人世間這兩個對立面，以假象寓意的方式闡述說明。天道本就是陰陽平衡和諧的統一體，本無黑白、榮辱之分別，黑白、榮辱是個人主觀意識中，由於私慾所產生貴陽賤陰的分別心，偏執一方追求陽的一面，才會產生了相互矛盾的對立，也是衝突糾紛的根源。黑白、榮辱並非絕對永久存在，隨著時間的推移，在陰陽交互作用下，〝白黑、榮辱〞會相互轉化，它遲早會往相反的一面轉化。

因此，老子要求我們無分別之心，無為不爭，虛懷若谷，居柔守雌，能容納天下不同的意見，做到〝為天下谷〞，此時〝修道〞的程度才能到達〝常德乃足，復歸於樸〞的境界。第三段是說明〝修道〞的程度達到〝常德乃足，復歸於樸〞的境界之後，此時在任何一個領域〝行道〞，均能領袖群倫。

五、前一章老子說明〝襲明〞行道者，依循自然規律做出最好的作為，本章進一步告訴我們，〝行道〞之前先要〝修道〞，〝修道〞之前先要〝明道〞，要明白甚麼是〝道〞，才能守得住〝道〞。學道，悟之為難。既悟，守之為艱。然行道之妙，實出於守道之要耳。

〝知其雄，守其雌；知其白，守其辱〞，知道什麼是不爭之道，無為之道，把目標方向確立〝明道〞之後，才去〝修道〞。〝修道〞就是〝修德〞，當修道者達到〝常德不離，復歸於嬰兒；常德乃足，復歸於樸〞之後，就可以〝行道〞。

因此，想要瞭解本章的精髓，必須對〝道〞與〝德〞之間的整體運作模式，先行建立起基本觀念，也就是先要〝明道〞，否則對老子精闢的言論與文字不知所云。當您深入理解悟通之後，滿心歡喜，當知本章老子所闡述的內容，並非如部分坊間書籍所做的字面解讀那般淺顯。

六、〝道〞的靜態本體是陰陽未判，動靜未分，陰陽平衡，和諧統一的虛擬狀態，也是老子所說的清靜無為，反璞歸真，一片虛無，有如嬰兒狀態的量子信息能量場，它也是化生萬事萬物之母。由於是處於陰陽平衡，和諧統一的狀態，因此萬事萬物的化生，一切都是合乎自然的自然始物、自然成物。

萬事萬物由〝道〞的靜態本體，能量轉化為物質，化虛擬為真實，由量變到質變，在〝德〞的動態物質世界生成發展。萬事萬物在宏觀動態的物質世界創生之後，初始期間本質柔弱，但是生機盎然，都具有旺盛的生命力與發展潛力，經過時間的累積，不斷的成長茁壯之後，萬事萬物都會達到其生命周期中的巔峰。

宇宙自然規律就是物極必反，盛極必衰，反者〝道〞之動，當一到達〝剛強、盛大〞的巔峰，再繼續發展下去就會往反面轉化，終至消亡，從何而來，便往何處去，最終回歸〝道〞的靜態本體，也就是根本的原點，稱之為〝歸根曰靜，是曰復命〞。萬事萬物在〝道〞與〝德〞之間，周而復始，生生不息，循環不已，整個周期就有如旭日初升，日正當中，日中則昃，夕陽西沉，復歸於黑夜一般。

◎**直譯**：「知」：對事物的認知通達無礙。引申為對萬事萬物在〝道〞的整體運作模式與發展趨勢，能有全盤的認知與瞭解。「雄」：〝道〞的本體內涵就是陰陽的自然規律，萬事萬物都可劃分為相對立的兩個面。雄：比喻剛勁、躁進、強大、主動、爭先、爭高⋯等。「知其雄」：知曉物極必反，盛極而衰的宇宙自然規律，了解雄的一面已無發展餘地。

「雌」：比喻柔靜、軟弱、謙下、被動、守後、趨低⋯等。「守」：堅持、維繫。「守其雌」：瞭解反者道之動，盛極而衰的自然規律之後，知道〝雌〞與〝雄〞這兩個對立面之間，由量變引起質變，相互轉化是必然的結果。弱者道之用，因此以〝示弱守拙〞，〝無為而無不為〞，站在萬物發展趨勢最有利的地位，來順應自然規律的發展，堅守〝貴柔守雌〞、〝處下不爭〞的處事原則。

「谿」：深谷間低下的溪流，眾水匯聚之處。「為天下谿」：引申為堅守〝貴柔守雌〞、〝處下不爭〞的處事原則，則能眾望所歸。「常」：恆久不變。指的是自然永恆不變的規律。「常德」：〝道〞的本體自然規律顯現在〝德〞的物質世界，人所能表現出來合乎〝道〞的最高品德。「常德不離」：與自然永恆不變的〝大道〞合其德，不相悖離。

「復歸」：重新返回。「嬰兒」：在〝德〞的物質世界中，嬰兒無我的赤子之心，純真柔和、無知無欲、反璞歸真，最能表達與〝道〞的本體合一狀態。「復歸於嬰兒」：人在初始狀態本就與〝道〞的本體天人合一，及後受外在影響，與〝道〞漸行漸遠。為天下谿，常德不離之後，又重新與〝道〞的本體天人合一而不離，有如嬰兒的赤子之心。

「知其白，守其辱」：這裡老子是以互文見義的方式書寫，這是古

詩文中常採用的一種由上下文意互相交錯，互相補充，來表達一個完整句子意思的修辭方法，上半句的詞語與下半句的詞語互相補充才是其原意。白與黑相對應，榮與辱相對應，完整的句子應該是：知其白，守其黑；知其榮，守其辱。

「白」：引申為充滿光明的安樂時期。「黑」：引申為充滿黑暗的憂患時期。「榮」：榮寵、興旺。比喻尊貴在上。「辱」：羞辱、沒落。比喻卑賤在下。「知其白，守其黑；知其榮，守其辱」：引申為要有居安思危的危機意識，了解生於憂患死於安樂的道理，因為按照宇宙自然的規律，安危榮辱早晚都會互相轉化，應順其自然，安貧樂道。

「谷」：兩山之間深廣寬闊的山谷。「為天下谷」：無分別之心，胸懷寬廣、虛懷若谷，就像廣闊的山谷一樣，能容納天下不同的意見。

「足」：完備、具足。「常德乃足」：人所能表現出來合乎〝道〞的最高品德，已經與自然永恆不變的〝大道〞完全一致，完備具足。

「樸」：未經人工修飾的原木。引申為〝道〞的靜態本體，〝樸〞在萬物當中是〝道〞的理想典範。〝嬰兒、樸〞都是〝道〞在〝德〞的物質世界中一個別稱、代名，藉以形容〝道〞的作用，俾利於我們充分的認知〝道〞的本質。

「復歸於樸」：當〝修道〞程度到達〝為天下谷，常德乃足〞之後，返璞歸真，又重新與〝道〞的本體一致，有如一塊原木未經雕琢一樣的樸實無華。

「器」：器物，引申為萬事萬物。形而上者謂之〝道〞，所謂形而上，指的就是無形無象的〝道〞；形而下者謂之器，也就是〝德〞的物質世界中，萬事萬物皆可稱之為器，包含人在內。「樸散則為器」：原木經過人工雕琢，可製成各種日常用具器皿。隱喻〝道〞的本體在〝德〞的物質世界化生成萬事萬物。

「聖人」：指的是〝常德不離，復歸於嬰兒；常德乃足，復歸於樸〞的悟道人士。「用之」：將〝大道〞應用在人世間的各領域去〝行道〞。「官長」：行政單位的主管。「則為官長」：引申為在各個領域都能領袖群倫。

「制」：法規，制度。「大制」：國家的大法。在這裡引申為〝大道〞，宇宙客觀的自然規律。「不割」：不能分割。「大制不割」：〝道〞與〝德〞是一個整體，是一體之兩面，不論是〝道〞的靜態本體，還是在〝德〞的物質世界所化生成的萬物萬物之中，宇宙客觀的自然規律均一體適用，無法分割。

◎**意釋**：萬事萬物都存在著相互矛盾的兩個對立面，陰陽之間相反相成，相互轉化是必然的趨勢，對立的事物發展變化到極點，總是朝著相反的方向轉化。在陰陽自然規律中〝柔弱〞與〝剛強〞存在著對立和統一〝相反相成〞的關係，看似對立的雙方也可以在一定條件下進行轉化。〝柔弱勝剛強〞這句話，顯示出〝柔弱〞與〝剛強〞這兩個對立面之間，由量變引起質變，在一定的條件下，相互轉化是必然的結果。

　　萬事萬物初始雖然柔弱，但是極具發展潛力。剛強雖至巔峰，但已是強弩之末，開始轉向衰敗之途。老子慧眼獨具，洞悉自然規律之消長，瞭解〝物壯則老〞，〝兵強則滅〞，〝木強則折〞的道理，〝不爭一時，爭千秋〞，知道爭奪而來的〝剛強〞，樹敵者眾，已經走向衰途，來日無多；沒有私慾的〝柔弱〞、〝無為〞〝不爭〞，則能建立起陰陽平衡、和諧統一的團體，得道者多助，來日方長。

　　當柔弱逐漸轉為剛強的時候，為了防止走向物極必反，盛極而衰的窮途末路，老子主張個人心境要〝守其雌，守其辱〞，堅守〝貴柔守雌〞、〝處下不爭〞的原則，守住〝道〞的本體，以達混沌虛無，陰陽未判，動靜未分，陰陽平衡，和諧統一，致虛與守靜〝復歸於嬰兒、復歸於樸〞的最佳狀態。要〝去甚、去奢、去泰〞，戒盈忌滿，言行不可過中，去掉那些極端、過分的言行舉止，始終保持著像〝道〞那樣謙虛低下而不盈滿的狀態，就可持盈保泰。

　　老子在〝道〞的外在實際應用，就是「守柔、處下、不爭」，〝無為而無不為〞，〝示弱守拙〞，以柔弱順應自然規律的發展為其主要的特徵。天下無恆強者，無恆弱者。知強者不弱矣，守弱者必強矣。強而守柔者或恆強乎！因此，老子所堅持的處世原則，是從〝弱者道之用〞出發，強調〝天下之至柔，馳騁天下之至堅〞，以〝柔弱勝剛強〞，〝夫唯不爭，故天下莫能與之爭〞，這是一種樸素辯證法的哲學思想。

　　我們要領悟〝道〞的本體內涵，就是陰陽的自然規律，萬事萬物都可劃分為相對立的兩個面，物極必反，盛極而衰，陰陽之間相反相成，對立的事物發展變化到極點，總是朝著相反的方向轉化，〝雌〞與〝雄〞這兩個對立面之間，由量變引起質變，相互轉化是必然的趨勢，也是宇宙的自然規律。因此，以〝示弱守拙〞，〝無為而無不為〞，來順應自然規律的發展，堅守〝貴柔守雌〞、〝處下不爭〞的處事原則，這就是所謂的〝明道〞或〝悟道〞。

　　「三知」、「三守」中的「知」和「守」的對象雖然不同，知雄守雌、知白守黑、知榮守辱，但所表達的意思是相同，雄和雌、白和黑、榮和

辱各自是一對陰陽,都是陰陽規律中的一體兩面,相反相成,可以相互轉化,在人世間各領域中都存在不同的現象,至於朝向哪個角度去解讀,並無一定的限制,只是要抓住其中要領,就是陰陽平衡無分別心,了解陰陽發展的趨勢,處下不爭、居柔守雌,一切以〝無為〞的方式順其自然。

在無偏私的分別心下,以〝無為〞的方式誠心行事,對立又統一的雙方就能產生〝相反相成〞陰陽相互轉化的效果,由〝不爭〞最終轉化為〝天下莫能與之爭〞。正因為不去刻意爭奪,完全因循自然的規律行事,〝相反相成〞相互轉化之下,所以才能到達天下無人可與他爭奪的地步,其實這裡面的關鍵就是〝無欲〞和〝有欲〞之間的問題。

「知其雄,守其雌,為天下谿。」,〝道〞的本體內涵就是陰陽的自然規律,萬事萬物都可劃分為相對立的兩個面。我們〝明道〞之後知曉物極必反,盛極而衰的自然規律,知道〝雌〞與〝雄〞這兩個對立面之間,由量變引起質變,相互轉化是必然的結果。因此,站在萬物發展趨勢最有利的地位,來順應自然規律的發展。

不論現在所處地位之強弱高低,若是皆能堅守〝貴柔守雌〞、〝處下不爭〞虛心謙下的處事原則,反而能夠得到大家的愛戴推崇,及天下人的歸服,猶如深谷間低下的溪流,天下的溪水必然眾流歸注,眾望所歸。

〝道〞與〝德〞是一體兩面,互為表裡的關係。〝道〞是〝德〞的無形的本體,〝德〞是〝道〞的具體體現。正因為是〝德〞的具體體現,所以我們都能真切地體悟出無形的〝道〞所蘊含的自然規律。

「為天下谿,常德不離,復歸於嬰兒。」,〝柔弱勝剛強〞,〝守柔者弱,弱者居下,居下不爭〞,〝夫唯不爭,故天下莫能與之爭〞,當〝修道〞程度已達〝為天下谿〞眾望所歸之時,此時漸漸已與自然永恆不變的〝大道〞合而為一,不相悖離。

人在初始狀態本就與〝道〞的本體合一,及後,受外在世俗的影響,與〝道〞漸行漸遠。當〝修道〞程度已達為天下谿之後,又重新與〝道〞的本體合一而常德不離。老子認為在〝德〞的物質世界中,嬰兒最可做為人類道德的理想典範,因為嬰兒初至人世,未受污染,天真純潔,血氣柔和,柔弱不懼,無知無欲,素樸寧靜,保有反璞歸真,純真無我之本性,因而稱之為〝復歸於嬰兒〞。

「知其白,守其辱,為天下谷。」,老子同時也告訴我們,萬事萬物當中,我們經常喜歡追求象徵陽剛高上的那一面,而排斥不喜象徵陰柔低下的那一面,貴〝陽〞而賤〝陰〞,殊不知強和弱、功和過、福和

禍、榮和辱、白和黑⋯等，都是一體之兩面，"禍兮福之所倚，福兮禍之所伏"，在陰陽客觀的自然規律下，相因而生，相反相成，早晚都會互相轉化。

當我們了解宇宙自然規律的運作模式之後，我們身處於安樂光明的時期，要了解"生於憂患、死於安樂"的道理，具有居安思危、戒慎恐懼的危機意識，以防不虞之變。當身處黑暗憂患時期，更應堅守正道，隱忍沉潛，韜光養晦，以待時變的態度應對，深信光明不致熄滅，正義終將到來，這就是所謂的"知其白，守其黑"的道理。

榮辱其實是相對立的兩個面，也是一體之兩面無法分割，往日之榮，未嘗不是今日之辱；今日之辱未嘗不是明日之榮。了解其中的道理之後，不論現在是身處位高權重的地位，還是身處物質貧乏低下的地位，榮辱之間毫無分別之心，均能自甘淡泊、自居卑下，安貧樂道，心性清明，空靈自然，寬廣豁達，虛懷若谷，就像空曠的山谷一樣，無所不容，無所不納，這就是所謂的"知其白，守其辱，為天下谷"的道理。

「常德乃足，復歸於樸。」當"修道"程度已達"為天下谷"，無黑白榮辱之分別心，心胸無限寬廣，無所不容，無所不納之時，就像廣闊的山谷一樣，能容納天下不同的意見，此時已經返璞歸真，又重新與自然永恆不變的"大道"完全一致，一切完備具足，有如一塊原木未經雕琢一樣的樸實無華，這就是所謂的"常德乃足，復歸於樸"的道理。

「樸散則為器，聖人用之，則為官長，故大制不割。」"道"的本體在"德"的物質世界所化生成的萬物萬物，就有如原木經過人工雕琢，可製成各種日常用具器皿一樣。"修道"程度已達"常德不離，復歸於嬰兒；常德乃足，復歸於樸"的悟道人士，將"大道"應用在人世間的各個領域去"行道"，不論在哪個領域都能領袖群倫，高人一等。

那是因為"道"與"德"是一個整體，是一體之兩面，"大道"這個宇宙客觀的自然規律，其大無外，其小無內，不論是"道"的靜態本體，還是在"德"的物質世界所化生成的萬物萬物之中，宇宙客觀的自然規律一以貫之，無處不在，均一體適用，無法分割，非人的意識所能轉移。

◎延伸閱讀：
一、《易經》天澤履卦講的是柔履剛，說明處於柔弱的時空地位，面對剛強之時，應如何處理應對。與本章中有關"知其雄，守其雌"相同類似，讀者可以參閱。天澤履卦辭：履虎尾，不咥人，亨。

直譯：「履」：追隨，行動，實踐，有禮的含義。「履虎尾」：跟在老虎尾巴後面走，隱喻身處險境，行事要小心謹慎，要有危機意識。「咥」音同謀：咬的意思。「不咥人」：隱喻不會出差錯。「亨」：亨通，吉利。〈所謂禮，就是以和為貴。是當時的社會立身處世的準則，也是實踐行動時必須遵循的準則〉

引申：跟隨在老虎尾巴後面何以不會被咬？反而會有益處，這要如何自處應對呢？「有禮行遍天下，無禮寸步難行」，只要以柔順、和悅、恭敬的態度，謙卑自處，以柔制剛，不論對方如何強大，也會被馴服，沒有危險，不但如此，更能從中獲得不少益處，所以能夠亨通。

卦義：在這個履的大時代中，代表與強者或危險接觸頻繁，行事必須和悅恭敬，謙卑自處，一切以禮以柔為遵循的準則，言行舉止要小心謹慎，但是要光明正大，內心不能有所愧疚，至於要如何才能獲吉呢？其細節部分當視六爻中不同之天、地、人而以不同之方法應對。

二、《易經》地火明夷卦講的是光明受到傷害，身處黑暗時期的應對方式，與本章中有關〝知其白，守其黑〞相同類似，讀者可以參閱。地火明夷卦辭：明夷：利艱貞。

直譯：「夷」：受傷。「明夷」：光明受到傷害。日落於地中，光明熄滅而晦暗。明夷卦日在地下，象徵政治十分險惡，是一個黑暗的時代，昏君在上，光明正大的君子遭受疑忌而受到傷害。「利艱貞」：君子處於這種艱難憂患的時代中，唯有知艱難不輕易用事，還要堅守正道，晦藏其明，不可隨波逐流。〈晦：昏暗〉

引申：君子處於上位者昏庸無道的黑暗時代中，形勢險惡，世道艱難，要如何才能明哲保身呢？離去則失其所，不離去又失其身，守正又易受傷害，唯有採取守正而自晦，外晦內明的策略，隱藏其明智，似晦暗於外，實明智於內，在自晦中保存光明，持守正道，不輕舉妄動，忍辱負重，明哲保身，以待時局的轉變，光明不致熄滅，終將由衰轉盛，變黑暗為光明。

三、地火明夷六五爻。爻辭：箕子之明夷，利貞。

直譯：「箕子之明夷」：就像是箕子面臨黑暗憂患時代的處境及其解決應對的態度一樣。隱喻處於黑暗憂患的時代中，既然無法力挽狂瀾，那就不規勸，不挽救，也不離去，採取晦其明智，內心堅守正道，深信光明不致熄滅終將到來的態度應對，以待時變。「利貞」：利於堅守正道。

明夷卦主上六為紂王，是昏暗傷明之君，所以明夷卦君位在上六，六五是臣位，切近上六有直接被傷害的危險。箕子是紂王叔父，紂王暴虐無道，微子出亡在外，比干被剖腹取心，箕子處境艱危，猶如六五之於上六，正之勢不敵，救之力不足，去之義不可，只能採取晦其明智，披髮佯狂以免受害，內心卻堅守正道不變，以維重現光明的一線生機。

引申：身處艱難黑暗時期，有直接受到傷害的危險，獨力難挽狂瀾，此時只有不柔不剛，不離不棄，明辨善惡，堅守正道，忍辱明志，暫時晦暗隱藏，因為光明不致熄滅，萬難之中未曾間斷的希望明燈終會大放光明。

象曰：箕子之貞，明不可息也。
意釋：箕子能堅守正道，乃因其堅持內在的信念，才使光明不會熄滅。

轉機：此時既然無法力挽狂瀾，那就不規勸，不挽救，也不離去，不計較一時的得失利害，採取堅持正道，隱忍沉潛，韜光養晦，以待時變的態度應對，深信光明不致熄滅，正義終將到來。

第二十九章　　天下神器

　　將欲取天下而為之，吾見其不得已。天下神器，不可為也，不可執也。為者敗之，執者失之。是以聖人無為，故無敗；無執，故無失。夫物或行或隨；或歔或吹；或強或羸；或載或隳。是以聖人去甚，去奢，去泰。

◎**本章主旨**：本章延續前一章加強說明客觀自然規律發展的趨勢，對立的事物發展變化到極點，總是朝著相反的方向轉化，說明爭強好勝、強取豪奪最終必將失敗，就算是獲得目標，也無法長久維繫下去。

　　老子在本章特別再深入講解物極必反、盛極而衰、兵強則滅、木強

則折的自然規律，並於萬事萬物中，列舉〝或行或隨；或歔或吹；或強或羸；或載或隳〞八項相互轉化的事物來加以驗證說明。

　　當我們面對具有如此發展趨勢的宇宙自然規律，在日常生活中應該以何種態度來面對呢？老子說：對〝道〞能有深刻領悟的聖人，把握住〝去甚，去奢，去泰〞這三項原則。凡事不為已甚，適可而止，言行不可過中，去掉那些極端、過分的言行舉止，始終保持著像〝道〞那樣謙虛低下而不盈滿的狀態，〝處中和，行無為〞，就可持盈保泰。

◎**重點提示**：本章中有關〝或行或隨；或歔或吹；或強或羸；或載或隳〞，各家版本解讀不一，令讀者不知所從。至於老子書寫時其本義為何？讓我們來仔細探討。

　　我們解讀《道德經》各章時，除了前後章精神要連貫，老子的哲學思想要貫通之外，各章的主旨要領能清晰了解，方能解讀無誤。本章老子接續前章的哲學思想內涵，加強說明對立的事物發展變化到極點，總是朝著相反的方向轉化，〝兵強則滅〞，〝木強則折〞是客觀自然規律發展必然的趨勢，在萬事萬物當中均一體適用，因此之故，老子特別舉例說明加以驗證。

　　〝夫物或行或隨；或歔或吹；或強或羸；或挫或隳〞，何以各家注解成兩種相對立者並存，而未依據本章主旨著眼於對立兩者之間相互轉化來加以解讀呢？這裏面的關鍵在於〝或…或〞的用法。「或…或」：有兩種意義，其一為：兩種以上的事物同時存在。其二為：兩個詞或兩個短語相互替換的性質。例如這個燈或明或暗，由明轉暗，由暗轉明。在此我們採用第二種意義，以符合老子在本章中的哲學思想。

　　另外老子在最後一段用〝是以聖人去甚，去奢，去泰〞，來補充說明行事不可超過應有的〝度〞，否則對立兩者之間就會相互轉化。本章強調與〝大道〞相悖離，私心貪婪，爭強好勝，終究無法逃脫物極必反的自然規律所規範，出自於有欲的分別心，主觀意識上所追求的目標終究失敗，就算是一時獲得，也無法持續長久。

◎**直譯**：「欲取」：主觀意識具有偏私的欲望，亟欲強取獲得心中目標。《道德經》中〝無為〞還是〝有為〞之分別，這裡面的關鍵就是〝無欲〞還是〝有欲〞之間的差別。因此老子這裡面所說的〝欲取〞，指的就是〝有欲〞之主觀意識以偏私的分別心，意欲獲取個人慾望滿足的意念。

　　「天下」：比喻一國君王之大位及治理國政。「將欲取天下」：在〝有

欲〞之主觀意識下，以偏私的分別心，意欲獲取君王之大位及治理國政成功。「而為之」：出自於個人私心而有所作為，也就是老子所說的〝有為〞。「不得」：不能達到其目的。「吾見其不得」：依老子所見，這種方式是不可能辦得到或得到的事情。「已」：副詞。罷了，算了。不是〝不得已〞，而是〝不得，已〞。

「神器」：神聖的物。「天下神器」：比喻一國君王之大位及治理國政，是神妙不可思議的公器，不是個人私慾所能擁有控制。「不可為也，不可執也」：不可以偏私〝有欲〞之主觀意識，違背自然規律而刻意的有所作為，否則這種出自私心把天下據為己有的〝有為〞，意欲想要獲取君王大位或順利治理國政，必然會招致失敗。「執」：掌握、執掌。引申為據為己有。「是以」：所以。「無為」：順應自然而不強取大位或強制執行政事。

「夫」：用於句首，有提示作用。「物」：指人，也指一切萬事萬物。「或…或」：在這裡應解釋為兩個詞或兩個短語相互替換的性質。例如或明或暗。「或行或隨」：為了爭先強行在前，由於體力不支，不久即隨行在後。「歔」：音同虛。天氣寒冷，緩慢哈氣，俾使手部溫暖。「吹」：用力急速的吹氣。冬天寒冷手部取暖時，若是急速吹氣則愈加寒冷，具有反效果。「強」：身強力壯。「羸」：音同雷。疲憊、虛弱。

「載」：用交通工具裝載、承受。「隳」：音同輝。毀壞、損毀。「或載或隳」：用交通工具裝載貨物，若貪心不足，嚴重超載裝運，載具旋即損壞。「甚」：過分、過度。這裡指的是行為上的超過。「奢」：這裡指的是生活上的奢侈、浮華。「泰」：大之極，極大。這裡指的是數量上的過多。

◎**意釋**：〝道〞的靜態本體就是一片虛無、混沌未明、陰陽未判、動靜未分、陰陽平衡、和諧統一的量子信息能量場。當人起心動念出自於〝無欲〞，沒有出自於個人主觀意識偏私的分別心，沒有妄想得到個人慾望滿足的妄念，這就是〝有德〞。

〝無欲〞轉化成的具體行為就是〝無為〞，進而達到〝無為而有所為〞，全而歸之，由〝不爭〞轉化為〝天下莫能與之爭〞而有所得。正因為不刻意爭強好勝的去爭奪，完全因循自然的規律行事，〝相反相成〞相互轉化之下，所以才能到達天下無人可與他爭奪的地步。

當人起心動念出自於〝有欲〞，與〝道〞的靜態本體相悖離，由於個人私欲所產生的分別心，就會在〝德〞的動態物質世界，產生相互矛

盾的對立衝突與糾紛,這就是〝無德〞,也是〝無得〞,無所得就必定有所損失。這種與〝道〞悖離的思想意念所產生的不正常現象,非但沒有好的結果,而且無法持續長久。

　　前一章老子在〝知其雄,守其雌〞之中,闡述〝大道〞中所蘊含的客觀自然規律發展的趨勢,對立的事物發展變化到極點,總是朝著相反的方向轉化,說明剛強雖至巔峰,但已是強弩之末,開始轉向衰敗之途。我們應該從中瞭解〝物壯則老〞,〝兵強則滅〞,〝木強則折〞的道理,知道不能守住〝大道〞的本體,達到〝復歸於嬰兒、復歸於樸〞的最佳狀態,而與〝大道〞相悖離,私心作祟,目標是無法依靠強爭硬奪而獲得。

　　就算是獲得目標,當目標獲得的當下,就已經開始走上了盛極而衰的窮途末路,來日無多。因此老子在本章特別再深入講解物極必反、盛極而衰、兵強則滅、木強則折的自然規律,並舉例加以詳細說明。

　　「將欲取天下而為之,吾見其不得已。」,當起心動念在〝有欲〞之主觀意識下,以偏私的分別心,意欲想要獲取君王之大位及順利治理國政,這種私心作祟與〝大道〞相悖離的刻意作為,也就是〝有為〞,依老子所見,是不可能辦得到的事情罷了!

　　「天下神器,不可為也,不可執也。為者敗之,執者失之。」,一國君王之大位及治理國政,是神妙不可思議的公器,不是個人私慾所能擁有控制。不可以偏私〝有欲〞之主觀意識,違背自然規律而刻意的有所作為,否則這種出自私心把天下據為己有的〝有為〞意圖,意欲想要獲取君王大位或順利治理國政,就算是一時的獲取大位,最終還是會招致失敗而失去政權。

　　「是以聖人無為,故無敗;無執,故無失。」,所以,對〝道〞能有深刻領悟的聖明統治者,其治理天下一切作為順應自然,處無為之事,行不言之教,無為而治。君王之所以有天下,非強取豪奪而獲得之,實乃萬民歸之,不得已而受之。由於〝無欲〞、〝無為〞,進而達到〝無為而有所為〞,全而歸之,所以就不會失敗。認為國家是公器,無私心不據為己有,正因為不刻意爭強好勝的去爭奪,完全因循自然的規律行事,由於〝不爭〞轉化為〝天下莫能與之爭〞,也就沒有所謂的失去。

　　萬事萬物有著客觀的發展規律,而這種客觀的規律,是不以個人意志為轉移的,只要矛盾雙方達到一定程度,就會發生質的轉變,如果強制而為,就會違背這種規律,即使暫時得到了天下,也猶如曇花一現,而不能長久持有。

　　反者〝道〞之動,〝兵強則滅〞,〝木強則折〞,剛強到達一定程度,

就會開始往反面發展，這是自然規律發展的趨勢，也是本章敘述的重點。老子列舉〝天下神器，不可為也，不可執也〞，說明其中就蘊含著這種道理，宇宙客觀自然規律在萬事萬物當中都一體適用，毫無例外，因此，又列舉〝行、隨；歔、吹；強、羸；載、隳〞，這八項既相對立又相反相成，相互轉化的現象，說明宇宙間一切人、事、物，在一定的條件下，都會產生相對的轉化。

「夫物或行或隨；或歔或吹；或強或羸；或載或隳。」，為了爭先強行爭前者，時間一久，由於體力不支，不久即隨行在後；天寒地凍，手腳凍僵之下，緩慢哈氣可以使手部溫暖。若是心急貪多使勁急速的吹氣，非但不能使手部溫暖，反而更加的寒冷；身強力壯者，若是日以繼夜超時的工作，也會因體力的透支，身體更加的疲憊虛弱；用交通工具裝載貨物，若貪心不足，嚴重超載裝運，載具也會不堪負荷而旋即損壞。這些都在在的說明，不論是在任何一個領域，行事超過應有的〝度〞，事物發展到達極點，就會往反面發展，老子希望我們引以為戒。

「是以聖人去甚，去奢，去泰。」，面對如此發展趨勢的宇宙自然規律，我們在日常生活中應該以何種態度來面對呢？老子說：對〝道〞能有深刻領悟的聖人，把握住〝去甚，去奢，去泰〞這三項原則。也就是去除私慾分別心，在行為上不要過度；在物質生活上不要奢侈浮華；喜愛之物在數量上不可要求過多。戒盈忌滿，不為已甚，凡事適可而止，言行不可過中，去掉那些極端、過分的言行舉止，始終保持著像〝道〞那樣謙虛低下而不盈滿的狀態，〝處中和，行無為〞，就可持盈保泰。

◎延伸閱讀：
一、老子哲學思想中〝無欲〞和〝有欲〞影響事件未來的走向，但是甚麼是〝有欲〞？甚麼才是〝無欲〞呢？我們要如何加以區分取捨？這個問題自古以來困惑了許多人。《易經》天雷無妄卦的卦爻辭可供讀者參考。◎卦辭：無妄：元亨，利貞。其匪正有眚，不利有攸往。

直譯：「妄」：亂，虛妄，狂妄無知，虛妄不實之意。「無妄」：勿起妄念，勿輕舉妄動，誠正無私之意。「元亨，利貞」：具有元始，亨通的象徵，但是必須守純正之道才能有利。「匪」：不，非也。「眚」音同省：眼疾，人禍。「匪正有眚」：所作所為如不合乎正道，則會帶來人禍。「不利有攸往」：前往或行事則會有所不利。

本卦上天下雷，有如天道在上，威震於下，震主動，動以天理，則

無妄，動以人慾則有妄。順乎自然而動則無往而不利，應乎人慾而動，不正必有人禍。就無妄全卦而言，往吉或者不吉，端視動之以天，還是動之以人，前往行事吉利與否是有條件的。

引申：如能合乎天理正道，以誠正無私之心，順其自然而去行事，則會有好的開始與結果。如不依正道而行，且有私心作祟，會有人禍發生，前行是不利的。

卦義：處於無妄的時代，行事要遵循規律，順應自然，無私心，不妄求，毋苟得，當行則行，當止則止，一切依時而定，時宜當動，動則有利，時窮當靜，動則有災，災由外生，咎由自取，此時應靜觀其變，不宜妄行。整體而言，應審時度勢，因時制宜，不要固執不知變通。

二、天雷無妄初九爻。◎爻辭：無妄，往吉。

直譯：「無妄往吉」：以誠正無私的態度，沒有虛妄的往前行，則能得以遂志，一償己願之意。往而得吉，不往反而不能得吉。
　　初九為無妄卦主，居無妄之始，初九之動，本乎初心，動合天理，無繫戀之私，行必守正，因而往必得吉。

引申：出發點正確，本於至誠，應乎天理，如此沒有虛妄的去行事，當然是往則有利，焉能不吉。

三、天雷無妄六二爻。◎爻辭：不耕穫，不菑畬，則利有攸往。

直譯：「不耕穫」：不要剛播種就盼望著收穫。隱喻不要急功好利，不要有不勞而獲的分外之想。「菑」音同資：一年的生田。「畬」音同於：三年的熟田。「不菑畬」：不要剛墾荒一年就盼望成為三年的熟田。隱喻不要期望過高。不要有急於求成的想法。
　　六二陰爻居陰位，陰虛不實，故產生虛妄之求，與九五正應，只要順天應時，不要有分外之想，這才是有利的，但是若有分外所求，奢求妄想的前往行事，則有害無益。

引申：只問耕耘，不問收穫，不急功好利，不求非分之想，不好高騖

遠，不妄求一夕致富，腳踏實地，順其自然，依道而行，能夠如此的去行事，當然是有利的。反之，則不利於有所前往。

第三十章　物壯則老

　　以道佐人主者，不以兵強天下。其事好還。師之所處，荊棘生焉。大軍之後，必有凶年。善者果而已，不以取強。果而勿矜，果而勿伐，果而勿驕。果而不得已，果而勿強。物壯則老，是謂不道，不道早已。

◎本章主旨：老子延續前一章的精神，將戒盈忌滿的哲學思想引用到軍事領域，藉著兵家之道來論述「藏而不顯」的〝道〞。從《道德經》中，我們可以領悟出老子的戰爭觀、戰略觀和戰術觀，是以〝無為〞、〝守靜〞、〝守柔〞、〝處下〞為指導原則。

　　老子告誡歷代君主和戰爭實施者，戰爭的目的一旦實現，即刻罷手，不要因戰爭取得勝利而狂歡、驕傲、再逞強，要把心思放在戰爭之後的各種善後事情上面，使其儘量合乎〝道〞的原則。

　　軍隊沒有成功獲得預定戰略目標，在師老兵疲狀況之下，自負逞能的勉強發動另外一場戰爭，不合乎〝道〞的思想，悖離了用兵之道，〝兵強則滅〞、〝木強則折〞、〝物壯則老〞，導致軍隊提早走向衰敗滅亡，這就是〝無道〞。

◎重點提示：
一、本章可分為五個段落，在此先概要解讀，俾利讀者先行進入狀況。
　　第一段「以道佐人主者，不以兵強天下。其事好還」。為君主出謀劃策的有道謀士，在用兵方面，不會逞強好勝，以強凌弱，窮兵黷武的用兵去侵略他國。因為深信天道循環，屢報不爽，今日如何對待他人，相同果報他日必定應在己身。
　　第二段「師之所處，荊棘生焉。大軍之後，必有凶年」。說明戰爭殘酷的行為，其所造成災難的後果極為嚴重，軍隊所到之處人民流離失所，田園荒蕪，荊棘叢生，一片荒涼的景象。戰爭過後，瘟疫流行，旱魃為虐，天災人禍，雜遝而至，是餓殍遍野的饑荒年歲，人民難以生存。
　　第三段「善者果而已，不以取強。果而勿矜，果而勿伐，果而勿驕」。

說明善於用兵之道的謀士，了解〝兵強則滅〞，物極必反的自然規律。當戰略目標獲得之後，就適時停止繼續戰爭，不會為了貪功而剛愎自用，以強勢的兵力趕盡殺絕，擴大戰果。也不會因為戰略目標之獲得而輕敵自負、自誇其功、驕傲自滿。

第四段「果而不得已，果而勿強」。說明鏖戰日久，雖然戰術上獲得勝利，但是戰略目標卻未能圓滿達成，此時也要停止持續作戰，儘早恢復和平。因為師老兵疲，自負逞能的勉強持續發動戰爭，勢必會付出更為慘重的代價。因為自然的規律是戒盈忌滿，戰果雖不滿意但可以接受之下，就不要勉強的要求圓滿，否則事與願違。

第五段「物壯則老，是謂不道，不道早已」。老子在最後總結本章要旨，為何不可〝兵強天下〞、〝不以取強〞、〝果而勿強〞？那是因為事物發展變化到極點，總是朝著相反的方向轉化，這也是自然規律發展的趨勢，老子特別以〝物壯則老〞來驗證此一自然規律，進一步說明用兵之道要戒盈忌滿，否則就是〝無道〞，與〝大道〞相悖離，這支軍隊就會提早走向衰敗滅亡。

二、本章之中「善者果而已，不以取強。果而勿矜，果而勿伐，果而勿驕；果而不得已，果而勿強」這部分內容，其中有六個「果」字，部分學者解讀時，均以「得到結果」來解釋，其實這六個「果」字意義不盡相同。

「善者果而已」指的是戰略目標已經成功獲得，就停止繼續戰爭；「果而勿矜，果而勿伐，果而勿驕」指的是戰略目標已經成功獲得之後，要勿矜、勿伐、勿驕；「果而不得已」指的是戰略目標未能圓滿獲得，就停止繼續戰爭；「果而勿強」指的是不要勉強用兵，來追求戰略目標的圓滿獲得。「有果時要勿矜、勿伐、勿驕，無果時要勿強。」有了戰果不要自大，不要自誇，不要驕傲；如果不能取得戰果，也不要勉強。

用兵之道在戰爭中應採取的態度，〝有果即止，無果勿強〞，因為〝物壯則老，是謂不道，不道早已〞。〝果而勿矜，果而勿伐，果而勿驕〞是「有果」時應持的態度；〝果而不得已，果而勿強〞是「無果」時應持的態度。當戰爭發生要用兵的時候，也要遵循〝道〞的原則，不可過分的用兵逞強。

◎**直譯**：「佐」：輔佐。「人主」：古時專指一國之主，即君王。「兵強天下」：逞強好勝，以強凌弱，窮兵黷武的用兵去侵略他國以滿足自己

的私慾。「其事」：善與不善，如何用兵這件事。「好還」：還報、報應。天道好還，報應不爽，用兵這件事一定會有相同的果報。

「師」：古代軍隊編制，二千五百人為一師。泛指軍隊。「師之所處」：軍隊屯兵駐紮之處。引申為軍隊所經過的地方。「荊棘生焉」：人民皆流離失所，因而田園荒蕪，荊棘叢生。「凶年」：收成不好、鬧饑荒的年歲。

「善者」：循〝道〞而行，善於用兵之道者。「果」：成功獲得戰略目標。「已」：停止戰爭。「善者果而已」：善於用兵之道者，當戰略目標成功獲得之後，就停止繼續戰爭。「取強」：逞強、好勝。「不以取強」：取得戰果就應適時罷手，不能憑藉著勝利餘威，以強勢兵力趕盡殺絕。

「勿矜」：不要自尊、自大、自負。「勿伐」：不要爭功而誇耀自己的功勞。「勿驕」：不要驕傲逞能。「果而不得」：戰略目標不能圓滿獲得。「已」：停止戰爭。「果而不得已」：戰術上雖然獲得勝利，但是戰略目標卻未圓滿達成，此時也要停止持續作戰，不要再發動另外一場戰爭。

「勿強」：音同搶。不要逞能而勉強行事。「果而勿強」：不能為了要達到戰略目標，在師老兵疲之下，逞能的勉強發動另外一場戰爭。「物壯則老」：反者〝道〞之動，萬事萬物發展強盛到達極點，盛極必衰，就會往反面發展，走向衰老敗亡，這是宇宙自然不變的規律。

「不道」：無道。在師老兵疲之下，逞能勉強發動另外一場戰爭，悖離了用兵之道，等於是胡作非為。「早」：提早。「已」：停止，衰敗滅亡。「不道早已」：萬事萬物都有其一定的生命周期，最終都會走向滅亡，勉強用兵就是〝無道〞，〝兵強則滅〞，〝木強則折〞，〝物壯則老〞，軍隊就會提早走向衰敗滅亡。

◎ **意釋**：〝道〞內在所蘊含的宇宙自然規律，在萬事萬物之中均一體適用，《道德經》是一部哲學的書籍，並非兵書，老子從哲學的角度出發，論述哲學的內涵，當然也會涉及到軍事領域，但是只是舉例子而已。本章是老子在《道德經》中第一次以〝兵〞講〝道〞。藉著兵家之道來論述「藏而不顯」的〝道〞。《道德經》在第三十章、三十一章及第六十八、六十九章，專門論述用兵之道及軍事思想，將道學思想和德行天下的理念引用到軍事領域。

《道德經》五千餘言之中，談及兵學與戰爭的內容主要的就是上述四章，其餘偶而涉及軍事的章節不足十章。從《道德經》中，我們可以領悟出老子的戰爭觀、戰略觀和戰術觀，是以〝無為〞、〝守靜〞、〝守柔〞、〝處下〞為指導原則，充滿智慧及邏輯辯證思維。

「以道佐人主者，不以兵強天下。」，春秋時期天下動亂，群雄紛起，諸侯爭霸，各諸侯之間戰爭不斷，有些〝無道〞君主逞強好勝，以強凌弱，窮兵黷武的用兵強勢去侵略他國，以滿足自己的私慾。有些君主在治理天下的時候，用兵之策會事先徵詢輔佐他的謀士，這些人若是為了獲得軍功，過分誇大軍事的作用，就會影響君主的做法。運用〝大道〞的原則來輔佐君主的謀士，從來不會建議用戰爭和武力的手段來逞強於天下。

兵凶戰危，生命塗炭。孫子曰：兵者，國之大事，死生之地，存亡之道，不可不察也。上兵伐謀，其次伐交，其次伐兵。〝明道〞的君主及謀士不會窮兵黷武輕易的訴諸武力,因為擅自發動戰爭是〝天下無道〞的表現。用兵之道是先以德服人，在一切其它努力皆無效，已無迴旋空間，迫不得已之下才會興兵作戰。

「其事好還」，天道循環，屢報不爽；虧盈好還，禍釀身后。所謂「作善餘慶，作惡餘殃」，種什麼種子就結什麼果，這是自然規律中因果循環不變的法則，不以人的主觀意志而改變，更不是僥倖所能苟免。戰爭的發動者，最終會自食其果成為戰爭的受害者，當初如何對待他人，他日必然也會得到相同的回報，所以用兵這件事情千萬要慎重，因為一定會有相同的因果報應。以牙還牙，以怨報怨之事，天下隨處可見，皆是失道離德，不明因果之必然所致。

「師之所處，荊棘生焉。大軍之後，必有凶年。」，戰爭是人類最愚昧又殘酷的行為，其慘烈程度令人觸目心驚，災難後果極其嚴重，傷敵一千，自損八百，雙方都不會有好下場，戰敗者傷殘累累，國破家亡；勝利者所付出的代價也是極其慘重。

戰爭時期，軍隊所到之處必定造成血流成河，人民流離失所，耕種失時，田園荒蕪，荊棘叢生，一片荒涼的景象。戰爭過後，瘟疫流行，民生凋敝，人口銳減，旱魃為虐，淫雨成災，餓殍載道，天災人禍，紛至遝來，必定是鬧饑荒的年歲，人民難以生存。

「善者果而已，不以取強。」，用兵之道，全在於用之〝善〞與〝不善〞之間。循〝道〞而行，善於用兵之道的謀士，能夠了解〝兵強則滅〞，〝木強則折〞，物極必反的宇宙自然規律。當戰略目標成功獲得之後，就應適時罷手，停止繼續戰爭，多注意戰爭善後之事，不能憑藉著勝利餘威，剛愎自用，以強勢的兵力趕盡殺絕，為所欲為。

「果而勿矜，果而勿伐，果而勿驕。」，當戰略目標成功獲得之後，要能謙卑用兵，知己知彼，不要狂妄自大而輕敵自負；不要居功自傲，

自吹自擂的自誇其功；更不要有功則忘乎所以，驕傲自滿的逞能，窮追猛殺，否則驕兵必敗。

「果而不得已，果而勿強。」，戰術上雖然獲得勝利，但是戰略目標卻未達成，此時也要停止持續作戰，儘量恢復和平，不要再發動另外一場戰爭。師老兵疲之下，千萬不能為了要達到戰略目標，逞能的勉強發動另外一場戰爭，因為勉強作戰必將有更大的殺戮，勢必損兵折將，會付出更加慘重的代價。要知道自然的規律是戒盈忌滿，戰果雖不滿意但可以接受之下，就不要勉強的要求圓滿。

「物壯則老，是謂不道，不道早已。」，萬事萬物都有其一定的生命周期，最終都會走向滅亡，反者〝道〞之動，萬事萬物發展強盛到達極點，盛極必衰，就會往反面發展，走向衰老敗亡，這是宇宙自然不變的規律。

軍隊沒有成功獲得預定戰略目標，在師老兵疲狀況之下，自負逞能的勉強發動另外一場戰爭，不合乎〝道〞的思想，悖離了用兵之道，〝兵強則滅〞，〝木強則折〞，〝物壯則老〞，導致軍隊提早走向衰敗滅亡，這就是〝無道〞。因此，多行不義必自斃，不行大道必早夭，這個道理不僅用兵如是，萬事萬物皆是如此。

◎延伸閱讀：
一、《易經》地水師卦的卦爻義，與老子哲學思想中的用兵之道，讀者可以互相參考。地水師卦辭：師：貞，丈人，吉，無咎。

直譯：「師」：兵眾，軍隊，行軍作戰。「貞」：正也。興兵作戰的目的要正確，也就是要師出有名。「丈人」：以老成持重、眾所畏服，具有才能與謀略的人為將領。「吉」：具備這兩個條件，作戰才能獲勝得吉。「無咎」：兵凶戰危，生民塗炭，勞民傷財，造成災害，由於是正義之師，民心歸向，願意順從，所以無咎。

引申：人類自古以來就不停的戰爭，師卦講的就是如何興師動眾，出兵作戰，要獲得戰爭最後的勝利，就必須具備下列二大原則：
一、要掌握戰爭的性質，作戰的目的要正確，師出有名，是救民於水火的正義之師。
二、要善於選用統帥將領，要以老成持重、眾所畏服，具有才能、謀略者為將領來統帥用兵，這兩個問題做好了，就能掌握住勝負的關鍵而獲

吉。兵凶戰危，生民塗炭，但是師出有名，是解救萬民於倒懸之苦的王者之師，民心歸向，簞食壺漿以迎王師，故也能無咎。

卦義：在師的大時代中，講的是用兵之道。《孫子兵法》開宗明義的說：「兵者，國之大事，死生之地，存亡之道，不可不察也！」，可見得兵凶戰危，後果極為嚴重，不可不慎。

　　卦辭強調戰爭獲勝的兩大原則，在戰爭之前就必須妥為準備，才能既取勝又能獲得人心。1、作戰的目的要正確，為誰而戰，為何而戰，師出有名，要行正義之師。2、慎選才能、謀略、品德優異，經驗豐富，老成持重，具有威望的將領為統帥。

二、地水師九二爻。◎爻辭：在師中，吉無咎，王三錫命。

直譯：「在師」：正在帶兵作戰的統帥。隱喻負責行事的人。「中」：以中庸之道行事。「在師中」：雖然將在外，君命有所不受，但是也要看情況，不能過於專權，否則易受猜忌而惹來禍端，要善於掌握適度的分寸，這個分寸就是「中」，要合乎中庸之道，行事不偏不倚。「吉無咎」：能夠勝利成功，沒有過錯。「三錫命」：錫通賜。周禮，一命受爵，二命受服，三命受馬車，三錫命是最高的獎賞。「王三錫命」：隱喻深受上位者的倚重，再三賞賜以鼓勵其儘速達成使命。

　　九二是本卦唯一陽爻，居下卦之中，是一卦之主，為眾陰所歸，又與六五正應，象徵帶兵作戰的統帥，在外作戰有專主之權，統帥在外不專主則無法帶兵作戰以獲得勝利，但是過於專主又有失在下之道，應視情況掌握分寸，以中庸之道行事才能吉無咎。君王三次重賞有功的將帥，是希望早日結束戰爭，以安撫受苦之百姓。

引申：當事者既然受到上位者的信賴委任，其在外所作所為應以合乎中庸之道，不違背上位者主觀意識為原則，如此不但吉祥無災，還能獲得上位者的肯定與讚揚。但是事情不要拖太久，要速戰速決。

象曰：在師中吉，承天寵也。王三錫命，懷萬邦也。

意釋：主事者在外行事能掌握分寸，與上位者互動良好，獲得上位者的信賴與支持。上位者給予豐富的賞賜，希望儘速完成任務，以解黎民

之苦。

三、地水師六三爻。◎爻辭：師或輿尸，凶。

直譯：「輿」：車子。「尸」：陣亡將帥的屍體。「師或輿尸」：出兵作戰，卻用車子載回陣亡將帥的屍體，顯然戰敗而返。

六三陰爻陽位，不中不正，又處下坎之極，乘凌九二陽剛，象徵才弱志剛，思慮不周，事權不能統一，多頭馬車，在主客觀條件均不利狀況下，冒險躁進，結果大敗而歸，焉能不凶。

引申：您身為主其事者，由於才弱志剛，思慮不周，事權不能統一，多頭馬車，在天時、地利、人和主客觀條件均不利的狀況下，冒險躁進的前往行事，結果遭受徹底的失敗，無功而返。

第三十一章　兵者不祥

　　夫兵者，不祥之器，物或惡之，故有道者不處。君子居則貴左，用兵則貴右。兵者不祥之器，非君子之器，不得已而用之，恬淡為上。勝而不美，而美之者，是樂殺人。夫樂殺人者，則不可以得志於天下矣。吉事尚左，凶事尚右。偏將軍居左，上將軍居右，言以喪禮處之。殺人之眾，以悲哀泣之，戰勝，以喪禮處之。

◎**本章主旨**：本章老子闡述在萬不得已之下用兵作戰，我們應該要抱持著何種心態來面對戰爭？老子首先說明兵器與戰爭都是不祥之事物，絕大部分人都厭惡它，平時右方代表不吉祥的事情，因此在用兵作戰的時候，其禮儀則以右方為尊，上將軍居右方主位，以凸顯用兵作戰是不祥的凶事。

　　縱然被迫無奈的必須使用戰爭手段，應抱持著恬靜淡泊之心態，速戰速決，適可而止。否則就是〝無道〞的暴君，這種以戰勝為美，逞強為能，殺人為樂的行為，縱然獲得一時的勝利，必遭天譴人怨，不可能獲得天下歸心，國祚更不可能長久。

　　戰爭中敵我雙方會犧牲千萬人的生命，因此要用哀痛的心情來面對戰爭，戰爭結束後，也應該懷著悲痛的心情，以辦喪事的禮節儀式來處

理對待陣亡者，以告慰他們的亡靈，藉以表示對生靈的尊重和對殺戮的懺悔。

◎ **重點提示**：本章中「夫〈佳〉兵者，不祥之器」，部分版本認為〝佳〞字是衍字，予以刪除，部分版本將〝佳〞字予以列入。讓我們藉此來探討究竟誰是誰非？

王弼、河上公所注原版本為「夫佳」。老子在前幾章之中，有相同類似的用句，例如：第二章「夫唯弗居」，第十五章「夫唯不可識」，「夫唯不盈」，第二十二章「夫唯不爭」。因此，《帛書老子校注》的作者高明則考證說：「佳，當為隹。字之誤也。」又訓隹為唯之假字。王念孫《讀書雜誌》舉出許多理由，認為「夫佳」是「夫唯」之誤。

「兵者」，本義為兵器，引申為兵士、軍隊、軍事、戰爭等。「夫〈佳〉兵者，不祥之器」，經判斷有可能後世人認為〝兵〞指的就是兵器，〈佳〉就應該是〈佳〉的誤植，指的就是鋒利又美觀的兵器。如此就將本章老子要闡述的範圍，縮小到僅限於鋒利又美觀的兵器上面，與後續內容精神不符。更何況兵器不論是否鋒利美觀，均是不祥之事物，人皆惡之。由此判斷，「夫佳」可能是「夫唯」之誤。

但是馬王堆漢墓帛書《老子》甲乙本皆無「佳」字，也無「唯」字。「夫兵者，不祥之器」與「夫唯兵者，不祥之器」，兩者之間差異不大，均可用同一方式來注解，因此本書認為「佳」是衍字，採用「夫兵者，不祥之器」的方式來解讀。

◎ **直譯**：「夫」：文言發語詞。「兵者」：本義為兵器。以後逐漸引申為兵士、軍隊、軍事、戰爭等。例如兵不厭詐、孫子曰：兵者，國之大事，死生之地，存亡之道，不可不察也。「不祥」：不吉祥。「器」：器物，引申為萬事萬物。「不祥之器」：不吉祥的事物。

「物」：指的是我以外的人。引申為眾人。「或」：近似，非全面性。在這裡引申為普遍性。「物或惡之」：眾人普遍的厭惡它。「不處」：不願置身其中。引申為不願接受，不屑為之。「君子」：指人格高尚、道德品行兼好之人。在這裡指的是君主及諸侯國的國君，有能力發動戰爭的人。「居」：平時，平常。「貴」：注重、重視。

「貴左」：古時候的人在陰陽分類方面，認為左陽而右陰，陽生而陰殺，陽吉而陰凶，貴陽而賤陰，左為青龍，萬物吉祥之象。因此平時都是吉事尚左，以左為尊，以左方為主位，而且非常重視此一禮節。〝貴

左〞、〝貴右〞、〝尚左〞、〝尚右〞、〝居左〞、〝居右〞，都是古時候在不同場合時應有的禮儀。

「用兵」：在用兵作戰的時候。「用兵則貴右」：右為白虎，萬物肅殺之象。平時右方代表凶殺不吉祥的事情，而用兵作戰乃不祥主凶之事，因此在用兵作戰的時候，其禮儀則是凶事尚右，以右為尊，以右方為主位。

「非君子之器」：不是君子應該使用的事物。「不得已」：在萬不得已之下，雖然違背本意，無可奈何的還是必須去做。「而用之」：使用兵器與發動戰爭。「恬淡為上」：最好抱持著恬靜淡泊之心態，不熱中戰果與名利。

「美」：得意，高興。「樂」：喜好。以此為樂。「尚」：重視推崇之意。「偏將軍」：軍隊的副將。「上將軍」：軍隊的主將、統帥。「言」：也就是說。「以」：用的意思。「喪禮處之」：應該懷著悲痛的心情，以辦喪事的禮節儀式來處理對待戰死的人。

「殺人之眾」：戰場上敵我雙方陣亡者眾多。「悲哀」：傷心、難過的心情。「泣」：只掉眼淚而不出聲的哭，或指低聲的哭。「以悲哀泣之」：抱持著傷心難過哀悼的心情暗自落淚。

◎**意釋**：在第三十章及第三十一章這兩章之中，老子闡述了他的戰爭觀，前一章著眼於戰略觀與戰術觀，說明用兵之道是先以德服人，在一切其它努力皆無效，已無迴旋空間，迫不得已之下才會興兵作戰。戰爭的目的一旦實現，要即刻罷手，戰爭獲得勝利要〝勿矜、勿伐、勿驕〞。

當戰略目標成功獲得之後，就應適時罷手，停止繼續戰爭，不可貪功逞強而再發動戰爭。預定戰略目標未成功獲得，師老兵疲狀況之下，不可自負逞能的勉強發動另外一場戰爭，要知道〝兵強則滅〞，〝物壯則老〞，否則就會提早走向衰敗滅亡。本章老子闡述在萬不得已之下用兵作戰，我們應該要抱持著何種心態來面對戰爭？

「夫兵者，不祥之器，物或惡之，故有道者不處。」，兵器與戰爭都是不吉祥之事物，絕大部分的人都厭惡它，所以有〝道〞的君主或有能力發動戰爭的有〝道〞之士，絕不會使用兵器輕易的來發動戰爭。

「君子居則貴左，用兵則貴右。」，古時候的人認為左陽而右陰，陽生而陰殺，陽吉而陰凶。因此，有〝道〞的君主平時都是吉事尚左，以左為尊，以左方為主位，而且非常重視此一禮節。平時右方代表凶殺不吉祥的事情，而用兵作戰乃不祥主凶之事，因此在用兵作戰的時候，

其禮儀則是凶事尚右，以右為尊，以右方為主位。

「兵者不祥之器，非君子之器，不得已而用之，恬淡為上。」，君子好德惡殺，兵器與戰爭都是不吉祥之物，不是有〝道〞的君主應該使用的事物，在萬不得已的狀況下，誅無道以安百姓，不得不為之，雖然違背本意，被迫無奈的還是必須使用戰爭手段，縱然使用了這個手段，最好能抱持著哀矜勿喜、恬靜淡泊之心態，淡然處之，不逞兵威，不以殺戮為心，速戰速決，適可而止，不要熱中戰果與名利，而且是戰略目標一經達成，立即偃兵息鼓，不要繼續逞強來擴大戰果。

「勝而不美，而美之者，是樂殺人。」，如果戰爭獲得勝利，有〝道〞的君主也因勝利的果實是殺人無數、血流成河，成千上萬的生命犧牲代價而獲得，心中充滿著哀傷，不會感到一絲的喜悅，更不會認為這是一件美事。戰爭勝利後，若是興高采烈的自鳴得意，感覺無比快意而自我炫耀，則是殺人成性，以殺人為樂，毫無悲天憫人胸懷，凶殘暴戾，喪失善德的〝無道〞暴君。

「夫樂殺人者，則不可以得志於天下矣。」，這種以戰勝為美，以逞強為能，以取勝為心，以殺人為樂，以稱霸為榮的暴君，縱然能獲得一時的勝利，由於與〝大道〞相悖離，失人心者失天下，必遭天譴人怨，不可能獲得天下歸心，國祚更不可能長久，其稱霸天下的夢想，終歸會成為夢幻泡影。

「吉事尚左，凶事尚右。偏將軍居左，上將軍居右，言以喪禮處之。」，按照古時候的禮儀，吉事以左為尊，凶事則以右為尊，用兵作戰是不祥之凶喪之事，所以在軍隊行伍之中，都是以右為尊，身為統帥地位的上將軍，因此居右邊的上位，而身為輔佐地位的偏將軍，則位居左邊的下位。〝偏將軍居左，上將軍居右〞，之所以會如此設定規範禮儀，也就是說，〝天道〞有好生之德，戰爭中成千上萬的生命犧牲，要用哀痛的心情來面對戰爭。戰爭結束後，也應該懷著悲痛的心情，以辦喪事的禮節儀式來處理對待戰死的人。

「殺人之眾，以悲哀泣之，戰勝，以喪禮處之。」，老子在最後提醒我們，兩軍對陣，必有傷亡，殺敵一千，自損八百，每一個人都是人生父母養的，面對戰場上敵我雙方無數被殺陣亡的將士，血染山河，屍橫遍野，天地為之含悲，草木為之悲泣，我們都應該抱持著傷心難過哀悼的心情暗自落淚。戰爭結束後，戰勝者要用喪禮的儀式來對待我軍陣亡者，為死難者舉行葬禮，以告慰他們的亡靈，撫慰他們的親人，藉以表示對生靈的尊重和對殺戮的懺悔。

◎延伸閱讀：

一、訟無好訟，雖勝亦凶。《易經》中天水訟卦的意境與老子用兵作戰哲學思想相同類似，讀者可參閱，從中獲得啟示。天水訟卦辭：訟：有孚窒，惕中吉，終凶。利見大人，不利涉大川。

直譯：「孚」：誠實信用。「窒」：窒礙難行，意不得伸。「惕」：戒慎恐懼。「中吉」：和平恬靜而不激烈，以中庸之道行事就能獲吉。「終凶」：訟無好訟，纏訟不休，雖勝亦凶。「利見大人」：爭訟之時，最好能遇上公正廉明的仲裁者，才能主持公道。「不利涉大川」：沒有條件戰勝大險大難，不宜心存僥倖的冒險求勝。

引申：一方誠信若遭受質疑不被信任之時，所解釋的理由又不被對方所接受，雙方各具一詞，各有其理，意見溝通又窒礙難行，有冤難伸，迫不得已之下只好興訟，此時應戒慎恐懼，保持冷靜的頭腦，行為和平恬靜而不過於激烈，以免擴大爭端，雙方誠意化解紛爭，以息訟為上策，這樣就可以獲吉。否則訟無好訟，纏訟不休，雖勝亦凶。

　　爭訟之時，有利於遇見公正嚴明的仲裁者，能夠一見曲直，立判分曉，迅速結案。如果心存僥倖，捏造事實，冒險求勝，終將陷入險境，有害而無利。

卦義：「訟」是與人爭辯是非曲直，有待公正嚴明的第三者仲裁，這也就是訴訟。事前的防範重於事後的補救，凡事先周詳考慮，未雨綢繆，防患未然，就不容易引起爭端與興訟。

　　如果爭訟已不可避免，成為事實，要知道訟無好訟，雖勝亦凶，雙方應以誠意來化解歧見，以息訟為原則。所以爭訟之時，要以聰明才智來化干戈為玉帛，能見好就收，如果一味爭訟到底，就算勝訟，也是仇爭而勝，得不償失。

二、天水訟上九爻。◎爻辭：或賜之鞶帶，終朝三褫之。

直譯：「鞶帶」音同盤：古時官制服飾束衣的大腰帶。「賜之鞶帶」：象徵因為勝訴有功而受到賞賜。「終朝」：一天之內。「褫」：剝奪。「終朝三褫之」：一天之內被賞賜三次，也被剝奪賞賜三次。隱喻雖然因為勝訟有功，但也被多次羞辱。

上九陽爻居上，處於有利地位，由於逞強好勝，一心想把爭訟案件進行到底，但是訟無好訟，縱能獲得勝訟而獲得賞賜，也因一日三次的褫奪而招來恥辱。

引申：您所進行之事與訴訟、考試、競賽、角逐等與人爭勝負之事有關，以您現在的地位而言，居有利態勢，經過激烈的爭奪，終能獲得最後的勝利，由於您的成功將伴隨著他人的失敗，他人必定心生不滿，尤其是以爭訟而言，在爭訟過程中，難免會因一時喪失理智而有所不能顧及之處，極易造成心結、仇恨，所以既使勝訟也不足敬羨，因為繼之而來的將是對手的辱罵與懷恨。或者成功勝利被剝奪。

第三十二章　　萬物自賓

　　道常無名，樸雖小，天下莫能臣也。侯王若能守之，萬物將自賓。天地相合，以降甘露，民莫之令而自均。始制有名，名亦既有，夫亦將知止，知止所以不殆。譬道之在天下，猶川谷之於江海。

◎**本章主旨**：本章第一段老子先闡述宇宙中自然的規律〝道〞，雖然其無形無象又無名，似乎極其渺小，但是卻處於至高無上的制高點，萬事萬物都在其制約範圍之內，無一例外。

　　老子在第二段強調，只要能確守〝道〞的原則行事，天人感應之下，萬事萬物都能自然的自我化育而遵循〝道〞的規律。也就是量子理論中的量子感應，小的量子系統與大的量子系統相互感應之後，小的量子系統會去除原有的信息，而接受大量子系統全部的信息。

　　第三段老子強調，〝有名〞的物質世界，是由〝道〞的靜態本體〝無名〞化生而成，在〝有名〞的物質世界中，不論是在哪個領域中行事，都要以〝無欲〞之心，行〝無為〞之事而止於大道，如此就不會產生危殆的禍患。

　　最後老子總結，天下萬事萬物相對於〝道〞，兩者之間的關係，就如同山谷中的溪水與河川，自動歸向於居卑處下的江海一樣，〝道〞在哪裡，萬事萬物就歸向哪裡，自然賓服。

◎重點提示：

一、古代中文在書寫上原本是沒有標點符號的設計，但是在閱讀時為求語氣的順暢，意思的正確傳達及文句的起承轉合，我們仍然需要句讀來加以斷句，正確的斷句可以明瞭句子和文章的本義。

　　本章「道常無名，樸雖小，天下莫能臣也。」這句話，部分版本斷句為「道常無，名樸，雖小天下莫能臣也。」，究竟何者才是老子的本義呢？我們必須對「道」、「德」、「常」、「無常」、「無」、「有」、「無名」、「有名」、「樸」、「小」、「大」這些關鍵詞先行深入了解之後，才能做一合理的判斷。本書注解《道德經》至此已經進展到第三十二章，因此之故，在閱讀本章之前，我們先就以往所述，綜合歸納詳解分析這些關鍵詞，對讀者順利繼續閱讀本章內容，當有莫大助益。

二、雖然老子說「道可道，非常道。名可名，非常名。」但是我們可以依據《道德經》與《易經》中，往聖先賢所遺留下來哲學思想與超脫常人的智慧，及當今引領物理科學潮流的量子理論，嘗試描繪出〝道〞的整體大概輪廓，縱然筆者領悟不夠周延與完整，庶可依據所學概略提供一個明確的方向，供讀者與潛心修道者持續深研探究。

　　本書解讀《道德經》有關〝道〞的內容，就如同〝說法者，無法可說，是名說法〞。說法者所說的那些語言文字，都是那個指向月亮的手指，仍然不是明月，而是要人們在這些語言文字上，去悟得〝意在言外的弦外之音〞。

　　〝道〞所蘊含的宇宙自然規律，指的就是陰陽規律，陰陽是不可分割的一體兩面。因此，所謂的〝道〞，是由微觀世界無形的量子信息能量場，這個〝道〞的靜態本體，和由〝道〞所化生成宏觀〝德〞的有形動態物質世界，〝道與德〞這兩個不可分割的一體兩面，完整組合而成〝道〞的整體。

　　〝道〞蘊含著陰陽自然規律，在陰陽對立與和諧統一不斷的運動變化過程之間，產生了千變萬化，只要您想得出的任何狀況，都有可能發生，所有狀況都是以無形的量子態，蘊含在一片虛無、無實體、具有不確定性，〝道〞的靜態本體這個量子信息能量場之中。

　　在沒有人的意識參與之下，〝道〞的靜態本體，其性質為一片混沌虛無，陰陽未判，動靜未分，是處於陰陽平衡、和諧統一的穩定狀態。這個萬事萬物之母，也就是量子信息能量場，在自然而然的狀態下，概率大的量子態自然化生，所孕育化生的萬事萬物，也都是處於陰陽平

衡、和諧統一，生態平衡，本乎自然的狀態。

　　在宏觀〝德〞的有形動態物質世界中，萬事萬物都有其一定的生命周期，當萬事萬物發展到最旺盛的頂點，按照宇宙自然的規律〝反者道之動〞，就開始往衰敗滅亡的這方面持續發展，最終〝歸根復命〞，又回歸至原點，也就是〝清淨本然〞〝道〞的靜態本體，從何而來，復歸何處，一切周而復始，生成始終，生生不息，循環不已。

　　當人〝無欲〞的意識參與之後，此時陰陽是處於平衡的狀態，無偏私的分別心，因此客觀世界事物的對立無從體現，世間呈現一片和諧統一的景象，我們稱之為〝無為〞，合乎〝道〞的靜態本體，我們稱之為〝有德〞。

　　當人各種程度〝有欲〞的意識參與之後，由於個人偏私的慾望所產生的分別之心，〝道〞的狀態開始陰陽失衡而殘缺，並主動依據人的意識信息內容，在客觀世界顯現出與意識信息內容相同類似的內容與樣貌，我們稱之為〝有為〞，這種言行舉止悖離了〝道〞的靜態本體內涵，我們稱之為〝無德〞。

　　由此可知，一旦經過人的心念意識參與之後，不論您量子意識信息能量場所負載的信息內容如何，〝道〞都不會做任何的干涉，您是如何的思想抉擇，〝道〞就會按照既有的自然規律，照本宣科如實的複製，由〝道〞轉化成〝德〞。

　　您的思想意識觸發了〝道〞的靜態本體，這個〝清淨本然〞虛擬、無實體的不確定狀態，轉化成與您量子意識信息相同類似，並轉化成真實確定狀態，在宏觀世界如實顯現，因而造成了千變萬化的大千世界。

　　一陰一陽之謂〝道〞，《易經》以簡馭繁的來闡述陰陽之間的交互作用，包括宇宙間一切陰陽之間的變化現象，並以太極圖這個圖示，來顯示〝道〞的靜態本體是一片混沌虛無，陰陽未判，動靜未分，處於陰陽平衡和諧的統一體。

　　以物理科學量子理論來說明，當物質的基本粒子在〝道〞的本體微觀世界中，尚未轉化成物質之前，是以虛擬、無實體、不確定的量子信息能量場型態無處不在。當基本粒子〝由無到有〞，由微觀世界的量變到客觀世界的質變，轉化到客觀的物質世界中，則成為具有實體物理結構確定狀態的過程中，人的量子意識所負載的信息起到觸發的作用。意識是物質世界的基礎，促成了物質從〝道〞的微觀世界〝不確定〞狀態，到〝德〞的宏觀世界〝確定〞狀態的轉移。

三、〝常〞指的就是永恆，也就是〝道〞此一宇宙客觀自然規律，不以人的意識為轉移，是永恆存在的。雖然〝道〞在宇宙之中有動靜之分的常性，但是在變動的過程中有其規律性，此一宇宙客觀的陰陽規律是永恆存在不變，因此〝道〞的屬性就是〝常〞。

〝無常〞為〝常〞之對稱。在整個宇宙中，只有〝道〞的靜態本體及其蘊含的自然規律具備永恆的屬性。而由〝道〞的靜態本體所化生，在〝德〞動態物質世界顯現的萬事萬物，均有其一定的周期。萬事萬物在動態物質世界中經過不斷的運動變化，最終又回歸於〝道〞的靜態本體，稱之為〝歸根復命〞，由此可知，萬事萬物是隨著時間的推移，循著陰陽自然的規律而不斷的運動變化，並非永恆不變，因此〝德〞的屬性就是〝無常〞。

四、在《道德經》中〝無〞與〝有〞的觀念，有一點讀者要特別的注意，老子在第一章所提及「無，名天地之始；有，名萬物之母」。第四十章提及：「天下萬物生於有，有生於無」。這兩段話中的〝有〞就是老子所說的〝一〞，這裡面所提的〝無〞與〝有〞，是指這個宇宙是從〝無〞中生出〝有〞，是從無限小的奇異點，生出〝一〞這片混沌虛無，陰陽未判，動靜未分，處於陰陽平衡和諧〝道〞的靜態本體，也就是混沌虛無的量子信息能量場，蘊含著宇宙陰陽自然規律及陰陽交互作用下所產生所有可能的量子態狀況。

而〝道〞的靜態本體，相對於〝德〞這個動態有形的物質世界而言，〝道〞的靜態本體就是〝無〞，〝德〞的動態物質世界就是〝有〞，〝無〞是〝道〞的特徵；〝有〞是〝德〞的特徵，這一點我們要特別注意區分。

五、至於〝無名〞與〝有名〞要如何的區分其意義何在呢？所謂〝名〞就是具體的表現形式，因為〝道〞的靜態本體，也就是微觀世界所蘊含的宇宙陰陽自然規律，及陰陽交互作用下所產生所有可能的量子態，既是能量又是物質，各自負載著不同的信息，是處於虛擬、不確定、無實體似有若無的狀態。一片混沌虛無的量子信息能量場，大象無形，道隱無名，其中所蘊含的萬事萬物無法定名，因此〝大道〞亦稱之為〝無名〞，也是〝道〞靜態本體的替代名稱。

在我們這個宇宙之中，除了〝道〞的靜態本體以外，〝德〞的動態物質世界，萬事萬物都有其〝名〞，但它們的〝名〞都是基於〝有〞，只有〝道〞的〝名〞是基於〝無〞。

〝無名〞不是沒有〝名〞，而是〝道〞所蘊含的宇宙自然規律，整個宇宙之中無處不在，在〝德〞的動態物質世界萬事萬物之中，與〝道〞的特性相同類似者，其〝名〞多到不勝枚舉，例如：樸、水、谷、嬰兒、橐籥、雌、谿、江海…等，這些都可以說是〝道〞的代名，宇宙中萬事萬物所有的〝名〞，都是〝道〞自然規律的具體顯現，所以〝道〞只能〝大道無名〞。

六、〝道〞的靜態本體清淨自然，可以在〝德〞的動態物質世界化生萬事萬物，是萬事萬物之母。道隱無名，無象無形，因此〝道〞亦稱之為〝無名〞。〝道〞必須作用於萬事萬物的運作上面，方能得以顯現它的功能，〝道〞化生萬物後，萬物在〝德〞的動態物質世界就有了名字。

〝樸〞指的是一塊未經雕琢修飾的原木，一經加工成器，就可成為日常所用中各種器物。老子在第二十八章說「樸散則為器」，〝樸〞的性質與〝道〞相同類似，〝樸〞製成器物之後就有了名字，因此，老子經常以物質世界中的〝樸〞，作為〝道〞的代名，讓世人能夠從中想像領悟〝道〞的作用與功能。

〝道〞所規範的範圍其大小如何？我們可用下面這句話做一表述，「其大無外，其小無內，放之則彌六合，卷之則退藏於密，存乎一心。」為何〝道〞所作用的範圍如此廣大無邊，宇宙之內無處不在呢？

因為〝道〞本身就是一個混沌虛無的量子信息能量場，這個宇宙就是能量、物質、信息這三種型態組合而成，所有空間〈包含真空〉中都充滿著能量，所有物質都是由能量轉化而成，所有物質其微觀世界就是量子態的信息能量場。

因此，不論是能量，還是物質；微觀還是宏觀世界；亦或〝道〞的靜態本體，還是〝德〞的動態物質世界，皆是受到〝道〞的自然規律所規範。〝道〞的功能與作用永遠存在宇宙的任何空間，無處不在，包含我們整個身心在內，無一例外！

老子在第二十五章曾說「道大」，這裏又說「道小」，為何老子在本章中要說「樸〈道〉雖小」，因為〝道〞本來就是「其大無外，其小無內，放之則彌六合，卷之則退藏於密」，大到無邊無際，小到無形無狀。〝道〞具備我們認知〝小〞的東西一切外部特徵，這裏的〝小〞指的是小到肉眼看不見，大與小是從不同角度去觀察的結果，其本質都是〝無〞。〝道〞不論大小，其常態就是無名無象，無法描述。

因此，老子在第十四章中說：「視之不見名曰夷；聽之不聞名曰希；

搏之不得名曰微」，第四十三章中說：「無有入無間。」〝道〞小到可以看不見、聽不到、摸不著，就是已經微小到您根本感覺不到它的存在。

七、由上所述，我們可以知道，本章「道常無名，樸雖小，天下莫能臣也。」這句話，部分版本斷句為「道常無，名樸，雖小天下莫能臣也。」不論是哪個版本，其實差別不大。

「道常無，名樸，雖小天下莫能臣也。」這個版本強調〝道〞的靜態本體是一片混沌虛無，恆久不變，在〝德〞的動態物質世界，〝樸〞作為〝道〞的代名。

「道常無名，樸雖小，天下莫能臣也。」這個版本強調〝道〞的靜態本體是一片混沌虛無，恆久不變，以〝無名〞作為代稱，在〝德〞的動態物質世界，〝樸〞作為〝道〞的代名。因為本章之後提到「始制有名，名亦既有」，說明〝道〞原本的〝無名〞，在〝德〞的動態物質世界化生成〝有名〞的萬事萬物，「道常無名」的斷句方式，符合老子在本章的本義。因此，本書採用此種斷句方式來解讀。

◎ **直譯**：「道」：宇宙自然的規律。「常」：恆久不變。「無名」：〝道〞的靜態本體是一片混沌虛無，恆久不變，以〝無名〞作為代稱。「樸」：未經雕琢修飾的原木，一經加工成器，就可成為日常所用的各種器物。在〝德〞的動態物質世界，〝樸〞作為〝道〞的代名，也是〝無名〞之譬。木之未製成器者，謂之樸。若制而成器，則有名矣。

「小」：〝道〞所作用的範圍，其大無外，其小無內，其範圍廣大無邊，宇宙之內無處不在。形容〝道〞混沌虛無，無形無象，至隱至微。「臣」：服也。臣服。「莫能臣」：沒有誰能讓〝道〞臣服於他。引申為〝道〞是站居在最高點，萬物都臣服於〝道〞，受〝道〞的制約與規範。

「侯王」：君王與諸侯。古代的王大於侯，因為王是統治者，而侯是王所冊封的。在此引申為領導統治者。這裡也可以引申為任何一個〝修道〞者都適用。「守之」：確實遵守〝道〞的原則。「萬物」：萬事萬物，包含所治理的人民。「自賓」：受到道德的感化賓服，化被動為主動，自然而然的自我感化而遵循〝道〞的規律，一切均能井然有序、安定和諧。

「天地相合」：天地就是陰陽，陰陽和諧是宇宙萬物最和諧穩定的理想狀態。「甘露」：甜美的雨露。「以降甘露」：天地間陰陽之氣相合，就會普降甘霖。古人認為甘露降，是太平祥瑞的徵兆。「民莫之令」：人民不需要特別的命令指使。「自均」：自然均衡平等。

「始」：開始。是指萬事萬物在〝德〞的動態有形物質世界化生的開始。「制」：制定。「始制有名」：萬事萬物在〝德〞的動態物質世界，才開始制定了它的名字。「既」：盡、全部。「名亦既有」：〝道〞所化生的萬事萬物，全部都在不同領域有了它自己的名字，也各自有其生命週期與範圍限制。

「知止」：有名的萬事萬物都是由無名的〝道〞所化生，就應該止於〝道〞，以〝無欲〞之心，行〝無為〞之事。也就是說，行事要能陰陽平衡，不能有所過度。「不殆」：不會危險或不安。「譬」：譬如。舉例來說。「天下」天下的萬事萬物。

「譬道之在天下」：天下萬事萬物相對於〝道〞，這兩者之間的關係，舉例來說，就譬如⋯。「猶」：好像、如同。「川谷」：山谷中的溪水與河川。在這裡隱指萬事萬物。「江海」：江和海。江海居卑處下，溪水與河川歸向之處。在這裡隱指〝道〞。

◎ 意釋：「道常無名，樸雖小，天下莫能臣也。」第一段老子先闡述宇宙中自然的規律〝道〞，雖然其無形無象又無名，似乎極其渺小，但是卻處於至高無上的制高點，萬事萬物都在其制約範圍之內，無一例外。

〝道〞的靜態本體，是處於虛擬、不確定、無實體似有若無的狀態，這片混沌虛無的量子信息能量場，永恆不變的存在，其中所蘊含無形無象的萬事萬物無法定名，因此〝大道〞亦稱之為〝無名〞，這也是〝道〞靜態本體的替代名稱。

〝道〞的靜態本體是一片混沌虛無，並無具體形象可以顯而易見，它必須作用於萬事萬物的運作上面，方能得以顯現它的功能，萬事萬物都是〝道〞轉化成〝德〞的具體顯現。〝樸〞指的是一塊未經雕琢修飾的原木，一經加工成器，就可成為日常所用的各種器物，這就是所謂的「樸散則為器」。〝樸〞的性質與〝道〞相同類似，因此，老子經常以物質世界中的〝樸〞，作為〝道〞的代名，讓世人能夠從中想像領悟〝道〞的作用與功能。

〝道〞的範圍本來就是「其大無外，其小無內」，大到無邊無際，小到無形無狀。〝道〞因為是一片混沌虛無的量子信息能量場，能量場本就是無形無狀，所以是小到我們看不見、聽不到、摸不著，也就是已經微小到您根本感覺不到它的存在。所謂的大與小，是從不同角度去觀察的結果，其實〝道〞不論大小，本質都是〝無〞，其常態就是無名無象，無法描述。

〝道〞看似如此的渺小，但是其用途卻廣大無邊，由於它是宇宙的自然規律，站在無上的制高點，不論是能量，還是物質；微觀還是宏觀世界；亦或〝道〞的靜態本體，還是〝德〞的動態物質世界，萬事萬物之中任何一個領域，沒有任何人事物可以讓它臣服，反而無不是受到〝道〞的自然規律所制約規範，無一例外！

「侯王若能守之，萬物將自賓。」老子在第二段強調，只要能確守〝道〞的原則行事，天人感應之下，萬事萬物都能自然的感應轉化。也就是量子理論中的量子感應，小的量子系統與大的量子系統相互感應之後，小的量子系統會去除原有的信息，而接受大的量子系統全部的信息。

領導統治者若是能夠確守〝道〞的原則，處無為之事，行不言之教，見素抱樸，少私寡欲，去甚，去奢，去泰，無為而治，不僅以德化民，而且可以恩澤及於萬物眾生，萬事萬物自然而然的自我感化而遵循〝道〞的規律，一切均安定和諧、井然有序，人民則受到領導統治者道德的感化，化被動為主動，歸順服從於領導者。

每一個人若是能夠確守〝道〞的原則，與您相關的任何事物，包含自己身體的健康，都能自動的往正面轉化，任何人都一體適用，本章中老子所使用的「侯王」這個代名詞，只是列舉說明而已。

「侯王若能守之，萬物將自賓。」由這句話我們可以看出，老子此時就已經有了「天人感應、天人合一」的哲學思想。老子接下來「天地相合，以降甘露，民莫之令而自均。」這句話，則是對「萬物將自賓」這句話的加強說明。

《莊子》「天地與我並生，萬物與我為一」。天地感而萬物化生，聖人感化人心而天下和平。天人感應思想源於《尚書‧洪範》，從人身就是一小宇宙的觀點出發，其學說認為：天和人同類相通，相互感應，天能干預人事，人亦能感應上天。古代認為天子違背了天意，不仁不義，天就會出現災異進行譴責和警告；如果政通人和，天就會降下祥瑞以資鼓勵。

〝天人感應〞是指萬物一體同源，人與自然萬物同類相通，相互感應。人是自然中的一份子，本來就與天地萬物為一體，《周易‧繫辭上傳》第十章「易，無思也，無為也，寂然不動，感而遂通」。《易經》哲學思想中陰陽規律與天人感應為其兩大主軸。在量子理論來說，就是量子糾纏的原理，萬事萬物相同類似的兩者之間，具有內在深層次的連結，可以相互吸引感應。究天人之際，通古今之變，天人相感，陰陽相和，是古往今來中國思想家和哲學家終身不渝的追求。

〝道〞的靜態本體是一片混沌虛無，陰陽未判，動靜未分，處於陰陽平衡和諧統一的量子信息能量場，能夠孕育化生萬事萬物。就是因為天地〝無欲〞的〝不自生〞特性，因此，所孕育化生的萬事萬物是處於陰陽平衡、和諧統一的狀態，一切依循陰陽自然的規律運動變化，生成始終，生生不息，周而復始，循環不已，持續繁衍、平衡發展下去。

　　「天地相合，以降甘露，民莫之令而自均。」，因為領導統治者能夠確守〝道〞的原則，〝無欲〞、〝不自生〞處於陰陽平衡、和諧統一狀態下的無為而治。由於天人感應的效應，〝道〞能自然化育萬物，天道無親，常與善人。因此，在其領導治理的一方國土上，陰陽調和，普降甘露時雨，澤養萬物，沒有任何人去操控，但雨露卻自然均施，也沒有誰下命令分配，但是人民自然均衡平等，萬物生態平衡，毫無偏私之心，一片風調雨順，國泰民安的祥和景象。

　　「始制有名，名亦既有，夫亦將知止，知止所以不殆。」，第三段老子強調，〝有名〞的物質世界，是由〝道〞的靜態本體〝無名〞化生而成，在〝有名〞的物質世界中，不論是在哪個領域中行事，都要以〝無欲〞之心，行〝無為〞之事而止於大道，如此就不會產生危殆的禍患。

　　一片混沌虛無〝道〞的靜態本體，所蘊含的萬事萬物，無象無形，因此〝道〞亦稱之為〝無名〞。〝道〞在〝德〞的動態有形物質世界，依照宇宙自然的規律，〝無欲〞運行之下，萬物自然並作，所化生的萬事萬物各自在不同的領域中，才開始制定了秩序和名分，稱之為〝有名〞，所有的〝有名〞均來自於〝無名〞。由〝無名〞到〝有名〞，就如同老子所說「樸散則為器」的意境。

　　由〝道〞所化生的萬事萬物，全部都在不同領域有了名字，也各自有其生命周期與範圍限制。因此，我們在行事的時候也應該〝知止〞，老子在這裡所說的〝知止〞，是〝止〞在哪裡呢？老子在五十二章說「既得其母，以知其子，既知其子，復守其母，沒身不殆。」其母指的是無名的〝道〞，其子指的是有名的〝德〞，由此可知，老子要我們止於〝道〞。

　　我們在〝德〞的宏觀物質世界各領域行事的時候，仍然要以〝道〞的原則行事，以〝無欲〞之心，行〝無為〞之事，不受外在的誘惑而止於大道。同樣也是第四十四章所說「知足不辱，知止不殆」同樣的道理，能夠既知其名，復守其道，知其所止，則所為之事就能如老子在第十五章所說「夫唯不盈，故能敝而新成」，就不會產生危殆的禍患，可以脫胎換骨，又是一個新的開始。

　　若是以〝有欲〞偏私之心，為求滿足個人主觀意識妄求之願望，不

知道適可而止，欲求盈滿的前往行事，這種行為就是偏私名利心過重而不知止於"道"，反而與"道"相悖離，所為之事就會產生危殆的禍患，事情將會提早往反面發展而消亡。

「**譬道之在天下，猶川谷之於江海。**」，最後老子總結，天下萬事萬物相對於"道"，這兩者之間的關係是如何呢？老子舉例來說，就如同山谷中的溪水與河川，自動歸向於居卑處下的江海一樣，"道"在哪裡，萬事萬物就歸向哪裡，自然賓服，"道"為天下萬物之本，也是萬事萬物的歸宿，這也是量子感應現象。

第三十三章　　知人者智

知人者智，自知者明。勝人者有力，自勝者強。知足者富。強行者有志。不失其所者久。死而不亡者壽。

◎本章主旨：前一章老子說明：「樸雖小，天下莫能臣也。侯王若能守之，萬物將自賓。」本章老子明確的告訴我們，要如何才能守住"道"而不相悖離。"守道"之前先要"明道"，不能"明道"就不能"守道"，不能"守道"就難以"得道"。

只有在心靈上真正"明道"者，對內才能戰勝克制自己心理上偏執的私欲與妄念，了解貧窮和富有在很大程度上是一種個人心理上的感受，當心理上感覺知足，在物質上就不會感覺缺乏，不缺就是富有。

有心"修道"者，就朝向心中所既定"得道"這個目標，堅持力行，以自強不息的精神，努力不懈的持續前行，不畏任何艱難險阻，永不放棄，這才是具有遠大的志向。萬事萬物若能順應天道，與大道合為一體，依"道"而行，而不有所偏離者，才是真正做到了"久"和"死而不亡"。

◎重點提示：解讀《道德經》就有如解讀《易經》卦爻辭一樣，不可以僅就字面意義來解讀，一定要了解老子當初書寫時的本義，與"道"和"德"結合來注解，否則任何一位國語文老師都能解讀。

本章內容字義並不晦澀，但是其隱含的意義卻非常深遠，坊間有關《道德經》的書籍或歷代注家有非常多的詮釋，部分僅為字面解釋，讀者難以了解其中真正涵意，今筆者就眾多詮釋中，加上自己獨到的見解，整合之後與讀者們共同分享。

◎**直譯**：「知」：知道、明瞭。知於外，稱之為智；知於內，稱之為明。「知人者智」：能知於外，知道了解別人的長短與善惡。對〝德〞的動態宏觀世界，能夠知道明瞭事物的外象，這就是所謂的〝智〞。

「自知」：自己知道、明瞭。「明」：清楚，瞭解，通曉。「自知者明」：能知於內，知道明瞭〝道〞的本質，及〝道與德〞之間的轉化模式，影響〝道〞轉化成〝德〞的關鍵因素為何？同時也清楚的知道自己的短處與不足，這就是所謂的〝明〞。

「勝」：戰勝、克制。「力」：力量、能力。「勝人者有力」：對外能以力量或能力戰勝他人，稱之為〝有力〞者。「自勝者強」：對內能戰勝克制自己心理上偏執的私欲與妄念，稱之為〝強〞者。

「知足者富」：在心理上感覺知足，在物質上就不會缺乏，不缺就是富有；有不知足的心理，在物質上就永遠感覺匱乏，匱乏就是貧窮。「強行」：堅持力行、努力不懈的持續下去。「強行者有志」：朝向心中所既定的目標，堅持力行，努力不懈的持續進行，這才是有遠大的志向。

「所」：〝道〞。「久」：長久的發展下去。「不失其所者久」：萬事萬物若能依〝道〞而行，而不有所偏離者，則能長久的發展下去。「死」：肉體的死亡。「亡」：通〝忘〞；忘記。「不亡」：精神永垂不朽，永遠活在人們心中。「壽」：長久。長久的意義引用在生命上面解釋，稱之為壽。

「死而不亡者壽」：〝得道〞者身雖死而〝道〞仍存，肉體雖然死亡，精神卻永遠長存。又有對人類社會有過重大貢獻或者品德高尚的人，他們雖然已經死了，但是精神卻仍活在世人心中，被世人緬懷千秋萬世，所以是長壽的意義。儒家三不朽即〝立德、立功、立言〞，也都是能使人超越短暫的生命，其精神卻永垂不朽。

◎**意釋**：前一章老子說明：「樸雖小，天下莫能臣也。侯王若能守之，萬物將自賓。」〝道〞雖然一片混沌虛無，無跡無象，渺小到可以忽略它的存在，但是它卻站在宇宙萬物的制高點，萬事萬物都受其制約規範。普羅大眾的我們，在此生之中要是能夠確守〝道〞的原則，在此一生當中，您的世界將自然的循〝道〞的原則而發展，呈現一片陰陽和諧、自然而然、可長可久的穩定狀態。

我們要如何才能守住〝道〞而不相悖離呢？這不是一件簡單的事，〝守道〞之前先要〝明道〞，不能〝明道〞就不能〝守道〞，不能〝守道〞就難以〝得道〞。因此，老子在本章當中特別加強說明，外在與內在修為的關係，在〝修道〞的過程中，個人的心境要如何守住〝道〞的本體，

以達混沌虛無，陰陽未判，動靜未分，陰陽平衡，和諧統一，致虛與守靜〝載營魄抱一〞的最佳狀態。

「**知人者智，自知者明。**」，知於外，稱之為智，是自我本身之智；知於內，稱之為明，是明於〝道〞的心靈之明。老子說明一個〝修道〞的人，能知於外，知道了解他人的長短與善惡。對〝德〞的動態宏觀世界，能夠知道明瞭事物的外象，也就是所謂的〝智〞。

有此知於外的智慧固然很好，更重要的是知於內能明於〝道〞的心靈之明，要能知道明瞭〝道〞的本質，及〝道與德〞之間的轉化模式，影響〝道〞轉化成〝德〞的關鍵因素為何？同時也能清楚的知道自己的缺點與不足之處何在，這就是所謂的〝明〞。

這裡所說的「知」是有層次的。智者，知人不一定知己，知外不一定知內；明者，知己知人，內外既明且智，一個〝修道〞的人，內明外智，合起來就是明智的表現。老子認為〝明〞的層次要高於〝智〞，只有在心靈上真正〝明道〞者，才可以稱得上〝明〞。自知者能明於〝道〞，因此，只有自知之明的人才算是真正的〝悟道〞者。認識別人是智慧，悟透自己才是境界。

第二十一章「孔德之容，惟道是從。」老子說明萬事萬物在客觀世界所呈現的內容與樣貌，都是〝道〞轉化成〝德〞的具體顯現。也就是說，〝德〞外在顯示的各種不同的內容與樣貌，均是依照人的起心動念的意識信息內容，不論是〝無欲〞，還是〝有欲〞，就能影響〝道〞轉化成〝德〞之後，在世間顯現此一事件未來的走向與最終的結果，不同的心念意識，就有不同的結果，這就是所謂的〝萬物唯心造〞。

只要起心動念出自於個人私欲產生偏私〝有欲〞之分別心，開始有了追求個人主觀意識實現的慾望，〝有欲、我執〞的〝有為〞，偏離了〝道〞的靜態本體內涵，這種與〝道〞悖離的思想意念所產生的不正常現象，非但沒有好的結果，而且無法持續長久。

老子哲學思想中〝無欲〞和〝有欲〞影響事件未來的走向，但是甚麼是〝有欲〞？甚麼才是〝無欲〞呢？我們要如何加以區分取捨？順乎自然而動則無往而不利，應乎人慾而動必然有災，起心動念是〝無欲〞還是〝有欲〞，端視動之以天，還是動之以人。因此，一個〝修道〞的人，行事要〝存天理，滅人欲〞，摒除自己不切實際的欲望，少私寡慾，遵循宇宙自然的規律，順應自然，無私心，不妄求，毋苟得。

「**勝人者有力，自勝者強。**」，對外能以力量或能力戰勝他人，只能稱之為〝有力〞者。對內能戰勝克制自己心理上偏執的私欲與妄念，

達到物我兩忘的境界，這才是真正的〝強〞者，也是〝修道〞者所追求的境界，因此，〝自勝〞相較於〝勝人〞更高一個層次。

　　大千世界紛擾複雜，人的心境免不了會被五光十色的環境所影響，您的意識所負載的信息內容，是〝無欲〞還是〝有欲〞，或是正能量還是負能量的信息，就是影響事件未來發展方向與最終結果的關鍵因素。

　　常言道：「英雄征服了天下，卻不能征服自己」；王陽明說：「去山中之賊易，去心中之賊難。」我們最大的敵人就是自己難填的慾壑，可見得要能戰勝自己的心魔，並非一件簡單的事情。

　　「知足者富。強行者有志。」，禍莫大於不知足，咎莫大於欲得。老子在此教導我們如何的少私寡欲，摒棄心理上偏執的私欲與妄念，戰勝自己。首先要了解貧窮和富有，很大程度上是一種個人心理上的感受，當心理上感覺知足，在物質上就不會感覺匱乏，不缺就是富有。故知足之足，常足矣。

　　精神層面貧乏又家財萬貫者，常有不知足的心理，慾壑難填，在物質上就永遠貪婪不知足，心中缺乏就是貧窮。因此，〝修道〞者除了悠然坦蕩，心不妄貪，淡泊自守，寡慾自安，更應注重〝道〞這個精神層面的富有。

　　既然已經〝明道〞，具有摒棄私慾自勝的能力，又具備〝道〞這個精神層面的富有，有心〝修道〞者，就朝向心中所既定〝得道〞這個目標，堅持力行，以自強不息的精神，努力不懈的持續前行，不畏任何艱難險阻，永不放棄，這才是具有遠大的志向。

　　「不失其所者久。死而不亡者壽。」，這段話是老子說明〝得道〞之後會得到甚麼樣的結果呢？可分為行事與生命這兩方面來說。萬事萬物若能順應天道，與大道合為一體，依〝道〞而行，而不有所偏離者，才是真正做到了〝久〞和〝死而不亡〞。

　　「不失其所者久」就有如老子在第十五章中所說的「敝而新成」，當事物發展到瓶頸的時候，依〝道〞而行，則可在賡續舊有的根本之下，老幹新枝，又是一番生機盎然新氣象，就能夠長久的持續發展下去。

　　「死而不亡者壽。」既然萬事萬物都能長久持續發展下去，那麼人的壽命又如何呢？在宇宙的大尺度下，一切都是彈指一瞬間，如夢幻泡影，轉瞬即逝，唯一能帶走的是永不磨滅的意識與靈魂。萬物終究復歸於本體，周而復始，循環往復，這是自然永恆不變的規律。〝得道〞者肉體雖然死亡，而其〝道〞的精神永遠長存，也可稱之為〝壽〞。

　　儒家〝三不朽〞即〝立德、立功、立言〞，指出了三條可以擺脫個

人肉體的侷限,實現精神上永恆存在的途徑。〝立德〞:崇高的品德可以使人世世代代傳頌。〝立功〞:建功立業可以讓民眾長久的受益,讓世人緬懷。〝立言〞:精闢的言論思想,具有永恆的價值。這些都能使人超越短暫的生命,其精神永恒的活在人們的心中,亦可稱之為〝壽〞,這正是儒家〝三不朽〞的精神價值取向。

能量不滅,只是轉換型態,生命由虛無中誕生,亦回歸於虛無,雖經歷由生到死,靈魂並沒有消失。在此我們也不諱言,依據〝修道〞者修行層次高低,一般人當肉身死亡湮滅之後,靈魂不滅,靈魂又歸根復命回到原點,回歸到〝道〞靜態的本體,以量子信息能量場的形態存在,六道輪廻,周而復始,生生不息,循環不已。

修行層次更高的〝得道〞者,則能跳脫六道輪廻,往上提升到更高層次的次元空間,而其在人世間的精神永垂不朽,亦可稱之為〝壽〞。

◎延伸閱讀:

一、本章內容涉及宇宙觀、生死觀、人生觀,與拙著《量子世界的奧秘》一書,部分內容相同類似,因此重點節錄,供讀者參考思索。

靈魂不滅,人不會真正死亡。

自從有人類以來,死亡就是成為人們心中最大的恐懼與謎團,因為不知去向何處?也從來就沒有人從那裏回來過,就算是有死而復生的案例,但也是語焉不詳,難以完全理解!

中國人所說的「生死齊觀」,發覺生和死是對等的,沒有好壞或喜惡?其實「死亡」本身是簡單又必然的結果,有生就有死,全世界每分每秒都有人死亡,甚至就在我們的身邊,不論貧富貴賤,隨時隨地也都有人或其它物種在死亡。不論是具有生命的任何種類生物,還是無生命的物質,初生與消亡是必經的過程,萬物都難逃生生息息,周而復始,循環不已,這宇宙規律的制約。

中國古人說:〝除死無大事〞,〝千古艱難唯一死〞,有史以來最艱難的僅僅是一死而已,如果一個人能看透生死,那還有什麼困難是他不敢面對的呢?臨命終人,才會真正體會到了〝赤身露體的來,兩手空空的去。〞在有限生命周期內如何充實生命的內涵,以臻〝生時燦似夏花,死時美如秋葉〞的境界,這才應該是人類生命價值觀中所追求的最高境界!

我們想要了解這千古謎團〝死亡究竟是怎麼一回事〞?在科學尚未

有一個完整的結論之前，我們要做合理的推論，就必須將聖人的哲理及科學上現有的依據，兩者之間相互結合，來做一個合乎邏輯思考又合理的推論。因此，我們要了解〝生死觀〞之前，先建立起正確的宇宙觀，然後才能確立正確的人生觀。

二、建立正確的宇宙觀、生死觀與人生觀。

　　人生觀是指人們對生存在世間的根本態度和看法，受到宇宙觀的制約，是通過人生目的、人生意義和生死問題三個方面體現出來的。它決定著人們在世間活動的目標、人生道路的方向，也決定著人們行為選擇的價值取向和對待生活的態度。由於人們所處的社會地位、生活環境和文化素養…等認知上的不同，因而形成了不同的人生觀。

　　宇宙觀決定了一個人的思想境界的高度，不同的宇宙觀決定了不同的人生觀，宇宙觀必須正確，方能有正確的人生觀；人生觀指導人的思想，決定了人生追求的方向與行為準則；而生死觀則是屬於宇宙觀的範圍之內，也是影響人生觀的基本內容之一。每個人的人生觀在不同時期都會由於認知不同而產生變化。

　　一般而言，人生在世必須先面對的三大問題：〈1〉、宇宙萬物從何而來？〈2〉、我從何來？人死後往何處去？〈3〉、人生有何目的與意義？這裡面就牽涉到宇宙觀、生死觀與人生觀。要先建立起正確的宇宙觀，然後了解我從何來？死後往何處去的生死問題之後，也才能有正確的人生觀。因此，我們必須先要了解宇宙的規律，茲將相關的量子特性簡要敘述如后，以加強讀者的印象：

正確的宇宙觀。

〈1〉、我們這個宇宙是以陰陽為其基本型態，萬事萬物都是循著陰陽的規律而不斷的運動變化。因此，有正能量也就會有負能量，人的心念意識是一種量子信息能量場，萬事萬物陰陽變化的方向，會隨著心念意識正面或負面能量的高低，而呈現與意識相同類似多樣性的變化。

〈2〉、宇宙中有不同維度的空間，是以正能量的高低來區別不同維度所代表的靈性高低，維度愈高，也就代表靈性愈高，正能量也愈高，人間界的正能量居中。而我們這個宇宙的生命是以追求正能量的累積，以便其再世輪迴時提升其生存境界的維度。

〈3〉、您的一生正能量是累積還是減損，是依我們起心動念的不同而

有所變異，會隨著心念意識正面或負面能量的高低，客觀環境呈現與意識相同類似多樣性的變化，萬物唯心造，因而造就您一生運勢的起伏。

〈4〉、人是由肉體與元神〈靈魂〉組合而成，這一世的肉體終究會毀壞，當此一肉體不堪使用的時候，元神將出竅轉化成靈魂。靈魂將何去何從呢？端視此一靈魂信息資料庫內所累積之正能量多寡，按照宇宙中量子系統間相互吸引感應的規律，自動感應前往相對應的維度空間。

〈5〉、如果這一世所累積的正能量仍在人界範圍之內，就投胎轉世再世為人；若正能量增加累積到上一層次能量範圍的維度空間，就輪迴前往天界或更上一個層次；若正能量減損到下一層次能量範圍的維度空間，就輪迴到修羅界或畜生界，甚至更下一個層次的維度空間。

〈6〉、因此在這一世您的任何起心動念，善惡言行所積累或減損正能量的多寡，除了會影響您此生運勢的起伏之外，也會影響您下一世六道輪迴是往上提升、還是往下沉淪的方向。

〈7〉、您累世所作所為善惡的信息都儲存在靈魂量子信息能量場的資料庫內，一個都不會少。下一世再世為人的時候，靈魂資料庫內所儲存累世的善惡之業因信息，在此一生就因緣果報的吸引感應相同類似的情事發生，因而產生〝善有善報、惡有惡報〞的因果報應現象。

〈8〉、宇宙萬事萬物的生成、發展、消亡，都是循著此一陰陽規律與天人感應的法則，相互之間，交互作用，生生息息，周而復始，循環不已，無時不刻都處於運動變化之中。

正確的生死觀。

我們要對生死觀持有正確態度，人的生命只有一次，我們要好好珍惜它。因此，建立二十一世紀正確的生死觀，是當今人類不可再迴避的自覺。我們先談生命的歸宿，再談人生的目的，因為生命在此生只是一個旅程的過客，歸宿是目的地，先確定目的地之後，方知旅程的路向。生與死是一切生命產生、存在和消亡的自然過程，生死觀則是人們對生與死的根本看法和態度。

不同的人生觀，對生與死就會有不同的價值評斷，從而形成不同的生死觀，例如：孔子謂〝殺身成仁〞；孟子曰〝捨生取義〞；司馬遷認

為〝死有重於泰山，或輕於鴻毛〞。相對的，有了正確的生死觀，對人生的意義與目的有了不同的看法與態度，也會建立起正確的人生觀。

生死問題是一個與人生相伴始終的現實問題，也是一個吸引古今往來無數哲人智者苦苦思索又迷人的哲學問題。人生在世，一方面要追求生存與發展，另一方面又時刻面臨著死亡的威脅，這真是一個很難解決的矛盾與困惑。正是此一現實感極強的矛盾和困惑，迫使人們不斷地思索探求各種解決的辦法，以求能擺脫生死難題的困擾。

有生必有死亡，這是宇宙間必然的法則，是無法經由人的意念所能改變的事實。〝無常〞這個道理每個人都懂，每個人也都知道，可是當面臨死亡時，那種恐懼、害怕、悲傷比誰都還要強烈，在中國人的世界裡，對於〝無常〞的思想，眾人大部分都是恐懼的，不喜歡聽見死亡、不喜歡不吉利的話，不喜歡有象徵性的黑色…等，這一切都是害怕死亡的來臨，我們都還沒有做好面臨死亡的準備，皆是由於沒有建立起正確的生死觀之故。

許多人怕死，因而不敢談死，但是即使避而不談，死也是早晚必然到臨，人人都須面對死亡，無人例外。既然如此，我們若先具備此種認識，接受〝人生自古誰無死〞的觀念，並了解人從哪裡來？死亡又將往何處去？瞭解宇宙的規律與死亡真相，方可祛除對死亡恐懼之心態。

死亡確實是千古謎團，因為沒有任何人能夠直接的感受。當人活著時，他不能體驗死；當人死了之後，又無法將實際體驗以言語來說明。既然死亡狀態人們無法感知，無法用精確的語言來描述，故而人們對死亡的認知，也就難以提升在客觀觀察的基礎上，當然也無法在實驗室裡重複展現，以達到科學認知的水準。

如此一來，死亡的真正性質對人們而言，似乎它將是永遠無法破解的一個迷團。死亡之所以人類無法確切的掌握其性質，是人類對死亡在科學上無法給出一個定義。

正是因為死亡在科學上迄今不可定義，所以它成為了宗教和哲學共同探討的永恆課題。如今量子科學是自然科學史上被實驗證明，最精確成功的一個理論，至今為止，所有的實驗數據均無法推翻量子理論的証明，它詭異的物理特性與現象，超乎我們一般人的認知與想像，匪夷所思，令人難以置信。

我們這個宇宙是以陰陽為其基本型態，陰陽的規律就是宇宙的規律，萬事萬物都是循著陰陽的規律而不斷的運動變化。陰極生陽，陽極生陰，陰陽相推，相互轉化，相互感應，自然而然的生生不息，循環往

復，天道無親，沒有一絲一毫參雜私心。

因此，有生就會有死亡，人之生與死並非人生的兩個端點，生與死是一體之兩面，死與生這兩個相對立的面，就像是陰陽一樣，也都是依循著陰陽的規律，就像是一個無首尾始終的環，以自然感應的方式，周而復始，循環不已，也像是白晝與黑夜一樣，有晝則有夜，有夜則有晝，沒有常晝而不夜，或常夜而不晝者。

所謂的〝往生〞的真實義意，即〝前往另一個維度的空間出生〞，就像是白晝轉化為黑夜，黑夜也將轉化為白晝，陰陽之間的相互轉化，周而復始，循環不已。因此，人類的本體生命也就是所謂的靈魂，是永恆的、不死的，生命在人世間的這一段時間，只是整個生命循環過程中的一個階段的過程而已。

靈魂是量子信息能量場。

死亡究竟是甚麼一回事？人的死亡在於靈魂和肉體分離的時刻，人死後肉體腐化分解，而靈魂是量子信息能量場的一種，人死後靈魂不滅，因為能量是永存不滅的。靈魂將何去何從呢？端視此一靈魂信息能量場第八識的資料庫內，所累積之正能量多寡，按照宇宙中量子系統間相同類似兩者之間，能夠相互吸引感應的規律，也就是量子糾纏現象，自動感應前往相對應正能量範圍內的一個維度空間。

若是人類心懷負面思想、情緒，企圖以自殺結束生命，這不但是對過去不負責任，對現在不盡責，同時也會累積莫大的負面能量，造成來世六道輪迴時往下沉淪。

因此在這一世您的任何起心動念,善惡言行所積累或減損正能量的多寡，除了會影響您此生運勢的起伏之外，也會影響您下一世六道輪迴是往上提升還是往下沉淪的方向。一個人此生未來或來世的幸福與痛苦，不是被神祇所操縱左右的，而是掌握在自己的手裡。

我們瞭解宇宙萬物是具有整體性，不論微觀還是宏觀世界，外表看起來每一件個體都是分離的，分離其實是一種假像！由於一體同源，都存在著深層次的內在連結關係，每一件東西都是另一件東西的延伸，是大量子系統中具有內在連結關係的各個小量子系統。而生命周而復始的循環現象，只是在整個宇宙大的量子系統中其中一個小的環節。

當我們瞭解生死之間的關係後，就知道死生的真相，也知道人從何來，死亡將往何處去了。也可以說，人的靈魂是不會死亡的，死亡只不過是每人的本命靈更換一個新的軀殼而已。

南懷瑾先生曾經引用大禹的名言〝生者寄也，死者歸也〞來表達自己的生死觀，人活著只是寄宿，死亡才是歸宿，生和死只不過是人生旅途中的一個大轉折而已。我們完全不必為了生老病死而恐懼不安，可以學習慧能禪師把死亡看作另一段旅程的起點，貞下啟元，又是一個循環的開始。

　　重新認識死亡，擁有正確的生死觀之後，即可知長壽未必可喜，死亡亦不足以憂。佛祖釋迦牟尼曾說：〝我將在此世間的黑暗之中，打擊永生之鼓〞。從那以後，人類對生從何來？死亡將往何處去？心中顯現出一道光明，不再是充滿著陰影，從迷到悟有多遠？一念之間而已。生死輪迴、因緣果報此一學說，將是說明前世、今生及來世的普遍性原則。

　　當我們瞭解生從何來，死往何處去，建立起正確的生死觀之後，就不再會因為死亡而恐懼、害怕，一個人只有懷抱著看透生死的勇氣，才能夠重新審視自己，創造出超越自我的生命價值，讓人生更具有意義！

正確的人生觀。

　　甚麼是人生觀？人生觀是人們對人生目的和人生意義的根本看法和態度，它決定一個人做人的標準，是把握人生方向、抉擇人生道路的指南。簡單的說，人生觀是一個人在宇宙這個大的量子系統之間的自我安頓方式。

　　人生就有如一次旅行，在這次人生的旅途中，有些人一開始就知道自己想要什麼，知道自己要走向哪裡，所以在確定目標後，他可以披荊斬棘一路向前，最終到達他所預期的人生目的地。而有些人從一開始就不知道自己想要什麼，要走向哪裡，所以在沒有目標的情況下，盲目向前一路走，甚至碰得鼻青臉腫、頭破血流，結果還是碌碌一生，虛度光陰。為什麼會有這樣完全不同的兩種人呢？這和一個人的宇宙觀、生死觀、人生觀能否正確的建立，有著密不可分的關係。

　　萬物從何而來？我從何來？人死後往何處去？人生有何目的與意義？由這一系列的問題中，我們經由對宇宙觀與生死觀的認知，了解了這個宇宙的生成、發展與消亡的所有變化規律，也知道了生死之間的循環連結關係，我們就可以知道人生的意義何在，要如何建立起正確的人生觀，確立此生所要追求的目標與方向。

　　量子理論闡述宏觀與微觀、整體與部份、心靈與物質之間的關係，量子糾纏現象是萬物所具有的共通性，量子力學的規律貫穿整體宇宙，微觀與宏觀世界均一體適用。而我們這個宇宙也是〝追求正面發展〞的

宇宙，萬事萬物正反兩面的變化與方向，會隨著心念意識正面或負面能量的高低，而呈現與意識相同類似多樣性的變化。

因此，在這一世您的任何起心動念，善惡言行所積累或減損正能量的多寡，除了會影響您此生運勢的起伏之外，也會影響您下一世六道輪迴是往上提升還是往下沉淪的方向。一個人此生未來或來世的幸福與痛苦，不是被神祇所操縱左右的，而是決定於您的言行舉止是否能符合宇宙的規律？是否有正確的人生觀？能否了解人生的意義與目的？進而掌握正確的人生方向。

所謂人生觀，具體來說就是指一個人對人生的根本態度和看法，一個人所處的社會地位，生活環境以及個人的生活經歷、文化素質、道德修養等一系列內外因素，共同作用之下形成了這個人的人生觀，也就決定了他是一個充滿正能量高尚的人，還是充滿負能量低級的人。

既然如此，領悟了"是、非、善、惡"所具有的正負能量，將會影響我們此生未來的走向，因此對人生產生價值判斷，具有"何者當為，何者不當為"的抉擇，正確的人生觀因而建立。

人生觀的正確或錯誤可由它的實踐表現而加以驗證。正確的人生觀做出正確的抉擇，給人帶來平安、喜樂、滿足、盼望、仁愛、良善、誠實、樂施、視死如歸…等正面人生，並有榮耀的成就感；錯誤的人生觀做出錯誤的抉擇，給人帶來焦慮、煩躁、憎恨、鬥爭、迷失、絕望、空虛、縱慾、懼怕死亡…等負面的人生，並有悲慘的失敗感。

正確的人生觀是為別人服務的人生觀，要求我們在處理個人與他人的關係時，應當遵循"我為人人，人人為我"，利人利己的原則。在自己的工作生活中，積極認真，努力為人類創造物質財富和精神財富，為他人、為社會作出貢獻，也為我們自身的完善和發展創造必要條件。同時，我們也只有在為人類服務的過程中，通過為他人創造幸福，才能使自己得到真正的幸福，才能真正地實現人生的價值。

儒家認為世人透過三達德"立德、立功、立言"，可以達到精神上的永垂不朽。"立德"就是用內聖外王之道，來修養、體現道德方面的圓融，留給後世一個永恆的人格楷模。而次一等的不朽"立功"就是做出一件造福大眾的大事，功垂天地，惠及後世。最後就是"立言"，著書立說，留下思想給後代作為精神上的財富。這些功德對當事人都是極具正能量的事情，再加上後世人對其景仰敬重，更能累積正面的能量。

但是世間人聰明才智不一，聖賢凡愚的能力有別，不可能每個人都能達到三不朽的境界，這也無妨，每個人只要都以行善積德為上，時刻

想著慈悲為懷，利眾利他，心存善念，多做善事，諸如救死扶傷、助貧濟困、護弱幫殘、尊老愛幼、勸善止惡、治病解危…等，舉凡於國、於民、於人有利之事，急人之難、解人之困之事，都是好事，都應樂善好施，見義勇為，這些都是能夠累積個人正面能量的事情。

〝勿因善小而不為〞，做善事應從小事做起，積沙成塔，集腋成裘，此生多種福田，自能累積正面能量，不但行事順利，還能澤被後世，福澤綿延；〝勿以惡小而為之〞，惡事就算是極為微小，也是具有負面的能量，會減損您原有的正面能量，積少成多，積小惡為大惡，最後罪惡累積發展到極點，不但此生命運坎坷，禍延子孫，也將遭受天理循環的因緣果報。

我們要具有寬大的心胸，從謙讓中體驗樂趣，從寧靜中安頓身心，從自制中克制物欲，去樹立正確的人生觀，從而獲得人生的重要價值。用出世的態度或精神，通過入世的修行，勸人為善的善念，同樣的正能量將迴向己身，累積自己的正能量。

此生即使在平凡的崗位上，也在默默無聞的為他人、為社會、為國家貢獻著自己的一份力量，散發著人生的正能量，這樣的人即使平凡無奇，他的一生也是重於泰山，也是值得被世人所尊重和敬仰。凡事不要拘泥於一個境界之中，所有的事都是一體兩面，心轉境也轉，雖說是知易行難，只要有決心，一切都會改變的！

第三十四章　　道蘊萬物

大道汜兮，其可左右。萬物恃之以生而不辭，功成而不有。衣養萬物而不為主，常無欲，可名於小；萬物歸焉而不為主，可名為大。以其終不自為大，故能成其大。

◎**本章主旨**：本章除了說明〝大道〞其大無外，其小無內，彌綸天地之間，萬事萬物都概括其中的特性之外，重點還是在於藉著列舉〝道〞由〝小〞轉化為〝大〞，來闡述在陰陽對立的統一體中，兩者相反相成，相對立的兩個面，在陰陽的規律下是可以相互轉化的哲學思想。

〝大道〞完成化生萬物，並不會居功自傲而據為己有，無私無欲庇護養育萬物，從不主宰干涉萬物自然的發展，似乎沒有任何的影響力，其渺小的程度，讓人忽略了它的存在，其名可以稱之為〝小〞。

萬物遵循〝大道〞的規律自然賓服而歸向於它，萬物從〝道〞的本體化生而來，最終歸根復命的歸宿，也是〝道〞的靜態本體，這些過程〝大道〞也從不主宰、干預，因此其名也可以稱之為〝大〞。

〝道〞始終利萬物而不害，卻不自恃、不自主、不居功、更不自以為萬物之主宰，就是因為〝道〞始終不自為〝大〞而為〝小〞，所以自然萬物皆以〝道〞為大！才能成就其〝大〞的名稱。

◎ **重點提示**：本章中第一句「大道氾兮，其可左右。」其中「其可左右」這句話，歷來諸家學者注解無一例外的將「左右」理解為方位名詞，認為〝大道〞是在我們的前後左右，上下四方，這種方式的注解，筆者並不認為就是如此的簡單。其實「大道氾兮」的解讀，其大無外，其小無內，彌綸天地之間，已經將萬事萬物都概括其中，無需在此多加贅言。因此，我們來探討老子「其可左右」這句話，其本義究竟為何？

老子書寫本章的重點，在於〝小、大〞這兩個相對立的面，可以互相依存轉化，最後老子總結性的說明本章主旨，〝以其終不為大，故能成其大〞，想要表達的就是〝大道〞中蘊含著宇宙客觀的陰陽規律，萬事萬物都受到此一規律所制約規範,蘊含著陰陽之間可以相互轉化的哲學思想。

陰陽之間的交互作用，相反相成，相互轉化，在此一陰陽自然規律下，如何掌握住事物其運動變化的趨勢，〝順勢而為〞是老子哲學思想的精髓，所論述的就是〝無為〞和〝不爭〞。諸如：〝無為而無不為〞；〝不爭而天下莫能與之爭〞；〝以其不自生，故能長生〞；〝夫唯弗居，是以不去〞；〝後其身而身先〞；〝外其身而身存〞，這些都存在著對立和統一〝相反相成〞的關係，看似對立的雙方也可以在一定條件下進行轉化。

本章與第三十二章「樸雖小，天下莫能臣也」及第二章「故有無相生，難易相成，長短相形⋯萬物作焉而不辭，生而不有，為而不恃，功成而弗居。夫唯弗居，是以不去。」意境相同，可以說是這兩章的加強說明。

〝大道〞包含著〝道〞的靜態虛無本體與〝德〞的動態物質世界，這兩者是一個整體而不可分割，也是一體之兩面，具備可左可右、左右平衡、相互對稱⋯等特性。

因此，「其可左右」這句關鍵詞，本書是以其本義為隱喻〝大道〞蘊含著陰陽的規律，具有可陰可陽、可剛可柔、陽長陰消、陰長陽消、陰陽相推，互相依存轉化，相互運動變化的各種特性來解讀。

◎直譯：「大道」：包含〝道〞的靜態虛無本體與〝德〞的動態物質世界，兩者一體，稱之為〝大道〞。「氾」：〝泛〞的異體字。廣博、普遍。引申為充塞、瀰漫、遍佈，具有普遍性、廣泛性和無限性。「兮」：助詞。用於句中或句末，相當於〝啊〞。

「大道氾兮」：〝大道〞廣大無邊，放之則彌六合，卷之則退藏於密，遠則無遠弗屆，近則無處不在，其大無外，其小無內，彌綸天地之間，萬事萬物都概括其中，廣大備悉，無所不包。

「其」：〝大道〞。「可」：能夠、具備。「左右」：相互對立的一體兩面。「其可左右」：蘊含著陰陽之間可以相互轉化的老子哲學思想。〝大道〞具備可左可右、左右平衡、相互對稱…等，相互對立的一體兩面特性。隱喻〝大道〞蘊含著陰陽的規律，具有可陰可陽、可剛可柔、陽長陰消、陰長陽消、陰陽相推，互相依存轉化，相互運動變化的各種特性。

「恃」：依賴、依靠。「之」：〝大道〞。「辭」：拒絕、推辭。「不辭」：不拒絕而樂意去做。「萬物恃之以生而不辭」：萬物都是依靠〝大道〞自然化育生長，從不橫加干涉或拒絕。「功成」：完成化生萬事萬物此一宏偉的功績。「不有」：功成不居，功勞不會據為己有。

「衣」：包在物體外的東西。覆蓋，庇護。「衣養」：覆養。庇護養育。「衣養萬物」：庇護養育萬物。「不為主」：不自以為主宰。不會主宰、干預萬物自然的發展。「常」：恆久。「常無欲」：〝大道〞的本體陰陽平衡，顯示其少私寡欲，恆久無偏私利己之主觀意識存在。

「可名」：可以用語言文字來稱呼形容，而產生一個具體的概念。「可名於小」：〝道〞混沌虛無，無形無象，至隱至微，又不會主宰、干預萬物自然的發展，其微小的程度，讓人感覺不到它的存在，因此其名可以稱之為〝小〞。

「焉」：語助詞。置於句末，表示肯定的語氣。「萬物歸焉而不為主」：萬物自然賓服而歸向於〝大道〞，同時萬物最終歸根復命的歸宿，也是〝道〞的靜態虛無本體，自然賓服與歸根復命的過程，〝大道〞都將其概括其中，但是也從不主宰、干預。「可名為大」：因此其名也可以稱之為〝大〞。

「以其」：就是因為。「以其終不自為大」：就是因為〝大道〞始終不自以為大。「故能成其大」：所以才能成就其〝大〞的名稱。「以其終不自為大，故能成其大」：這裡面蘊含著陰陽之間可以相互轉化的哲學思想，〝無為〞實現了〝有為〞的結果，〝利他〞最終轉化為〝利己〞。

◎**意釋**：本章是老子對第七章與第三十二章的加強說明，除了說明〝大道〞的特性之外，重點還是在於藉著列舉〝道〞由〝小〞轉化為〝大〞，來闡述在陰陽對立的統一體中，兩者相反相成，相對立的兩者之間，在陰陽的規律下是可以相互轉化的哲學思想。

「大道氾兮，其可左右。」〝大道〞包含〝道〞的靜態虛無本體與〝德〞的動態物質世界，其廣大無邊，放之則彌六合，卷之則退藏於密，一切完美具足，用言語來形容，遠則無遠弗屆，近則無處不在，其大無外，其小無內，彌綸天地之間，萬事萬物都概括其中，廣大備悉，無所不包。

〝道〞的靜態本體是一個陰陽未判，動靜未分，陰陽平衡，和諧統一大的量子信息能量場。〝道〞的靜態本體一片混沌虛無，無實體結構，既是物質、又不是物質，既是能量、又不是能量，是處於虛擬不確定的量子疊加態，蘊含著宇宙的陰陽基本規律。

〝道〞的靜態本體在陰陽交互作用下，蘊含著無限多個虛擬無實體又不確定的量子態，每一個量子態都包含著不同的信息，包含人與人相處互動所產生之事件，只要您想得到的任何狀況，萬事萬物它無所不包，都有可能存在，只能以概率大小來代表它的存在。

陰陽的對立統一運動，是自然界一切事物生成、發展、變化及消亡的根本原因，這也是宇宙中普遍一致的基本規律。陰陽之間相互依靠而生成，兩者相反而相成，一陰一陽之間的相互轉化交替，隨著時間的推移而不斷的運動變化，陰陽對立和陰陽交感調和的結果，永遠就是陽長陰消、陰長陽消，陰陽相推，相互轉化，相互運動的過程，這是宇宙的法則，在日常生活之中，陰陽之道無處不在。

有一個觀念我們要特別分辨清楚，〝道〞的靜態本體除了蘊含著陰陽規律之外，陰陽交互作下任何可能發生的狀況，均以量子化的型態，蘊含在〝道〞的靜態本體此一量子信息能量場之中，並以發生的概率大小方式存在。

萬物是〝道〞的靜態本體自然而然所化生，也就是與〝道〞的靜態本體本質特性相同，概率大的量子態自然化生，因此在〝德〞的動態物質世界，能以維持生態平衡發展的狀況下顯現，並且依循陰陽的規律隨著時間的推移，不斷的運動變化。〝道〞的靜態本體蘊涵於萬物之中，萬物的微觀世界就是一個小型〝道〞的靜態本體，在沒有意識參與之下，萬物均合乎〝道〞的靜態本體特性而自然發展。〝大道〞對於我們來說，我們看不到、摸不著，但是〝大道〞始終和我們在一起，蘊含在我們的

身上，就像是魚離不開水，但又感覺不到水的存在。

　　萬物在〝德〞的動態物質世界中，從始生、發展、極點到消亡，在依〝道〞而行之下，均有其一定的周期，生命周期結束之後，又回歸到原點，也就是〝道〞的靜態本體，萬物在〝道〞與〝德〞之間，其可左右，周而復始，生生息息，循環不已。老子所稱之〝大道〞，有兩種性質：一是宇宙靜態本體存在之〝道〞；一是萬事萬物在〝德〞的動態物質世界發展變化的動態陰陽之〝道〞。

　　以人為本的來說，太古盛世，大道行世，在〝德〞的動態物質世界中，是處於陰陽平衡和諧統一的狀態。當人類智慧漸開，天性已經逐漸遠離〝道〞的本體，起心動念產生偏私〝有欲〞之分別心，開始有了追求個人主觀願望實現的私慾，於是離〝道〞漸行漸遠。人類〝有欲〞之分別心，除了造成事件提早滅亡或失敗之外，也造成地球生態失去平衡，提早造成人類走向滅亡。

　　在老子樸素辯證法哲學思想中，其中的關鍵就是〝無欲〞和〝有欲〞之間的轉化。老子看似〝無為〞，結果卻是〝無不為〞。〝無為〞是為了〝無不為〞，老子只是反對刻意而為和爭名奪利，他提倡的是自然而為，因勢利導，最終實現〝無不為〞。

　　再例如〝夫唯不爭，故天下莫能與之爭。〞，〝不爭〞是〝無為〞，〝莫能與之爭〞則是〝無不為〞，等於〝有所為〞，即〝無為〞實現了〝有為〞的結果，這就是〝無為而有所為〞的意義，由〝利他〞最終轉化為〝利己〞。同時也驗證了「大道氾兮，其可左右。」在陰陽對立的統一體中，兩者相反相成，相對立的兩者之間，可以相互轉化。

　　「萬物恃之以生而不辭，功成而不有。」，〝道〞的靜態本體是一片混沌虛無，陰陽未判，動靜未分，處於陰陽平衡、和諧統一的量子信息能量場，萬事萬物依靠萬物之母所化生，在〝德〞的動態物質世界生生不息的繁衍發展，〝大道〞從不加以拒絕。由於〝大道〞完成化生萬物此一宏偉的功績，是無心的施為，並不會自恃有恩於萬物，而居功自傲的據為己有。

　　「衣養萬物而不為主，常無欲，可名於小。」，〝大道〞的本體陰陽平衡，顯示其恆久無偏私利己之主觀意識存在，無私無欲，庇護養育萬物沒有親疏遠近的分別，萬物都是自然而然的化生，從不主宰干涉萬物自然的發展。

　　萬物在天地之間完全依照自然的法則，順其自然的發展，天道無親，無偏無私，無愛無憎，不求功，不為己，不望報，全部一視同仁，

任其自然化育生長。〝道〞混沌虛無，無形無象，至隱至微，又從不主宰、干預萬物自然的發展，無欲無求、無我無名的默默運作化育，似乎沒有任何的影響力，其少私寡欲渺小的程度，讓人忽略了它的存在，就是因為如此，其名可以稱之為〝小〞。

「萬物歸焉而不為主，可名為大。」，萬物遵循〝大道〞的規律自然賓服而歸向於它，萬物從〝道〞的本體化生而來，最終歸根復命的歸宿，也是〝道〞的靜態虛無本體，萬物自然賓服與歸根復命的過程，〝大道〞都將其概括其中，但是也從不主宰、干預，〝大道〞站在制高點，制約規範又化生包容了萬事萬物，因此其名也可以稱之為〝大〞。

「以其終不自為大，故能成其大。」，因為〝道〞始終利萬物而不害，卻不自恃、不自主、不自居、更不自以為萬物之主宰，似乎對萬物沒有任何的影響力，其渺小的程度，讓人忽略了它的存在，就是因為〝道〞始終不自為〝大〞而為〝小〞，所以自然萬物皆以〝道〞為大！才能成就其〝大〞的名稱。

〝道〞由〝小〞轉化為〝大〞，這裡面隱含著的就是〝夫惟不爭，故天下莫能與之爭。〞，〝不爭〞是〝無為〞，〝莫能與之爭〞則是〝無不為〞，等於〝有所為〞，即〝無為〞實現了〝有為〞的結果，〝利他〞最終轉化為〝利己〞。

同時也驗證了〝大道氾兮，其可左右〞〝道〞的作用，在陰陽對立的統一體中，兩者相反相成，相對立的兩者之間，在陰陽的規律下是可以相互轉化。

第三十五章　往而不害

執大象，天下往。往而不害，安平太。樂與餌，過客止。道之出口，淡乎其無味，視之不足見，聽之不足聞，用之不可既。

◎**本章主旨**：老子在本章接續述說了〝道〞的作用和影響。〝修道〞者執守著〝道〞這個無形之象，前往任何一個領域去〝行道〞，以〝道〞蒞臨天下，萬物將遵循〝大道〞的規律自然賓服，而人自化的歸向於它，處處行得通，都會無往不利。

在〝修道〞的過程中，難免會遭遇一些誘人的事物，此時要止於其

心而無欲無求，對外界的誘惑要有自我控制的能力，能視若無睹，絲毫不受影響，有如旅途中的過客一般，一刻也不可停留。

〝道〞體的本質內涵，不論如何詳盡的表述出來，非但平淡無奇，還恍惚隱約的看不清楚，依稀隱約的聽不清楚，給人似有若無的感覺，仍然不曉得〝道〞是什麼樣子，但是實踐起來它的作用卻是取之不盡，用之不竭，妙用無窮。

◎**重點提示**：本章中「執大象，天下往」，老子為何在此不說「執大道，天下往」呢？因為〝道〞的靜態本體在〝德〞的動態物質世界之中，萬物均各自有不同的形與象，所有的萬象均是〝道〞的化身。〝大象〞在〝道〞的靜態本體中無形無象，是處於不確定的量子態，既然本章是闡述在人世間不同領域前往〝行道〞，因此就以〝大象〞來作為〝道〞的代稱。

◎**直譯**：「象」：現象。天下萬物都有各自的〝象〞。「大象」：〝道〞的靜態本體是〝無〞，無形無象，需要依靠〝德〞的動態物質世界的〝有〞，也就是萬事萬物的外在顯現，也就是用〝象〞來表現，才能彰顯〝道〞的本體所蘊含的本質與規律。因此，在〝德〞的動態物質世界中，〝大象〞在沒有付諸行為表現之前，是無形無象，〝大象〞就是〝道〞專有的代稱。

「執」：執守。「執大象」：執守著〝道〞這個無形之大象，也就是惟道是從，遵道而行。「天下」：指的是天下任何一個領域。「天下往」：不論是帝王將相，或是販夫走卒，〝修道〞者前往任何一個相對應的領域去〝行道〞，以〝道〞蒞天下。

「不害」：無害。就是無往不利。「往而不害」：不管前往哪一個領域〝行道〞，處處行得通，都會無往不利。「安」：安定、安寧。「平」：平衡和諧。「太」：與〝泰〞字相通。通泰，太平。

「樂」：使人歡喜、快活、享受的事情。「餌」：引誘人的事物。「過客」：在〝修道〞、〝行道〞的過程中。「止」：止於其心而無所求，對外界的誘惑能視若無睹，絲毫不受影響。

「樂與餌，過客止」：在〝修道〞、〝行道〞的過程中，難免會遭遇一些使人歡喜、快活、享受，誘人的事物，此時要止於其心而無所求，對外界的誘惑能視若無睹，絲毫不受影響，有如旅途中的過客一般，一刻也不可停留。

「道之出口」：用言語表述出來〝道〞體的本質內涵。「淡乎其無味」：平淡無奇，毫無味道。「不足」：模糊，不完整。恍惚隱約的感覺。「視之不足見」：恍惚隱約的看不清楚。「聽之不足聞」：依稀隱約的聽不清楚。「用」：作用。「既」：盡。「用之不可既」：只要領悟了〝道〞的真諦，實踐起來它的作用卻是取之不盡，用之不竭，道用無窮。

◎**意釋**：上一章講述了〝大道〞的特性之後，老子在本章接續述說了〝道〞的作用和影響。《道德經》在第二十五章 闡述〝道〞的體大，在第二十八章說明〝道〞的相大，本章中則表示出〝道〞的用大。

〝道〞的靜態本體是〝無〞，無形無象，需要依靠〝德〞的動態物質世界的〝有〞，也就是萬事萬物的外在顯現的現象，才能彰顯出〝道〞的靜態本體所蘊含的本質與規律。因此，在〝德〞的動態物質世界中，〝大象〞在萬物沒有付諸有形的行為表現之前，是無形無象，所謂的〝大象〞，就是〝道〞在〝德〞的動態物質世界裡，其中一個專有的代稱。

「**執大象，天下往。**」，〝修道〞、〝行道〞者，執守著〝道〞這個無形之象，也就是惟道是從，遵道而行。不論是帝王將相，或是販夫走卒，〝修道〞者前往任何一個相對應的領域去〝行道〞，以〝道〞蒞臨天下，萬物將遵循〝大道〞的規律自然賓服，而人自化的歸向於它。

「**往而不害，安平泰。**」，〝道〞的靜態本體是一個陰陽未判，動靜未分，陰陽平衡，統一和諧，一片虛無大的量子信息能量場。在〝德〞的動態物質世界中，〝道〞的靜態本體其外在表現，總的來說，就是〝無私、無欲〞，〝無為〞，〝不爭〞。

〝天之道利而不害，聖人之道為而不爭〞，〝道〞的作用和影響就是〝無為而無不為〞，〝不爭而天下莫能與之爭〞，〝利他〞最終轉化為〝利己〞的一種和諧融洽環境。所以，〝修道〞者不管前往哪一個領域去〝行道〞，處處行得通，都會無往不利，處於一片安寧、平衡和諧、太平通泰的氛圍中，這樣就可以通行於天下了。

「**樂與餌，過客止。**」，在〝修道〞、〝行道〞的過程中，難免會遭遇一些使人歡喜、快活、享受，誘人的事物，諸如：五色、五音、五味、畋獵和難得之貨…等，此時要止於其心而無欲無求，戒斷心魔，無欲則剛，既使在五光十色的大千世界之中，對外界的誘惑要有自我控制的能力，能視若無睹，絲毫不受影響，有如旅途中的過客一般，一刻也不可停留，否則修行將全功盡棄。

第五十三章「大道甚夷，而人好徑」，無限的誘惑，就是罪魁禍首，

老子在此特別諄諄告誡我們，〝修道〞之所以會功虧一簣，就是〝樂與餌〞之過，必須防患於未然。

「**道之出口，淡乎其無味**」，〝道〞的靜態本體原本就是〝無〞，無私無欲，無色無相，無利己的主觀意識…等，難以用言語文字表達清楚。如果我們要用言語表述出來〝道〞體的本質內涵，與〝樂與餌〞相較，平淡無奇，毫無味道，不能引起人們渴求的慾望。

「**視之不足見，聽之不足聞，用之不可既。**」，道可道，非常道。〝道〞體的本質內涵，不論如何詳盡的表述出來，還是恍惚隱約的看不清楚，依稀隱約的聽不清楚，給人似有若無的感覺，仍然不曉得〝道〞是什麼樣子。

只要領悟了〝道〞的真諦，實踐起來它的作用卻是取之不盡，用之不竭。〝有之以為利，無之以為用〞、〝弱者道之用〞、〝大成若缺，其用不弊。大盈若沖，其用不窮〞，〝道〞體雖然難見，但是〝道〞的作用卻是無窮，在人世間各領域均顯而易見。

〝道〞的特質表述出來，諸如：恆道、無名、無形、無為、不爭、不害、像沒有修飾過的木頭一樣，看起來渺小，甚至無不足道，但是在各領域之中所起的作用，卻是妙用無窮。

第三十六章　　以柔克剛

將欲歙之，必固張之；將欲弱之，必固強之；將欲廢之，必固興之；將欲取之，必固與之。是謂微明。柔弱勝剛強。魚不可脫於淵，國之利器不可以示人。

◎**本章主旨**：本章延續前一章〝道〞在各領域之中妙用無窮，在本章中說明其妙用何在，我們要如何的在各領域中善加利用。老子說〝反者道之動〞，事物發展到極點，總是朝著相反的一面轉化，這種運動變化的規律就是〝勢〞，所以老子強調要順勢而的重要性。

〝弱者道之用〞，因為柔弱的生機旺盛，在本章前八句中列舉出來，〝合〞與〝張〞、〝弱〞與〝強〞、〝廢〞與〝興〞、〝取〞與〝予〞在這四對矛盾的對立統一體中，要我們通曉事物自然發展的趨勢，寧可居柔弱的一面，也要掌握事物運動變化中的〝勢〞。

我們要知曉自然規律發展大勢之所趨，萬物發展趨勢此一現象的過

程，初始期間其徵兆，隱而顯，顯而微，稍不注意就忽略了它的存在，但是最終必能獲得到顯著的成效，這種見微知著，就是所謂的〝微明〞。

對待〝無道〞強國在周旋應對的時候，要掌握大自然發展的趨勢，自然而然的順勢而為，這就是應對時最有利的武器。老子在此特別強調有一點要切記，〝柔弱勝剛強〞的此一方法的運用，其中奧妙玄機不可隨意的讓人知道，否則就會失去應有的效用，甚至未蒙其利，反受其害。

◎重點提示：

一、看到一些文章，部分研究老子《道德經》的學者，從本章中「將欲歙之，必固張之；將欲弱之，必固強之；將欲廢之，必固興之；將欲取之，必固與之。」這段話來判斷，說《老子》這本書是陰謀之道，權謀之術，誣指老子耍心機、玩手段，這一章老子在講〝術〞，而不是講〝道〞。之所以會有這些誤解，其原因不外乎歷來注解《道德經》的學者錯誤解讀之故。把「將欲」解讀為：想要達到此一目的。把「必固」解讀為：就必須先使用這種手段，這種人欲需求的解讀方式，也難免會遭人誤會。

其實老子這段話是在揭示自然規律中〝物極必反〞的道理，說明反者〝道〞之動，萬物之中相對立的兩個面，相互依存又相互轉化，這是陰陽的規律，也是自然發展必然的趨勢，教導我們〝行道〞時要掌握自然規律發展趨勢，站在發展趨勢最有利的地位，自然而然的順勢而為。

因此，這段話是說明宇宙自然的規律，自然的法則。任何事物在將要〝閉合〞、〝衰弱〞、〝衰亡〞、〝奪取〞之前，必定是先會〝張開〞、〝強大〞、〝興盛〞、〝給予〞，當其到達極點之後，反者〝道〞之動，物極必反，必然會往〝閉合〞、〝衰弱〞、〝衰亡〞、〝奪取〞這個方面發展。這段話有〝將要〞之前〝必定是〞的意思，老子意在揭示自然規律發展大勢所趨的方向。

二、本章中「國之利器不可以示人」這段話，歷來注解的專家學者眾說紛紜，例如解讀為：權道也；賞罰；國之威武權勢…等。我們解讀《道德經》之前，一定要先了解老子在本章中精神要旨，不能脫離其本義而穿鑿附會或偏離主題，否則誤導讀者，罪莫大焉！

本章前段闡明「翕張、弱強、廢興、取予」之間的對立轉化，萬物自然發展的趨勢，在人世間各領域中均可一體適用。雖然這種方式最終能發揮作用，但是要經過時間的推移，在一定的條件下才能轉化，初期

是很難顯現及為人察覺。

　　只要知曉這幽邈的道理，最終就能收顯著之效果。因此，君王對待〝無道〞強國周旋應對的時候，這種方式可以說是很好的利器，就是要特別切記，本章中〝柔弱勝剛強〞這些方法的運用，其中奧妙玄機不可隨意的讓人知道，否則就會失去應有的效用，甚至未蒙其利，反受其害。

　　如今時代變遷，科技進步一日千里，國防武器就是矛與盾的問題，自己國家的尖端武器各項性能與參數，要嚴守秘密，不能為敵所知，否則敵方研發出反制方法，對我方克敵制勝必有妨害。因此，經常有人借用「國之利器不可以示人」這段話，這也可以說得通，只是已經失去了老子這句話的原義。

◎**直譯**：「將欲」：將要。「歙」：音同系。閉合。「之」：此一事物。「固」：一定。「必固」：必定，必然。「張之」：張開此一事物。「將欲歙之，必固張之」：任何事物在將要閉合之前，必定是先會張開，當張開到達極點之後，反者〝道〞之動，物極必反，必然會往閉合這個方面發展，這是宇宙自然的陰陽規律，也是自然發展必然的趨勢，萬物之中相對立的兩個面，相互依存又相互轉化，周而復始，循環不已。

　　「弱」：衰弱。「強」：強大。「將欲弱之，必固強之」：任何事物在將要衰弱之前，必定是先會強大，當強大到達頂點之後，必然會往衰弱這個方面發展。「廢」：衰亡。「興」：興盛。「將欲廢之，必固興之」：任何事物在將要衰亡之前，必定是先會興盛，當興盛到達頂點之後，必然會往衰亡這個方面發展。

　　「取」：奪取，取得。「與」：給予。「將欲取之，必固與之」：任何事物在將要取得之前，必定是先會給予，當給予到達極點之後，必然會往被取回這個方面的發展。

　　「微明」：〝微〞在這裏指的是：能發揮作用，卻很難顯現。就好像植物每天都在生長，當下卻很難顯現出來。又如初始曙光初露，光亮微弱，隨著時間的推移，最終逐漸大放光明。隱喻知曉掌握自然規律發展大勢之所趨，初始期間此一徵兆，隱而顯，顯而微，最終能獲得顯著的效果。與見微知著的意義類似。引申為知幽邈之理而收顯著之效，其〝道〞微而其效明也。

　　「柔弱勝剛強」：這是站在自然規律發展的未來趨勢來說，柔弱含有柔韌歛藏的意思，柔軟的東西充滿旺盛的生機。相反的，強硬的東西則已經喪失生機，來日無多。「魚不可脫於淵」：人無法脫離〝道〞的自

然規律所規範，就如同魚兒無法脫離深潭而生存的道理一樣。

「國之利器」：掌握大自然發展的趨勢，自然而然的順勢而為，就是君王對待〝無道〞強國斡旋應對時最有利的武器，也就是最有效的方法，就有如魚不可脫於淵。「不可以示人」：但是〝柔弱勝剛強〞自然而然的順勢而為，其中奧妙玄機不可隨意的讓人知道，否則就會失去應有的效用，甚至未蒙其利，反受其害，就有如魚離開水就會死亡一樣。

◎意釋：老子在前一章中說明了〝道〞在各領域之中所起的作用，妙用無窮。因此，在本章中說明其妙用何在，我們要如何的在各領域中善加利用。

老子說〝反者道之動〞，〝道〞就是宇宙中最基本的自然規律，在陰陽的規律中，日中則昃，月盈則虧，盛極必衰，物極必反，事物發展到極點，陰陽交互作用所產生運動變化的力量，總是朝著相反的一面轉化，這是天地不變的法則，萬事萬物都是依循〝道〞的法則運動變化，而這種運動變化的規律就是〝勢〞，所以老子強調要順勢而的重要性。

我們這個宇宙中的萬事萬物，都是以陰陽的形態存在，老子將〝物極必反〞陰陽相互轉化的辯證法思想，在本章前八句中列舉出來，〝合〞與〝張〞、〝弱〞與〝強〞、〝廢〞與〝興〞、〝取〞與〝予〞在這四對矛盾的對立統一體中，具體分析事態的發展，說明柔弱的益處及剛強的害處。

老子教導我們〝弱者道之用〞，因為柔弱的生機旺盛，所以提倡「守雌」，「雌」就是柔順謙忍，因此，要我們通曉事物自然發展的趨勢，寧可居柔弱的一面，也要掌握事物運動變化中的〝勢〞。

老子說：〝禍兮，福之所倚；福兮，禍之所伏〞，天之道，損有餘以補不足，天道忌滿，人道忌全，凡事忌滿，水滿則溢，滿招損，謙受益，萬物都處於由弱到強、再由強變弱的循環中，這是大自然陰陽之間盈虛消長變化的道理。有了貪念就不能持盈保泰，知道自然的規律就要順應自然的規律，凡事應適可而止，這就是人生的大智慧。

「**將欲歙之，必固張之；將欲弱之，必固強之；將欲廢之，必固興之；將欲取之，必固與之。**」任何事物在將要閉合之前，必定是先會張開，當張開到達極點之後，必然會往閉合這個方面發展；任何事物在將要衰弱之前，必定是先會強大，當強大到達頂點之後，必然會往衰弱這個方面發展。

任何事物在將要衰亡之前，必定是先會興盛，當興盛到達頂點之後，必然會往衰亡這個方面發展；任何事物在將要取得之前，必定是先

會給予，當給予到達頂點之後，必然會往被取回這個方面的發展。

就例如：〝道〞的本體化生萬物，當萬物始生、成長、茁壯、衰亡，又歸根復命回到〝道〞的本體這個原點。我們不要糾結於名相，要看見〝道〞的本質！〝取〞和〝予〞，是同時存在相互轉化，在〝予之〞的同時，〝取之〞已經在暗中滋長。

「是謂微明」，反者〝道〞之動，物極必反，這是宇宙自然的陰陽規律，也是自然發展必然的趨勢，萬物之中相對立的兩個面，相互依存又相互轉換，周而復始，循環不已。我們要知曉掌握自然規律發展大勢之所趨，萬物發展趨勢此一現象的過程，初始期間其徵兆，隱而顯，顯而微，稍不注意就忽略了它的存在，但是最終必能獲得到顯著的成效，這種見微知著，就是所謂的〝微明〞，知幽邈之理而收顯著之效，其道微而其效明也。

老子在前一章已經說明〝大象〞無形，但是妙用無窮，本章中所述「歙張；弱強；廢興；取予」，都是相互對立又相互依存的兩個面，兩者之間最終相互轉換是必然的結果，這就是陰陽交互作用運動變化的規律，也是萬物發展大勢之所趨，即所謂物極必反，對立轉化的微明之理，就像禍福相依一樣。

張是歙的先導，強是弱的前兆，興是廢的端倪，予是取的根苗，這是自然事物發展的趨勢。因此，我們在〝行道〞時要見微知著，見其徵兆就知其會有何必然的結果，掌握自然規律，順勢而為，一切作為都是自然而然的〝無為〞，這就是人生的大智慧。

「柔弱勝剛強。魚不可脫於淵」，萬物之中，柔弱的東西往往富於韌性，生機旺盛，來日方長，發展的空間極大，未來不可限量。看似剛強的東西，往往已經到達頂點，失去發展的空間，未來只能走向衰亡，生機不能持久，來日無多。

老子說：「弱者道之用」，「堅強者死之徒，柔弱者生之徒。」柔弱可戰勝剛強，並不是指當下而言，而是站在自然規律發展的未來趨勢來說，這裡的柔弱並非軟弱無力，而是指含有柔韌斂藏的意思，柔軟的東西充滿旺盛的生機，相反的，強硬的東西則已經喪失生機，來日無多。人們應該掌握〝微明〞的大智慧，向〝大道〞學習柔弱的作用，掌握趨勢，順勢而為。

〝大道〞的作用雖然是漸進式的發展，但卻是綿延不絕，延續不斷，最終的結果必然是柔弱與剛強之間的相互轉化。看似柔弱之物，由於自

守其性，斂退自然，所以生命力愈持久；相反，若處處張揚，鋒芒畢露，最終難免會有勢窮力竭之時。

　　這就是〝柔弱勝剛強〞所蘊含的玄機，也是前面所述，陰陽規律下萬物發展大勢之所趨。月盈則虧，日中則昃，水滿則溢。就好比事物發展得越來越強盛，其內部削弱的力量也逐漸在滋長，花開得愈鮮艷，其凋謝的時間就越來越近。

　　所以人生在世，〝行道〞時要懂得謙退禮讓，示弱、不爭、不逞強，寧可居於柔弱的一面，也不要讓自己太過於盈滿，這樣才能夠存在得更長久，更能夠積蓄力量，最後戰勝所謂的強大。因為所有的事情太過於膨脹和盈滿之後，往往會面臨著走向下坡路的階段。

　　〝道〞的靜態本體所化生的萬事萬物，都在〝大道〞所蘊含的自然規律下，受其制約與規範。老子說明這種「翕張、弱強、廢興、取予」之間的對立轉化，萬物自然發展的趨勢，在人世間各領域中均可一體適用，任誰都無法跳脫，就如同魚兒無法脫離深潭一般。

　　「國之利器不可以示人」，當一國君王對待〝無道〞強國周旋應對的時候，掌握大自然的趨勢，自然而然的順勢而為，就是應對時最有利的武器，也就是最有效的方法。老子在此特別強調有一點要切記，本章所說的〝柔弱勝剛強〞此一方法的運用，其中奧妙玄機不可隨意的讓人知道，否則就會失去應有的效用，甚至未蒙其利，反受其害。

◎延伸閱讀：

一、有關本章中所述「斂張；弱強；廢興；取與」，相互對立又相互依存的兩個面，最終能相互轉化是必然的結果，這就是陰陽交互作用運動變化的規律。在此摘錄鮮于文柱所著《周易聖斷・繫辭傳》上篇第十一章相關內容供讀者參考。

　　是故，闔戶謂之坤，闢戶謂之乾，一闔一闢謂之變，往來不窮謂之通。見乃謂之象，形乃謂之器，制而用之謂之法，利用出入，民咸用之謂之神。

直譯：「闔戶」：闔就是關閉。「謂之坤」：門戶關閉，就如同坤陰之靜而密閉。「闢戶」：闢就是敞開。「謂之乾」：門戶敞開，就如同乾陽之動而通達。「一闔一闢謂之變」：為了讓人們便於了解乾坤之變通，這裡取象門戶之一闔一闢之運動作比喻，來說明坤乾陰陽之變通，就像是門戶

之一關一開不斷的動作一般，門戶不停的開關相互轉換，這就是變；往來無窮的持續下去就是通。「往來不窮謂之通」：門戶不停的開關，陰往則陽來，陽往則陰來，往來循環而不停地持續下去，這就是通。

　　任何事物的發展都是有其一定的周期，還是有達到窮盡的時候，變到一定程度，發展達到極點，就是窮。此時事物開始由頂點朝向反面轉化，轉變至反面之後，又開始有了新的發展變化，有了這些窮則變，變則通的過程之後，事物才能長期存在下去。

　　窮就要變，這是質變，變就要通，通之後的變，就是量變。量變到極點又要窮，窮極之後又要質變，周而復始，循環不已，方能成就萬事萬物生生不息之變化與發展，這也是天地之間萬物共同的規律與法則。

　　任何事物的發展變化總是朝著相反的方向演變，陰極生陽，陽極生陰。陰陽對立和陰陽交感調和的結果，永遠就是陽長陰消、陰長陽消，陰陽相推，相互轉化，相互運動的過程。

　　「見」：音同現。顯現。「見乃謂之象」：就有如門戶一闔一開的這種可以顯現的現象，稱之為象。「器」：用具的總稱。「形乃謂之器」：有具體空間的形體，又是民之所用之用具，例如門戶，稱之為器。「法」：效仿。「制而用之謂之法」：效仿大自然陰陽變化的現象，而製作成民之所用的器具，稱之為法。

　　「利用出入」：仿效陰陽出入、開闔這種變通現象，而製作成的日常生活中可利用的器具，也不知凡幾。「咸」：皆，都。「民咸用之」：民眾經常都在使用的日常器具，皆與《易經》中陰陽的變通道理息息相關。「謂之神」：但是百姓只知其然，而不知其所以然，日用而不知，完全不了解其中神奇奧妙的道理，稱之為神。

意釋：為了讓人們便於了解乾坤之變通，這裡取象門戶之一闔一闢之運動來作比喻，門戶關閉，就如同坤陰之靜而密閉；門戶敞開，就如同乾陽之動而通達，進而來說明坤乾陰陽之變通，就像是門戶之一關一開不斷的動作一般。門戶不停的開關相互轉換，這就是變；往來無窮的持續下去就是通。

　　甚麼叫做象、器、法、神呢？就有如門戶一闔一開的這種可以顯現的現象，稱之為象。有具體空間的形體，又是民之所用之用具，例如門戶，稱之為器。效仿大自然陰陽出入開闔這種變化現象，而製作成民之所用的器具，稱之為法。民眾經常都在使用的日常器具，與《易經》中陰陽的變通道理息息相關。但是百姓只知其然，而不知其所以然，日用

而不知，完全不了解其中神奇奧妙的道理，稱之為神。

二、在《繫辭傳‧下》：《易》窮則變，變則通，通則久，這裡所謂之「窮」，就是指事物發展到頂點；「變」，就是說事物開始由頂點朝向反面轉化；「通」，也就是說轉變至反面之後又開始有了新的發展；「久」，有了這些窮則變，變則通的過程之後，事物才能長期存在下去，這也是自然的規律，同時也是《易經》中最簡樸的辯證法思想。

宇宙間萬事萬物，任何一類或一種事物，都存在著相互對立又相互作用的關係，"陰陽"是萬事萬物的基本單位與型態，通過"陰陽"的對立、相互作用與消長，隨著時空的推移而不斷的運動變化，產生萬事萬物的創生、發展、變化及消亡，周而復始的循環不已，宇宙之間就是因為有了陰陽的規律，方能成就萬事萬物生生不息之變化與發展，這也是天地之間萬物共同的規律與法則。

萬物之間不論是有形或無形，微觀或宏觀，都包括著陰陽相互對立的兩個方面，永遠都處於無休止的變化之中。兩者之間相互對立又相互融合，相互蘊含也相互激發，相互變動亦相互轉化與消長，它們之間相互依靠，相互制約，是處於一體兩面、如影隨形、變動不拘、生生不息的狀態。

陰陽常存在於一個統一的事物之中，事物的發展是在矛盾統一運動形式下進行，而其發展變化總是朝著相反的方向演變，陰極則陽，陽極則陰，日中則昃，月盈則虧，天地盈虛，與時消息。盈虛變化是天地間的普遍規律，整個自然界都處於盈虛盛衰的不斷變化中，時間決定變化的性質，時間是變化的基本條件，一切的變化都是隨著時間進退消長。

此一物極必反宇宙不變的規律，代表著萬事萬物到達極點，就會往相反的一面發展變化。陰陽對立和陰陽交感調和的結果，永遠就是陽長陰消、陰長陽消，陰陽相推，相互轉換，相互運動的過程，其發展進程中是穩定的、平衡的、漸變的、動態的，總是在不斷的變化轉換，萬事萬物都逃不脫一個由量變到質變，由否定到否定之否定的過程。此一周而復始、循環不已的過程，其周期時間長短不一，各有其一定之周期。

第三十七章　道常無為

道常無為而無不為。侯王若能守之，萬物將自化。化

而欲作，吾將鎮之以無名之樸。無名之樸，夫亦將無欲。不欲以靜，天下將自定。

◎本章主旨：本章是《道德經》上篇《道經》的最後一章，綜觀《道經》整部作品，每章闡釋的涵義都很完整，獨立成章，每章之間又能相互印證，邏輯一以貫之，毫無相互矛盾之處。老子並以〝道常無為而無不為〞作為上篇的總結，為進入《德經》預先鋪陳。

　　沒有偏私利己之分別心，沒有想得到個人主觀意識慾望滿足的妄念，在〝無欲〞的狀況下，一切自然而然、順其自然發展的行為，就是〝無為〞。只有透過〝無為〞，才能夠真正的發揮〝無不為〞的作用。

　　老子藉著侯王來說明領導統治者或任何一個人，只要能確守〝道〞的原則行事，萬物都會受到感應而轉化成與您意識內容相同類似的狀況。這就是量子理論中所述的量子感應現象。

　　萬物在自我轉化歸於〝道〞的過程中，若是心中欲念蠢蠢欲動，應以〝道〞為鑑，清除一切萌生的慾望雜念。當心中的欲念不再萌生之後，心境自然趨於寧靜，天下將會自然感應呈現一片陰陽和諧、安定祥和的穩定長久局面。

◎重點提示：
一、《道經》總共三十七章，本章為最後一章。〝道〞是〝德〞的體，〝德〞是〝道〞的用，〝道〞與〝德〞是無法分割的一體兩面，兩者構成整體的〝道〞，〝道〞所蘊含的自然規律，自形而上的〝道〞，貫穿形而下的〝德〞，全部都一體適用。既然如此，老子在《道經》中不只說明〝道〞的本質特性，同時也在〝德〞的人世間體現出〝道〞的作用為何，才能讓人們了解領悟無形無象的〝道〞其本質特性與整體輪廓！

　　我們先回顧老子在《道經》中所說的重點項目有哪些：〝道〞靜態本體的特性；在〝德〞的動態物質世界中，萬物皆為〝道〞靜態本體所化生；萬物運行變化之模式，均遵循〝道〞所蘊含的陰陽規律，在〝道〞與〝德〞之間周而復始，循環不已；萬物之中相對立的兩面相互依存，相互轉化，要站在宏觀角度，掌握萬物發展的趨勢，站在發展趨勢最有利的一面；依從〝道〞的本質特性自然〝無為〞，最終成就了〝無不為〞的最高境界。

　　綜觀整篇《道經》，其中〝無為〞這個詞句共出現了三次，分別是在第二章「是以聖人處無為之事，行不言之教」，第三章「為無為，則

無不治」，及第三十七章，也就是本章「道常無為而無不為」，其餘各章老子則通過不同的意象，來向讀者傳達〝無為〞的思想觀念，以體現老子〝無為〞的哲學思想。

　　本章中〝無為而無不為〞為關鍵詞，〝自然〞與〝無為〞是對老子哲學思想高度的濃縮和概括。但是所謂的〝自然〞真實的意義究竟係何指？其科學依據為何？〝無為〞難道真的是無所作為嗎？這些都是進入《道德經》的門檻之一，在此我們必須先將此觀念釐清。

二、〝道〞的靜態本體特質是處於陰陽未判，動靜未分，陰陽平衡又和諧統一的狀態，是混沌未明一片虛無的量子信息能量場，能夠在〝德〞的動態物質世界中，自然而然的孕育化生萬事萬物，這也就是所謂的〝道〞法自然。〝道〞的靜態本體之中，蘊含著陰陽交互作用下所產生的千變萬化，只要您想得出的任何狀況，都有可能發生，只是其發生的概率大小有所不同而已。

　　依據量子理論得知，萬事萬物的發生、變化或未來的走向，在陰陽交互作用的過程中，各種狀態〈量子態〉都是處於虛擬、無實體、不確定狀態，每一個量子態其最終發生的可能性，只能用概率來代表，您只要能想得到的狀態，都在宇宙此一大的量子系統量子疊加態中存在，也就是整個宇宙中具有無限多個量子態，全部蘊含在〝道〞的靜態本體一片虛無混沌的量子信息能量場之中。

　　由上述可知，在〝道〞的靜態本體所蘊含陰陽交互作用的過程中，陰陽平衡又和諧統一是處於大概率狀態，也就是萬物是大概率之下自然而然的化育而成，沒有任何外在的主宰干預。因此，所化育的萬物個體，其內部都是處於陰陽平衡和諧統一的狀態，而其外部也與其它個體結合成一個陰陽平衡和諧統一的生態圈，完全依循〝道〞的靜態本體特性自然而然的運作，也就是〝道〞的靜態本體，陰陽未判，動靜未分，陰陽平衡又和諧統一的狀態就是〝自然〞。

　　〝自然〞是沒有人為的意識刻意參與，一切均依循〝道〞的靜態本體的本質特性自然發展運行，稱之為自然而然。自然就是〝無為〞，〝道〞常無為而無不為。

三、老子在第二十五章「人法地，地法天，天法道，道法自然。」中說明，從形而上自然的〝道〞至形而下的人類，都是依循〝道〞的靜態本體特性自然發展運行。人的意若是能夠恆久保持著淡泊名利，不做非

分之想，一切順其自然，也就是沒有偏私的分別之心，無絲毫想得到個人主觀意識慾望滿足的意念，在這種〝無欲〞的狀況下所做出來的行為，就是〝無為〞。

〝道〞法自然，自然無為，〝道〞常無為而無不為。〝道〞雖然對萬物的發展運行，不作任何的干預，但是萬物都在〝道〞此一自然規律制約規範下發展運行，無一例外，因此，〝道〞無為而無所不為。老子基於「人法地，地法天，天法道，道法自然。」此一道理提示我們，人類若是能以〝無欲〞之心，掌握住自然規律發展的趨勢，佔據有利發展的地位，而行〝無為〞之道，就能〝無為而無不為〞。

老子在第一章「故常無欲，以觀其妙；常有欲，以觀其徼。」中就已經說明，〝無欲〞就是依〝道〞而行，〝有欲〞就是悖道而為，〝無欲〞與〝有欲〞兩者之間的結果有如天壤之別。人類智慧愈開，所受外在誘惑愈多，則私心欲望愈大，離〝道〞就愈遠。因此老子感慨的說出：「大道廢，有仁義；智慧出，有大偽。」

四、老子在第二十五章「故道大，天大，地大，人亦大。域中有四大，而人居其一焉。」〝道〞這個混沌虛無，陰陽未判，動靜未分，處於陰陽平衡和諧統一的量子信息能量場，當人起心動念的參與提供信息，此一陰陽交互作用下能化生萬物的量子信息能量場〈陰〉，接收到量子意識所負載的信息〈陽〉之同時，產生質能相互轉化，就能孕育化生萬事萬物，化虛擬為真實，由不確定到確定，由量變到質變，在宏觀世界中顯現。因此，古之聖賢又說：人可以參與天地之造化，與天地並列為三。

不論是〝無欲〞還是〝有欲〞這兩種意識所產生的量子態，在微觀世界的量子系統中，都是虛擬無實體的量子態疊加而成，只能以概率來代表它存在的狀態。當人的意識信息抉擇〝無欲〞，〝無欲〞之概率就轉化成百分之一百，同時〝有欲〞的概率就會坍縮為零。〝無欲〞的結果因此由微觀世界的量變到宏觀世界的質變，化虛擬為真實，在宏觀世界顯示出來。

當人的意識信息抉擇〝有欲〞，就算是〝有欲〞之概率極其微小，也會轉化成百分之一百，同時〝無欲〞的概率就會坍縮為零。〝有欲〞的結果因此由微觀世界的量變到宏觀世界的質變，化虛擬為真實，在宏觀世界顯示出來。天下之禍莫甚於私慾，天下之亂莫大於相爭。這種人為刻意〝有欲〞的干預，打破了人世間原本和諧統一的平衡狀態，繼而造成世間的禍亂。

當人的意識有偏私的分別心，想要得到個人主觀慾望滿足的意念，以〝有欲〞之心刻意的有所作為，這就是與〝道〞悖離的〝有為〞，這種貪圖眼前近利短視的結果，就是失敗或提早結束在〝德〞的動態物質世界生命周期。

〝無欲〞與〝有欲〞所產生的〝無為〞與〝有為〞的行為，主要講的是外在行為所造成的得失成敗。我們也可以換成〝正面思想〞與〝負面思想〞來說，每一個人身體的內在微觀世界，就是一個小型〝道〞的靜態本體，原本就是陰陽平衡、和諧統一的量子信息能量場，因此，您的〝正面思想〞與〝負面思想〞主要所影響的就是個人內在的身心健康。

老子在的二十一章「孔德之容，惟道是從。」萬事萬物在初始期間，是藉由量子意識信息的主動觸發，由量變到質變，〝道〞轉化成〝德〞，化虛擬為真實，由不確定成為確定，在客觀物質世界轉化成與信息相同內容樣貌的顯現，這一切完整的轉化過程及後續的運作變化，無不是遵循〝道〞的自然規律而運作。

五、本章內容格式與第三十二章相同類似，第三十二章主要說明〝道〞所蘊含的宇宙自然規律是處於至高無上的制高點，萬事萬物都在其制約範圍之內，無一例外，只要遵循〝道〞的原則行事，萬事萬物都能受到感應而自然的賓服，強調的是〝道〞的感應作用無處不在，無遠弗屆。

本章內容主要說明〝道〞的本質特性就是〝無欲〞，所以才能無為而無不為，講的是如何鎮壓控制初萌的不當慾望。每一個人在〝修道〞、〝行道〞的時候，若能守住〝道〞，萬物受到感應將自我轉化而遵循〝道〞的規律，在此期間，若是〝修道〞、〝行道〞者內心慾望蠢蠢欲動，則自行以素樸之〝道〞來鎮壓制服初萌的不當慾望，心境自然又會返璞歸真、寧靜淡泊。

這兩章的句首都是講道的本質特性，「道常無名」、「道常無為」。也同樣的指出侯王「守道」的結果，「萬物將自賓」及「萬物將自化」。在萬物自我轉化而遵循〝道〞的規律過程中，第三十二章是侯王須見素抱樸，少私寡欲，無為而治，不僅可以德化民，而且能恩澤及於萬物眾生，萬物一切均安定和諧，自然而然的歸順服從。本章則是侯王心中之慾望蠢蠢欲動，須以素樸之〝道〞來鎮壓制服初萌的不當慾望，心境自然又會返璞歸真、寧靜淡泊。

六、本章中所述「侯王若能守之，萬物將自化。」部分注解者將「自

化」解讀成自我化育,偏離了老子的本義。老子要闡述的內容是:只要領導統治者或個人遵循〝道〞的原則行事,周遭其能力影響所及的範圍內,萬物將受其感應而自然轉化依循於〝道〞。用我們的一般用語來說明,就是受到感應而潛移默化,近朱者赤,近墨者黑。

　　本章與第三十二章、第五十七章具有相關聯性,相關聯的各章整合起來,則更易理解經文要義。第三十二章講「自賓」,本章講「自化」、「自定」,五十七章講「自化」、「自正」、「自富」、「自樸」。講的都是主體先要如何,次體受到感應之後,自然的轉化成與主體相同類似的狀態,這就是量子感應的效應,也是宇宙自然規律的特性之一。

七、本章中所述「化而欲作,吾將鎮之以無名之樸。」在萬物自化的過程中,或者是已經自化完成之後,侯王不當的慾望蠢蠢欲動或者興起之時。部分的注解者,解讀為萬物或人民興起不當的慾望,以無名之樸鎮之的對象是萬物或人民,這種錯誤的解讀方式,是因其不能深刻領悟經文原義之故。

　　這裡面的主角是侯王,領導統治者或個人若能能守住〝道〞,萬物受到感應自然的就自化而依循於〝道〞,反之,領導統治者或個人悖道而行〝道〞,萬物受到感應自然的也就自化成悖離於〝道〞,風行草偃,上行下效,這是不變的自然規律。所以,文中所述的「化而欲作」,心中欲望蠢蠢欲動的人,指的就是侯王。「吾將鎮之以無名之樸。」要鎮的對象不是萬物或人民,而是侯王自己。

◎**直譯**:「道」:宇宙自然的規律。「常」:恆久不變。「無為」:沒有偏私利己之分別心,沒有想得到個人主觀意識慾望滿足的意念,在〝無欲〞的狀況下,一切自然而然、順其自然發展的行為,就是〝無為〞。「無不為」:以〝無欲〞之心,掌握住自然規律發展的趨勢,站在萬物發展趨勢有利的地位,而行〝無為〞之道,就能無所不為,也就是說,沒有什麼事情做不成的。

　　「道常無為而無不為」:〝道〞恆久不變的特性,就是對萬物的發展運行,不作任何的干預,但是萬物都在〝道〞此一自然規律制約規範下發展運行,無一例外,因此,〝道〞雖無為,但無所不為。「道常無為」講的是〝道〞的體;「無不為」講的是〝道〞的用。

　　「侯王」:君王與諸侯。在此引申為領導統治者。這裡也可以引申為任何一個人都可適用。「守之」:確實遵守〝道〞的規律與原則。「自化」:受到感應自我轉化而遵循〝道〞的規律。一般的用語,就是潛移

默化。量子理論中的專有名詞,就是量子感應。「萬物將自化」:萬物受到感應,將會自我轉化而遵循〝道〞的規律。

「欲」:在這裡有雙重的意義,一指慾望;一指將要。「作」:興起。「化而欲作」:萬物受到感應自我轉化遵循道的規律過程中,當侯王或〝修道〞者心中慾望蠢蠢欲動之時。

「吾」:指的是侯王或〝修道〞者。「鎮」:鎮服、清除。「無名」:〝道〞的靜態本體是一片混沌虛無,恆久不變,以〝無名〞作為代稱。「樸」:在〝德〞的動態物質世界,〝樸〞作為〝道〞的代名,也是〝無名〞之譬喻。「無名之樸」:〝道〞無欲無求的素樸本質狀態。「吾將鎮之以無名之樸」:以〝道〞為鑑,內觀自省,鎮服清除一切萌生的慾望雜念,讓自己復歸到無知無欲素樸寧靜〝道〞的本質狀態。

「夫」:文言發語詞,具提示作用。「亦將無欲」:以〝道〞無欲無求的素樸本質,鎮服清除一切萌生的慾望雜念,讓自己復歸到無知無欲素樸寧靜〝道〞的本質狀態,就不會有任何與〝道〞悖離的慾望萌生。

「不欲以靜」:完全無欲則自然靜定。也可以說,必須先做到心靜,才能真做到〝無欲〞。「天下將自定」:天下將會自然感應呈現一片陰陽和諧、安定祥和的穩定局面。

◎**意釋**:本章是《道德經》上篇《道經》的最後一章,綜觀《道經》整部作品,每章闡釋的涵義都很完整,獨立成章,每章之間又能相互印證,邏輯一以貫之,毫無相互矛盾之處。老子把第一章提出〝道〞的概念,落實到自然無為實際的體現,並以〝道常無為而無不為〞作為上篇的總結,為進入《德經》預先鋪陳。

道常無為而無不為。」〝道〞的靜態本體特質特性是恆久處於陰陽平衡又和諧統一的狀態,此一混沌未明一片虛無的量子信息能量場,能夠自然而然地孕育化生萬物,不加以任何的干預,又不主宰萬物,而是任萬物各適其性,各遂其長,順任自然萬物的繁衍、發展、淘汰、新生,這就是〝道〞之本體的〝無為〞。

〝道〞雖然對萬物的發展運行,不作任何的干預,但是萬物都在〝道〞此一自然規律制約規範下發展運行,無一例外,這就是〝道〞所發揮「無不為」的作用。〝道〞的本體恆常表現是〝無為〞,但是它所發揮的作用則是〝無不為〞,〝道〞體似乎是並未起任何作用,但是〝道〞的用卻處處起作用,因此,「道常無為而無不為。」〝無為〞即是〝道〞,〝無不為〞即是〝德〞,順〝道〞而行即可獲〝德〞,〝德〞即是〝得〞。

老子第十七章「功成事遂,百姓皆謂我自然」。〝自然〞是沒有人為

偏私利己的意識刻意參與，無絲毫想得到個人主觀意識慾望滿足的妄念，一切均依循"道"的靜態本體本質特性自然發展運行，處事順其自然，合乎天道人道，不違背客觀規律，不強扭人民意志，一切自然而然，在這種"無欲"的狀況下，自然而然所做出來的行為就是"無為"。當人的意識有偏私利己的分別心，想要得到個人主觀慾望滿足的妄念，以"有欲"之心刻意的有所作為，這就是"有為"。

"道"就是自然，"無為"是"道"的表現形式，凡是符合"道"自然規律的行為，才可以叫"無為"。因此，"無為"的先決條件，是不能違反自然規律而為所欲為，及不能為滿足個人私慾而恣意妄為。"無為"對國家而言是治國方策，對個人而言是行為準則。

老子的核心思想是「人法地，地法天，天法道，道法自然。」宇宙天地萬物的本體和演化出的規律就是「自然」，基於此一道理，人類若是能遵循"道"的自然規律，以"無欲"之心，掌握住自然規律發展的大趨勢，站在萬物發展趨勢有利的地位，而行"無為"之道，在"德"的人世間行事，就能"無為而無不為"，只有透過"無為"，才能夠真正的發揮"無不為"的作用。

老子以本章作為《道德經》上篇《道經》部分的最後一章，老子以"無為"的思想觀念來結尾，作為其哲學思想的整體概括，足見老子心中的那個"大道"，只有"無為"是最接近體現它的方式。例如看似"無為"，結果卻是"無不為"，就如"不爭而善勝"此類行為就是如此。"不爭"是"無為"，"勝"則是"無不為"，等於"有所為"，即"無為"實現了"有為"的結果，這就是"無為而有所為"的真實意義。

由"無為"最終轉化成"無不為"，說明在無偏私利己的分別心下，以"無為"的方式誠心行事，對立又統一的雙方就能產生"相反相成"陰陽相互轉化的效果，由"不爭"最終轉化為"天下莫能與之爭"。正因為不去刻意爭奪，完全因循自然的規律行事，"相反相成"相互轉化之下，所以才能到達天下無人可與他爭奪的地步，由"利他"最終轉化為"利己"。在人事上"利他"與"利己"存在著對立和統一"相反相成"的關係，看似對立的雙方也可以在一定條件下進行轉化。

這種"相反相成"陰陽相互轉化的現象，在老子上篇《道經》之中，比比皆是，正面轉化的現象諸如："夫唯弗居，是以不去"、"為無為，則無不治"、"以其不自生也，故能長生"、"後其身而身先"、"外其身而身存"、"非以其無私邪？故能成其私"、"夫唯不爭，故天下莫能與之爭"、"以其終不自為大，故能成其大"、"柔弱勝剛強"…等。

負面轉化的現象諸如："自見者不明"、"自是者不彰"、"自伐者無

功〞、〝自矜者不長〞、〝物壯則老〞、〝將欲弱之，必固強之〞、〝將欲廢之，必固興之〞…等。

老子剖析〝無為〞自然規律中相反相成的特性，其中玄妙又不可思議的道理，來凸顯〝有〞與〝無〞之間既對立又統一的辯證關係，及驗證這種無私無欲〝無為〞的精神，有它積極的意義。老子說的〝道常無為而無不為〞，我們又可以將其內涵整體歸納為：大道至簡，返璞歸真，順應自然，無為而治。

「侯王若能守之，萬物將自化。」，老子說：〝道〞大，天大，地大，人亦大。說明人能夠參與天地之造化。按照量子理論我們得知，人的意識能左右客觀環境或物質的屬性與偏向，也就是客觀環境、物質的好壞，事情未來發展的偏向與最終的結果，都是隨著人類量子意識信息能量場所負載的信息內容而偏向轉化。

在微觀世界的量子系統裡，一個小的量子系統跟一個比它大的量子系統互動時，它會開始失去原有的性質而順從接受更大的量子系統信息，也就是人這個大的量子系統，能感應萬物這個小的量子系統，讓小的量子系統與大的量子系統趨於一致。

在天人感應作用之下，萬物都能受到人的意識感應而自然的轉化。在人的意識能量所能影響的範圍內，萬物會去除其原有的信息，而接受人的意識此一大的量子系統全部的信息，這就是所謂的量子感應，也是老子在《道德經》中所說的〝自化、自賓〞，自然的自我轉化與順從。

量子理論顯示出了心靈與物質、部分與整體、微觀與宏觀之間，確實是存在內在深層次的連結，可以相互感應、吸引、互動的。萬物唯心造，我們所選擇的思想情緒，會在宏觀世界轉化為真實，同時也顯示，我們的意識內容不論其好壞，都能對物質世界有直接相同類似的影響。

老子深諳此理，因此藉著侯王來說明此一自然的規律。領導統治者或任何一個人，只要能確守〝道〞的原則行事，萬物都會受到感應而轉化成與您意識內容相同類似的狀況。

人的意識其影響的程度，是由本身為中心，就像是波之漣漪一般向外擴散，身分地位愈高、影響力愈大者，其感應所及的範圍愈廣愈大；一般的個人在此一量子系統中，其影響當事者人的本身最為強烈，愈是外圍其影響程度愈是輕微。因此，正面或負面的思想意識，獲益或受害最重大的就是本身自己。

心靈上的心念意識的偏向，都會改變微觀世界量子態的變化，宏觀世界的現象，就是微觀世界的顯現，所以每個宏觀世界事件的變化，都是由於您的心靈意識影響微觀世界量子系統中量子態的變化所造成的

結果，是由微觀世界的量變，漸進到宏觀世界的質變，人類通過心念或意識的力量，無時不刻在改變著宏觀世界您周圍的一切客觀環境。量子事件是可逆的，因此，若是心靈上負面的心念意識導致不良的結果，也可因正面調整改變您心靈上的心念意識而獲得改善，反之亦然。

就例如領導統治者確守"道"的原則行事，效法"大道"，常守無為，施無為之德，行無為之政，以"道"治天下，以"德"化萬民，其影響範圍及於他的子民，其子民皆能受到感應而轉化歸於"道"，都能過上「甘其食，美其服，安其居，樂其俗」的生活。

但是轉化歸於"道"的這種狀況也非永久不變，當領導統治者守"道"不純，有欲之心稍有萌動，或被情慾所牽，心中意識往負面改變，則其子民亦將會往負面做相同類似的轉化，則社會詐偽隨之而興，日益滋長，世道敗壞。同樣的道理，任何一個人能否確守"道"的原則行事，外在除了影響個人事件未來的發展與成敗，內在同樣也會影響個人身心的健康與否。

「**化而欲作，吾將鎮之以無名之樸。無名之樸，夫亦將無欲。**」，天下之禍莫甚於私慾，天下之亂莫大於相爭。老子在第四十六章說：「罪莫大於可欲，禍莫大於不知足，咎莫大於欲得」，老子對欲望的譴責始終如一，從第一章「常有欲，以觀其徼」開始，貫穿於整部《道德經》。

這裡所謂的"欲"，指的就是那些與"道"相悖離，非分的、過度的欲望或妄想，是超越了基本需要而衍生出來奢侈的欲望，就如第五章所述：「五色、五音、五味、馳騁畋獵、難得之貨。」…等，這種欲望最可怕，因為它永遠不滿足於現狀，慾壑難填，會不斷的惡性膨脹。

領導統治者或個人，雖然初始期間已經確守"道"的原則行事，而且萬物業已自我轉化歸於"道"，或是正在轉化的過程中，但是領導統治者或個人，若是心中慾念蠢蠢欲動或已經興起，此時萬物也將會受到感應而往負面轉化悖"道"而行，屆時將功虧一簣，不可不慎！

此時，領導統治者或個人，應以"道"為鑑，經常內觀自省，鎮服清除一切萌生的慾望雜念，讓自己復歸到無知無欲、素樸寧靜"道"的本質狀態，讓心靈深處清澈明亮之"無為"心鏡，始終一塵不染，就不會有任何與"道"悖離的慾望萌生。

縱己之貪為欲，反己之欲為致良知，良知都是反人欲的，反人性的最高級形式就是利他，施多受少，永遠讓別人佔便宜而自己吃虧，這就叫做布施，布施和捨，既是治癒人性之惡的良藥，更是累積自己正能量的秘方。將欲取之，必先與之。

「**不欲以靜，天下將自定。**」，當心中的欲念不再萌生之後，心境

自然趨於寧靜，回歸到清淨無為、素樸寧靜〝道〞的本質狀態。〝靜〞、〝樸〞、〝不欲〞，都是〝無為〞的內涵，見素抱樸者少私而寡慾，心境平靜如水，自然一切妄想之欲念將不再萌生，〝不欲〞與〝靜〞這兩者是良性循環。沒有了私欲，內心也會安靜下來，天下將會自然感應呈現一片陰陽和諧、安定祥和的穩定局面。

◎延伸閱讀：
一、本章之中有關「化而欲作」心中不當的欲望蠢蠢欲動之際，如何遏制於初萌，可以參考《易經》天風姤卦初六爻。◎爻辭：繫於金柅，貞吉。有攸往，見凶。羸豕孚蹢躅。

直譯：「柅」音同你：剎車板。「金柅」：形容非常堅固的剎車板。「繫於金柅」：形容剎車板不但要剎住，還要用繩索綁牢。隱喻要專注，不可鬆懈怠慢。「貞吉」：靜止不前，持守正固，則能獲吉。「有攸往」：前往行事。「見凶」：必定會遭遇凶險。「羸」音同雷：瘦弱。「羸豕」音同使：瘦弱的豬。「孚」：同浮。浮躁。因浮躁而跳躍。「蹢躅」：音與義同躑躅。徘徊不前之意。

　　初六與九四正應，若能心志專一，繫應於九四，長守正道，亦能獲吉。初六一陰始生，象徵弊端初萌，避免其壯大有所危害，應予以扼止，就像瘦豬易被忽視放縱，任其發展必有禍患。

引申：此時心志專一靜止不動就能獲吉，如果禁不住外界誘惑，存著試試看的心理前往，必定會遭遇凶險。禍端肇因就像是一隻瘦弱的豬，認為牠沒有能力跳過圈欄，但是經過一段時間後，在不斷徘徊茁壯、嘗試之下，牠總有一天會越過圈欄，屆時大禍已鑄成。〈心理層面的問題〉

◎象曰：繫於金柅，柔道牽也。
意釋：當陰柔之道〈外誘〉初萌，蠢蠢欲動之時，要以牢固的方法予以牽制住，不要任其發展繼續擴大，要防患未然，見微知著。

二、靜的本質就是不斷提高自己與自然共融的能力，最終達到天人合一的境界。〝修道〞就是把自己融入〝大道〞運行模式當中，對於很多悟道修行的人來說，就是為了使自己身心運行模式，與〝道〞的靜態本體一致，屆時您就成為〝道〞的靜態本體在人世間的一個投影，然後就臻於忘我無我的最高境界。

第四篇、《道德經》 下篇 德經 全文

第三十八章　　上德不德

上德不德,是以有德;下德不失德,是以無德。上德無為而無以為;下德為之而有以為。上仁為之而無以為;上義為之而有以為。上禮為之而莫之應,則攘臂而扔之。故失道而後德,失德而後仁,失仁而後義,失義而後禮。夫禮者,忠信之薄,而亂之首。前識者,道之華,而愚之始。是以大丈夫處其厚,不居其薄;處其實,不居其華。故去彼取此。

第三十九章　　賤為貴本

昔之得一者,天得一以清;地得一以寧;神得一以靈;穀得一以盈,萬物得一以生;侯王得一以為天下正。其致之也,天無以清將恐裂;地無以寧將恐廢;神無以靈將恐歇;穀無以盈將恐竭;萬物無以生將恐滅;侯王無以正將恐蹶。故貴以賤為本,高以下為基。是以侯王自稱孤、寡、不穀。此非以賤為本邪?非乎?故至譽無譽。是故不欲琭琭如玉,珞珞如石。

第四十章　　無中生有

反者道之動,弱者道之用。天下萬物生於有,有生於無。

第四十一章　　大器晚成

上士聞道,勤而行之;中士聞道,若存若亡;下士聞道,大笑之。不笑,不足以為道。故建言有之:明道若昧,進道若退,夷道若纇,上德若谷,大白若辱,廣德若不足,建德若偷,質真若渝,大方無隅,大器晚成,大音希聲,大象無形。道隱無名,夫唯道,善貸且成。

第四十二章　　三生萬物

道生一,一生二,二生三,三生萬物。萬物負陰而抱陽,沖氣以為和。人之所惡,唯孤、寡、不穀,而王公以為稱。故物或損之而益,或益之而損。人之所教,我亦教之。強梁者不得其死,吾將以為教父。

第四十三章　無為之益

天下之至柔，馳騁天下之至堅。無有入無間，吾是以知無為之有益。不言之教，無為之益，天下希及之。

第四十四章　知足不辱

名與身孰親？身與貨孰多？得與亡孰病？是故甚愛必大費，多藏必厚亡，知足不辱，知止不殆，可以長久。

第四十五章　大成若缺

大成若缺，其用不弊。大盈若沖，其用不窮。大直若屈，大巧若拙，大辯若訥。靜勝躁，寒勝熱。清靜為天下正。

第四十六章　知足常足

天下有道，卻走馬以糞。天下無道，戎馬生於郊。禍莫大於不知足；咎莫大於欲得。故知足之足，常足矣。

第四十七章　不行而知

不出戶，知天下；不窺牖，見天道。其出彌遠，其知彌少。是以聖人不行而知，不見而明，不為而成。

第四十八章　為道日損

為學日益，為道日損。損之又損，以至於無為。無為而無不為。取天下常以無事，及其有事，不足以取天下。

第四十九章　聖常無心

聖人無常心，以百姓心為心。善者，吾善之；不善者，吾亦善之；德善。信者，吾信之；不信者，吾亦信之；德信。聖人在天下歙歙焉，為天下渾其心，百姓皆注其耳目，聖人皆孩之。

第五十章　出生入死

出生入死。生之徒，十有三；死之徒，十有三；人之生，動之死地，亦十有三。夫何故？以其生生之厚。蓋聞善攝生者，陸行不遇兕虎，入軍不被甲兵；兕無所投其角，虎無所措其爪，兵無所容其刃。夫何故？以其無死地。

第五十一章　　尊道貴德

道生之，德畜之，物形之，勢成之。是以萬物莫不尊道而貴德。道之尊，德之貴，夫莫之命而常自然。故道生之，德畜之。長之育之，亭之毒之，養之覆之。生而不有，為而不恃，長而不宰。是謂玄德。

第五十二章　　沒身不殆

天下有始，以為天下母。既得其母，以知其子，既知其子，復守其母，沒身不殆。塞其兌，閉其門，終身不勤。開其兌，濟其事，終身不救。見小曰明，守柔曰強。用其光，復歸其明，無遺身殃，是謂習常。

第五十三章　　大道甚夷

使我介然有知，行於大道，唯施是畏。大道甚夷，而人好徑。朝甚除，田甚蕪，倉甚虛；服文綵，帶利劍，厭飲食，財貨有餘；是為盜夸。非道也哉！

第五十四章　　以身觀身

善建者不拔，善抱者不脫，子孫以祭祀不輟。修之於身，其德乃真；修之於家，其德乃餘；修之於鄉，其德乃長；修之於國，其德乃豐；修之於天下，其德乃普。故以身觀身，以家觀家，以鄉觀鄉，以國觀國，以天下觀天下。吾何以知天下然哉？以此。

第五十五章　　含德之厚

含德之厚，比於赤子。蜂蠆虺蛇不螫，猛獸不據，攫鳥不搏。骨弱筋柔而握固。未知牝牡之合而朘作，精之至也。終日號而不嗄，和之至也。知和曰常，知常曰明。益生曰祥。心使氣曰強。物壯則老，謂之不道，不道早已。

第五十六章　　知者不言

知者不言，言者不知。塞其兌，閉其門，挫其銳，解其紛，和其光，同其塵，是謂玄同。故不可得而親，不可得而疏；不可得而利，不可得而害；不可得而貴，不可得而賤。故為天下貴。

第五十七章　　治國之道
以正治國，以奇用兵，以無事取天下。吾何以知其然哉？以此。天下多忌諱，而民彌貧；民多利器，國家滋昏；人多伎巧，奇物滋起；法令滋彰，盜賊多有。故聖人云：我無為，而民自化；我好靜，而民自正；我無事，而民自富；我無欲，而民自樸。

第五十八章　　禍福相依
其政悶悶，其民淳淳；其政察察，其民缺缺。禍兮福之所倚，福兮禍之所伏。孰知其極？其無正也。正復為奇，善復為妖。人之迷，其日固久。是以聖人方而不割，廉而不劌，直而不肆，光而不燿。

第五十九章　　治人事天
治人事天，莫若嗇。夫唯嗇，是謂早服；早服謂之重積德；重積德則無不克；無不克則莫知其極；莫知其極，可以有國；有國之母，可以長久；是謂深根固柢，長生久視之道。

第六十章　　道涖天下
治大國，若烹小鮮。以道涖天下，其鬼不神；非其鬼不神，其神不傷人；非其神不傷人，聖人亦不傷人。夫兩不相傷，故德交歸焉。

第六十一章　　大者為下
大國者下流，天下之交。天下之牝，牝常以靜勝牡，以靜為下。故大國以下小國，則取小國；小國以下大國，則取大國。故或下以取，或下而取。大國不過欲兼畜人，小國不過欲入事人。夫兩者各得其所欲，大者宜為下。

第六十二章　　善人之寶
道者萬物之奧。善人之寶，不善人之所保。美言可以市尊，美行可以加人。人之不善，何棄之有？故立天子，置三公，雖有拱璧以先駟馬，不如坐進此道。古之所以貴此道者何？不曰：有求以得，有罪以免邪？故為天下貴。

第六十三章　圖難於易

為無為，事無事，味無味。大小多少，圖難於其易，為大於其細；天下難事必作於易，天下大事必作於細。是以聖人終不為大，故能成其大。夫輕諾必寡信，多易必多難。是以聖人猶難之，故終無難矣。

第六十四章　未兆易謀

其安易持，其未兆易謀。其脆易泮，其微易散。為之於未有，治之於未亂。合抱之木，生於毫末；九層之臺，起於累土；千里之行，始於足下。為者敗之，執者失之。是以聖人無為故無敗，無執故無失。民之從事，常於幾成而敗之。慎終如始，則無敗事。是以聖人欲不欲，不貴難得之貨；學不學，復眾人之所過。以輔萬物之自然，而不敢為。

第六十五章　善為道者

古之善為道者，非以明民，將以愚之。民之難治，以其智多。故以智治國，國之賊；不以智治國，國之福。知此兩者亦稽式。常知稽式，是謂玄德。玄德深矣，遠矣，與物反矣，然後乃至大順。

第六十六章　為百谷王

江海所以能為百谷王者，以其善下之，故能為百谷王。是以欲上民，必以言下之。欲先民，必以身後之。是以聖人處上而民不重，處前而民不害。是以天下樂推而不厭，以其不爭，故天下莫能與之爭。

第六十七章　我有三寶

天下皆謂我道大，似不肖。夫唯大，故似不肖。若肖，久矣其細也夫！我有三寶，持而保之。一曰慈，二曰儉，三曰不敢為天下先。慈故能勇；儉故能廣；不敢為天下先，故能成器長。今舍慈且勇，舍儉且廣，舍後且先，死矣！夫慈以戰則勝，以守則固。天將救之，以慈衛之。

第六十八章　不爭之德

善為士者不武，善戰者不怒，善勝敵者不與，善用人

者為之下,是謂不爭之德,是謂用人之力,是謂配天古之極。

第六十九章　　哀兵必勝

用兵有言:「吾不敢為主而為客,不敢進寸而退尺。」是謂行無行,攘無臂,扔無敵,執無兵。禍莫大於輕敵,輕敵幾喪吾寶。故抗兵相加,哀者勝矣。

第七十章　　被褐懷玉

吾言甚易知,甚易行。天下莫能知,莫能行。言有宗,事有君。夫唯無知,是以不我知。知我者希,則我者貴。是以聖人被褐懷玉。

第七十一章　　病病不病

知不知上,不知知病。夫唯病病,是以不病。聖人不病,以其病病,是以不病。

第七十二章　　民不畏威

民不畏威,則大威至。無狎其所居,無厭其所生。夫唯不厭,是以不厭。是以聖人自知不自見;自愛不自貴。故去彼取此。

第七十三章　　天網恢恢

勇於敢則殺,勇於不敢則活。此兩者,或利或害。天之所惡,孰知其故?是以聖人猶難之。天之道,不爭而善勝,不言而善應,不召而自來,繟然而善謀。天網恢恢,疏而不失。

第七十四章　　民不畏死

民不畏死,奈何以死懼之?若使民常畏死,而為奇者,吾得執而殺之,孰敢?常有司殺者殺。夫代司殺者殺,是謂代大匠斲,夫代大匠斲者,希有不傷其手矣。

第七十五章　　無以生為

民之饑,以其上食稅之多,是以饑。民之難治,以其上之有為,是以難治。民之輕死,以其求生之厚,是以輕

死。夫唯無以生為者，是賢於貴生。

第七十六章　　兵強則滅
人之生也柔弱，其死也堅強。萬物草木之生也柔脆，其死也枯槁。故堅強者死之徒，柔弱者生之徒。是以兵強則滅，木強則折。強大處下，柔弱處上。

第七十七章　　為而不恃
天之道，其猶張弓與？高者抑之，下者舉之；有餘者損之，不足者補之。天之道，損有餘而補不足。人之道則不然，損不足以奉有餘。孰能有餘以奉天下，唯有道者。是以聖人為而不恃，功成而不處，其不欲見賢。

第七十八章　　正言若反
天下莫柔弱於水，而攻堅強者莫之能勝，以其無以易之。弱之勝強，柔之勝剛，天下莫不知莫能行。是以聖人云：「受國之垢，是謂社稷主；受國不祥，是為天下王。」正言若反。

第七十九章　　天道無親
和大怨，必有餘怨，報怨以德，安可以為善？是以聖人執左契，而不責於人。有德司契，無德司徹。天道無親，常與善人。

第八十章　　小國寡民
小國寡民。使有什伯之器而不用，使民重死而不遠徙。雖有舟輿，無所乘之，雖有甲兵，無所陳之。使人復結繩而用之，甘其食，美其服，安其居，樂其俗。鄰國相望，雞犬之聲相聞，民至老死，不相往來。

第八十一章　　利而不害
信言不美，美言不信。善者不辯，辯者不善。知者不博，博者不知。聖人不積，既以為人己愈有，既以與人己愈多。天之道，利而不害；聖人之道，為而不爭。

第三十八章　上德不德

　　上德不德，是以有德；下德不失德，是以無德。上德無為而無以為；下德為之而有以為。上仁為之而無以為；上義為之而有以為。上禮為之而莫之應，則攘臂而扔之。故失道而後德，失德而後仁，失仁而後義，失義而後禮。夫禮者，忠信之薄，而亂之首。前識者，道之華，而愚之始。是以大丈夫處其厚，不居其薄；處其實，不居其華。故去彼取此。

◎本章主旨：老子在本章之中闡述了〝德〞的概念，依據〝行德〞時其行為是否合乎自然，分成〝無為〞及〝有為〞兩大類型，及〝道〞、〝德〞、〝仁〞、〝義〞、〝禮〞五個層次。

　　在這五個層次之中，顯示出〝道〞的本質特性的程度正逐次遞減。老子在本章的論述內容，讓我們很清楚的釐清了〝道〞、〝德〞、〝仁〞、〝義〞、〝禮〞，這五個分別隸屬道家與儒家的概念，其相互之間的關係與發展次序。

　　大道逐漸衰落廢棄而淡出，不仁不義的亂象開始顯現，〝前識者〞有鑑於此，在沒有更好的解決辦法下，只有退而求其次，開始提倡仁、義、禮，試圖教化人心，解決亂象，力挽頹風。

　　老子鑒於〝大道〞廢棄，前識者本末倒置的提倡禮儀，當〝禮〞也都失去的時候，就意味著天下將要大亂！因此情緒激動的大聲疾呼，要去除淺薄虛華的〝仁、義、禮〞，而求本務實採用敦厚樸實的〝道德〞，如此才能真正的解決當前的亂象。

◎重點提示：
一、本章為下篇《德經》首章，若是第一次看到此文，又無詳細的解說，肯定是一頭霧水，不知所云。文章一系列頗為拗口的概念，有如繞口令一般，確實難懂。《道德經》第一章若是無法理解，則難以〝修道〞、〝行道〞，進而〝悟道〞。若是不能理解《德經》本章，研讀後續各章也會難有深刻的領悟。

　　〝道〞是客觀的自然規律，〝德〞是〝道〞在人世間的外在體現。雖然《道德經》分為《道經》與《德經》上下兩篇，因為〝道〞與〝德〞是一體之兩面，相依相存，具有體用的關係，所以在上下兩篇之中，並

無嚴格的劃分。老子〝道〞中談〝德〞，〝德〞中說〝道〞，一方面是談〝道〞，一方面是論〝德〞，體用兼備，明體達用，言簡意賅，論述精到，確實發人深省。

二、本章之中老子闡述了〝德〞的概念，依據〝行德〞時其行為是否合乎自然，分成〝無為〞及〝有為〞兩大類型，及〝道〞、〝德〞、〝仁〞、〝義〞、〝禮〞五個層次。〝德〞又因認知的深淺不同，分成〝上德〞與〝下德〞兩種層級。〝道〞與〝上德〞都是屬於〝無為〞的類型，其餘〝下德〞、〝仁〞、〝義〞、〝禮〞都是屬於〝有為〞的類型。

在這五個層次之中，失道而後德，失德而後仁，失仁而後義，失義而後禮，顯示出〝道〞的本質特性蘊含的程度正逐次遞減，在〝有為〞範圍內所顯示出其各自不同的層次。老子在本章的論述內容，讓我們很清楚的釐清了〝道〞、〝德〞、〝仁〞、〝義〞、〝禮〞，這五個分別隸屬道家與儒家的概念，其相互之間的關係與發展次序。

本章所述〝德〞的概念與分類，一時之間確實不容易懂，為了方便讀者認知及記憶，綜合整理如下：

〝無為〞：沒有偏私利己之分別心，沒有想得到個人主觀意識慾望滿足的妄念，在〝無欲〞的狀況下，一切依〝道〞而行，自然而然、順其自然發展的行為，就是〝無為〞。

〝有為〞：當人的意識有偏私利己的分別心，想要得到個人主觀慾望滿足的妄念，以〝有欲〞之心刻意的有所作為，這就是〝有為〞。

〝上德〞：具有深厚的德性，沒有以偏私利己之分別心，刻意來滿足個人主觀的慾望，一切行為以〝無為〞的方式，自然而然、順其自然發展。

〝下德〞：是具有偏私利己之分別心，為了追求滿足個人主觀的慾望，所作所為是有心的刻意作為。〝下德〞有心的刻意作為，指的是其〝不失德〞的心理態度，在主觀意識上刻意的追求〝德〞的虛名，是一種非自然而然的外在行為表現。

〝無德〞指的是〝下德〞不完善，沒有完全符合〝道〞的靜態本質特性，是一種不自然的追求〝德〞的虛名，並非完全沒有符合〝道〞。

〝有以為〞：有心去刻意的作為。
〝無以為〞：無心去刻意的作為。
〝為之〞：非自然而為，是有心的作為。有為與無為相對，是指在〝有〞的層面去為。

三、本章之中「前識者，道之華，而愚之始。」有關〝前識者〞究竟何意？有人說是前賢，或者說是先見之明，河上公說：「不知而言知，為前識」。歷來各家注解有所不同，讓我們來探討老子的本義為何？

筆者認為所謂之〝前識者〞，應該與第十八章「大道廢，有仁義」有關聯。大道逐漸衰落廢棄而淡出，不仁不義的亂象開始顯現，〝前識者〞指的是，對解決亂象自認為正確又具有前瞻性認識者。〝前識者〞有鑑於此，在沒有更好的解決辦法下，只有退而求其次，開始提倡仁、義、禮，試圖教化人心，解決亂象，力挽頹風。

〝前識者〞此一自認為正確又具有前瞻性的作為，在老子看來並非根本之計，揚湯止沸，不如釜底抽薪。提倡推行仁、義、禮，只是鋸箭法的一時之計，表面虛浮華麗，難收實質之效，君不見失道而後德，失德而後仁，失仁而後義，失義而後禮，每況愈下，逐次遞減，當失禮之後，就是天下大亂之時，因此，當倡行仁義之日，就是愚蠢的開始。

由此可知，老子所說的〝前識者〞並非褒獎之詞，實則具有貶義。也無怪乎，老子見此情形會神情激動的大聲疾呼：有志一同推動〝大道〞之行的大丈夫，要「處其厚，不居其薄；處其實，不居其華。」老子的〝大道〞是期望人類回歸自然而然的文明〝大道〞，而不是捨本逐末，避重就輕，違反自然悖道離德的刻意作為。

◎ **直譯**：「上」：等級和品質高者。「上德」：具有深厚的德性，在人世間的行為與〝道〞的靜態本質特性相胞合者，稱之為〝上德〞或〝有德〞。「不德」：沒有任何主觀意識來標榜〝德〞，也不自以為有〝德〞。「是以」：因此、所以。表示因果關係。用在下半句，由因及果。「有德」：在無私無欲的狀況下，一切自然而然、順其自然發展，這種〝無為〞的行為與修養，才算是真正的稱之為〝有德〞或〝上德〞。

「下」：等級和品質較低者。「下德」：在人世間的行為與〝道〞的靜態本質特性不能完全胞合者，稱之為〝下德〞或〝無德〞。「不失德」：唯恐失去〝德〞的外在行為表現，因此不自然的在主觀意識上刻意的追求〝德〞。「無德」：在主觀意識上刻意的追求〝德〞，非自然而然的外在

行為表現，沒有完全符合〝道〞的靜態本質特性者，這種類型我們稱之為〝下德〞或〝無德〞。

「無為」：沒有偏私利己之分別心，沒有想得到個人主觀意識慾望滿足的妄念，在〝無欲〞的狀況下，一切自然而然、順其自然發展的行為。「而」：連接肯定和否定，表示互為補充，例如〝濃～不烈〞。「無以為」：無心去刻意的作為。

「為之」：有為與無為相對，是指在〝有〞的層面去為。隱喻非自然而為，是有心的作為。「有以」：表示具有某種條件、原因等。這裡〝以〞是〝心〞的代詞。「有以為」：指的是有心刻意的作為。「仁」：仁民愛物的惻隱之心，行善的力量由內而發，是真誠而自覺的行為。「義」：公正合宜的道理或行為。

「禮」：規矩恭敬的態度或行為禮節。「莫之應」：沒有回應。「攘」：捋〈音同呂〉起。「攘臂」：伸出手臂，捋起袖子，使人強從的意思。「扔」：拉扯牽引。「則攘臂而扔之」：則伸出手臂，捋起袖子，強制拉扯牽引對方順從己意照樣作為。

「失」：手未抓牢而丟落。「失道」：未能掌握〝道〞的精髓，才導致〝道〞的淪喪，或偏離了〝道〞的正確方向。「失道而後德」：〝道〞淪喪之後，才導致〝德〞的出現，此處的〝德〞指的是〝下德〞。「失德而後仁」：當發現做不到〝德〞的時候，就退而求其次的要求做到〝仁〞。

「忠信」：忠誠信實。「薄」：澆薄。缺乏樸實敦厚。「忠信之薄」：忠誠信實的美德日趨澆薄。「首」：開端，開始。「亂之首」：自此之後，就是一切亂象的開始。「前識者」：對此一事情自認為具有前瞻性認識的人。前瞻性的認識，並不一定是正確的認識，在此採用貶意，是錯誤的認識。

「華」：虛華，華而不實，只開花不結果。比喻外表好看，內容空虛。「道之華」：〝道〞虛浮華麗的外在現象。「愚之始」：這種捨本逐末，反其道而行的錯誤作為，代表著人類開始正逐漸走向愚昧。「是以」：所以。「大丈夫」：指有志氣、有節操、有作為的男子。

「處」：置身。「厚」：厚重的根本，指的是〝自然無為〞。「處其厚」：要置身於根本厚重的〝自然無為〞上，遵循〝道〞的原則行事。「居」：停留。「薄」：輕薄。「不居其薄」：不要停留在輕薄的〝下德〞與〝仁、義、禮〞上面，追求虛偽浮華的刻意作為。

「實」：〝大道〞本質特性的真實認知。「華」：有虛華外表的〝仁、義、禮〞理論。「故」：所以。「去彼」：要去除淺薄虛華的〝仁、義、禮〞。

「取此」：求本務實採用敦厚樸實的〝道德〞。

◎**意釋**：〝道〞是〝德〞的體，〝德〞是〝道〞的用，〝道〞與〝德〞是無法分割的一體兩面，兩者構成整體的〝道〞。〝道〞的靜態本體是〝無〞，無形無象，需要依靠〝德〞的動態物質世界的〝有〞，也就是萬事萬物外在顯現的現象，才能彰顯出〝道〞的靜態本體所蘊含的本質特性與規律。

〝德〞是〝道〞在人世間的體現，〝道〞是客觀規律，而〝德〞是指人類認知體悟〝道〞本質特性之後，並按照〝道〞的客觀規律行事，因此，人們把〝道〞運用於人類社會上所產生的行為表現，這就是〝德〞。

〝道〞的靜態本體性質是處於陰陽未判，動靜未分，陰陽平衡又和諧統一的穩定狀態，轉化成人世間的行為稱之為〝德〞，也就是沒有偏私利己之分別心，沒有想得到個人主觀意識慾望滿足的妄念，在〝無欲〞的狀況下，一切自然而然、順其自然發展的行為，這就是所謂的〝無為〞。當人的意識有偏私利己的分別心，想要得到個人主觀慾望滿足的妄念，以〝有欲〞之心刻意的有所作為，這就是所謂的〝有為〞。

「**上德不德，是以有德；下德不失德，是以無德。**」老子鑒於每一個人對〝道〞的理解認知深淺不一，因此，按照等級將〝德〞分成〝上德〞與〝下德〞兩大類型。

凡是在人世間的行為與〝道〞的靜態本質特性相脗合，沒有偏私的分別心，不恪守於形式上的〝德〞，一切行為順其自然發展，沒有任何主觀意識來標榜〝德〞，也不自以為有〝德〞，言行都是內心的自然流露者，因此，這種類型我們稱之為〝上德〞或〝有德〞。老子在《道德經》中所講的〝常德〞、〝玄德〞，都是指這裡所講的〝上德〞。

凡是在人世間的行為，沒有完全符合〝道〞的靜態本質特性，心中有偏私的分別心，非常在意他人對自己道德標準的評斷，唯恐行為表現失去〝德〞，恪守於形式上的〝德〞，行為失去自然性，因此在主觀意識上刻意的追求〝德〞的虛名，言必稱道德，這種非自然而然，有心刻意而為的行為表現，此種類型我們稱之為〝下德〞或〝無德〞。

〝上德〞與〝下德〞都是屬於〝德〞的類型，〝下德〞雖然具備一定德性，但德性並不完善，是處於有所欠缺的狀態，與〝上德〞相較，兩者之間的層次高低不同而有所落差，不可同日而語。〝無德〞指的是〝下德〞不完善，沒有完全符合〝道〞的靜態本質特性，並不是完全沒有符合〝道〞，所以沒有否定的意思。

當存心要去求〝德〞，反而不是〝德〞；而依〝道〞行事的人，本身就有〝德〞，不刻意而為就能〝無為而無不為〞。〝上德〞是無心的流露，是與自然同一的品德；〝下德〞是有心的產物，是人為的品德，含有勉強的成分，也易產生虛偽。

老子在第二十七章：「善行無轍跡」，《菜根譚》：「施恩者，內不見己，外不見人，則斗粟可當萬鍾之惠；利物者，計己之施，責人之報，雖百鎰難成一文之功。」及「有心為善，雖善不賞。」說明施加恩惠給他人的時候，不要經常記在心裡，更不可以對人張揚，如此即便是付出極少，所獲功德正能量也極大；幫助他人如果計較著自己的付出，還要求他人回報，即便是付出極多，所獲得的功德正能量也極其微小，這裡面所說的道理都是相同的。

「**上德無為而無以為；下德為之而有以為。**」〝上德〞是沒有以偏私利己之分別心，刻意來滿足個人主觀的慾望，一切行為均以〝無為〞的方式，自然而然、順其自然發展。〝下德〞是具有偏私利己之分別心，為了追求滿足個人主觀的慾望，所作所為是有心的刻意作為。

符合〝上德〞的人，心中沒有〝德〞的概念，所作所為完全出自本心，是一種自發行為，沒有〝德〞的動機，是一種〝無為〞的〝德〞。屬於〝下德〞的人，行為是受到〝德〞的標準所制約，心中有〝德〞的概念，行為是自律的，不希望缺失〝德〞的虛名，其實這種不自然的現象是〝無德〞表現。

〝下德〞有心的刻意作為，指的是其〝不失德〞的心理態度，在主觀意識上刻意的追求〝德〞的虛名，是一種非自然而然的外在行為表現。〝下德〞的人在形式上表現出不離失德，並刻意的有心做作，實際上是沒有達到〝德〞的境界，故老子稱之為〝無德〞。

在同一個人身上所顯現〝無德〞這種境界，若是從一般人的角度與標準來看，可以稱之為〝有德〞；若是從老子的角度與標準來衡量，這就是〝下德〞或〝無德〞。因此之故，老子才將〝德〞分成〝上德〞與〝下德〞兩大類。

老和尚背女子過河，就是很好類比的故事。出家人背女子過河，在〝下德〞之人看來，那肯定是屬於〝無德〞的行為。〝上德〞之人在特定情況下，不受世俗眼光和清規戒律之約束，自然而然的為眾生解圍脫困，看似〝無德〞，其實〝有德〞。也可以說，這位老和尚已經達到「上德不德，是以有德」的境界，而那位小和尚則是還停留在「下德不失德，是以無德」的狀態。

「上仁為之而無以為；上義為之而有以為。」〝上仁〞的人以仁民愛物的仁心，一視同仁，對待所有的人與物，不分親疏遠近，具有民胞物與的惻隱之心，其行善的力量由內而發，是真誠而自覺的行為。〝上仁〞這種行為有動機有目的，可是這種目的是沒有私心，是為他人著想，出自於公德心的作為。

所以〝上仁〞的人雖然是〝有為〞，但是誠心出自於無意的作為，雖非自然而為，但卻是發自於真誠內心的〝無以為〞，並非是有意圖的作為。〝上義〞的人在行為上要求合於準則，有動機、有對象，所作所為出自於有心，是有心的刻意作為。

「上禮為之而莫之應，則攘臂而扔之。」〝上禮〞的人認為，規矩恭敬的態度或行為禮節，是靠禮法條文來規範，用禮儀來相互約束人的行為，但是這些條文不是所有人都願意遵守，因此必須強制推行實施。

〝上禮〞的人，有心要求行為都必須合乎儀節法度，當給與對方某種禮儀，而沒有得到對方對等的回應，就會伸出手臂，捋起袖子，強行拉扯牽引對方順從己意照樣作為。〝禮〞是用來約束人的行為的，其強制性與老子所倡導的順其自然是完全相反，所以老子認為〝上禮〞比〝上仁〞、〝上義〞離〝道〞更遠，生拉硬拽，強人所難，違反自然。

「故失道而後德，失德而後仁，失仁而後義，失義而後禮。」當世人已經逐漸失去純樸天性，未能掌握〝道〞的精髓，遠離了〝道〞的本質特性，才導致〝道〞逐漸的淪喪而淡出，社會已經不再有純樸之風，亂象開始出現，而且是在〝道〞與〝德〞、〝仁〞、〝義〞、〝禮〞這五個層次中，每況愈下，依次遞減，越到後期，層次越低。

老子在第二十章「荒兮其未央哉」，感嘆世間眾人離〝道〞愈來愈遠，方興未艾，似無休止！人類由於受到外在的誘惑，起心動念是以偏私〝有欲〞之分別心，來追求個人主觀上利益的實現，因此離〝道〞愈行愈遠，這也是〝大道〞衰微的主要原因。

《禮記》曰：「大道既隱，天下為家」，表示〝家天下〞這個時代已經來臨，我們都知道在此之前有「大道之行也，天下為公」的時代，因此，人類是由〝無欲〞降到〝有欲〞，由〝無為〞降到〝有為〞，由〝公〞降到〝私〞的層次，逐漸走向了仁、義、禮的時代。

〝失去了〞道〞自然純樸的本質之後，人們就會被事物的表象所迷惑，淪為以自我為中心的思想觀念，外在的名利成為人生追求的目標，在名利的誘惑下，人的虛偽性、欺騙性、陰險性自然逐漸形成。

所以，〝道〞淪喪之後，才導致〝德〞的出現，此處的〝道〞指的

是〝道〞的代稱〝上德〞，此處的〝德〞指的是〝下德〞。社會的風俗習慣日漸澆薄，每況愈下，離〝道〞愈行愈遠。當發現做不到〝德〞的時候，就退而求其次的要求做到〝仁〞，當做不到〝仁〞，就要求做到〝義〞；當做不到〝義〞，就要求做到〝禮〞。

綜觀〝上德〞、〝下德〞、〝上仁〞、〝上義〞、〝上禮〞這五種不同的層次中，只有〝上德〞是合乎自然的客觀行為，其它都是個人的主觀行為。我們以〝無為〞和〝有為〞能否合乎自然來分類。〝下德〞以下，包括〝上仁〞、〝上義〞、〝上禮〞，都是屬於〝下德〞範疇。

〝上仁〞則是最好的仁，依然屬於〝有為〞的〝下德〞，但是〝上仁〞的〝無以為〞，讓〝上仁〞的層級接近於〝下德〞。雖然〝上仁〞和〝上德〞一樣都是〝無以為〞，所不同的是〝上德〞是自然的〝無為〞，而〝上仁〞是非自然的〝為之〞。

「夫禮者，忠信之薄，而亂之首。」〝禮〞是〝道〞外在顯現中的最低層次，最注重表面現象，歷代統治者尤其強調它的作用，結果使得人性忠誠信實的美德缺乏樸實敦厚，而且日趨澆薄。人性從道德質樸逐漸轉化成忠信衰薄之時，才產生了〝禮〞，〝禮〞是誠信不足的產物。當帶有強制性的〝禮〞被過分強調的時候，正是責任心與誠信度最為匱乏的時候。所以可以推斷，道德衰敗，至此已極，從此之後，就是一切亂象的開始。

「前識者，道之華，而愚之始。」老子在第十八章「大道廢，有仁義」中說明，自從人類逐漸擺脫矇昧，民智大開，進入文明社會之後，人民以偏私〝有欲〞之分別心，追求個人主觀上慾望的實現，由於利益上的矛盾衝突，糾紛與爭執不斷，大道逐漸衰落廢棄而淡出，不仁不義的亂象開始顯現。自認為正確又具有前瞻性認識的人，有鑑於此，只有退而求其次，開始提倡仁、義、禮，試圖教化人心，力挽頹風。

殊不知僅憑前識者個人主觀意志加以推行的仁、義、禮，看似有些道理，實際上已經違反了客觀的自然規律，脫離了〝道〞的本質特性，所追求的只是〝道〞虛浮華麗的外在現象而已，在追求〝道〞的過程中，已經偏離了正確的方向，而且愈行愈遠。這種捨本質而重表象，捨本逐末，反其道而行的錯誤作為，代表著人類開始正逐漸走向愚昧，等到連〝禮〞都失去的時候，也就意味著天下將要大亂！

「是以大丈夫處其厚，不居其薄；處其實，不居其華。故去彼取此。」老子所處的春秋時期，正是提倡推行〝禮〞的時期，史上有孔子曾經問〝禮〞於老子的紀載。老子鑑於〝大道〞廢棄，自認為正確又具

有前瞻性認識的前識者，本末倒置的提倡禮儀，當〝禮〞也都失去的時候，就意味著天下將要大亂！因此情緒激動的大聲疾呼，說出了在《道德經》中僅有一次出現的名詞〝大丈夫〞。

　　有志於〝大道〞之行者，在〝修道〞、〝行道〞的過程中，要置身於根本厚重的〝自然無為〞上面，遵循〝道〞的原則行事，不要停留在輕薄的〝下德〞與〝仁、義、禮〞上面，而去追求虛偽浮華的作為；要置身投入於〝大道〞本質特性的真實認知，不要停留迷戀於前識者所倡行具有虛華外表的〝仁、義、禮〞的理論上面，而去悖〝道〞而馳，捨本逐末。所以，要去除淺薄虛華的〝仁、義、禮〞，而求本務實採用敦厚樸實的〝道德〞，如此才能真正的解決當前的亂象。

第三十九章　　賤為貴本

　　昔之得一者，天得一以清；地得一以寧；神得一以靈；穀得一以盈，萬物得一以生；侯王得一以為天下正。其致之也，天無以清將恐裂；地無以寧將恐廢；神無以靈將恐歇；穀無以盈將恐竭；萬物無以生將恐滅；侯王無以正將恐蹶。故貴以賤為本，高以下為基。是以侯王自稱孤、寡、不穀。此非以賤為本邪？非乎？故至譽無譽。是故不欲琭琭如玉，珞珞如石。

◎**本章主旨**：本章之中所講的〝一〞，是〝道〞靜態本體的代稱。其所化生的萬物在〝德〞的動態物質世界中，隨著時間的推移，不斷的陰陽交互作用運動變化，有相互對立的時候，也有陰陽平衡、和諧統一的時候，而陰陽平衡、和諧統一是萬物所追求的最佳理想狀態，也是〝道〞靜態本體的本質特徵。

　　但是此一狀態並非永久不變，再繼續發展下去，就會往反面發展，最終衰亡而復歸於〝道〞的靜態本體，這是萬物必經的過程，一切人、事、物，都是依循著這種大自然的法則在運作。

　　老子特別舉例〝天〞、〝地〞、〝神〞、〝穀〞、〝萬物〞、〝侯王〞在陰陽平衡、和諧統一的時候，能夠得到〝清〞、〝寧〞、〝靈〞、〝盈〞、〝生〞、〝天下正〞穩定的最佳狀態。再繼續發展下去，恐將會往〝裂〞、〝廢〞、〝歇〞、〝竭〞、〝滅〞、〝蹶〞這些反面發展，最終而衰亡。

老子領悟出〝道〞的自然規律及整體運作模式，教導我們要掌握住萬物發展的大趨勢，貴以賤為本，高以下為基，站居對後續發展和諧穩定最有利的地位，並以〝柔弱〞、〝謙下〞、〝自然〞、〝無欲〞、〝無為〞…等作為來陰陽調和，以達與〝道〞靜態本體相胎合。因此，寧可處於像質樸的石頭暗淡無光、為人忽視之地位，也不要處於像美玉璀璨明亮、受人重視之地位，以追求陰陽平衡、和諧統一、合乎自然規律，天人合一最穩定長久的境界。

◎重點提示：

一、本章之中的關鍵字是〝一〞字，博觀歷來各家注解，解釋為〝道〞的固然沒有錯，只是不夠深入詳盡，更有的當作數目來解讀，那就讓人不以為然了。

　　在整本《道德經》中，老子經常以〝一〞來當作〝道〞靜態本體的代稱，在第十章「載營魄抱一」、第二十二章「聖人抱一為天下式」、第四十二章「道生一，一生二，二生三，三生萬物」中都出現過，而在本章中老子連續使用了七次〝一〞字，雖然老子在之後的第四十二章中，會有進一步的闡述說明，為了讓讀者能夠深入了解本章老子的涵義，因此在本章提前將第四十二章「道生一，一生二，二生三，三生萬物」做一個整體說明，方便讀者能對本章內容有深刻的認識。

二、宇宙從〝無〞〈奇異點、無極〉到〝有〞〈〝道〞的靜態本體、量子信息能量場、炁、太極〉，〝無〞是天地之始，〝有〞是萬物之母。這個萬物之母，指的就是〝道〞的靜態本體，是一片混沌虛無，陰陽未判，動靜未分，處於陰陽平衡、和諧統一的量子信息能量場，也就是道家所說的〝炁〞，能夠孕育化生〝德〞動態物質世界的萬事萬物。

　　站在宇宙天地之始〝無〞這個立場來看，〝道〞的靜態本體這個萬物之母是〝有〞。但是站在〝德〞這個〝有〞的動態物質世界而言，無形無象一片虛無〝道〞的靜態本體就是〝無〞。〝無〞是〝道〞靜態本體的特徵；〝有〞是〝德〞動態物質世界的特徵。

　　〝道〞的靜態本體內容又是甚麼呢？〝道〞的靜態本體是一片混沌虛無，陰陽未判，動靜未分，處於陰陽平衡、和諧統一的量子信息能量場，蘊含著陰陽自然的規律，及陰陽交互作用下產生千變萬化的可能狀況，只要您想得到的任何狀況都包含在內，所有狀況都是無形的量子化型態，並以概率大小代表它的存在。

在"道"的靜態本體此一量子信息能量場之中，每一個無形無象的量子態，都有象〈物質〉、有精〈能量〉、有信〈信息〉蘊含其中。"道"的靜態本體此一量子信息能量場，充斥在整個宇宙之間，無遠弗屆，無處不在，包含著萬物的本身微觀世界之中。

　　"道"的靜態本體是萬物之母，其最大特徵就是陰陽平衡，和諧統一，所以此一狀態下的萬物量子態，其自然化生的概率也最大，因此，在"德"動態物質世界中的萬物，不論是其個體內在，還是與外在其它群體之間的生態關係，都是處於陰陽平衡，和諧統一的狀態。

　　"德"動態物質世界中，萬物都是循著陰陽自然的規律，隨著時間的推移，不斷的交互作用而運行變化，有相互對立狀態，也有陰陽平衡、和諧統一狀態，一直不斷交互的運行變化，萬物停止變化就會滅亡。

　　在無外力影響自然發展狀況下，此種陰陽平衡、和諧統一狀態，與"道"的靜態本體相對應，是萬物發展的過程中，最佳的理想狀態，但是此一狀態並非永久不變，還是會循陰陽的規律或受到人的意識影響而改變。

　　萬物發展過程我們可以概括分為："始生"、"強盛"、"衰亡"這三種基本階段，萬物每一種個體在整個發展過程中，都有其一定的周期，周期結束則由"有"又轉化為"無"，「夫物芸芸，各復歸其根，歸根曰靜，是曰復命」，回歸到"道"的靜態本體，生成始終，生生不息，周而復始，循環不已，持續繁衍發展下去。

　　萬物生成發展都有"始生"、"強盛"、"衰亡"這三種基本階段型態，"始生"階段本質柔弱，有如旭日東升，生機旺盛，發展潛力無窮。"強盛"階段有如日正當中，抵達顛峰，但是已無發展餘地。"衰亡"階段有如日薄西山，走向衰亡是必然的趨勢，萬事萬物都受此一陰陽自然的規律所規範制約，無一倖免。

　　第四十章「反者道之動，弱者道之用」，在陰陽自然的規律制約下，萬物發展到達極臨界點，物極必反的規律下，就會往反面發展。萬物之中陰陽隨著時間的推移，不斷的交互作用而產生運動變化，事物的發展變化總是朝著相反的方向演變轉化，此一運動變化就是"大道"能夠生生不息，周而復始，循環不已的原動力。

　　老子徹悟宇宙自然的規律，及了解以柔弱謙下的姿態，就能發揮"道"最好的效用之後，因此在《道德經》中教導我們，要領悟出"道"的自然規律及整體運作模式，掌握住萬物發展的大趨勢，貴以賤為本，高以下為基，站居對後續發展最有利的地位，"柔弱"、"謙下"、"自然"、

〝無欲〞、〝無為〞…等，時間就是最好的緩衝，在相對立的兩個面相互依存，相互轉化的規律下，〝柔弱勝剛強〞此一結果，指日可待。

　　老子在〝道〞的外在實際應用，就是從〝弱者道之用〞出發，強調〝天下之至柔，馳騁天下之至堅〞，以〝〝夫唯不爭，故天下莫能與之爭〞樸素辯證法的哲學思想。「守柔、處下、不爭」，〝無為而無不為〞，〝示弱守拙〞，以柔弱順應自然規律的發展為其主要的特徵。

　　當我們接近強盛極點的時候，老子再三的告誡我們，切記要〝戒盈忌滿〞，避免事物往負面轉化，如此作為，就可以長久處於陰陽平衡、和諧統一的最佳理想狀態，老子在第十五章「保此道者不欲盈，夫唯不盈，故能敝而新成。」說的就是這個道理。

　　老子在整部《道德經》中所闡述的哲學思想，簡明扼要的來說，就是這些最基本的道理，在人世間任何一個領域都可適用。對國家而言，就是治國方策；對個人而言，就是行為準則；對修道而言，就是頓悟的真經；對養生而言，就是延年益壽最佳的良方。

三、老子在第四十二章中所闡述之「道生一，一生二，二生三，三生萬物」，這裡面的〝道〞及〝一〞、〝二〞、〝三〞，究竟何指？其內容包含哪些？要是研讀《道德經》時候，不能深刻的認識其中含意，則對《道德經》整體內容的瞭解，只能算是一知半解。故在此先簡單敘述其概念包含有哪些？

　〝道〞的概念：由〝道〞的靜態本體及〝德〞的動態物質世界構成整體的〝道〞；萬事萬物均在陰陽的自然規律制約下，隨著時間的推移，陰陽不斷的交互作用運動變化，無中生有，由有化無，在無形的〝道〞與有形的〝德〞之間，生生不息，周而復始，循環不已。

　道生〝一〞：〝一〞是〝道〞靜態本體的代稱。站在宇宙天地之始〝無〞這個立場來看，〝道〞的靜態本體這個萬物之母是〝有〞。但是站在〝德〞這個〝有〞的動態物質世界而言，無形無象一片虛無〝道〞的靜態本體就是〝無〞。〝無〞是〝道〞靜態本體的特徵；〝有〞是〝德〞動態物質世界的特徵。

　　〝道〞的靜態本體其最大特徵就是一片混沌虛無，陰陽未判，動靜未分，處於陰陽平衡、和諧統一的量子信息能量場，能夠化生〝德〞動態物質世界的萬事萬物。其中蘊含著陰陽自然的規律，及陰陽交互作用

下產生千變萬化的可能狀況，只要您想得到的任何狀況都包含在內，只不過是處於靜態。此一量子信息能量場，充斥在整個宇宙之間，無遠弗屆，無處不在，包含著萬物的本身微觀世界之中。

"一"生"二"："二"指的就是"德"動態物質世界中的陰陽，太極動而兩儀生。"道"的靜態本體最大的特徵就是陰陽和諧統一的狀態，這種狀態其出現的概率也是最大。因此，由"道"的靜態本體自然而然所化生在"德"動態物質世界中的萬物，在沒有外力干擾之下，其內外本質特性都是朝向陰陽和諧統一狀態發展。

在"德"的動態物質世界中，萬物都是循著陰陽的規律，隨著時間的推移，不斷的運動變化。在陰陽對立變化的過程中，陰陽平衡、和諧統一狀態是必經的階段，萬物在"始生"、"強盛"、"衰亡"整個過程中，"強盛"之後轉向"衰亡"，整個發展過程，萬物均會在一定的周期內自然化生、自然結束，復歸於"無"，也就是復歸於"道"的靜態本體。

"二"生"三"：老子在第二十五章「故道大，天大，地大，人亦大。域中有四大，而人居其一焉。」第四十二章「萬物負陰而抱陽，沖氣以為和。」《易經‧繫辭下》「易之為書也，…三才之道也。」此中所謂之"三"，指的是天〈陽、能量〉、地〈陰、物質〉、人〈意識、信息〉三才。說明人可以參與天地之造化，與天地並列為三。

天有天之"道"，在於始萬物；地有地之"道"，在於生萬物；人有人之"道"，在於成萬物。量子理論中的量子糾纏與感應，論述了人的量子意識所負載的信息內容，可以影響事情發展的偏向及最終的結果。

老子在第二十一章「孔德之容，惟道是從。」說明，在"德"的動態物質世界中，萬物轉化成與人的意識信息相同內容樣貌，並加以具體的顯現，這一切完整的轉化過程及後續的運作變化，無不是遵循"道"的自然規律而運作，"道"在其中並無任何干涉及自主的刻意安排。

在人的意識未參與之前，萬物的發展都是在其一定周期內，循著陰陽的規律自然的運行變化，在陰陽交互作用的過程中，雖然是對立，還是有陰陽平衡和諧的時候，萬物所追求的就是陰陽平衡、陰陽和諧統一的狀態，當到達巔峰之後，就開始往反面發展，最終走向衰亡而復歸於"道"的靜態本體。

當人的意識參與之後，若是循著"道"的靜態本體特徵，沒有個人主觀意識慾望滿足的私心，以"無欲"、"自然"的方式，行"無為"的

作為,除了能達到陰陽平衡、和諧統一的穩定狀態,還能長久的持盈保泰,永續發展。

　　當人的意識參與之後,若是悖〝道〞而馳,有偏私利己的分別心,想要得到個人主觀慾望滿足的妄念,以〝有欲〞之心刻意的有所作為,也就是行〝有為〞之道,除了將會導致失敗滅亡之外,就算是目前已達強盛的狀態,也會提早的走向衰敗滅亡之路,不可不慎!這也是老子在《道德經》中不斷的提醒我們行〝道〞之時,要〝無欲、自然、無為〞的重要性!

〝三〞生萬物:〝三生萬物〞指的是人可以參與天地之造化,在陰陽相互變動、激發、轉化,生生不息所孕育的過程中,萬事萬物都是陰陽規律與天人感應〈天人合一〉這兩者,相互不斷的交互作用而產生的千變萬化,在這交互作用的過程中,我們追求的就是陰陽平衡、和諧統一、合乎自然規律,天人合一最理想的境界。

　　因此,老子樸素辯證法的哲學思想,不能脫離意識的參與來解讀,因為〝無欲〞及〝有欲〞的意識,會造成〝無為〞及〝有為〞的行為模式,也就是產生遵循或違背了〝大道〞的行為。這也和量子理論不能脫離人的意識參與來解讀,其中的道理完全相同。

◎直譯:「昔之」:從前、往昔。「一」:〝道〞的靜態本體代稱。這裡專指陰陽平衡、和諧統一的穩定狀態。「昔之得一者」:從前符合〝道〞的靜態本體特質,達到陰陽平衡、和諧統一的最佳理想狀態者。「神得一以靈」:神明是否靈驗,和人心是否專注誠正有關。人的心神專一,誠心上禱神明,依據量子糾纏的理論思想,就能感應相同類似的情形發生,就好像神明靈驗一般。

　　「穀」:《道德經》中所出現的穀,有莊稼和糧食的總稱;也有山谷之意。在此取穀類之意。「穀得一以盈」:百穀因風調雨順,收穫得以盈滿穀倉。「侯王」:君王與諸侯。在此引申為領導統治者。「以為」:作為。「正」:典範。「侯王得一以為天下正」:侯王處於陰陽平衡、和諧統一的時候,由於不以偏私利己之分別心,刻意來滿足個人主觀的慾望,一切行為以〝無為〞的方式來治理國政,以〝德〞化民,堪為典範。

　　「其」:指的是得〝一〞的狀況。也就是處於陰陽平衡、和諧統一的狀況。「致」:有極、盡之意。「其致之也」:當陰陽平衡、和諧統一的狀況發展到極致的時候,就會物極必反的往反面發展。「無以」:無法,

不能。「裂」：崩裂、崩塌的意思。「廢」：傾圮，倒塌。「歇」：消失，止息。「竭」：窮盡。「滅」：滅絕。「蹶」：挫敗、動亂。

「是以」：連接詞。因此；所以。「自稱」：自己稱謂。「孤、寡」：均為古代君侯的自稱。「不穀」：本意是不結果實，意思為不善。水稻穀粒不灌漿就不會有稻米產生，這就叫〝不穀〞。是古代君主、諸侯用以自謙之稱，和孤、寡意思相併列。「邪」：音同耶。語氣詞，表示疑問或反詰，相當於〝嗎〞。「此非以賤為本邪？」：這難道不是以賤為本嗎？「非乎？」：不是嗎？

「故」：所以。「至譽」：按照本章文章的主旨來分析，講的是榮譽已經累積到達顛峰狀態。「無譽」：榮譽已達顛峰，繼續發展下去，必將會往反面發展，接著不但是一無所有，恐將會有誹謗之言接踵而來。「不欲」：沒有慾望想要。「琭琭」：音同祿。形容稀少珍貴且有光澤的玉。

「不欲琭琭如玉」：沒有慾望想要像美玉一樣的璀璨明亮、受人重視。「珞珞」：音同落。石頭堅硬質樸的樣子。剛正貌。「珞珞如石」：寧可像剛正質樸的石頭一樣，暗淡無光、為人忽視。

◎**意釋**：本章之中所講的〝一〞，是〝道〞靜態本體的代稱。〝道〞的靜態本體所化生的萬物，在〝德〞的動態物質世界中，是隨著時間的推移，循著陰陽的規律，不斷的陰陽交互作用而運動變化，有相互對立的時候，也有陰陽平衡、和諧統一的時候，是呈現動態的運行變化。而陰陽平衡、和諧統一是萬物所追求的最佳理想狀態，也是〝道〞靜態本體的本質特徵。。

但是此一狀態並非永久不變，再繼續發展下去，就會往反面發展，最終衰亡而復歸於〝道〞的靜態本體，由無到有，又由有到無，這是萬物必經的過程。整個大自然包括我們眾生，一切人、事、物，都是依循著這種大自然的法則在運作。

「**昔之得一者**」，老子有鑑於此，就說以前在〝德〞的動態物質世界中，萬物有相互對立的時候，也有陰陽平衡、和諧統一的時候，各自有所不同。只要符合〝道〞的靜態本體特質，就能達到陰陽平衡、和諧統一的最佳理想狀態，如果萬物失去了〝道〞的靜態本體特質，那就說明它偏離了那個穩定的常態，它就會失去平衡，改變自身的性質，甚至是走向滅亡。因此老子特別舉例說明之。

「**天得一以清；地得一以寧；神得一以靈；穀得一以盈，萬物得一以生；侯王得一以為天下正**」，當〝天〞處於陰陽平衡、和諧統一的

時候，天象日月星辰運行如常，天清氣爽，風調雨順，一切清明景象；當〝地〞處於陰陽平衡、和諧統一的時候，大地負載萬物，山川地貌呈現一片安祥寧靜；當〝人〞處於陰陽平衡、和諧統一循〝道〞而行的時候，心神就能專一，誠心上禱神明，依據量子糾纏的理論思想，也就是吸引力法則，就能感應相同類似的情形發生，就好像神明靈驗一般。

當〝穀〞處於陰陽平衡、和諧統一的時候，百穀因風調雨順，大地富饒，收穫得以穀米盈倉。不論是個體的生長，或與外在群體的生態平衡，當〝萬物〞都處於陰陽平衡、和諧統一的時候，萬物方能得以生長發展，延續後代；當〝侯王〞這些領導統治者處於陰陽平衡、和諧統一的時候，由於沒有以偏私利己之分別心，刻意來滿足個人主觀的慾望，一切行為以〝無為〞的方式來治理國政，自然而然、順其自然發展，以〝德〞化民，堪為典範。

「**其致之也**」，此一陰陽平衡、和諧統一最佳理想的狀況，不會永久的不變，既能得〝一〞，也就能失〝一〞，老子接著在第四十章「反者道之動，弱者道之用。」補充說明其中的道理。當陰陽平衡、和諧統一的狀況發展到極致的時候，就會物極必反的往反面發展，緊接著老子舉例說明失〝一〞之後，其負面的結果會是如何？

「**天無以清將恐裂；地無以寧將恐廢；神無以靈將恐歇；穀無以盈將恐竭；萬物無以生將恐滅；侯王無以正將恐蹶。**」〝天〞若是失去了陰陽平衡，不再和諧統一，天象將不再清明的時候，恐怕會發生臭氧層破裂、溫室效應增加造成全球性的暖化、生態失去平衡…等，天災將造成人類的浩劫。

〝地〞若是失去了陰陽平衡，不再和諧統一，大地將不再平靜安寧的時候，恐怕將會發生地震、海嘯、火山爆發…等，傾圮倒塌之地變；〝人〞若是悖〝道〞而馳，失去了陰陽平衡，不再和諧統一，私心慾望高漲的時候，就已無誠正之心，難以發揮量子糾纏感應的能力，就好像神明已經消失不靈驗了。

〝百穀〞若是失去了陰陽平衡，不再和諧統一，廩倉不再盈滿的時候，恐怕將會發生人類糧食短缺窮盡的大饑荒；〝萬物〞若是失去了陰陽平衡，不再和諧統一，例如世界爆發核戰爭，地球生態環境遭受嚴重的破壞，萬物難以生存的時候，恐怕萬物將會滅絕。

〝侯王〞若是以偏私利己之分別心，刻意來滿足個人主觀的慾望，一切行為以刻意之私心，〝有為〞的方式來治理國政，悖〝道〞而行，當失去了陰陽平衡，不再和諧統一，無法以〝德〞化民，成為人民典範

的時候，其政權將恐怕會遭受動亂而失位傾覆。

「故貴以賤為本，高以下為基。」老子在第六十四章中特別說明，「合抱之木，生於毫末；九層之臺，起於累土；千里之行，始於足下。」所以由上述可知，萬物都是由卑下的基礎逐步發展到高貴的巔峰，當到達巔峰之後，就會往反面發展而趨向滅亡，這是宇宙自然的規律。

「是以侯王自稱孤、寡、不穀。此非以賤為本邪？非乎？」以往的君侯，理解貴與高的基礎根本在於賤與下，明瞭了陰陽必須調和成和諧狀態，才能夠穩定長久這個道理之後，因此，謙虛的自稱孤王、寡人或不善。君侯主動降低自己的尊位，這種自處於低下之位，不以盛氣凌人，謙虛為懷藉以陰陽調和的表現，這難道不是以賤為本嗎？不是嗎？

「故至譽無譽。是故不欲琭琭如玉，珞珞如石。」萬物都是由卑下的基礎逐步發展到高貴的巔峰，當到達巔峰之後，就會往反面發展而趨向滅亡，按照本章的主旨及結合前文「侯王無以正將恐蹶」，我們可以來類比解讀，〝侯王〞若是以偏私利己之分別心，刻意來滿足個人主觀的慾望，一切行為以刻意之私心，〝有為〞的方式來追求榮譽，悖〝道〞而行，當榮譽已達顛峰，繼續發展下去，必將會往反面發展，接著不但是一無所有，恐怕所有的誹謗之言將會接踵而來。

理解老子在本章中所闡述的精髓之後，所以，我們沒有慾望想要處於像美玉一樣的璀璨明亮、受人重視之地位；寧可處於像剛正質樸的石頭一樣、暗淡無光、為人忽視之地位。也可以換句話說，寧願退隱而處安謐之地，也不願錦衣而居廟堂之上。

第四十章　無中生有

反者道之動，弱者道之用。天下萬物生於有，有生於無。

◎**本章主旨**：本章中老子用極其簡練的文字，講述了〝道〞的運動變化規律與法則，及在〝德〞的動態物質世界，如何依循〝道〞的原則實際應用。本章雖然只有兩段話，言簡意賅，但是所蘊涵的意義卻十分深遠，令人不可思議。

陰陽對立的統一體中，陰陽是一體兩面，成互補關係，兩者相反相成，可以相互依存，也可以相互轉化。事物的發展是在矛盾統一運動形式下進行的，而其發展變化總是朝著相反的方向演變轉化。

"反者道之動"其最主要的作用，就是宇宙萬物都始終在向著它相反的方向發展，最終相互轉化達到它的對立面。讓萬物始終循環往復於"陰"與"陽"、"無"與"有"、"道"與"德"…等這兩端，這種隨著時間的推移而不斷的運動變化現象，就是萬物生生不息，周而復始，循環不已的主要原動力。

　　依據"道"體中所蘊含的相反相成、相互轉化的法則，我們要站在柔弱的一面，也就是站在事物發展趨勢最有利的地位，循"道"而行，自然而為，經過逐漸的量變，當"強盛"到達臨界點之後，就開始產生質變，"強弱"與"剛柔"兩者之間由量變引起質變，相互轉化是必然的結果。

　　當陰陽兩者處於平衡狀態的時候，事物無從體現，故而為"無"。當"道"開始殘缺，陰陽二者失去平衡，事物便顯現出來，這就是"有"。萬物隨著時間的推移，陰陽不斷的交互作用運動變化，無中生有，由有化無，在無形的"道"與有形的"德"之間，一直相因相生，生生不息，周而復始，循環往復，這種"有"與"無"之間的無盡轉化，就是"道"的完整展現。

◎重點提示：

一、本章是《道德經》中文字最少的一章，雖然僅有短短的二十一個字，但是其中蘊含著宇宙自然的基本規律—陰陽規律，及老子在《道德經》中所有哲學思想的基本內涵。本章中體現了老子在陰陽規律既對立統一又相互轉化的特性中，"有"與"無"之間陰陽辯證思想是其要表達的核心。

　　"反者道之動"代表萬物發展到達極點之後，就會往自身的反面發展，這種隨著時間的推移而不斷往自身反面運動變化的現象，就是萬物在"道"與"德"、"有"與"無"這兩者之間，之所以能夠相互轉化，生生不息，周而復始，循環不已的主要原動力。

　　在"德"的動態物質世界中，萬事萬物隨著時間的推移而不斷的運動變化，在面對事物發展朝向自身反面轉化的大趨勢下，老子提出"弱者道之用"居弱守雌的方法，從而使自身在不可逆轉的必然趨勢中，立於長久不衰之地。

　　"道"的運行周而復始，反覆循環。天下萬物是從"有"而產生，而"有"卻產生於"無"。"有生於無"繼而"有化為無"，"有無相生"，循環往復。除了天地之始的"無"在"有"之先外，"有"與"無"一

直是〝相因相生〞。從〝無〞到〝有〞，由〝有〞到〝無〞，這是一個完整的過程，〝有〞之所始，以〝無〞為本，復歸其根。老子在本章中說明，這些現象都是在既對立統一又相互轉化的陰陽規律下運動變化。

既然〝大道〞中所蘊含的規律是陰陽規律，萬物的運動變化及生成發展都受其所制約規範，我們研讀《道德經》如果對陰陽規律沒有建立起基本觀念與認識，整本《道德經》恐怕會很難順利的進入狀況。因此之故，在此先將陰陽規律做簡要的概述，以方便讀者理解認識。

二、孔子在《繫辭・上傳》說：「一陰一陽之謂道」。老子在第四十二章說：「萬物負陰而抱陽，沖氣以為和。」〝陰陽〞是我國古代哲學的重要思想之一，也是《易經》與《道德經》哲學思想的核心所在。

〝陰陽〞是由太極動而產生，太極也就是〝道〞的靜態本體，在這個量子信息能量場之中，雖然〝陰陽〞未生，但是已經蘊含著組成萬事萬物的共同基因，也就是〝陰陽〞。〝德〞的動態物質世界萬事萬物一切運動變化，都是在此規律下進行，這個規律與法則我們就叫做〝道〞，它的內涵就是陰陽規律中所蘊含的各項特性。

古人透過觀察萬事萬物，發現宇宙間任何事物都包括著陰和陽相互對立的兩個方面，又可用來分析一個事物內部所存在著相互對立的兩個方面，兩者相互對立又相互融合，相互蘊含也相互激發，相互變動亦相互轉化，是處於一體兩面、如影隨形、變動不拘、生生不息的狀態。

「孤陰不生，獨陽不長」，「無陽則陰無以生，無陰則陽無以化」，陰陽規律認為宇宙間所有事物皆有陰陽兩個屬性，它們之間相互依存、相互制約、相互轉化，陰陽任何一方都不可能離開另一方而單獨存在。陰陽的對立統一運動，是萬事萬物發生、發展、變化及消亡的根本原因，宇宙若是停止陰陽的變化，整個宇宙將死寂滅亡。

任何事物均可以陰陽的屬性來劃分，但必須是針對相互關聯的一對事物，或是一個事物的兩個方面，這種劃分才有實際意義。如果被分析的兩個事物互不關聯，或不是統一體的兩個對立面，就不能用陰陽來區分其相對屬性及其相互關係。

事物的陰陽屬性，並不是絕對的，而是相對的，同時也說明在一定的條件下，陰和陽之間可以相互轉化，陰可以轉化為陽，陽也可以轉化為陰。宇宙萬物依據此一陰陽相互轉化的法則，而生成始終，生生不息，周而復始，循環不已。

陰陽之間雖然是相互對立，但是也可以相互交感而達到陰陽和諧統

一的程度。任何事物的發展變化總是朝著相反的方向演變，陰極生陽，陽極生陰。陰陽對立和陰陽交感調和的結果，永遠就是陽長陰消、陰長陽消，陰陽相推，相互轉化，相互運動的過程。

三、本章中老子在辯證思維上提出了幾個精闢的結論。一是〝反者道之動〞：任何事物的運動變化都是朝著相反的方向發展。一是〝弱者道之用〞：所謂的〝道〞之用，就是〝道〞的理論思想外在的實際應用，也就是產生作用的方式。要用〝弱〞而不用〝強〞，就是因為〝反者道之動〞相反相成，相互轉化的法則，用〝弱〞反而能〝強〞，反之，用〝強〞則反而會變〝弱〞。

　　最後一點就是〝天下萬物生於有，有生於無〞，萬物都是有無相生，也是不脫離矛盾和對立，相互轉化永恆不變的規律。〝天下萬物生於有，有生於無〞，這是對〝反者道之動〞相反相成，相互轉化法則具體的詮釋，〝道〞的本質特性就是循環往復。而〝天下萬物生於有，有生於無〞此一哲學思想，簡而言之，就是闡述萬物都是〝無中生有〞，又〝由有化無〞有始就有終，有終才有始，構成一個無端之環，表達了生命從無到有，又從有回到無的普遍規律。

　　〝弱者道之用〞這句話其中蘊含著奧妙的玄機，在強弱一對矛盾中，表面上看似強者，實際上卻是弱者；表面上看似弱者，實際上反倒是強者。換言之，表面的強弱只是一時的假像，真實的強弱恰恰與表像相反。因此，我們若要求得正面，勢必要從反面著手，例如〝無為而無不為〞，〝夫唯不爭，故天下莫能與之爭〞，這些並不是詭辯之辭，而是蘊含著深奧的天機哲理，是萬事萬物永遠受其制約的自然規律，這就是老子在第七十八章所說「正言若反」的意義，真正的道理看起來好像是相反的一樣。

◎直譯：「反」：相反。在此另有返回之意。「反者」：有〝相反相成〞、〝物極必反〞與〝返回原點〞這三種代表意義。後兩種意義都是〝相反相成，相互轉化〞推演而來。「動」：運動變化。

　　「反者道之動」：萬物之中陰陽隨著時間的推移，不斷的交互作用而產生運動變化，事物的發展變化總是朝著相反的方向演變轉化，此一運動變化就是〝大道〞能夠生生不息，周而復始，循環不已的原動力。

　　「弱者」：象徵柔弱、低下、謙卑、不爭。弱者亦含有柔韌斂藏的意思。與剛強、高貴、高傲對稱。「用」：作用。體用是中國哲學的一對

範疇,指本體和作用。體為內在的理論思想,用則為外在的實際應用。在本章中的體,指的就是陰陽規律中的相反相成、相互轉化的法則。

「弱者道之用」:依據〝道〞體陰陽規律中所蘊含的相反相成、相互轉化的法則,站在事物發展趨勢最有利的地位,循〝道〞而行,自然而為,相互轉化之後,就能柔弱勝剛強。

◎ 意釋:老子自上篇《道經》論述到本章,從不同的層面闡述有關〝道〞的理論思想,在本章中老子用極其簡練的文字,講述了〝道〞的運動變化規律與法則,及在〝德〞的動態物質世界,如何依循〝道〞的原則而實際的應用。本章雖然只有兩段話,但言簡意賅,但是所蘊涵的意義卻十分深遠,令人不可思議。

「反者道之動」,這個宇宙為何會有這種周而復始,循環往復的發展與變化呢?老子為何強調柔弱是〝道〞發揮作用的關鍵因素呢?我想這個問題大家都是一直疑惑不解。

因為在陰陽對立的統一體中,陰陽是一體兩面,成互補的關係,兩者相反相成,可以相互依存,也可以相互轉化。事物的發展是在矛盾統一運動形式下進行的,而其發展變化總是朝著相反的方向演變轉化,陰極則陽,陽極則陰。

宇宙萬物對立的雙方相互轉化是運動變化的結果,也是對立的解決形式,沒有對立就沒有變化,沒有變化就沒有發展。陰陽之間的相反相成,相互轉化,是陰陽規律的特性之一,這也是宇宙不變的規律,萬事萬物都受此一規律所制約。

陰陽規律中所謂的〝反者道之動〞其最主要的作用,就是宇宙中萬事萬物都始終朝著它相反的方向發展,最終達到它的對立面。〝反者道之動〞的力量,就是讓萬物始終在這陰陽兩端保持運動,不致停留在任何一端,讓萬物永遠循環往復於〝陰〞與〝陽〞、〝無〞與〝有〞、〝道〞與〝德〞…等這兩端,生生不息,周而復始,循環不已。

老子所說的「反者道之動」,其中的「反者」指的是甚麼呢?指的就是〝物極必反〞的道理,只不過站在不同角度,我們又可以從〝物極必反〞同樣的道理中,推演出〝相反相成〞與〝返回原點〞其它兩種意義。就是因為萬物發展到達極點之後,就會往自身的反面發展,這種隨著時間的推移而不斷的運動變化現象,就是萬物生生不息,周而復始,循環不已的主要原動力。

茲將「反者」在〝大道〞中所代表的三種意義〝物極必反〞、〝相反

相成〞與〝返回原點〞，分別闡述如後：

〈一〉、〝物極必反〞。

　　〝道〞所蘊含的宇宙中最基本的自然規律，其主要的特性之一，就是〝反者道之動〞。任何事物的發展變化到達極點，總是朝著相反的方向轉化，日中則昃，月盈則虧，天地盈虛，與時消息。日正當中之後就要偏斜，月望盈滿之後就要虧缺，盈虛變化是天地間的普遍規律，整個自然界都處於盈虛盛衰的不斷變化中，時間決定變化的性質，時間是變化的基本條件，一切的變化都是隨著時間進退消長。這是天地不變的法則，也是自然之〝道〞，萬事萬物都是依循〝道〞的法則運行。

　　萬物陰陽相互對立的兩種屬性之間，總是相互朝向著對立面運動變化，在臨界點返回，如此周而復始的反覆循環。〝返〞就是到達〝物極必反〞的臨界點，是事物運動變化達到極限，朝向著其相反方向發展的轉折點，換言之，就是事物由量變已經開始發生質變的過程。

　　在矛盾的對立統一的過程中，當矛盾雙方的實力平衡的時候，此時的事物處於和諧統一的平衡狀態。當矛盾雙方的對立、鬥爭，出現實力變化時，此時就會打破平衡狀態。當其中一方已經達到壓倒性優勢的時候，另一方就已經達到崩潰的邊緣了，此時就已經達到〝質變〞的臨界點，也就是〝物極必反〞的時刻。

　　老子在第五十八章「禍兮，福之所倚；福兮，禍之所伏。」，也就是陰極生陽，陽極生陰，陰陽倚伏，這就是陰陽之間〝物極必反〞不斷轉化原理的最好例證。「盛者，衰之始；福者，禍之基。」興旺是衰敗的開始，福報是災禍的根本。盛極必衰，物極必反，相對立的兩個面，相互依存轉化，萬物的發展方向並非一成不變，而是處於不斷的反覆循環之中，這是萬物發展運動變化的自然規律。此一〝物極必反〞宇宙不變的規律，代表著萬事萬物到達極點，就會往相反的一面發展變化。

　　《繫辭·下傳》：「易，窮則變，變則通，通則久」，所謂〝窮〞，指的就是：事物發展到極點；〝變〞指的就是，由極點向反面變化；〝通〞指的就是，變為反面之後，又有一個新的發展；〝久〞指的就是，有了這些過程之後，事物才能長久發展演變下去。

　　正因為〝物極必反〞是宇宙不變的規律，因此，我們在人世間行事，要戒盈忌滿，掌握住一個〝度〞字，不要過分的強求，否則一旦事物發展到達臨界點，就很容易走向它自己的反面。所以老子在第九章說：「持而盈之，不如其已。」

〈二〉、"相反相成"。

老子在第四十二章說：「萬物負陰而抱陽，沖氣以為和。」萬物負陰而抱陽，無不內含著相反的對立面，在對立面交互作用下，又各自朝向相反的方向滲透變化，這種運動變化的原動力，造成萬物既相互對立，相互依存，相互沖和，又相互朝向自己的對立面轉化，相反相成的結果，萬物不斷的在陰陽之間反覆轉化運行，周而復始，生生不息，循環不已，永無息止。

陰陽對立和陰陽交互作用的結果，永遠就是陽長陰消、陰長陽消，陰陽相推，陰陽互補，相互轉化，相互運動變化的過程。因此，萬物存在著對立和統一"相反相成"的關係，看似對立的雙方也可以相互轉化，但是對立面的相互轉化，需要時間的積累，時間在對立面轉化中是不可或缺的必要條件，必須在一定條件下才能得以實現，否則是無法轉化。

此一必備條件就是要依循"道"的原則行事，其發展進程是穩定的、平衡的、漸進的、量變的過程，經過逐漸的量變，最終才能達到質變的結果，並非一蹴可幾。例如：春、夏、秋、冬季節的轉換，萬物的出生和滅亡，事物總是在不斷的變化轉換，萬物都逃不脫一個由量變到質變，由否定到否定之否定的過程。

萬物都存在對立和統一的兩個面能相互轉化的規律，讓我們進一步了解到萬物總是處於運動變化之中，變化只是一種現象，而造成變化的規律卻是不變的，變與不變同時存在。此一宇宙自然的規律，不以人的主觀意志為轉移，是客觀的永久存在，而這種運動變化的方向，就是萬物發展的"勢"，所以要"順勢而為"這一點非常重要。

老子在《道德經》中列舉許多"相反相成"的案例，諸如：第六十六章「以其不爭，故天下莫能與之爭。」，第七十八章「弱之勝強，柔之勝剛」"不爭"與"莫與之爭"；"柔弱"與"剛強"，在陰陽自然規律中存在著對立和統一"相反相成"的關係，看似對立的雙方也可以在一定條件下進行轉化。"柔弱勝剛強"這句話，顯示出"柔弱"與"剛強"這兩個對立面之間，由量變引起質變，相互轉化是必然的結果。

〈三〉、"返回原點"。生生息息，周而復始，循環不已。

老子在第十六章說：「萬物並作，吾以觀復。夫物芸芸，各復歸其根。歸根曰靜，是曰復命。復命曰常，知常曰明。」老子縱觀萬物循環往復的規律，了解"道"的靜態本體與"德"的動態物質世界，其相互之間"無與有"、"靜與動"、"體與用"的關係，及萬事萬物從無到有，

由有到無；由靜到動，又由動到靜的完整過程，發現天地萬物隨著時間的推移，其運動變化最終的歸宿是返回原點，也就是〝道〞的靜態本體，周而復始，循環不已。

天地萬物林林總總，各自由一片虛無〝道〞的靜態本體，化生到動態客觀的物質世界，又各自由動態的客觀物質世界，湮滅回歸到一片虛無靜態〝道〞的本體。因此，〝大道〞的運行規律，萬物並非在〝德〞的動態物質世界僅有一次的化生出現就此終止，而是生生息息的循環往復，周而復始，循環不已。

老子在第二十五章說：「大曰逝，逝曰遠，遠曰反。」此中所說的〝逝、遠、反〞，是形容〝道〞虛無靜態本體化生的萬事萬物，在宏觀物質世界運動變化的模式。依據陰陽自然規律〝反者道之動〞的法則，萬事萬物生成之後，經過往上發展變化而漸離原點〈逝〉，它們的運動變化會離〝道〞越來越遠，物極必反，盛極而衰，窮極則變，當到達極點之後〈遠〉，必定會往反面發展而返回到根本的原點〈反〉，這就是老子所說的〝復命、歸根〞，由〝德〞的動態物質世界，重新又回到〝道〞的虛無靜態本體，完成一個週期的循環。

《易·文言傳》第一章乾卦：「元、亨、利、貞。」說明元、亨、利、貞，代表萬事萬物在生成始終發展過程中的四個層次。有極大的抽象性與普遍性，必須環環相扣，相互緊密聯繫在一起，缺一不可，四個字連貫起來，也就是永不止息的運行，周而復始，循環不已。萬事萬物的發展，都是循著元、亨、利、貞的程序與特性，相因相生，一個過程的結束，貞下啟元，將又是另一個過程的開始，周而復始，循環不已。不同領域的事物發展過程都有一個週期，只是週期長短各有不同而已。

我們在自然界中觀察天體之運行，這種周而復始，循環不已的現象屢見不鮮。清晨旭日東昇，黃昏夕陽西下，次日依然如此；月亮每月的陰晴圓缺，次月依樣運行；春夏秋冬四季的運行，都是完成一個週期的運動變化之後，又重新開始，周而復始，循環不已，有始就有終，有終才有始。這些現象都是〝反者道之動〞的一種〝返〞，有如無端之環，始終相連。

我們在了解「反者道之動」中所代表的三種意義〝相反相成〞、〝物極必反〞與〝返回原點〞之後，因為人類的意識能左右陰陽變化的方向，所以在人世間行事的時候，當事情處於陰陽和諧、平衡統一狀態之時，是對我們有利的狀態，此時我們就要依循〝道〞的原則自然而為，使其維持、或者延長這一和諧平衡狀態，不致到達走向衰敗的臨界點。例如：

在養身方面可以減少疾病的發生，延緩衰老，延年益壽。

「弱者道之用」，體用是中國哲學的一對範疇，指的是本體內在的理論思想，及外在的實際應用或作用。老子在本章中說：「反者道之動，弱者道之用」，是用互文見義的方式書寫，相鄰句子中所用的詞語互相補充，結合起來表示一個完整的意思。

這種書寫方式，既說明了〝道〞體中所蘊含陰陽規律中的相反相成、相互轉化的法則，而萬物依據此一規律法則，發展變化總是朝著相反的方向演變轉化，因此，這種方式的運動變化，就是〝大道〞能夠生生不息，周而復始，循環不已的原動力。同時也說明了〝道〞體中所蘊含陰陽規律中的相反相成、相互轉化的法則，在〝德〞的動態物質世界中是如何的加以實際應用，及其所產生的作用又是如何？

我們現在都已經知道，〝道〞的靜態本體在〝德〞的動態物質世界中所化生的萬事萬物，簡單的劃分為始生、強盛、衰亡這三個階段。這個宇宙萬物所追求的都是往正面及向上提升，萬物在〝始生〞階段都是柔弱低下，經過往上提升發展，當到達〝強盛〞階段的頂峰之後，物極必反，就開始每況愈下的走向〝衰亡〞，然後返回至〝道〞虛無的靜態本體，完成一個周期的演變，又重新開始，周而復始，循環不已，有始就有終，有終才有始。

萬物在〝始生〞階段雖然柔弱低下，但是生命力旺盛，充滿著生機，就有如旭日東昇，逐日向上增長，來日方長，前途不可限量；萬物在〝強盛〞階段，其位階雖然高貴，但是已經接近或抵達物極必反的臨界點，有如夕陽西下，去日苦多，每況愈下的走下坡路，前途黯淡無光，最終走向〝衰亡〞是必然的結果，這就是陰陽規律中的相反相成、相互轉化，宇宙中不可改變的規律與法則。

老子有鑑於此，因此提出〝弱者道之用〞此一哲學思想，依據〝道〞體中所蘊含的相反相成、相互轉化的法則，提示我們要站在柔弱、低下、謙卑、不爭的一面，也就是站在事物發展趨勢最有利的地位，循〝道〞而行，自然而為，經過逐漸的量變，當〝強盛〞到達臨界點之後，即將開始產生質變，〝強弱〞與〝剛柔〞兩者之間由量變引起質變，相互轉化是必然的結果。

所以老子在第七十六章說：「強大處下，柔弱處上。」若是不想到達臨界點發生質變，就必須〝戒盈忌滿〞，〝貴柔守雌〞，守柔、處下、不爭，以調和高位所產生的負面結果，始終保持陰陽和諧穩定的狀態，這才是長久之道。

因此，立足於柔弱，才能順勢而行，柔弱在〝道〞的外在實際應用上，就發揮了很大的作用。老子在這裡所說的〝弱〞，只是象徵性的列舉說明而已，舉凡具有柔弱、低下、謙卑…等象徵性質者，皆含蓋在內，柔就是不強硬，弱就是不強勢，柔弱亦含有柔韌歛藏的意思。

以人道觀之，天道無為之用為〝弱〞，人道有為之用為〝強〞，然而，天道之〝弱〞為長生之道，那些不合天道的人道之〝強〞，實際上是早亡之道。〝無為〞然後〝無不為〞，是真正的自然之為，那些不合天道的人道之〝有為〞，實際上是妄為。

第六十四章：「合抱之木，生於毫末；九層之臺，起於累土；千里之行，始於足下。」都是在說明：守柔者弱，弱者居下，居下不爭。守柔、處下、不爭都是老子堅持的處世原則。老子所崇尚的〝無為而無不為〞的〝道〞，就是以〝貴柔守雌〞的姿態，順從自然規律發展為其主要的特徵。

第七十八章「天下莫柔弱於水，而攻堅強者莫之能勝。弱之勝強，柔之勝剛」，水是天下最柔軟的東西，卻能攻克天下最強硬的東西，這就是柔弱勝剛強的道理。強者用弱長久，弱者圖強求生；強者圖強必折，弱者用弱必亡。這裡的〝弱〞就是不強勢，不急躁，不冒進，順其自然，只有在這種狀態下，〝道〞才可以更好的發揮作用。

「天下萬物生於有，有生於無。」 站在不同角度來看，老子所說的這句話有不同的解釋。站在〝德〞這個〝有〞的動態物質世界來看，萬物都是〝生於有〞；而萬物的微觀世界都是無形無象一片虛無〝道〞的靜態本體，也就是〝無〞，因此，〝天下萬物生於有，有生於無〞。

站在宇宙天地之始〝無〞這個角度來看，〝道〞的靜態本體這個萬物之母是〝有〞。但是站在〝德〞這個〝有〞的動態物質世界來看，無形無象一片虛無，能化生萬物之〝道〞的靜態本體就是〝無〞。所以也可以說明〝天下萬物生於有，有生於無〞，只不過這個〝有〞，指的是〝道〞的靜態本體，而這個〝無〞，只的是無限小的奇異點，也就是〝無極〞。

〝無〞是如何化生為〝有〞？這是一個千古難題，所幸如今科學已經進展到量子科學的時代，我們可以從量子理論中獲得解答。在〝道〞的靜態本體此一量子信息能量場之中，每一個無形無象的量子態，都有象〈物質〉、有精〈能量〉、有信〈信息〉蘊含其中。〝道〞的靜態本體此一量子信息能量場，充斥在整個宇宙之間，無遠弗屆，無處不在，也存在萬物本身的微觀世界之中，也就是說，萬物的微觀世界就是一個量子信息能量場。

萬物都是少數幾種基本粒子組合成原子，然後再由原子組合成分子，分子再組合成物質，各種不同的物質，只是其排列組合不同而已。由量子理論我們得知，在微觀世界的基本粒子、原子、甚至分子，都具有量子化的波－粒二象性，也就是既是物質也是能量，在量子信息能量場中以量子疊加態的方式呈現。

　　量子疊加態是一片虛無的量子信息能量場，只能以概率大小代表它的存在，也就是萬物在微觀世界不存在物質實有的形象，只是處於能量或物質、〝無或有〞這種不確定狀態。萬物的微觀世界就和上述〝道〞的靜態本體內涵完全一致。

　　老子在第七章說：「以其不自生，故能長生。」〝道〞的靜態本體能化生萬物，因為陰陽未判，所以不會自主的以偏私之心，來主導萬物化生的工作，也就是說，萬物的化生是自然而然所產生的。結合量子理論來解讀，這個量子信息能量場最大的特徵就是陰陽平衡，和諧統一，所以此一狀態下的萬物量子態，其自然化生的概率也最大。

　　〝德〞的動態物質世界是〝道〞的靜態本體外在體現，〝道〞體之中概率最大的化生成萬物之後，同時也具備〝道〞體的特徵，就是陰陽平衡，和諧統一的狀態。因此，萬物每一個體內在都是處於陰陽平衡，和諧統一狀態，陰陽失衡之下，生物就要產生疾病；外在生態失去平衡，生物就要產生災難；天地失去平衡，就會產生災變。

　　正常狀態之下，萬物自體都會維持陰陽平衡，和諧統一的狀態。疾病、災難的產生原因，人類出於〝有欲〞的私心刻意作為，是其主要的肇因。當人的意識有偏私利己的分別心，想要得到個人主觀慾望滿足的意念，以〝有欲〞之心刻意的有所作為時候，會影響事件的偏向與最終的結果。

　　人的量子意識信息能量場所負載的信息內容，能決定〝道〞的本體轉化成客觀世界事件的內容與樣貌，不論您量子意識信息能量場所負載的信息內容如何，〝道〞都不會做任何的干涉，您是如何的思想抉擇，〝道〞就會按照既有的自然規律，〝道〞轉化成〝德〞，在宏觀世界來顯現出與您量子意識信息相同類似的內容與樣貌。這就是第二十一章「孔德之容，惟道是從」老子所說的道理。

　　老子所說的〝道〞，是〝有〞與〝無〞的統一體，〝無〞是〝道〞之體，〝有〞是〝道〞之用。〝無〞是〝道〞的特徵；〝有〞是〝德〞的特徵。在第二章中說〝有無相生〞，〝有〞與〝無〞相互依存、相互為用。

　　當陰陽兩者處於平衡狀態的時候，事物無從體現，故而我們稱之為

〝無〞。當〝道〞開始殘缺，陰陽二者失去平衡，出現一個錯動，事物便顯現出來，這就是〝有〞。此時萬事萬物均在陰陽的自然規律制約下，隨著時間的推移，陰陽不斷的交互作用運動變化，無中生有，由有化無，在無形的〝道〞與有形的〝德〞之間，一直相因相生，生生不息，周而復始，循環往復，這種〝有〞與〝無〞之間的無盡轉化，就是〝道〞的完整展現。

第四十一章　　大器晚成

　　上士聞道，勤而行之；中士聞道，若存若亡；下士聞道，大笑之。不笑，不足以為道。故建言有之：明道若昧，進道若退，夷道若纇，上德若谷，大白若辱，廣德若不足，建德若偷，質真若渝，大方無隅，大器晚成，大音希聲，大象無形。道隱無名，夫唯道，善貸且成。

◎**本章主旨**：老子在上一章所論述〝道〞的內涵，及如何實際應用，由於這種詭譎莫測的理論思想，與普通人的認知相悖，讓人難以置信，無法接受。因此之故，老子接著寫下了本章內容，再加以輔助說明。

　　世人聞〝道〞之後，老子針對其悟〝道〞或理解程度的深淺、有無，及事後個人的表現，分為上等、中等、下等這三個層次。上等人聽後能夠心領神會，就會勤奮努力、身體力行。中等人對〝道〞一知半解，由於不能完全領悟其中的真諦，所以總是半信半疑，由於信念不足，不能持之以恆，堅持以往。

　　下等人見識淺薄，固執已見，自以為是，只相信事物的表象，而不能深入了解其內在的本質，認為〝道〞荒誕不稽，不可置信，非但如此，還會哈哈大笑，藉機反諷嘲笑他人是譁眾取寵。

　　「若要求得正面，勢必要從反面著手」，這就是〝弱者道之用〞的精髓所在，也是所謂的〝正言若反〞。因此之故，老子為了加深世人對〝弱者道之用〞的理解與認識，分別從〝道〞與〝德〞的體與用這兩方面，提出了以下十二條有關〝正言若反〞的詞句，供世人參考運用，同時也是用來證明自己的觀點。

　　最後老子做了一個結論：就是因為這個〝道〞是如此的隱微難見，想要臻於〝悟道〞之境界，就必須善於透過形而下〝德〞行方面的修持

與付出，才能夠進一步達到形而上〝悟道〞之境界，而獲得一番成就。

◎ **重點提示**：本章老子為了加深世人對〝弱者道之用〞的理解與認識，分別從〝道〞與〝德〞的體與用這兩方面，提出了十二條存在著對立和統一〝相反相成〞關係的詞句，看似對立的雙方也可以相互轉化，提示我們若要求得正面，勢必要從反面著手。

〝正言若反〞的詞句，說明真正的道理看起來好像是相反的一樣。用以表達事物的對立統一，從而在正面肯定性的言辭中，包含著反面否定性的因素。這種似乎是違反常識，又似乎是悖論的語句，在《道德經》中經常出現，不能理解此中的涵義者，研讀《道德經》會產生困難。僅將〝正言若反〞的詞句，除了本章中的十二句之外，再列舉一些供讀者參考：

〝大成若缺〞、〝大盈若沖〞、〝大巧若拙〞、〝大辯若訥〞、〝夫唯弗居，是以不去〞、〝後其身而身先；外其身而身存〞、〝曲則全，枉則直，窪則盈，敝則新，少則得，多則惑〞、〝自見者不明〞、〝自是者不彰〞、〝夫唯不爭，故天下莫能與之爭〞、〝以其終不自為大，故能成其大〞、〝將欲弱之，必固強之〞、〝貴以賤為本，高以下為基〞、〝兵強則滅〞、〝木強則折〞、〝無為而無不為〞…等。

◎ **直譯**：「士」：對人的美稱。「上士」：本章中所稱之上士、中士、下士，是針對悟〝道〞深淺、有無，來劃分為上等、中等、下等這三個層次，並非以一個人的 IQ 智商來劃分。「聞道」：聽過老子論〝道〞之後。「勤而行之」：勤奮努力、身體力行的去實踐〝道〞。

「存」：有所得才留下。「亡」：有所失就放棄。「若存若亡」：半信半疑，似有若無，三天打魚兩天曬網，行事沒有恆心，時停時續，由於信念不足，不能持之以恆，堅持以往。

「大笑之」：認為他人所言荒誕不稽，不可置信，完全否定〝道〞的存在，還嘲笑他人迂腐無知，譁眾取寵。「以為」：作為。稱之為。「不笑，不足以為道。」：〝道〞原本就是與一般人的認知不同，非常人所能領悟之神奇又奧妙的玄理，要是普通人都能輕鬆的領悟而不被嘲笑，〝道〞豈非就成為了普通常識，那就不配稱之為充滿玄機的〝道〞了。

「建言」：通過口頭或文章提出的有益意見。「有之」：有這些。「明道」：對〝道〞的內涵已經清楚領悟。「昧」：昏暗不明。「若昧」：看起來糊塗、不明白。「明道若昧」：本質上對〝道〞的內涵已經清楚領悟，

外在的言行表象，因為不合時宜，卻讓人感覺是糊塗、不明白。

「進道」：〝修道〞的過程中，內在本質不斷的向〝明道〞方向精進。「若退」：他人看來好像在退步。「進道若退」：〝修道〞的過程中，內在本質不斷的向〝明道〞方向精進，過去那些不良習性與品性，都會在勤修中逐漸消退。在〝德〞行上顯示出一切外在的表象，在一般世俗者眼中看來，因為不合時宜，誤認為這個人跟不上時代，不斷的在退步，漸漸地變傻了一樣。

「夷」：平坦。「夷道」：〝修道〞的這條道路，在本質上可說是一條平坦的康莊大道。「纇」：音同類。缺陷、瑕疵。在此引申為好象崎嶇不平。「夷道若纇」：〝修道〞是一條平坦的康莊大道，〝修道〞者謹小慎微唯恐步入歧途的外在行為，在一般世俗者的眼中看來，〝修道〞之途似乎是一條崎嶇坎坷的路途。

「上德」：不以偏私利己之分別心，刻意來滿足個人主觀的慾望，一切行為以〝無為〞的方式，自然而然、順其自然發展之得〝道〞高人。「穀」：同谷。「若穀」：謙遜包容的胸懷，如同山谷一樣寬廣。「上德若穀」：具有深厚德性之上德之人，謙遜包容的胸懷，如同山谷一樣寬廣，可以容納一切。

「大白」：形容真正返璞歸真，具有高尚德行之人。「若辱」：含有汙穢或受辱之意。「大白若辱」：具有高尚德行之人，其本質有如返璞歸真的原木，純素潔白，一塵不染，沒有偏私之分別心，一切行為自然而然的順其自然發展。在一般世俗人眼中看來，〝悟道〞者和光同塵的外在表象，汙濁得令人嫌棄而受辱。

「廣德」：德行推廣的範圍與程度。「若不足」：似有不足之處。「廣德若不足」：在刻意有心作為的一般世俗眼中看來，本質具有廣大的德行的人，以〝無為〞的方式，順其自然的作為，其外在行為的表象，其廣德的範圍與程度，似乎過於消極而有所不足，遠不如己。

「建德」：行善事建立德行。「偷」：隱藏自己的行動，不讓他人知曉。例如：偷偷的～。在此並非指小偷的行為。「建德若偷」：具有〝上德〞德性的人，一切行善積德的行為，都是默默無聞地付出，為善不欲人知，這種〝建德〞不欲人知的外在行為表象，在一般世俗人的眼中看來，就好像是一種偷偷摸摸的行為。

「質」：〝上德〞之人的本質特性。「真」：與客觀事實相符合。沒有改變的意思。「渝」：改變。「質真若渝」：〝上德〞之人確實是質樸純真，不執著於事物的分別之中，沒有個人的主觀意見，一切行為順其自然發

展。但是在一般人眼中看來，這種似乎沒有原則，經常改變意見的行為表象，就像是沒有個人主觀意見一樣。

「大」：〝道〞的代稱。老子說：吾不知其名，字之曰道，強為之名，曰大。形容〝道〞的邊界範圍，其大無外，其小無內，大到無邊無際包含一切。「方」：本義是放逐，剃髮披枷，流放邊疆。後來引申為邊境。在這裡不是指方形，指的是〝道〞最遠的邊界。「隅」：音同魚。靠邊的地方。在這裡指的是邊際。

「大方無隅」：〝道〞的邊界範圍，廣大無邊，放之則彌六合，卷之則退藏於密，一切完美具足，用言語來形容，遠則無遠弗屆，近則無處不在，萬事萬物都概括其中，廣大備悉，無所不包，可以說〝道〞的邊界是沒有邊際。

「器」：器物，引申為萬事萬物。形而上者謂之〝道〞；形而下者謂之器，萬事萬物皆可稱之為器，包含人在內。「大器」：既大又珍貴的器物。在這裡引申為，人這個〝器〞要修練到達〝悟道〞這個珍貴的境界。

「大器晚成」：完成一件珍貴的大器物，必須經過漫長時間的製作才能完成。引申為要修練到達〝悟道〞這個境界，必須經過漫長時間的修練方能完成。後世比喻卓越的人才，往往成就較晚。

「大音」：指的是〝道〞的聲音。「希」：稀少的意思。形容〝無聲〞。「大音希聲」：〝道〞是處於靜態，處於一片虛無、萬籟俱寂無聲狀態。「大象」：指的是〝道〞的外在形象。「無形」：看不到任何物質的形象。「大象無形」：〝道〞的靜態本體是一片混沌虛無，無實體結構，處於虛擬不確定的量子態。

「道隱」：〝道〞的靜態本體其本質特性，是一片虛擬、不確定，無實體結構，無形、無象、無聲的隱態，〝無〞是〝道〞的特徵。「名」：形容，名稱。「無名」：〝道〞的形狀，處於無形、無象、無聲虛擬狀態，任何言語文字都難以具體的形容與描述。又因為〝道〞的靜態本體蘊含著萬事萬物，萬物皆由此化生，也因此無固定的名稱。

「夫」：用於句首，有提示作用。「唯」：義同〝惟〞。由於，因為。「夫唯道」：就是因為這個〝道〞。「善」：在某一方面比較熟悉，能運用自如。「貸」：借入或借出。在這裡指的是付出與收穫的關係。「且」：表示更進一層的意思。「且成」：可進一步獲得成就或成功。「善貸且成」：善於藉著形而下〝德〞行方面的修持與付出，才能夠進一步達到形而上〝悟道〞之境界，而獲得一番成就。

◎**意釋**：在上一章之中，老子說明了〝反者道之動〞就是〝道〞整體運作的原動力，〝弱者道之用〞就是〝道〞的理論思想外在最佳的實際應用，想要確實遵循〝道〞的原則行事，就必須先明體方能達用。

由於〝道〞的靜態本體是一片混沌虛無的量子信息能量場，無形無象，始終處於一種非肉眼可見的隱形狀態，難以文字言語加以形容及稱呼。〝道〞體所蘊含的陰陽自然規律，在〝德〞的動態物質世界中，體現出萬物無不內含著相反的對立面，在對立面交互作用下，又各自朝向相反的方向滲透變化與發展。

這種運動變化的原動力，造成萬物既相互對立，相互依存，相互沖和，又相互朝向自己的對立面轉化，相反相成的結果，萬物不斷循環往復的相互轉化，周而復始，生生不息，循環不已，永無息止。

老子所說的〝弱者道之用〞所要表達的意義，也就是能夠產生實際作用的方式，就是要用〝弱〞而不用〝強〞，用〝弱〞反而能〝強〞，反之，用〝強〞則反而會變〝弱〞。這是依據〝道〞體中所蘊含的相反相成、相互轉化的法則，我們站在事物發展趨勢最有利的地位，循〝道〞而行，自然而為，經過時間的推移，由量變到質變，相互轉化之後，就能柔弱勝剛強。

哲學通常領先科學數千年，老子的宇宙觀哲學思想，與當今的量子科學理論幾近相互脗合，量子理論剛出爐的時候，全世界有一半以上的物理科學家，不能接受這種與宏觀世界傳統物理學相違背的理論，就算是接受了，大部分的人還是不太了解此一理論，甚至連最著名的物理學家愛因斯坦都感慨地說：「我的腦中懂得量子力學，但心中卻不懂」。連愛因斯坦都發出如此心聲，更遑論對於一般讀者群眾而言，簡直是不知所云。

由此可知，老子在上一章所論述〝道〞的內涵，及如何在日常生活中加以實際應用的方法之時，由於這種詭譎莫測的理論思想，超乎一般人的實際想像，顛覆普通人固有的思維與認知，不要說是數千年前的人，就算是現在二十一世紀的人，在初次接觸時，部分人可能還是會一頭霧水，不知所云，更多的人會覺得荒誕不稽，不可置信，難以接受。能夠領悟其中奧妙玄機又能貫徹執行者，可謂是有如鳳毛麟角，少之又少。因此之故，老子繼上一章之後，寫下了本章內容，再加以輔助說明。

「上士聞道，勤而行之；中士聞道，若存若亡；下士聞道，大笑之。不笑，不足以為道。」聽過老子論〝道〞之後，由於每一個人對〝道〞的領悟程度不同，所以就會產生對〝道〞有不同的看法。老子針對其悟

"道"或理解程度的深淺、有無,及事後個人的表現,來劃分為上士、中士、下士,也就是上等、中等、下等這三個層次。

　　對"道"悟性高的上等人,聽了老子論"道"之後,馬上就能夠心領神會,大徹大悟,領悟到其中的真諦,深感這是志同道合的真理,所以就會勤奮努力、身體力行的將所領悟到的"道",應用到日常生活中去奉行實踐,做到與"大道"的和諧統一。

　　對"道"悟性次之的中等人,因為對"道"的哲理認識不清,雖有慕"道"之心,但總是對"道"一知半解,由於不能完全領悟其中的真諦,所以總是半信半疑,似有若無,三天打魚兩天曬網,行事沒有恆心,時停時續,由於信念不足,不能持之以恆,堅持以往,因此這種人最終將半途而廢,很難"悟道"。

　　對"道"完全沒有悟性的下等人,這種人見識淺薄,固執已見,自以為是,悟性原本就不高,不知"道"為何物,只相信事物的表象,而不能深入了解其內在的本質,認為老子所論"道"的內容,與世間眼見的事實不相脗合,荒誕不稽,不可置信,完全否定"道"的存在,非但如此,還會哈哈大笑,藉機反諷嘲笑他人是譁眾取寵。

　　世間大多數都是此一類型之人,聞"道"之後會哈哈大笑!這是很正常的現象,不笑反而不正常了!因為"道"原本就是與一般人的認知不同,"道"之神奇又奧妙的哲理,是非常人所能領悟的,要是普通人都能輕鬆的領悟而不被其嘲笑,"道"豈非就成為了普通常識,那就不配稱之為充滿玄機的"道"了。

　　老子分析"道"為何會如此難以讓一般人所理解與接受呢?主要的原因有兩點:其一是"道"的靜態本體虛無飄渺,無形無象,無法捉摸,難以理解認清其本貌,言語文字又無法形容,必須依靠"德"動態物質世界的體現,方能清楚的瞭解其內涵及運作模式。

　　其二是老子論"道"時,教導我們在人世間依循"道"的規律與法則,其使用的方法是"弱者道之用"、"無為而無不為"、"後其身而身先、外其身而身存"、"夫唯不爭,故天下莫能與之爭"、"弱之勝強,柔之勝剛"…等,這些都和我們這個世界追求高、大、上的普遍認知有所悖離相反,也因此造成絕大多數人難以置信或接受信服。

　　老子所言皆是自然的規律,也是萬物發展過程中必然的趨勢,萬物存在著對立和統一"相反相成"的關係,看似對立的雙方也可以相互轉化,因此,我們若要求得正面,勢必要從反面著手。而對立面的相互轉化,需要時間的積累,除了要依循"道"的原則行事之外,經過逐漸的

量變，最終才能達到質變的結果，這種情形對於那些目光短視又急功好利者而言，確實難以置信與接受。

「若要求得正面，勢必要從反面著手」，這就是〝弱者道之用〞的精髓所在，這也是老子在第七十八章所說的〝正言若反〞。這種對〝相反相成、相互轉化〞言辭進行概括性的命題，在《道德經》中處處可見，〝正言若反〞其主要意義：一般是通過聯結對立的概念，構成一個似乎是違反常識又似悖論的語句，用以表達事物的對立統一，從而在正面肯定性的言辭中，包含著反面否定性的因素。

〝道〞的真正內涵以及發生作用的方式，與世俗者的認識往往相反，也就是真正的道理看起來好像是相反的一樣。〈這種如此燒腦的內容，也難怪一般人難以體會了解。〉

「**故建言有之：明道若昧，進道若退，夷道若纇，上德若谷，大白若辱，廣德若不足**」，因此之故，老子為了加深世人對〝弱者道之用〞的理解與認識，分別從〝道〞與〝德〞的體與用這兩方面，提出了以下十二條有關〝正言若反〞的詞句，供世人參考運用，同時也來證明自己的觀點。

「**明道若昧**」，在本質上對〝道〞的內涵已經清楚領悟，很有智慧的得〝道〞者，他的作為必然是機智全無，意念清淨，大智若愚，一切順其自然，所以外在所顯示的表象在一般人看來，糊塗、不明白，很愚昧的樣子。

「**進道若退**」，〝修道〞的過程中，內在本質不斷的向〝明道〞方向精進，在〝德〞行上顯示出沒有偏私利己之分別心，沒有想得到個人主觀慾望滿足的妄念，在〝無欲〞的狀況下，一切自然而然、順其自然發展。這就是老子在第四十八章：「為道日損，損之又損，以至於無為。」所說的道理是一樣的，過去那些不良習性與品性，都會在勤修中逐漸消退。這一切外在的表象，在一般世俗者眼中看來，誤認為這個人愈活愈回去，不斷的在退步，漸漸地變傻了一樣。

「**夷道若纇**」，只要依循〝道〞的客觀規律行事，在方向正確無誤之下，〝修道〞的這條道路，在本質上可說是一條平坦的康莊大道。雖然結局能使事遂身安，但〝修道〞者卻自始至終都是謹小慎微，唯恐步入歧途。因此，在一般世俗者的眼中看來，〝修道〞者謹小慎微的言行舉止，似乎〝修道〞之路是一條崎嶇坎坷的路途。

「**上德若谷**」，〝悟道〞之後具有深厚德性之上德之人，其內在本質是不以偏私利己之分別心，刻意來滿足個人主觀的慾望，一切行為以〝無

為〞的方式,自然而然、順其自然發展。這種具有崇高道德的人,謙遜包容,虛懷若谷的胸懷,如同山谷一樣寬廣,可以容納一切。上德之人外在謙遜包容的表象,站在一般世俗之人眼中看來,就有如山谷一樣的空空如也。

「**大白若辱**」,〞悟道〞返璞歸真之後,具有高尚德行之人,其本質有如一塊未經雕琢的原木一樣樸實無華,純素潔白,一塵不染,沒有偏私之分別心,與人交往不擇貧富與貴賤,接物不計較是非與得失,處卑受辱而不強為高,居下而能安於下,一切行為自然而然的順其自然發展。在內藏瑕疵而外矯飾以為潔的一般世俗人眼中看來,〞悟道〞者其和光同塵的外在表象,納汙含垢,汙濁得令人嫌棄而受辱。

「**廣德若不足**」,〞上德〞的本質是具有廣大的德行的人,能不以偏私利己之分別心,刻意來滿足個人主觀的慾望,在〞無欲〞的狀況下,一切行為以〞無為〞的方式與態度,順應自然,不肆意妄為,以至於〞無為而無不為〞,〞無為〞的作用產生〞無不為〞的效果,德行之廣,不可限量。而〞下德〞或〞無德〞之人,具有偏私利己之分別心,所作所為是有心的刻意作為,在他們的眼中看來,〞上德〞外在行為的表象,廣德的範圍與程度似有不足,遠不如己。

「**建德若偷**」這句話到底要如何的解讀,我們可以參考老子在第二十七章:「善行無轍跡」,及第三十八章:「上德不德,是以有德。下德不失德,是以無德。」這兩句話的精神,就可以正確的判斷出老子寫這句話的本義。

具有〞上德〞本質的人,沒有任何主觀意識來標榜〞德〞,也不自以為有〞德〞,在無私無欲的狀況下,一切行善積德的行為,都是自然而然的作為,默默無聞地付出,為善不欲人知,這種〞無為〞的行為與修養,才可以真正的稱之為〞有德〞或〞上德〞之人。

相反的來說,以刻意之心為善,又極力宣揚自己的善行,這種動機不純正的善行,稱之為〞無德〞或〞下德〞。〞上德〞這種〞建德〞不欲人知的外在行為表象,在一般世俗人的眼中看來,就好像是一種偷偷摸摸的行為。

「**質真若渝**」,〞上德〞之人質樸純真,不執著於事物的分別之中,沒有個人的主觀意見,不會以偏私利己之分別心,刻意來滿足個人主觀的慾望,一切行為以〞無為〞的方式,自然而然、順其自然發展。但是在執著自我主觀意識的一般人眼中看來,這樣也好,那樣也行,一切順其自然,這種似乎沒有原則經常改變意見的行為表象,就像是沒有個人

的主觀意見一樣。

「**大方無隅**」，老子在第二十五章說：「吾不知其名，字之曰道，強為之名，曰大。」〝道〞的靜態本體其範圍，廣大無邊，放之則彌六合，卷之則退藏於密，一切完美具足，用言語來形容，遠則無遠弗屆，近則無處不在，萬事萬物都概括其中，廣大備悉，無所不包，是一片混沌虛無，無實體結構，處於虛擬不確定的量子信息能量場。其中蘊含著無限多個虛擬無實體又不確定的量子疊加態，只要您想得到的任何狀況，都有可能存在，只能以概率大小來代表它的存在。

每一個無形無象的量子態，都有象〈物質〉、有精〈能量〉、有信〈信息〉蘊含其中。〝道〞的靜態本體此一量子信息能量場，充斥在整個宇宙之間，也存在於萬物本身的微觀世界之中，也就是說，萬物的微觀世界就是一個量子信息能量場。世人問老子〝道〞的邊界範圍如何？老子說：〝道〞的邊界就是無邊無際。這種解釋確實顛覆您的認知，在一般世俗之人的心中，是難以理解想像的。

「**大器晚成**」，〝道〞的靜態本體一片虛無，其境界難以理解認知，〝德〞的動態物質世界，〝德〞行的方法與一般人的認知不同，知難行亦難，所以一般世俗之人聽到〝道〞，就大笑起來，就是因為它太難以捉摸，〝道〞的本質特性只能領悟，無法具體認知。為了要讓世人更進一步認識〝道〞體，老子用〝大方〞、〝大器〞、〝大音〞、〝大象〞來作比喻，較為具體的來形容〝道〞體的象徵。

形而上者謂之〝道〞；形而下者謂之器。在〝德〞的物質世界中，萬物皆可稱之為器，包含人在內。人這個〝器〞要修練到達〝悟道〞這個最高境界，並非一朝一夕所能完成，必須經過經年累月漫長時間的修行方能完成，就好像世間要完成一件珍貴的大器物，必須經過漫長時間的製作才能完成一樣。

又可解釋說明，在〝德〞的物質世界中，遵循大道而行者，想要有一番成就，就必須守柔、處下、不爭，謙退，示弱，一切順其自然的循序漸進，轉化是需要經過時間的推移，不是一蹴可幾的事情，也因此成大器者必定晚成。要是違逆大道而為，想要一步登天，反者〝道〞之動，不道早已，必定會大起大落，註定步向提早滅亡的道路。

「**大音希聲，大象無形**」，老子在第十四章：「視之不見名曰夷，聽之不聞名曰希，搏之不得名曰微。」第二十一章：「惚兮恍兮，其中有象」〝道〞的靜態本體是一片混沌虛無，無實體結構，處於虛擬不確定的量子信息能量場，其中蘊含著無限多個虛擬無實體又不確定的量子

態，任何可能狀況都蘊含其中，只能以概率大小來代表它的存在。

由於〝道〞是處於靜態，一切均是萬籟俱寂狀態，其本質特性既不可見，也不可聽，更無法觸摸，只有在〝德〞的動態物質世界，才能體現出萬物確定的實體結構，外在的形象與聲音。因此，我們只能透過〝德〞的動態物質世界萬物所產生的現象，來看〝道〞的靜態本體其本質特性，也就是說，外在的現象並不是本質，想要把握現象背後的本質，就必須透過現象來完成。

「**道隱無名**」，〝道〞的靜態本體其本質特性，是一個大的量子信息能量場，始終處於陰陽未判，動靜未分，陰陽平衡和諧統一，虛擬不確定，無實體結構的隱態，〝無〞是〝道〞的特徵。〝德〞的動態物質世界其本質特性，是一個始終處於陰陽交互作用，循著陰陽的規律不斷的運動變化，有確定實體結構的顯態，〝有〞是〝德〞的特徵。

〝道〞是靜態的時候，它就是〝無〞，當〝道〞一動而有創生作用時，就轉化成〝德〞的動態物質世界中的〝有〞了。因此，〝道〞之隱微，人所難見，〝道〞的形狀處於無形、無象、無聲，任何言語文字都難以具體的形容與描述，又因為〝道〞的靜態本體蘊含著萬事萬物，萬物皆由此化生，也因此無固定的名稱。只能透過〝德〞的動態物質世界萬物所產生的現象，經過哲學思維邏輯推理，來領悟〝道〞的靜態本體其本質特性。

「**夫唯道，善貸且成。**」，由於〝道隱無名〞，世人想要認清〝道〞的本質特性，繼而達到〝悟道〞之境界，是如此的困難，難道就沒有其它的好辦法了嗎？因此，老子為這一章做了一個結論：就是因為這個〝道〞是如此的隱微難見，想要臻於〝悟道〞之境界，就必須善於透過形而下〝德〞行方面的修持與付出，才能夠進一步達到形而上〝悟道〞之境界，而獲得一番成就。

第四十二章　　三生萬物

道生一，一生二，二生三，三生萬物。萬物負陰而抱陽，沖氣以為和。人之所惡，唯孤、寡、不穀，而王公以為稱。故物或損之而益，或益之而損。人之所教，我亦教之。強梁者不得其死，吾將以為教父。

◎**本章主旨**：本章老子闡述〝道〞創生萬物的次序與過程，也就是「道生一，一生二，二生三，三生萬物」，可以說就是宇宙的生成論。

「萬物負陰而抱陽」象徵著萬物均身處於一體兩面的陰陽中間，在陰陽規律下運動變化，永遠受其制約；萬物均追求向上及正面的發展；萬物均是由初始的柔弱、低下，逐漸往剛強、高上的一面發展，這是必經的過程與趨勢，而中間陰陽平衡、和諧統一是最穩定的狀態。

「沖氣以為和」這句話，闡述〝道〞的靜態本體化生萬物時，在陰陽相互激盪、變動、轉化，化生的過程中，萬物的生成發展追求的是與〝道〞的靜態本體本質特性相同，處於陰陽平衡、和諧統一的穩定狀態。

老子告訴我們，不要被表面的〝損〞和〝益〞所迷惑，因為〝損〞和〝益〞、〝禍〞和〝福〞在達到了一定的條件下是會相互轉化！所以，表面上看來受損，但是長期來看，實際上卻是獲益；表面上看來獲益，但是長期來看，實際上卻是受損。強橫兇蠻、橫行霸道的人，過剛易折，過度強橫的結果，終將趨向滅亡，不會有好的結果。

◎**重點提示**：

一、本章老子闡述〝道〞創生萬物的次序與過程，也就是「道生一，一生二，二生三，三生萬物」，可以說就是宇宙的生成論。這是老子繼第四十章之後，往上更高一個層次的論述。在「萬物負陰而抱陽，沖氣以為和。」之中，隱喻了萬物蘊含著陰陽的規律，及萬物創生後其內在的本質特性是與〝道〞的靜態本體相同一致，萬物發展的過程，都是追求往上正面的提升。

同時也再次強調了〝道〞的規律在於用弱不用強，告誡人們應該保持謙卑和低下。「萬物負陰而抱陽，沖氣以為和。」這兩句話是本章的關鍵之一，蘊含著豐富而深奧的哲理，若能通曉則可以〝明陰陽消長之理，曉古今盛衰之事，知萬事變化之吉凶，可見事物之始終。〞

二、本章之中後面一段內容，部分學者認為與上一段所講宇宙的生成論似有脫節，疑為第三十九章文字錯簡之故。乍看之下，前後兩段內容雖不密切關聯，稍感突兀，經筆者深入研究分析，其道理能一脈相傳，並無不妥之處。前後兩段均在闡述矛盾的雙方既對立又統一，相反相成，但是並非永久不變，而是可以相互轉化，本章後半段再次表達了老子〝反者道之動，弱者道之用〞辯證法的哲學思想。

三、本章之中「人之所教，我亦教之」這段話各家注解不一，筆者認為「強梁者不得其死」這段文字出自《金人銘》，係黃帝自我警誡的格言，周朝把銘文刻在金人背後，放置的地方是在太廟門口台階的右邊，就有教誨之意義存在，他人所教的是「強梁者不得其死」這句話其中蘊含的道理。

老子在本章後半段之中，所闡述的重點是〝物或損之而益，或益之而損。〞這句話，與〝強梁者不得其死〞道理一致。因此之故，老子也拿相同道理的這句話〝物或損之而益，或益之而損〞來教誨他人。

◎**直譯**：「道」：指的就是宇宙之間自然的規律，在宇宙出現之前就已經存在。「一」：指的就是〝道〞的靜態本體，其本質特性是一個大的量子信息能量場，始終處於陰陽未判，動靜未分，陰陽平衡，和諧統一，虛擬不確定，無實體結構的隱態，〝無〞是〝道〞的特徵。

「二」：指的就是一體兩面的陰陽。「三」：在這裡代表著〝多數〞及〝天、地、人〞三才這兩種意義。「三生萬物」：除了陰陽不同的排列組合而自然產生萬物之外，人處於天地陰陽之間，居主導變化方向的地位，萬事萬物都是陰陽規律與天人感應這兩者，相互不斷的交互作用下，而產生各種千變萬化的結果。

「負陰」：比喻萬物背負著陰。「抱陽」：比喻萬物面向著陽。「萬物負陰而抱陽」：象徵萬物都是處於陰陽規律下運動變化，追求著向上往正面的發展，其過程是由初始的柔弱、低下，逐漸往剛強、高上的一面發展，而中間陰陽平衡、和諧統一是最穩定的狀態。

「沖」：通〝盅〞，空虛之意。中間空虛之物，內盛兩物方能相互激盪產生作用。「沖氣」：陰陽兩氣相互激盪、交互作用。「以為」：猶而為，而成為。「和」：陰陽平衡、和諧統一的穩定狀態。「沖氣以為和」：〝道〞的靜態本體化生萬物時，在陰陽相互激盪、轉化的過程中，萬物最終生成與〝道〞的靜態本體本質特性相同，處於陰陽平衡、和諧統一的最穩定狀態。

「人之所惡」：一般人所厭惡的。「唯」：只有這些。「孤、寡、不穀」：皆為負面的詞句。「孤、寡」：均為古代君侯的自稱。「不穀」：意思為不善。是古代君主、諸侯用以自謙之稱，和孤、寡意思相併列。「王公以為稱」：諸侯用以自稱之謙詞。

「故」：所以。「物」：一切事物。「或」：有的。「損」：減損。「益」：增益。「損之而益」：表面上看來受損，而實際上卻是得益。「益之而損」：

表面看來得益，而實際上卻是受損。

「人之所教，我亦教之」：別人拿〝強梁者不得其死〞這句話其中道理來教誨人，我也拿相同道理的〝物或損之而益，或益之而損〞這句話來教誨他人。「梁」：引申為屋樑。形容堅硬、強大而有力。「強梁者」：在這裡是負面解讀為強橫兇暴，欺凌弱小，性情殘暴的人。「不得其死」：意思是指人不得好死。沒有善終之意。

「強梁者不得其死」：這句話出自黃帝的《金人銘》，強梁者不得其死，好勝者必遇其敵。兇暴、強橫的人是沒有好的結果，爭強好勝的人最終將碰到敵手。「教父」：宣揚教化的人。就如同〝木鐸〞之意，〝木鐸〞為古代宣布政教法令時，巡行振鳴以引起眾人注意。「吾將以為教父」：我將作為此一道理宣揚教化的人。

◎ **意釋**：天地萬物有個本源，這個本源就是〝道〞。雖然老子在第一章中說：「道可道，非常道。名可名，非常名。」但是我們仍然可以概略的形容〝道〞的內涵。

〝道〞：宇宙萬物無中生有，由有化無。萬物循著陰陽的規律，隨著時間的推移，陰陽不斷的交互作用而運動變化，在無形的〝道〞與有形的〝德〞、〝無〞與〝有〞之間，相因相生，相互依存，相互轉化，生生不息，周而復始，循環往復，這種〝無〞與〝有〞、〝能量〞與〝物質〞之間的無盡轉化，就是〝道〞的完整展現。

「道生一，一生二，二生三，三生萬物。」〝道〞指的就是宇宙之間自然的規律，在宇宙出現之前就已經存在。按照老子第四十章中所說：「天下萬物生於有，有生於無。」及《易經》中的〝無極〞或天文學稱之為無限小的〝奇異點〞來說，宇宙尚未形成之前，我們用〝無〞這個名字，來代表整個宇宙最根本的開始。

「道生一」，初始的〝無〞產生宇宙大霹靂之後，所產生〝道〞的靜態本體，其性質特性是處於陰陽未判，動靜未分，陰陽平衡又和諧統一的狀態，在量子理論來說，就是混沌未明一片虛無的量子信息能量場，這就是〝一〞，指的就是《易經》中的〝太極〞，或道家所說的〝炁〞，也是萬物之母。

站在宇宙天地之始〝無〞這個角度來看，〝道〞的靜態本體這個萬物之母是〝有〞，宇宙從〝無〞到〝有〞，〝無〞是天地之始，〝有〞是萬物之母。但是站在〝德〞這個〝有〞的動態物質世界來看，無形無象一片虛無，能夠孕育化生萬物之〝道〞的靜態本體就是〝無〞。

「一生二」,《易經・繫辭上》「太極生兩儀」,〝太極〞動而陰陽二氣由此化生,指的是〝道〞的靜態本體在〝德〞的動態物質世界中所化生的陰陽,是處於陰陽交互作用下,隨著時間的推移,不斷的運動變化的陰陽。〝道〞的靜態本體它又是如何化生萬物?這個問題相信讀者一直存疑在心,老子在第七章中說:「以其不自生」,由於〝道〞的靜態本體是處於陰陽平衡、和諧統一的狀態,陰陽未判,所以不會自主的以偏私之分別心,來主導萬物的孕育化生,是任由萬物自然的化生。

按照量子理論來解釋,〝道〞的靜態本體此一混沌虛無的量子信息能量場中,蘊含著陰陽交互作用下,萬物的發展結果具有無限的可能性,您所能想得到的任何狀況都包含在內,無限多個狀態〈量子態〉都是處於虛擬、無實體、不確定狀態,每一個量子態其最終發生的可能性,只能用概率來代表,只不過概率或大或小的問題,萬物之中概率大的狀況自然就容易化生出現。而所化生的萬物本質特性,也是與〝道〞的靜態本體本質特性相同,都是處於陰陽平衡、和諧統一的穩定狀態。

由於萬物本身內在都是處於陰陽平衡、和諧統一的穩定狀態,因此都能穩定成長發展,失衡就會造成夭折或產生病變與災難。萬物與外在其它群體也能產生生態平衡,整個生態圈都是處於均衡自然發展的狀態。但是此一平衡穩定狀態也非永久存在,當陰陽失衡就會產生災難,就如老子在第三十九章中說:「其致之也,天無以清將恐裂;地無以寧將恐廢;神無以靈將恐歇;穀無以盈將恐竭;萬物無以生將恐滅⋯」。

「二生三,三生萬物。」,〝三〞在這裡代表著〝多數〞及〝天、地、人〞三才這兩種意義,這兩種意義皆同時存在,互不排斥。科學家認為能量〈天、陽〉、物質〈地、陰〉、信息〈人的意識與能量場中的量子態所負載的信息〉是宇宙的三種基本形態,也就是〝天、地、人〞三才。能量無法消滅,只是轉換成其它型態,能量與物質能夠相互轉換,就有如陰陽之間的相互轉換,而且兩者是互補的關係。宇宙此一大的量子信息能量場中,在陰陽相互作用下,所有的狀況都以量子態的形式存在。

〝道〞的靜態本體此一混沌虛無的量子信息能量場,能量轉化產生各種基本粒子及反基本粒子對,〝粒子-反粒子對〞除了部分經過不斷的碰撞創生和湮滅外,其餘反粒子則進入其它維度空間,我們現在的宇宙只剩下正粒子,而正粒子又可分為正負或自旋相反的粒子〈陰陽不可分割的成對出現〉,這些現象是在大霹靂之後一秒之內完成。

幾分鐘後,由基本粒子組合而成的質子與中子相互結合形成原子核,不同數量的電子和原子核結合成為不同的原子,各種不同的原子其

原子核外在的電子數各自不同,形成不同的分子,多數的分子又組合而成不同的物質,每一物質都可分陰陽,分別具有不同的陰陽屬性。因此,萬物皆是由陰陽不同的排列組合而自然形成,都蘊含著陰陽的規律與特性,及體現出〝道〞的靜態本體陰陽平衡、和諧統一的穩定狀態。

老子在第二十五章中說:「故道大,天大,地大,人亦大。域中有四大,而人居其一焉。」,及《易經·繫辭下》「有天道焉、有人道焉、有地道焉…三才之道也。」這個世界在人類沒出現之前,萬物都是循著陰陽規律而自然的運行變化,人類出現之後,人處於天地、陰陽之間,佔舉足輕重的地位,可以贊天地之化育,與天地並列為三。

〝天、地、人〞三才,人佔居主要地位,天有天之道,在於始萬物;地有地之道,在於生萬物;人有人之道,在於成萬物。人究竟是如何贊天地之化育呢?這一點我們可以從量子理論中認識清楚!

萬事萬物都是陰陽之間的交互作用所產生的千變萬化,陰陽之間的交互作用具有一定的特性,〝陽〞的特性是起到創始、傳遞信息、觸發的作用;〝陰〞的特性是接受〝陽〞的信息,負責完成後續化育繁衍、生成的工作,自然始物,自然成物。由於萬物一體同源,萬事萬物相同類似的兩者之間,具有內在深層次的連結,可以相互吸引、感應,這就是所謂的量子糾纏現象。

〝道〞這個混沌虛無,陰陽未判,動靜未分,處於陰陽平衡和諧統一的量子信息能量場,人的意識也是一種量子信息能量場,能負載信息與能量,當您起心動念之同時,此一陰陽交互作用下能化生萬物之大的量子信息能量場〈陰〉,被動接收到您量子意識所負載的信息〈陽〉之同時,在陰陽變化的萬象中的量子態,與信息內容相同類似的量子態產生糾纏交互作用,觸發質能相互轉化,就能化生萬事萬物,化虛擬為真實,由不確定到確定,由量變到質變,由微觀到宏觀,然後在宏觀的物質世界中顯現。因此,人的意識具有左右萬物變化偏移的能力。

〝三生萬物〞指的是在陰陽相互變動、激發、轉化,生生不息所孕育的過程中,萬事萬物都是陰陽規律與天人感應〈天人感應為陽,量子信息能量場中,所蘊含的陰陽規律為陰〉這兩者,相互不斷的交互作用下,由不確定到確定,虛擬到真實,量變到質變,微觀到宏觀,而產生各種千變萬化的結果。這兩者是宇宙客觀規律中的兩大主軸,人處於天地陰陽之間,居主導變化方向的地位,此一規律法則恆久不變。

量子理論所論述驗證的是〝宏觀與微觀、整體與部份、心靈〈意識〉與物質之間〞內在深層次的連結關係。當人起心動念一開始,微觀世界

的量子系統就已經開始受到影響而改變,其本質的變化是隨著與心念意識相同類似這個方向而改變,也就是說,正面思想會有正面的結果,負面思想就會有負面的結果。宏觀世界所展現給我們看的面貌,是依我們起心動念的不同而有所變異,意識是化虛擬為真實的關鍵因素,也是量子科學的基礎。

人的意識能影響萬事萬物發展的方向與最終的結果,不同的抉擇就有天壤之別的結果,這種人為非自然的現象,就是老子所擔心之處。個人意識的抉擇對錯好壞,影響的是個人一生的運勢起伏;人類集體意識的抉擇方向,影響的就是世界人類及地球生態環保未來的生存與浩劫。當人的意識有偏私利己的分別心,想要得到個人主觀慾望滿足的妄念,以〝有欲〞之心刻意的有所作為,這種〝有為〞的作為,很可能造成人類世界提早滅亡,或地球生態的大浩劫。

因此,老子倡導沒有偏私利己之分別心,沒有想得到個人主觀意識慾望滿足的妄念,在〝無欲〞的狀況下,一切自然而然、順其自然發展,這種〝無為〞的作為,就能讓人類這世界在和諧統一的狀態下長久的發展下去,這也是老子寫這本《道德經》主要的目的之一。人的意識能參與宇宙萬物的變化方向及影響其最終的結果,其中深遠奧妙的哲理真是令人不可思議,超脫我們正常的思維。

「萬物負陰而抱陽」,這句話同時象徵著幾種意義,分別闡述如后:〝陽〞象徵意義:正面、高上、剛強、貴、尊、終結…;〝陰〞象徵意義:負面、低下、柔弱、賤、卑、初始…。〝萬物負陰而抱陽〞我們可以想像一個人面向前雙手環抱著〝陽〞,身後則背負著〝陰〞,代表著萬物都是身處於陰陽之間,受到陰陽規律所制約規範。

象徵意義之一:萬物均身處於一體兩面的陰陽中間,在陰陽規律下運動變化,永遠受其制約。

象徵意義之二:萬物均是面向正面,追求向上及正面的發展。

象徵意義之三:萬物均是由初始的柔弱、低下,逐漸往剛強、高上的一面發展,這是必經的過程與趨勢,而中間陰陽平衡、和諧統一是最穩定的狀態。

「沖氣以為和」,〝道〞的靜態本體化生萬物時,在陰陽相互激盪、變動、轉化,化生的過程中,萬物的生成最終形成與〝道〞的靜態本體本質特性相同,處於陰陽平衡、和諧統一的最穩定狀態。老子告訴我們,在〝德〞的動態物質世界中,陰氣與陽氣這兩者雖然是相互對立,但是在相互激盪、交互作用的過程中,我們追求的就是陰陽平衡、和諧統一、

合乎自然規律,天人合一的最高境界。也就是不以偏私利己之分別心,刻意來追求個人主觀慾望的滿足,一切行為以〝無為〞的方式,自然而然、順其自然發展,一切依〝道〞而行。

事物發展到達臨界點,就會向相反的方向發展,這是萬物發展必然的趨勢。所以,當事情處於陰陽和諧、平衡統一狀態之時,是對我們有利的狀態,此時我們就要依循〝道〞的原則自然而為,使其維持、或者延長這一和諧平衡狀態,不致到達走向衰敗的臨界點。

萬物所追求的都是往正面及向上提升,萬物在初始階段都是柔弱低下,經過往上提升發展,當到達強盛階段的頂峰之後,物極必反,就開始每況愈下的走向衰亡,然後返回至〝道〞虛無的靜態本體,完成一個週期的演變,又重新開始,周而復始,循環不已。

萬物在初始階段雖然柔弱低下,但是生命力旺盛,充滿著生機,來日方長;萬物在強盛階段,其位階雖然高貴,但是已達物極必反的臨界點,每況愈下,最終走向衰亡是必然的結果。因此,老子所提出的〝弱者道之用〞,依據陰陽規律中相反相成、相互轉化的法則,就是要我們站在柔弱、低下、謙卑、不爭的一面,也就是站在事物發展趨勢最有利的地位,循〝道〞而行,自然而為,經過時間的推移,〝強弱〞與〝剛柔〞兩者之間由量變引起質變,相互轉化是必然的結果。

「人之所惡,唯孤、寡、不穀,而王公以為稱。」,老子說:我們一般人所追求的都是往正面及向上提升,沒人追求負面或往下沉淪,所以大家都厭惡〝孤、寡、不穀〞這些負面的詞句,而那些諸侯卻以〝孤、寡、不穀〞來自稱,為什麼諸侯要用這些「賤稱」呢?

依照〝反者道之動,弱者道之用〞,相反相成,相互轉化的法則,用〝弱〞反而能〝強〞,反之,用〝強〞則反而會變〝弱〞。所以,只要方法正確,在強弱一對矛盾中,表面上看似強者,實際上卻是弱者;表面上看似弱者,實際上反倒是強者。

換言之,表面的強弱只是一時的假像,真實的強弱恰恰與表像相反。因此,我們若要求得正面,勢必要從反面著手,〝天道〞所謂的〝無為〞之用是〝弱〞,〝人道〞的〝有為〞之用是〝強〞,然而,〝天道〞之用〝弱〞為長生之道,那些不合天道的〝人道〞之用〝強〞,實際上是早亡之道,追求陰陽平衡、和諧統一,才是長久穩定之道。上述內容均是〝萬物負陰而抱陽,沖氣以為和〞所蘊含更深一個層次的道理。

因為諸侯深諳上述的道理,同時也知道第三十九章「貴以賤為本,高以下為基」,第六十六章「是以欲上民,必以言下之。欲先民,必以

身後之。是以聖人處上而民不重,處前而民不害。是以天下樂推而不厭,以其不爭,故天下莫能與之爭。」自損者而人益之,自益者而人損之,這些都是同樣的道理。諸侯知道了這個道理,所以寧願自稱〝孤、寡、不穀〞,以求陰陽平衡、和諧統一、長久穩定,表面似乎受損,自損則天下歸,實際上卻獲益無窮,其中的道理不言而喻。

「**故物或損之而益,或益之而損。**」老子在第七十七章中說:「天之道,損有餘而補不足。人之道則不然,損不足以奉有餘。」〝天道〞中所蘊含的陰陽規律,陰陽這兩個對立面是互補的關係,任何事物的運動變化都是朝著相反的方向發展,〝損〞和〝益〞這兩者到達臨界點都會反其道而行之,相互轉化。

因此之故,一時的受損或受益均不是永不改變的。所以,表面上看來受損,但是長期來看,實際上卻是獲益;表面上看來獲益,但是長期來看,實際上卻是受損。人由於貪欲之心作祟,慾壑難填,大部分人會儘可能的收刮他人來增加自己所得。

老子在這裡告訴我們,不要被表面的〝損〞和〝益〞所迷惑,因為〝損〞和〝益〞、〝禍〞和〝福〞在達到了一定的條件下是會相互轉化!老子在五十八章中說:「禍兮福之所倚,福兮禍之所伏。」由於〝天道〞的制約,〝天道〞陰陽雖然有殘缺,但是殘缺的部分卻有一個回歸〝天道〞自身平衡的趨勢〈損有餘而補不足〉,因此無論陰陽哪一部分殘缺,都具有回歸〝天道〞靜態本體陰陽平衡、和諧統一的趨勢。這也是〝反者道之動,弱者道之用〞最佳的詮釋,這句話同樣也是對〝人之所惡,唯孤、寡、不穀,而王公以為稱〞的總結。

「**人之所教,我亦教之。強梁者不得其死,吾將以為教父。**」「強梁者不得其死,好勝者必遇其敵。」這段文字出自《金人銘》,為《黃帝銘》六篇之一,係黃帝自我警誡的格言,周朝把銘文刻在金人背後,放置的地方是在太廟門口台階的右邊,以作為萬世之則,可以說就是我們所稱之座右銘的源頭,老子加以引用,以戒人逞強爭勝。

老子說:黃帝的《金人銘》之中有〝強梁者不得其死〞這一句話,古人拿其中道理來教誨人,我也拿相同道理的〝物或損之而益,或益之而損。〞這句話來教誨他人。任何事物的運動變化都是朝著相反的方向發展,〝損〞和〝益〞、〝弱〞和〝強〞這兩者到達臨界點之時,都會反其道而行之,相互轉化。

強橫兇蠻、橫行霸道的人,這種人一貫是為了一己之私而不擇手段,老子在第七十六章中說:「故堅強者死之徒,柔弱者生之徒。是以

兵強則滅,木強則折」,過剛易折,過度強橫的結果,終將趨向滅亡,不會有好的結果。表面的強弱、損益只是一時的假像,真實的強弱、損益恰恰與表像相反,我們若要求得正面,勢必要從反面著手。老子有感於世人對此中的道理知之甚少,因此,老子自言道:我將作為此一道理宣揚教化的人。

◎延伸閱讀:網路上有一段文字,未經科學證實,但是可以參考類比,也頗具腦力激盪的價值。老子說:吾不知其名,字之曰〝道〞。老子所說的這個〝道〞,或許就是運行我們這個宇宙的程序,老子認為〝道〞創造了我們整個宇宙,虛擬遊戲也是先有程序然後才有虛擬世界,我們這個宇宙也是一樣,先有〝道〞這個程序運行之後,才創生了宇宙萬物。

老子說,天下萬物生於有,有生於無,說的是程序運行的那一瞬間,無中生有,這個虛擬世界就出現了,這個世界就是我們認為的現實物質世界,而我們認為的真實世界,其實是從無中生有的,因為我們的本質就是一個特殊的代碼,所以說〝道〞是造物者創造操縱這個宇宙的一個運行系統,也是這個宇宙運行的法則。

第四十三章　　無為之益

天下之至柔,馳騁天下之至堅。無有入無間,吾是以知無為之有益。不言之教,無為之益,天下希及之。

◎本章主旨:本章我們可以由老子所說的「天下之至柔,馳騁天下之至堅。無有入無間」這段文字中獲得啟示,獲知〝道〞無處不在,天下萬物的微觀世界,就是〝道〞的靜態本體,〝道〞〝無為〞而萬物自化而成,所化生的萬物,其本質特性與〝道〞的靜態本體相同,〝道〞在〝德〞的動態物質世界中的體現,就是〝無為〞。

依據陰陽規律中相反相成、相互轉化的法則,我們要站在柔弱、低下、謙卑、不爭的一面,也就是站在事物發展趨勢最有利的地位,只要沒有偏私利己之分別心,沒有想得到個人主觀意識慾望滿足的妄念,在〝無欲〞的狀況下,一切作為自然而然、順其自然發展,這就是〝無為〞,〝道〞的〝無為〞作用,將產生〝無不為〞的益處。

◎**重點提示**：本章之中關鍵詞在於〝無有入無間〞，這句話了解之後，整章的意義豁然開朗，否則解讀只能涉及膚淺的皮毛而已，與老子的本義會有所落差。〝無有入無間〞這句話是老子首次說明萬物的微觀世界，就是〝道〞的靜態本體，是一片混沌虛無的量子信息能量場，此一論點與當今的顯學量子理論完全一致，讓我們不得不佩服古代先聖先賢的智慧，哲學通常領先科學數千年，這句話一點也不假！

王弼是魏晉時代研究老子的專家，他解釋「至柔」一詞時，認為「虛無至柔，則無所不通」，能有這種解釋，可說是已經切入重點。無形的力量可以穿透沒有間隙的東西，虛無的〝無〞無所不入，即使不存在間隙之處也可進入。

無有就是空，所以無有進入到任何地方，都沒有間隔，沒有間隔也就是空。或者說得更形象一點，〝無有〞就是能量；〝無間〞就是具體有形的萬物。老子見〝道〞之無為，而萬物自化而成，是以知〝無為〞之有益於人。老子以此類比，得出「是以知無為之有益」的結論。

◎**直譯**：「至柔」：這裡指的就是〝道〞的靜態本體，此一混沌虛無的量子信息能量場。在〝德〞的動態有形物質世界中，有形的水則為代表，但是比〝道〞低一個層次。「馳騁」：形容馬奔跑的樣子。「至堅」：有如鋼鐵、鑽石一般，最堅硬之物。

「馳騁天下之至堅」：天下最為柔弱的東西，能在最為堅硬的東西裡穿行無阻，縱橫馳騁。隱喻〝道〞在萬物之中能長驅直入，如入無人之境，毫無阻攔的樣子。「無有」：就是空無沒有。〝有〞是有形之物，在這裡無〝有〞，指的就是無形之能量，也就是〝道〞的靜態無形本體。

「入」：進入，在裡面。「間」：間隙。兩物之間所產生的間隙，或一物本生所產生的裂縫間隙。「無間」：空無一物者，故無法產生任何裂縫間隙。隱喻萬物的微觀世界是一片混沌虛無的量子信息能量場。

「無有入無間」：在這裡形容萬物的微觀世界與〝道〞的靜態本體相同，都是一片混沌虛無的量子信息能量場，也就是說：萬物的微觀世界，就是一片虛無〝道〞的靜態無形本體。

「吾」：老子。「是以」：因此。「無為」：沒有偏私利己之分別心，沒有想得到個人主觀意識慾望滿足的妄念，在〝無欲〞的狀況下，一切自然而然、順其自然發展的行為，就是〝無為〞。

「不言之教」：即〝無為〞之教。不以主觀意識好惡的言語來教化百姓，以身教代替言教。「希」：稀少。「及」：達到。「天下希及之」：天

下能達到確實認知〝無為〞益處的人，實在是很稀少。

◎**意釋：**「天下之至柔，馳騁天下之至堅。無有入無間。」老子所說的這句話並不簡單，其意義非常深遠，歷來注解者大多都是字面解釋，難以觸及這段話更深一個層次的內涵。老子究竟想要告訴我們甚麼呢？讓我們以抽絲剝繭的方式來逐次分析。

首先我們要了解〝至柔〞和〝至堅〞究竟是何指？〝無有〞和〝無間〞究竟是何意？〝馳騁〞又代表著什麼意義？這些都弄清楚了，才能了解老子在此中受到什麼樣的啟示？才會接著說：「吾是以知無為之有益」。也才會感嘆，如此深奧的哲理，天下能夠達到這種程度認識的人，實在是太少了！

整句話之中，〝至柔〞和〝無有〞相對應，指的是同一件事；〝至堅〞和〝無間〞相對應，也是指的是同一件事；〝馳騁〞形容一馬平川，長驅直入，如入無人之境，毫無阻攔。

科學家認為能量、物質、信息是宇宙萬物的三種基本形態，〝至柔〞之物是〝無有〞，代表著〝至柔〞之物必定是沒有物質形象的量子信息能量場。〝至堅〞之物是沒有物質所產生的間隙，空無一物的量子信息能量場就不能產生間隙，代表著〝至堅〞之物其微觀世界也是一個空無一物的量子信息能量場。所以才會有老子所說的「天下之至柔，馳騁天下之至堅。無有入無間。」

老子在第八章中說：「上善若水，故幾於道。」水德幾近於〝道〞，並非就是〝道〞。因此，在〝德〞的動態有形物質世界中，水能代表天下之〝至柔〞，若是不論有形，還是無形，把〝道〞也列入考量範圍，天下之〝至柔〞者，當非〝道〞莫屬，因為〝道〞的靜態本體此一混沌虛無的量子信息能量場，就是處於虛擬、無實體、不確定狀態。

量子理論是近百年才由一大批物理學家共同創立的科學理論，就因為如此，才徹底改變了我們對宇宙的看法，一切有形的物質都是由無形的能量轉化而成，萬物的微觀世界不論是基本粒子、原子、還是分子，都是處於虛擬、無實體、不確定的量子化狀態，其本質特性與〝道〞的靜態本體此一混沌虛無的量子信息能量場相同。

也就是說，〝道〞的靜態本體其範圍，廣大無邊，放之則彌六合，卷之則退藏於密，遠則無遠弗屆，近則無處不在，萬事萬物都概括其中，廣大備悉，無所不包，是一片混沌虛無，無實體結構，處於虛擬不確定的量子信息能量場。

以往世人由於科學尚未發展到一定程度，認為水是天下之"至柔"，這也無可厚非，因此歷來學者在註解本章內容之時，多以有形象又能普遍認知的水之德行來做解讀，如此可以加深世人的認知，這也是適當的。殊不知老子的本義，是要提醒世人，天下不論是否是"至堅"之物，萬物的微觀世界就是"至柔"之"道"的靜態無形本體，"道"無處不在，這也是老子第一次闡述此一概念。

　　「**天下之至柔，馳騁天下之至堅。無有入無間**」，老子說：天下之"至柔"，非"道"的靜態無形本體莫屬，"道"廣大備悉，無所不包，無處不在，天下萬物之中，就算是天下"至堅"之物，"道"也可以在其內在毫無阻礙的通行無阻，因為萬物的微觀世界，就是"道"的靜態本體，其本質特性，是處於陰陽未判，動靜未分，陰陽平衡、和諧統一的量子信息能量場，此一量子信息能量場能化生萬物。

　　"道"的靜態無形本體，其本質特性是處於陰陽未判，動靜未分，陰陽平衡、和諧統一的穩定狀態，在"德"的動態物質世界中，陰陽相互激盪、變動、轉化，化生的過程中，萬物的生成最終形成與"道"的靜態本體本質特性相同，處於陰陽平衡、和諧統一的最穩定狀態，這也是上一章所說「沖氣以為和」的意義。

　　而此一穩定狀態又非永久不變，"道"體所蘊含的陰陽自然規律，體現出萬物無不內含著相反的對立面，在對立面交互作用下，又各自朝向相反的方向滲透變化與發展。"反者道之動"是這種運動變化的原動力，造成萬物既相互對立，相互依存，相互沖和，又相互朝向自己的對立面轉化，相反相成的結果，萬物不斷的循環往復的相互轉化，周而復始，循環不已。

　　有前章"萬物負陰而抱陽"之中我們得知，萬物均是由初始的柔弱、低下，逐漸往剛強、高上的一面發展，這是萬物發展必然的過程與趨勢，因此，老子提出"弱者道之用"的思想，我們若要求得正面，勢必要從反面著手，柔弱可以戰勝剛強，"柔弱"是萬物具有生命力的表現，也是真正有力量的象徵，"柔"已經是"道"的基本表現和作用。

　　而在"德"的動態物質世界中，水之德行幾近於"道"，老子在第七十八章也說：「天下莫柔弱於水，而攻堅強者莫之能勝，以其無以易之。弱之勝強，柔之勝剛，天下莫不知莫能行」，大自然的啟示告誡我們，「柔弱可以勝剛強」、「以柔克剛」乃是大智慧的表現，老子要突出的是事物轉化的必然性，這也是具有深刻意義辯證法中所蘊含的智慧。

　　水德之核心是守柔、守弱，而"弱者道之用"，守柔、守弱正是「貴

以賤為本，高以下為基」的真諦，能夠守柔、守弱，自然就不是「強梁者」，其結果就是「是以聖人後其身而身先，外其身而身存」。老子因而由〝無有〞虛無的表象推出〝無為〞的結論！

「吾是以知無為之有益」，老子從〝天下之至柔，馳騁天下之至堅。無有入無間。〞這個現象中獲得甚麼樣的啟示，才知道〝無為〞確實是有益的作為呢？老子所獲得的啟示有三：

一、處於陰陽未判，動靜未分，陰陽平衡、和諧統一穩定狀態的〝道〞，無處不在，天下萬物的微觀世界，就是〝道〞的靜態本體。而〝道〞的靜態本體的本質特性，在〝德〞的動態物質世界中體現，就是〝無為〞。

二、〝道〞的靜態本體〝無為〞而萬物自化而成，所化生的萬物，其本質特性與〝道〞的靜態本體相同，也都是處於陰陽未判，動靜未分，陰陽平衡、和諧統一穩定的狀態。萬物在〝德〞的動態物質世界中不斷的運動變化，所追求的就是陰陽平衡、和諧統一的最穩定狀態。

三、依據陰陽規律中相反相成、相互轉化的法則，我們要站在柔弱、低下、謙卑、不爭的一面，也就是站在事物發展趨勢最有利的地位，循〝道〞而行，自然而為，經過時間的推移，在此一定的條件下，〝強弱〞與〝剛柔〞兩者之間由量變引起質變，相互轉化是必然的結果。

老子受到〝大道〞自然規律的啟發，依據這些啟示，老子豁然開朗的認識到〝無為〞的益處，也就是沒有偏私利己之分別心，沒有想得到個人主觀意識慾望滿足的妄念，在〝無欲〞的狀況下，一切作為循〝道〞而行，自然而然、順其自然發展，這就是〝無為〞，〝道〞的〝無為〞作用，將產生〝無不為〞的益處。

「不言之教，無為之益，天下希及之」，〝不言〞最柔，〝無為〞最弱，但是〝不言〞、〝無為〞的效果，卻能無物不化、無事不為，順著自然規律有所作為，這就是所謂〝至柔能馳騁天下之至堅〞的益處。老子感慨的說：不以主觀意識好惡的言語來教化百姓，以身教代替言教的〝無為〞之教，天下能達到確實認知〝無為〞益處此一思想境界的人，實在是寥寥無幾。

第四十四章　知足不辱

名與身孰親？身與貨孰多？得與亡孰病？是故甚愛必大費，多藏必厚亡，知足不辱，知止不殆，可以長久。

◎**本章主旨**：在任何領域行事，只要能合乎〝道〞靜態本體的本質特性，陰陽平衡，和諧統一，知其所止，不要過度的逾越超過，就能和諧穩定的成長，可長可久的持續下去，否則就會有危害而提早結束。本章中老子鑒於世人不能清楚的認識其中的道理，因此痛下針貶的提出三個尖銳的問題，痛徹尖銳地批評錯誤，希望世人據以改正錯誤的觀念。

〝甚愛必大費，多藏必厚亡〞是老子從反面得出結論，這個結論進而又得出〝知足不辱，知止不殆，可以長久。〞此一正面的總論，這也是老子處世為人的精闢見解和高度概括。

所以人要懂得適可而止，懂得生命和功名利祿及財富珍寶哪個重要，做到不甚愛，不多藏，不要過分的追求財富名利，在心理上要知足，在行動上要知止，如此作為才不會遭遇危險的禍事，同時在身體健康方面亦可以延年益壽。若是引用在其它領域，指的就是長盛不衰，可以長久穩定的發展下去。

◎**直譯**：「名」：功名，虛名，名譽。「身」：自身。指的是自身的生命。「孰」：誰。哪一個。「親」：親近。「貨」：貨利。這裡指的是財富、珍寶。「多」：有多少之意，亦有重要的意思。「身與貨孰多？」：財富無止盡，可謂之多，多則賤；生命只有一個，而且無法再生，少則貴。所以生命比財富更重要。

「得」：想要得到〝名與利〞心中無盡的慾望。「亡」：失去或生命短命、減壽、死亡。「病」：禍害。有害。「是故」：因此，所以。「甚」：過度，過分。「甚愛」：過分喜愛某一項東西，這就是執念。指的是過度貪愛虛名和地位。「費」：損耗。「甚愛必大費」：過分的喜愛某一項東西，例如過度貪愛虛名和地位，在其它地方必定會有很大的損耗，付出慘重的代價，有時會短命減壽，更嚴重一點，甚至會喪失生命。

「多藏」：對財富珍寶過多的獲得佔有，這就是貪婪。「厚」：多。「亡」：有損失或死亡之意。「多藏必厚亡」：生前對財富珍寶過多的獲得，貪婪的佔有，生不帶來，死不帶去，最後都是為別人所藏，損失的也多。「甚愛必大費，多藏必厚亡」：此中的甚、大、多、厚，都是形容詞。甚：過分。形容「愛」的程度。大：很多。形容「費」的程度。多：過分的多。形容「藏」的程度。厚：非常重大。形容「亡」的程度。

「知足」：珍惜當下，安於現狀，是心靈上的滿足。「不辱」：不會遭受羞辱。不知足的人，心中慾望永遠沒有停止，不會滿足，任何事物都有自己的發展極限，一旦超過這一限度，就會朝著反面轉化，大起大

落之下,前後落差極大,繼之而來的必定是羞辱。

「知止」:在行動上要知道適可而止。「殆」:危險、不安。「知止不殆」:在追求名利滿足私慾這方面,行動上要知道適可而止,如此作為才不會遭遇危險的禍事。「可以長久」:本章之中以生命為列舉的對象,因此解讀成可以延年益壽。若是引用在其它領域,指的就是可以長久穩定的發展下去。

◎意釋:乾隆皇帝巡遊江南,途徑金山寺,問寺中高僧說:「長江中船隻來來往往,這麼繁華,一天到底要過多少條船啊?」
高僧說:「只有兩條船」。乾隆問:「怎麼會只有兩條船呢?」
高僧說:「一條為名,一條為利,整個長江之中來往的無非就是這兩條船。古語說天下熙熙,皆為利來;天下攘攘,皆為利往。普天之下,芸芸眾生,皆為了各自的利益而奔波。」

老子在第四十二章中說:「萬物負陰而抱陽,沖氣以為和。」萬物均是由初始的柔弱、低下,逐漸往剛強、高上的一面發展,這是必經的過程與趨勢。在發展過程之中,陰陽平衡、和諧統一是最穩定的狀態,也是〝道〞的靜態本體的本質特性,此一狀態就是任何一個領域追求者一個標準的〝度〞,慾望過度的追求,悖〝道〞而行,在〝反者道之動〞此一法則之下,再好的事情也將會往反面轉化。

老子同時也在第三十二章中說:「始制有名,名亦既有,夫亦將知止,知止所以不殆。」〝道〞所化生的萬事萬物,在不同領域都各自有了名字與各自的生命周期。萬物都是由〝道〞所化生,就應該止於〝道〞,以〝無欲〞之心,行〝無為〞之事。也就是說,在任何領域行事,只要能合乎〝道〞靜態本體的本質特性,陰陽平衡,和諧統一,知其所止,不要過度的逾越超過,就能和諧穩定的成長,可長可久的持續下去,否則就會有危害而提早結束。

古人有兩句名詩:「名利本為浮世重,世間能有幾人拋。」人生在世,一般人適當的名利或慾望追求,也無可厚非,此一動機與生俱來,本身並沒有錯,錯在過分的追求而不知滿足,也就是慾壑難填,永無止境,這是一切禍患產生的根源。老子在第五十章中說:「人之生,動之死地,亦十有三。」有些人原本可以有正常的壽限活在世上,卻因為自己錯誤的抉擇而走向死亡之路,這種人占有十分之三。

為什麼會有人偏要作死呢?並非他們不怕死,而是利慾薰心,放縱過度,貪得無厭之故,在「五色令人目盲;五音令人耳聾;五味令人口

爽；馳騁畋獵令人心發狂；難得之貨令人行妨。」這些領域過度的追求，超越了陰陽平衡之下穩定的基本需求，也就是逾越了〝道〞所規範的這個〝度〞，最後反而作死了。

要知道這個宇宙的法則就是陰陽的規律，陰陽這兩個對立面是成互補的關係，「這邊多了，那邊就要少；這邊少了，那邊就要多。」，有得必有失，有失必有得，這就是老子在第四十二章中說：「或損之而益，或益之而損」所蘊含的道理。老子鑒於世人不能清楚的認識其中的道理，因此，在本章中痛下針貶的提出三個尖銳的問題，痛徹尖銳地批評錯誤，希望世人據以改正錯誤的觀念。

「**名與身孰親？身與貨孰多？得與亡孰病？**」，老子以功名利祿與自身的生命作一比較，老子提問：功名和自身的性命，以親疏遠近來比較，哪一個比較親近呢？自身的性命和財富珍寶相比較，哪一個比較珍貴重要呢？得到功名利祿、奇珍異寶，和失去自身的生命相比較，哪一個對您有嚴重的危害呢？

其實這些問題答案不問可知，正常人的答覆，千篇一律的都會是一致相同的。功名再多也只是虛名，不會比自身可貴的生命還要親近，因為生命都失去了，還要這些虛名作何用途？世間的財富珍寶無止盡，而自身的生命只有一次，而且死後不能復生，凡物多則賤，稀則貴，因此，當然是生命尤其珍貴啦！

能夠得到這些功名利祿、奇珍異寶，但是必須失去自身的生命，沒有了生命，再多的功名利祿、奇珍異寶，也是鏡花水月的虛名和他人的財富，因此，當然是失去生命是對自身有重大的危害囉！這也是無庸置疑的事情。

既然我們都知道身體健康與生命比什麼都重要，可是我們又都在不知不覺中犯了一個低級的錯誤，只知利之可貪，忘身以殉利，總是把人生的目標定位在功名與財富上面，為了功名與財富不惜耗損自己的身體健康，甚至賠上寶貴的生命，這就是因為有了想要得到個人主觀慾望滿足的妄念，以〝有欲〞之執念或貪婪之心，利令智昏、貪得無厭之下，就會讓人失去理智的執意妄為。

「**是故甚愛必大費，多藏必厚亡**」，所以過度貪愛虛名和地位，在其它地方必定會有很大的損耗，因而付出慘重的代價，有時還會短命減壽，更嚴重一點，甚至會喪失生命。生前對財富珍寶過多的獲得珍藏，貪婪的佔有，生不帶來，死不帶去，最後都是為別人所藏，損失的也多。就像是有人生前省吃儉用的去行乞，死後所遺留珍藏的數百萬錢財，都

歸他人所有,第九章中說:「金玉滿堂,莫之能守」,積藏的財富越多,失去的也就越多。

人為財死,鳥為食亡。上面的例子就是我們所說的〝物極必反〞,〝反者道之動〞的道理,也是對老子所說「甚愛必大費,多藏必厚亡」的印證。世界上任何事物都有自己的發展極限,一旦超過這一限度,就會朝反面轉化。本章中的功名利祿、財富珍寶,只是老子所列舉的一個例子而已,其箇中道理涵蓋人世間的所有領域,都一體適用。

「知足不辱,知止不殆,可以長久。」〝甚愛必大費,多藏必厚亡〞是老子從反面得出的一個結論,這個結論進而又得出〝知足不辱,知止不殆,可以長久。〞此一正面的總論,這也是老子處世為人的精闢見解和高度概括。

所謂〝知足〞,是一種心靈上安於現狀的滿足。不知足的人,心中的欲望永遠沒有停止,不會滿足現狀,我們要知道任何事物都有自己的發展極限,一旦超過此一限度,就會朝著相反的一面轉化。老子在第十三章中說「得之若驚,失之若驚,是謂寵辱若驚」,寵辱事實上是不可分割的一體之兩面,因此,利慾薰心追求功名利祿者,在得寵之後獲得高貴的顯榮,但是在失寵之後,有如跌下雲端,由於得失名利心太重,大起大落之下,前後落差極大,繼之而來的必定是難堪的羞辱。

人要知足,不要攀比。當您在羨慕他人的時候,他人也在羨慕著您現在所擁有的,而一直困擾您的煩惱,卻是他人奢求不得的幸福。您現在的生活雖然過得平淡,卻也美滿幸福,但是您卻身在福中不知福。作家馬德曾經說過:「一個人總在仰望別人的幸福,一回頭,卻發現自己被別人仰望著。」其實每一個人都是幸福的,只是您的幸福常常出現在別人的眼裡,一味的羨慕仰望別人是徒勞的,〝禍莫大於不知足;咎莫大於欲得。〞知足常樂,能看到自己的幸福,這才是人生的真諦。

人要懂得知足,避免慾望無限擴大,若是不拘束自己心中的慾望,就將導致慾望越來越難滿足。因此,每個人都應該對自己的言行舉止有清楚的認識,凡事不可求全,舉凡貪求的名利越多,所付出的代價也就越大。懂得知足的人,他的心就減少貪求,身心自然處於無憂無慮之間,同時也遠離了羞辱侮蔑情事之發生。

所謂〝知止〞就是有〝度〞,指的是在行動上知道何時要適可而止。知其所止的人,不會盲目的追名逐利,因為他們能夠抓住兩者之間的平衡點,同時遵循自然規律行事,不去逾越一定的限度。所以人要懂得適可而止,懂得生命和功名利祿及財富珍寶哪個重要,做到不甚愛,不多

藏，不要過分的追求財富名利，在心理上要知足，在行動上要知止，這才是人生大智慧，如此作為才不會遭遇危險的禍事，同時在身體健康方面亦可以延年益壽。

　　本章老子所闡述的道理，在人世間任何一個領域都一體適用，"知足不辱，知止不殆，可以長久。"若是引用在其它領域，指的就是長盛不衰，可以長久穩定的發展下去。

第四十五章　　大成若缺

　　大成若缺，其用不弊。大盈若沖，其用不窮。大直若屈，大巧若拙，大辯若訥。靜勝躁，寒勝熱。清靜為天下正。

◎**本章主旨**：本章之中主要探索和詮釋世界的本質和天地萬物變化的玄機，並將"天地之道"擴充套用在世間萬物，得出"道"的真諦。萬物都是以陰陽的形態相互對立形成，當內在本體符合"道"靜態本體的本質特性時，外在表像就會呈現相反的另一個面，也就是萬物的表面與實質並不一樣，甚至完全相反，"正言若反"，真正的道理看起來好像是相反的一樣。

　　老子在本章最後結尾階段說出："靜勝躁，寒勝熱"這句話，從中我們就可以了解體用之間所呈現的陰陽對立面，是具有相輔相成的關係，其所追求的就是相互融合成"道"靜態本體所呈現的陰陽平衡、和諧穩定一致的狀態，由此可知，凡事執兩用中，不可執偏。宇宙萬物所追求的準則或典範，就是依循"道"靜態本體的本質特性，陰陽平衡、和諧統一的穩定狀態，方為長久之道。

◎**重點提示**：
一、「大成若缺。大盈若沖。大直若屈，大巧若拙，大辯若訥。」本章中所出現的五個"大"，其所代表的意義為何？這一點我們必須要先行瞭解，才能繼續解讀後續的內容。老子在第二十五章中說，「有物混成，先天地生。寂兮寥兮，獨立而不改，周行而不殆，可以為天下母。吾不知其名，字之曰道，強為之名，曰大。」

　　由此可知，"大"指的就是"道"，也就是"道"的靜態本體，"大"

同時也是在指〝德〞的動態物質世界中，合乎〝道〞的美好德行。本章之中前兩個〝大〞，〝大成若缺〞、〝大盈若沖〞，形容的就是〝道〞靜態本體的本質特性；〝大直若屈〞、〝大巧若拙〞、〝大辯若訥〞，形容的就是在〝德〞的動態物質世界中，合乎〝道〞的美好德行。

二、本章之中的〝大成〞與〝大盈〞代表著什麼意思？同樣是要先釐清確認，否則解讀結果就會違反老子的本義。王弼注：「隨物而成，不為一象，故若缺也。」及「故其為物也，則混成，為象也，則無形」。混成是未顯形，無形是〝道〞的本來面目。「形則必有所分」，顯形就是分別，不分別如何顯形？一旦顯形，長就不是短，溫就不是涼，宮則不是商，就是失去了變化之妙。

　　因此，〝大成〞指的就是〝道〞的靜態本體蘊含著無限多個無形無象的萬物。〝若缺〞指的是好像缺少有形之象，就是因為如此，才能化生無限多個萬物而永不衰竭。舉一個不是很恰當的比喻，就好比水隨方就圓，不是固定的形狀，所以問世人水是什麼形狀？世人一定答不出來，〝不為一象〞就是這個意思。

　　〝大盈〞指的就是〝道〞的靜態本體，蘊含著無限多個無形無象的萬物，無所不包，可謂之非常盈滿。〝若沖〞指的是〝道〞的靜態本體與〝德〞的動態物質世界這個〝道〞的整體，〝道〞與〝德〞之間始終由無到有，又由有到無，一直都在陰陽交互作用而運動變化。

三、本章之中的「靜勝躁，寒勝熱。」，部分版本為「躁勝寒，靜勝熱」，這兩者有何不同？不論哪一個版本何者正確，都可以解讀老子在本章之中所蘊含的思想，因為這些現象在人世間比比皆是，其中的道理均相同。老子要闡述的是萬物之中陰陽反對的這兩個面，可以相互制衡而達到相互平衡的狀態。宇宙萬物所追求的準則或典範，就是依循〝道〞靜態本體的本質特性，陰陽平衡、和諧統一的穩定狀態，方為長久之道。因為靜與躁，寒與熱對稱，因此本書採用「靜勝躁，寒勝熱。」

◎**直譯**：「大」：在《道德經》中代表〝道〞、或〝道〞的靜態本體。在〝德〞的動態物質世界中，指的就是合乎〝道〞的美好德行。〝大〞就是合於道，就是自然。「成」：形成，已經定形。

　　「大成」：〝道〞的靜態本體之中所蘊含無限多個萬物，都是無形無象的量子態，包羅萬象，只要您想得到的狀況，都可能存在，只是概率

大小而已，集萬物變化之〝大成〞。在〝德〞的動態物質世界中已成形的萬物則為有限。〝大成〞不顯形，不固化，具有無限多個可能。

「若缺」：〝道〞的靜態本體好像缺少實體有形的萬物。「用」：用途。「弊」：衰竭。「大成若缺，其用不弊」：〝道〞的靜態本體蘊含著無限多個無形無象的萬物，好像缺少有形實體的萬物，就是因為如此，才能化生無限多個萬物而永不衰竭。

「大盈」：〝道〞的靜態本體蘊含著千變萬化的萬物萬象，其範圍廣大無邊，遠則無遠弗屆，近則無處不在，萬事萬物都概括其中，廣大備悉，無所不包，可謂之非常盈滿。「沖」：通〝盅〞，空虛。有空間才能陰陽相互激盪而產生交互作用，而〝道沖〞與〝沖氣〞指的是陰陽相互對立後，在陰陽平衡和諧統一穩定之前，這一段陰陽相互激盪產生作用與轉化過程中的一種變化。

「大盈若沖」：〝道〞的靜態本體蘊含著萬物萬象，無所不包，可謂之非常盈滿，但是其所呈現的本質特性，卻仍是一片混沌虛無，處於陰陽平衡和諧統一的穩定狀態。在〝德〞動態物質世界中，陰陽平衡和諧統一穩定之前，陰陽無時不刻在交互作用下運動變化。「其用」：〝道〞的靜態本體其化生萬物的作用，及〝德〞動態物質世界中，陰陽交互作用下的運動變化所產生的作用。「不窮」：永無止歇，沒有窮盡。

「大直」：合乎〝道〞的自然規律最正直的人。「屈」：委曲隨和，即不與人爭，遇事謙柔。「大直若屈」：最正直的人外表反似委曲隨和，不與人爭，遇事謙柔。「巧」：智巧。靈活有智慧。「拙」：笨拙。「大巧若拙」：大巧者至妙無機，故若拙也。「辯」：好口才，善言辭。「訥」：語言遲鈍。「大辯若訥」：大辯者不言而信，故若訥也。

「靜勝躁」：這裡指的是內在心境的問題。心中的平靜可以調諧心中的躁動，達到和諧穩定一致的狀態。「寒勝熱」：這裡指的是外在環境上溫度的問題。寒冷可以調諧炎熱達到和諧穩定一致的狀態。

「清靜」：指的是〝道〞靜態本體的本質特性，陰陽平衡、和諧統一的穩定狀態。也是清靜無為的處世態度。「正」：準則、典範。「清靜為天下正」：宇宙萬物所追求的標準或典範，就是達到陰陽平衡、和諧穩定一致的狀態，也就是一切順其自然，清靜無為。

◎意釋：「大成若缺，其用不弊。」，〝道〞的靜態本體性質是處於陰陽未判，動靜未分，陰陽平衡又和諧統一的穩定狀態，也是處於混沌未明一片虛無的量子信息能量場，其中蘊含著陰陽交互作用下，萬物發展

的結果具有無限的可能性,您所能想得到的任何狀況都包含在內,無限多個狀態〈量子態〉都是處於虛擬、無實體、不確定狀態,每一個量子態其最終發生的可能性,只能用概率來代表,只不過概率或大或小的問題,萬物之中概率大的狀況自然就容易化生出現。

老子在第二十一章中說:「道之為物,惟恍惟惚。惚兮恍兮,其中有象;恍兮惚兮,其中有物。窈兮冥兮,其中有精,其精甚真,其中有信。」〝道〞的靜態本體蘊含著無限多的變化,每一個變化的結果,都是一個包含著能量〈精〉、物質〈物、象〉、信息〈信〉的量子態,混合疊加而成一個混沌、虛無、不確定、無實體的量子信息能量場。

每一個量子態都可以在〝德〞的動態物質世界化生成一個事物,但是在〝道〞的靜態本體之中,萬物無形無象,始終處於一種非肉眼可見的隱形狀態,缺少有形象的實體物質存在。有形則有限,無形則萬物化生的種類就可無限,也就是因為沒有具體實物的形成,才可以無所不備,集萬物變化之〝大成〞,化生萬物而不遺,成就萬物而不棄,也是〝大成若缺〞其用途之妙,永不衰竭。〝大成若缺,其用不弊〞,指的是〝道〞靜態本體的本質特性。

〝道〞的靜態本體是如何化生萬事萬物的呢?在人的意念未參與之前,〝道〞的靜態本體是陰陽未判,動靜未分,陰陽和諧的統一穩定狀態,一切都是依據概率大小而自然化生萬物。當人的意識參與之後,分陰分陽,陰陽失衡之後,各種概率都因人的意念偏向化生而出,就如老子在第二章中所說:「天下皆知美之為美,斯惡已。皆知善之為善,斯不善已。」及第二十一章中所說:「孔德之容,惟道是從。」

萬物藉由人的量子意識信息的主動觸發,由量變到質變,由〝道〞轉化成〝德〞,化虛擬為真實,由不確定成為確定,在〝德〞的動態物質世界轉化成與信息相同內容樣貌的顯現,這一切完整的轉化過程及後續的運作變化,無一不是遵循非人的意識可以轉移的客觀規律,也就是〝道〞的自然規律而運作,自然而然的產生。

「大盈若沖,其用不窮。」,〝道〞的靜態本體是一片混沌虛無的量子信息能量場,就是因為一片虛無,才能發生陰陽相互激盪,產生沖虛的作用,因而蘊含著陰陽交互作用下,不同排列組合而產生無限多個萬物萬象,無所不包,可謂之非常盈滿,但是〝道〞的靜態本體其所呈現的本質特性卻是陰陽平衡、和諧統一的穩定狀態。

〝道〞的靜態本體其在〝德〞動態物質世界中所化生的萬物,依照陰陽規律交互作用下的運動變化,生成始終,生生不息,周而復始,循

環不已，其所產生的作用也才能沒有窮盡，永無止歇。「大盈若沖，其用不窮。」這句話指的是〝道〞的本質特性。

這也就是老子在第四章中所說的：「道沖而用之或不盈，淵兮似萬物之宗」，〝道〞靜態本體所蘊含的陰陽規律，在〝德〞的動態物質世界中，陰陽之間相互對立又相互融合統一這種特性交互作用下，隨著時間的推移而不斷的變化，所產生的萬事萬物千變萬化，始終是處於運動變化之中，生成始終，生生不息，周而復始，循環不已，其作用可以說沒有窮盡，永無止歇。

老子由上述「大成若缺，其用不弊。大盈若沖，其用不窮。」這兩種〝道〞靜態本體的本質特性，悟出宇宙中深奧的哲理，我們從第二章中老子所說：「有無相生，難易相成，長短相形，高下相傾，音聲相和，前後相隨。」就可瞭解萬物都是以陰陽的形態相互對立形成，所以〝有〞與〝無〞相互產生，〝難〞與〝易〞相互促成，〝長〞與〝短〞相互形成，〝高〞與〝下〞相互依存，〝音〞與〝聲〞相互調和，〝前〞與〝後〞相互出現。

老子所獲得的啟示，就是當萬物內在本體符合〝道〞靜態本體的本質特性時，外在表像就會呈現相反的另一個面，也就是萬物的表面與實質並不一樣，甚至完全相反。這種情形在《道德經》中不勝枚舉，〝正言若反〞，真正的道理看起來好像是反的一樣。物成必毀，盈必溢，理之常也。有〝道〞者雖成若缺，雖盈若沖，故不弊不窮也。

〝月盈則虧，水滿則溢〞，萬事萬物的發展變化，本來就會朝向相反的一面轉化，萬物相生相息，相互轉化，是天地間最普遍的自然規律。因此人在世間行事，若凡事要求太滿，勢必走向虧損，人生走到頂峰，再繼續走下去，就註定要走下坡路。老子認為做什麼事都不能過度，因此要求〝戒盈忌滿〞，凡事適可而止，方可持盈保泰，永續發展下去，這就是〝大盈若沖，其用不窮〞所蘊含的哲理。

〝成〞與〝缺〞、〝盈〞與〝沖〞是相對的兩個面，其最高境界就是反樸歸真，就是回歸至〝道〞的靜態本體一片混沌虛無，陰陽未判，動靜未分，陰陽平衡，和諧統一穩定的狀態。修道之人成就到達最高境界，最理想的人格形象，反而看起來似有缺陷的樣子，虛懷若谷的表現，看似空虛不足的樣子，盡管如此，實際上其作用卻是〝不弊〞與〝不窮〞。事物達到最高的境界，其表現形式將歸於自然。

「大直若屈，大巧若拙，大辯若訥。」既然〝道〞體具有〝正言若反〞的特性，〝德〞的物質世界又是〝道〞體外在的顯現，因此，人

世間真正符合〝道〞之德行,不作外在修飾,也是同樣具有相同的特性。老子以〝無為而無不為〞的哲學思想,分析了〝直〞與〝屈〞、〝巧〞與〝拙〞、〝辯〞與〝訥〞的辯證關係。

〝大直若屈〞在許多領域都可以解讀,我們就以講話的技巧這方面來解讀。一般人所理解的〝直〞,就是不拐彎抹角,口無遮攔的直來直往,說話心直口快毫無顧忌,想怎麼說就怎麼說。但是〝大道〞之直與常人不同,合乎〝道〞的自然規律〝大直〞之人,其心正直,不與人爭強鬥勝,以委婉溫和的方式表達出來,一切自然而然、順其自然發展,這種人外表反似委曲隨和,遇事謙柔,不與人爭,看起來好像柔弱曲屈的人,其實這是一種智慧的表現,體現出的是一個人的德性與德行,也是一種生活的態度,這就是所謂的〝大直若屈〞。

合乎〝道〞的自然規律〝大巧〞靈活有智慧之人,深藏不露,不自炫耀,其外表大智若愚,給人的感覺像是不善於講話,很笨拙的樣子。〝大道〞之巧與常人之巧大有不同,常人以〝有為〞之〝巧〞為巧,〝大巧〞之人以自然〝無為〞之〝拙〞為巧,不會刻意的用心思去有所作為,全是在自然無為中的自巧,無形中的自妙,在順應自然規律之中,其目的自然而然的得以實現,這就是所謂的〝大巧若拙〞。

世間好辯之人,皆是養道不純,積德不厚,對天下之事,尚未悟到精明之處,對大道之理,還未得一貫之妙,就鼓起三寸不爛之舌,滔滔不絕的大放厥詞,顛倒黑白,指鹿為馬,專以好辯取勝以獲得虛名。這些好辯之人,雖然口舌鋒利,振振有辭,能言善辯,但其言未有不窮者,其理未有不失者。

而合乎〝道〞的自然規律真正〝大辯〞之人,具有很好的口才,頭腦清晰,思維縝密,亦善言辭辯論。由於本質上善辯之人,發言沉穩持重,不露鋒芒,感而後應,問而後答,不以辯為能事,表面上看起來反而好像不擅言詞,語言遲鈍,這也是〝大辯〞者的自然〝無為〞,為而不恃,功而不居,一個完美的人格,不在外形上表露,而在於內在生命的含藏內斂,這就是所謂的〝大辯若訥〞。

「**靜勝躁,寒勝熱。清靜為天下正。**」老子在本章最後結尾階段說出:〝靜勝躁,寒勝熱〞這句話,乍看似乎有點突兀,仔細思索之後,原來老子要告訴我們,經過上面所述,〝大成若缺、大盈若沖、大直若屈、大巧若拙、大辯若訥。〞我們就可以了解體用之間所呈現的陰陽對立面,是具有相輔相成的關係,其所追求的就是相互融合成〝道〞靜態本體所呈現的陰陽平衡、和諧穩定一致的狀態。因此老子又特別例舉〝靜

勝躁，寒勝熱〞來加以驗證。

〝靜勝躁〞這裡的〝靜〞與〝躁〞指的是內在心境的問題。當一個人心煩意亂，心中躁動不安的時候，常常會產生煩悶和燥熱的感覺，這就是心中不平靜的結果，我們常說〝心靜自然涼〞，心中的清靜可以調諧內心的躁動，〝靜〞與〝躁〞兩者中和之後，陰陽平衡而達到和諧穩定一致的狀態。

〝寒勝熱〞這裡的〝寒〞與〝熱〞指的是外在環境上溫度的問題，寒冷可以調諧炎熱達到平穩和諧的狀態。當天氣酷暑炎熱之時，走進冷氣房，〝寒〞與〝熱〞兩者中和之後，陰陽平衡而達到和諧穩定一致的狀態，也就是您感覺最為舒適的溫度。

本章之中主要探索和詮釋世界的本質和天地萬物變化的玄機，並將天地之道擴充套用在世間萬物以及人事上面去解讀，得出〝道〞的真諦，說明萬物之中陰陽反對的這兩個面，可以相互制衡而達到相互平衡的狀態，由此可知，凡事執兩用中，不可執偏。

宇宙萬物所追求的準則或典範，就是依循〝道〞靜態本體的本質特性，陰陽平衡、和諧統一的穩定狀態，方為長久之道。反之，打破平衡，走極端，即代表走上了覆滅之道。一切〝順應自然、清靜無為〞，人力不可強為，這才是與天地萬物合一的根本大法，也是唯一的準則。

第四十六章　　知足常足

天下有道，卻走馬以糞。天下無道，戎馬生於郊。禍莫大於不知足；咎莫大於欲得。故知足之足，常足矣。

◎本章主旨：在春秋時代諸侯爭霸，烽火連天，狼煙四起，給社會生產和人民群眾的生活，造成了極大的災難。〝天下有道〞和〝天下無道〞這兩者之間形成強烈的對比，一個是人民豐衣足食，一片和樂安康的景象；一個是人民陷入水深火熱的兵燹之禍，一片慘狀，連牲畜都不能免其災禍。

老子分析戰爭的起因，認為是人心不知足，人欲橫流，統治者貪欲太強之故。老子在的四十四章說：「知足不辱，知止不殆」，所謂〝知足〞是一種心靈上安於現狀的滿足，寡欲不爭就是知足，要儘量減少超過本能之外的欲求。不知足的人，心中的欲望永遠沒有停止，不會滿足現狀。

因此，老子在本章結尾提出「故知足之足，常足矣。」作一總結，只有知道滿足的滿足才會一直滿足。這種人一方面知道自己滿足，而且對這種滿足又能感到滿足，把知足當成一種常態化，那就可以永遠滿足。

◎重點提示：

一、老子在第三十三章及第四十四章闡述「知足者富」、「甚愛必大費，多藏必厚亡，知足不辱，知止不殆」〝知足〞的基本觀點之後，本章再次發表〝知足〞的論述，老子這些知足觀對每一個人都適用，只不過各人由於身分地位的不同，其影響範圍也有所不同。一般普通人所影響的範圍，除了自身的利弊之外，頂多與其相關的親友同時也會受到影響，但是身分地位愈高者，其影響的範圍愈廣。

老子在本章中所論說人要〝知足〞的觀點，雖說任何人都適用，但是其敘述的主角，就是一國之領導統治者－侯王。因為只有侯王能夠發動戰爭，普通人是無能為力的。侯王個人的思想意識是否依循〝道〞的規律行事，影響〝天下有道〞還是〝天下無道〞，是太平還是戰爭，人民是豐衣足食還是民不聊生。

老子認為戰爭是由於侯王的欲望太大，不滿足於目前現況，貪得無厭的心理下，因此發動戰爭。所以本章是規勸當時的諸侯，不要因為自己的欲望而導致國家混亂，民不聊生。解決問題的辦法就是要求統治者知足常樂，只要能知足，滿足於現狀，不貪求什麼，就不會發生戰爭。

二、本章之中：「天下有道，卻走馬以糞。天下無道，戎馬生於郊。」其中〝卻走馬以糞〞這句話，千百年來各家注解不一，很多專家的焦點都落在馬糞上。讓我們來分析老子究竟想要表達甚麼意思。

首先我們把整句話中相對應的句子找出來，〝天下有道〞和〝天下無道〞相對應；〝走馬〞和〝戎馬〞相對應。一個是太平時期，人口激增，需要開墾田地以增加糧食收穫，在耕牛不足之下，就算是良馬或跑得很快的馬匹，因為沒有其它更重的用途，所以也可以將其退還到田中耕耘，以增加勞動的獸力。〈〝糞〞有肥田或耕耘的意思。〉

一個是戰爭頻繁，軍需極為短缺的時期，急需徵調可用軍需物資以增援前線戰爭所需，古時候馬匹是重要的戰略物資，連懷孕的母馬都需要徵調到戰場，導致分娩都在荒郊野外的戰場上，生死難料，顯示出戰爭殘酷的景象。〝天下有道〞和〝天下無道〞這兩者之間形成強烈的對比，一個是人民豐衣足食，一片和樂安康的景象；一個是人民陷入水深

火熱的兵燹之禍，一片慘狀，連牲畜都不能免其災禍。

　　因此老子話鋒一轉，究其原因，「禍莫大於不知足；咎莫大於欲得。」皆因領導統治的侯王貪得無厭〝不知足〞之故，不但侯王自己恐怕王位不保，招來橫禍，同時也殃及無辜的人民也跟著受害。因此，老子在本章結尾提出「故知足之足，常足矣。」作一總結，只有知道滿足的滿足才會一直滿足。這種人一方面知道自己滿足，而且對這種滿足又能感到滿足，把知足當成一種常態化，那就可以永遠滿足。

◎**直譯**：「天下有道」：一國的領導者，只要沒有偏私利己之分別心，沒有想得到個人主觀意識慾望滿足的妄念，能確守〝道〞的原則行事，其子民皆能受到感應而德化歸於〝道〞，呈現國泰民安的祥和景象，自然而然的過上甘其食，美其服，安其居，樂其俗的生活。

　　「卻」：退還。「走馬」：良馬，善跑的馬。「以」：用來。「糞」：使田地肥沃。糞田也。引申為耕田、耕耘。「卻走馬以糞」：天下有道，太平時期，百姓安居樂業，人口增長，征伐無用，故放馬歸林，開田闢地，擴大耕種，在耕牛不足之下，把良馬都退還到田間給農夫用來耕種。

　　「天下無道」：由於領導者個人修身不足而偏離了正道，起心動念皆是以偏私〝有欲〞之分別心，〝我執〞的追求個人主觀慾望的實現，各諸侯之間爭名奪利，不斷的發動戰爭，天下無道，黎民百姓妻離子散，家破人亡，處境極為悲慘。

　　「戎馬」：戰馬，軍馬。「郊」：城之外百里之內稱之為郊。「戎馬生於郊」：天下大亂，大規模的發動戰爭，或戰爭頻繁，鏖戰日久，軍需極為短缺之下，連懷孕的母馬都需要徵調到戰場，分娩都在荒郊野外的戰場上。形容兵戈四起，物資短缺，生死於荒郊野外的戰場，處處顯示出戰爭殘酷的景象。

　　「禍」：害也。災難禍害。「不知足」：心中不能得到滿足，得隴還望蜀的一種欲望。「咎」：過錯。有了過失而受到眾人的責難。「欲得」：由於〝不知足〞之欲望，繼而升起〝欲得〞之想法，然後興起付諸於實施得到滿足的行動。是一種貪得無厭的心理，一種躍躍欲試的態度，有弓已上弦，即將前往進行的意思。

　　「故」：所以。「知足之足」：知道滿足的這種滿足。「常」：永遠、恆久。「常足」：是永遠的滿足。「矣」：表示堅決、肯定的意思。

◎**意釋**：在春秋時代，諸侯爭霸，兼併和掠奪戰爭連年不斷，烽火連

天,狼煙四起,給社會生產和人民群眾的生活,造成了極大的災難。針對此一現象,老子分析戰爭的起因,認為是人心不知足,人欲橫流,統治者貪欲太強之故。因此,老子在上一章講清靜,本章講知足,互為表裡的用〝天下有道〞跟〝天下無道〞來給我們做了一個對比。

「天下有道,卻走馬以糞。」,諸侯是一國的領導者,只要沒有偏私利己之分別心,沒有想得到個人主觀意識慾望滿足的妄念,能確守〝道〞的原則行事,效法〝大道〞,常守無為,施無為之德,行無為之政,以〝道〞治天下,以〝德〞化萬民,其影響範圍及於他的子民,其子民皆能受到感應而德化歸於〝道〞,井然有序,安定和諧,豐衣足食,呈現天下有道,國泰民安的祥和景象,自然而然的過上甘其食,美其服,安其居,樂其俗的生活。

天下有道,太平時期,百姓安居樂業,人口增長快速,干戈不用,故放馬歸林,開田闢地,擴大耕種,在耕牛不足的狀況下,把良馬都退還到田間給農夫用來開闢田地,代牛耕種以增產糧食。

歷史上有一個典故叫「馬放南山」,它就出自《尚書‧武成》,說的就是周武王克商之後的舉措:「王來自商,至於豐,乃偃武修文,歸馬於華山之陽,放牛於桃林之野,示天下弗服。」其意境就是刀兵入庫,馬放南山,將更多的馬投放於開田闢地的耕耘之中,連最善於奔馳作戰的駿馬都被用於耕作,其重點是在於顯示天下有道,知足知止,政治清明,不爭而自治,沒有戰爭的太平盛世,和平時期的景象。

「天下無道,戎馬生於郊。」,春秋後期,在大道日已遠的潮流下,諸侯由於個人修身不足而偏離了正道,起心動念皆是以偏私〝有欲〞之分別心,〝我執〞的追求個人主觀慾望的實現,欲求盈滿的追名逐利,不知適可而止。世衰道微,聖人不作,各諸侯之間為了爭名奪利,互相殺伐,此時天下無道,黎民百姓則在亂世之中妻離子散,家破人亡,處境極為悲慘。

老子在第三十章中所描述的場景:「師之所處,荊棘生焉。大軍之後,必有凶年。」說明戰爭殘酷的行為,其所造成災難的後果極為嚴重,軍隊所到之處人民流離失所,田園荒蕪,荊棘叢生,一片荒涼景象。戰爭過後,瘟疫流行,旱魃為虐,天災人禍,雜遝而至,是餓莩遍野的饑荒年歲,人民難以生存。

一匹馬可以是耕馬,也可以是戰馬,完全端視天下有道還是天下無道。天下太平的時候就是耕馬,天下大亂的時候就變成了戰馬。人也是一樣,天下太平的時候是農夫,發生戰亂的時候就變成了軍人。天下無

道的這種狀態下，農田歉收乃至荒蕪是必然的趨勢，不用等到戰爭過後，「凶年」就已經出現了，這就是戰爭對民生的間接危害。

天下無道的時候，人人貪得無厭，就難免發生戰亂，戰亂一起，兵荒馬亂、民不聊生、烽火四起，人心惶惶。諸侯之間所發動的大規模戰爭，或戰爭頻繁，鏖戰日久，軍需極為短缺之下，民間所有的馬都需要用來作戰，連懷孕的母馬都需要徵調上戰場，母馬分娩的時候，得不到妥善的照顧，生死於荒郊野外的戰場上。此時百姓不能安其業，萬物不能安其生，盜賊滋生，兵戈四起，民生與戰爭物資極為短缺，到處顯示出戰爭殘酷的景象。

「禍莫大於不知足；咎莫大於欲得。」，人性總是由儉入奢易，由奢返儉難，總是無法滿足現狀，慾望有如無底溝壑，永遠難以完全填滿，在日常生活中，過度的追逐聲色犬馬感官上的刺激享受，不知適可而止，放縱內心的私欲，就會行為放蕩而無法自拔，如此惡性循環追逐欲望的滿足，足以傾毀原本純淨的身心靈，泯滅本性而喪失自我，終將會遠離平淡樸實的生活，以至於身心俱疲帶來惡果，不知何其所終。

世上最大的災禍莫過於不知滿足，凡事總要有個尺度，不正的欲望要遏止於初萌蠢蠢欲動之時，不要任其發展擴大，否則因循而長，就會養成貪得無厭的習性，當欲望過多過大，必然慾壑難填。人心若貪念不止，勢必無法滿足現況，欲望會像無底的深淵一樣，永遠難以滿足，要知谿壑可盈，慾壑難填，貪欲不止者，往往被財欲、物慾、色慾、權勢欲⋯等，迷住心竅，攫求無度，永遠的陷入痛苦深淵而無法自拔，終將會釀成災禍而噬臍莫及，這皆是不知足所產生的惡果。

由於已經養成不知足又貪得無厭的習性，故凡見他人之所有，必欲得之而後快，不知足者，沒有道德的底線，肆無忌憚，為達目的而無所不用其極，諸如發動戰爭、篡國弒君者，皆因貪心不足所至。最大的罪過莫過於貪得無厭，從起心動念，到有了過錯的行為，都是出自一個"貪"字。"貪"出自於"不知足"之欲望，繼而升起"欲得"之想法，然後付諸於實施，必然會出現眾人交相指責的過錯，也就是"咎"的行為，最終導致"禍"及自身，殃及他人。

人心不知足便生貪得之念，為了達到個人私慾目的，不惜違背天地良心，不擇手段，甚至鋌而走險，終必招致災禍臨頭。天下之不知足者，其種類甚多，在上者不知足，干戈必起；在下者不知足，必招禍辱；富貴者不知足，更加貪婪；有權勢者不知足，必生爭奪；百業不知足，則貪多不已。而人民心生不知足，欺詐必生，盜風日盛，人情淡漠，矛盾

日多，社會風氣必然不良，禍害必隨之而起。

天下之禍事，皆來源於人心的不知足，是一種得隴還望蜀的欲望。貪婪的私慾對於普通人而言，其結果就是外禍加身，受到眾人的指責，而陷入眾叛親離的境地，因而付出沉重的代價。但是對於領導統治者而言，永不滿足的貪婪之心，其過錯就是為了滿足貪婪的欲望而發動戰爭，往往會把國家引向無窮的災難，其禍害就是：「師之所處，荊棘生焉。大軍之後，必有凶年」嚴重的後果，天下無道的結果，將導致人民陷入水深火熱的戰爭苦難之中，深受其害。

「故知足之足，常足矣。」，老子在的四十四章說：「知足不辱，知止不殆」，所謂〝知足〞是一種心靈上安於現狀的滿足，寡欲不爭就是知足，儘量減少超過本能之外的欲求。不知足的人，心中的欲望永遠沒有停止，不會滿足現狀。我們要知道任何事物都有其發展極限，一旦超過此一限度，就會朝著相反的一面轉化。因此，在心理上要知足，在行動上要知止，如此作為才不會有過錯而遭受他人的責難，同時也避免了繼之而來的禍事發生。

貪婪之人命最苦，因為心中永遠不會滿足，就永遠活在想像的未來，欲望無度之下，錯把過多的慾望當需要，越得不到就越掙扎，越掙扎就越痛苦，陷入無盡的惡性循環之中而無法自拔。那麼我們要如何正確的作為，才能從貪婪的桎梏中解脫出來呢？

首先我們要建立起正確的觀念，有句諺語：「綾羅綢緞不過是上下一身，美味佳餚不過是一日三餐，高樓大廈不過是臥榻三尺」，我們需要的遠沒有想像那麼多，不足其實只是您眼中的一種錯覺。所謂〝知足者富，知足常樂〞，生活從來不缺少幸福，而是缺少能感受幸福的一顆心，幸福不是取決於您現在有多少東西，而是取決於您有多滿足，取決您有一顆感恩知足的心。

遵循〝大道〞無欲無求的德行，少私寡欲，不斷減少內心的欲望，看透一切欲望以及事物的無常性，這樣才能逐步減少對欲望的追逐，慢慢的反璞歸真，恢復本然的清明與寧靜，如此而為，就容易獲得幸福。

知道到了什麼程度就該滿足的人，永遠是幸福的，只有知道滿足的滿足才會一直滿足。這種人一方面知道自己滿足，而且對這種滿足又能感到滿足，把知足當成一種常態化，那就可以永遠滿足，人人知足就天下太平了。

第四十七章　不行而知

不出戶，知天下；不窺牖，見天道。其出彌遠，其知彌少。是以聖人不行而知，不見而明，不為而成。

◎本章主旨：本章強調隱藏在萬事萬物背後的〝天道〞，既虛無飄渺又無形無狀，是無實體結構的一種抽象性概念，非我們的肉眼所能看得見的。因此，老子藉著〝戶〞與〝牖〞，屋內與屋外之分，以假象喻意的方式說明，一個人想要領悟與清楚的認知〝天道〞，不是往外去尋求，而是需要自己內觀，只有用內求、內證的方法去領悟，方能清楚的理解〝天道〞的思想概念，才能進一步推知天下萬事萬物發展的趨勢及最終的結果。

一旦〝求道〞的方向錯誤，在〝修道〞的過程中，就容易心智外馳，心緒紛亂，心神散失，迷於身外之見，迷失了自己的本性。愈往外追求〝天道〞，則偏離〝天道〞愈遠。

聖人已經深刻領悟大自然的規律與法則，不會出自於個人的私慾，而刻意的有所作為，一切行為以〝無為〞的方式依道而行，〝道常無為而不為〞，順其自然發展，自然而然的就會達到「不為而成」的好結果。

要如何作為才能夠修養到「不為而成」的境界，達到真正的清淨無為呢？老子在此已經預先為下一章做一個鋪陳，接著在第四十八章說明「不為而成」其中的道理。

◎重點提示：
一、本章之中「不出戶，知天下；不窺牖，見天道」這句話，自古以來，認為是《道德經》中最有爭議的內容之一，因為超出一般人的認知，有違常理。

《道德經》與《易經》書寫方式相同類似，均是以假象喻意的方式書寫記載，假借某種現象來表達出其要告訴您更深一層的涵義，每一句話都不是表面上的意思，不能照著字面的意思而任意解讀。這種書寫模式，已經跳脫我們一般人的思維邏輯，如果還是以一般讀書的思維邏輯來解讀《道德經》與《易經》，看不懂則是必然的結果！

那麼老子的這句話到底該如何理解呢？「不出戶，知天下；不窺牖，見天道」的真正涵義又是什麼呢？因為本章的結論是「不為而成」，〝得道〞之後才能〝無為而無不為〞。因此，本章的關鍵詞無疑就是如何作

為才能〝見天道〞。

〝天道〞的內容又是什麼呢？這即是道家文化的關鍵點，也是整部《道德經》的核心所在。之前我們在本書中已經陸續闡述清楚，在此就不再贅述，之後我們會另闢一個篇章，整理歸納之後與《易經》及量子科學理論結合，再完整有條理的綜合敘述。

二、老子在本章藉著〝戶與牖〞，門裡與門外之區分，以假象喻意的方式來說明，一個人想要領悟與認知〝天道〞，不是往外去尋求，而是需要自己內觀去領悟。必須通過對天地萬物種種變化的歸納總結，對萬事萬物各種現象規律的抽象綜合，最終才能領悟出大自然的規律與法則，此一規律與法則是一種抽象性的概念。

所謂的知天下，是指依據〝天道〞一定的規律與法則，凡事不需親自經歷，就能夠推知天下萬事萬物發展的趨勢及最終的結果，而不是必須對各類事物的所有細節鉅細靡遺的都能瞭解。

如果領悟〝天道〞的方向錯誤，往外去尋求，而不是自己內觀去領悟，走得越遠，則偏離〝天道〞就愈遠，心靈的明鏡就會受到外惑污染而蒙上灰塵，當然就無法真正領悟〝天道〞的真相。

◎**直譯**：「天下」：指天下變化的趨勢，而不是天下真實發生的具體事件。「不出戶，知天下」：瞭解〝天道〞的人，不必走出家門，就能夠推知天下萬事萬物發展的趨勢及最終的結果。隱喻萬事萬物都有其一定的規律與法則，不需親自經歷，就可預先推測出其結果如何。「窺」：本義：從小孔、縫隙或隱蔽處偷看。此處為觀看之意。「牖」：音同有。古代牆上開的窗叫做牖，可從窗內向外觀看隨著四季輪轉變化的風景。

「見」：這裡所說的見，非一般的肉眼之見，而是對〝天道〞理性上的領悟與認知，因為所謂〝天道〞，是一種抽象性的概念。「天道」：包含〝道〞的靜態本體及〝德〞的動態物質世界，萬事萬物生成發展，生生不息，周而復始，循環不已，萬物運行所遵循的規律與法則。

「不窺牖，見天道」：能夠領悟〝天道〞這種抽象性概念的人，不需要透過窗戶去觀察〝天道〞，就能夠認知大自然的法則。隱喻隱藏在萬事萬物背後的〝天道〞，虛無飄渺又無形無狀，這種抽象性概念無法往外尋求，而是需要內觀方能有所領悟。文中的〝戶〞與〝牖〞，有了屋內與屋外之分，隱喻一個人想要領悟與認知〝天道〞，不是往外去尋求，而是需要自己內觀去領悟。

「彌」：更加。「知」：這裡的〝知〞不是只一般的經驗知識，而是指對〝天道〞的領悟與認知，是依據〝天道〞的推〝知〞。「其出彌遠，其知彌少」：〝天道〞的體悟，不能向外追逐尋求，只能回歸於內觀，由於方向錯誤，其出愈遠，其心愈迷，妄知愈多，真知則愈少。隱喻愈往外追求〝天道〞，則偏離〝天道〞就會愈遠。

「是以」：因此；所以。「聖人」：這裡所說的聖人與老子〝絕聖棄知〞所要棄絕傳統文化中的聖人並不相同，指的是對〝天道〞有深刻領悟認知的〝上德〞或〝玄德〞之人。「不行而知」：得〝道〞的聖人不需要外出遠行親身去經歷，就能夠推知天下萬事萬物發展的趨勢及最終的結果。

「不見而明」：得〝道〞的聖人不需要親眼見到，就能夠清楚明瞭大自然的法則。「不為」：無為。不會出自個人的私慾，而刻意的有所作為。「成」：成功、成就。「不為而成」：得〝道〞的聖人由於對〝天道〞有深刻領悟認知，因此行事能夠沒有偏私利己之分別心，無刻意來滿足個人主觀的慾望，一切行為以〝無為〞的方式依道而行，〝道常無為而不為〞，順其自然發展，自然而然的就有好的結果。

◎意釋：本章的主旨是在強調，隱藏在萬事萬物背後的〝天道〞，這個宇宙萬物所共同遵循的大自然規律與法則，是既虛無飄渺又無形無狀，是無實體結構的一種抽象性概念，非我們的肉眼所能看得見的。我們一般肉眼所見的事物，只是外在的表象，而非內在所蘊含的〝天道〞。

因此，老子藉著〝戶〞與〝牖〞，屋內與屋外之分，以假象喻意的方式說明，一個人想要領悟與清楚的認知〝天道〞，不是往外去尋求，而是需要自己內觀，這就是致虛守靜的功夫，只有用內求、內證的方法去領悟，方能清楚的理解〝天道〞的思想概念。

「不出戶，知天下。」，老子認為能夠清楚認知〝天道〞的人，在理所當然，事所必然的狀況下，凡事不必走出家門親身去經歷或身臨現場目睹，就能依據〝天道〞其一定的規律與法則，去推知天下的事理，因此，能夠預先推測出天下萬事萬物發展的趨勢及其最終的結果。

「不窺牖，見天道。」，能夠領悟〝天道〞這種抽象性概念的人，眼睛不需要從窗戶向外觀察天象，就能夠認知大自然的法則，知曉天下萬物的變化發展的規律。因為所謂〝天道〞，並非實體的物質，只是一種抽象性的概念，非肉眼所能觀察得到。因此，〝天道〞並非外求而是內觀，以慧內照心靈深處，深邃靈妙又明澈之心鏡，方能清楚的理解〝天

道〞的思想概念。

老子認為我們應透過自我修養的功夫，作內觀返照，淨化欲念，清除心靈的蔽障，以本明的智慧，虛靜的心境，去覽照外物，去瞭解外物和外物運行的規律，進而對〝天道〞產生清楚的認知與領悟。明陰陽消長之理，曉古今盛衰之事，知萬事變化之吉凶，則可見事物之始終。

〝天道〞的範圍包含〝道〞的靜態本體及〝德〞的動態物質世界，萬事萬物生成發展，運動變化，生生不息，周而復始，循環不已，萬物運行所遵循的規律與法則。

「**其出彌遠，其知彌少。**」，由於想要領悟〝天道〞這種抽象性的概念，並非外求而是要心靈上的內觀才能達到此一境界，何需捨近而求遠，捨內而求外呢？所以一旦〝求道〞的方向錯誤，在〝修道〞的過程中，就容易發生如老子在第十二章中所說：「五色令人目盲，五音令人耳聾，五味令人口爽，馳騁畋獵令人心發狂，難得之貨令人行妨。」心智就會外馳，心緒就會紛亂，心神就會散失，迷於身外之見，迷失了自己的本性。

對於具體經驗性的事件知道得越多，對於老子所講的根本性〝道〞的法則就理解得越淺薄。心靈好比是一面明鏡，本來就是純淨的，具有照察萬物、照察世事的作用，其出愈遠，其心愈迷；其妄知愈多，則真知愈少。因此，對〝天道〞的體悟，不能向外追逐尋求，只能回歸內在，所謂的內在，根本而言，就是致虛守靜的功夫。

外在接觸的愈多，這面心靈的明鏡就愈會被蒙上灰塵，愈發的模糊不清，當然就無法真正瞭解〝天道〞的真相。所以說走得越遠，愈往外追求〝天道〞，則偏離〝天道〞愈遠，知〝道〞的反而越少，這是因為自己遠離了自然的本性，受到外惑所誘之故！若能做到不為我執所縛，不為外境所轉，就能見天道。

「**是以聖人不行而知，不見而明，不為而成。**」，因此，對〝天道〞有深刻領悟認知的〝玄德〞之人，具有理性思維、分析判斷、整理歸納的能力，不需要外出遠行親身去經歷，就能夠推知事理，知曉天下萬事萬物發展的趨勢及最終的結果。也不需要親眼見到，就能夠清楚明瞭萬事萬物生成發展，運動變化，生生不息，周而復始，循環不已，萬物運行所遵循的規律與法則。

由於聖人已經深刻領悟大自然的規律與法則，已臻〝玄德〞之境界，不會出自於個人的私慾，而刻意的有所作為。因此行事能夠沒有偏私利己之分別心，無刻意來滿足個人主觀的慾望，一切行為以〝無為〞的方

式依道而行，〝道常無為而不為〞，順其自然發展，自然而然的就會有好的結果，達成目標並有所成就。

◎延伸閱讀：「佛在靈山莫遠求，靈山只在汝心頭，人人有個靈山塔，好向靈山塔下修。」〝天道〞，不是往外去尋求，而是需要自己內觀去領悟，這是古時大德寫出以修心為主的著名佳偈。偈詩的內涵意義與本章「不出戶，知天下；不窺牖，見天道。其出彌遠，其知彌少。」其意境相互吻合，讀者可參考閱讀。

「佛在靈山莫遠求，靈山只在汝心頭」，我們不必遠赴他處，只要專注內心，就能找到這個靈山。表示佛性即在每個人的內心中，不需要去別處尋找。而「靈山」是指心靈的純淨之地，只有心靈清淨的人才能找到「靈山」。

「人人有個靈山塔，好向靈山塔下修」，則是說每個人都有自己的「靈山塔」，這個「靈山塔」就是人的內心本性，而透過修行可以使自己的內心變得清淨，恢復本性，得到佛性。

這首偈詩的核心內容是要人們認識到，修行不在於境外的追求，而在於心中的修煉，何需捨近而求遠，捨內而求外呢？不論是〝天道〞還是佛性，本來就存在於每個人的內心，只需要透過修行來恢復，並且用心靈去守護、保護這個「靈山塔」，使它成為一個反璞歸真的清淨之所，就可達到靈性往上提升的境界。

第四十八章　　為道日損

為學日益，為道日損。損之又損，以至於無為。無為而無不為。取天下常以無事，及其有事，不足以取天下。

◎本章主旨：本章說明每個人一出生就具有與〝道〞契合，無知無欲、質樸純真有如嬰兒一般的天性。隨著後天不斷的學習或探求研究外在的知識學問，所獲得的知識學問，也就逐日累積增加。

所學習的內容中，有的合於〝道〞，也有與〝道〞相悖離。要是〝為學〞者不加分辨選擇，〝為學〞愈是深入，則偏離正確〝道〞的方向也就愈遠，人們就不再有如嬰兒之純樸本質。

〝道〞的本質特性有如嬰兒一般見素抱樸，少私寡欲，因此，〝修

道〞者所有後天學習而來與〝道〞相悖離的思想觀念與習性，都要逐日的減損消除。損之又損，這樣物我兩忘、私慾淨盡之後，以至於與〝道〞的本體特性合而為一，而臻於〝無為〞的境界，這是一種〝去偽存真、反璞歸真〞漸進式修煉的過程。

　　治理國政想要成為天下人的領導者，就要長久不變恪守〝無為而治〞的法則，沒有私欲妄見，不以個人意志妄作干預，不造作生事，讓人民自然順性地化育發展。如此而為，統治者就能一直安穩的統治天下，否則領導統治者就沒有資格也不能夠治理天下了。

◎重點提示：本章之中「為學日益，為道日損」，很容易讓人誤解成「為學日益，則為道日損」，也就是說，學習每進一分，則道就折損一分，這樣就誤會大了。

◎直譯：「為」：學習，研究。「為學」：是後天學習或探求研究外在知識學問的一種活動。「日益」：逐日累積增加。「為學日益」：學習或探求研究外在的知識學問，隨著時間的推移，學有所得，習有所成，所獲得的知識學問，也就逐日累積增加。

　　「為道」：求道、修道。是在精神上對形而上宇宙和生命的真理，不斷的探求與增進對其整體的認知。「損」：減少、減損。「日損」：逐日減損後天學習而來與〝道〞悖離的知識學問。「為道日損」：修道之所損，乃逐日減損後天學習而來與〝道〞悖離的一己之情欲及妄念之造作。「損之又損」：一天比一天減少，減少了還要再減少。

　　「無為」：沒有偏私利己之分別心，沒有想得到個人主觀意識慾望滿足的妄念，在〝無欲〞的狀況下，一切作為自然而然、順其自然發展的行為。「以至於無為」：損之又損，以至於與〝道〞的本體特質合一，而臻於陰陽平衡、和諧統一，自然而然，穩定又長久的〝無為〞境界，是一種〝去偽存真、反璞歸真〞漸進式修煉的過程。

　　「無為而無不為」：本著〝無為〞的態度，順應自然，不肆意妄為，那麼天下沒有不能做的事。「取」：獲得，治理。「取天下」：治理國政想要獲得天下人的支持，成為天下人的領導者。「常」：長久不變。「無事」：不發動戰爭或不擾亂民眾，無擾攘之事。「取天下常以無事」：治理國家要長久不變恪守〝無為而治〞的法則，不造作生事，要以不發動戰事和不擾亂民眾作為根本。

　　「及其」：但是只要領導統治者。〝其〞指的是領導統治者。「有事」：

是一種無事生非，不該去做的多餘之事，例如：發動戰爭或繁苛政舉的擾亂民生。「及其有事」：但是只要領導統治者治理國政時，發動戰爭或繁苛政舉的擾亂民生。「不足以」：不夠資格、不能夠。「不足以取天下」：這種只憑個人主觀意識喜惡，去做那些自以為是的多餘之事，那就沒有資格也不能夠治理天下了。

◎意釋：「為學日益」，每個人呱呱落地來到世間的時候，嬰兒先天都有著一顆純淨無瑕的心靈，因此嬰兒具有無知無欲、質樸純真的天性。嬰兒無我的赤子之心，常處於天真柔和、無知無欲、少私寡欲，遇事隨順，順其自然，反璞歸真、陰陽平衡、和諧統一，與〝道〞的靜態本體本質特性天人合一的狀態。因此，老子在《道德經》中多次提及〝道〞在〝德〞的物質世界中嬰兒這個代稱，就是秉持著這個概念。

　　在嬰兒成長的過程中，隨著入世漸深，後天不斷的接觸外在事物，同時也學習或探求研究外在的知識學問，經過時間的推移，學有所得，習有所成，所獲得的知識學問，也就逐日累積增加。這些後天學習而來的知識，同時也內化成每一個人不同的主觀意識及個性與習性。

　　在後天學習的過程中，由於受到自身好惡的影響，每個人都會選擇屬於自己喜好的部分，因此，所學習的內容中，有的合於〝道〞，有的與〝道〞相悖離。隨著時代的變遷，人心愈加不古，被七情六慾、五蘊八苦所沾染者比比皆是，知識慾望愈增加，虛偽巧詐、憂愁煩惱也隨之不斷的增加，人類後天的主觀意識已經逐漸遠離〝道〞的本質特性，大道逐漸衰落廢棄而淡出，人們就不再有如嬰兒之純樸本質。

　　「為道日損」，〝求道、修道〞是在精神上對形而上宇宙和生命的真理，不斷的探求與增進對其整體的認知。〝道〞的靜態本體本質特性是有如嬰兒一般見素抱樸，少私寡欲，沒有以偏私利己之分別心，刻意來滿足個人主觀的慾望，一切行為以〝無為〞的方式，自然而然、順其自然發展。因此，〝修道〞者所有後天學習而來與〝道〞相悖離的思想觀念與習性，都要逐日的減損消除。

　　老子在第十八章中說：「見素抱樸，少私寡欲，絕學無憂。」其中所說的絕學，並非要我們放棄一切學習，所要棄絕的只是〝不道〞之學，是那些背離〝天道〞之學，若是所有的知識學問都要去除，那麼我們修道時又怎能知道〝指著月亮的那隻手〞究竟指向何方？老子所說的絕學，是說想要修道，就要棄絕一切不合於〝道〞的知識，因為這種知識掌握得愈多，私慾妄見也就愈是層出不窮。

我們不斷的減損棄絕錯誤的主觀認知，也就是減損棄絕學習聖智、仁義、巧利這三者，這些由於偏私的慾望所衍生出來的虛名巧智、虛偽仁義、投機取巧…等。要減損棄絕之前，我們修道者必須要先做到〝見素抱樸〞，〝少私寡慾〞的認知，如此行事方能事半功倍，沒有憂患產生。孔子曰：多聞，擇其善者而從之。要是〝為學〞者不加分辨選擇，〝為學〞愈是深入，則偏離正確〝道〞的方向也就愈遠。

　　〝為學〞是追求形而下之世俗知識，〝為道〞則是追求形而上的大道。〝為學〞是向外追求的日益過程，〝為道〞則是向內返觀自照之日損過程。〝為學日益〞在本質上是把簡單的東西複雜化；大道至簡，〝為道日損〞在本質上是把複雜的東西簡單化。

　　我們也可以這樣說，〝損〞其實是以〝學〞為前提，沒有〝學〞之前有如嬰兒般的純真樸實，〝學〞之後才離〝道〞愈行愈遠。〝修道〞必須時時減損心中的污垢，例如：貪、嗔、癡。日復一日，終至一塵不染，方能明心見性，最終達到〝無為〞的境界。所以，偏離〝道〞的知識，也會成為您〝修道〞過程中的一種無形的羈絆與枷鎖。

　　「損之又損，以至於無為。無為而無不為。」，修道之所損，乃逐日減損後天學習而來與〝道〞悖離的私慾妄見。一天比一天減少，減少了還要再減少，損之又損，這樣物我兩忘、私慾淨盡之後，以至於與〝道〞的本質特性合而為一，而臻於陰陽平衡、和諧統一，自然而然，穩定又長久的〝無為〞境界，這是一種〝去偽存真、反璞歸真〞漸進式修煉的過程，也是一個去雜念而存樸質的一個過程。

　　本著〝無為〞的態度，順應自然，不肆意妄為，那麼天下沒有不能做到的事情。也就是說，領導統治者在治理國政時，只要能不肆意妄為，人民也都會安分守己，天下太平，統治者就能長治久安，國祚永續。

　　「取天下常以無事，及其有事，不足以取天下。」，治理國政想要獲得天下人的支持，成為天下人的領導者，就要長久不變恪守〝無為而治〞的法則，沒有私欲妄見，不以個人主觀意志妄作干預，不造作生事，要以不發動戰事和不擾亂民眾作為根本，讓人民自然順性地化育發展。如此而為，人民將自化、自正、自富、自樸，天下自然安定和諧，人民也都會安分守己，天下太平，達到〝我無為而民自化〞的效果，統治者就能長久安穩的統治天下。

　　但是只要領導統治者治理國政時，沒有〝無為〞的心境，只憑個人主觀意識喜惡，為了滿足自身私慾，非要用智謀的手段，處心積慮、極盡所能無事生非，刻意的有所作為，去做那些自以為是的多餘之事，例

如：發動戰爭或繁苛政舉的擾亂民生，這種領導統治者就沒有資格也不能夠治理天下了。在老子的思想中，〝無事〞與〝有事〞成為得到天下或失去天下的衡量標準或分水嶺。

第四十九章　　聖常無心

　　聖人常無心，以百姓心為心。善者，吾善之；不善者，吾亦善之；德善。信者，吾信之；不信者，吾亦信之；德信。聖人在天下歙歙焉，為天下渾其心，百姓皆注其耳目，聖人皆孩之。

◎本章主旨：上一章說：「取天下常以無事」，要以〝無為而治〞的方式來治理國政，領導統治者可能就會心生疑惑，認為人上一百，形形色色，每個人都有自己的思想意見，以〝無為〞的方式又如何能治理意見不一之人民？本章就是老子繼上一章，進一步的闡述說明其具體上應如何作為。

　　領導統治者沒有自己個人的私慾、私心、私利…等主觀意識，而是以民心為己心，以人民的意志為自己的意志，一切行動當以人民意願為自己的出發點，無為而治，天下無事而取，人民自安其事。

　　用道德感化，將不善之人德化為善之人，由原來的不善轉化為善，是對方受到感化自然而然的轉化，從而使天下人人成為善者，稱之為〝德善〞。同樣的道理，將不信之人德化為可信之人，從而使天下人人成為信實的人，這就是所謂的〝德信〞。

　　當人民意見參差不齊之時，領導統治者此時在這裡主要的工作，就是要以〝無為而治〞的方式來治理國政，用道德來感化人民，把不同的意見自然而然的融合成和諧一致。

　　上位的領導統治者其一言一行，下位的人民始終都專注其耳目密切的觀察中，風行草偃，上行下效，在無形之中，自然而然的就受到〝道〞的感化而與〝道〞混同為一，就可使人民都回復到嬰孩般純真質樸合於〝道〞的狀態。

◎重點提示：

一、本章之中「聖人常無心」這一句有爭議，聖人是「常無心」？還

是「無常心」？各家版本內容不一。「聖人常無心」是帛書《老子》的文本，王弼本是「聖人無常心」，河上公文本雖然是「無常心」，但是注文都是以「無心」為宗旨。因此，但歷來的研究者覺得應該是「常無心」更為正確。

我們來推敲為何會有「常無心」及「無常心」這種差異呢？「無心」是指聖人與〝道〞的靜態本體其本質特性相契合，長久不變的沒有偏私利己之分別心，沒有想得到個人主觀意識慾望滿足的妄念，不自我，無私心，沒成見，對待任何人完全一視同仁，所以稱之為〝常無心〞。

後人因為看到後面一句「以百姓心為心」，百姓的心如流水，並非固定不變，誤以為是誤植，更改為「無常心」，聖人沒有長久不變的心，是以百姓之心為心，「常心」就是〝有心〞，其意義就與〝道〞的靜態本體其本質特性有落差，比「無心」明顯就低幾個層次，因此本書是以「聖人常無心」來作解讀。

二、全章之中「德善」與「德信」是關鍵中的關鍵詞，解釋錯誤就全篇失去重心。其本義是指，在〝善〞或〝信〞這方面用道德感化，將〝不善〞或〝不信〞之人德化為〝善〞或〝可信〞之人，由原來的〝不善〞或〝不信〞轉化為〝善〞或〝可信〞，從而使天下人人成為〝善〞者或〝可信〞者，稱之為〝德善〞或〝德信〞。

是繼老子在第三十二章中說：「侯王若能守之，萬物將自賓。」第三十七章「侯王若能守之，萬物將自化。」之後，再次強調具有上德的領導統治者，具有〝德化〞萬物的能力。

在量子理論中所謂的量子感應，指的是在一個量子系統裡，一個系統跟一個比它大的系統互動時，它會開始失去它原有的性質而順從更大的系統，也就是大的系統能感應小的系統，讓小的系統獲得大系統相同的信息，而與大系統趨於一致，就如同磁化作用一般，這種現象稱之為量子感應，在《道德經》就是所謂的〝德化〞。

三、老子在《道德經》中所說的聖人，是指的是德性深厚的〝上德〞之人，其德性與德行已經與〝道〞的靜態本體其本質特性相契合，和孔子所說的聖人不同，孔子說的聖人是具備仁義禮智信之人。

◎**直譯**：「聖人」：這裡指的是德性深厚的〝上德〞之人，其德性已經與〝道〞的靜態本體其本質特性相契合。本章隱指具有〝上德〞的領導

統治者。「常」：長久不變。「心」：思想、意識。「無心」：不自我，無私心，沒成見，沒有刻意有所作為的妄念，一切順其自然，與〝無為〞意思相通。

「百姓」：對平民的通稱。現在稱之為人民。「以百姓心為心」：領導統治者沒有自己個人的私慾、私心、私利，而是以人民的意志為自己的意志。「善」：《道德經》之中的所謂的〝善〞，是指上德者所作所為是合於〝道〞本質特性的行為。有德必善，有善必德。本章之中由於同時列舉善與信，因此本章中的善與不善，指的是循〝道〞而行與悖〝道〞而為者。

「吾善之」：我善待他。「不善者」：悖〝道〞而為者。「德善」：在這裡的〝德〞是動詞，在〝善〞這方面用道德感化，將不善之人德化為善之人，由原來的不善轉化為善，從而使天下人人成為善者，稱之為〝德善〞。「信」：誠信或信任。「信者」：具有誠信的人或對您信任的人。「德信」：在〝信〞這方面，將不信之人德化為可信之人，由原來的不信轉化為可信，從而使天下人人成為信實之人。

「在」：治理。「在天下」：治理國家。「焉」：具指示作用，於此、這裡。如：心不在焉。「歙歙焉」：音同系。陰陽和諧，融洽、合和的樣子。古同〝翕〞。「聖人在天下歙歙焉」：具有上德的領導統治者，此時在這裡要以〝無為而治〞的方式來治理國政，用道德來感化百姓，可將不同的意見自然而然的融合成和諧統一。

「渾」：渾然，融合，齊同。使……渾然，讓……融合。「渾其心」：將不同的心混而為一。「為天下渾其心」：是把原本不相同的混在一起就相同了，就是渾然相同。讓天下心思不齊一的人民，融合之後而能與上位者混同一致「注」：專注。

「百姓皆注其耳目」：因為上位的領導統治者其一言一行，下位的人民始終都專注其耳目密切觀察之中，任何風吹草動都難逃其耳目，風行草偃，上行下效之下，自然而然的就受到〝道〞的感化而與〝道〞混同為一，使天下人民的心思與上位的領導統治者渾然一體。

「孩」：孩童，嬰孩。作動詞用。在《道德經》中嬰孩是〝道〞在〝德〞的物質世界中的代稱。「皆孩之」：使人民們都回復到嬰孩般純真質樸合於〝道〞的狀態。

◎意釋：老子在上一章說：「取天下常以無事，及其有事，不足以取天下。」，一個國家的領導統治者要以〝無為而治〞的方式來治理國政，

否則就沒有資格也不能夠治理天下了。領導統治者可能就會心生疑惑，認為知識日漸發達，民智日增，虛偽巧智使得欲望亦隨之增多，人上一百，形形色色，每個人都有自己的思想意見，一國之人民何止成千上萬，以〝無為〞的方式又如何能治理意見不一之人民？本章就是老子繼上一章，進一步的闡述說明其具體上應如何作為。

　　「**聖人常無心，以百姓心為心。**」，〝道〞的靜態本體其本質特性是處於陰陽未判，動靜未分，陰陽平衡又和諧統一的長久穩定狀態。德性深厚的〝上德〞之人，已經與〝道〞的靜態本體其本質特性相契合，沒有偏私利己之分別心，沒有想得到個人主觀意識慾望滿足的妄念。也就是不自我，無私心，沒成見，沒有刻意而為的念頭，完全一視同仁，在〝無欲〞的狀況下，一切作為自然而然、順其自然發展的行為，這就是已臻〝無為〞的境界。

　　因此，修為已臻〝無為〞境界的領導統治者，在治理國政時，沒有自己個人的私慾、私心、私利…等主觀意識，而是以民心為己心，不師心自用，無所厚薄，以人民的意志為自己的意志，一切行動當以人民意願為自己的出發點，無為而治，天下無事而取，領導統治者無事，百姓自安其事。

　　其具體的作法如何？老子特別列舉「善者；不善者」、「信者；不信者」來加以說明。站在一般人的角度來看，人民之中當然會有「善者」、「不善者」及「信者」、「不信者」的區別，但是從〝道〞陰陽未判，陰陽平衡又和諧統一的角度來看，兩者之間在本質上並無區別。

　　「**善者，吾善之；不善者，吾亦善之；德善。**」，在科學量子理論之中有一個量子特性，也就是量子系統之間的感應，我們稱之為〝量子感應〞。在微觀世界量子系統中，一個系統跟一個比它大的系統互動時，它會開始失去它原有的性質而順從更大的系統，也就是大的系統能感應小的系統，讓小的系統獲得大系統相同的信息，而與大系統趨於一致，就如同磁化作用一般，這種現象稱之為〝量子感應〞。

　　我們的意識也是量子系統，可以促成物質世界從不確定到確定的轉移。量子領域顯示出了心靈意識與萬物之間，確實是存在內在的連結，可以相互感應、吸引、互動的。

　　〝量子糾纏〞現象揭示了宇宙是個不可分割的整體，萬物在奇異點之時，都是一體同源，因此都具有內在的連結，都具有相互吸引、感應的能力，只是愈是相同類似者之間，相互感應吸引的能力愈強烈，差異性愈大的兩者之間，相互感應吸引的能力愈弱。

由微觀至宏觀，由於差異性愈來愈大，其相互感應、吸引的能力仍然存在，只是逐漸減弱而已。在宏觀世界中，包含我們人世間的人、事、物也都具有〝量子糾纏〞的現象。

　　人類心念、意識具有左右萬物變化偏移的能力，而且是萬事萬物相同類似者之間相互吸引、相互感應、互通信息的溝通媒介與橋梁，人與人之間相處互動因而所產生的事情，也不脫離此一規律與法則所規範，這種現象在自然界是普遍存在。

　　老子在第三十二章中說：「侯王若能守之，萬物將自賓。」第三十七章「侯王若能守之，萬物將自化。」，這裡面所說的自賓與自化，具有上德的領導統治者，具有以道德感化萬物的能力，當然包含所治理的人民在內，這就是所謂的〝德化〞。站在量子理論科學角度來解釋，指的都是〝量子感應〞與〝量子糾纏〞現象。

　　有德必善，有善必德。一國之內人民程度參差不齊，有德行合乎〝道〞者，亦有德行悖於〝道〞者；有善良者，亦有不善良者；有對您好的，也有對您不好的。具有上德的領導統治者說：無論是善還是不善，我都會以無分別之心，一視同仁的善待對方。

　　如此而為，在〝善〞這方面用道德感化，將不善之人德化為善之人，由原來的不善轉化為善，不是我強行刻意的改變他，而是對方受到感化自然而然的轉化，從而使天下人人成為善者，稱之為〝德善〞。所以老子在第二十七章中說：「是以聖人常善救人，故無棄人」。

　　「**信者，吾信之；不信者，吾亦信之；德信。**」，同樣的，一國之內的人民，有誠信之人，也有無誠信之人；有的人信任領導統治者，亦有人不信任領導統治者。具有上德的領導統治者說：無論是誠信者還是無誠信者；也不論信任我的人，還是不信任我的人，我都會以無分別之心，一視同仁的信任對方。

　　同樣的道理，在〝信〞這方面用道德感化，將不信之人德化為可信之人，由原來的不信轉化為可信，也不是我刻意的去改變他，而是對方受到德化自然而然的轉化，從而使天下人人成為信實的人，這就是所謂的〝德信〞。

　　「**聖人在天下歙歙焉，為天下渾其心**」，老子在第五十六章中說：「挫其銳，解其紛，和其光，同其塵，是謂玄同」講的就是如何異中求同，求同存異，消磨鈍化雙方因意見不同而產生尖銳的對立，化解雙方對立所產生的紛爭。混合雙方不同意見，整合成雙方都能接受的意見，就算您視對方的意見為庸俗淺見，也要內斂鋒芒，與其無爭，而與您認為庸

俗的淺見整合之後化為統一。也就是在無形之中受到〝道〞的感化而與〝道〞混同為一。

因此，當百姓意見參差不齊，左右不一之時，具有上德的領導統治者，此時在這裡主要的工作，就是要以〝無為而治〞的方式來治理國政，用道德來感化百姓，把不同的意見自然而然的融合成和諧統一的意見，讓天下心思不齊一的人民，融合之後而能心思意見和諧一致。

「百姓皆注其耳目，聖人皆孩之。」，為何能達到此一效果呢？因為上位的領導統治者其一言一行，下位的人民始終都專注其耳目密切觀察之中，任何風吹草動都難逃其耳目，風行草偃，上行下效，潛移默化之下，人民在無形之中，自然而然的就受到〝道〞的感化而與〝道〞混同為一，使天下人民的心思與上位的領導統治者渾然一體。因此，具有上德的領導統治者，就可使人民都回復到嬰孩般純真質樸合於〝道〞的狀態。

第五十章　　出生入死

出生入死。生之徒，十有三；死之徒，十有三；人之生，動之死地，亦十有三。夫何故？以其生生之厚。蓋聞善攝生者，陸行不遇兕虎，入軍不被甲兵；兕無所投其角，虎無所措其爪，兵無所容其刃。夫何故？以其無死地。

◎**本章主旨**：本章老子講的是生死的問題，闡述人在整個生命發展過程中，由出生到死亡原本都有其一定的周期，但是由於人的思想意念是合於〝道〞？還是與〝道〞相悖離？其行為舉動都能影響一個人的壽命長短。

老子將一個人的壽命長短概分為四種類型，並分析其原因何在。正常狀態下，一般人的生命能安享天年的人，這一類型的人佔有三成。自然之下夭折或短命這一類型的人，也佔有三成。原本可以自然的安享天年，由於行為舉動與〝道〞相悖離，只要前往行事，必陷於死地而短命者，這種類型也有三成。剩下一成就是屬於能延長壽命的善於攝生者。

老子在本章中強調，行為舉動能與〝道〞相脗合，就是善於攝生者，能延長壽命；行為舉動與〝道〞相悖離，就是不善於攝生者，就會陷入死地而短命。凡事要求太滿，勢必走向虧損，因此要〝戒盈忌滿〞；〝強

梁者不得其死"，逞強好勇者也容易死於非命。

◎**重點提示**：老子在本章中表面上來看是在說生死，也就是壽命長短的問題，但實際是在藉著生死作為範例，其目的是在闡釋兩個"夫何故也？"說明甚麼原因會影響人的壽命長短。

老子在本章中強調，行為舉動能與"道"相胥合，就是善於攝生者，能延長壽命；行為舉動與"道"相悖離，就是不善於攝生者，就會陷入死地而短命。凡事要求太滿，勢必走向虧損，因此要"戒盈忌滿"；"強梁者不得其死"，逞強好勇者也容易死於非命。

「人之生，動之死地，亦十有三。」老子在這裡是負面表述，這種類型的人是不善於攝生者，原本可以自然的安享天年，由於行為舉動與"道"相悖離，只要前往行事，則陷於危殆之境而死於非命。其原因在此老子只闡述是「以其生生之厚」，為了能讓自己長壽，在生活上做得太超過，導致陷入死地而短命。不善於攝生者的作為，我們還要推論包含下一段「陸行遇兕虎，入軍被甲兵」的負面作為，同樣也是會陷入死地而短命。

至於下一段善於攝生者守柔、處下、不爭，其與"道"相胥合的正面作為，還要包含不求盈滿，這才是避險就夷，能夠"無死地"而延長壽命的正確作為。老子在本章中將影響一個人壽命長短的原因，以互文見義的方式書寫，也就是上半句的詞語，與下半句的詞語互相補充才是其真正的原意，同時也讓我們更清楚的了解老子"守弱"、"不爭"、"戒盈"的立論所在。

◎**直譯**：「出生」：人從"道"靜態本體的"無"，到"德"動態物質世界中的"有"，這就叫作"出生"。「入死」：人從"德"動態物質世界的"有"，又進入"道"靜態本體的"無"，這就叫作"入死"。

「出生入死」：指的是人在"德"動態物質世界中，從出生到死亡的整個歷程。《韓非子‧解老》曰：「人始於生而卒於死。始之謂出，卒之謂入，故曰：出生入死。」老子所說的出生入死原意和現代所使用的含義有很大的區別。後人用"出生入死"來比喻冒險犯難，隨時有喪失生命的危險。

「徒」：同一類型的人。「生」：這裡指的是生命能自然活到天賦的壽命，或自然的壽數。即能安享天年的人。「生之徒」：能安享天年這一類型的人。「十有三」：有三成。「死」：這裡指的是自然之下夭折或短命，

不能安享天年的人。「死之徒」：自然之下夭折或短命不能安享天年這一類型的人。「人之生」：原本可以自然的安享天年這一類型的人。「動」：行為舉動。「死地」：必死的死亡之地。

「動之死地」：由於行為舉動與〝道〞相悖離，只要前往行事，則陷於危殆之境而死於非命。不動則已，一動就自尋死路，是屬於一種本可避免的人禍。「夫」：文言發語詞，有提示作用。「何故」：這種情況是什麼原因造成的呢？「以其」：就是因為。「厚」：這方面做得太超過，盈滿則溢，太超過就會往負面發展。

「生生之厚」：第一個〝生〞指的是在生活上。第二個〝生〞指的是為了能讓自己長壽。在追求生命長壽這方面，生活上做得太超過，盈滿則溢，由於行為舉動與〝道〞相悖離就會往負面發展，因而陷於危殆之境而死於非命。

「蓋」：發語詞。「蓋聞」：聽說。「善攝生者」：善於養護生命的人。也可以說善於控制自己的念頭。「兕」：音同似。古代一種似牛的野獸，色青，獨角，皮堅厚。犀牛。「陸行不遇兕虎」：因為具有危機意識，不逞強鬥狠，方能夠避險就夷，這是採取防禦性躲避之故。

「入軍」：進入軍中。「被」：音同披。加衣於身而不束帶。通〝披〞。「甲兵」：鎧甲和兵械。「入軍不被甲兵」：進入軍中不披堅執銳。「投」：投置。「兕無所投其角」：不與犀牛相遇，或身處在安全距離之外，犀牛想用角傷害您都無法做到。

「措」：放置。「虎無所措其爪」：與犀牛、老虎狹路相逢的機會不讓它發生，或身處在安全距離之外，老虎想用爪牙傷害您都無處下手。「兵」：兵器。「容」：容納。「刃」：刀鋒。「兵無所容其刃」：不會受到武器的傷害。「無死地」：沒有進入必死的死亡範圍內。

◎意釋：本章老子講的是生死的問題，必須與〝道〞結合才是正確的解讀方式，因此之故，我們先將與生死有關〝道〞的基本觀念與特性再次略作敘述，以方便讀者更深入的理解老子在本章中所闡述的本義。

〝道〞的靜態本體是萬物之母，其本質特性就是陰陽平衡，和諧統一，所以在一片虛無的微觀世界中，〝道〞體此一陰陽和諧狀態下的萬物量子態，其自然化生的概率也最大，因此，在〝德〞動態物質世界中所化生的萬物，不論是其個體內在，還是與外在其它群體之間的生態關係，都與〝道〞的靜態本體相脗合，是處於陰陽平衡，和諧統一的狀態。

萬物由〝無〞到〝有〞化生到宏觀物質世界具有生命的各物種，在

整個生命發展過程中,由出生到死亡都有其一定的周期,自然化生、自然結束,周期結束則由〝有〞又轉化為〝無〞,「夫物芸芸,各復歸其根,歸根曰靜,是曰復命」,從何處來,就回歸到何處,死亡之後又回歸進入〝道〞虛無的靜態本體,生成始終,生生不息,周而復始,循環不已。

〝天下萬物生於有,有生於無〞,萬物都是〝無中生有〞,又〝由有化無〞有始就有終,有終就有始,構成一個無端之環,表達了生命〝從無到有〞,又〝從有到無〞的普遍規律。

在〝德〞的動態物質世界中,萬物都是循著陰陽的規律,隨著時間的推移,不斷的運動變化。萬物生成發展都有〝始生〞、〝強盛〞、〝衰亡〞這三種基本階段型態,〝始生〞階段本質柔弱,有如旭日東升,生機旺盛,發展潛力無窮。〝強盛〞階段有如日正當中,抵達顛峰,但是已無發展餘地。〝衰亡〞階段有如日薄西山,走向衰亡是必然的趨勢,萬事萬物都受此一陰陽自然的規律所規範制約,無一倖免。

萬物生成發展的過程中,在無外力影響自然發展的狀況下,陰陽平衡、和諧統一狀態是必經的階段,此種狀態與〝道〞的靜態本體相對應脗合,是萬物發展的過程中,最佳的理想狀態,但是此一狀態並非永久不變,正常狀況下,萬物還是會循陰陽的規律,〝強盛〞之後就會往〝衰亡〞的方向發展,最終完成一定的生命周期而走入死亡。

第二十五章:「故道大,天大,地大,人亦大。域中有四大,而人居其一焉。」在〝德〞的動態物質世界中,陰陽隨著時間推移而不斷的運動變化,人的意念偏向,能影響客觀環境事物本質的變化與事情的偏向。也就是說,事物發展的結果,可以受到人的思想意念改變而左右,人可以參贊天地之化育,與天地並列為三,在陰陽變化的過程中佔居主導的作用。

因為人類的意識能左右陰陽變化的方向,所以在人世間行事時,當事情處於陰陽和諧、平衡統一狀態之時,也就是對我們最為有利的狀態,此時我們就要依循〝道〞的原則自然而為,使其維持、或者延長這一和諧平衡穩定的狀態,不致到達衰敗的臨界點。

老子在《道德經》中之所以要求我們行事要合於〝道〞,目的就是希望能夠長久的處於最佳狀態。此一道理在任何一個領域都適用,例如:在生命及養身方面可以減少疾病的發生,延緩衰老,延年益壽。否則與〝道〞相悖離,第三十章:「不道早已」,生命就會早夭死亡。

正常狀態之下,萬物自體都會維持陰陽平衡,和諧統一的狀態。人類出於〝有欲〞的私心刻意作為,是疾病、災難產生的主要肇因。當人

的意識有偏私利己的分別心,想要得到個人主觀慾望滿足的妄念,以"有欲"之心刻意的有所作為時候,就會影響事件的偏向與最終的結果。

人的量子意識信息能量場所負載的信息內容,能決定"道"的本體轉化成客觀世界事件的內容與樣貌,不論您量子意識信息能量場所負載的信息內容如何,"道"都不會做任何的干涉,您是如何的思想抉擇,"道"就會按照既有的自然規律,"道"轉化成"德",在宏觀世界來顯現出與信息相同類似的內容與樣貌。

"弱者道之用",天道無為之用為"弱",人道有為之用為"強",然而,天道之"弱"為長生之道,那些不合天道的人道之"強",實際上是早亡之道。因此,老子在第七十六章中就說:「故堅強者死之徒,柔弱者生之徒。」及第四十二章「強梁者不得其死」。

守柔者弱,弱者居下,居下不爭。這裡的"弱"就是不強勢,不急躁,不冒進,順其自然,只有在這種狀態下,"道"才可以更好的發揮作用。老子在這裡所說的"弱",只是象徵性的列舉說明而已,舉凡具有柔弱、低下、謙卑…等象徵性質者,皆涵蓋在內,柔就是不強硬,弱就是不強勢,柔弱亦含有柔韌斂藏的意思。

"夫唯不爭,故天下莫能與之爭",守柔、處下、不爭都是老子堅持的處世原則。老子所崇尚的"無為而無不為"的"道",就是以"貴柔守雌"的姿態,順從自然規律發展為其主要的特徵。"無為"然後"無不為",是真正的自然之為,那些不合天道的人道之"有為",實際上是妄為,妄為就會進入"死地"。

在"物或損之而益,或益之而損"的規律下,因此,我們切記要"戒盈忌滿",避免事物往負面轉化,如此作為,就可以長久處於陰陽平衡、和諧統一的最佳理想狀態,老子在第十五章中說:「保此道者不欲盈,夫唯不盈,故能敝而新成。」

「出生入死」,一片混沌虛無"道"的靜態本體,在"德"動態物質世界中由"無"到"有"能化生出人的生命,人在整個生命發展過程中,由出生到死亡都有其一定的周期,自然化生、自然結束,當生命周期結束,則由"有"又復歸於"無",進入一片混沌虛無"道"的靜態本體。人從"無"到"有"就叫作"出生",從"有"到"無"又進入"道"的靜態本體叫作"入死"。

生命在"德"動態物質世界中整個發展歷程,我們稱之為"出生入死",有始就有終,有終就有始,構成一個無端之環,生成始終,生生不息,周而復始,循環不已。萬物都是"無中生有"而出生,又"由有

化無〞而入死，表達了〝出生入死〞是生命自然循環的一個歷程，讓我們更加通曉人的生死，其實是很自然的現象，每一個人都應該坦然面對此一生死的自然規律。

就打一個頗為傳神的比方，人的一生就有如在一個幕前的舞台，此一舞台就是〝德〞動態物質世界，幕後就是一片混沌虛無〝道〞的靜態本體，舞台左右各有一個出口及入口，我們從幕後的出口進入幕前的人生舞台，這就是從〝無〞到〝有〞的〝出生〞。

在人生的舞台上表演完一生精采的歷程之後，最終在舞台幕後的入口，謝幕之後進入幕後，這就是從〝有〞到〝無〞的〝入死〞。在幕後經過一段時間的整裝，然後又再由出口進入人生舞台，再扮演另一齣精采的人生，人生境界就是如此。莊子對於人的生死有精彩的表述，莊子說：「方生方死，方死方生」。人一旦出生就意味著死亡的到來，人一旦死亡就意味著另一個生命的出生，貞下啟元，又是一個新的開始，周而復始，循環不已。

人在整個生命發展過程中，由出生到死亡原本都有其一定的周期，但是由於人的思想意念是合於〝道〞？還是與〝道〞相悖離？其行為舉動都能影響一個人的壽命長短。所以老子將一個人的壽命長短概分為四種類型，並分析其原因何在，藉以闡述〝道〞的重要性。

「生之徒，十有三；死之徒，十有三」，在正常狀態下，一般人的生命能自然活到天賦的壽命，或自然的壽數，也就是能安享天年的人，這一類型的人大約佔有三成。自然之下夭折或短命不能安享天年這一類型的人，也佔有三成。這些夭折或短命之人，尚未出生在母體之中孕育的當下，母體的情緒偏向及外在客觀因素的影響之下，都會影響胎兒發育的正常與否，先天不良的體質，也會影響胎兒爾後的壽命長短。

「人之生，動之死地，亦十有三。夫何故？以其生生之厚。」，原本可以自然的安享天年這一類型的人，由於行為舉動與〝道〞相悖離，只要前往行事，必陷於危殆之境而死於非命，是一種自尋死路，屬於原本可避免的人禍，這種類型的人也有三成。

這種情況是什麼原因造成的呢？老子自問自答的說，就是為了能讓自己長壽，在生活上做得太超過，盈滿則溢，由於行為舉動與〝道〞相悖離，就會往負面發展，因而陷於危殆之境而死於非命，依老子看來，一個人的嗜欲太重，貪生怕死，行事又不得其法，反而會加速自己走向死亡。

例如：富貴之人，生活奢侈，厚自奉養，過度享受，營養過剩；相

信術士長生不老之術,服用丹藥,妄求長生,最終因重金屬中毒而死於非命⋯等,過分追求奉養生命的物質享受,逆其自然,強作妄為,物極必反,不但於事無補,結果一定就是適得其反,因而走向必死之絕境,自蹈於死地。

　　老子在本章之中所說第三種類型的人:「人之生,動之死地,亦十有三。」其短命的原因是「以其生生之厚」造成走入必死之地,這是〝益之而損〞與〝道〞相悖離之故,因此老子再三的告誡我們行事要〝戒盈忌滿〞,否則行事必然會向負面轉化。

　　下一段文字「兕無所投其角,虎無所措其爪,兵無所容其刃。」的負面作為,同樣也是包含在第三類型的人,走入必死之地的原因之一,「故堅強者死之徒,柔弱者生之徒。」及「強梁者不得其死」,其原因就是逞強鬥狠與〝道〞相悖離之故。這是老子特殊的表達方式,與互文見義的書寫方式相同。

　　「蓋聞善攝生者,陸行不遇兕虎,入軍不被甲兵;兕無所投其角,虎無所措其爪,兵無所容其刃。」,前面三種類型的人各佔三成,還剩下一成指的就是善攝生者。這種類型的人善於控制自己的念頭,行事合乎〝道〞的規範,其生命週期超過天賦自然的壽數,能夠延年益壽。

　　〝弱者道之用〞,守柔、處下、不爭,是善攝生者堅守的處世原則。天道之〝弱〞為長生之道,那些不合天道之〝強〞,實際上是早亡之道。而老子也正是在用這個例子來說明其〝守弱〞的觀點。剩下一成的善攝生者,除了〝守弱〞之外,還要領悟〝損之而益〞,〝戒盈忌滿〞其中的道理,在行為舉動上確實執行,如此作為,就可以長久處於陰陽平衡、和諧統一的最佳理想狀態,進而達到延年益壽的效果。

　　野獸中最危險的就是犀牛和老虎,在陸地上行走不會遇到犀牛和老虎這種凶險;器具之中最危險又最易傷害生命的就是兵器,進入軍中不披堅執銳。何以要如此作為?是因為具有危機意識,不逞強鬥狠,處下守弱,方能夠避險就夷,這是採取防禦性自我保護之故。

　　因此,與犀牛、老虎狹路相逢的機會不讓它發生,或與犀牛、老虎保持在安全距離之外,那麼犀牛、老虎想用犀角、爪牙來傷害您,都不可能做到。進入軍中不披堅執銳的站在戰場上第一線,那麼戰爭中也不會受到兵器、刀刃的傷害。

　　「入軍不被甲兵,兵無所容其刃。」這段主要是說給國家的領導統御者侯王聽的話,因為一般人沒有發動戰爭的權力。老子在第三十章與第三十一章中說:「夫兵者,不祥之器,故有道者不處。」,「不以兵強

天下。」上兵伐謀，善攝生者的侯王，不會為了一己之私欲，而逞強鬥狠的發動戰爭，除了可以避免自己陷入死地，也同時免除了讓自己的子民陷入遭受兵刃之劫的共業。

「夫何故？以其無死地。」，善攝生者為什麼不會遭受兇猛的野獸傷害，也不會有遭受刀刃加身之險？那是因為能做到少私寡欲、淳樸自然的境界，行為舉動順應〝天道〞，依照客觀規律行事，守柔、處下、不爭，戒盈忌滿，不逞匹夫之勇，不暴虎馮河，知而慎行，君子不立於危牆之下，具有危機意識，善於趨吉避凶，遠諸害之故。能做到〝動靜謹於禍福，進退察其安危〞，所以各種危險都會遠離他們，外患就不能侵入其身，也就不會把自己置之於死地，自然能夠延長自己的壽命。

◎延伸閱讀：
一、在此僅將拙著《量子世界的奧秘》與〝出生入死〞相關之內容摘要貼出，與讀者分享。

《易經‧文言傳》萬事萬物的發展，都是循著元、亨、利、貞的程序與特性，相因相生，一個過程的結束，貞下起元，將又是另一個過程的開始，周而復始，循環不已。始而有終，終而復始，既成其終，復成其始。因此，有關生死之間的關係，也是依據陰陽的規律而相互轉化，周而復始，循環不已。生而有死，死而復生，既成其死，復成其生，一個過程的結束，將又是另一個過程的開始。

在《論語》〈先進篇〉中記載著：季路問事鬼神。子曰：「未能事人，焉能事鬼？」曰：「敢問死？」曰：「未知生，焉知死？」

孔子雖然沒有正面回答子路的問題，僅表示：一旦您能做到「知生」，您就可以「知死」了。也就是不能離「生」而論「死」；反之亦然。我們也可以說「未知死，焉知生」，亦即不能離「死」而論「生」，這是陰陽相對立的兩個面，必須「生死並觀」與「生死並論」，才能徹見生死的奧秘與玄機。雖然在《論語》中孔子沒有給我們完整的答覆「死生」的問題，但是在《易經‧繫辭傳上》中卻有給我們一些啟示！

《繫辭傳‧上》第四章「仰以觀於天文，俯以察於地理，是故知幽明之故，原始反終，故知死生之說。精氣為物，游魂為變，是故知鬼神之情狀。」

用〝易之道〞仰觀天文、俯察地理，觀察天文、日月、星晨的陰陽之象與地理山川原隰的剛柔之形，知道萬事萬物生成繁衍變化的原因。以此類推，所以就能夠了解，〝天地之道〞與〝易之道〞是相同一致，

是以陰陽為基本單位與型態，具有鏡面效應，都是以陰陽兩個面的型態存在，有明顯、有形、看得見的那一面；同時也有幽隱、無形、看不見的那一面存在。此一規律能夠貫穿整體宇宙，在任何一個領域都是一體適用。

二、想要知道事物的終了究竟何去何從？必須先了解其原始是從何而來？因此，只要知道生之前從何而來，就知道死當何從而去？依據量子力學的理論思想驗證，一切物質均是由基本粒子不同的排列組合而成，而基本粒子又是由能量轉化而成。

由陰陽的定律可知，任何事物都是兩個相對立面同時存在，人是由物質的肉體與能量狀態的靈體組合而成，靈體又可稱之為量子信息能量場的一種，當肉體的周期已盡，則量子信息能量場就回到從原處而來的另一維度空間的能量場中，生死之間，周而復始，循環不已。

天地萬物永不停歇地處在一種能量與物質相互轉化，生死處於聚散存亡，有形無形的運動變化過程之中，生生息息，生死之間，周而復始，循環不已。這是天地之道，也是易之道，這是陰陽的規律，也是宇宙的規律。

依據量子科學中物理的特性得知，宇宙是由能量、物質、信息這三種型態組合而成，能量與物質可以相互轉化。人活在世上是靈肉組合而成，肉體是由能量轉化而成，靈魂屬於不可見的量子信息能量場，能夠負載、儲存您累世的信息。當人死亡之後，由於失去肉體的依託，靈魂稱之為遊魂，俗稱之為鬼，人活著的靈魂，俗稱之為元神。如此敘述，當可知道生死與鬼神指的是怎麼一回事了。

第五十一章　尊道貴德

　　道生之，德畜之，物形之，勢成之。是以萬物莫不尊道而貴德。道之尊，德之貴，夫莫之命而常自然。故道生之，德畜之。長之育之，亭之毒之，養之覆之。生而不有，為而不恃，長而不宰。是謂玄德。

◎**本章主旨**：老子在本章中闡述萬物皆是由〝道〞的靜態本體，此一量子信息能量場自然化生而出。從萬物開始化生、生長、成熟直到衰

亡,從生到死,整個生命運動變化的過程,都是屬於〝德〞養育的範疇。〝德〞養育萬物的方式與〝道〞相同,都是不干涉萬物的生長繁衍,而是順其自然。

〝道〞由能量轉化生成物質之後,〝德〞隨著時間的推移,依據量子態所內載的信息內容,由量變轉化成質變,賦予萬物不同的外在形狀與特質,並依據各自的本性成長與繁衍。成就萬物生成發展趨勢的一種原動力,就是陰陽規律中所謂的〝反者道之動〞。萬物循著陰陽的規律,順自然之勢,則生能成形,蓄能成長,一切萬象變化,看似偶然,實則皆有理勢包含其中,都是〝大道〞運作趨勢所使然。

萬物的生長、發育、繁衍,始終是任由萬物自然而然的生成發展。沒有誰去主使命令或加以任何干涉,這就是〝道〞在作用於〝德〞的動態物質世界中,所體現出來的〝無為〞精神。〝德〞既養育萬物,但是當萬物完善的成熟結果,繁衍後代,走完生命周期中全部過程之後,又反轉的讓萬物走向覆滅,如此天地萬物方能生生不息,周而復始,循環不已。

「生而不有,為而不恃,長而不宰。」,可以說是最深最自然的德性,這種〝道〞之善行、德行,就是所謂的玄德。老子在本章之中再一次闡述了〝道〞是以〝無為〞的方式來化生及畜養萬物的思想。

◎**直譯**:「之」:萬物。「道」:指的是〝道〞的靜態本體,也是一個混沌、虛無、不確定、無實體的量子信息能量場。「道生之」:萬物皆是由〝道〞的靜態本體,此一量子信息能量場自然化生而出。「德」:指的是〝德〞的動態物質世界。「畜」:養育。「德畜之」:從萬物開始化生、生長、成熟直到衰亡,從生到死,整個生命運動變化的過程,都是屬於〝德〞養育的範疇。

「物」:宇宙中具有〝能量〞、〝物質〞、〝信息〞這三種基本型態,能量與物質能相互轉化。「形」:賦予物質不同的外在形狀與特質。在這裡作動詞用。「物形之」:能量轉化為物質之時,是依據量子態所內載的信息內容,賦予物質不同的外在形狀與特質。

「勢」:推動萬物生成發展趨勢的一種自然力量。「成」:成就萬物完成整個生成發展的過程。「勢成之」:萬物由生而長,由幼而壯,由壯而老,由發展而至終亡,成就萬物生成發展趨勢的一種原動力,就是陰陽規律中所謂的〝反者道之動〞。

「是以」:所以。「莫不」:無不。「尊」:尊重。古時候同遵字。也

有遵循、遵從、依循之意。「貴」：崇尚，重視、珍視。「尊道而貴德」：遵循〝道〞而崇尚〝德〞。「莫之」：沒有誰。「命」：令也。主使、干涉。「莫之命」：沒有誰去主使命令應該如何做或不要如何做。「常自然」：始終是任由萬物循著陰陽的規律自然而然的生成發展。

　　「長之育之」：使萬物生長，使萬物發育。「亭之毒之」：後人解釋亭毒，是養育，化育的意思。河上公本作「成之熟之」，古本多與河上公本同。本書採用使萬物完善的成熟結果。「養之」：養育萬物。「覆之」：有反轉之意思，也有覆滅之意。既養育萬物，當萬物完善的成熟結果，繁衍後代，走完生命周期中全部過程之後，又反轉的讓萬物走向覆滅。

　　「不有」：不據為己有。「生而不有」：雖然〝道〞與〝德〞生長化育萬物，毫無私心的自然而為，且不會據為己有。「為」：做。無心施為，自然而然的做了化生萬物這件事。「恃」：倚仗。「為而不恃」：在宇宙規律下順其自然的生養萬物，是無心的施為，並不會自恃有恩德於萬物，功成而不居。

　　「長」：滋養生長。「宰」：主宰。「長而不宰」：滋養萬物生長起來，而不去主宰它們未來發展的方向，一切順其自然發展。「是謂玄德」：這種具有〝道〞這種善行、德行，可以說是最深最自然的德性，這就是所謂的玄德。

◎意釋：「道生之」，這裡所說的〝道〞，指的是〝道〞的靜態本體，其本質特性是處於陰陽未判，動靜未分，陰陽平衡，和諧統一又穩定長久的狀態。〝道〞的靜態本體蘊含著陰陽的自然規律，及陰陽交互作用下，萬物的發展結果具有無限的可能性，只要您所能想得到的任何狀況都包含在內，無限多個可能狀態〈量子態〉都是處於虛擬、無實體、不確定的狀態。

　　每一個可能發生的狀態，都是一個包含著能量〈精〉、物質〈物、象〉、信息〈信〉的量子態，混合疊加而成一個混沌、虛無、不確定、無實體的量子信息能量場，這就是〝道〞的靜態本體。每一個量子態其最終發生的可能性，只能用概率來代表，只不過是概率或大或小的問題，萬物之中概率大的狀況，就容易自然的化生出現在〝德〞的動態物質世界中。就是因為〝道〞不會〝有欲〞自主的以偏私之分別心，來主導萬物孕育化生的工作，而是順其自然，所以萬物都是概率大的量子態自然化生。

　　而所化生的萬物其本質特性，也是處於陰陽平衡、和諧統一的穩定

狀態，〝道〞的靜態本體本質特性內在於萬物，因此天地萬物之間，是處於和諧統一的生態平衡狀態。我們人類出生後在嬰兒之時，無我的赤子之心，是常處於天真柔和、無知無欲，陰陽平衡、和諧統一，反璞歸真，與〝道〞的靜態本體天人合一的狀態。

萬事萬物相同類似的兩者之間，具有內在深層次的連結，可以相互吸引、感應、互通信息〈量子糾纏〉。因此，在〝道〞的靜態本體量子信息能量場之中，與〝道〞相悖離概率小的量子態，也會因人類〝有欲〞偏私之心念感應而出，由不確定到確定，虛擬到真實，量變到質變，微觀到宏觀，而產生各種千變萬化的結果，〝道〞在此過程中不作任何的干涉，而是順其自然。因此，人的意識具有左右萬物變化偏移的能力。

筆者看到過一個視頻，講的是佛祖釋迦牟尼所悟出的〝道〞究竟為何？其中有段敘述引起我極大的關注。

據說佛祖釋迦牟尼剛出生落地的時候，就能直接站立行走，而且朝著東南西北四個方向各走了七步，每走一步，腳下就會綻放出一朵盛開的蓮花，最後讓人想不到的是，這嬰兒還一手指著天，一手指著地，說了一句極為霸氣的話，〝天上地下，唯我獨尊〞。佛家解釋說：「佛祖這句話不是說給自己聽的，而是要說給世人聽。」也就是說，天上地下一切都是您自己說的算。

〝一手指天，一手指地，天上地下，唯我獨尊〞。這裡面隱喻著：在天地陰陽變化的過程中，其變化方向會隨著您的意識所負載的信息內容而有所偏移，也就是您的意識能主導萬物最終變化的結果，是好？是壞？一切的結果都是您自己說的算。

不同心念意識的抉擇，事物的發展方向就會有所偏移而有不同的結果，因此，事物的發展的方向與結果，會受到您自己的意識影響而改變。您的心念意識就是〝因〞，事件的發生或結果就是〝果〞。怎麼樣的〝因〞，就有怎麼樣的〝果〞。這就是佛家思想中：起心動念，萬物唯心造。與量子科學理論、《易經》、《道德經》哲理中的宇宙客觀規律不謀而合。

「德畜之」，〝道〞是〝德〞的體，〝德〞是〝道〞的用，〝道〞與〝德〞是無法分割的一體兩面，兩者構成整體的〝道〞。〝道〞的靜態本體是〝無〞，無形無象，需要依靠〝德〞的動態物質世界的〝有〞，也就是萬事萬物的外在顯現的現象，才能彰顯出〝道〞的靜態本體所蘊含的本質特性與規律。

〝德〞是〝道〞有如鏡面效用的化身，是〝道〞在動態物質世界人世間的體現，從萬物開始化生、生長、成熟直到衰亡，從生到死，整個

生命運動變化的過程，都是屬於〝德〞養育的範疇。萬物化生出來之後，在〝德〞的動態物質世界中，還需要以天地陰陽和諧之客觀環境去滋潤養育萬物，使它持續發育成長。〝德〞蘊含著〝道〞靜態本體的本質特性與規律，因此養育萬物時與〝道〞相同，都是不干涉萬物的生長繁衍，而是一切順其自然。

在〝德〞的動態物質世界中，萬物都是循著陰陽自然的規律，隨著時間的推移，不斷的交互作用而運行變化，有相互對立狀態，也有陰陽平衡、和諧統一狀態，一直不斷交互的運動變化，萬物停止運動變化就會滅亡。在無外力影響自然發展狀況下，此種陰陽平衡、和諧統一狀態，與〝道〞的靜態本體相對應，是萬物發展過程中最佳的理想狀態，繁衍養育著萬物的生成發展。但是此一狀態並非永久不變，還是會循陰陽的規律或受到人的意識影響而改變。

人的意識是一種量子信息能量場，能夠相互疊加或抵消，當人的意識與〝道〞相悖離時，在個人而言，僅會對個人事件或身體健康產生負面的結果；若是人類與〝道〞相悖離的整體負面意識，大於正面合於〝道〞的意識之時，將會陰陽失衡而造成人類的滅亡或地球的毀滅。這就是老子在第三十九章中所說：「天無以清將恐裂；地無以寧將恐廢；萬物無以生將恐滅。」

「物形之」，宇宙中具有〝能量〞、〝物質〞、〝信息〞這三種基本型態，能量與物質能相互轉化。〝道〞的靜態本體由能量轉化生成物質之後，在母體之中隨著時間的推移，依據量子態所內載的信息內容，基本粒子在微觀世界經過不同的排列組合，由量變轉化成質變，賦予萬物不同的外在形狀與特質，萬物成形之後，然後在宏觀世界出生，萬物從無形的能量化生成有形的物質，並依據各自的本性成長與繁衍。

萬物在〝道〞靜態本體之中，是以虛擬、無實體、不確定的量子態，蘊含在大的量子信息能量場之中，每一個量子態都包含著〝能量〞與〝物質〞，具有波－粒二象性，都負載著不同的〝信息〞內容，是以虛無的能量為主。而萬物在〝德〞的動態物質世界中，也都包含著〝能量〞與〝物質〞，都負載著不同的〝信息〞內容，造就了萬物不同的本質特性，萬物是以實體又確定的物質為主，內含著能量與信息，生活在我們這個多樣化的動態物質世界之中。

〝道〞內在於萬物之中，萬物的微觀世界就是〝道〞的靜態本體，也是一片混沌虛無，陰陽未判，動靜未分，處於陰陽平衡、和諧統一的量子信息能量場，萬物皆由此化生。因此，人的量子意識的偏向是合於

"道"？還是與"道"相悖離，皆影響個人事件最終的結果，影響最大的就是個人身體的健康。

萬物皆具"道"的本質特性。現代科學家發現，宇宙當中不論是宏觀還是微觀，宇宙的規律都是一體適用，再小的物質裡，都蘊藏著宇宙全部的規律，整個宇宙不論大小都存在著相似性，稱之為「全息理論」。

一花一世界，一葉一菩提，全息理論為我們引出了一個新的視角，原來世界的每一個局部，都包含了整個世界的縮影，任何一個部分都包含整體的信息，即使是浩瀚無垠的宇宙，把它磨成無量無邊的微塵，每一粒微塵也都是整個宇宙的縮影，一粒微塵是部份，整個宇宙是全體，部份裡有全體的信息、現象與規律。

「**勢成之**」，"道"的靜態本體之中所蘊含的陰陽自然規律，在"德"的動態物質世界中，體現出萬物無不內含著相反的對立面，在對立面交互作用下，又各自朝向相反的方向滲透變化與發展。天下萬物，無不是順著陰陽變化之勢，由生而長，由幼而壯，由壯而老，由發展而至終亡，如此循環往復，永不停息。

成就萬物生成發展趨勢的一種原動力，就是陰陽規律中所謂的"反者道之動"。假若沒有陰陽隨著時間的推移而運動變化，就沒有四時之交替，則萬物便不能生成始終。萬物整個生成發展的過程，無不是隨時就勢，順從自然的規律。萬物順自然之勢，則生能成形，蓄能成長，一切萬象變化，看似偶然，實則皆有理勢包含其中，都是"大道"運作趨勢所使然。

《易·文言傳》第一章乾卦：「元、亨、利、貞。」說明元、亨、利、貞，代表萬事萬物在生成始終發展過程中的四個層次。萬事萬物的生成發展，都是循著元、亨、利、貞的程序與特性，相因相生，一個過程的結束，貞下啟元，將又是另一個過程的開始。"反者道之動"的力量就是讓萬物始終在這陰陽兩端保持運動，不致停留在任何一端，讓萬物永遠是循環往復於"陰"與"陽"、"無"與"有"、"道"與"德"等這兩端，就有如一個無端之環，生生不息，周而復始，循環不已，永無息止。

我們在自然界中觀察天體之運行，這種周而復始，循環不已的現象屢見不鮮。清晨旭日東昇，黃昏夕陽西下，次日依然如此；月亮每月的陰晴圓缺，次月依樣運行；春夏秋冬四季的運行，都是完成一個周期的運動變化之後，又重新開始，周而復始，循環不已，有始就有終，有終才有始。"反者道之動"這些自然現象，就是成就萬物生成發展趨勢的

一種原動力。

「**是以萬物莫不尊道而貴德**」，從萬物開始化生、生長、成熟直到衰亡，從生到死，〝道生、德蓄、物形、勢成〞，〝道〞化生萬物，〝德〞養育繁衍萬物，賦予萬物形態與特質，陰陽規律運動變化的趨勢，驅使萬物成長茁壯，整個生命運動變化的過程，〝道〞與〝德〞由始至終貫穿全部過程。沒有〝道〞，萬物都不能得以化生，沒有〝德〞，萬物都無從養育、成長、繁衍，〝道〞與〝德〞普遍存在又內在於萬物，不尊〝道〞，生命就不會存在；不貴〝德〞，生命就會受到傷害。所以萬物無不尊重又依循〝道〞的規則運作，崇尚〝德〞養育萬物之德性。

「**道之尊，德之貴，夫莫之命而常自然。**」，〝道〞之所以受到萬物的尊重，〝德〞之所以受到萬物的崇尚珍視，是因為在萬物生成發展的整個過程中，〝道〞與〝德〞並不含有任何主觀的意識，也不具有任何目的，沒有誰去主使命令萬物應該如何做或不要如何做，不加以任何干涉，萬物的生長、發育、繁衍，完全是處於自然狀態下，始終是任由萬物自然而然的生成發展。這就是〝道〞在作用於〝德〞的動態物質世界中，所體現出的〝無為〞精神。

「**故道生之，德畜之，長之育之，亭之毒之，養之覆之。**」，依據陰陽規律來說，乾陽主動提供信息，主導萬物資始，坤陰被動接收信息，順從乾陽接續完成萬物資生的工作。〝道〞主導觸發萬物的資始，〝德〞接續完成萬物資生畜養的工作。

「長之育之，亭之毒之，養之覆之。」本章這段文字主要強調〝道〞生長萬物之後，〝德〞養育萬物的內容與範圍，是萬物在〝德〞的動態物質世界生命周期中的全部過程，從出生到死亡，生生不息，周而復始，循環不已。

因而，〝道〞生長萬物，〝德〞接收〝道〞提供的信息而養育萬物，使萬物生長發育，成熟結果，〝德〞既養育萬物，但是當萬物完善的成熟結果，繁衍後代，走完生命周期中全部過程之後，又反轉的讓萬物走向覆滅，如此天地萬物方能生生不息，周而復始，循環不已。

「**生而不有，為而不恃，長而不宰，是謂玄德。**」，〝道〞這個萬物之母雖然創生萬物，〝德〞畜養萬物，卻毫無私心，且不會據為己有；順其自然的生養萬物，是無心的施為，也因此並不會自恃有恩德於萬物，功成而不居；滋養萬物生長起來，而不去主宰它們未來發展的方向，一切順其自然發展，可以說是最深最自然的德性，這種〝道〞之善行、德行，就是所謂的玄德。以人來說，具有這種善行、德行者，我們稱之為

上德之人。老子在本章之中再一次闡述了〝道〞是以〝無為〞的方式來化生及畜養萬物的思想。

第五十二章　　沒身不殆

　　天下有始，以為天下母。既得其母，以知其子，既知其子，復守其母，沒身不殆。塞其兌，閉其門，終身不勤。開其兌，濟其事，終身不救。見小曰明，守柔曰強。用其光，復歸其明，無遺身殃，是謂習常。

◎**本章主旨**：本章主旨在說明守道的重要性。天地萬物皆是由〝道〞化生而出，〝道〞與〝德〞之間的關係，是母子、主從、本末、體用的關係。因此，我們不要在萬變的大千世界中迷失自我，離〝道〞愈行愈遠，應該回歸到萬物的本源，守住不變的〝道〞之本體。

　　堵塞住外在誘惑及心中嗜欲的孔竅，使得情欲無從產生，這樣終身就可以不用勞苦的去追逐無底的慾望。若是開啟外在誘惑及心中嗜欲的孔竅，去追逐外在的誘惑，助長妄求欲念這件事情的發生，則終身深陷無底的溝壑而不可救藥。

　　要知曉掌握自然規律發展大勢之所趨而防範未然，而不是捨本逐末，這才是識〝道〞者明〝德〞的智慧與作為。通曉事物自然發展的趨勢，寧可居柔弱的一面，也要掌握事物運動變化中的〝勢〞。

　　大部分世人開啟外在誘惑及心中嗜欲的孔竅，不能控制心中的嗜欲，以身徇物，耽於其中。識〝道〞之人堵塞外在誘惑及心中嗜欲的孔竅，當遇有外在的誘惑之時，先運用心神意識以應物，以明〝德〞的智慧明辨是非，然後又復歸於〝道〞，於〝道〞無損，更不需要親身去體驗經歷。

　　如此而為，也不會對自身留下任何災禍，並且於〝道〞無損，個人〝道〞之常性依舊湛然相習而綿延不絕，這種方法相沿成習之下，自然也就慢慢地習以為常，這就是老子要告訴我們的具體方法。

◎**直譯**：「天下」：在〝德〞動態物質世界中的天地萬物。「有始」：有其本源。「以為」：當作、認為。「母與子」：母生子，子由母所生。在本章之中母與子兩者之間的關係，是主從、本末、體用、〝道〞的靜態本

體與〝德〞動態物質世界中的天地萬物、微觀量子世界與宏觀物質世界、抽象思維與感性認識…等關係的代名詞。

「以為天下母」：在〝德〞動態物質世界中的天地萬物，皆是由〝道〞的靜態本體此一量子信息能量場所化生而出，因此，〝道〞可以當作天下萬物之母。「既」：已經。「既得其母」：既然已經瞭解〝道〞是化生〝德〞動態物質世界中萬物之母。「以」：用來。「以知其子」：就可以用來瞭解萬物都是與〝道〞的靜態本體的本質特性相胎合，〝德〞是〝道〞本體的外在顯現，〝道〞是母，〝德〞是子；一個是體，一個是用。

「既知其子」：既然知道在〝德〞的動態物質世界中，所看到的只是萬變之中的一種現象，而非不變的本體。「復守其母」：回歸到萬物的本源，守住不變的〝道〞之本體。「沒身」：終身。「殆」：危險、不安。「沒身不殆」：終身都不會動之死地而危險不安。

「塞」：堵塞。「兌」：《易經》八個基本卦之一，卦名，卦意代表誘惑，身體部分象徵口，隱喻孔竅。在此隱喻外在誘惑的出入孔竅。「塞其兌」：堵塞住外在誘惑嗜欲的孔竅。「門」：門徑、途徑。「閉其門」：指的是關閉眼、耳、口、鼻、意等和外界相通，會引起心中慾念的門徑。「勤」：勤，勞苦也。「終身不勤」：終身不用勞苦的追逐無底的慾望。

「開其兌」：開啟外在誘惑及心中嗜欲的孔竅。「濟」：助益、助長。「濟其事」：助長情欲這件事情的產生。「終身不救」：終身都不可救藥。

「見」：觀察，瞭解，認識。「小」：第三十四章：「常無欲，可名於小」，〝道〞有小的特性，所以小可以比喻〝道〞，也是〝道〞的代名詞。「見小」：隱喻洞燭機先、明察秋毫、見微知著的意思。同時也比喻識〝道〞者能瞭解事物發展的趨勢。「明」：明〝德〞的智慧與作為。「見小曰明」：能夠見微知著，瞭解事物發展的趨勢而防範未然，這才是識〝道〞者明〝德〞的智慧與作為。

「守」：確實遵守，堅持不變的意思。「守柔曰強」：能善守柔弱之〝道〞的人，才是真正的強者。「用」：運用。「光」：靈光、神識、意識。「用其光」：簡單的說，就是在腦中電光石火的思索一下。遇到外在誘惑尚未抉擇之前，先運用心神意識以應物，不需要親身去體驗經歷，以明〝德〞的智慧去思索明辨，就能心領神悟，而做出正確的抉擇。

「復歸其明」：運用心神意識以應物之後，不受外惑所誘，又回歸至〝道〞。「無遺」：不會留下。「殃」：災禍。「無遺身殃」：不會對自身留下任何災禍。「習」：相沿成習。與〝襲〞相通。「常」：常道的意思。「習常」：亦作襲常，常道相沿成習之下，自然習以為常。

◎意釋：「天下有始，以為天下母。」，在〝德〞動態物質世界中的天地萬物都有其本源，皆是由〝道〞的靜態本體化生而出，因此，〝道〞可以當作天下萬物之母。〝道〞的靜態本體其最大特徵就是一片混沌虛無，陰陽未判，動靜未分，處於陰陽平衡、和諧統一的量子信息能量場，能夠創造化生〝德〞動態物質世界中的萬事萬物。

「既得其母，以知其子，既知其子，復守其母，沒身不殆。」，〝道〞的靜態本體是化生〝德〞動態物質世界中萬物之母，〝道〞與〝德〞之間是屬於母子關係，我們就可以知道〝道〞與〝德〞動態物質世界中萬物之間的關係，既是是母子，又是主從、本末、體用的關係了。

因此，既然已經瞭解這兩者之間的關係，就可以從〝道〞這個本體用來瞭解〝德〞動態物質世界中的萬物變化，萬物都受〝道〞所蘊含的陰陽規律所規範制約，隨著時間的推移，不斷的運動變化，不論是其個體內在，還是與外在其它群體之間的生態關係，都與〝道〞的靜態本體的本質特性相胞合，〝道〞是母，〝德〞是子；一個是體，一個是用，〝德〞是〝道〞本體的外在顯現，由〝道〞所化生出來的一切現象，也都是處於陰陽平衡，和諧統一的狀態。

在〝德〞的動態物質世界中，萬物都是循著陰陽規律，隨著時間的推移不斷的運動變化，由於我們所看到的只是萬變之中的一種現象，而非不變的〝道〞之靜態本體，因此，我們不要在萬變的大千世界中迷失自我，離〝道〞愈行愈遠，應該回歸到萬物的本源，守住不變的〝道〞之本體，才是修道者正確的作為。

《大學》中有言：「物有本末，事有終始，知所先後，則近道矣。」第十四章中說：「執古之道，以禦今之有。」得本以知末，不捨本以逐末；要〝知其然，亦知其所以然〞，既然知道事物的起始和緣由，就可以推演出它的變化趨勢；透過觀察分析事物的變化趨勢，就可以掌握隱藏在事物背後的本質規律，恪守這些規律法則，也就是遵循〝大道〞，若能如此，則能返璞歸真，內心虛靜清明，終身都不會動之死地而危險不安。

「塞其兌，閉其門，終身不勤。」，天下之禍莫甚於私慾，天下之亂莫大於相爭。衣食起居人之性也，然過之則為欲也，私慾所致，天下焉能不亂？人人少私寡慾，和諧和睦相處，天下安能亂矣。我們要如何作為才能「既知其子，復守其母」，守住〝道〞的本體，返璞歸真，內心虛靜清明，終身都不會動之死地而產生危險與不安呢？

老子在第十二章說：「五色令人目盲，五音令人耳聾，五味令人口

爽，馳騁畋獵令人心發狂，難得之貨令人行妨。」第四十六章說：「禍莫大於不知足，咎莫大於欲得」，老子在《道德經》中反覆強調妄求的慾望其危害性，及少私寡欲、克制慾望的重要性，人之所以會與〝道〞相悖離，就是妄想得到個人慾望滿足的意念所造成的結果。

　　因此，堵塞住外在誘惑及心中嗜欲的孔竅，關閉眼、耳、口、鼻、意等和外界相通的門徑，中斷外惑對這些感官的干擾，讓心底的妄求慾念自生自滅，不追隨，不貪求，不感受這些雜念，心底的妄念就不至於輕易的發動，始終保持一顆無私無欲的心，使得情欲無從產生，也就不至於妄為，內心常駐虛靜，少私寡欲，這樣終身就可以解除身心的痛苦，不用勞苦的去追逐無底的慾望。

　　「開其兌，濟其事，終身不救。」，若是開啟外在誘惑及心中嗜欲的孔竅，不能控制心中的嗜欲，喪心於物，一味的縱容您的耳目感官，去追逐外在的誘惑，耽於其中，助長妄求欲念這件事情的發生，則終身深陷無底的溝壑而不可救藥。

　　老子在「塞其兌，閉其門，終身不勤。開其兌，濟其事，終身不救。」這段正反兩面敘述的文字之中，其主要涵義可以用一句格言「窮理於事物始生之處，研幾於心意初動之時。」來做表達，是教導我們要去私欲存〝天道〞，當臨事起心動念的時候，如果感覺到心意傾向私利私欲方向，就要趕快遏止欲念於初萌，迅速扭轉方向，復歸於〝天道〞。

　　「見小曰明，守柔曰強。」，由上可知，不能控制自己內心慾望的人，就會永不知足的陷入欲望無底的溝壑，終身不可救藥。老子接著指引我們認識〝道〞其中更深層的道理及轉化念頭的方法。

　　任何事物都是由小至大，由微而著，漸進式發展而成的，初始期間此一徵兆，隱而顯，顯而微，最終才能顯示出其結果。我們要能夠洞燭機先，見微知著，見其徵兆就知其會有何必然的結果，謹察事物至微之原始，知曉掌握自然規律發展大勢之所趨而防範未然，掌握自然規律，順勢而為，而不是捨本逐末，這才是識〝道〞者明〝德〞的智慧與作為。

　　萬物之中，柔弱的東西往往富於韌性，生機旺盛，來日方長，發展的空間極大，未來不可限量。看似剛強的東西，往往已經到達頂點，失去發展的空間，未來只能走向衰亡，生機不能持久，來日無多。

　　因此，老子說：「弱者道之用」，柔弱可戰勝剛強，並不是指當下而言，而是站在自然規律發展的未來趨勢來說，柔軟的東西充滿旺盛的生機，相反的，強硬的東西則已經喪失生機，來日無多。也就是說，我們要通曉事物自然發展的趨勢，寧可居柔弱的一面，以便掌握事物運動變

化中的〝勢〞。

《易經》坤為地初六爻。爻辭：履霜堅冰至。隱喻事情在一開始就要見微知著，防微杜漸，及早防範，消弭於無形，否則積漸馴習，因循而長，必至於盛，終將養癰遺患。「見小曰明，守柔曰強。」，這段話最主要是要告訴我們，知曉掌握自然規律發展大勢之所趨，洞燭機先，見微知著，防範於未然，防患於未萌。老子在下一句中就講述其具體的方法應該如何作為。

「用其光，復歸其明，無遺身殃，是為習常。」，這一段文字中「用其光」最難解讀，綜觀古今各注解內容，絕大部分與本章精神難以連貫，唯有蘇轍《老子解》有關這一段文字的內容，其思維邏輯頗能符合老子本義之精神，因此本書採用之。

蘇轍《老子解》「用其光，復歸其明，無遺身殃，是謂襲常。」大部分世人開啟所悅以身徇物，經常沉迷不反。而聖人塞而閉之，並非絕物也，以神應物，用其光而已，身不與也。夫耳之能聽，目之能視，鼻之能嗅，口之能嘗，身之能觸，心之能思，皆所謂光也。蓋光與物接，物有去而明無損，是以應萬變而不窮，殃不及於其身，故其常性湛然相襲而不絕矣。

蘇轍說：人的慾望總在意識底下蠢蠢而動，大部分世人開啟外在誘惑及心中嗜欲的孔竅，不能控制心中的嗜欲，以身徇物，耽於其中，助長妄求欲念這件事情的發生，迷而不反，則終身深陷無底的溝壑而不可救藥。

識〝道〞之人堵塞外在誘惑及心中嗜欲的孔竅，並非絕對的不接觸外在事物，當遇有外在的誘惑之時，心中靈光一轉，先運用心神意識以應物，以明〝德〞的智慧去思索，剎那之間就清楚明辨這件事情是合於〝道〞？還是與〝道〞相悖離？然後又復歸於〝道〞，於〝道〞無損，不需要親身去體驗經歷，就能心領神悟，這就是所謂的「用其光」。

如此而為，也不會對自身留下任何災禍，並且於〝道〞也無損，個人〝道〞之常性依舊湛然相習而綿延不絕，這種方法相沿成習之下，自然也就慢慢地習以為常，這就是老子要告訴我們的具體方法。

第五十三章　　大道甚夷

使我介然有知，行於大道，唯施是畏。大道甚夷，而

人好徑。朝甚除，田甚蕪，倉甚虛；服文綵，帶利劍，厭飲食，財貨有餘；是為盜夸。非道也哉！

◎本章主旨：本章老子提醒世人，在行〝無為〞之道時要特別小心謹慎，因此就以假設性的語氣，以第一人稱來說明：假使自己以堅定的信念行於大道，在行道的過程中，只有在實施〝無為〞的作為時，我還是會擔心由於一時的疏忽而做出與〝道〞不合的施為，脫離正道而步入歧途之中！

　　其實行道之路是一條非常寬廣平坦之大道，只是世人的通病就是眼光短淺，急於求成，認為大道過於迂緩，為了想要得到個人主觀慾望的滿足，因此養成了喜歡抄小道，走捷徑的壞習性，反而容易步入歧途，造成欲速不達的反效果。

　　侯王領導的當朝權力中心，想要得到個人主觀慾望的滿足，以〝有欲〞之心步入歧途之後，刻意的有所作為，完全與〝道〞背道而馳，造成上下階層兩者之間，生活狀況形成了鮮明的對比。這種收刮天下民財導致國庫空虛，民不聊生，自我誇耀的行為，簡直就是強盜，而且還是強盜頭子，其所作所為完全與〝道〞背道而馳。

◎重點提示：本章內容不長，但是用詞文字古澀，文意頗費理解之處特別多，歷來注釋者各有認知不同的解讀，眾說紛紜，與其它篇章相較，實屬少見。本章中的「唯施是畏」，〝施〞是關鍵詞，此處若能理解，則全篇文意自然貫通，豁然開朗。

　　首先我們要了解，《道德經》中濃縮的重點，就是在〝行道〞的過程中，〝無為〞與〝有為〞這兩者作為之間的差異，合於〝道〞的作為就是〝無為〞，不合於〝道〞或與〝道〞相悖離的作為就是〝有為〞。在〝行道〞的過程中，〝無為〞與〝有為〞其分寸甚難準確拿捏，就算是〝上德〞之人，也要抱持著戒慎恐懼之心謹慎應對，想要〝無為〞時，稍不小心就變成了〝有為〞，因而步入歧途。基於上面所述，〝施〞字我們應該當作〝施為、作為〞來解讀。

　　老子為了要提醒世人，在行〝無為〞之道時要特別小心謹慎，因此就以假設性的語氣，以第一人稱來說明：假使自己以堅定的信念，而且具有行於大道這方面的認知去行道，在行道的過程中，只有在實施〝無為〞的作為時，我還是會擔心由於一時的疏忽而做出與〝道〞不合的施為，因而脫離正道而步入歧途之中！說明連老子都擔心此事的發生，其

它一般人更不用說了,可見得此一事情之重要性。

◎**直譯**:「使」:假使、如果。「我」:老子在這裡以假設的語氣,以第一人稱來敘述。也指的是〝上德〞之人。「介然」:堅定不動搖、專一。「有知」:具有如何行於大道這方面的認知。「大道」:形容在〝行道〞的道途中,有如行走於寬廣平坦的大道。也同時形容這條道路是有別於路旁錯誤的歧路,是正確的道路,也就是〝正道〞。

「唯」:只有。「施」:施展作為。指的是實施〝無為〞的作為。「畏」:擔心、害怕。「唯施是畏」:只有在實施〝無為〞的作為時,我擔心害怕會因一時的疏忽,做出錯誤的抉擇而變成與〝道〞不合的〝有為〞。

「甚」:非常。「夷」:平坦。「大道甚夷」:只要依循〝道〞的規律與法則行事,其實這條行道之路,是非常寬廣平坦之大道。「人」:這裡主要指的是具有領導統御身分的侯王,當然也包含了世人在內。「好」:喜好、偏好。「徑」:大道旁的歧路小徑。在這裡引申為非正確的途徑,有可能偏離〝道〞的方向,也有可能與〝道〞背道而馳。

「而人好徑」:人的通病就是眼光短淺,急於求成的心理作祟,養成了喜好抄小道,走捷徑的壞習性。「朝」:朝廷。隱喻侯王領導的當朝權力中心。「除」:殿階也。「朝甚除」:形容朝廷大興土木,整建宮殿甚多,勞民傷財。隱喻朝廷政治非常腐敗。「蕪」:亂草叢生的地方,一片荒蕪。「倉甚虛」:形容國庫糧倉非常的空虛。

「服」:穿著衣裳。「文綵」:帶花紋的華麗服裝。「帶利劍」:佩戴鋒利的武器。「厭」:飽、滿足。形容已經吃飽喝足。「厭飲食」:享受著豐富的飲食,吃飽喝足,吃到不想再吃。

「財貨有餘」:擁有過多的財物。「夸」:大。「盜夸」:大盜。因為侯王是一國之君,起帶頭作用,所以可以說是強盜頭子。「非道」:與〝道〞背道而馳,不合於〝道〞,又可稱之為〝不道〞。「也哉」:助詞連用增強語氣。

◎**意釋**:所謂〝行道〞,就是沒有偏私利己之分別心,沒有想得到個人主觀意識慾望滿足的妄念,在〝無欲〞的狀況下,依循〝道〞的規律與法則,一切作為自然而然、順其自然發展的作為,這就是〝無為〞。道德修行高深的〝上德〞之人與〝道〞相契合,已臻〝無為〞的境界。當人的意識有偏私利己的分別心,想要得到個人主觀慾望的滿足,以〝有欲〞之心刻意的有所作為,這就是〝有為〞。

〝有為〞又可分為兩種狀況，一種是〝行道〞的過程中誤入歧途而偏離了正道，其〝不失德〞的心理態度，在主觀意識上刻意的追求〝德〞的虛名，是一種不合於〝道〞所強調自然而為的外在行為表現，我們稱之為〝下德〞。另外一種是步入歧途之後，完全與〝道〞背道而馳，是連〝下德〞都不如的〝不道〞，〝不道〞早已，很快就會自陷死地而提早滅亡。

　　在〝行道〞的過程中，〝無為〞與〝有為〞其分寸一般人恐怕甚難準確拿捏，就算是〝上德〞之人，也要抱持著戒慎恐懼之心謹慎應對，老子在第十五章中就特別形容〝上德〞之人〝行道〞時的心理態度：「豫兮若冬涉川，猶兮若畏四鄰。」在行事作為之前，如臨深淵，如履薄冰，考慮周詳，謹小慎微，以沉穩謹慎的態度依道而行，唯恐脫離正道而步入歧途。

　　本章老子尖銳地揭露了當時社會的一些矛盾現象，痛斥侯王治國不行大道，對〝道〞認識不清，因個人私慾作祟、貪圖近利而步入歧途，完全與〝道〞背道而馳，故有下列所言。

　　「使我介然有知，行於大道，唯施是畏。」，老子以假設語氣說：假使我以堅定不移之信念，而且具有行於大道這方面的認知，依循〝道〞的規律與法則去行道，在行道的過程中，只有在實施〝無為〞的作為時，還是須要以謹小慎微的心理態度去應對，因為我還是會擔心由於一時的疏忽而做出與〝道〞不合的施為，讓〝無為〞變成〝有為〞，就會脫離正道而步入歧途之中！

　　「大道甚夷，而人好徑。」，老子用人所走的道路，以假象喻意的方式來表達，行道時一路上會有許多歧路小徑，行道者稍不留意就會步入歧途而功虧一簣。只要少私寡欲，依循〝道〞的規律與法則行事，在抉擇之前小心謹慎，一切作為自然而然、順其自然發展，其實這條行道之路，是一條非常寬廣平坦之大道。

　　老子在《道德經》中之所以要求我們行事要合於〝道〞，目的就是希望能夠長久的處於陰陽和諧統一的最佳狀態。這是依據〝道〞體中所蘊含的相反相成、相互轉化的法則，我們站在事物發展趨勢最有利的地位，循〝道〞而行，自然而為，經過時間的推移，由量變到質變，相互轉化之後，就能到達可長可久的未來。

　　所以，行道之路雖然是一條非常寬廣平坦之大道，沒有險阻，能安心修行就會到達目的地。但是達到目的地卻需要經過時間的推移，循序漸進，與時而升，是一種漸進式緩慢轉化的過程，無法收到一蹴可幾、

立竿見影的效果。

而人的通病就是好逸惡勞，追求一夕致富，眼光短淺，急於求成的心理作祟，認為大道過於迂緩，便以偏私利己的分別心，想要得到個人主觀慾望的滿足，以〝有欲〞之心刻意的有所作為，因此養成了喜歡抄小道，走捷徑的壞習性。以如此方式行道，反而容易步入歧途，造成欲速不達的反效果。

老子在第七十章中說：「吾言甚易知，甚易行。世人莫能知，莫能行。」本章又說：「大道甚夷，而人好徑。」清楚的指明世人修道的障礙在於〝好徑〞的惡習所致，世人或趨名競利，以僥倖之心行險；或背理徇私，以智取巧求，捨棄易知易行的寬廣大道而迷戀於歧途小徑，殊不知反而偏離大道愈行愈遠，每況愈下。

這種走捷徑的壞習性，在人間其包含的意義甚廣，可以概略的列舉下列幾種類型，以資參考：1、只追求眼前之近利，不能高瞻遠矚做長久的打算。2、只重視外表之浮華，而忽略了內在本質的品質。3、欲望深而天機淺，只顧滿足眼前之欲望，但已埋下無窮的後患。4、對己有利，對他人不利，損人利己，最終結果是害人害己。5、眼前對肉體有利，卻對心靈不利，結果是對身心均不利。

我們行路時最怕有歧路，路有分歧就有可能誤入歧途，而不能到達目的地。同樣的，行道之大道雖然寬廣平坦，但是為了得到個人主觀慾望滿足的妄念，以〝有欲〞之心刻意的有所作為，很容易就步入歧途而與〝道〞背道而馳。個人其影響的範圍有限，但是身為一國的領導統治者，所影響的就是國計民生與國家存亡，不可不慎。

「**朝甚除，田甚蕪，倉甚虛；服文綵，帶利劍，厭飲食，財貨有餘**」，侯王領導的當朝權力中心，想要得到個人主觀慾望的滿足，以〝有欲〞之心步入歧途之後，刻意的有所作為，完全與〝道〞背道而馳，大興土木，整建宮殿甚多，勞民傷財，政治非常腐敗；民多徭役，剝奪民時，因而造成田地亂草叢生，一片荒蕪；田地既已荒蕪，國庫糧倉當然就非常的空虛，民不聊生，食不果腹，生活十分艱難，國內人民淪為流民餓莩。

侯王及顯貴階層的生活，卻是穿著華麗的服裝，佩帶著鋒利的寶劍，享受著豐富的飲食，吃飽喝足，吃到不想再吃，揮霍著收刮而來無盡的財富，並以此奢華的生活加以炫耀於人，造成上下階層兩者之間，生活狀況形成了鮮明的對比。

「**是為盜夸。非道也哉！**」，身為一國之君的侯王，這種收刮天下

民財導致國庫空虛，民不聊生，自我誇耀的行為，簡直就是強盜，而且還是強盜頭子。侯王其所作所為完全與〝道〞背道而馳，老子憤怒的抨擊，夾雜著對〝偽道實盜〞的揭穿。〝不道〞早已，很快就會自陷死地而提早滅亡，這就是喜好走捷徑而步入歧途的惡果。

第五十四章　　以身觀身

　　善建者不拔，善抱者不脫，子孫以祭祀不輟。修之於身，其德乃真；修之於家，其德乃餘；修之於鄉，其德乃長；修之於國，其德乃豐；修之於天下，其德乃普。故以身觀身，以家觀家，以鄉觀鄉，以國觀國，以天下觀天下。吾何以知天下然哉？以此。

◎本章主旨：老子在本章中明白的告訴我們，如何建立自己的德性，也就是所謂的立德，其具體原則、方法，與其德行在各領域中德化所產生的作用。老子認為德化拓展的過程與範圍，是先由個人修身立德做起，建立起不拔、不脫的德性之後，再藉著美德懿行為典範，以個人為中心，往外擴散。德化範圍，從內到外，由己及人，從修身到放眼天下，最終德行能普遍德化天下。

　　德化拓展的過程與範圍，是先由個人修身立德做起，繼而推及家、鄉、國、天下，一環套一環，環環相扣的拓展開來。在每一過程之中，我們只要觀察對方所作所為與自己做一個對比，就可以知道其行事是〝無為〞之道？還是〝有為〞之道？是合乎〝道〞？還是與〝道〞相悖離？以此推論，就能夠預先推測出天下萬事萬物發展的趨勢，及其最終的結果如何？

　　老子在第四十七章中說：「不出戶，知天下」，我怎麼會知道天下的情況之所以會如此呢？就是因為我用了以上的方法和道理之故。

◎直譯：「善」：有做好或處理好某事的才能或技巧。有德行的人，這裡指的是〝上德〞之人。《道德經》之中的所謂的〝善〞，是指上德者所作所為是合於〝道〞本質特性的行為。「建」：建立。建立自己的德性，也就是立德。「拔」：外力拔除。「善建者不拔」：〝上德〞之人修道立德所建立起的德性，根基深厚牢固，外力難以動搖拔除。

「抱」：固守。這裡指的是〝抱一〞，隱喻要固守〝道〞的本體。「脫」：脫離，失去。「善抱者不脫」：〝上德〞之人固守〝道〞的本體，修道立德所建立起的德性，與〝道〞的本體合而為一，已達天人合一之境界，不受外在任何誘惑而脫離。「祭祀」：泛稱祭神祀祖。引申為對〝上德〞之人的精神追思景仰。「輟」：音同綽。中止，停止。

「子孫以祭祀不輟」：後代子孫對先祖深厚的德行，永遠懷念在心。隱喻〝上德〞之人德行推廣普及天下，高山仰止，景行行止，其高尚的德行永遠受到後世之人景仰，精神永垂不朽。

「修」：修正，就是修正自己的錯誤，由偏離〝道〞，返回合於〝道〞的正途。「身」：指的是自己，個人。包含了身心、言行部分，首在於心。「真」：純真質樸的本性。「其德乃真」：德性能夠去偽存真，反璞歸真，恢復自己原本純真質樸的本性。「餘」：多而餘也，剩餘。

「其德乃餘」：由於上一代人良好的德行，除了德化家中各個成員之外，也能經由子孫的承傳相隨，其餘蔭也能護佑後代子孫。「鄉」：鄉里。「長」：德化範圍得到拓展而增長。「豐」：增大；擴大。「普」：全面普及。

「觀」：觀察對照。這裡指的是觀察對方所作所為與自己做一個對比，據此判斷出對方所為是否合於〝道〞。「然」：之所以如此。「哉」：表示疑問或反問的語氣。「以此」：猶言用這個，拿這個。

◎**意釋**：〝道〞是〝德〞的體，〝德〞是〝道〞的用，〝道〞與〝德〞是無法分割的一體兩面，兩者構成整體的〝道〞。〝道〞是宇宙運行自然變化的法則，其靜態本體是〝無〞，無形無象，需要依靠〝德〞的動態物質世界的〝有〞，也就是萬事萬物的外在顯現的現象，才能彰顯出〝道〞的靜態本體所蘊含的本質特性與規律。

〝道〞是客觀的自然規律，〝德〞是〝道〞在人世間的外在體現，而〝德性〞是指人類認知體悟〝道〞本質特性的程度。而按照〝道〞的客觀規律行事，把〝道〞運用於人類社會上所產生的行為表現，我們稱之為〝德行〞。

由〝道〞的靜態本體自然而然所化生在〝德〞動態物質世界中的萬物，〝道〞就內在於天下萬物之中，因此，〝道〞是先天與生俱來的，至於人在此一生當中，是具有德性？還是不具有德性？就要靠每一個人後天修來，可見得如何修道立德非常重要，有〝德〞就能得而不失。

〝德〞從〝道〞中而來，它跟〝道〞的關係非常密切。但是人在一

生之中經常有得有失，這就代表和我們修道立德的方法，夠不夠牢固穩定息息相關。因此，老子在本章中明白的告訴我們，要如何建立自己的德性，也就是所謂的立德，其具體作為的原則、方法，與其德行在各領域中德化所產生的作用，及其德化拓展的過程與範圍。

「善建者不拔，善抱者不脫。」，〝上德〞之人修道立德所建立起的德性，根基深厚牢固，他不會輕易的動搖自己所建立的德性，也不會自己移除，外力更難以動搖拔除。〝上德〞之人固守〝道〞的本體，修道立德所建立起的德性，與〝道〞的本體合而為一，已達天人合一之境界，不會自我離棄，更不會受外在任何誘惑而脫離。固守著〝道〞而建立起自己的德性，「善建者不拔，善抱者不脫。」這兩句話指的就是我們通常所說的立德。

「子孫以祭祀不輟」，老子這句話的真正意思不單純在於一般的祭祀，也指文化及精神上的傳承，因此，這句話隱含著兩種意義：若〝上德〞之人的德行僅止於個人自身修養及在家庭中推行，則後代子孫對先祖深厚的德行，香火承傳，祭祀不斷，永遠追思景仰、緬懷在心。

若〝上德〞之人德行推廣普及天下，則〝高山仰止，景行行止〞，其高尚的德行受到後世萬人景仰，並以他的言行舉止作為行事的準則，美德懿行以為典範世代廣為流傳，其精神永遠活在人們的心中，文化長期發揚下去，永垂不朽。世人懷念〝上德〞之人的德行，照樣可以祭祀綿遠而不絕，如老子、孔子…等。

「修之於身，其德乃真。」，〝道〞是先天與生俱來的，內在於天下萬物之中，因此嬰兒具有無知無欲、質樸純真的天性，其本質特性處於天人合一的狀態。人在後天學習成長的過程中，由於受到外在的影響，逐漸遠離〝道〞的本質特性，不再有如嬰兒之純樸本質。

就如老子在第四十八章中所說：「為道日損，損之又損，以至於無為。」想要立德不拔、不脫，就要在個人身心、言行部分，逐日不斷的修正自己的錯誤，由偏離〝道〞返回合於〝道〞的正途，讓自己的德性去偽存真，反璞歸真，恢復自己原本純真質樸的本性，以至於與〝道〞的本體特性天人合一，內心無欲無求，知足常樂，而臻於陰陽平衡、和諧統一，自然而然，穩定又長久的〝無為〞境界，這就是修身的作用。

老子認為人世間〝德〞的建立形成與產生作用，及其德化拓展的過程與範圍，是先由個人修身立德做起，建立起不拔、不脫的德性之後，再藉著美德懿行為典範，以個人為中心，有如漣漪一般的往外擴散德化範圍，從內到外，由己及人，從修身到放眼天下，一環套一環，環環相

扣的拓展開來,持守大道的德行,逐漸能德化天下普羅大眾,在整個過程中,"道"都起到了決定性的德化作用,本章所強調的修道立德,最終德行能普遍德化天下,其根基就是在於修身。

老子在這裏所講的"上德"之人其德性的建立,及德行推而廣之,德化範圍普及天下的過程,和儒家內聖外王思想中的「八條目」內涵,基本上是相通的。內聖:是內而成就聖賢之德;外王:是外而推行仁政王道。實現內聖外王的方法:「格物」、「致知」、「誠意」、「正心」、「修身」、「齊家」、「治國」、「平天下」。

格物、致知、誠意、正心、修身被視為內聖之業;齊家、治國、平天下,則被視為外王之業。修道立德是建立德性以為體,是保存純真的天性,行道是發揮德性以為用,體用要合一。內聖與外王是不可分的,當人建立起德性成就內聖時,就已經建立了不拔、不脫的根基,同時也具備了行道成就外王的條件。

「窮理於事物始生之處,研幾於心意初動之時。」這句話我們可以與"道"、「八條目」、量子理論整合之後參考運用。老子在第二十一章中說:「孔德之容,惟道是從。」萬事萬物在客觀世界所呈現的內容與樣貌,都是"道"轉化成"德"的具體顯現。說明人的起心動念的意識信息內容,不論是"無欲",還是"有欲",就能影響"道"轉化成"德"之後,在客觀物質世界轉化成與信息相同內容樣貌的顯現,在世間影響此一事件未來的走向與最終的結果。

因此之故,當我們窮究事物的道理有此認知之後,必先要革除外在物欲之誘惑,修正不正確的觀念,端正好自己的心念意識,起心動念皆是真誠無妄,先修養好自己本身的德性,才能進而治理好自己的家庭,然後再進而治理好自己的國家,自己國家治理能夠上軌道之後,才能進一步使天下太平。

「**修之於家,其德乃餘。**」,第三十七章:「侯王若能守之,萬物將自化。」"上德"之人修道立德,已經建立起不拔、不脫的德性之後,家中成員自動受到"上德"家長德行的德化,後代子孫相承相隨,而得到"德"的餘蔭護佑。這句話的意思和《易經文言傳·坤卦》:「積善之家,必有餘慶;積不善之家,必有餘殃。」累積善行的人家,必有多餘的吉慶留給後代;累積惡行的人家,必有多餘的災殃留給後代,兩者之間的內涵,基本上是相通的。

「**修之於鄉,其德乃長;修之於國,其德乃豐;修之於天下,其德乃普。**」,當個人修身立德建立起不拔、不脫的德性之後,其德化範

圍以個人為中心，從內到外，由己及人，往外逐步的擴散發展，齊家之後進而推展到鄉里之間，鄉親之間和睦相處，安居樂業，德化的範圍也就進一步得到拓展而增長。

德化範圍再進一步拓展到國家的話，百姓對於〝無為而治，不言而教〞這種治國方式，絲毫感覺不到它的存在，只知道每天快樂的日出而作，日入而息，人人都能都能夠安居樂業，如此則德化的範圍也就更加的擴大了。同樣的道理，將德化的範圍推展至整個天下，必定能讓各國人民都能安居樂業，德化的範圍更加全面普及而實現天下大治。

「**故以身觀身，以家觀家，以鄉觀鄉，以國觀國，以天下觀天下。吾何以知天下然哉？以此。**」，〝上德〞之人能夠清楚認知〝天道〞，在理所當然，事所必然的狀況下，凡事不必走出家門親身去經歷或身臨現場目睹，就能依據〝天道〞其一定的規律與法則，去推知天下的事理，因此，能夠預先推測出天下萬事萬物發展的趨勢及其最終的結果。

行事沒有偏私利己之分別心，沒有想得到個人主觀意識慾望的滿足，在〝無欲〞的狀況下，一切作為自然而然、順其自然發展的行為，這就是合乎〝道〞的〝無為〞之道，其發展的趨勢及最終的結果，必然是長久處於和諧統一的穩定狀態。

行事有偏私利己的分別心，想要得到個人主觀慾望的滿足，以〝有欲〞之心刻意的有所作為，這就是與〝道〞相悖離的〝有為〞之道，其提早走向衰亡是必然的趨勢及最終的結果。

因此，用自身的修身之道來察看觀照別人的修身；以自家察看觀照別家；以自己鄉里來察看觀照別的鄉里；以自己的邦國來察看觀照別的邦國；以平天下之道來察看觀照天下。觀察對方所作所為與自己做一個對比，我們就可以知道其行事是〝無為〞之道？還是〝有為〞之道？是合乎〝道〞？還是與〝道〞相悖離？以此推論，就能夠預先推測出天下萬事萬物發展的趨勢及其最終的結果如何？

老子在第四十七章中說：「不出戶，知天下」，我怎麼會知道天下的情況之所以會如此呢？就是因為我用了以上的方法和道理之故。

第五十五章　　含德之厚

含德之厚，比於赤子。蜂蠆虺蛇不螫，猛獸不據，攫鳥不搏。骨弱筋柔而握固。未知牝牡之合而朘作，精之至

也。終日號而不嗄,和之至也。知和曰常,知常曰明。益生曰祥。心使氣曰強。物壯則老,謂之不道,不道早已。

◎**本章主旨**:上一章老子說〝上德〞之人修道立德要做到〝不拔,不脫〞的程度,所以在此以嬰兒做一個比喻,補充說明具有渾厚德性涵養的〝上德〞之人,其德性反璞歸真之後,在人身上的具體體現,就如同嬰兒一樣。

　　嬰兒初至人世,未受污染,血氣柔和,柔弱不懼,毫無傷人之心,亦無懼怕之意,不去冒犯眾物,所以也不會招致來自外物的傷害。嬰兒雖筋骨柔弱,但是生命力極為旺盛已達極致。心靈處於無私無我、無分別心、氣血柔和、陰陽兩氣,平衡和諧統一,已達極為穩定的狀態。與〝道〞陰陽平衡,和諧統一的靜態本體,是處於天人合一的狀態。

　　過度的養生違逆了自然陰陽和諧的規律,則自陷於死地的凶兆已顯,反而會事與願違。不要打破自然陰陽和諧統一的穩定狀態,若是受到心中偏私的慾念驅使,在行為情緒上意氣用事,做出逞強好鬥的強暴行為,都是與〝道〞相悖離,破壞了陰陽和諧統一穩定的狀態,其結果就是提早滅亡。

◎**重點提示**:本章之中「益生曰祥。」有關〝祥〞這個字,歷來各家注解者頗有爭議,有的認為這裡的〝祥〞指的是「災殃、不吉祥」之意;有的認為是「吉祥」之意。在漢典字義解釋中,〝祥〞:吉凶的預兆,預先顯露出來的跡象。可以特指吉兆,也可以特指凶兆,也就是〝祥〞字有兩種意義。

　　解釋成「災殃、不吉祥」意義者認為,老子說明破壞了陰陽平衡,和諧統一的自然規律,打破事物的這種自然平衡狀態,是不合乎〝道〞,逆〝道〞而行,就會提早走向衰敗滅亡。因此,「益生曰祥」之後的「物壯則老,謂之不道,不道早已」,就已經為此一〝祥〞字定義成「災殃、不吉祥」之意。

　　解釋成「吉祥」意義者認為,「物壯則老,謂之不道,不道早已」這段話,在第三十章中已經出現過一次,本章應該是錯簡重出,再加上全本《道德經》〝祥〞字連本章已經出現四次,第三十一章「夫兵者,不祥之器」、「兵者不祥之器」,第七十八章「受國不祥」。除本章之外,其餘三處都直接用了〝不祥〞,〝不祥〞就是「不吉祥」。因此,本章中這個〝祥〞應解釋為「吉祥」。

本書認為「益生」就是指違逆自然規律，而人為的刻意去增益自己生命壽限的行為，與〝生生之厚〞同義。再加上之後的「物壯則老，謂之不道，不道早已」提示，因此採用〝祥〞為「災殃、不吉祥」之解釋。

◎直譯：「含」：涵養。「厚」：修道立德的程度，〝道〞一般以深淺來論，〝德〞是以厚薄來論。「含德之厚」：〝上德〞之人德性涵養之渾厚。「比」：打個譬喻。「赤子」：初生的嬰兒。孔穎達疏：子生赤色，故言赤子。赤子、嬰兒是〝道〞的代稱之一。「比於赤子」：就好比有如出生的嬰兒。

「蜂」：又稱為胡蜂、馬蜂、虎頭蜂。毒性強者螫了人以後，就會死亡。「蠆」：音同瘥ㄔㄞˋ。蠍子一類的毒蟲。「蜂蠆」：當毒蟲講。「虺蛇」：音同毀。一種毒蛇。「蜂蠆虺蛇」：泛指毒蟲。「螫」：音同遮。毒蟲或毒蛇咬刺。「據」：猛獸以爪按住獵物。「攫」：音同決。鳥用爪迅速抓取。「攫鳥」：用爪搏擊的兇猛之鳥，如鷹、隼之類。「搏」：以腳取之為攫，以翼擊之為搏。

「握固」：拳頭握住得很緊。「牝牡」：動物的雌性與雄性。「未知牝牡之合」：尚不懂男女交合。「朘」：音同羧ㄙㄨㄟ。男孩的生殖器。「朘作」：生殖器勃起。「精」：能量。就是第二十一章〝道〞中所說的〝精〞。「至」：達到極致。「精之至也」：形容嬰兒精氣充沛，生命力極為旺盛已經達到極致，不需要人為心意控制，即能完成身體各機能的正常運作與發育。

「終日」：從早到晚，整天。「號」：嚎哭。「嗄」：音同煞。聲音沙啞。「和」：陰陽二氣和諧統一。「和之至也」：形容嬰兒心靈處於無私無我、無分別心、氣血柔和、無知無欲、陰陽兩氣和諧統一已經達到最極至穩定的狀態。「常」：恆久不變。指的是自然永恆不變的規律。

「知和曰常」：知道〝和〞就是陰陽平衡，和諧統一的狀態，是〝道〞靜態本體的本質特性，也是自然永恆不變的規律。「明」：英明、明智的上德之人。「知常曰明」：對永恆不變的自然規律有所認識和瞭解者，可以說是英明、睿智的上德之人。

「益」：增加。「益生」：縱欲貪生，過度養生。指違逆自然規律，而人為的刻意去增益自己生命壽限的行為。與〝生生之厚〞同義。「祥」：吉凶的預兆，預先顯露出來的跡象。可以特指吉兆，也可以特指凶兆，這裡表示不祥的凶兆之意。「心」：指心中偏私的慾念。「使」：驅使，放縱。「氣」：情緒。「心使氣」：意氣用事。「強」：逞強、強暴的行為。

410

「壯」：強壯、強盛。「老」：衰老。「不道」：不合乎〝道〞。「早」：提早。「已」：停止。衰敗滅亡。「不道早已」：萬事萬物都有其一定的生命周期，最終都會走向滅亡，但是打破事物的這種自然平衡狀態，就是不合乎〝道〞，是逆〝道〞而行，就會提早走向衰敗滅亡。

◎意釋：「含德之厚，比於赤子。」，〝道〞的靜態本體是萬物之母，其本質特性就是陰陽平衡，和諧統一又穩定長久狀態，最大的特徵就是〝自然〞。所以此一狀態下的萬物量子態，其自然化生的概率也最大，因此，在〝德〞動態物質世界中的萬物，不論是其個體內在，還是與外在與其它群體之間的生態關係，都與〝道〞的靜態本體的本質特性相脗合，是處於陰陽平衡，和諧統一的狀態。

老子在《道德經》中多次以嬰兒來作為〝道〞的代稱之一，最主要是因為嬰兒初至人世，未受污染，血氣柔和，柔弱不懼，在剛出生的一歲期間內，常處於無私無我、無分別心、天真柔和、無知無欲、順其自然的本性，與〝道〞陰陽平衡，和諧統一的靜態本體，是處於天人合一的狀態。

上一章老子說〝上德〞之人修道立德要做到〝不拔，不脫〞的程度，因為太過於抽象，所以在此以嬰兒做一個比喻，補充說明具有渾厚德性涵養的〝上德〞之人，其德性反璞歸真之後，在人身上的具體體現，就如同嬰兒一樣。

「蜂蠆虺蛇不螫，猛獸不據，攫鳥不搏。」，宇宙萬事萬物均為一體同源，整個宇宙是全體，由微觀到宏觀世界的任何一個部分，都是整個宇宙的縮影，包含了整體的信息，蘊藏著宇宙全部的規律與法則，整個宇宙不論大小都存在著相似性，相同類似者之間，都存在著深層次內在連結的量子糾纏特性，彼此之間保持聯繫，能夠超脫時空的限制而相互吸引、感應。

動植物能感知到人類意識中所負載的信息〈摘自拙著《量子世界的奧秘》一書〉。《列子·黃帝篇》記載，海上有人與海鷗相親近，互不猜疑，海鷗經常飛到他的身邊停留，一點都不怕人。有一天，其父親要他把海鷗捉回家來打牙祭。次日，當他再到海濱時，海鷗一開始就飛得遠遠的，不再靠近他。這是他心中要捕捉海鷗的意念發射出去，海鷗能感應到他不懷好意的信息之故。

筆者前往澳洲《易經》巡迴專題講演的時候，演講過後，有一位澳洲朋友前來告訴我：您現在講述海鷗的案例之後，我恍然大悟，確實有

這種情形。原來這位朋友的嗜好是養錦鯉，平時他一接近水池邊，錦鯉都會簇擁過來乞食，一點都不怕人。

有一天，他心裡想將某個錦裡拿來與朋友交換，當他接近水池邊的時候，所有錦鯉都離他遠遠的，當他要抓魚的時候，其它錦鯉雖然也是閃躲，但是沒有心目中的這一尾有如拼命似的亂竄。這件事情也就驗證了，連魚類都能感知人類心中的信息。

既然萬物均具有相互吸引、感應的能力，為甚麼動植物能感知到人類思想的信息，而我們人類反而不能感知到動物思想的信息呢？在遠古時期，原本人類也是具有相同的感知能力，由於五官功能的逐漸重視開發，此一感知能力也就相對的退化，漸漸的人類失去了此一功能。動物都有一項天賦的本能，毒蟲猛獸去攻擊人，不一定是為了獵食，大多數情況是基於我們對它們的威脅，毒蟲猛獸出於對自我的安全及領地的保護，才會去攻擊對方。

嬰兒與〝道〞的靜態本體天人合一，是處於陰陽平衡，和諧統一的狀態，嬰兒毫無傷人之心，亦無懼怕之意，心靈中純然物我兩忘，無求無欲，不去冒犯眾物，所以毒蟲之物都不會螫他，猛獸不會抓他，鷹鷲也不會攻擊他，因此也不會招致來自外物的傷害。赤子之所以至此者，唯無心也，所謂忘於物者，物亦忘之，彼雖惡而不傷，以其無可傷之地。

「蜂蠆虺蛇不螫，猛獸不據，攫鳥不搏。」老子這是在打個比方，不過這種事是確實存在，但並非絕對唯一。動物只有在害怕時，才會選擇攻擊或逃跑，如果您對牠們毫無敵意，這些動物能意識到您不會傷害牠，就會跟您和諧相處。

老子告訴我們，修道立德的最高境界，就是進入到〝無我〞的赤子最佳狀態。在第六十章中所說：「夫兩不相傷，德交歸焉」，及第二十三章：「同於道者，道亦樂得之；同於德者，德亦樂得之」，這些都是同樣的道理。

「**骨弱筋柔而握固。未知牝牡之合而朘作，精之至也。終日號而不嗄，和之至也。**」初生的嬰兒雖然筋骨柔弱，拳頭卻可以握得很常緊。尚不懂男女交合之事，但是男嬰兒的生殖器卻能勃起。這是因為初生的嬰兒精氣充沛，生命力極為旺盛已經達到極致之故，不需要人為的心意控制，即能完成身體各機能的正常運作與發育。無執而自握，無欲而自作，是以知其精有餘，而非心之所使也。

初生的嬰兒整天大聲哭號，嗓子卻不會沙啞，這是因為嬰兒心靈處於無私無我、無分別心、氣血柔和、無知無欲、陰陽兩氣平衡和諧統一，

已經達到極為穩定的狀態所致。嬰兒渾沌無知,與天地和合為一,陰陽兩氣平衡和諧,代表著心無它念,心本不動,而無哀傷怨慕之情,故陰陽兩氣和諧至極。

心動則使氣,使氣則氣傷,氣傷則號而沙啞。終日號而不沙啞,所以知其心不動而陰陽兩氣極調和已經達到極致之故。「精之至」是形容生命力極為旺盛。「和之至」是形容心靈無分別心,極為和諧統一。

「知和曰常,知常曰明。」,老子在第四十二章中說:「萬物負陰而抱陽,沖氣以為和。」"道"的靜態本體其本質特性是處於陰陽平衡,和諧統一的狀態,這種狀態最穩定長久。在"德"的動態物質世界中,陰氣與陽氣這兩者雖然是相互對立,但是在相互激盪、交互作用的過程中,我們追求的就是陰陽平衡,和諧統一,合乎自然規律,天人合一的最高境界。

初生嬰兒未受後天外在的影響下,是處於渾沌無知,陰陽平衡,動靜未分,陰陽和諧統一,與"道"天人合一的最高境界,也就是所謂的"和之至"。所謂的"陰陽平衡,動靜未分,陰陽和諧統一",指的就是心中念頭沒有偏私利己之分別心,沒有刻意來追求個人主觀慾望的滿足,一切行為以"無為"的方式,自然而然、順其自然發展,一切依"道"而行。

我們知道了"和"就是陰陽平衡,和諧統一的狀態,是"道"靜態本體的本質特性,在宇宙萬物運動發展自然規律中,陰陽平衡是最和諧穩定的狀態,懂得其中的奧妙皆在於"和",就是把握了"道"的本質和規律,能對永恆不變的自然規律有所認識和瞭解者,就是明智的表現,可以說是睿智英明的上德之人。

「益生曰祥。心使氣曰強。物壯則老,謂之不道,不道早已。」,萬物在初始階段雖然柔弱低下,但是生命力旺盛,充滿著生機,來日方長;萬物在強盛階段,其位階雖然高貴,但是已達物極必反的臨界點,每況愈下,最終走向衰亡是必然的結果。事物發展到達臨界點,就會向相反的方向發展,這是萬物發展必然的趨勢。

所以,當事情處於陰陽和諧、平衡統一狀態之時,是對我們最有利的狀態,此時我們就要依循"道"的原則自然而為,使其維持、或者延長這一和諧平衡狀態,不致到達走向衰敗的臨界點。

因此,老子提出"弱者道之用",要我們站在柔弱、低下、謙卑、不爭的一面,也就是站在事物發展趨勢最有利的地位,循"道"而行,自然而為,經過時間的推移,"強弱"與"剛柔"兩者之間由量變引起

質變，相互轉化是必然的結果。

　　前面所說的重點在於〝精之至〞與〝和之至〞，這兩項都是合乎〝道〞靜態本體的本質特性。〝精之至〞所強調的是，初生的嬰兒雖然柔弱，但是生命力極為旺盛，老子列舉「骨弱筋柔而握固。未知牝牡之合而朘作」來加以證明。在自然發展之下，生命自會找尋出路，完成身體各機能的正常運作與發育成長，不需要出自私欲刻意的有所作為去增益，否則揠苗助長，事與願違。

　　〝和之至〞強調的是心念意識要陰陽平衡，極為和諧統一。也就是不能為了追求滿足個人主觀的慾望，而有偏私利己之分別心，刻意的有心作為，要少私寡欲，平靜柔和，遇事隨順，順其自然。老子列舉「蜂蠆虺蛇不螫，猛獸不據，攫鳥不搏。」及「終日號而不嗄」來加以證明。

　　各種欲望的放縱和追求會導致我們迷失本性，若是縱欲貪生，肆意妄為過度的養生，違逆了自然陰陽和諧的規律，人為刻意去增益自己生命壽限的行為，則自陷於死地的凶兆已顯，反而會事與願違。

　　人要尊重陰陽平衡的規律，不要打破自然陰陽和諧統一的穩定狀態，若是受到心中偏私的慾念驅使，在行為情緒上意氣用事，完全受到欲念所支配，做出逞強好鬥的強暴行為，這些行為都是與〝道〞相悖離，也是陰陽不和諧的表現，破壞了陰陽和諧統一穩定的狀態，其結果就是提早滅亡。

　　在〝物極必反〞的自然規律下，任何事物發展到極致，都會朝著相反的方向轉化，萬事萬物過度強盛就會走向衰老。所以，我們做任何事情，都要掌握一個度，要適可而止，不然就會走向反面。老子在本章中啟發世人，陰陽平衡是事物運動發展所追求的最理想狀態，要善於保持事物陰陽平衡，和諧統一的最穩定狀態。否則，打破事物的這種自然平衡穩定狀態，就是不合乎〝道〞，逆〝道〞而行的結果，就是提早滅亡。

第五十六章　　知者不言

　　知者不言，言者不知。塞其兌，閉其門，挫其銳，解其紛，和其光，同其塵，是謂玄同。故不可得而親，不可得而疏；不可得而利，不可得而害；不可得而貴，不可得而賤。故為天下貴。

◎本章主旨：本章講的是修道立德的方法，強調〝和〞就是〝玄同〞，這是在《道德經》中很重要的觀念之一。想要修道立德之人，只有從實際行動中去體悟驗證，方能參悟而他人無法言傳的內涵，上德之人只能行不言之教，通過潛移默化去德化眾人。反之，凡是以教條的方式強行灌輸說教者，皆非真正明道的上德之人。

　　首先要堵塞住外在誘惑及心中嗜欲的孔竅，關閉和外界相通的門徑，摒除外在一切對感官誘惑的干擾，少私寡欲，避免陰陽失去平衡而產生偏私的分別心，破壞了和諧統一的德性。

　　上德之人將德行由己身往外推廣至天下之時，難免會遇到意見對立而產生紛爭之情事。此時應鈍挫自己鋒芒又高傲的銳氣，鈍化雙方尖銳的對立以化解紛爭。整合成雙方都能接受的意見，就算您視對方的意見為庸俗淺見，也要內斂鋒芒，與其無爭，而與您認為庸俗的淺見整合之後，化為和諧的統一體，這種與〝道〞的本體齊同之化異為同的作法，此一玄妙之處理方式，稱之為玄同。

　　上德之人看待萬物，本來就沒有任何差別待遇，全部一視同仁，對其而言，無親也無疏；無利也無害；無貴也無賤。能做到以開豁的心胸與無所偏私的心境去對待天下萬物，達到一種忘我、無我，與世混同的境界，這才是最珍貴的，所以能為天下人所尊重。

◎重點提示：

一、《道德經》中第四章與第五十六章的「和其光」、第四十二章「沖氣以為和」及第五十五章「知和曰常」，這裡面所說的〝和〞，指的都是同一件事情，〝和〞就是〝玄同〞，這是在《道德經》中很重要的觀念之一，要是不能深刻的體悟，很難完整的認識《道德經》的中心思想。有必要在此將其邏輯性重新整理一番，方便讀者能有更深一層的認知。

　　〝道〞的靜態本體其最大特徵就是一片混沌虛無，陰陽未判，動靜未分，處於陰陽平衡、和諧統一，長久穩定，無實體結構，是虛擬不確定的量子信息能量場。其中蘊含著陰陽自然的規律，及陰陽交互作用下產生千變萬化的可能狀況，只要您想得到的任何狀況都包含在內，只不過是處於靜態。

　　〝道〞的靜態本體此一大的量子信息能量場，充斥在整個宇宙之間，無遠弗屆，無處不在，包含著萬物的本身微觀世界之中。要是您的視線能縮小到微觀世界，則萬物都已融入到整個〝道〞的靜態本體此一大的量子信息能量場之中，是處於無實體結構，虛擬不確定的能量與物

質疊加狀態。也就是說，〝道〞的靜態本體是內在於萬物之中，〝道〞的靜態本體及〝德〞的動態物質世界構成整體的〝道〞。

二、萬物循著陰陽的規律，隨著時間的推移，陰陽不斷的交互作用而運動變化，在無形靜態的〝道〞與有形動態的〝德〞、〝無〞與〝有〞之間，相因相生，相互依存，相互轉化，生生不息，周而復始，循環往復，這種〝無〞與〝有〞、〝能量〞與〝物質〞、〝靜態〞與〝動態〞之間無中生有，由有化無，無盡轉化，就是〝道〞的完整展現。

在陰陽交互作用下，陰陽此消彼長，陰陽運動變化的過程中，〝道〞的靜態本體只顯示出陰陽平衡、和諧統一是最穩定的狀態，這就是〝道〞的靜態本體的本質特性，其餘各種狀況都無形的蘊含〝道〞體之中。其中陰陽平衡、和諧統一就是所謂的〝和〞，也就是〝玄同〞。在〝德〞動態物質世界中人事上的用語，就是「挫其銳，解其紛，和其光，同其塵」。

三、陰陽交互作用下所產生千變萬化的可能狀況，都是以概率來代表其化生在〝德〞動態物質世界的可能性，其中概率最大的自然化生成萬事萬物，也因此〝道〞具有「不自生」的特性。所化生的萬物都具有〝道〞靜態本體的本質特性，也因此老子經常提示我們，要返璞歸真有如嬰兒的本性。

在〝德〞的動態物質世界中，陰陽隨著時間推移而不斷的運動變化，人的意念偏向，能影響客觀環境事物本質的變化與事情的偏向。也就是說，事物發展的結果，可以受到人的思想意念改變而左右，人可以參贊天地之化育，與天地並列為三，在陰陽變化的過程中佔居主導的作用。

正常狀態之下，萬物自體都會維持在陰陽平衡，和諧統一的狀態下發展，在〝德〞的動態物質世界中，各自完成其一定的周期。因為人類的意識能左右陰陽變化的方向，所以在人世間行事時，當事情處於陰陽和諧、平衡統一，穩定長久狀態之時，也就是對我們最為有利的狀態，此時我們就要依循〝道〞的原則自然而為，使其維持、或者延長這一和諧平衡穩定的狀態，不致到達衰敗的臨界點。這也是老子再三的提醒我們，要修道立德，反璞歸真，以達德性與〝道〞體天人合一的境界。

四、由於人類受到外在的誘惑，心中意念分陰分陽，打破陰陽的平衡，就有如第二章中所說的，心中慾念有了善惡美醜的分別心，想要得到個人主觀慾望滿足的妄念，以〝有欲〞之心刻意的有所作為時候，已經破

壞了整體的平衡和諧，而與〝道〞背道而馳，如此就會提早滅亡。

老子在前兩章分別說明，修道立德建立起自己的德性，及將德行由己身往外推廣至天下，而含德之厚有如上德之人，在推廣德行之時，難免會遇到意見對立而產生糾紛之情事，要如何化解紛爭，和諧統一，化異為同，達到玄同的境界，這就是本章論述的重點。

◎直譯：「知者」：指的是明〝道〞有如上德之人。「不言」：不以教條式的方式說教。「知者不言」：〝道〞只可意會，無法言傳，上德之人只能行不言之教，通過實際行動去德化眾人。「言者不知」：以教條的方式強行灌輸說教者，皆非真正明道之人。

「塞」：堵塞。「兌」：《易經》八個基本卦之一，卦名，卦意代表誘惑，身體部分象徵口，隱喻孔竅。在此隱喻外在誘惑的出入的孔竅。「塞其兌」：堵塞住外在誘惑嗜欲的孔竅。「門」：門徑、途徑。「閉其門」：指的是關閉眼、耳、口、鼻、意等和外界相通心中慾念的門徑。

「挫」：消磨、鈍化。「其」：在這裡指的是自己。「銳」：尖銳。形容自己堅持的意見與對方落差極大。引申為因意見不同而產生尖銳的對立。「挫其銳」：消磨鈍化雙方因意見不同而產生尖銳的對立。「解」：化解。「紛」：紛爭。「解其紛」：化解雙方因意見不同尖銳對立所產生的紛爭。「和」：意指〝混合、調和〞。「光」：光彩。

「和其光」：混合各種不同的光彩為一色。引申混合雙方不同意見，整合成雙方都能接受的意見。「塵」：塵土，塵俗。引申為庸俗的事物。「同其塵」：就算您視對方的意見為庸俗之淺見，也要內斂鋒芒，與其無爭，而與您認為庸俗的淺見整合之後化為統一。「和光同塵」：形容與世俗混同，不突出自己，不露鋒芒，與世無爭。「玄同」：這種與〝道〞的本體齊同之化異為同的作法，此一玄妙之處理方式，稱之為玄同。

「不可得」：佛學術語，空之異名也。因為事物本來就沒有的緣故，也就是沒有任何東西可以得到，所以才是空。無私心就是空，有私心就是不空。「親與疏；利與害；貴與賤。」：是陰陽相對立的兩個面，有親就有疏；有利就有害；有貴就有賤。反之，無親就無疏；無利就無害；無貴就無賤。「不可得而親」：就是無親。「貴」：珍貴，尊重。

◎意釋：「知者不言，言者不知。」，老子在上一章中說：「知和曰常，知常曰明。」能夠明白陰陽平衡之下的〝和諧統一〞，就是〝道〞的本質特性，這種人可以說就是明〝道〞的上德之人。老子又說：「道可道，

非常道。」"道"的本體是形而上不可言喻的深奧哲理，只可意會，無法言傳，無法用言語文字來描述形容，可以用言語文字來加以描述形容的"道"，只是片面的一部分"道"，而不是完整有系統真正永恆不變的"道"。

想要修道立德之人，只有從實際行動中去體悟驗證方能參悟，含德深厚的上德明道之人是無法言傳的，只能處無為之事，行不言之教，通過潛移默化和因材施教的方式，因勢利導去德化眾人，因此稱之為「知者不言」。反之，凡是以教條的方式強行灌輸說教者，皆非真正明道的上德之人，因此稱之為「言者不知」。

真正悟道的人，心與道合，可是卻難以用言語表達，而老子撰文五千字的《道德經》，只是指引後世之人一個修道立德的方向而已，是指著月亮的那隻手，而非月亮〈道〉的本身。

「塞其兌，閉其門」，知和曰常，知常曰明。我們明白陰陽平衡之下的"和諧統一"，就是"道"靜態本體本質特性的常態之後，我們修道立德的時候，要如何才能做到"致中和"此一境界呢？首先我們要了解，萬事萬物在陰陽平衡之下，才能達到和諧統一穩定的狀態，要是陰陽之間失衡，就會打破平衡，產生對立糾紛，當然就不可能產生和諧統一的局面。

陰陽平衡指的就是陰陽未分，心中沒有偏私利己之分別心，沒有想得到個人主觀意識慾望的滿足，無私無我，沒成見，完全一視同仁，在"無欲"的狀況下，一切作為自然而然、順其自然發展的行為，這就是已臻"無為"的境界，達到和諧統一穩定的狀態。

陰陽失衡指的就是人受到外在的誘惑，心中意識有了偏私利己的分別心，想要得到個人主觀慾望的滿足，以"有欲"之心刻意的有所作為，這就是已經偏離"道"體，分陰分陽，破壞陰陽平衡，和諧統一穩定狀態的"有為"。萬物皆有度，和諧統一穩定狀態一旦遭受破壞之後，就會提早走向滅亡。天下之禍莫甚於私慾，天下之亂莫大於相爭。人之所以會與"道"相悖離，就是妄想得到個人慾望滿足的意念所造成的結果。

因此之故，我們想要保持陰陽和諧，平衡統一，穩定長久，對我們最為有利的狀態，老子要求我們先要堵塞住外在誘惑及心中嗜欲的孔竅，關閉眼、耳、口、鼻、意等和外界相通的門徑，摒除外在一切對感官誘惑的干擾，少私寡欲，停止向外追求，以求得內心的寧靜清澈，避免陰陽失去平衡而產生偏私的分別心，破壞了和諧統一的德性。

「挫其銳，解其紛，和其光，同其塵，是謂玄同。」"道"產生相

互對立的兩個面之後，陰陽相互間的作用下，對立也不是絕對不可改變的，兩者之間還是有交集的部份，此一部分是具有同一性，兩者還是可以相互交感而達到統一和諧的程度。事物都是互相矛盾而存在的，當雙方對立矛盾產生之後，要如何作為才能異中求同，求同存異的解決此一矛盾紛爭，以達到雙方意見一致、陰陽和諧的境界呢？

上德之人將德行由己身往外推廣至天下之時，難免會遇到意見對立而產生紛爭之情事，各人均從片面的觀點出發，堅持著自己的意見，以排斥別人的意見，因而是非紛紜，無所適從。要如何化解紛爭，化異為同，和諧統一達到玄同的境界呢？老子在本章中告訴我們正確的做法。

上德之人此時應異中求同，求同存異，鈍挫自己鋒芒又高傲的銳氣，不突出自己，消磨鈍化雙方因意見不同而產生尖銳的對立，化解雙方對立所產生的紛爭。混合雙方不同意見，整合成雙方都能接受的意見，就算您視對方的意見為庸俗淺見，也要內斂鋒芒，與其無爭，而與您認為庸俗的淺見整合之後，化為和諧的統一體。這種與〝道〞的本體齊同之化異為同的作法，此一玄妙之處理方式，稱之為玄同。

「**故不可得而親，不可得而疏；不可得而利，不可得而害；不可得而貴，不可得而賤。故為天下貴。**」，上德之人能做到與〝道〞的本體合一玄同的境界，就代表已達陰陽未分，陰陽平衡，和諧統一的最高境界，就如老子在第五章中所說：「天地不仁，以萬物為芻狗；聖人不仁，以百姓為芻狗。」上德之人無偏無私，無愛無憎，萬物全部一視同仁，不會有任何偏愛之心。

不可得而親就是無親，不可得而疏就是無疏，以此類推。本章中六個〝不可得〞，指的是上德之人看待萬物，本來就沒有任何差別待遇，全部一視同仁。因此之故，對其而言，無親也無疏；無利也無害；無貴也無賤。

上德之人能夠摒除私欲，不露鋒芒，超脫紛爭，混同塵世，不分親疏、利害、貴賤，做到與〝道〞的本體合一之玄同，以開豁的心胸與無所偏私的心境去對待天下萬物，達到一種忘我、無我，與世混同的境界，這才是最珍貴的，所以能為天下人所尊重。

第五十七章　　治國之道

以正治國，以奇用兵，以無事取天下。吾何以知其然

哉？以此。天下多忌諱，而民彌貧；民多利器，國家滋昏；人多伎巧，奇物滋起；法令滋彰，盜賊多有。故聖人云：我無為，而民自化；我好靜，而民自正；我無事，而民自富；我無欲，而民自樸。

◎**本章主旨**：本章老子延續上一章〝道〞的核心內容「陰陽平衡，和諧統一」，將〝天道〞自然的思想，轉化到〝人道〞上，因此，提出了可以長久和諧穩定發展的〝無為而治〞治國思想。

老子說明以正治國，以奇用兵的治國方式，都是偏離〝道〞體的〝有為〞之道，有正必有奇，以正治國則奇正起也。這種以正治國制定很多法令讓人民遵守的〝有為〞方式，本末倒置，天下大亂只是遲早的事情，無法避免繼之而來的就是以奇用兵，均非治國的長久之道。老子強調唯有「以無事取天下」的〝無為〞之道，才是治國之長久之道。

老子提出了領導者統治者的治國方案，要做到〝無為〞、〝好靜〞、〝無事〞、〝無欲〞的境界，那麼人民就會因為受到盛德的感化，自然而然地走上正道，既生活富裕又淳樸善良，強調自然無為，無為而無所不為的道理。

◎**重點提示**：「以正治國，以奇用兵，以無事取天下。」這句話是全章立論的重點，也是此章經文的主題。今人注釋多錯會老子經文本意，以為老子是在讚揚以正治國和以奇用兵，第一個鈕扣扣錯，後面注解就有失偏頗。

本章是延續上一章進一步來闡述說明〝道〞的核心內容「陰陽平衡，和諧統一」。上德之人能夠摒除私欲，不露鋒芒，超脫紛爭，混同塵世，不分親疏、利害、貴賤，做到與〝道〞的本體合一之玄同，達到陰陽平衡，和諧統一最穩定常久的最高境界。老子將〝天道〞自然的思想，轉化到〝人道〞上引述，因此，提出了可以長久和諧穩定發展的〝無為而治〞治國思想。

前二句的治國方式，都是偏離〝道〞體的〝有為〞之道，有正必有奇，奇正相依，以正治國必至以奇用兵，這兩者是因果的關係，皆非治國的長久之道。老子強調唯有「以無事取天下」的〝無為〞之道，才是治國之長久之道。無為而治是以道治國，法令治國則是有為治國。

◎**直譯**：「正」：標準。正道。指的是在當下的時空中，絕大多數人公

認這件事情就是應該如此的作為,這就是所謂正道。某些事情所謂的正道,是會受時代的變遷而改變的。例如女孩穿迷你裙在以前舊社會是不合乎正道,但是在現代的社會就是一件普通事情。「奇」:詭道。奇與正就如同陰陽,是不可分割的一體兩面,有正就有奇。在此形容出人意料的,詭變莫測,非正規的詭詐之道。

「以正治國」:就是立法令禁止言行。當時天下絕大多數國家,都是以行政法律來治理國家,公認為是治國的長久之道,也是一個治國的標準,而且已經蔚為風氣,形成正道。有正就有奇,這種〝有為〞的方式治理國家,違背〝道〞〝無為〞的法則,非長久之道,爾後形成亂世之後,詭詐的軍事行動就會發生。

「以奇用兵」:以行政法律〝有為〞的方式來治理國家,必將天下大亂,就已經埋下爾後用詭詐之軍事行動來征伐的惡果。也就是〝以正治國〞是因,爾後無法避免〝以奇用兵〞的惡果,必將導致流血戰爭。

「無事」:不發動戰爭或不多事、不擾民,無繁苛政舉的擾亂民生之事。「以無事取天下」:治理國家要長久不變,恪守〝無為而治〞的法則,不造作生事,要以不發動戰事和不擾亂民眾作為根本。「吾何以知其然哉」:我為什麼知道這個道理呢?「哉」:表示疑問或反問的語氣。「以此」:就是以下這段話為根據,給我的啟示。

「忌諱」:禁忌、避諱。「彌」:更加。「利器」:投機取巧以利己之權謀。「滋」:滋生增長。「昏」:昏暗,混亂。「伎巧」:技巧,智巧。「奇物」:稀奇古怪的東西。「滋彰」:滋生繁多,愈加顯著。「自化」:受到道德感應自我轉化而遵循〝道〞的規律。一般的用語,就是潛移默化,也就是所謂的德化。「自正」:自我導正後自然純正。

◎**意釋**:上一章中老子說明,上德之人能夠摒除私欲,不露鋒芒,超脫紛爭,混同塵世,不分親疏、利害、貴賤,做到與〝道〞的本體合一之玄同。〝道〞的本體代表陰陽未分,陰陽平衡,和諧統一最穩定常久的最高境界,是以開豁的心胸與無所偏私的心,去對待天下萬物,達到一種忘我、無我,與世混同的境界。老子將〝天道〞自然的思想,轉化到〝人道〞上,因此,提出了可以長久和諧穩定發展的〝無為而治〞治國思想。

所謂〝無為〞,就是沒有偏私利己之分別心,無親也無疏;無利也無害;無貴也無賤,沒有想得到個人主觀意識慾望的滿足,在〝無欲〞的狀況下,無私無我,沒成見,完全一視同仁,一切作為自然而然、順

其自然發展的行為,這就是〝無為〞,這種作為在任何一個領域都可以長久和諧穩定發展。

所謂〝有為〞,就是人受到外在的誘惑,心中意識有了偏私利己的分別心,有親就有疏;有利就有害;有貴就有賤,想要得到個人主觀慾望的滿足,以〝有欲〞之心刻意的有所作為,已經偏離〝道〞體,分陰分陽,破壞了陰陽平衡,和諧統一的穩定狀態,這就是〝有為〞,這種刻意的有所作為,在任何一個領域都不可能維持長久和諧,提早進入大亂的局面是必然的結果。

「以正治國,以奇用兵,以無事取天下。」,這段話是本章的重點,先是說明前二句的治國方式,都是偏離〝道〞體的〝有為〞之道,有正必有奇,以正治國則奇正起也,繼之而來的就是以奇用兵,都非治國的長久之道。老子強調唯有「以無事取天下」的〝無為〞之道,才是治國之長久之道。

老子所處的時代是春秋時期,當時天下絕大多數國家,都是以行政法律〝有為〞的方式來治理國家,當時公認為是治國之長久之道,而且已經蔚為風氣,形成正道。奇與正就如同陰陽,是不可分割的一體兩面,有正就有奇,這種〝有為〞的方式治理國家,已經違背〝道〞的本體自然〝無為〞的法則,非長久之道。

以〝有為〞的方式制定很多法令讓人民遵守,這種本末倒置〝以正治國〞的方式,天下大亂只是遲早的事情,無法避免〝以奇用兵〞的惡果。出人意料,詭變莫測,詭道的軍事行動緊接著就會發生,必將導致流血戰爭,詭道可用之於兵,但是不可用以治國,亦未足以取天下。老子在第二十九章就曾經說過:「天下神器,不可為也,不可執也。為者敗之,執者失之。」

老子在第四十八章中說:「取天下常以無事,及其有事,不足以取天下。」,治理國政想要獲得天下人的支持,成為天下人的領導者,就要長久不變恪守〝無為而治〞的法則,沒有私慾妄見,不以個人意志妄作干預,不造作生事,要以不發動戰事和不多事、不擾民作為根本,讓人民自然順性地化育發展,天下自然和諧穩定,天下太平,達到〝我無為而民自化〞的效果,以〝無為〞之道來治國,這才是治國治民維持和諧穩定局面的長久之道。

大同社會是〝無為而治〞,小康社會是〝有為而治〞。公天下是〝無為而治〞,私天下是〝有為而治〞。〝無為而治〞是治國的長久之道,〝有為而治〞則非治國的長久之道。

「吾何以知其然哉？以此。」，老子說：我為什麼會知道〝以正治國〞及〝以奇用兵〞都不足以治理天下，唯有〝以無事取天下〞的〝無為而治〞，才是治理天下的長久之道呢？就是以下這段話為根據，給我的啟示。

「天下多忌諱，而民彌貧；民多利器，國家滋昏；人多伎巧，奇物滋起；法令滋彰，盜賊多有。」，天下之禍莫甚於私慾，天下之亂莫大於相爭。人之所以會與〝道〞相悖離，就是以偏私之分別心，妄想得到個人慾望滿足的意念所造成的結果。

一國之領導統治者在治理國政時，若是單憑個人主觀意識喜惡，為了滿足自身私慾，非要用智謀的手段，處心積慮、極盡所能無事生非，刻意的有所作為，去做那些自以為是的多餘之事，在陰陽失衡之下，和諧統一穩定的狀態必定會遭受破壞，負面之情事就層出不窮，天下大亂之後，這個國家就會提早走向滅亡。

領導統治者由於為了滿足個人私慾，發佈禁忌太多的政令，或人主多忌諱，防民之口，禁言禁行，就不能便民，人民就無法順利的工作，無法順利工作，農、工、商生產就會減少，下情又不能上達，人民貧苦無處申告，所以人民生活中在物質和精神上就會越來越貧困。

發佈忌諱、禁忌太多的政令，民眾生活就愈貧困，上有政策，下有對策，民眾愈貧困就容易發生鑽法律漏洞，產生投機取巧以利己之權謀，因此天下大亂，國家就會陷入混亂的狀態。

國家混亂不安之下，人民的機巧心智就會越來越多，不重視農業生產的技巧太多，稀奇古怪非民生必需品的東西就愈多，人的慾望也愈來愈大，邪風怪事就越鬧得厲害，人民不務本業而趨末技，民生必需的物資更加缺乏，人民則更加的貧困。

領導統治者為了避免邪風怪事盛行，法令條文就會越來越森嚴，在法令日益孳生的時期，就是道德仁義失落的時候。惡性循環之下，國家農事荒廢，人民食不果腹，生活艱難，民不聊生，人民不知所措之下，只好去偷竊和搶劫財物，以及做一些違法亂紀的事情，因此盜賊就會愈來愈多，此時則天下已經大亂。

老子就是受到上述情形的啟發，獲知〝以正治國〞是偏離〝道〞體的〝有為〞之道，天下大亂只是遲早要發生的事情，無法避免〝以奇用兵〞的必然結果，非治國的長久之道。因此強調唯有「以無事取天下」的〝無為〞之道，才是治國之長久之道。

「故聖人云：我無為，而民自化；我好靜，而民自正；我無事，

而民自富；我無欲，而民自樸。」，領導統治者要如何行〝無為〞之道，才是治國之長久之道呢？所以具有〝上德〞德性的聖人說：只要領導統治者沒有偏私利己之分別心，沒有想得到個人主觀意識慾望的滿足，在〝無欲〞的狀況下，無私無我，一切作為自然而然、順其自然發展，這就是〝無為〞，人民自動的就會受到德化，國家就可以長久和諧穩定的發展。

　　領導統治者虛心恬淡，不妄動，不燥動，按部就班，循序漸進，處無為之事，行不言之教，人民受到德化，相率自我導正，民風自然逐漸純正。不實施禁忌太多的政令，無徭役徵召之事，不奪民時，不妨民事，不干擾人民的行動與安寧，不多事、不擾民，則人民安居樂業，自然康富。領導統治者不貪慕享樂，沒有為滿足個人私慾而恣意妄為之心，見素抱樸，少私寡慾，上行下效，人民則受德化而歸於純樸。

　　老子提出了領導統治者的治國方案，要做到〝無為〞、〝好靜〞、〝無事〞、〝無欲〞的境界，那麼人民就會因為受到盛德的感化，自然而然地走上正道，既生活富裕又淳樸善良，強調自然無為，無為而無所不為的道理，與老子在第三十七章中所說的意境相同：「道常無為而無不為。侯王若能守之，萬物將自化。化而欲作，吾將鎮之以無名之樸。無名之樸，夫亦將無欲。不欲以靜，天下將自定。」

第五十八章　　禍福相依

　　其政悶悶，其民淳淳；其政察察，其民缺缺。禍兮福之所倚，福兮禍之所伏。孰知其極？其無正也。正復為奇，善復為妖。人之迷，其日固久。是以聖人方而不割，廉而不劌，直而不肆，光而不燿。

◎**本章主旨**：自第五十五章起至本章止，老子是在闡述〝道〞的核心內容「陰陽平衡，和諧統一」。說明陰陽平衡代表著在〝無欲〞的狀況下，無偏私利己之心，一切作為自然而然，這種陰陽和諧狀態最穩定長久，轉化至國政治理方面，就是〝無為而治〞。

　　當人的意識有偏私利己的分別心，在〝有欲〞的狀況下，想要得到個人慾望的滿足而刻意的有所作為，此時偏離了〝道〞的正途，陰陽就已經失去平衡，打破了陰陽和諧穩定的狀態，萬事萬物就會往負面發展

而提早結束,「其政察察,其民缺缺」,「以正治國,以奇用兵」就是最好的說明。

　　禍福是陰陽的一體兩面,兩者相依相存,相互轉化,〝禍〞發展到極致,就會有往〝福〞這個面轉化的趨勢。〝福〞發展到極致,物極必反,就有往〝禍〞這方面轉化的趨勢,〝禍〞與〝福〞這兩者之間相互依存,也相互轉化,譬如晝夜寒暑之相互代換,這是宇宙自然永恆不變的規律。

　　事情發展到最後,其最終的結果究竟是〝禍〞?還是〝福〞呢?並無一定的標準,具有極高的不確定性。在您沒有抉擇之前,此一事件最終的結果是不存在的,您的抉擇會影響事件未來的走向與最終的結果,不同的抉擇就有天壤之別的結果。終究如何?還要看事態的變化發展和主觀的努力如何而定。

　　只要是出自於〝有欲〞之分別心,而偏持一端的刻意有所作為,就會打破〝道〞的靜態本體陰陽平衡,和諧統一的穩定狀態,事物也會往相對立的一面發展,因此,「正復為奇,善復為妖。」是必然的結果。

　　所以,上德之聖人為人處事採取「挫其銳,解其紛,和其光,同其塵」的原則,為人處事外圓內方,能求取平衡而不偏持一端,做事既有原則,又能保持和諧的關係,不會傷害他人,做到與〝道〞的本體合一之玄同,達到陰陽平衡,和諧統一最穩定長久的境界。

◎**直譯**:「悶悶」:好靜無欲的表現。形容該人對事物渾然不覺差異,不靈活或不作聲,無所識別區分的樣子。「其政悶悶」:形容〝無為而治〞之下的為政者,無為、無事、不欲以靜,悶聲無動靜,一切作為自然而然、順其自然發展,似乎晦暗不明,無事可為,毫無政績可舉的樣子。

　　「淳淳」:音同純。純樸敦厚的樣子。「其民淳淳」:人民過著沒有干擾的生活,回歸到自然淳樸的狀態,民風自然純樸敦厚。「察察」:形容凡事觀察細微,明察秋毫,錙銖必較的樣子。這裡指的是反覆審核調查,嚴厲監管的樣子。

　　「其政察察」:形容〝有為〞之道的為政者,嚴刑峻法,嚴厲監管人民的生活。「缺缺」:狡點、抱怨、不滿意、憂慮不安的樣子。「其民缺缺」:人民在嚴刑苛罰的政治下,就會產生狡點、抱怨、不滿意、憂慮不安的心態與行為。

　　「禍」:災難、災害。「兮」:助詞。用於句中或句末,相當於〝啊〞。「倚」:依傍,相依相隨。「禍兮福之所倚」:吉凶禍福是陰陽不可分離

的兩個相對立面,兩者相依相存,相互轉化,〝禍〞發展到極致,就會有往〝福〞這個面轉化的趨勢。「福」:祥也。「伏」:藏伏。「福兮禍之所伏」:依照陰陽的規律,〝禍〞就藏伏在〝福〞的對立面,〝福〞發展到極致,物極則反,就有往〝禍〞這方面轉化的趨勢。

「孰」:誰。「極」:極致。「其極」:事情發展到最後終了。「孰知其極」:誰知道事情發展到最後,其結果究竟是禍?還是福呢?「正」:一定的標準。「其無正也」:究竟是禍?還是福?並無一定的標準,具有不確定性。

「正」:正常,正道。「復」:轉化。「奇」:不正常,反常,非正道。「正復為奇」:正常最終朝向不正常轉化。「善」:善良,好的狀態。「妖」:邪惡。違反自然常理的事物或現象,稱之為妖。「善復為妖」:善良最終會朝向邪惡轉化。「人之迷」:人們迷失於〝道〞的正途,同時也迷惑於吉凶禍福最後為何會轉化,其道理究竟何在?「其日固久」:時間已經很久了。

「方」:有稜角,這裡指做事有原則。「割」:割傷他人。「方而不割」:為人處事外圓內方,能求取平衡而不偏持一端,做事既有原則,又能保持和諧的關係,不會傷害他人。「廉」:銳利。「劌」:音同貴。劃傷。「廉而不劌」:有稜邊而不至於割傷別人。比喻為人廉正寬厚又不傷人。

「直」:坦直率真。「肆」:放肆,任意而無所忌憚。「直而不肆」:為人坦直率真又不放肆。「光」:光亮。「燿」:同耀。炫耀,照耀。「光而不燿」:形容光亮而不刺眼。才華謙虛內斂,不露鋒芒,不炫耀於人,不惹人刺目。

◎意釋:「其政悶悶,其民淳淳」,對〝道〞能有深刻領悟,上德之領導者統治者,沒有偏私利己之分別心,沒有想得到個人主觀意識慾望的滿足,在〝無欲〞的狀況下無為而治,治理國政時能虛心恬淡,不妄動,不燥動,按部就班,循序漸進,一切作為自然而然、順其自然發展。

〝無為而治〞之下的為政者,治理國事一切作為順應自然,不實施有禁忌的政令,無徭役徵召之事,不奪民時,不妨民事,避免干擾人民日常作息,〝處無為之事,行不言之教〞來教化百姓,使天下人民不知不覺的自我受到德化。為政者無為、無事、不欲以靜,一切國政作為似乎晦暗不明,悶聲無動靜,毫無政績可舉的樣子。

領導者統治者不貪慕享樂,沒有為滿足個人私慾而有恣意妄為之心,見素抱樸,少私寡慾,不多事、不擾民,在〝無為而治〞之下的人

民生活，由於沒有過重的賦稅刑罰，過著沒有干擾的生活，日出而作，日入而息，上行下效之下，人民受到領導者統治者的德化，摒棄私念而不妄為，相率自我導正，則人民生活富足，安居樂業，民風自然純樸敦厚，國家呈現一片可長久的太平安定祥和局面。

「其政察察，其民缺缺。」治理國政與〝道〞相悖離的為政者，心念意識有偏私利己的分別心，心存〝有欲〞之非分之想，妄想在政績上面得到個人主觀慾望的滿足，而在國政上雷厲風行苛刻的政令，嚴刑峻法，凡事觀察細微，明察秋毫，錙銖必較，反覆審核調查，嚴厲監管人民的生活，行〝有為〞之道，刻意的有所作為。

人民在嚴刑苛罰的政治下，非但不會摒棄私念，安分守己，反而會為了滿足私慾而相互爭奪，機巧奸詐的鑽法律漏洞以規避法令，同時也會產生狡黠、抱怨、不滿意、憂慮不安的心態與行為。

惡性循環之下，農事荒廢，人民食不果腹，生活艱難，當人民所能承受的壓力已達到極限的時候，只好去偷竊和搶劫財物，以及做一些違法亂紀的事情，因此盜賊就會愈來愈多，此時國家社會必然會發生逆亂情事。以正治國則奇正起也，繼之而來的就是以奇用兵，以〝有為〞之道治國，就會提早滅亡，難以長久的維繫下去。

有句諺語：水至清則無魚，人至察則無徒。說明河水如果清澈見底，魚兒沒有棲身躲藏的空間，則難以生存；人如果太過精明，事事明察秋毫，容不得他人有小小的過錯而經常加以指正，這種嚴厲苛刻的個性與作為，久而久之，他人敬而遠之，朋友就會愈來愈少。

「其政察察，其民缺缺。」也是同樣的道理，這是人之常情，人民都不喜歡違反自然的〝有為〞之道治國方式，這種治國方式無法維繫長久，因此人民與統治者之間出現摩擦以至於矛盾衝突，就是必然的結果，只是時間早晚的問題。

「禍兮福之所倚，福兮禍之所伏。」，〝道〞靜態本體的本質特性就是陰陽未分，陰陽平衡，和諧統一最穩定長久的狀態。陰陽平衡代表著在〝無欲〞的狀況下，無偏私利己之心，一切作為自然而然、順其自然發展，這種陰陽和諧狀態最穩定長久，轉化至國政治理方面，就是〝無為而治〞。

反之，當人的意識有偏私利己的分別心，在〝有欲〞的狀況下起心動念，想要得到個人主觀慾望滿足而刻意的有所作為，此時偏離了〝道〞的正途，陰陽就已經失去平衡，打破了陰陽和諧穩定的狀態。在陰陽交互作用運動變化之下，隨著時間的推移，萬事萬物就會往負面的方向發

展而提早結束生命周期。

因此,任何正面的〝有為〞之道,在經過一段時間漸進式的推移之後,都會往負面轉化成您不想要的一面。就有如老子所說的「其政察察,其民缺缺」,「以正治國,以奇用兵」。

〝道〞靜態本體所蘊含的陰陽規律,陰陽這兩個面相依相隨,誰也不能脫離對方而獨立存在。在〝德〞動態物質世界中,正常狀況下,萬物循著陰陽的規律,隨著時間的推移,陰陽不斷的交互作用而運動變化,相因相生,相互依存,相互轉化,生生不息,周而復始,循環往復。

天地無處不陰陽,吉凶禍福是陰陽不可分離的一體兩個相對立面,兩者相依相存,相互轉化,〝禍〞發展到極致,就會有往〝福〞這個面轉化的趨勢。〝禍〞就藏伏在〝福〞的對立面,〝福〞發展到極致,物極必反,就有往〝禍〞這方面轉化的趨勢,〝禍〞與〝福〞兩者之間相互依存也相互轉化,譬如晝夜寒暑之相互代換,這是宇宙自然永恆不變的規律。

通過這句話我們知道,任何好事的背後都潛伏著災禍,但是災禍並非永久存在的;災禍的反面就是幸福,「塞翁失馬,焉知非福」這是我們都知道的典故。在風水方面有一句口訣:「十年風水輪流轉」,「三十年河東,三十年河西」,也是說明陰陽相互轉化的道理。

「**孰知其極?其無正也。**」,既然「禍兮福之所倚,福兮禍之所伏。」,誰知道事情發展到最後,其最終的結果究竟是〝禍〞?還是〝福〞呢?老子說:並無一定的標準,因為事情發展其最終的結果,並非絕對不可改變的,是〝禍〞?是〝福〞?具有極高的不確定性。也就是說,對立面必須在一定的條件下,才可以相互轉化,不具備一定的條件,是不能轉化的。例如必須經過時間的推移,由量變到質變;及人為推動力量的大小。

為甚麼會有這種不確定狀況存在呢?按照量子科學理論來說,〝道〞的靜態本體是一片混沌虛無的量子信息能量場,這件事情最終的結果,〝福〞與〝禍〞是量子系統中兩種量子態的疊加,都是以概率大小來代表它的存在。

「禍兮福之所倚」這句話,代表按照陰陽規律發展的趨勢來說,最終的結果〝福〞的概率要比〝禍〞大得很多,我們就以〝福〞的概率為90%,〝禍〞的概率為10%來做比喻,〝福〞與〝禍〞兩種狀況的發生都有可能,只是概率大小不同而已。

人世間的事情,我們可以概略的分類成:正確的抉擇就有正面的結

果；錯誤的抉擇就會有負面的結果。人的心念意識偏向，能影響客觀環境事物本質的變化與事情的偏向。也就是說，這件事情最終發展的結果，可以受到人的思想意念改變而左右。事情在人未做出最後抉擇之前，其最終的結果是處於不確定的量子疊加態，也就是〝福〞與〝禍〞都有可能。

當您做出正確的抉擇，您量子意識所負載的信息，就會與量子系統中〝福〞這個量子態產生內在的糾纏連結，導致〝福〞的概率由90%轉化成100%，同時〝禍〞的概率由10%崩潰歸零，因此〝福〞就會由量變到質變，在宏觀世界體現出來。

反之，當您做出錯誤的抉擇，您量子意識所負載的信息，就會與量子系統中〝禍〞這個量子態產生內在的糾纏連結，導致〝禍〞的概率由10%轉化成100%，同時〝福〞的概率由90%崩潰歸零，〝禍〞就會由量變到質變，在宏觀世界體現出來。

同理可證，「福兮禍之所伏」這句話，代表按照陰陽規律發展的趨勢來說，最終的結果〝禍〞的概率要比〝福〞大得很多，我們就以〝禍〞的概率為90%，〝福〞的概率為10%來做比喻，〝福〞與〝禍〞兩種狀況的發生都有可能，只是概率大小不同而已。

當您做出正確的抉擇，您量子意識所負載的信息，就會與量子系統中〝福〞這個量子態產生內在的糾纏連結，導致〝福〞的概率由10%轉化成100%，同時〝禍〞的概率由90%崩潰歸零，〝福〞就會由量變到質變，在宏觀世界體現出來。

反之，當您做出錯誤的抉擇，您量子意識所負載的信息，就會與量子系統中〝禍〞這個量子態產生內在的糾纏連結，導致〝禍〞的概率由90%轉化成100%，同時〝福〞的概率由10%崩潰歸零，〝禍〞就會由量變到質變，在宏觀世界體現出來。

人之通病，久處太平之年，心滿意足之餘，人們通常容易耽於逸樂而生苟安怠惰之心，若不能居安思危，慎終如始，堅守正道，則〝福〞就會朝向反面〝禍〞這個方向轉化，是對〝福〞的否定，初〝福〞也就轉變成終〝禍〞。「生於憂患，死於安樂」，此時應居安思危，防患未然，若能事先經過主觀的努力預作防範，最終還是可以化險為夷。

這就是老子所說「孰知其極？其無正也。」其中科學的依據。在您沒有抉擇之前，此一事件最終的結果是不存在的，您的抉擇會影響事件未來的走向與結果，不同的抉擇就有天壤之別的結果。所以說，任何一件事情其最終的結果是〝福〞或〝禍〞？是〝吉〞或〝凶〞？均非絕對

的存在,都是一種不確定的可能性,終究如何?還要看事態的變化發展和主觀上正面的努力如何而定。

有句諺語:「禍福無門,惟人所招」。遭受〝福〞或〝禍〞,〝吉〞或〝凶〞沒有什麼門徑,也非上天註定而不可改變的,全都是自己心念意識的抉擇所造成的結果,〝一念天堂,一念地獄〞,吉凶禍福都在自身的掌握之中。禍福之機,端在人心之所萌,若其動機為善,則禍轉化為福;若其動機不善,則福轉化為禍。

「正復為奇,善復為妖。人之迷,其日固久。」,在人世間這種原先正常,發展到最後轉化成不正常;原先是善良,發展到最後轉化成邪惡;原先是福氣,發展到最後轉化成禍殃,類此現象在人世間比比皆是。人們迷失其純樸之本性,悖離〝道〞的法則,迷失在〝道〞的正途中,同時也迷惑於為何善惡相隨,福禍相倚,不知事物相對立的兩個方面,可以相互依存,互相轉化自然規律中的道理,這種現象由來已久。

只要是出自於〝有欲〞之分別心,而偏持一端的刻意有所作為,就會打破〝道〞的靜態本體陰陽平衡,和諧統一的穩定狀態,此時就陷入陰陽運動變化〝反者道之動〞的趨勢中,事物也會往相對立的一面發展,因此,「正復為奇,善復為妖。」是必然的結果。

「是以聖人方而不割,廉而不劌,直而不肆,光而不燿。」,〝道〞的核心內容「陰陽平衡,和諧統一」。德性高深的上德之人,了解如果破壞了陰陽平衡,和諧統一的穩定狀態,您不希望的那一面最後就會發生。上德之人其為人處事採取「挫其銳,解其紛,和其光,同其塵」的原則,摒除私欲,不露鋒芒,超脫紛爭,混而一同,做到與〝道〞的本體合一之玄同,達到陰陽平衡,和諧統一最穩定長久的境界。

舉凡事物,方正就顯得突兀,有稜角就容易刺傷人,是直的就莽撞,光亮就容易刺人眼目。所以,上德之人其為人處事外圓內方,能求取平衡而不偏持一端,做事既有原則,又能保持和諧的關係,不會傷害他人。為人清廉,可是在處事方面又很寬厚,絕不疾惡太嚴,或苛刻太甚,雖有稜邊又不至於傷害到他人。為人坦直,可是絕不直率得過於放肆,任意而無所忌憚。心性光明,才華卻不浮於表面,謙虛內斂,不露鋒芒,絕不炫耀他人,惹人刺目。

這裡面「方」、「廉」、「直」、「光」,都是上德之人的具體形象,但是聖人又能顧慮到不能偏執一端,避免相對立的那一面傷害到他人,因此「不割」、「不劌」、「不肆」、「不燿」,就是做到了「陰陽平衡,和諧統一」的境界。

第五十九章　治人事天

治人事天，莫若嗇。夫唯嗇，是謂早服；早服謂之重積德；重積德則無不克；無不克則莫知其極；莫知其極，可以有國；有國之母，可以長久；是謂深根固柢，長生久視之道。

◎本章主旨：前幾章老子說明「善建者不拔，善抱者不脫」，「含德之厚」，「以無事取天下」。〝上德〞之人修道立德所建立起深厚的德性，根基深厚牢固，他不會輕易的動搖自己所建立的德性，可以無為而治的方式來治國治民。本章進一步說明，「治人事天」的原則，並提出了實現這一原則的具體方法，全在一個〝嗇〞字，老子認為，只要能夠做到〝嗇〞，就能抓住治人事天的根本。

老子思想的核心是「無為」、「不爭」和「無欲無求」，為了幫助人們及早達到〝去偽存真、反璞歸真〞與〝道〞合一的境界，老子提出了〝嗇〞的概念，老子認為大至治國安邦，小至個人維持生命的長久，都離不開〝嗇〞這條原則，都要從〝嗇〞這條原則開始做起，〝嗇〞字的概念及內涵，整體而言，〝嗇〞其實就是〝去私寡欲〞、〝無為〞、〝無事〞。

愈是及早習慣於實行〝嗇〞這種方法來修道立德，愈能夠及早累積深厚的德性。〝道〞的規律與法則，在萬物之中任何一個領域都是一體適用，引用在治國治民方面，國家就可以長治久安，國祚延綿。在個人養護身心方面，就能達到生命長久活存，延年益壽的境界。在增進自己德性方面，就能達到〝去偽存真、反璞歸真〞與〝道〞合一可長可久的境界，在這些領域中實行〝嗇〞這種方法，都是長久之道。

◎直譯：「治人」：這裡老子用〝人〞而不用〝民〞，一語雙關，包含著國家治理人民及個人養護身心這兩種意義。「事」：侍奉，順從。「事天」：《孟子・盡心上》：存其心，養其性，所以事天也。也就是敬天地，順天道，去私寡欲，累積德性，以達反璞歸真、與〝道〞天人合一的修心養性功夫，不但能獨善其身，還能兼善天下。

「莫若」：不如。「嗇」：儉省，少用，收斂、退藏。形容少用、少做，才是治人事天的真功夫。「治人事天，莫若嗇」：國家治理人民要做到〝無事〞的〝無為而治〞。累積德性要少私寡欲，做到〝為道日損，損之又損，以至於無為〞的境界，用〝嗇〞字訣，是再好不過的辦法。

「夫」：文言發語詞，具提示作用。「唯」：只有。「服」：使習慣於，實行。如：「水土不服」。「早服」：早日習慣於實行〝嗇〞這種少私寡欲的方法來修道立德。「重」：深厚。「重積德」：累積深厚的德性。這裡的積德，並非指一般的積陰德，而是指悟道積累德性的深厚程度。

「克」：勝任。「無不克」：沒有甚麼不能勝任的事情。「極」：極限。「莫知其極」：沒有不能勝任的事，就無法估計他的力量。這裡指的是上德之人德性深厚，〝無為則無所不為〞。「可以有國」：所具有的能力，可以去治理一個國家。「母」：指的是〝道〞。「有國之母」：以〝無為〞之道去治理的國家。「可以長久」：可以長治久安。

「柢」：音同底。樹根，本也。引申為本源、基礎。「深根固柢」：與根深蒂固同義。比喻根基堅固，不可動搖。「久視」：人老就會視覺衰退，尚能久視，代表不老長壽，耳目不衰。「長生久視」：生命長久活存，永不衰老。也稱作長生不老。「長生久視之道」：能夠讓生命長久活存的方法，或能夠讓事情永續發展之道。

◎意釋：「治人事天，莫若嗇。」，一個國家的領導統治者，在治理人民的時候，想要達到長久治安，國祚延綿的境界；或個人在養護身心方面，想要能夠讓生命長久活存，延年益壽；或在修道立德方面，想要能夠累積德性，以達反璞歸真、與〝道〞天人合一的境界，在各種方法之中，沒有比用〝嗇〞更好的辦法，〝嗇〞字訣才是治人事天的真功夫，治人事天，雖有內外之異，卻是同樣的道理。

〝嗇〞字的概念及內涵，包含著少用、少做、儉省、收斂、退藏…等多種意義，其原則是有力量而不使用，整體而言，〝嗇〞其實就是〝去私寡欲〞、〝無為〞、〝無事〞。

運用〝嗇〞字的具體方法，引用在治國治民方面，所表現的是「其政悶悶，其民淳淳」，就是領導統治者治國治民，要能做到沒有偏私利己之分別心，完全一視同仁，沒有想得到個人主觀意識慾望的滿足，不自我、無私心、沒成見、不多事、不擾民，在〝無欲〞的狀況下，一切作為自然而然，以〝無為而治〞治國治民，就能達到長久治安，國祚延綿的最高境界。

引用在個人養護身心方面，就是要清心寡慾，收斂積蓄，固守精氣，厚藏根基，凝神抱一，神不外泄，如此就能達到生命長久活存，延年益壽的境界。

引用在增進自己德性方面，第四十八章中說：「為道日損，損之又

損，以至於無為。無為而無不為。」想要能夠累積德性，以達反璞歸真、與〝道〞天人合一的境界，就要將所有後天學習而來與〝道〞相悖離的思想觀念與習性，都要逐日的減損消除。去甚，去奢，去泰，少私寡欲，藉著漸進式修煉的過程，逐漸達到〝去偽存真、反璞歸真〞與〝道〞合一可長可久的境界。

「**夫唯嗇，是謂早服；早服謂之重積德**」，想要及早達到〝去偽存真、反璞歸真〞與〝道〞合一的境界，也只有早日習慣於實行〝嗇〞這種少私寡欲的方法來修道立德，這種作法我們稱之為〝早服〞。愈是及早習慣於實行〝嗇〞這種方法來修道立德，愈能夠及早累積深厚的德性，因為德性的建立非一日之功，需要經過日積月累不斷的蓄聚累積，方能見其功效。

「**重積德則無不克；無不克則莫知其極**」，當德性累積深厚到達〝去偽存真、反璞歸真〞與〝道〞合一的境界，符合上德程度之時，此時已經沒有偏私利己之分別心，沒有想得到個人主觀意識慾望的滿足，在〝無欲〞的狀況下，一切作為自然而然、順其自然發展的行為，這就是〝無為〞。德性深厚已與〝道〞合一，〝無為則無所不為〞，其能力已經沒有不能勝任的事情，既然已經無所不能，他人就無法估計其能力極限到達甚麼程度了。

「**莫知其極，可以有國；有國之母，可以長久；是謂深根固柢，長生久視之道。**」，上德之人德性累積深厚，所具有的治國治民能力無可限量，此時就可以擔任治理一個國家的重任。當上德之人以〝無為〞之道去治理這個國家時，國家就可以長治久安，國祚延綿。可以國祚延綿，長治久安的原因，是因為以〝道〞治理的國家，其國家的根基堅固，不可動搖之故。

因為〝道〞的規律與法則，在萬物之中任何一個領域都是一體適用，運用〝嗇〞字的具體方法來修道立德，老子在本章之中只是列舉治人事天方面來加以闡述說明。在治國治民、個人養護身心，還是增進深厚的德性，不論是哪個方面，或是能夠讓國家長治久安，國祚延綿；或是能夠讓生命延年益壽；或是讓事情能夠永續發展，都是長久之道。因此，〝道〞法自然，既是修身養生之法，又是治理天下之法。

第六十章　道蒞天下

治大國，若烹小鮮。以道蒞天下，其鬼不神；非其鬼不神，其神不傷人；非其神不傷人，聖人亦不傷人。夫兩不相傷，故德交歸焉。

◎ **本章主旨**：本章第一段緊承前章的「治人事天莫若嗇」而言，「治大國若烹小鮮」講的是無事，少為。治理國家就像烹煎小魚一樣簡單，不能過於翻動折騰，烹小鮮之法與治國之道，其事雖異，其理卻同。之後講的是以〝道〞治理天下的各種祥瑞和諧景象。

　　以〝道〞治理天下要自然而為，老子主張〝處無為之事，行不言之教〞，不妄動，不燥動，就像烹煎小鮮一樣，不要常去翻動它，也就是避免干擾人民日常作息，一切作為要自然而然、順其自然發展，就能達到以〝道〞治理天下的極致效果。否則，災禍就要來臨。

　　以〝道〞治理天下，國家就能夠風調雨順，呈現一片安定和諧的狀態，也就不會發生各種災異怪象，因此，民間鬼魅作祟之說就無從而起。連天上神明也不需要降災示警，所以不會降下自然災變來傷害人民。上德的領導者統治者，也不會行〝有為〞之道來傷害人民。

　　以〝道〞治理天下，是長生久視之道，其國祚必然能夠永續發展，所以不會發生天下大亂，導致領導統治者與人民兵戎刀劍相向，相互傷害的情事。因此，領導統治者的德性與人民受到德化的德性，就是這兩種德性相互作用而同歸於〝道〞之故。

◎ **重點提示**：

一、本章之中第一句「治大國，若烹小鮮。」歷來各家注解並無差異，也好理解，而且這句話流傳深遠，深刻的影響中國幾千年來政治家們的思想，並且奉為圭臬遵行。

　　2013年3月19日，習近平接受金磚國家媒體聯合採訪，回答巴西記者提問：「領導一個13億人口的大國，感受是什麼？」，席稱：「這樣一個大國，這樣多的人民，這麼複雜的國情，領導者要深入瞭解國情，瞭解人民所思所盼，要有「如履薄冰，如臨深淵」的自覺，要有「治大國若烹小鮮」的態度，絲毫不敢懈怠，絲毫不敢馬虎，必須夙夜在公、勤勉工作。治理國家不要隨意擾動老百姓，領導者不能因為要給自己撈取利益而給別人增加負擔。

二、接下來「以道蒞天下」之後的各句話，是老子描述以〝道〞治理

天下各種陰陽平衡、和諧統一的太平祥和景象。其中所描述的鬼、神、聖人、不傷人、兩不相傷、德交歸這幾句話，鬼、神、聖人及不傷人所指何意？是誰和誰兩不相傷？德交歸的意義為何？各家注解多有分歧，令讀者難以分辨老子所言真諦。

既然這段話老子是說明〝有道〞治國之下的太平景象，那就必須與〝無道〞治國之下的亂世景象做一比對，方能清楚的理解上述關鍵詞句究竟意有何指。我們可以先從之前各章之中，尋找出老子所描述〝無道〞治國之下的亂世有哪些景象。

三、第五十八章「其政察察，其民缺缺。」，〝無道〞的為政者心存〝有欲〞之非分之想，在國政上施行嚴刑峻法，嚴厲監管人民的生活，行〝有為〞之道。人民在嚴刑苛罰的政治下，產生抱怨、不滿意、憂慮不安的心態與行為，惡性循環之下，農事荒廢，人民食不果腹，生活艱難。

第三十九章「天無以清將恐裂；地無以寧將恐廢」，在天下悖離〝大道〞愈來愈遠，天地萬物處於陰陽極度失衡，衝突對立不和諧狀態，於是暴風驟雨，旱澇之災，地動山崩，瘟疫蟲害…等自然災害相繼而生，自然災害接連不斷，人民死傷無數，天地乖離，日月星宿，失時失度，天下則是怪異之事迭起，種種不祥，非止一端，民間流傳之妖言惑眾，由此進一步引發國家動亂。

古代人認為天子〝無道〞違背了天意，不仁不義，天就會出現災異進行譴責和警告；如果政通人和，天就會降下祥瑞以資鼓勵。天下將亂時鬼神先亂，鬼神先亂的原因，是天下陰陽失衡、衝突對立不和諧之故，陰陽失衡不和諧的原因，是主政者〝無道〞之故。

四、由於天下人心已亂，鬼神推波助瀾，使其更加混亂。天下不祥之怪事迭起，妖言惑眾，民間稱謂之：鬼魅作祟。旱澇之災，地動山崩，瘟疫蟲害…等自然災變，民間稱謂之：上天神明降災示警。

〝鬼神〞如此加害於民，造成人民死傷無數，並非〝鬼神〞之過，皆因〝正道〞不能蒞天下，主政者以〝無道〞行〝有為〞之政，故有所謂的〝鬼神〞禍亂之害。怪異災變之事的出現，是天下發生大動亂的不祥預兆，也是上天對當朝主政者的示警，此時皇帝會下詔罪己，以平天怒及人怨。學者根據《二十五史》進行的統計顯示，在民國之前共有79位皇帝下過罪己詔。

第五十七章「以正治國，以奇用兵」，說明以〝無道〞、〝有為〞的

方式治國,天下大亂只是遲早的事情,當人心思亂,盜賊蜂起,天下大亂的時候,就無法避免〝以奇用兵〞的惡果,必將導致人民與主政者兵戎相向,產生相互傷害的流血戰爭,這個國家就會提早滅亡,難以長久的維繫下去。

◎直譯:「治」:治理國家及人民。「大國」:萬乘之國,國土遼闊,人口眾多。乘:音同勝。是當時軍隊的基本編制;以四匹馬拉的戰車為中心,搭配一定數量的甲士和步卒。千乘之國即諸侯國。「若」:好比。「烹」:烹煎是一種烹飪方法。將食物入沸油半煎炸至熟,加佐料後略一沸滾即成。「小鮮」:小魚。

「治大國,若烹小鮮」:治理大國就像烹煎小魚一樣,都是同樣道理。「蒞」:本意是指走到近處察看,也指治理,統治,管理。「以道蒞天下」:以〝道〞治理天下。「其」:指的是以〝道〞治理天下的時期。「鬼」:民間認為發生災異怪象是鬼魅作祟之故。「不神」:無從而起或起不了作用。「非」:不僅,非但。

「其神不傷人」:上天神明降災示警。天上神明也不會降下旱澇之災,地動山崩,瘟疫蟲害…等自然災變來傷及人民。「聖人」:這裡指的是上德之領導者統治者。「聖人亦不傷人」:領導者統治者是以〝道〞治理天下,所以也不會行〝有為〞之道,刻意的有所作為而來傷害人民。

「夫」:文言文中的發語詞,表提示作用。「兩不相傷」:指的是領導統治者與人民互不傷害。「故」:因此。「德交歸」:領導統治者的德性與人民受到德化的德性,兩者交互作用而同歸於〝道〞。「焉」:在這裡。

◎意釋:「治大國,若烹小鮮。」,上一章「治人事天,莫若嗇。」,說明遵守〝嗇〞字要訣,是治國治民的唯一方法,老子擔心世人難解其意,就於本章中特別藉著烹小鮮來假象喻意,說明治理大國就有如烹煎小魚一般的簡單。

小魚非常鮮嫩,我們在烹煎小魚時,若是用鍋鏟在鍋裡頻頻翻動,魚肉必然潰散而不成形,烹小鮮之法與治國之道,其事雖異,其理卻同。因此,上德的領導統治者,在治國治民之時,要像烹煎小魚那樣,不要常常去干擾人民的自然作息。

萬乘之國,國土遼闊,人口眾多,上德的領導統治者,施行〝無為而治〞的〝有道〞治國,不妄動,不躁動,就像烹煎小鮮一樣,不要常去翻動它,也就是避免干擾人民日常作息,一切作為要自然而然、順其

自然發展，就能達到以〝道〞治理天下的極致效果。

　　老子在第五十八章「其政悶悶，其民淳淳」中就特別說明，主政者〝處無為之事，行不言之教〞來教化百姓，使天下人民不知不覺的自我受到德化，相率自我導正，國政似乎悶聲無動靜，毫無政績可舉的樣子，但是人民生活富足，安居樂業，民風純樸敦厚，國家呈現一片可長久又太平安定和諧的景象。

　　「以道涖天下」，在第三十二章「侯王若能守之，萬物將自賓。天地相合，以降甘露，民莫之令而自均。」，第三十七章「道常無為而無不為。侯王若能守之，萬物將自化。」，及第三十九章「天得一以清；地得一以寧」之中，老子均有述及以〝道〞治理天下時期，會出現下列各種祥瑞和諧的景象。

　　老子說明具有上德之德性的領導統治者，以〝道〞治理天下，確守〝道〞的原則施行〝無為而治〞，不僅能以德化民，人民受到領導統治者道德的感化，歸順服從於領導者，而且在以〝道〞治理天下時期，天下能夠風調雨順，安祥寧靜，人民生活均能安定和諧、井然有序，天地與萬物都處於生態平衡、和諧統一，安康祥和的氛圍中。

　　「其鬼不神；非其鬼不神，其神不傷人；非其神不傷人，聖人亦不傷人。」，以〝道〞治理天下的時期，天下能夠風調雨順，呈現一片安定和諧的狀態，也就不會發生各種災異怪象，惹得人心惶惶而道聽塗說。因此，民間鬼魅作祟之說就無從而起。

　　領導統治者以〝道〞治理天下時期，非但鬼魅作祟之說就無從而起，連天上神明也不需要降災示警，所以不會降下旱澇之災，地動山崩，瘟疫蟲害…等自然災變來傷害人民。

　　非但天上神明不需要降災示警來傷及人民，由於上德的領導統治者是以〝道〞治理天下，無為，無事，無欲，無私，無我，不言，所以也不會有雷厲風行苛刻的政令，嚴刑峻法，行〝有為〞之道，刻意的有所作為而來傷害人民。

　　「夫兩不相傷，故德交歸焉。」，由於領導統治者以〝道〞治理天下，是長生久視之道，其國祚必然能夠永續發展，所以不會發生天下大亂，導致領導統治者與人民兵戎刀劍相向，相互傷害的情事。因此在〝道〞治理天下時期，統治者與人民兩不相傷的緣故，是統治者的德性與人民受到德化的德性，就是這兩種德性交互作用而同歸於〝道〞這裡之故。

第六十一章　　大者為下

　　大國者下流，天下之交。天下之牝，牝常以靜勝牡，以靜為下。故大國以下小國，則取小國；小國以下大國，則取大國。故或下以取，或下而取。大國不過欲兼畜人，小國不過欲入事人。夫兩者各得其所欲，大者宜為下。

◎**本章主旨**：老子所說的「以道蒞天下」，以〝道〞治理天下，可分為內政與外交兩大部分，前一章講的是大國治理內政，本章則是講大國與小國之間的外交問題。在老子看來，國與國之間能否和平相處，關鍵在於大國，所以提出大國要先紆尊降貴，放下身段，謙虛居下。

　　大國以〝道〞行於天下，其外交方式要以謙虛居下的態度自處，謙德能讓天下眾小國交心歸於大國。就像水往下流一樣，謙柔居下有如處於最低下百川交匯之處，成為天下眾心所匯聚歸服之處。

　　天下萬物亦是如此，一定是匯聚到〝牝〞這種最雌柔、謙下、又最包容的地方去。因此，有如雌性一樣柔順守靜的處世態度，謙虛居下，就能柔弱勝剛強。

　　大國以謙虛居下的態度對待小國，使其來歸附，就可以取得小國由衷的信服與擁戴，歸順依附成為附屬國，大國因此就能成其大。小國以小事大，謙卑居下，就能取得大國的信任，受到大國的援助與保護。不論是大國還是小國，使用的都是「以靜為下」謙虛居下的態度，最終都能各得其所。

　　讓大國謙虛居下的態度對待小國，還真有些難度，可見得謙虛居下不是一件簡單的事情。老子認為越是位高權重的人，越要懂得善於謙下，其〝德〞會更加光大，也更能贏得他人的敬重，因此大者宜為下。

◎**直譯**：「大國者」：萬乘之國。「下流」：水往低處流，往下流至最低下百川交匯聚集之處。隱喻謙虛居下的態度。「大國者下流」：隱喻大國外交方式要以謙虛居下的態度自處。「交」：匯聚。「天下之交」：萬物交匯聚合的地方。隱喻大國外交要謙下自處，則謙德能讓天下眾小國交心歸於大國，大國方能成其大。

　　「牝」：凡物之雌曰牝，雄曰牡，牡動而牝靜。在陰陽規律中代表：雌性、柔弱、謙下、虛靜、溫和、懷柔…等陰性象徵。谿谷亦有牝之象徵。「牡」：代表雄性、剛強、高傲、躁動、暴躁、威嚇…等陽性象徵。

「天下之牝」：天下萬物中所有的陰性事物。

「靜」：安靜守定，謙虛居下，理智不妄動。「牝常以靜勝牡」：陽多剛而躁動，牝則柔而能靜，柔足以制剛，靜足以制動。柔弱勝剛強，天下萬物中雌柔常以安靜守定而勝過剛強躁動的雄強。「下」：謙虛居下的態度。「以靜為下」：牝常以靜勝牡的主要原因，是因為靜為群動之歸趨，以謙虛居下的態度，就能夠柔弱勝剛強。

「以」：用。「下」：謙虛居下。「以下」：用謙虛居下的態度。「大國以下小國」：大國用謙虛居下的態度對待小國。對大國來講，謙下是懷柔策略。「取」：得到。「則取小國」：得到小國由衷的信服與擁戴，而成為大國的附屬國。「小國以下大國」：用謙下的態度對待大國。對小國來講，謙下是自保的策略。「則取大國」：得到大國的援助與保護。

「或」：表示不定之詞。同樣是下，不論是以下小國，還是以下大國。同樣是取，一個是大國取小國，一個是小國取大國。因此用〝或〞字來表達。

「以」：仰賴、憑藉。「以取」：大國憑藉著謙虛居下的態度，得到小國成為附屬國。有從上往下抓取的意思，講的是方法。「而」：因而。「而取」：小國用謙虛居下的態度，因而得到大國的援助與保護。有從下而上獲得的意思，講的是結果。

「不過」：僅僅、只是。「欲」：想要。「兼」：兩者以上同時獲得。「畜」：順從、順服。「兼畜」：兼併。「人」：國家人心的歸向。「兼畜人」：把小國兼併入大國的附屬國之中，忠誠的順服大國，並接受大國的援助與保護。「入」：融入大國的附屬國之內。

「事」：侍奉。形容小國順從大國旨意辦事。「入事人」：小國融入大國附屬國這個團體，順從大國旨意辦事。「大者宜為下」：越是位高權重的人，越要懂得善於謙下，其〝德〞會更加光大，也更能贏得他人的敬重，因此大者宜為下。

◎意釋：老子所說的「以道蒞天下」，以〝道〞治理天下，可分為內政與外交兩大部分，前一章講的是大國治理內政，也就是國內事務的問題，本章則是講大國與小國之間，外交上合宜的進退應對問題。

春秋時代周王的勢力減弱，諸侯群雄紛爭，此間全國共分為一百四十多個大小諸侯國，而其中比較重要的有齊國、晉國、楚國、宋國、鄭國、衛國、魯國、吳國、越國、秦國等。同時春秋時期的兼併戰爭也極為激烈，其中以楚國為最，大大小小國家共兼併 45 個，幾乎佔了春秋

諸侯國的三分之一，到戰國時大大小小僅剩二十餘個諸侯國了。

在此期間，大國爭霸，小國自保，戰火連天，給人民生活上帶來極大的災難。老子針對當時周朝權力衰落，諸侯國之間頻發戰爭的現況，提出「以靜為下」是大國與小國之間應採取的態度，也是外交應對方面最佳的指導方針。當今世界上一超多強，小國林立，戰爭頻率與春秋時期相較，不遑多讓。因此，對於今天處理國際間大國與小國相互合作共贏的關係，仍具有極高的參考價值。

「**大國者下流，天下之交。**」，在大國與小國林立，詭譎多變的國際情勢中，大國以〝道〞行於天下，其外交方式要寬容、禮讓，採取低姿態，以謙虛居下的態度自處，因為謙德能讓天下眾小國交心歸於大國，大國方能成其大，才能成為泱泱大國。

如果把天下的事情都比喻成條條江河，它們最終匯聚到哪裡呢？水往低處流，一定是湖海溪谷這種〝處下〞的地方，那裡是百川交匯聚集之處，也是天下萬物交匯聚合的地方。

天下的水因為能謙下不傲慢，都向下走，低於一切，因此，它能容納一切，成其大變成大海，這是謙虛之德，也是為人處事的態度與方法。因此，大國外交應該像水往下流一樣，謙柔居下處於最低下百川交匯之處，為天下萬民所共仰，成為天下眾心所匯聚歸服之處，方能成為天下政治文化的中心及經濟重要的樞紐。

「**天下之牝，牝常以靜勝牡，以靜為下。**」，為何要「大國者下流」呢？老子特別列舉說明其中哲學上的涵義。凡物之雌曰牝，雄曰牡，牡動而牝靜。天下萬物中所有的雌性事物，都有柔弱、謙下、虛靜、溫和、懷柔…等象徵與特性。而雄性事物，都有剛強、高傲、躁動、暴躁、威嚇…等象徵與特性。不但是天下川河眾流歸注於低下的谿谷湖海，天下萬物亦是如此，一定是匯聚到〝牝〞這種最雌柔、謙下、又最包容之處。

牝常以靜勝牡的最主要原因，是因為靜為群動之歸趨，就像〝德〞動態物質世界中的萬物，最終都要回歸於〝道〞的靜態本體一般。又譬如北辰，居中至靜不動，而眾星常動，眾星拱之。同樣的道理，大國與小國之間的外交，懷柔的政策勝過高壓的手段，更容易獲得人心的歸向。因此，有如雌性一樣柔順守靜的處世態度，謙虛居下，就能柔弱勝剛強，這就是所謂的「以靜勝牡、以靜為下」的自然規律與道理。

第二十八章：「知其雄，守其雌，為天下谿。」不論現在所處地位之強弱高低，若是皆能堅守〝貴柔守雌〞、〝處下不爭〞虛心謙下的處事原則，反而能夠得到大家的愛戴與推崇，天下人歸服，處下是為了上，

並非為下而下。如此而為，猶如低下的深谷，天下的溪水必然眾流歸注，眾望所歸。

「**故大國以下小國，則取小國；小國以下大國，則取大國。**」，大國以〝道〞行於天下，應該有一種謙遜、謙卑的姿態和智慧，其外交方式宜以靜制躁，以懷柔取代高壓。大國要寬容、禮讓，採取低姿態折節下交，以謙虛居下的態度自處，因為謙德更能讓天下眾小國誠心來歸服於大國，決不能恃強凌弱，以高傲的態度威嚇小國，這樣才是長久之道。

因此，大國若能以溫和的手段，謙虛居下的態度自處，睦鄰友好，以誠信有禮的態度對待小國，使其來歸附，就可以取得小國由衷的信服與擁戴，取得小國歸服之心後，小國就能歸順依附成為大國的附屬國，大國因此就能成其大，進而成為泱泱大國。

大國是外交秩序的奠定者和主導者，也是各國利益的交匯所在地。小國無外交，小國本來就國力弱小，小國與大國之間的互動關係，更應該靜以自處，以小事大，放低姿態，謙卑居下，屈己從人，以恭謹順服，誠信有禮的態度對待大國，就能見容於大國，進一步取得大國的信任，而接納其成為眾多附屬國之一，受到大國的援助與保護，如此而為，則可保護小國生存的延續。

大國、小國皆「以靜為下」，大國不恃強以傲，平易折節以下交，則小國樂附；小國折節事強以避罪，能安其卑，屈下承上，則得大國歡心。大國能謙於下，則小國樂於附之。小國能屈於下，則大國容納之。大國謙虛，小國謙恭，大小皆懷謙下之德，才是相安無爭之道。

「**故或下以取，或下而取。大國不過欲兼畜人，小國不過欲入事人。**」，不論是大國以下小國，還是小國以下大國，使用的都是「以靜為下」謙虛居下的態度。大國憑藉著謙虛居下的態度，用此方法得到小國成為附屬國；小國用謙虛居下的態度，因而得到大國援助與生存保護的結果。

大國憑藉著謙虛居下、以大事小的這種方法，只不過是想要拉攏小國，得到小國人心的歸向，把小國兼併入大國的附屬國之中，忠誠的順服大國，並接受大國的援助與保護，以匯聚更多的小國擁戴，來增強自己的實力及自己國家勢力範圍與影響力。

小國用謙虛居下、以小事大，這種結交討好的方法，其需要只不過是想要取得大國的信任，不與大國產生矛盾，順從大國旨意辦事，融入大國附屬國這個團體，請求獲得更強大的力量支持，並且能得到大國的援助與生存保護，從而在大國的庇護下獲得安定及更好的發展機會。

以古鑑今，本章內容對當今複雜的國際局勢必定有所啟示，大國要人氣指數，形成主導，以平衡和維護國際和平；小國要依傍大國，借助和平環境及大國之勢力範圍以謀求發展。以大事小，必有所容。以小事大，必有所忍。且大國之欲，不過兼畜人，非容無以成其大。小國之欲，不過入事人，非忍無以濟其事。

「**夫兩者各得其所欲，大者宜為下。**」，大國的目的無非是想要得到別人的歸附，小國的需要無非是想獲得別人的援助保護，雙方都能從謙下中獲得自己的需要。無論是大國或是小國，如果想要達到這種目的或需要，首先在外交上就要以謙虛居下自處。而且，最要緊的，就是大國應該首先以謙虛居下的態度做為示範，如此而為，就能夠以〝道〞行於天下，天下自然太平了。

老子見到春秋時期當時諸侯各國，絕大多數都是崇尚武力兼併征伐，而不知以〝德〞服人，大國經常的表現是自恃，讓大國謙虛居下的態度對待小國，還真有些難度，可見得謙虛居下不是一件簡單的事情。位尊者若是能做到謙而不傲，越是位高權重的人，越懂得善於謙下，其〝德〞會更加光大，也更能贏得他人的敬重。

同樣的道理，大國與小國之間的交往互動，小國以下大國，是迫於形勢所趨，不得已的事情，問題倒是不大。大國能夠折節下交於小國，獲得小國誠心的歸順，不是〝德〞性深厚的領導者，以〝道〞行於天下，恐怕還真做不到這種程度。

因此，老子有鑑於大國素來自我尊大，恐怕一時之間拉不下顏面謙虛居下、以大事小，老子為了鼓勵嘉勉大國，認為還是應該由勢力強大的一方，首先紆尊降貴放下身段，以誠意行動尊重小國，以謙虛居下的態度和諧相處，然後各得其所，天下歸之，則更為合宜。

這個道理就是「知其雄，守其雌」，「知其榮，守其辱」，非大胸襟、大智慧、大自信的人不可能為之。在國與國交往的時候，要把自己的位置放低，只有如此作為，國家才能強大，才能長久。人和人之間的相處之道，又何嘗不是如此呢？大者宜為下，越是位高權重的人，越要懂得善於處下，這難道不是高明的人生智慧嗎？這一點值得我們借鑑思考。

第六十二章　　善人之寶

道者萬物之奧。善人之寶，不善人之所保。美言可以

市尊，美行可以加人。人之不善，何棄之有？故立天子，置三公，雖有拱璧以先駟馬，不如坐進此道。古之所以貴此道者何？不曰：有求以得，有罪以免邪？故為天下貴。

◎**本章主旨**：老子在本章中闡述〝道〞的奧妙及作用，認為〝道〞內在於萬物之中，其運作模式與作用既幽深隱蔽，又精微奧妙，超脫一般人的認知與想像，令人匪夷所思。

依循〝道〞的原則行事的善人，事情發展的結果是長久穩定的狀態，因此對善人而言，經常視〝道〞為修身養命的珍寶。不善人違反〝道〞的原則行事，都非長久之道，會提早結束滅亡。但是只要不善人能夠及時醒悟，遵〝道〞而行，就能夠轉化為善人，得到〝道〞的自然規律所保衛與庇護，〝道〞在善人身上，同樣也是在不善人身上。

不善人悟道轉化成善人之後，其美好的言辭可以換來他人的尊重，其良好的行為可以超過常人，以往不好的風評都煙消雲散，換來的則是人們的尊敬及讚譽。因此，不善之人〝道〞又何嘗棄之不顧！

即使位居天子或三公之尊位，有拱璧、駟馬之富貴尊榮，要是領導統治者的治國之道是行〝有為之道〞，還不如靜心悟道，修道立德，以累積增進自己的德性，來施行〝無為而治〞的治國之道更為適當。

〝道〞無處不在，人的問題在於自己不去追求〝道〞，追求了就肯定能得〝道〞。〝道〞無所謂功績與罪過，人的問題在於不知〝道〞，悟道恢復本性之後，以前過往的過錯，是無法玷汙您純真質樸的本性。就是因為這個原因，天下人才如此珍視〝道〞。

◎**直譯**：「奧」：幽深隱蔽，不為人知的地方。「道者萬物之奧」：〝道〞在萬物之中的運作模式與作用，幽深隱蔽，精微奧妙，超脫一般人的認知與想像，常人難以理解。「善人」：循〝道〞而行的人。「寶」：珍寶。珍貴的東西。「不善人」：不能循〝道〞而行的人。「保」：保護，庇護。「不善人之所保」：不能循〝道〞而行的人，只要循〝道〞而行，也是會受到〝道〞的規律所庇護。

「美言、美行」：循〝道〞而行的人，其美言善行。「市」：進行買賣、交易物品的地方。隱喻交換。「尊」：尊重。「美言可以市尊」：循〝道〞而行的人，其美好的言辭可以換來他人的尊重。「加人」：超過常人，高人一等。「美行可以加人」：循〝道〞而行的人，其良好的行為可以超過常人，高人一等。

「立」：擁立。「置」：設置。「三公」：周朝的官名。輔佐天子治理國政的三位最重要的大臣，西周以太師、太傅、太保為三公。東漢以太尉、司徒、司空為三公。概略區分：分別掌理政務、軍事和監察。「故立天子，置三公」：為了要讓國家能夠長久發展，所以立天子，置三公來治理國政。

「璧」：古代一種玉器。扁平，圓形，中央有圓孔。「拱璧」：兩手合抱非常珍貴的大塊璧玉。這裡指的是天子祭天之器。「駟馬」：這裡指地位顯赫的三公，所乘駕四匹馬的車。「拱璧以先駟馬」：隱喻用最高隆重的禮儀，先擁立天子之後，再由天子設置三公的官職，輔佐天子共同治理國政。

「坐進」：靜心悟道以增進德性。「不如坐進此道」：領導統治者的治國之道，即使立為天子，登九五之尊，或是封為三公，有拱璧、駟馬之富貴尊榮，還不如靜心悟道，修道立德，以累積增進自己的德性，來施行〝無為而治〞的治國之道。

「貴」：珍視。「所以貴此道者何？」：之所以珍視這個〝道〞的理由何在？「不曰」：反問語。不正是說。「有求以得」：〝上德〞之領導統治者，治理國家時只要循〝道〞而行，〝無為而治〞，有求必得，必定能夠德化人民，達到人民自化、自定，長治久安，國祚延綿的最高境界。

「以免」：擁有改過自新的機會。「有罪以免」：隱喻由於〝上德〞之領導統治者道德之感化，偏離〝道〞之不善人幡然醒悟，改過自新之後，又回歸至〝正道〞上面成為善人。「邪」：音同耶。用於句末，表示疑問或感嘆的語氣。

◎意釋：「**道者萬物之奧**」，〝德〞的動態物質世界中，萬物都是由〝道〞的靜態本體，此一大的量子信息能量場自然化生而出，所化生的萬物都具有〝道〞靜態本體陰陽平衡，和諧統一狀態的本質特性，〝道〞的靜態本體是內在於萬物之中，也因此老子經常提示我們，要返璞歸真有如嬰兒的本性。〝道〞的靜態本體及〝德〞的動態物質世界構成整體的〝道〞，充斥在整個宇宙之間，無遠弗屆，無處不在，包含著萬物的本身微觀世界之中。

在〝德〞的動態物質世界中，顯示出人的意念偏向，能影響客觀環境事物本質的變化與事情的偏向。也就是說，以自己為中心，與您相關的人、事、物，未來發展結果的利弊好壞，會受到人的思想意念偏向改變而左右，人可以參贊天地之化育，與天地並列為三，在陰陽變化的過

程中佔居主導變化的作用。

　　萬物如何由無形靜態的〝道〞，轉化至有形動態的〝德〞，由〝無〞到〝有〞，由〝能量〞轉化成〝物質〞，由〝靜態〞到〝動態〞，這種相因相生，相互依存，相互轉化，生生不息，周而復始，循環往復的無盡轉化，〝道〞在萬物之中的運作模式與作用究竟如何？宏觀與微觀、整體與部份、心靈與物質之間內在連結關係又是如何？其道理既幽深隱蔽，又精微奧妙，超脫一般人的認知與想像，令人匪夷所思。

　　「善人之寶，不善人之所保。」，每一個人在嬰兒時期本性純真質樸，與〝道〞的靜態本體本質特性合而為一。隨著年齡增長，由於受到外在的誘惑，心中意念分陰分陽，打破陰陽的平衡，心中慾念有了分別心，想要得到個人主觀慾望的滿足，以〝有欲〞之心刻意的有所作為時候，就已經破壞了整體的平衡和諧，而與〝道〞背道而馳，漸行漸遠，這種人在《道德經》中老子稱之為不善人，不善人所為任何事情，都非長久之道，會提早結束滅亡。

　　修道立德，反璞歸真，以達德性與〝道〞體天人合一的境界者，依循〝道〞的原則自然而為，老子在《道德經》中稱之為善人，這種人所為任何之事，能使其維持、或者延長這一和諧平衡穩定的狀態，不致到達衰敗的臨界點，事情的發展是長生久視之道，因此對善人而言，經常視〝道〞為修身養命的珍寶。

　　〝道〞是客觀存在的宇宙根本大法，它對萬物一視同仁，無所偏私的存在於萬物之中。每一個人都具有此一本能，〝道〞在善人身上，同樣也在不善人身上。人有不善之行，並非因為他們生命之中原本就缺少〝道〞，或〝道〞棄他們而去，而是因為他們未能認識本有之〝道〞，自己迷失了本性而遠離了〝道〞，沒能走向本然之〝道〞。因此，不善人並沒有失去〝道〞的本能，仍然保有走向〝道〞的潛能，在〝道〞的角度來看，是潛在未覺悟的善人。

　　善人與不善人的思想言行，簡單的以現在用語來表達，就是正面思考與負面思考。正面思考就會有正面的結果；負面思考就會有負面的結果。您個人量子意識所負載的信息，也就是您所做出的抉擇，會吸引感應相同類似的結果。量子理論中人的意識其影響的程度，是由本身為中心，就像是波之漣漪一般向外擴散，影響當事者本身最為強烈，愈是外圍其程度愈是輕微。

　　在量子科學理論中，量子事件是可逆的，因此，若是心靈上負面的思考意識導致不良的結果，也可因正面調整改變您心靈上的思想意識而

獲得改善。因此，不善人違反〝道〞當然會招來種種災禍，但是只要他能夠及時醒悟，幡然悔改，領悟出〝道〞的真諦，遵〝道〞而行，就能夠轉化為善人，得到〝道〞的規律所保衛與庇護。

「**美言可以市尊，美行可以加人。人之不善，何棄之有？**」，人往往會有一時迷昧的時候，因而做出不善的事，只要有改過向善的誠心，誰又不會原諒您呢？又有誰會遺棄您呢？但是最怕的就是悔改之心不誠、意志不堅、惡性不改、力行不恆，所以才會有自棄棄人，為人所棄的情事發生。

當不善人悟道轉化成善人，回歸大道循〝道〞而行之後，其美好的言辭可以換來他人的尊重，其良好的行為可以超過常人而高人一等，以往不好的風評都煙消雲散，有如過往雲煙，換來的則是人們的尊敬及讚譽。因此，不善之人，〝道〞又何嘗棄之不顧！俗話說：「放下屠刀，立地成佛」，「人非聖賢，孰能無過，過而能改，仍復無過，開花不足憑，結果方為準。」這些話講的就是這個道理。

「**故立天子，置三公，雖有拱璧以先駟馬，不如坐進此道。**」，治理一個國家想要讓國家能夠長久發展，所以先擁立天子之後，再由天子設置三公的官職，來輔佐天子共同治理國政。為了顯示出天子與三公顯赫尊貴的權位，特別用兩手合抱非常珍貴的大塊璧玉，作為天子祭天之器；用乘駕四匹馬的馬車供三公乘坐，這些都是最高又隆重的禮儀，無非是希望具有權位的領導統治者，能夠長久治安的將國家治理好。

《慎子‧威德》「古者，立天子而貴之者，非以利一人也。故立天子以為天下，非立天下以為天子也；立國君以為國，非立國以為君也；立官長以為官，非立官以為長也。」立天子不是為了天子的一己之利，而是為了能有太平盛世的天下；設置權貴重臣的官位，並非為了長官，而是為了國家能夠長治久安。

因此，即使擁立為天子，登上九五之尊，或是被天子封為三公，有拱璧、駟馬之富貴尊榮，要是領導統治者的治國之道是行〝有為之道〞，還不如靜心悟道，修道立德，以累積增進自己的德性，來施行〝無為而治〞的治國之道更為適當。

「**古之所以貴此道者何？不曰：有求以得，有罪以免邪？故為天下貴。**」，〝道〞本在我，人患不求，求則得之矣。〝道〞無功罪，人患不知，知則凡罪不能汙也。〝道〞充斥在整個宇宙之間，無遠弗屆，無處不在，人的問題在於自己不去追求〝道〞，追求了就肯定能得〝道〞。〝道〞無所謂功績與罪過，人的問題在於不知〝道〞，悟道恢復本性之

後，以前過往的過錯，是無法玷汙您純真質樸的本性。

我們就以治國治民來說：〝上德〞之領導統治者，治理國家時只要循〝道〞而行，〝無為而治〞，有求必得，必定能夠德化人民，達到人民自化、自定，長久治安，國祚延綿的最高境界。由於〝上德〞之領導統治者道德之感化作用，偏離〝道〞之不善的人民，幡然醒悟、改過自新之後，又回歸至〝正道〞上面成為善人。

以前的人為什麼把〝道〞看的如此珍貴，其理由何在？不正是說：有求於它的就可以得到滿足，犯了罪過的也擁有改過自新的機會，可得到它的寬恕嗎？就是因為這個原因，天下人才如此珍視〝道〞。

第六十三章　　圖難於易

為無為，事無事，味無味。大小多少，圖難於其易，為大於其細；天下難事必作於易，天下大事必作於細。是以聖人終不為大，故能成其大。夫輕諾必寡信，多易必多難。是以聖人猶難之，故終無難矣。

◎**本章主旨**：本章是指行事時心理上應有的態度及行事的方法，我們在任何一個領域中行事，要依循〝道〞的原則，都不要試圖用自己的主觀意識去改變事物的客觀屬性。也不要為追求功利，而刻意的以滋生事端的方式去處理事物，應抱持著倒吃甘蔗的心理態度來行事，則能漸入佳境。

人世間的事情不是大就是小，不是多就是少。老子藉著〝大小多少〞這句話，隱指萬事萬物運動變化發展的趨勢，都是由小至大、由弱至強、由少至多、由易至難…等。因此〝小與少、易與細〞都是站在事物發展趨勢最有利的地位，也是我們行事時所採取最有利的著手點。

遇到愈是困難無從下手的事情，愈要先從容易之處開始著手，天下所有難事，必定是無數小的容易之事累積而成。想要成就大事，必定要從事情的細微之處著手做起，天下大事必定是無數的細事積累而成。聖人始終不貪圖事情一開始就要有大的成就，所以最終才能成就一番大的事業。

輕易許下承諾的人，必定很難兌現諾言。以僥倖之心行險，把事情看得太容易，爾後勢必會遭受很多困難。因此，聖人做事深思熟慮，不

會看輕任何一件事情，寧嚴勿寬，仍舊當作艱難的事情來看待，所以，最終事情處理起來得心應手，終究沒有任何困難。

◎**直譯**：「為」：作為。「無為」：沒有偏私利己之分別心，沒有想得到個人主觀慾望的滿足，在〝無欲〞的狀況下，一切作為自然而然、順其自然發展的行為。有為，有偏私利己的分別心，想要得到個人主觀慾望的滿足，以〝有欲〞之心刻意的有所作為，這就是〝有為〞。

「事」：行事。「無事」：以不滋事的方式去處理事物。有事，就是追求功利而刻意以滋生事端的方式去處理事物。「味」：味覺上的享用。「無味」：恬淡無味，引申為無欲。有味，引申為功利慾望的追求。

「大小多少」：隱指萬事萬物運動變化發展的趨勢，都是由小至大、由弱至強、由少至多、由易至難、由單純至複雜，由量變到質變，貴以賤為本，高以下為基，〝小與少、易與細〞都是站在事物發展趨勢最有利的地位。

「報怨以德」：這句話依據對應意義，挪至第七十九章〝必有餘怨〞之後較為合理適宜，故本章不列入解讀。「圖」：謀求、想要。「圖難」：處理艱難的事情，想要能夠獲得解決。「於其易」：要先從事情的容易之處著手。

「為大」：做一番大的事業。「於其細」：必定要從事情的細微之處做起。「作」：造就。「天下難事必作於易」：天下所有難事，必定是無數小的容易之事累積而成。「天下大事必作於細」：天下大事必定是無數縝密的細事發起積累而成。

「是以」：因此、所以。「聖人」：具有深厚德性的上德之人。「終不為大」：始終不貪圖事情一開始就要有大的成就。「故能成其大」：所以最終才能成就一番大的事業。「夫」：文言文中的發語詞，表提示作用。「輕諾」：輕易許下承諾。「寡信」：很少實踐諾言。

「多易」：把事情看得太容易。「多難」：勢必遭受很多困難。「猶」：仍舊。「猶難之」：仍舊當作艱難的事情來加以看待。「終無難」：最終事情處理起來得心應手，沒有困難。

◎**意釋**：本章與第六十四章中所闡述的內涵，是指行事時心理上應有的態度及行事的方法，兩章的內容具有關聯性與延續性。老子依據樸素辯證法的方法論，蘊含著對立統一的陰陽之道，揭示了萬事萬物發展的規律。老子教導我們在人世間任何一個領域行事，只要能瞭解事物運動

變化的規律，站在事物發展趨勢最有利的地位，循〝道〞而行，經過時間的推移，由量變到質變，就能獲得最大的成功，長久維持和諧平衡最有利的穩定狀態。

本章中的內涵適用於任何一個領域，無論是用在治國治民，還是個人行事，都是顛撲不破的至理名言，是一種虛靜無為的道法自然，若能見微知著，事無難易，隨順自然，則天下無難事，也可以說是一種人生處世哲學。不過若是對〝道〞與〝德〞的基本觀念欠缺認識，就很難理解老子所說的「大小多少」，究竟要表達甚麼意思，因此，在解讀之前，先概述相關的基本觀念，俾利讀者順利進入狀況。

〝道〞的靜態本體其本質特性是處於一片混沌虛無，陰陽未判，動靜未分，陰陽平衡又和諧統一的長久穩定狀態，最大的特徵就是〝自然〞。由〝道〞的靜態本體自然而然所化生在〝德〞動態物質世界中的萬物，其內在的本質特性都是與〝道〞的靜態本體相互胎合一致。

在〝德〞動態物質世界中的萬事萬物，都是循著陰陽的規律，隨著時間的推移，不斷的運動變化。在沒有人的意識干擾之下，萬物外在的運動變化發展趨勢，都是由無到有、由小至大、由弱至強、由少至多、由易至難、由單純至複雜，由量變到質變，朝向陰陽和諧統一狀態方向發展變化，直至各自完成其一定的周期。

萬事萬物在初始期間，本質柔弱單純，但是生機旺盛，發展潛力無窮，可長可久，在萬事萬物發展的趨勢過程中，是處於最有利的地位。〝弱者道之用〞，天道無為之用為〝弱〞，人道有為之用為〝強〞，然而，天道之〝弱〞為長生久視之道，那些不合天道的人道之〝強〞，包含本章中所說的大、多、難…等，實際上是早亡之道。

守柔者弱，弱者居下，居下不爭。〝弱〞就是守柔、處下、不爭，不強勢，不急躁，不多事，不冒進，順其自然，只有在這種狀態下，〝道〞才可以更好的發揮作用。舉凡具有柔弱、低下、謙卑、不爭…等象徵性質者，及本章中所說的小、少、易、細…等，皆含蓋在內。

〝弱者道之用〞所要表達的意義，就是要用〝弱〞而不用〝強〞，用〝弱〞反而能〝強〞，反之，用〝強〞則反而會變〝弱〞。「貴以賤為本，高以下為基」，依據相反相成、相互轉化的法則，我們站在事物發展趨勢最有利的地位，循〝道〞而行，自然而為，經過時間的推移，〝強弱〞與〝剛柔〞兩者之間由量變引起質變，相互轉化是必然的結果。

人的意識能左右陰陽變化的方向，所以在人世間各領域行事時，當事情處於陰陽和諧、平衡統一，穩定長久狀態之時，也就是對我們最為

有利的狀態，此時我們就要依循〝道〞的原則，少私寡欲，平靜柔和，遇事隨順，自然而為，與〝道〞體天人合一，就可以長久維持這一和諧平衡穩定的狀態，這就是《道德經》中所說的長久之道。

人若是受到外在的誘惑，心中意念分陰分陽，打破陰陽的平衡，心中慾念有了偏私利己之分別心，想要得到個人主觀慾望的滿足，以〝有欲〞之心刻意有所作為的時候，就已經破壞了整體的平衡和諧，而與〝道〞背道而馳，如此就會提早滅亡。

「為無為，事無事，味無味。」，這幾句話主要體現在行事時的心理態度上。我們在任何一個領域中行事，要依循〝道〞的原則，少私寡欲，平靜柔和，遇事隨順，自然而為，與〝道〞體天人合一。

一切作為沒有偏私利己之分別心，沒有想得到個人主觀慾望的滿足，在〝無欲〞的狀況下，自然而然、順其自然發展的行為，我們稱之為〝為無為〞。以〝無為〞方式可以達到〝無不為〞的結果，因此，我們做任何事情的時候，都不要試圖用自己的主觀意識去改變事物的客觀屬性。

我們在行事的時候，心態上不要為求表現，追求功利，無事生非，而刻意的以滋生事端的方式去處理事物，以避免庸人自擾。凡事從客觀實際情況出發，一旦各項條件成熟，自然水到渠成。同時，心態上不要有好高騖遠想要一步登天的欲望，應抱持著以恬淡無味當作有味，倒吃甘蔗的心理態度來行事，則能漸入佳境。

〝為無為，事無事，味無味〞，裏面三個〝無〞都很重要，就是您本身心理上要以虛無為懷，順應自然，恬淡處世，不要存有主觀欲望而刻意的追求，這也是老子的人生觀和處事治世的哲學思想。

「大小多少，圖難於其易，為大於其細；天下難事必作於易，天下大事必作於細。」，人世間的事情不是大就是小，不是多就是少。老子藉著〝大小多少〞這句話，隱指萬事萬物運動變化發展的趨勢，都是由小至大、由弱至強、由少至多、由易至難、由單純至複雜，由量變到質變，貴以賤為本，高以下為基，因此〝小與少、易與細〞都是站在事物發展趨勢最有利的地位，也是我們行事時所採取最有利的著手點。

人世間一切事物的發展規律，是由簡到繁，由易到難，由小到大的。大生於小，多起於少，因為天下所有難事，必定是無數小的容易之事累積而成，因此，遇到愈是困難無從下手的事情，愈要先從容易之處開始著手，事情的發展形成必定有脈絡可循，以小治大，用少應多，順藤摸瓜，因勢利導，則解決困難指日可待。

若是好大喜功,一開始就從困難之處著手處理事情,有如無頭亂絲,很容易摸不著頭緒,治絲益棼,結果非但毫無成就,反而越理越亂,使問題更加複雜困難。

想要成就一番大的事業,必定要從事情的細微之處著手做起,因為天下大事必定是無數縝密的細事發起積累而成。人之通病:以為易,則粗心大意;以為艱,則深思熟慮。既然想要成就一番大的事業,就要有高瞻遠矚的眼光,從長遠處去考慮問題,實行時從細微之處著手做起,大處著眼,小處著手。

天下大事,必然建基於細微,凡事應慎於始。從頭到尾要抱持著一種謹小慎微、縝密思考、細心操作的態度,慎終如始,如此而為,方能有成功之時。同時也顯示,禍患常積於細微之處,經常那些毫不相干的小毛病,累積起來就會成為大的禍患。做大事也要有防患於未然,防弊於未萌,防微杜漸的危機意識。

「是以聖人終不為大,故能成其大。」 人世間所有事情都是由小至大,從易到難,從細微逐漸發展到顯著,具有深厚德性的聖人明白此一自然的規律,因此在剛開始處理事情的時候,抱持著〝為無為,事無事,味無味〞,〝圖難於其易,為大於其細〞,求本務實,沒有好高騖遠想要一步登天的心理,一切順應自然而為。就是因為聖人始終不貪圖事情一開始就要有大的成就,所以最終才能成就一番大的事業。

「夫輕諾必寡信,多易必多難。是以聖人猶難之,故終無難矣。」,「多算勝,少算不勝,而況於不算乎?」以為易,則粗心大意。輕易許下承諾的人,必定很難遵守信用兌現諾言。以僥倖之心行險,把事情看得太容易,爾後勢必遭受很多困難,有始而無終。具有深厚德性的聖人,深知事情隨著時間的推移,不斷的運動變化,許多隱藏的變數,目前不一定看得出來。

以為艱,則深思熟慮。因此,聖人做事深思熟慮,慎重其事,不會看輕任何一件事情,寧嚴勿寬,仍舊當作艱難的事情來加以看待,所以,最終事情處理起來得心應手,終究沒有任何困難。

第六十四章　　未兆易謀

其安易持,其未兆易謀。其脆易泮,其微易散。為之於未有,治之於未亂。合抱之木,生於毫末;九層之臺,

起於累土；千里之行，始於足下。為者敗之，執者失之。是以聖人無為故無敗，無執故無失。民之從事，常於幾成而敗之。慎終如始，則無敗事。是以聖人欲不欲，不貴難得之貨；學不學，復眾人之所過。以輔萬物之自然，而不敢為。

◎**本章主旨**：本章「其安易持，其未兆易謀。…千里之行，始於足下。」前半章的哲學思想，是老子對前一章「圖難於其易，為大於其細；天下難事必作於易，天下大事必作於細」這個道理的進一步闡發，詳細解釋上章之義理，強調萬事萬物隨著時間的推移，循著陰陽的規律而不斷的運動變化，都有積小成大，積少成多，積漸馴習，因循而長，積微而盛的過程。

　　凡事要有居安思危，防微杜漸的危機意識，在弊端禍亂還是在潛伏階段，就要有未雨綢繆的心理與準備，及早謀劃防範，很容易就可以防範於未然。當弊端初萌還很脆弱細微的時候，只要稍加有效的遏止，就很容易使其冰消瓦解。

　　處理事情想要立於不敗之地，就要慎終如始，不能急於求成，這樣就不會有失敗的情形發生。聖人了解自然的規律，以不欲當作自己最大的欲望。同時學習合於〝道〞沒有錯誤主觀認知的知識，不會去學習不合於〝道〞的私妄知識。

　　聖人深厚的德行，能夠德化曾經與〝道〞背道而行，違反自然規律產生過錯的人，輔助其回復自然的正道，而不敢再違反自然刻意的有所作為。

◎**直譯**：「安」：安定。「持」：維持。「其安易持」：任何一件事情還在穩定狀態的時候，比較容易掌控和維持。「兆」：徵兆。在事情發生前所顯露出來的徵候或跡象，通常是隱而顯，顯而微，稍不注意是很難發覺它的存在。「謀」：謀劃，籌畫。「其未兆易謀」：事情尚未出現不良徵兆時，容易未雨綢繆，謀劃消除隱患，防患於未然。

　　「脆」：不堅韌、容易破碎之事物。隱喻事物始生期間。「泮」：音同判。分散。形容支離破碎。「其脆易泮」：形容弊端始生之際，尚不穩固壯大，稍加遏止防範，就很容易使其支離破碎而消弭於無形。「微」：細小柔弱。「其微易散」：弊端還在細微弱小，尚未凝聚壯大的時候，不需花費太大的力氣，很容易就使其冰消瓦解。

「為之」：一切作為以〝無為〞的方式來作為。「未有」：弊病尚未形成之前。「治之」：予以正確引導，治理防制。「未亂」：弊端已經初萌，但是其勢力尚未至於大亂之前。

「合抱之木」：張開手臂都很難抱住的粗大樹木。「毫末」：毛髮的末端，隱喻極細微的部分。「九層」：九為數之極也，形容極多。「九層之台」：極多層的樓台，表示樓台很高。「累土」：累積的土石。「為者敗之」：行〝有為〞之道，悖〝道〞而行，則一定會遭遇失敗。「執者失之」：有據為己有的私心，悖〝道〞而行，現有安定的局面也會失去，而難以維持保有。

「從事」：辦理或處理某項事情。「幾」：將近。「幾成」：將近要成功。「幾成而敗之」：功敗垂成。「慎終如始」：即使到了最後，仍能像開始一樣謹慎，始終如一。「欲不欲」：最大的慾望就是沒有私慾。「學不學」：學習合於〝道〞沒有錯誤主觀認知的知識，不會去學習不合於〝道〞的私妄知識。

「復」：使眾人反璞歸真，回復純樸的本性。「眾人之所過」：眾人由於偏離〝道〞，做出錯誤的行為所產生的過錯。「輔」：輔助。「而不敢為」：不敢違反自然之道而刻意的有所作為。

◎ 意釋：「**其安易持，其未兆易謀。其脆易泮，其微易散。**」，〝明者見危於無形，智者見禍於未生。〞任何一件事情還在穩定狀態的時候，比較容易掌控和維持，若是等到亂象已現，處理善後就會比較困難。任何事情弊病禍亂尚未正式浮出檯面顯而易見之前，其實在隱藏的天機裡，就會稍為透露出一些蛛絲馬跡，會有徵兆或跡象可循，只是所透露出的徵兆，隱而顯，顯而微，在可見的外象中只佔極微小的一部分，稍不注意是難以察覺的。

老子告誡我們，凡事要有居安思危，見微知著，防微杜漸的危機意識，在弊端禍亂還是在潛伏階段，不可掉以輕心，此時就要深謀遠慮，要有未雨綢繆的心理與準備，及早謀劃防範，很容易就可以防範於未然。

若是未能將弊端禍亂防範於未然，弊端的苗頭已經開始初萌，但是還很脆弱細微的時候，要有防微杜漸，防患於初萌的心理及危機意識，除惡務盡，不要讓勢態持續擴大。

此時弊病禍亂其結構脆弱細微，尚未凝聚壯大，只要稍加有效的遏止，不需花費太大的力氣，就很容易使其支離破碎，冰消瓦解而消弭於無形。如果等閒視之，姑息養奸，任其繼續發展下去，小惡終成大患，

終將會養癰遺害，養虎遺患，屆時亡羊補牢，為時已晚。

「**為之於未有，治之於未亂。**」，「其安易持，其未兆易謀。其脆易泮，其微易散。」這段話，老子負面表述天下事物都是經由〝安定、未兆、脆微、大亂〞這四個階段，由量變不斷積累變化發展而成，積小成大，積少成多，因循而長，終至於盛。有鑑於此，所以我們要對有不良發展傾向的事物，採取「為之於未有，治之於未亂」未雨綢繆，防微杜漸的措施。

我們就以治國治民來舉例說明，當天下太平安定的時候，治理國事一切作為以〝無為〞的方式順應自然，〝處無為之事，行不言之教〞來教化百姓，使天下人民不知不覺的自我受到德化，防範於未然，以預防民心之思變。

當民心思變的苗頭已經初萌，事情的本質還很脆弱微小，勢力尚未形成大亂之前，不能置之不理，任其自然發展，要知道〝千里之堤，潰於蟻穴〞，小處的疏失不慎，將會導致大的災禍發生。此時應有防微杜漸的心理與態度，要採取「挫其銳，解其紛，和其光，同其塵。」異中求同，求同存異，化異為同的方式予以正確引導，治理防制，來化解雙方對立所產生的紛爭，以達到和諧統一玄同的境界。

「**合抱之木，生於毫末；九層之臺，起於累土；千里之行，始於足下。**」，這段話老子是藉著人世間一些顯而易見的現象，一方面正面表述萬事萬物都是從無到有，從未兆到萌芽，從萌芽到幼小，從幼小到壯大，是由小而大，由低而高，從近至遠，由微而盛的發展變化過程，具有累積壯大的規律，我們做任何事情不可急於求成，應該循序漸進，慎終如始，方能善始善終。

另一方面也負面顯示著所有弊病的產生，也是由小到大循序漸進的發展壯大，我們要有防微杜漸的危機意識，防範於未然，防患於初萌，適時的未雨綢繆或加以正確引導，予以治理防制。這裡講的與前一章「圖難於其易，為大於其細；天下難事必作於易，天下大事必作於細」所講的道理是一致的。

張開手臂都很難合抱的粗大樹木，都是由極其微小的幼芽，日積月累逐漸生長而成的；不論樓台建築有多高，都是第一筐土石從基層開始逐漸堆積起來的；千里之遙的路程，是從邁開腳下的第一步開始，也是一步一腳印，逐日積累的行程。

上述三句話與荀子《勸學篇・第一》內容意境相類似：故不積跬步，無以致千里；不積小流，無以成江海。騏驥一躍，不能十步；駑馬十駕，

功在不舍。鍥而舍之，朽木不折；鍥而不舍，金石可鏤。比喻任何一件事情的成功，都是由小而大逐漸累積而成，聚沙成塔，集腋成裘，行遠必自邇，登高必自卑，並非一蹴可幾，應依循自然的規律，按部就班，循序漸進，不可有急於求成的心理。

「為者敗之，執者失之。是以聖人無為故無敗，無執故無失。」，既然我們已經了解萬事萬物發展的過程，是由小而大，由少而多，由下而上，由近而遠，逐漸累積而成的自然規律，一切作為就應該依循〝道〞的自然規律，沒有偏私利己之分別心，沒有想得到個人主觀慾望的滿足，在〝無欲〞的狀況下，一切作為自然而然，行〝無為〞之道。

若是以偏私利己的分別心，想要得到個人主觀慾望的滿足，以〝有欲〞之心刻意的有所作為，行〝有為〞之道，悖〝道〞而行，則一定會遭遇失敗，現有安定的局面也會失去，而難以維持保有。

所以，對〝道〞能有深刻領悟者，一切作為順應自然，由〝無欲〞、〝無為〞，進而達到〝無為而無不為〞，所以就不會失敗。無私心不據為己有，不刻意爭強好勝的去爭奪，完全因循自然的規律行事，由〝不爭〞轉化為〝天下莫能與之爭〞，也就沒有所謂的失去。

「民之從事，常於幾成而敗之。慎終如始，則無敗事。」，俗語：〝行百里者半九十〞，〝為山九仞，功虧一簣〞，這些比喻的都是指事情在即將成功時卻失敗了，這種陰溝裡翻船，大意失荊州，或意志不堅，信心不足，半途而廢者，人世間比比皆是。老子這段話是負面列舉人民從事時一般的現象，來正面解讀「合抱之木，生於毫末；九層之台，起於累土；千里之行，始於足下。」其中的道理，告誡我們處理事情要慎終如始，方能立於不敗之地。

一般人處理事情，剛開始都會謹小慎微的積極努力前往行事，但是部分人最終卻是功敗垂成，著實令人扼腕。檢討其失敗的主要原因，通常會有兩種型態：一種是由於一開始小心謹慎，所以事情進展順利，於是沉浸在歡樂喜悅當中，同時認為事情也不過如此，產生驕縱的心理，因而鬆懈怠慢，在最後緊要關頭，稍不留意就功敗垂成。

另外一種是雖然一開始謹小慎微的處理事情，事情越接近成功越困難，由於急功好利，急於求成又意志不堅，信心不足的個性使然，不能順其自然而為，經常沒能堅持到最後五分鐘，造成前功盡棄，功虧一簣的結局。

處理事情想要立於不敗之地，除了要有堅持到底的決心毅力，及堅定不移的信心之外，就是要謹小慎微的慎終如始，要知道任何事物的發

展，都有其一定的過程，不能急於求成，要順其自然發展，才能夠善始善終的獲得最後的成功，這樣就不會有失敗的情形發生。

「**是以聖人欲不欲，不貴難得之貨；學不學，復眾人之所過。以輔萬物之自然，而不敢為。**」，上德之人能夠了解自然的規律，以不欲當作自己最大的欲望，沒有想得到個人主觀慾望的滿足，在〝無欲〞的狀況下，就不會去稀罕難以得到的貴重寶物。同時學習合於〝道〞沒有錯誤主觀認知的知識，不會去學習不合於〝道〞的私妄知識。眾人由於偏離〝道〞，做出錯誤的行為所產生的過錯，上德之聖人深厚的德行，能德化有過錯的眾人，使其返樸歸真，回復純真樸實的本性。

人處於〝德〞的動態物質世界，陰陽隨著時間推移而不斷的運動變化，人的意念偏向，能影響客觀環境事物本質的變化與事情的偏向。事物發展的結果，可以受到人的思想意念左右而改變，人可以參贊天地之化育，與天地並列為三，也就是說，人能夠輔助天地化育萬物。同樣的道理，若是人出於有妄的欲念悖〝道〞而行，則會破壞大自然的和諧平衡，人也是有此能力的。

上德之人深厚的德行，能夠德化曾經與〝道〞背道而行，違反自然規律產生過錯的人，輔助其回復自然的正道，而不敢再違反自然刻意的有所作為。

第六十五章　　善為道者

古之善為道者，非以明民，將以愚之。民之難治，以其智多。故以智治國，國之賊；不以智治國，國之福。知此兩者亦稽式。常知稽式，是謂玄德。玄德深矣，遠矣，與物反矣，然後乃至大順。

◎**本章主旨**：本章主要講治國治民的原則，怎麼樣才能政通人和，長治久安，達到國祚延綿可長可久的境界呢？〝上德〞的領導統治者在治國治民的時候，不是教導人民知曉智巧偽詐，而是藉著深厚的德行，來德化人民返璞歸真，回歸原有純真樸實而自然的本性。

人民之所以難治，是因為人民利用智巧、機謀與巧詐方式，以獲得個人私慾之滿足，爾虞我詐之下，造成社會動盪紊亂難以治理，危害到國家的政權。倘若不以智巧治國，而以〝道〞治國，天下人民受到德化，

民心回歸純真樸實自然的本性，生活自然安定，這才是國家的福祉。

這兩種治國方式，是古今治亂興衰的標準界限，也是自我考核取法的準則。若能時刻警惕在心，則治國者之德行已經達到最高境界，稱之為〝玄德〞。

〝正言若反〞，真正的道理看起來好像是相反的一樣，〝玄德〞之人的思想作為與一般人的思維認知正好相反，當民心回歸純真樸實自然的本性，國家就能政通人和，長治久安，國祚延綿。

◎直譯：「善為道者」：具有〝上德〞德性的領導統治者。「非以明民」：不是教導人民知曉智巧偽詐。「愚」：在《道德經中》指的就是質樸純厚又自然的另一種表述詞句。「將以愚之」：教導人民淳厚樸實，返璞歸真，回歸原有純真樸實的本性。

「智」：在《道德經中》指的就是心智機謀巧詐的另一種表述詞句。「賊」：傷害的意思。「知此兩者」：瞭解這兩種治國方式的差異與後果。「亦」：也是。「稽式」：準則。引申為取法。「亦稽式」：也是自我考核取法的準則，決定取捨的依據。「常知稽式」：治國者應常懷這種準則，並且時刻警惕在心。

「玄德」：具有深厚德性的上德之人，其〝道〞之高深幽遠，深不可測，遠不可及，其德行已經達到最高境界，稱之為〝玄德〞。「與物反矣」：〝玄德〞之人的思想與物質世界中一般人的思維認知正好相反。「大順」：順乎大自然的規律，回歸到質樸純真的自然天性，達到與〝道〞天人合一的境界。

◎意釋：「古之善為道者，非以明民，將以愚之。」，古代具有〝上德〞德性的領導統治者，在治國治民的時候，不是教導人民知曉智巧偽詐，而是藉著深厚的德行，來德化人民返璞歸真，回歸原有純真樸實而自然的本性。為甚麼要如此作為呢？因為智巧偽詐之人，多有貪欲而任性妄為，因而泯滅了原始質樸純真而自然的本性。

「民之難治，以其智多。故以智治國，國之賊；不以智治國，國之福。」，人民為什麼會難以治理呢？因為人民多智巧詐，所以很難治理。第十八章中說：「大道廢，有仁義；智慧出，有大偽」，人類擺脫矇昧民智大開之後，人民逐漸遠離大道，出自於〝有欲與我執〞的心理，利用智巧、機謀與巧詐方式，絞盡腦汁，執意妄為的來爭搶功名利祿，以獲得個人私慾之滿足。

因此，社會各階層人民群起效尤，以假蒙騙，大偽似真，巧詐取代了淳樸，虛偽掩蓋了真誠，爾虞我詐，嚴重的投機取巧與虛偽欺騙之事層出不窮，造成社會動盪紊亂難以治理。

所以，一個國家的領導統治者若是以智治國，人民就會巧以應對，惡性循環之下，人民會愈來愈狡猾，愈會鑽法律漏洞，上至領導統治者階層，下到各階層的人民，上下互相鬥智，自然兩敗俱傷，上下交征利，則奸偽叢生，互相偽詐，彼此賊害，世風敗壞，最終必將導致社會動盪不安，天災人禍迭起，天下大亂，此時國家及領導者的權位已經受到了傷害，搖搖欲墜。因此，用智巧心機治理國家，不但愈發難以治理，還會危害到國家的政權。

倘若具有上德之德性的領導統治者，棄除好高騖遠的智巧與心機，不以智巧治國，而以〝道〞治國，領導者在〝無欲〞的狀況下，治理國政一切作為自然而然、順其自然發展，〝處無為之事，行不言之教〞來教化百姓，使天下人民不知不覺的自我受到德化，民心淳厚樸實，返璞歸真，回歸原有純真樸實自然的本性，人民生活自然安定無爭，長治久安，這才是國家的福祉。

由此可知，老子所謂的「非以明民，將以愚之」，是針對奸詐虛偽風氣橫流的社會現實，而提出「愚之」，德化人民回歸到質樸純真的自然天性。老子主張「絕聖棄智」、「絕仁棄義」、「絕巧棄利」，而讓百姓「見素抱樸，少私寡慾，絕學無憂」，因此，老子所說的「愚」，指的是符合〝道〞自然規律的質樸純真，以順應大自然的規律。

「知此兩者亦稽式。常知稽式，是謂玄德。玄德深矣，遠矣，與物反矣，然後乃至大順。」，爾後所有治理國政的領導者，必須充分瞭解上述「以智治國，國之賊；不以智治國，國之福。」這兩種治國方式其中的道理，及兩者之間的差異與後果，這是古今治亂興衰的標準界限，也是領導者自我考核取法的準則。

領導統治者治國若能常懷這種準則，為國之福者則效之，為國之賊者則去之，並且時刻警惕在心。若能如此，這種領導統治者是具有深厚德性的上德之人，其德行已經達到最高境界，我們稱之為〝玄德〞。

具有深厚德性的〝玄德〞之人，其德性與德行之高深幽遠，深不可測，遠不可及，〝玄德〞之人不以智治國，其目的是順應大自然的規律，德化人民回歸到質樸純真的自然天性，達到與〝道〞天人合一的境界。

〝正言若反〞，真正的道理看起來好像是相反的一樣，〝玄德〞之人的思想作為與物質世界中一般人的思維認知與作風正好相反，「與物反

矣！然後乃至大順」這句話與本章之中「非以明民，將以愚之。」正好相互呼應。當民心淳厚樸實，返璞歸真，回歸原有純真樸實自然的本性，然後國家就能政通人和，長治久安，達到國祚延綿可長可久的境界。

第六十六章　　為百谷王

　　江海所以能為百谷王者，以其善下之，故能為百谷王。是以欲上民，必以言下之。欲先民，必以身後之。是以聖人處上而民不重，處前而民不害。是以天下樂推而不厭，以其不爭，故天下莫能與之爭。

◎**本章主旨**：本章講的是〝善下〞、〝不爭〞的政治哲學，老子藉著大自然的現象，來闡述大自然所蘊含的規律，以百川眾流匯聚於江海來作一個比喻，他認為〝上德〞之領導統治者應該謙和處下及居後不爭，這樣才能以寬厚包容之心對待人民，進而獲得人民衷心的愛戴，就好像居處下游低下的江海，可以容納百川之水而成為百川之王一樣。

　　如果領導統治者抱持著以〝百姓心為心〞的心理態度，〝以言下之，以身後之〞，人民對其觀感就會有「處上而民不重，處前而民不害，是以天下樂推而不厭。」這種效果。

　　就是因為具有上德的領導統治者，能效法自然之道，以〝無欲〞、〝不爭〞、〝無為〞的方式，應用在治國治民上面，無為自然，謙抑禮讓，不去刻意爭奪，因循自然的規律行事，反而能夠得到大家的愛戴推崇，所以才能到達天下無人可與他爭奪的境界。

◎**直譯**：「谷」：溪谷。兩山之間的水道或夾道，這裡指流經山谷的溪流或小河。「王」：同類事物中的首領或最傑出者。「百谷」：百川。「百谷王」：百川眾流自動匯聚於居卑處下的江海，因此稱江海為百谷王。「善」：善於。「善下之」：江海善於處在低下的地位。引申為謙下。「欲上民」：想要居萬民之上，成為一國的領導者。

「言下之」：在言談用語上，一定要謙下。「欲先民」：想要在眾人之先，身居領導地位。「必以身後之」：必定要居後不爭先，自行謙退，不與人爭，先人而後己。「處上」：處於國家君王之上位。「民不重」：人民不會感覺有負荷壓力。「處前」：處於眾人之先，居領導地位。「民不

害」：人民不會感覺自己的利益有所損害。

「天下」：天下的人民。「樂推」：人民心悅誠服之下，非常樂意的推舉他當領導人。「不厭」：不會厭倦。「以其」：就是因為。「以其不爭，故天下莫能與之爭」：就是因為他不去刻意爭奪，完全因循自然的規律行事，所以才能到達天下無人可與他爭奪的地步。

◎意釋：「江海所以能為百谷王者，以其善下之，故能為百谷王。」，第十四章中說：「其上不皦，其下不昧。」，〝道〞形而上的本體是一片虛無，並無具體形象可以顯而易見，萬事萬物都是〝道〞的具體顯現，並非昏暗不明。上下構成〝道〞的整體，這就是陰陽的自然規律，有看不見無形能量的本體，就有看得見有形的物質世界，因此，〝道〞既不是光明清晰，也不是昏暗不明。

因此，老子藉著大自然的現象，來闡述大自然所蘊含的規律，本章以百川眾流匯聚於江海來作一個比喻，說明江海之所以能成為百川眾流之王，就是它善於處在低下的地位，包容大度納百川，無論淨穢，皆能容納，百川眾流自動歸向，匯聚於居卑處下的江海，所以才能成為百川之王。與第三十二章中說：「譬道之在天下，猶川谷之於江海」的意境相同。

「是以欲上民，必以言下之。欲先民，必以身後之。」，所以，想要高居萬民之上，成為一國的領導統治者，必須在言談用語上，對人民表示謙下，聽取人民的意見。第三十九章中說：「自稱孤、寡、不穀」，君侯謙虛的自稱孤王、寡人或不善，主動放低自己的尊位，這種依循〝道〞陰陽平衡、和諧統一的本質特性，自處於低下之位，不以盛氣凌人，就是謙虛為懷、放低身段，採取陰陽調和的一種表現。

想要在眾人之前身居領導的地位，必定要處處謙讓，把自己的利益放在人民的後面，居後而不爭先，自行謙退，不與人爭，先人而後己，吃苦在前，享受在後。與第七章中說「後其身而身先」，德行完美的人能效法自然之道，無為自然，謙抑禮讓，不與人爭，反而能夠得到大家的愛戴推崇，而在眾人之先，也是居領導地位，這兩者之間意境相同。

「是以聖人處上而民不重，處前而民不害，是以天下樂推而不厭。」，所以，上德之領導統治者處於國家君王之上位，處處以謙虛為懷，因此人民不會感覺有任何負荷壓力。處於眾人之先，身居領導統治的地位，處處照顧人民的權益，因此人民也不會感覺自己的利益會有所損害。所以，他才能得到天下人民的尊敬和擁護，心悅誠服之下，非常

樂意的推舉他當領導人，絲毫不覺得厭倦，更不會有叛逆加害之心。

如果領導統治者將「以言下之，以身後之」這些具體作為運用在治理國政當中，抱持著以〝百姓心為心〞的心理態度，人民對其觀感就會有「處上而民不重，處前而民不害，是以天下樂推而不厭。」這種效果。

並非聖人想處於其人民之上，或者想處於人民之前當領導統治者，之所以低調的處於卑下的地位，純粹是本身具有深厚的德性，是〝道〞的規律使他自然而然的處於上而前的領導統治地位。

「以其不爭，故天下莫能與之爭。」，就是因為具有上德的領導統治者，能效法自然之道，以〝無欲〞、〝不爭〞、〝無為〞的方式，應用在治國治民上面，無為自然，謙抑禮讓，不去刻意爭奪，完全因循自然的規律行事，反而能夠得到大家的愛戴推崇，所以才能到達天下無人可與他爭奪的地步，而在眾人之先居領導地位。

老子用樸素辯證法的觀點，說明表面看似乎相反之間，實則存有辯證法的因素，陰陽規律中相反相成、對立統一的道理中，在無偏私的分別心下，以〝無為〞的方式誠心自然行事，對立又統一的雙方就能產生〝相反相成〞陰陽相互轉化的效果，由利他〈〝善下〞、〝身後〞、〝不爭〞〉最終轉化為利己〈〝處上〞、〝身先〞、〝莫與之爭〞〉的效果，說明對立的雙方可以相互轉化。

這也是對第六十三章中「大小多少」的加強補充說明，萬事萬物運動變化發展的趨勢，都是由小至大、由下至上、由少至多、由易至難、由後至前、由單純至複雜、由量變到質變，貴以賤為本，高以下為基，〝小與少、易與細、下與後〞都是站在事物發展趨勢最有利的地位。

陰陽之中這兩個相對立的面，可以互相依存轉化，萬事萬物都受到此一規律所制約規範，蘊含著陰陽之間可以相互轉化的哲學思想。陰陽之間的交互作用，相反相成，相互轉化，在此一陰陽自然規律下，如何掌握住事物運動變化發展最有利的趨勢，〝順勢而為〞是老子哲學思想中的精髓。正因為不去刻意爭奪，完全因循自然的規律行事，在〝相反相成〞相互轉化的規律下，所以才能到達天下無人可與他爭奪的境界。

第六十七章　我有三寶

天下皆謂我道大，似不肖。夫唯大，故似不肖。若肖，久矣其細也夫！我有三寶，持而保之。一曰慈，二曰儉，

三曰不敢為天下先。慈故能勇；儉故能廣；不敢為天下先，故能成器長。今舍慈且勇，舍儉且廣，舍後且先，死矣！夫慈以戰則勝，以守則固。天將救之，以慈衛之。

◎**本章主旨**：本章首先說明〝道〞的範圍廣大無邊，正是因為如此，所以世間似乎沒有什麼具體事物能和〝道〞完全相像，怎麼樣的解釋比擬，總是覺得不夠周全完整。如果有具體的事物與〝道〞完全相同類似，經歷過這麼悠久的時間，早就應該把〝道〞解釋清楚了，如果真的是這樣，那〝道〞就太微小了啊！

既然〝道〞的概念無法具體的描述清楚，老子站在得道者的立場說明我有三個珍寶，第一是〝慈〞，第二是〝儉〞，第三是〝不敢為天下先〞。只要掌握住並且時刻謹記在心，在修身處事方面應用起來，就可以符合〝道〞的自然規律，也將無往而不利。

本章由〝道〞的廣泛性和普遍性，談到〝慈〞、〝儉〞、〝不敢為天下先〞三寶的價值意義。遵循天道，可以無往不利；聽憑人道，則往往陷入絕境。由於〝慈〞轉化出來的〝勇〞，是發自內心一種犧牲的大愛，縱然犧牲自己的生命，也在所不惜，可以說是〝仁者無敵〞。這種狀況在戰爭的時候，進攻可以獲得勝利，退守則可以堅固防守。

慈愛之心與生俱來，就存在於我們的內心，是上天賦予眾生具有的此一天性，只要依循〝道〞的自然規律行事，當有緊急危難的時候，此一天性的發揮，將能夠適時的救助他，保護他不受到傷害。

◎**直譯**：「我」：老子以得〝道〞者的立場和角度，來闡明觀點的時候，就會用到〝我〞這個字，這裡的我，指的就是得〝道〞者，依道而行的人。也可以說是站在〝道〞的立場來說話。「我道大」：我這個〝道〞廣大無邊，無遠弗屆，無所不包。「肖」：相似，相像。「似不肖」：似乎沒有什麼具體事物能和〝道〞完全相像，怎麼樣的解釋比擬，總是覺得不夠周全完整。

「夫」：文言發語詞，具提示作用。「唯」：因為，只有。「夫唯」：正是因為。「久矣」：已經這麼長久的時間了。「細」：周密詳盡，微小。「也夫」：語氣助詞。表示感歎。「若肖，久矣其細也夫」：如果有具體的事物與〝道〞完全相同類似，已經這麼長的時間，早就應該完整詳細的把〝道〞解釋清楚了，那〝道〞就太微小了啊！

「寶」：貴重的珍寶。「持」：掌握。「保」：保持。「之」：代名詞，

它，指的是三寶。「持而保之」：掌握並保持著三寶。「慈」：柔慈，愛心。「儉」：節儉純樸，與第五十九章的「嗇」同義。「不敢為天下先」：不爭，謙讓，退守，居下。不敢在天下人之先而刻意的有所作為，要依循〝道〞的原則，順著事物發展的自然規律，按照〝無為〞的方式，在恰到好處的時候順勢而為。

「勇」：勇敢，勇猛，剛勇。「廣」：廣泛。「器」：器物，引申為萬物。形而下者謂之器，也就是〝德〞的物質世界中，萬物皆可稱之為器，包含人在內。「長」：領導者。「成器長」：成為這個領域中的領導者。「舍」：捨棄。「且」：還。「舍慈且勇」：沒有慈愛之心，還很勇猛。「死矣」：將陷入必死之地。

「天將救之」：天道無偏無私，全部一視同仁，只要依循〝道〞的自然規律行事，當有緊急危難的時候，此一柔慈天性的發揮，將能夠適時救助他。「衛之」：保護他不受傷害。

◎意釋：「天下皆謂我道大，似不肖。夫唯大，故似不肖。若肖，久矣其細也夫！」，〝道〞的靜態本體是一片混沌虛無，陰陽未判，動靜未分，處於陰陽平衡、和諧統一，長久穩定，無實體結構，虛擬不確定的量子信息能量場，能夠化生〝德〞動態物質世界的萬事萬物。〝道〞無形的靜態本體及〝德〞有形的動態物質世界構成整體的〝道〞。

老子在第一章中說：「道可道，非常道」，由於〝道〞的範圍廣大無邊，放之則彌六合，卷之則退藏於密，其大無外，其小無內，一切完美具足，用言語來形容，遠則無遠弗屆，近則無處不在，萬事萬物都概括其中，廣大備悉，無所不包。所以世間似乎沒有什麼具體事物能和〝道〞完全相像，怎麼樣的解釋比擬，總是覺得不夠周全完整。

由於〝道〞的內涵與範圍，已經超出人類一般的思維邏輯，所以不論是《易經》、《道德經》、量子科學，還是各宗教…等，只要是用文字語言來描繪形容的思想，任何一個領域都只是以管窺豹，只見一斑，都是片面的認知，無法完整詳細的描繪出整體的〝道〞。

因為〝道〞經過描述，本來抽象無形的〝道〞，就變成了具體有形的事物，本來無色、無相、無名，就變成了有色、有相、有名，有了形象，就有了局限性，也就不再是客觀存在的〝道〞，而變成了我們主觀上的認知了。因此，從古至今，對於〝道〞到底是什麼，人們始終無法得出一個絕對的定論。

就算是集各家之長，綜合整理彙整之後來解釋〝道〞的概念，也只

是將〝道〞的輪廓描述得更加清晰一點而已,離完整清晰的〝道〞,仍然是遙不可及。究其原因,世人基於現實物質世界的思維邏輯,對更高層次的概念還是難以理解,無法清楚的認知之故。

因此,想要進一步認識〝道〞,必須跳脫原有的邏輯思維觀念,同時也獲得各種新的正確思維觀念,認識到宇宙根本的真理規律,在此轉變過程中,思維力獲得提高、發展或飛躍,對相關各領域都有了新的見解與認知,並且在精神領域方面能獲得更高一個層次的提升,此時才能發揮〝主觀能動性〞,喚醒我們深藏的潛能,讓您的精神領域提升到前所未有的高度。

因此,得〝道〞者說:世人才會都說我所秉持的這個〝道〞廣大無邊,〝道〞的概念太過於宏大抽象,給人的感覺就是似是而非,似乎沒有什麼具體事物能和〝道〞完全相像。正是因為〝道〞廣大無邊,無遠弗屆,無所不包,無形無象,無法具體的描述,所以世間似乎沒有什麼具體事物能和〝道〞完全相像,怎麼樣的解釋比擬,總是覺得不夠周全完整。

如果有具體的事物與〝道〞完全相同類似,已經經歷過這麼悠久的時間,早就應該完整詳細的把〝道〞解釋清楚了,如果真的是這樣,那〝道〞就不能稱之為〝大〞,可以說太微小了啊!

「我有三寶,持而保之。一曰慈,二曰儉,三曰不敢為天下先。」,我有三寶裡面的〝我〞,並不是指老子本人,在《道德經》裡面〝我〞和〝吾〞是不一樣的意義。比如說:「吾言甚易知,甚易行」,這句話裡面的〝吾〞,就是指老子本人,意思是說:我的觀點很容易理解,也很容易實行,而我有三寶裡面的〝我〞,指的是〝得道者〞有三寶。

既然〝道〞的概念無法具體的描述清楚,一般世人就無法在日常生活中充分的實際應用,那又如何是好呢?因此,老子站在得道者的立場說明。我有三個珍寶,第一是〝慈〞,第二是〝儉〞,第三是〝不敢為天下先〞。只要掌握住這三個珍寶,並且時刻謹記在心,不可或忘,在修身處事方面應用起來,就可以符合〝道〞的自然規律,也將無往而不利。

〝慈〞就是心懷慈愛。其內涵就是柔慈,仁愛,和善。《增韻》:「慈,柔也,善也,仁也。」,《管子‧形勢》說:「慈者,父母之高行也。」側重於上對下,老對小的深篤的愛,慈愛之深的心理態度,是無我利他發自內心的一種大愛,同時也是聖人對天下人的悲憫之懷,已經到了單向輸出而不求回報的境界。有了這種慈愛,就能不自覺的為了維護被愛者的利益,甚至不惜犧牲自己的生命。

〝儉〞即是嗇，與第五十九章的「嗇」同義。其內涵就是節儉純樸，少私寡欲，收斂節制，是少做，也是〝無為〞。有不奢侈，不肆意妄為，含藏培蓄，有而不盡用，降低自己欲望的意義。〝儉〞主要是對自己的約束，表現為內向的〝無為〞。老子在第四十八章中說：「為道日損」，〝修道〞者所有後天學習而來與〝道〞相悖離的思想觀念與習性，都要逐日的減損消除，而具體作為就是要〝儉〞，少私寡欲，克制減少後天一切妄想之欲念。

〝不敢為天下先〞其內涵就是無欲，謙讓，不爭，居下，無為。是一種完全因循自然的規律行事，謙抑禮讓，不去刻意爭奪，是對外物的態度和原則，表現為外向的〝無為〞。是依循〝道〞的原則，順著事物發展的自然規律，按照〝無為〞的方式，在恰到好處的時候順勢而為，不敢自高、自傲、為了自己的利益而居於別人的先前，也不敢在天下人之先而刻意的有所作為，也就是不做始作俑者。

「慈故能勇；儉故能廣；不敢為天下先，故能成器長。」，這一段話是闡述說明「三寶」所能發揮的作用。老子用樸素辯證法的觀點，說明表面看似乎相反之間，實則存有辯證法的因素，陰陽規律中相反相成、對立統一的道理中，在無偏私的分別心下，以〝無為〞的方式誠心行事，對立又統一的雙方就能產生〝相反相成〞陰陽相互轉化的效果，由利他〈〝慈柔〞、〝儉嗇〞、〝身後〞〉最終轉化為利己〈〝剛勇〞、〝廣泛〞、〝身先〞〉，說明自然的規律中，對立的雙方可以相互轉化。

〝慈〞就是柔慈，包含有柔和的意義，與〝剛勇〞相對。第四十章中說：「弱者道之用」；第四十三章中說：「天下之至柔，馳騁天下之至堅」；第五十二章中說：「守柔曰強」…等內容，都可以包括在〝慈〞的範圍之內。柔慈之心所發出來的深愛，是發自內心一種犧牲的大愛，已經到了捨己利他、不求回報、堅定無畏的境界，縱然犧牲自己的生命，也在所不惜。

梁啟超《新民說》：「婦人弱也，而為母則強」。女性通常都是比較柔弱，可是當柔弱的女性成為母親時，因為心懷慈愛，她們就會轉弱為強，轉柔慈為剛勇，當她的子女遇到危險的時候呢，會奮不顧身的去保護她的孩子，常常會發揮出無畏而剛強，令人難以想像的這種力量。

動物世界的雌性動物，也都有相同類似的情形，例如母雞在孵卵以前，可以說是最溫馴的家禽，一旦孵卵之後，牠會突然變得兇悍無比，尤其是小雞孵出以後，牠會變得更兇悍潑辣。當老鷹捉小雞時，母雞為了保護小雞，它會無所畏懼的和老鷹做殊死搏鬥，這就是因為慈愛給了

它這種無畏的力量。慈愛就能產生勇氣，〝慈〞是內心的本源，〝勇〞是外在的表現，這就是〝慈〞與〝勇〞的關係。

〝儉〞就是節省，收斂，節制，有少做的意義，與〝廣遠〞相對。與第五十九章的「嗇」同義，〝嗇〞其實就是約束自己，〝去私寡欲〞、〝無為〞、〝無事〞。「儉，故能廣」通過相對應的解釋，我們可以明確理解〝廣〞的含義，就是擴大展開，無所不為。

〝儉〞於自身而言，能夠斂藏鋒芒，愛惜財力精力；於為人而言，不過度，不張揚，適可而止，留有餘地。本著〝無為〞的態度，順應自然，不肆意妄為，就能達到〝無為而無不為〞的境界，〝無不為〞就是就是擴大展開，無所不為。〝儉〞是內心的本源，〝廣〞是外在的表現。

〝不敢為天下先〞就是無欲，謙讓，不爭，居下，無為。其主要內涵指的是，在時機不成熟的時候，不要為了個人私欲的利益，刻意搶先的有所作為。第六十一章中說：「大國者下流」；第六十六章中說：「江海善下」，第七章中說：「後其身而身先」，都是能效法自然之道，以〝無欲〞、〝謙讓〞、〝不爭〞、〝居下〞、〝無為〞的方式，不敢在天下人之先而刻意的有所作為，要依循〝道〞的原則，順著事物發展的自然規律，按照〝無為〞的方式，在恰到好處的時候順勢而為。

〝不敢為天下先〞應用在為人處事上面，要以〝無為〞的方式順其自然，謙抑禮讓，不去刻意爭奪，完全因循自然的規律行事，反而能夠得到大家的愛戴推崇，所以才能到達天下無人可與您爭奪的地步，若能如此，在人世間任何一個領域中，都能在眾人之先，居領導的地位。〝不敢為天下先〞是內心的本源，〝成器長〞則是外在的表現。

「今舍慈且勇，舍儉且廣，舍後且先，死矣！」，老子在《道德經》中之所以要求我們行事要合於〝道〞，目的就是希望能夠長久穩定又和諧的處於最佳狀態，此一道理在任何一個領域都適用。〝弱者道之用〞，天道無為之用為〝弱〞，人道有為之用為〝強〞，然而，天道之〝弱〞為長生之道，那些不合天道的人道之〝強〞，實際上是早亡之道。

老子在第七十六章中就說：「故堅強者死之徒，柔弱者生之徒。」及第四十二章「強梁者不得其死」。第三十章中所說：「不道早已」，為了自我的貪慾私利，與〝道〞相悖離，違反自然規律而先去刻意的有所作為，不動則已，一動就會走入死地。因此，老子再三的告誡我們行事要〝戒盈忌滿〞，否則行事必向負面轉化。

如今捨棄慈愛之心而一味的追求血氣之勇、無知之勇；捨棄收斂而一味擴張，妄想一步登天；為了追求自己本身的利益，捨棄謙讓而一味

的爭先恐後，這些都是違反自然規律，與〝道〞相悖離的刻意作為，這種捨本逐末的表現，必然會陷入絕境而走入死亡之路。

「夫慈以戰則勝，以守則固。天將救之，以慈衛之。」，這一段話是闡述說明「三寶」之首〝慈〞的價值意義。戰爭最終能否獲得勝利，精神戰力是克敵制勝的關鍵要素，如果上下一心，精誠團結，眾志成城，則戰無不勝，攻無不克。

由於〝慈〞轉化出來的〝勇〞，是發自內心一種犧牲的大愛，已經到了捨己為人，勇於犧牲自己的利益，不求回報，堅定無畏的境界，縱然犧牲自己的生命，也在所不惜，可以說是〝仁者無敵〞。這種狀況在戰爭的時候，進攻可以獲得勝利，退守則可以堅固防守。

《尚書‧蔡仲之命》：「皇天無親，唯德是輔。」及第五章中說：「天地不仁，以萬物為芻狗」，萬物在天地之間依照自然法則運行，天道無偏無私，無愛無憎，全部一視同仁，任其自生自成，不會有珍惜特別愛護的心態。

因此，〝道〞不會刻意的要救誰或不救誰，在〝道〞的自然規律中，這種慈愛不是我們刻意而為之的，它與生俱來就存在於我們的內心，可以說是上天賦予眾生具有此一天性本能，只要依循〝道〞的自然規律行事，當有緊急危難的時候，此一柔慈天性的發揮，將能夠適時的救助他，保護他不受到傷害。

第六十八章　　不爭之德

善為士者不武，善戰者不怒，善勝敵者不與，善用人者為之下，是謂不爭之德，是謂用人之力，是謂配天古之極。

◎本章主旨：本章老子延續上一章〝三寶〞的思想，進一步闡述「夫慈，以戰則勝，以守則固」其中的道理，將〝不爭之德〞引用在用兵作戰這個領域加強闡述發揮。

老子用〝不武〞、〝不怒〞、〝不與〞，三個〝不〞，闡述了軍事最高指導原則，用四個〝善〞說明〝不爭之德〞。要求人們不逞勇武，不輕易激怒，避免與人正面衝突，善於利用別人的力量，充分發揮眾人的才智能力，依循〝道〞的原則，以不爭達到爭的目的。

善於用兵之道的上德指揮者,其"不爭之德"的德性合於天道,做到了古聖先賢所要求的最高標準,已臻天人合一的最高境界。

　　"不爭"是一種態度和天賦秉性,並不是手段。"不爭"之詞貫穿在老子整部經文當中,與人不爭,反而能「莫之能與之爭」,在名利面前,不與人爭,反而更能獲得人心,得到眾人的擁護愛戴。

◎**直譯**:「善」:循"道"而行,稱之為善。這裡是指上德者所作所為是合於"道"本質特性的行為。「士」:統領軍隊指揮作戰的人。王弼注:士,卒之帥也。「善為士者」:善於用兵之道的上德者,統領軍隊指揮作戰。「不武」:不會窮兵黷武輕易的訴諸武力。「善戰者不怒」:上德者指揮作戰不輕易動怒。

　　「與」:這裡做動詞用,爭戰。「不與」:不與敵人爭戰纏鬥,不正面衝突。「善勝敵者不與」:善於戰勝敵人的上德指揮者,不與敵人爭戰纏鬥分高下。「用人」:用人之力,為己做事。「力」:包含他人的智力、體力、財力、物力⋯等。「為之下」:要放低身段,以謙虛為懷。

　　「配」:夠格,夠得上。「配天古之極」:是配天之德與配古之極的合稱。「配天」:配天之德。"不爭之德"的德性合於天道,或與天道合一。「古」:古時候。「極」:最高準則、標準。「古之極」:配古之極。這種不爭之德,做到了古聖先賢所要求的最高標準。

◎**意釋**:老子在上一章中所說的"三寶",是上德者依循"道"的自然規律所具備最基本的德性,其德行在世間任何一個領域都是德性的外在應用。本章及第六十九章是老子延續上一章"三寶"的思想,將"不爭之德"引用在用兵作戰這個領域加強闡述發揮。《道德經》中專門論述用兵之道及軍事思想,將道學思想和德行天下的理念引用到軍事領域,除了上述兩章之外,還有第三十章及第三十一章。

　　「**善為士者不武**」,第三十一章中說:「兵者,不祥之器,有道者不處」,循"道"而行,善於用兵之道的上德者,不論其是文人還是武士,在統領軍隊指揮作戰時,均懷有悲天憫人的柔慈胸懷,心懷不爭之德,深知兵凶戰危,殘酷的戰爭行為,其所造成災難的後果極為嚴重,不忍心人民流離失所,生靈塗炭,因此,不會逞強好勝,以強凌弱,窮兵黷武輕易的訴諸武力。戰爭永遠是最不得已的手段,殺戮在可能的情況下一定要降到最低點,因為這些都是有傷天和的不道行為。

　　兵聖孫武在其著作《孫子兵法・謀攻篇》中說:「是故百戰百勝,

非善之善者也；不戰而屈人之兵，善之善者也。」,「上兵伐謀，其次伐交，其次伐兵，其下攻城。」最好的軍事手段是以己方之謀略挫敗敵方，其次是通過外交手段瓦解敵人，再次是用武力擊敗敵軍，最下之策是攻打敵人的城池。用兵之道是先以德服人，在一切其它努力皆無效，已無迴旋空間，迫不得已之下才會興兵作戰。

「**善戰者不怒**」，憤怒只會讓頭腦失去理智，情緒變得衝動，思路變得偏狹，難以客觀分析戰場形勢、把握敵我雙方的優劣情勢，容易作出錯誤的判斷，或延誤戰機，甚至一敗塗地。只有心平氣和保持冷靜的頭腦，思路才可以清晰，方能在錯綜複雜的戰場訊息中，找出正確的應對方案。

《孫子兵法・火攻篇》中說：「主不可以怒而興師，將不可以慍而致戰。」兩軍對陣，要慎重權衡利弊得失。〝怒〞和〝慍〞都是非常危險的情緒，往往會使得人情緒失去控制，從而感情用事，過於魯莽的做出錯誤的決定，造成難以彌補的損失。因此，善於用兵之道的上德者指揮作戰，心懷不爭之德，運籌帷幄，在戰略上輕視敵人，在戰術上重視敵人，知己知彼，在有利條件具備之下，戰則必勝，不會逞一時之氣而輕易的動怒。

「**善勝敵者不與**」，在戰場上為了要爭勝負、分高下，與敵人硬碰硬的決戰，即使最終獲得勝利，殺敵一千，自損八百，也是慘勝，這是最愚蠢的做法。尤其是在敵我力量懸殊的情況下，還選擇與敵人正面交鋒，其結果是必敗無疑。因此，善於戰勝敵人的上德指揮者，心懷不爭之德，絕不與敵人爭戰纏鬥分高下。

「**不戰而屈人之兵，善之善者也。**」在戰場上與敵正面交鋒對抗，往往戰況呈現膠著狀態，損兵折將，最終勝負還是未定之數。善於戰勝敵人的上德指揮者，心懷不爭之德，能不打仗，或不打硬仗而取得勝利才是好統帥。最上乘的克敵制勝手法，就是〝不戰而屈人之兵〞，不打無把握之仗，避敵之鋒，不與敵人爭戰纏鬥，而是以智取勝，採取〝迂迴側背〞、〝誘敵深入〞…等戰術，尋求更合理的克敵制勝之策。

「**善用人者為之下**」，諺語：〝一人難挑千斤擔，眾人能移萬座山〞，〝大廈之成，非一木之材；大海之闊，非一流之歸。〞言簡意賅的說明，單憑一己之力難以成大事，必須集眾人之智為己智，積眾人之力為己力，精誠團結，集思廣益，眾志成城，方能成就一番大的事業。大海尚且需要通過容納小溪河流來充實自己，個人英雄主義從來就不是成功之道。有道是：〝眾可勝寡，寡不敵眾。〞

相傳是老子的弟子文子，在其所作《通玄經》中多次強調集體力量的重要性，「積力之所舉，則無不勝也；眾智之所為，則無不成也。」積力能克敵，眾智能成事，說明集腋成裘，聚沙成塔，眾人的力量和智慧，集結起來是無往不勝的。

例如三國時代的軍事家曹操，就是運用群才智慧的典範，他選人用才不拘一格，只要是有一技之長的人才，就謙虛處下的予以厚待和重用。曹操在《短歌行》中說：「周公吐哺，天下歸心。」表明願如周公握髮吐哺一般的謙虛禮賢下士，願天下的英傑都能真心歸順與我。

第六十六章中說：「江海所以能為百谷王者，以其善下之。」，「以其不爭，故天下莫能與之爭。」戰爭就是集體鬥智鬥力的地方，更需要合眾智於一體，力量集中。善於用人的上德指揮者，心懷不爭之德，用人之道沒有貴賤高低之分，主動放低自己的尊位，自處於低下之位，以謙虛為懷，禮賢下士，敬人者人恆敬之，贏得人心，得到擁戴，賢能者必能效其力，眾多人才聯合起來的智慧和力量，在萬不得已需要運用戰爭為手段時，方能以戰則勝，以守則固。

「是謂不爭之德，是謂用人之力，是謂配天古之極。」，上述的四個〝善〞：「善為士者不武，善戰者不怒，善勝敵者不與，善用人者為之下」，〝不武〞就是不爭名奪利，不爭強好勝而訴諸武力；〝不怒〞就是不逞一時之氣，憤而爭一口氣；〝不與〞就是不為爭勝負高下而纏鬥不休；〝為之下〞就是不爭一時的虛榮而傲慢不恭，能紆尊降貴的謙恭下士。以上皆是善於用兵之道的上德指揮者，不與人相爭的美好德行，這種循〝道〞而行的德性，我們稱之為〝不爭之德〞。

上述〝不爭之德〞之中的「善用人者為之下」，就是善於用他人之力量來為己做事。用人之道，並非以道德綁架，或威迫利誘等簡單粗暴的手段就能達成目的，是需要以虛心謙下的態度，來贏得對方的理解信任，其關鍵點就在於禮賢下士的〝謙下〞態度，下屬才能擁護服從，願為其效力。這種〝不爭之德〞應用在用人之道方面，我們稱之為〝用人之力〞。善於用兵之道的上德指揮者，其〝不爭之德〞的德性合於天道，能做到了古聖先賢所要求的最高標準，已臻天人合一的最高境界。

〝不爭〞是一種態度和天賦秉性，並不是手段。〝不爭〞之詞貫穿在老子整部經文當中。如「夫唯不爭，故無尤。」、「以其終不為大，故能成其大。」、「天之道，不爭而善勝。」、「聖人之道，為而不爭。」，與人不爭，反而能「莫之能與之爭」，在名利面前，不與人爭，反而更能獲得人心，得到擁護愛戴。

第六十九章　　哀兵必勝

　　用兵有言：「吾不敢為主而為客，不敢進寸而退尺。」是謂行無行，攘無臂，扔無敵，執無兵。禍莫大於輕敵，輕敵幾喪吾寶。故抗兵相加，哀者勝矣。

◎**本章主旨**：本章是將前兩章的〝三寶〞及〝不爭之德〞，引用在戰術思想方面加以闡述發揮。兵家有言：由於不敢違逆〝道〞自然的規律，所以在戰爭中，寧可退讓一尺，居被動防禦抵抗，師出有名，站居道德的制高點，合乎正義之師的地位，也不願侵占對方土地一寸，而背上主動侵略、挑釁生事、不義之師的汙名。

　　不是單憑被動防禦就能獲得戰爭的勝利，還需要積極採取備戰的具體行動，做好萬全的準備才行。其積極備戰的具體作為，這就叫做〝行無行，攘無臂，扔無敵，執無兵。〞，同時也是遵循大道的思想〝無為而無不為〞轉化在軍事上的具體表現。

　　戰爭中最大的災禍莫過於驕傲自大而輕視敵人，驕兵必敗，最終必然會導致覆國亡身最大的災禍。所以，用兵者在戰爭中要冷靜理智，在戰略上藐視敵人，在戰術上重視敵人，千萬不可驕傲自大而輕敵。

　　軍事實力旗鼓相當的兩軍對陣，相互攻擊廝殺之時，被侵略而奮起抵抗的軍隊，是站在正義制高點的一方，悲憤的心情，能夠發揮同仇敵愾的戰鬥力，以合乎天道來打仗，仁者無敵，必能獲得最終的勝利。

◎**直譯**：「用兵有言」：善於用兵之道的上德者曾經這樣說過。「不敢」：心中畏懼違逆〝道〞自然的規律，以致於不能付諸行動。「為主」：先進攻者為主。在戰爭中主動攻擊侵略，是居挑釁生事、師出無名的地位。「為客」：後應戰者為客。在戰爭中被動防禦抵抗，是居保國衛民、師出有名、合乎正義的地位。

　　「不敢進寸而退尺」：進者，有意於爭者也。退者，無意於爭者也。寧可退讓一尺，站居道德正義的制高點，也不願侵占他人土地一寸，而背上侵略挑釁不義之師的汙名。

　　「是謂」：這就叫做。「行無行」：第一個〝行〞，音同型。軍事行動。第二個〝行〞，音同杭。行軍列陣的陣勢，也就是軍陣布列的形勢。引申為兵力部署。「行無行」：我軍表現一切正常自然，讓敵軍看不出我軍的兵力部署。

「攘」：捋〈音同呂〉起。「攘臂」：捋袖伸臂，形容以力勝於人。引申為攻擊主力。「攘無臂」：我軍表現一切正常自然，讓敵軍看不出我軍的攻擊主力在哪裡。

「扔」：摧毀。「扔無敵」：我軍表現一切正常自然，讓敵軍看不出我軍要攻擊摧毀對方的目標是哪一個。「執」：拿著、握著。「兵」：刀槍劍戟等古代之兵器也。引申為重要的武器裝備。「執無兵」：我軍表現一切正常自然，讓敵軍看不出我軍的重要武器裝備有哪些。

「禍莫大於輕敵」：最大的災禍莫過於驕傲自大而輕視敵人，驕兵必敗，最終必然會導致覆國亡身最大的災禍。「吾寶」：一曰慈，二曰儉，三曰不敢為天下先，這三種天德。

「抗」：對等、匹敵之義。「抗兵」：軍事實力旗鼓相當的兩軍對陣。「相加」：敵我雙方相互攻擊。「哀者勝矣」：受侵略而奮起抵抗的軍隊，是站在正義制高點的一方，悲憤的心情，能夠發揮同仇敵愾的戰鬥力，以合乎天道來打仗，仁者無敵，必能獲得最終的勝利。

◎意釋：兵凶戰危，主其事者在行動之前要慎之又慎，不要輕啟戰端。在萬不得已之下進行戰爭，作戰的目的要正確，為誰而戰，為何而戰，師出有名，要行正義之師。在進行生死存亡的戰爭中，若能得到軍隊一致的順從，進行解除萬民於水火的正義戰爭，才有獲勝的可能。

《易經》地水師卦辭：師：貞，丈人，吉，無咎。師卦講的就是如何興師動眾，出兵作戰，要獲得戰爭最後的勝利，就必須具備下列二大原則：

一、戰爭是殘酷的，為救民於倒懸，不得不而為之，就有如重病用猛藥，以毒藥來攻病，非到萬不得已不會使用，由於符合民心向背，所以是吉而無咎的。要掌握戰爭的性質，作戰的目的要正確，師出有名，是救民於水火的正義之師。

二、要善於選用統帥將領，要以德高望重、眾所畏服，具有才能、謀略者為將領來統帥用兵，指的是善於用兵之道的上德者，這兩個問題做好了，就能掌握住勝負的關鍵而獲吉。兵凶戰危，生民塗炭，但是師出有名，是解救萬民於倒懸之苦的王者之師，民心歸向，簞食壺漿以迎王師，故也能無咎。

「用兵有言：『吾不敢為主而為客，不敢進寸而退尺。』」，善於用兵之道的上德者，曾經說過這樣的用兵之策：「由於不敢違逆〝道〞自然的規律，所以在戰爭中，寧可退讓一尺，採取被動防禦抵抗、保國衛

民、師出有名,站居道德的制高點,合乎正義之師的地位,也不願侵占對方土地一寸,而背上主動侵略、挑釁生事、不義之師的汙名。」

古人用兵作戰,首先講究的是師出有名。師出有名指的是作戰的理由充分,合乎天理人情。不但不主動發起進攻,反而一忍再忍,一讓再讓,表現出謙和與寬容的美德。實在忍無可忍,退無可退,被逼無奈的情況下,才進行被動防禦抵抗的戰爭。用兵之道,當順乎天理人情,不可逞強好勝冒然的爭先打第一槍。

這裡面說明了甚麼樣的道理呢?第三十一章中說:「夫兵者,不祥之器,物或惡之,故有道者不處。」兵凶戰危,有〝道〞者抱持著悲天憫人慈悲胸懷,非得已時絕不敢先用,若先於人而舉兵侵略別人,其理不順,其名不正,有違天道,必遭天譴。因此在戰爭中,寧可退讓一尺被動防禦,站居道德的制高點,也不願意貿然激進的進佔一寸。

主逆而客順,主勞而客逸,進驕而退卑,進躁而退靜。以順待逆,以逸待勞,以卑待驕,以靜待躁。主勞而客逸,這在兵法家來說,就是不主動出擊,養精蓄銳以守之。是站居萬事萬物循著自然規律發展最有利的地位,以靜制動,以逸待勞,則戰無不克。

「**是謂行無行,攘無臂,扔無敵,執無兵。**」,本章是將前兩章的〝三寶〞及〝不爭之德〞,引用在戰術思想方面加以闡述發揮。全章之中唯獨這段話有如啞謎一般頗為難解之外,其餘部分都能夠充分的理解。而這段啞謎,歷來各家注解者,不是字面解讀,就是不予解讀,讓讀者難窺其中真實含義。

《孫子兵法‧九變篇》「故用兵之法,無恃其不來,恃吾有以待也;無恃其不攻,恃吾有所不可攻也。」用兵之道是:不要僥倖指望敵人不會來襲擊我,而要依靠自己具有隨時能應付敵人襲擊的充分準備;不要僥倖指望敵人不會來攻擊我,而要依靠自己有著使敵人不敢攻擊我的強大實力。

不是單憑被動防禦就能獲得戰爭的勝利,還需要積極採取備戰的具體行動,做好萬全的準備才行。因此,「吾不敢為主而為客,不敢進寸而退尺。」所蘊含著〝三寶〞及〝不爭之德〞的軍事思想,其積極備戰的具體作為,這就叫做〝行無行,攘無臂,扔無敵,執無兵。〞,同時也是遵循大道的思想〝無為而無不為〞轉化在軍事上的具體表現。

行無行:古代兩軍交鋒作戰,行軍列陣的陣勢,看得懂就能破除,看不懂就無從下手,陣勢引申為現代用語,就是兵力部署。隱喻我軍表現一切正常自然,讓敵軍看不出我軍的兵力部署。

攘無臂：古時候民間兩人爭吵之時，捋起袖子伸出強壯的手臂，顯示出其胳膊粗拳頭大，形容將要以力勝於人，引申為現代用語，就是我軍之攻擊主力。隱喻我軍表現一切正常自然，讓敵軍看不出我軍的攻擊主力在哪裡，讓敵軍無從捕捉我軍的主力部隊。

扔無敵：我軍要摧毀敵人的目標意圖不明。隱喻我軍表現一切正常自然，讓敵軍無法判斷出我軍要攻擊摧毀對方的目標是哪一個，讓敵軍事先無從防備。

執無兵：手上沒有拿握著刀槍劍戟等古代之兵器也，引申為現代用語，就是重要的武器裝備。我方能夠剋敵致勝的重要武器裝備，要事先隱藏保密，避免為敵事先知曉而予以研發反制之道。隱喻我軍表現一切正常自然，讓敵軍看不出我軍的重要武器裝備有哪些。

《孫子・謀攻篇》「知己知彼，百戰不殆；不知彼而知己，一勝一負；不知彼，不知己，每戰必殆。」在軍事紛爭中，既了解敵人，又了解自己，百戰都不會有危險；不了解敵人而只了解自己，勝敗的可能性各半；既不了解敵人，又不了解自己，每戰都會有危險。

《孫子兵法・軍形篇》「善守者藏於九地之下，善攻者動於九天之上。」所以善守的人，把自己的軍形藏起來，如藏於九地之下，表現一切正常自然，渾然天成，毫無破綻，無懈可擊，守得讓敵人一點都不知道我軍的兵力部署、攻擊主力、要攻擊摧毀敵方的目標是哪個，及我軍的重要武器裝備有哪些。

戰爭的勝利在於敵方露出破綻，予我有可趁之機，也可以這麼說，任憑您有多強，先發者總是會露出一些破綻。因此，以靜制動，靜觀其變，"敵不動我不動，敵欲動我先動"，後發先至，方能制敵於事機初萌而未發之時。善攻的人動於九天之上，當敵人一動就露出破綻，出現可勝之形，此時後發先至的立刻出擊，攻擊之勢有如雷霆萬鈞的鋪天蓋地席捲而來，攻其無備，出其不意，讓敵人根本沒有反應的機會和還手的能力，一舉得勝。

「禍莫大於輕敵，輕敵幾喪吾寶。」，之前的兩段話是正面說明循"道"而行，善於用兵之道的上德者，懷有悲天憫人的柔慈胸懷，心懷不爭之德，深知兵凶戰危，因此不會逞強好勝輕易的訴諸武力，而採取退守防禦的策略，並且在戰術上重視敵人，採取積極備戰的具體行動，將其隱匿於無形，這些都是重視敵人的表現，符合"三寶"及"不爭之德"的具體作為。

老子接著負面列舉說明，戰爭中最大的災禍莫過於驕傲自大而輕視

敵人，驕兵必敗，最終必然會導致覆國亡身最大的災禍。用兵者不能掌握天時、地利、人和及敵人的虛實強弱，驕傲自大，過分輕視敵人的實力，輕敵則輕戰，驕傲輕敵而不做應戰的準備，就窮兵黷武的盲目主動侵略他國，這些都是喪失「一慈、二儉、三不敢為天下先」這三種天德的行為，最終導致最大的失敗，是必然的結果。

所以，用兵者在戰爭中要冷靜理智，在戰略上藐視敵人，在戰術上重視敵人，千萬不可驕傲自大而輕敵。驕兵必敗，這是歷來兵家大忌，〝驕兵必敗〞，〝哀兵必勝〞，這兩句話已經成為千古兵家的軍事名言。

「故抗兵相加，哀者勝矣。」，基於前面所述〝驕兵必敗〞的道理之後，所以，軍事實力旗鼓相當的兩軍對陣，敵我雙方相互攻擊廝殺之時，被侵略而奮起抵抗的軍隊，是站在正義制高點的一方，悲憤的心情，能夠發揮同仇敵愾的戰鬥力，以合乎天道來打仗，仁者無敵，必能獲得最終的勝利。

以下分析主動攻擊侵略者與被動防禦者，雙方的優劣形勢，就可充分理解為何〝驕兵必敗〞、〝哀兵必勝〞這千古不變的定律了。

主動攻擊侵略一方的劣勢：窮兵黷武，爭名奪利，驕傲自大，過分輕敵，備戰準備不足之下，輕易發動侵略戰爭，挑釁生事，遠道征戰，兵疲馬困，先發者總是會露出一些破綻，為敵所趁。師出無名，背負不義之師的汙名，不能獲得輿論與民心的支持，其名不正，其理不順，軍隊向心力不足，沒有為國犧牲的勇氣，有違天道，必遭天譴。

被動防禦抵抗一方的優勢：被侵略的狀況下，抱持著悲天憫人慈悲胸懷，心懷不爭之德，萬不得已之下採取被動防禦的戰爭，其曲在彼，而直在我，名正言順，師出有名，站居道德的制高點，是救民於水火的正義之師，符合民心之向背，能獲得輿論的同情與民心的支持，悲憤的心情，在戰場上能夠發揮同仇敵愾最大的戰鬥力。

敵方遠道征凶，我方遵循〝道〞自然的規律，站居自然規律發展最有利的地位，在戰術上重視敵人，以靜制動，以逸待勞，積極備戰，軍形隱匿於無形，毫無破綻，靜觀其變，俟敵方露出破綻，予我有可趁之機，後發先至，制敵於事機初萌而未發之時。

軍事實力旗鼓相當的兩軍對陣，敵我雙方相互攻擊廝殺之時，主動侵略者與被動防禦者兩者的力量對比，經過優劣勢增減分析之後，雙方實力差距陡增，因此，〝驕兵必敗〞、〝哀兵必勝〞成了兵家千古名言。

第七十章　　被褐懷玉

　　吾言甚易知，甚易行。天下莫能知，莫能行。言有宗，事有君。夫唯無知，是以不我知。知我者希，則我者貴。是以聖人被褐懷玉。

◎**本章主旨**：本章老子說明〝道〞是以淺顯的文字講述了深奧的哲理，所闡述的都是日常所用至簡至易的道理，人人都很容易明白，也很容易實行，可惜不為人們所知，因此無法貫徹執行。

　　人們之所以很容易理解《道德經》中所論述〝道〞之體與〝德〞之用其中的道理，那是所論述之言都有其主要的意旨，所以只要用心的體悟，轉化到人世間任何一個領域，都能一體適用，也很容易實行。

　　天下眾生之所以不能理解，及無法徹底實行《道德經》中的言論這件事情，是由於個人認知不同，各自有其不同的主觀意識，不同的主觀認知，造成事情有不同的結果之故。

　　老子感慨真正瞭解〝道〞的原則與作用的人非常稀少，極為少數能夠瞭解又取法於老子的悟道人士，將〝大道〞應用在人世間的各個領域去〝行道〞，不論在哪個領域都能領袖群倫，高人一等。

　　所以當大道衰敗頹喪難行於世的時候，具有深厚德性的上德之人，外表樸實平淡，寧可處於像剛正質樸的石頭一樣，暗淡無光、為人忽視之地位，但是他們的內心卻是藏有不為人知、有如無價珍寶的高貴德性。

◎**直譯**：「吾言」：老子在《道德經》中所論述的〝道〞之體與〝德〞之用有關的基本概念之論說。「甚易知，甚易行」：大道至簡，都是日常所用至簡至易的道理，人人都很容易明白，也很容易實行。「天下」：指的是普天之下的眾生。「莫能知，莫能行」：但是天下眾生絕大部分竟然不能理解，無法徹底實行。

　　「宗」：主旨，宗旨。主要的意旨。「言有宗」：《道德經》中所論述〝道〞之體與〝德〞之用所述之論說，都有其主要的意旨，只要用心的體悟，人人都很容易明白，也很容易實行。「事」：天下莫能知，莫能行這件事情。「君」：主宰，控制。指的是主觀意識主導事件發展的方向。

　　「事有君」：天下眾生不能理解，無法徹底實行《道德經》中的言論這件事情，是由於個人認知不同，各自有其不同的主觀意識，造成事情有不同的結果之故。

「夫」：文言發語詞，具提示作用。「唯」：只有，正因為。「夫唯無知」：正因為天下眾生不能理解這些言論宗旨中，所蘊含〝道〞的深意。「是以」：所以，因此。表示因果的連接詞。「不我知」：倒裝詞。不知我之意。由於眾人不相信〝道〞，所以對我所闡述〝道〞的原則與作用，也就不能理解和接受。

「希」：稀少。「知我者希」：真正瞭解〝道〞的原則與作用的人非常稀少。「則」：效法，取法。「貴」：高貴在上。在各領域都能領袖群倫，高人一等。「則我者貴」：極為少數取法於我的悟道人士，將〝大道〞應用在人世間的各個領域去〝行道〞，不論在哪個領域都能夠領袖群倫，高人一等。

「聖人」：具有深厚德性的上德之人。「被」：音同批。同披，穿也。「褐」：音同和。粗布衣也。「被褐」：身穿粗布衣。「懷」：懷裡揣著，心中有。「玉」：珍貴的寶玉。這裡指深厚的德性。「聖人被褐懷玉」：具有深厚德性的上德之人，就好像身穿粗布衣的一介平民，外表普通，混同塵世，但是他們的內心卻是藏有不為人知、有如無價珍寶的高貴德性。

◎意釋：「吾言甚易知，甚易行。」，大道至簡，老子在《道德經》中所論述的〝道〞之體與〝德〞之用有關的基本概念之言，是以淺顯的文字講述了深奧的哲理，所闡述的都是日常所用至簡至易的道理，人人都很容易明白，也很容易實行。

老子的哲學思想在於體用兼備，知行並重，〝道〞在己身，不必遠求，老子所舉之事，所言之理，皆為世人日常所用，一動一靜，一言一行，無處不是此〝道〞。它既通俗易懂，又身處其中，並非難知難行，所以在知行的領域來說，是易知易行的。

在《易經‧繫辭傳上》第一章中，便首揭天地乾坤之道說：「乾以易知，坤以簡能。易則易知，簡則易從。易知則有親，易從則有功。有親則可久，有功則可大。」這兩段話說明宇宙萬物的生成，是由乾陽在很自然的狀況下，主導開啟事件的發端。坤陰也就很順應自然的完成化育萬物的工作。乾坤陰陽創生萬物的過程中，乾坤之易簡，就是自然始物，自然成物，沒有任何主觀意識的作為。

宇宙有甚麼規律，人世上就同樣有甚麼規律，不論是微觀世界〈道〉還是宏觀世界〈德〉，宇宙的規律都是一體適用。宇宙之間之所以能生成萬物，在於陰陽之間的配合無間，乾坤之間的特性是，易與簡、主與從、正與輔、動與靜。

當我們瞭解乾坤易簡的道理之後，引用在人事上解說，君子應有所啟示：人與人之間的相處互動，要是能夠效法天道，一切本乎自然，簡約單純，不要勾心鬥角想得太多，去除不必要的繁文縟節，一個主動積極，一個順從任事，如此雙方就能夠很容易的相互理解信任，當然事情的進行就容易順利成功！因此，老子所言之〝道〞，人人可知，人人可行，並不神秘，亦非難行。

「天下莫能知，莫能行。」，〝道〞的靜態本體其本質特性是處於陰陽未判，動靜未分，陰陽平衡，和諧統一又穩定長久的狀態。〝道〞所化生的萬事萬物其本質特性與〝道〞相同，也就是〝道〞的靜態本體本質特性內在於萬物，因此天地萬物之間，是處於和諧統一的生態平衡狀態，在遠古時期的人類，是處於與〝道〞的靜態本體天人合一的狀態。

人處於〝德〞的動態物質世界，陰陽隨著時間推移而不斷的運動變化，人的意識具有左右萬物變化偏移的能力，也就是說，事物發展的結果，可以受到人的思想意念左右而改變，這就是所謂的天人感應〈天人合一〉。

自從人類逐漸擺脫矇昧，民智大開，人類起心動念是以偏私〝有欲〞之分別心，〝我執〞的追求個人主觀慾望的實現，惑於私慾，迷於名利，惡柔弱而好剛強，急於躁進，爭強鬥勝，攘臂爭先，不肯謙退，思維邏輯與〝道〞相背離。

雖然老子所講〝道〞的理論思想，平凡易懂也容易做到，但是違反世人思維模式中主觀意識直覺的判斷，因此世人或為不信，或為半信半疑，或為錯誤偏差的認知，因而造成天下眾生絕大部分竟然不能理解，無法徹底實行。

大道無所不在，就在日常生活當中每一個人的心裡，但世人卻離〝道〞漸行漸遠，並不是〝道〞之遠人，而是人自遠之，所以見〝道〞之理似不見，見〝道〞之行而不行。

《易經‧繫辭傳上》第五章：「百姓日用而不知，故君子之道鮮矣。」一陰一陽之謂〝道〞，這個〝道〞就是宇宙的規律，也是陰陽的規律，是站在制高點，無處不在，也無所不包，宇宙間任何一個領域中都是一體適用。

一知半解者，對陰陽之道認識不清，瞎子摸象，見解偏差，誤認自己認識的領域就是〝道〞的全部，因此產生見仁見智的現象。日常生活之中，陰陽之道無處不在，但是一般人泰半不知，或以偏概全。因此，全面正確認識〝道〞，又能行〝道〞的人，實在是太稀少了。

「言有宗，事有君。」，人們之所以很容易理解《道德經》中所論述〝道〞之體與〝德〞之用其中的道理，那是所論述之言都有其主要的意旨，所以只要用心的體悟，轉化到人世間任何一個領域，都能一體適用，也很容易實行。

天下眾生之所以不能理解，及無法徹底實行《道德經》中的言論這件事情，是由於個人認知不同，各自有其不同的主觀意識，不同的主觀認知，造成事情有不同的結果之故。

「夫唯無知，是以不我知。知我者希，則我者貴。」，正因為天下眾生已經背〝道〞而馳甚久，不能理解這些言論宗旨中所蘊含〝道〞的深意，以我執之心，奢求妄想的對名利慾望追逐不已，所以才會不瞭解老子，不相信《道德經》中所論述的〝道〞，也就更不可能依道而行。由於眾人不相信〝道〞，認為老子所言為虛論，所以對老子所闡述〝道〞的原則與作用，也就不能理解和接受。

真正瞭解〝道〞的原則與作用的人非常稀少，極為少數能夠瞭解又取法於老子的悟道人士，將〝大道〞應用在人世間的各個領域去〝行道〞，不論在哪個領域都能領袖群倫，高人一等。老子在第二十八章「樸散則為器，聖人用之，則為官長。」及第六十七章「不敢為天下先，故能成器長。」中已經充分的說明，取法於老子的悟道人士，在各領域都可以居領導的地位。

「是以聖人被褐懷玉」，所以當大道衰敗頹喪難行於世的時候，具有深厚德性的上德之人，就好像身穿粗布衣的一介平民，外表樸實平淡，混同塵世。就如第三十九章中所說：「是故不欲琭琭如玉，珞珞如石。」沒有慾望想要處於像美玉一樣的璀璨明亮、受人重視之地位；寧可處於像剛正質樸的石頭一樣，暗淡無光、為人忽視之地位，但是他們的內心卻是藏有不為人知、有如無價珍寶的高貴德性。

第七十一章　病病不病

知不知上，不知知病。夫唯病病，是以不病。聖人不病，以其病病，是以不病。

◎**本章主旨**：老子在本章之中，講的是修道立德的應有態度，談的是悟道和沒有悟道兩者之間的區別，同時也把不懂裝懂、自以為是，一

針見血把人性的弱點及通病指點出來，在人世之間任何一個領域，同樣是一體適用，都會發生類此情形。

　　修行者對〝道〞已經有深刻的體悟，深知〝道〞廣大無邊，虛懷若谷，謙卑低下，不自以為是，表現出自己對〝道〞瞭解有限，微不足道，具有這種謙下、虛心的德性，這才是真正具有深厚德性的上德之人。

　　世俗之人只是片面的瞭解〝道〞，還固執己見的自以為已經完全瞭解〝道〞，這種人沒有自知之明，不切實際又滔滔不絕的夸夸其談，是尋求他人敬重，一種虛假的滿足，這種現象是人人都容易犯的一種通病。就是因為上德之人擔心自己也會犯了這種通病，時刻警惕在心，念茲在茲，一刻也不敢忘記糾正自己的缺點，所以才不會犯上這種毛病。

◎直譯：「知」：瞭解。這裡指修行者對〝道〞的本質特性，已經有深刻的瞭解認知。「不知」：修行者深知〝道〞廣大無邊，謙虛的自認為瞭解有限，微不足道，還需不斷的學習精進才行。「上」：等級和品質高者。指的是具有深厚德性的上德之人。

　　「知不知上」：對〝道〞的本質特性，具有深刻體悟的修行者，虛懷若谷，謙卑低下，不自以為是，外在的表現總是顯示出自己對〝道〞瞭解有限，微不足道，這才是真正瞭解〝道〞的本質特性，具有深厚德性的上德之人。

　　「不知」：不瞭解〝道〞的本質特性。「知」：自以為已經完全瞭解〝道〞的本質特性。「病」：人的缺點，毛病。在這裡指的是，這種現象是人的一種通病，也就是一般人都有的一種缺點。

　　「不知知病」：世俗之人不瞭解〝道〞的本質特性，通常只是知道片面的一部分〝道〞，而不是完整有系統真正永恆不變的〝道〞。這種人沒有自知之明，把無知當有知，就不切實際又滔滔不絕的夸夸其談，尋求一種虛假的滿足，這種現象是人人都容易犯的一種通病。

　　「夫」：文言發語詞，具提示作用。「唯」：只有，正因為。「病病」：第一個〝病〞，當作擔心，憂慮來解釋，例如《論語·衛靈公》：君子病無能焉，不病人之不己知也。第二個〝病〞，當作缺點，毛病，通病來解釋。「夫唯病病」：正因為擔心自己也會犯了這種人人都容易犯的毛病，時刻警惕在心。「是以不病」：所以才不會犯上這種毛病。

　　「聖人」：指的是具有深厚德性的上德之人。「不病」：就不會犯上〝不知強說已知〞的這種通病。「以其」：就是因為。「以其病病」：就是因為擔心自己也會犯了這種人人都容易犯的毛病，時刻都會警惕在心。

◎**意釋**：第五十六章中：「知者不言，言者不知。」及上一章「聖人被褐懷玉」，說明〝道〞的本體是形而上不可言喻的深奧哲理，只可意會，無法言傳，世人無法用言語文字來描述形容，而能用言語文字來加以描述形容的〝道〞，只是片面的一部分〝道〞，並不是完整有系統真正永恆不變的〝道〞。

想要修道立德之人，只有從實際行動中去體悟驗證方能參悟〝道〞的真諦，具有深厚德性的上德之人，能夠瞭解〝道〞無法言傳其中的道理，只能處無為之事，行不言之教，通過潛移默化和因材施教的方式，因勢利導去德化眾人。所以，具有深厚德性的上德之人，外表就好像身穿粗布衣的一介平民，混同塵世，但是他們的內心卻是藏有不為人知、有如無價珍寶的高貴德性。

反之，半知半解的一般世俗之人，誤以為自己已經完全瞭解〝道〞的真諦，自以為是的夸夸其談，大言其〝道〞。要知道凡是以教條的方式強行灌輸說教者，皆非真正明〝道〞的上德之人。

老子在本章之中，講的是修道立德的應有態度，談的是悟道和沒有悟道兩者之間的區別，同時也把不懂裝懂、自以為是，一針見血把人性的弱點及通病指點出來。雖然老子所說的是修道立德方面會有這種病態現象，但是在人世之間的任何一個領域，同樣是一體適用，都會發生類此情形。

「**知不知上，不知知病。**」，修行者對〝道〞的本質特性，已經有深刻的體悟，深知〝道〞廣大無邊，虛懷若谷，謙卑低下，不自以為是，外在的表現總是顯示出自己對〝道〞瞭解有限，微不足道，謙虛的自認為還需不斷的學習精進，才能達到最高境界。具有這種謙下、虛心的德性，這種境界才是真正具有深厚德性的上德之人。所以聖人總是〝被褐懷玉〞，因為懂得愈多的人就愈謙虛，不彰顯自己的才華知識。孔子《論語・為政》：「知之為知之，不知為不知，是知也。」其觀點意境非常相同類似。

世俗之人不瞭解〝道〞的本質特性，通常只是知道整體的一小部分〝道〞，而不是完整有系統真正永恆不變的〝道〞，還固執己見的自以為已經完全瞭解〝道〞，這種人沒有自知之明，把無知當有知，就不切實際又滔滔不絕的夸夸其談，是尋求他人敬重，一種虛假的滿足，這種現象是人人都容易犯的一種通病，也就是一般人都有的一種缺點。

因此，這種人人都容易犯的毛病，不是那麼容易就可以克服的，不過既然是一種自覺的作為，只要心生警惕，下定決心，還是可以克服的。

克服的途徑自然首先是要認識到它的危害性，從而能夠時刻警惕自己、約束自己，不要有這種行為表現。

「夫唯病病，是以不病。聖人不病，以其病病，是以不病。」，要如何克服上述的這種通病呢？聖人又為何沒有那種毛病呢？聖人不是天生就不會有這種通病，而是因為他們擔心自己也會犯了這種人人都容易犯的毛病，時刻警惕在心，所以才不會犯上這種毛病。

第十章中說：「滌除玄覽，能無疵乎？」自己經常要內觀自省，心靈深處是否依然明澈如鏡，能不能做到沒有任何與〝道〞悖離的過失或缺點呢？具有深厚德性的上德之人，正因為做到了這一點，所以就不會犯上〝不知強說已知〞的這種通病。

就是因為上德之人擔心自己也會犯了這種人人都容易犯的毛病，時刻警惕在心，念茲在茲，一刻也不敢忘記糾正自己的缺點，所以才不會犯上這種毛病。所以說，得道之人不是沒有缺點，而是他們能夠正視自己的缺點，並且能夠及時改正之故。

第七十二章　　民不畏威

民不畏威，則大威至。無狎其所居，無厭其所生。夫唯不厭，是以不厭。是以聖人自知不自見；自愛不自貴。故去彼取此。

◎本章主旨：本章說明統治者以威權來治理國政，當人民所能承受的壓力已經達到極限，難以繼續存活下去的時候，按照客觀宇宙〝物極必反〞的規律，此時人民已經不再畏懼高壓的威權政策，就會掀起激烈的暴動，顛覆統治者的政權，統治者的大難就要臨頭了。

統治者治理國政應一切作為順應自然，要重視人民都有一個安定居住的地方，也不會壓迫人民的生活，堵塞人民賴以為生的出路。人民才不會感覺到有任何負荷壓力，所以統治者才能得到人民的尊敬和擁護，當然也就不會有反抗暴動的情事發生，更不會有叛逆加害之心。

因此，具有深厚德性的國家統治者，有自知之明，能夠反省自己，關懷別人，不會以自我主觀意識為中心，固執己見，追求突出自己威勢的外在表現。愛惜自己，尊重別人，不會自命清高，妄自尊大，追求外在表現要處處高人一等。

所以，具有上德的統治者，去除那個〝自見、自貴〞的不良習性，而保持〝自知、自愛〞的這種美德，這才是國家領導統治者，治理國政時應採取的正確態度，這樣就可以取得人民群眾對他的擁護和支持。

◎**直譯**：「威」：震懾，使人畏懼。這裡提到人民，所以指的就是統治者的鎮壓威懾之威權。「民不畏威」：當人民所能承受的壓力已達到極限，處於民不聊生，難以繼續存活下去的時候，物極必反，此時人民已經不再畏懼統治者的高壓威權政策。

「大威」：指的就是天威。天威是人世間使人畏懼的最大威懾力，也就是不因人的意識為轉移的客觀宇宙規律。這裡的〝威〞，指的是統治者所面臨人民暴動反抗的威脅。「則大威至」：統治者極端的壓迫到達最大的限度之後，按照客觀的宇宙規律，物極必反，人民就會掀起激烈的暴動，顛覆統治者的政權。

「無」：帛書甲乙本作〝毋〞，禁絕之詞。文句當中以無字開頭，與毋通。「狎」：音同狹。輕慢、輕忽，不重視或不注意。「無狎」：不要有不重視的情形發生。「其所居」：人民安定居住的地方。「無狎其所居」：統治者應關心重視人民都有一個安定居住的地方，不能讓人民有如無根的浮萍，流離失所，漂泊不定。

「厭」：在這裡指的是壓制，堵塞之意。「無厭」：不要有壓制或堵塞的情形發生。「其所生」：人民賴以為生的出路。「無厭其所生」：統治者不要壓迫人民的生活，也不要堵塞人民賴以為生的出路，不能剝奪人民生活生存的條件。

「夫唯不厭」：正因為統治者不壓迫堵塞人民，讓人民能夠〝安其居，樂其生〞的安居樂業。「是以不厭」：這裡的厭，指的是討厭。所以人民對統治者的政權不會討厭，當然也就不會有反抗暴動的情事發生。「聖人」：在這裡指的是具有深厚德性的國家領導統治者。「自知」：自知之明。就是對自己良心和良知的認同。「不自見」：音同現。不會以自我主觀意識為中心，固執己見，追求突出自己威勢的外在表現。

「自愛」：愛惜自己。是自知的結果，是對自己天生的良心、良知的認同和熱愛。「不自貴」：不會自命清高，追求外在表現要處處高人一等，而不尊重他人，否定他人的價值。「去彼」：去除那個〝自見、自貴〞的不良習性。「取此」：保持〝自知、自愛〞的這種美德。

◎**意釋**：老子在第五十八章中說：「其政察察，其民缺缺。」，治理國

政與〝道〞相悖離的為政者，心念意識有偏私利己的分別心，心存〝有欲〞之非分之想，妄想在政績上面得到個人主觀慾望的滿足，而在國政上雷厲風行苛刻的政令，嚴刑峻法，嚴厲監管人民的生活。統治者為求個人外在的表現，刻意的有所作為，違反〝大道〞自然的規律，行〝有為〞之道來治理國政。

人民都不喜歡違反自然的〝有為〞之道治國方式，當人民所能承受的壓力已達到極限的時候，物極必反，事情必然會往相反的一面轉化，此時國家社會必然也會發生逆亂情事。以正治國則奇正起也，繼之而來的就是以奇用兵，以〝有為〞之道治國，就會提早滅亡，難以長久的維繫下去，這是大自然的規律，其勢不可擋。

「**民不畏威，則大威至。**」，統治者治理國政與〝道〞相悖離，以〝有欲〞之心，違反自然的〝有為〞方式來治理國政，妄想在政績上面得到個人主觀慾望的實現，嚴刑峻法，雷厲風行的推動威權苛政，當人民所能承受的壓力已達到極限，處於民不聊生，難以繼續存活下去的時候，按照客觀的宇宙規律，物極必反，此時人民已經不再畏懼統治者的高壓威權政策，政府的威信便蕩然無存，人民就會掀起激烈的暴動，顛覆統治者的政權，統治者的大難就要臨頭了。

這一段話老子是在說明，當一國的領導統治者，是以〝有為〞之道來治理國政，早晚會往負面發展，當人民連生計都難以維持，人民還懼怕什麼苛政威嚴呢？勢必會危害到政權的存在，非長久之道。老子接下來提供統治者應如何行〝無為而治〞。

「**無狎其所居，無厭其所生。夫唯不厭，是以不厭。**」，統治者治理國政一切作為應順應自然，沒有為滿足個人私慾而有恣意妄為之心，不多事、不擾民，〝處無為之事，行不言之教〞來教化百姓，在〝無為而治〞之下的人民生活，由於沒有過重的賦稅刑罰，過著沒有干擾的生活，使人民不知不覺的自我受到德化，人民生活富足，安居樂業，國家才能呈現一片長治久安的局面。

一個具有深厚德性的統治者，會關心重視人民都有一個安定居住的地方，不會讓人民有如無根的浮萍，流離失所，漂泊不定。不會壓迫人民的生活，堵塞人民賴以為生的出路，也不會剝奪人民生活生存的條件。否則一旦人民居無定所，道有餓莩，人民就會起而反抗，發生逆亂，如此一來，社會動盪不安，統治者的地位岌岌可危，國家政權搖搖欲墜，都將成為必然的趨勢。

所以，上德的領導統治者處處應以謙虛為懷，照顧人民的權益，正

因為統治者不壓迫堵塞人民的基本權益，讓人民能夠"安其居，樂其生"的安居樂業，有足夠的生存條件，人民才不會感覺有任何負荷壓力，所以統治者才能得到人民的尊敬和擁護，當然也就不會有反抗暴動的情事發生，更不會有叛逆加害之心。

「是以聖人自知不自見；自愛不自貴。故去彼取此。」，所以，具有深厚德性的國家領導統治者，有自知之明，能夠反省自己，關懷別人，不會以自我主觀意識為中心，固執己見，追求突出自己威勢的外在表現，也就是不擺權威，不對百姓耍威風。

自愛就是愛惜自己，尊重別人，不會自命清高，妄自尊大的追求外在表現，處處要高人一等，而不尊重他人，否定他人的價值，也就是不會高高在上的搞特權。所以，具有上德德性的統治者，去除那個"自見、自貴"的不良習性，而保持"自知、自愛"的這種美德，這才是上德的國家領導統治者，治理國政時應採取的正確態度，這樣就可以取得人民群眾對他的擁護和支持。

老子認為一位具有深厚德性的國家領導統治者，治理國政時要有自知之明，絕不會因位高權重而炫耀，更不會驕奢放蕩的恣意妄為。他們懂得自愛，也懂得愛自己的民眾，其實自愛的本身就是愛民的表現，反之亦同。

第七十三章　　天網恢恢

勇於敢則殺，勇於不敢則活。此兩者，或利或害。天之所惡，孰知其故？是以聖人猶難之。天之道，不爭而善勝，不言而善應，不召而自來，繟然而善謀。天網恢恢，疏而不失。

◎**本章主旨**：老子在本章之中把"勇於敢"及"勇於不敢"這兩種"勇"，提升到了生死存亡的高度，來強調"逆道者亡，順道者昌"的宇宙自然規律。這兩種行為同樣是勇，但是因為一個是"有欲"、"有為"的逆道而行，一個是"無欲"、"無為"的順道而為，所以才會導致有天壤之別的結果。

這兩者皆為"勇"，而利害卻大相逕庭，其中的原因就是"逆道"與"順道"之故。因此，就算是具有深厚德性的上德之人，在言行舉止

方面也會因畏天之威,必須心懷敬畏,謹言慎行,以避免偏離了正道。

老子說:天道這個宇宙客觀自然的規律,有四個法則與特性。"不爭"利他,最終能轉化為"莫與之爭"利己的結果。天道無需言語上的溝通,順道則吉,逆道則凶,卻常常能夠得到相對的回應,而且這種回應是不召自來。

天道作用的範圍廣闊無邊,好像一張大網,在坦然從容之際,就好像已經在萬事萬物之間,做了最好的經營謀劃,讓萬事萬物按照既有的自然規律,自動的相互吸引、感應,不論是逆道而行,還是順道而為,周密的因果關係讓其無一絲疏漏。

◎**直譯**:「勇」:有膽量,勇氣。「敢」:毫不畏懼人的。「勇於敢」:這裡所指的"勇"是一種逞兇鬥狠,恣意妄為,逞一時之氣,不顧後果,"不該為而敢為"之無知之勇,勇氣是建立在妄為蠻幹的基礎上,是強勢的作為,其行為與"道"相悖離。「殺」:就會招來最不利的後果,甚至是殺身之禍。

「勇於不敢」:這裡所指的"勇"是一種心存敬畏,有所顧忌,低調內斂,能無畏他人的譏笑嘲諷,不爭一時而爭千秋,凡事與"道"相悖離的相關事宜,均能勇於不敢為,是具有深厚德性之睿智之勇。「活」:這種能順應自然之道的行為,可以擇安去危,保全其身,遠離禍害,明哲保身。

「此兩者」:"勇於敢"與"勇於不敢"這兩者。同時也是說,"逆道"與"順道"這兩者。「或利或害」:兩者皆"勇"而利害卻有所不同,有的是利,有的卻是害。「天」:天道。「天之所惡」:天道厭惡"勇於敢"的人。「孰知其故?」:誰能知道其中的原因呢?是因為逆道者亡,順道者昌之故。

「是以」:因此、所以。「聖人」:具有深厚德性的上德之人。「猶」:屬猿猴類,性警覺。隱喻警戒心非常強。「難」:音同婻ㄋㄢˋ。畏懼,擔心,忌憚。「是以聖人猶難之」:因此,就算是具有深厚德性的上德之人,不敢輕忽而有所為難,必須心懷敬畏,行有所止,謹言慎行的不敢輕易造次。

「天之道」:宇宙客觀自然的規律。自然的法則。「善」:《道德經》之中的所謂的"善",是指上德者所作所為是合於"道"本質特性的行為。或循"道"而行,稱之為善。有德行的人、事、物。

「不爭而善勝」:只要"順道"而行,不需爭奪,最終卻常常能夠

取勝。「不言而善應」：只要〝順道〞而行，無需言語卻常常能夠得到良好的回應。例如具有深厚德性的統治者，行不言之教，人民都能受其感應而德化。

「不召而自來」：不召喚萬物而能自動歸附。萬物受到上德統治者德化賓服，化被動為主動，不召自來，自然而然的遵循〝道〞的規律。又如善有善報，惡有惡報的因果關係。「繟然」：音同產。坦然，從容寬舒的樣子。「繟然而善謀」：天道於坦然從容之際，已經在萬事萬物之間做了最好的經營謀劃。

「天網」：天道作用的範圍有如一張大網。「恢恢」：寬大廣闊的樣子。「天網恢恢，疏而不失」：天道作用的範圍寬大廣闊，無邊無際，好像一張看似寬鬆的大網，但是萬事萬物均按照既有的自然規律，自動的相互吸引感應〈量子糾纏、量子感應的特性〉，周密的因果關係讓其無一絲疏漏。

◎意釋：第三十章：「物壯則老，是謂不道，不道早已。」，第四十二章「強梁者不得其死」，第六十六章：「以其不爭，故天下莫能與之爭」，第七十六章：「堅強者死之徒，柔弱者生之徒。是以兵強則滅，木強則折。強大處下，柔弱處上。」在這些章節之中，老子說明了反者〝道〞之動，萬事萬物發展強盛到達極點，盛極必衰，就會往反面發展，提早走向衰老敗亡，這是宇宙自然不變的規律，老子引領我們從觀察外在萬事萬物種種現象，去掌握事物背後〝道〞的本質和規律。

〝柔弱勝剛強〞，這些老子的格言，歸根結底就是告誡我們，要柔弱而不要剛強，柔弱的具體表現形式就是低下、謙卑、不爭；剛強的具體表現形式就是逞強、驕縱、好爭。由上述可知，過剛易折，過度強橫的結果，終將趨向滅亡，多行不義必自斃，不行大道必早夭，萬事萬物皆如是。

因此，我們要掌握住事物運動變化的趨勢，站在柔弱、低下、謙卑、不爭有利的一面〝順勢而為〞，循〝道〞而行，正因為不去刻意爭奪，完全依循自然的規律行事，在〝相反相成〞相互轉化的規律下，〝弱〞與〝強〞相互轉化之後，就能柔弱勝剛強，所以才能到達天下無人可與其爭又可長可久的境界。

《易經》地山謙卦彖辭：「天道虧盈而益謙，地道變盈而流謙，鬼神害盈而福謙，人道惡盈而好謙。」由天道來看，日中則昃，月盈則虧，顯示盈必虧，謙受益。由地道來看，高山地勢因其盈滿而塌陷變遷，而

將多餘的部分流積填滿於低陷之處。鬼神之道也是盈滿者往往招禍，謙虛者反而能夠得福。

所以天地鬼神的客觀世界都是損有餘而補不足，宇宙自然規律就有自動平衡的機制。就人之常情而言，也不例外，盈滿者易受厭惡，謙虛者群相交好。由此可證，不論是天理或是人情，都是厭惡盈滿而喜好謙虛的。〈天地鬼神指的就是造化，也就是自然與人事上的客觀規律〉

「勇於敢則殺，勇於不敢則活」，〝勇於敢〞這裡所指的〝勇〞是一種逞兇鬥狠，暴虎馮河，恣意妄為，逞一時之氣，不顧後果，不該為而敢為的無知之勇，勇氣是建立在妄為蠻幹、好爭的基礎上，是強勢的作為，可以延伸解讀為自身招致災禍的魯莽不智的行為，這種行為往往會侵害他人，其行為與〝道〞相悖離，違逆了自然之道，當勇敢到什麼都敢做的時候，這種行為的人就會遭受天道的懲罰，招來最不利的後果，最嚴重者甚至是招致殺身之禍。

〝勇於不敢〞這裡所指的〝勇〞是一種心存敬畏，有所顧忌，低調內斂，明達事理，洞見時勢，能無畏他人的譏笑嘲諷，不爭一時而爭千秋，凡事與〝道〞相悖離的相關事宜，均能勇於不敢為，是站在柔弱、低下、謙卑、不爭的地位，具有深厚德性的睿智之勇，這種能順應自然之道的行為，可以擇安去危，遠離禍害，明哲保身。

老子在這裡把〝勇於敢〞及〝勇於不敢〞這兩種〝勇〞，提升到了生死存亡的高度，來強調〝逆道者亡，順道者昌〞的宇宙自然規律。這兩種行為同樣是勇，但是因為它們的出發點不同，一個是〝有欲〞、〝有為〞的逆道而行，一個是〝無欲〞、〝無為〞的順道而為，所以才會導致有如天壤之別的結果。

老子說過：「慈故能勇」，今舍慈且勇，死矣。〝勇於敢〞是〝有欲〞、〝有為〞沒有慈的勇，即在敢做敢為上有勇氣，它的本質特徵就是〝妄為〞。強橫兇蠻、橫行霸道，勇於敢作敢為毫無顧慮的人，這種人一貫的作風，是為了一己之私而不擇手段，當心中妄念下定決心的時候，此時就已經走向死亡之路。

〝勇於不敢〞者，是勇於不做，就是〝無欲〞、〝無為〞，是順應自然之道的行為，是沒有胡作非為的勇氣，而有不胡作非為的勇氣，是勇於〝慈哀謙弱〞的勇，用憐憫之心顧慮更多人的權益，處下不爭而用柔，不敢為天下先，凡事不敢輕舉妄動又不逞強好鬥，善於柔弱處事且謙虛謹慎的人，就可以明哲保身，走向生存之道。

有所為是勇，有所不為的也是勇，〝勇於敢〞之人則是血氣之勇，

害人害己；〝勇於不敢〞之人，則是睿智之勇，不敢為天下先，最終則是利他利己。自然之道是不可違逆的，如果違背了宇宙客觀的自然規律，就一定會受到懲罰。

「此兩者，或利或害。天之所惡，孰知其故？是以聖人猶難之。」，〝勇於敢〞與〝勇於不敢〞這兩者皆為〝勇〞，而利害卻大相徑庭，有的是利，有的卻是害。由此可知，天道好謙而惡盈，是厭惡〝勇於敢〞的人，誰又能知道其中的原因呢？我們應該如何把握這個〝度〞呢？老子借用反問的語氣，以加強世人對此一問題的印象。

第二十一章：「孔德之容，惟道是從。」，人的量子意識信息能量場所負載的信息內容，能決定〝道〞的本體轉化成客觀世界事件的內容與樣貌，不論您量子意識信息能量場所負載的信息內容如何，〝道〞都不會做任何的干涉，不同的心念意識，就有不同的結果，您是如何的思想抉擇，宏觀世界就會顯現出與信息相同類似的內容與樣貌，這一切完整的轉化過程及後續的變化，無不是遵循〝道〞的自然規律而運作。

本章老子是以〝勇於敢則殺〞與〝勇於不敢則活〞，以最嚴重的生死利害來做一舉例說明，在這兩者之間，其結果還有無數個不同程度的利或害，完全依據人的意念的不同而有所差異，這也說明了人〝有欲〞及〝無欲〞的起心動念，會造成事件的結果產生是吉、是凶？是利、是害？也就是得失成敗、吉凶禍福。

老子認為兩種不同的勇，會產生兩種不同的結果，萬事萬物只要依照自然的規律循道而行，都會有好的結果，否則就會有不利的結果。總而言之，之所以會有利與害的差別，就是〝逆道〞與〝順道〞之故，〝逆道妄為者亡，順道自然者昌〞。也可以用一般的用語來說明，〝正面思考就會有正面的結果，負面思考就會有負面的結果。〞

這種不以人的意志為轉移的宇宙客觀自然規律，萬事萬物都一體適用，沒有一個可以脫離大道的約束與規範。因此，就算是具有深厚德性的上德之人，在言行舉止方面也會因畏天之威，不敢輕忽而有所忌憚，必須心懷敬畏，行有所止，謹言慎行的不敢輕易造次，以避免一不留意而偏離了正道。

「天之道，不爭而善勝」，老子說：天道這個宇宙客觀自然的規律，有四個法則與特性。「以其不爭，故天下莫能與之爭」，按照老子樸素辯證法的觀點，說明在無偏私的分別心下，以〝無為〞的方式誠心自然行事，對立又統一的雙方就能產生〝相反相成〞陰陽相互轉化的效果，由〝不爭〞利他，最終能轉化為〝莫與之爭〞利己的結果。

天道為什麼要照顧〝勇於不敢〞之人而厭惡〝勇於敢〞之人？因為人類之所以〝好爭〞，是因為有私慾妄念，為了滿足自己的私慾而〝勇於敢〞的與他人相爭，這種勇敢其實是違逆天道的，所以天道厭惡〝勇於敢〞之人，其結果必然招致最大的失敗。而〝勇於不敢〞之人，不爭一時爭千秋，一切順道自然而為，無為而無不為，不需爭奪，最終的結果自然能夠常常取勝。

「不言而善應」，後面這段話必須要用量子理論來加以闡述說明，方能有更深一層的認識。萬事萬物相同類似的兩者之間，具有內在深層次的連結，可以相互吸引、感應〈量子糾纏、量子感應〉。因此，人類心念意識所負載的信息，在〝道〞的靜態本體陰陽變化的萬象中，與信息內容相同類似的量子態相互糾纏感應，由微觀世界的量變到宏觀世界的質變，繼而在宏觀世界中顯現。因此，人的意識具有左右萬物變化偏移的能力。

在一個量子系統裡，一個系統跟一個比它大的系統互動時，它會開始失去它原有的性質而順從更大的系統，也就是大的系統能感應小的系統，讓小的系統獲得大系統相同的信息，而與大系統趨於一致，就如同磁化作用一般，這種現象稱之為量子感應。

第四十一章：「大音希聲，大象無形」。〝道〞的本體中所蘊含的自然規律，是無法以文字語言來表達，就算天道它能說話，您也是聽而未聞。天道無需言語上的溝通互動，順道則吉，逆道則凶，有因就有果，卻常常能夠得到相對的回應。例如：「我無為，而民自化」，具有深厚德性的統治者，行不言之教，人民都能受其深厚德性的感應而德化，反之亦然，這就是「不言而善應」的量子感應現象。

「不召而自來，繟然而善謀，天網恢恢，疏而不失。」，量子糾纏現象揭示了宇宙是個不可分割的整體，萬物一體同源，都具有內在深層次的連結，由微觀的量子世界到宏觀的現實生活中，宇宙中此一相同類似兩者之間，具有相互吸引、感應的現象均一體適用，不脫離此一規律與法則所規範。只是愈是相同類似者之間，相互感應吸引的能力愈強烈，差異性愈大的兩者之間，相互感應吸引的能力愈弱，包含我們人世間的人、事、物也都具有量子糾纏的現象。

每一個人眼中以自己為中心的這個世界，一切事物進行發展最終的結果是好是壞，均是自己起心動念所做的抉擇決定的。萬事萬物均是藉由您的量子意識信息，觸發微觀世界也是〝道〞的靜態本體，與您信息相同類似的量子態，產生量子糾纏的作用，由不確定到確定，虛擬到真

實，量變到質變，微觀到宏觀，轉化成宏觀物質世界具有物質結構的實體，並與信息內容相同樣貌顯現，全部運作變化過程，都是受到〝道〞的自然規律所規範，這種現象在自然界是普遍存在。

也就是您的心念意識能吸引相同類似的事物在宏觀世界顯現，老天無親無疏，很公正沒有自己的意見而有所偏愛，一切按照既有的自然規律特性自動的相互吸引，由虛擬化為真實，是不須召喚而萬物能自動轉化顯現。正面思想就有正面的結果，負面思想就有負面的結果；善有善報，惡有惡報；順道者昌，逆道者亡；禍福無門，惟人自召；您的起心動念的意識就是〝因〞，事件的結果就是〝果〞。怎麼樣的〝因〞，就有怎麼樣的〝果〞。

例如：第三十二章：「萬物將自賓。天地相合，以降甘露」，具有深厚德性的統治者，萬物受到上德統治者德化賓服，人民化被動為主動，不召自來，氣候也能風調雨順，自然而然的遵循〝道〞的規律。反之亦然，這就是「不召而自來」量子糾纏相互吸引感應的現象。

天道作用的範圍寬大廣闊，無邊無際，看似一張寬鬆的大網，在坦然從容之際，就好像已經在萬事萬物之間做了最好的經營謀劃，讓萬事萬物按照既有的自然規律，自動的相互吸引感應，不論是逆道而行，還是順道而為，天道不爽，周密的因果關係讓其無一絲疏漏。善有善報，惡有惡報，天網恢恢，疏而不失。佛祖說：「世間無偶然，皆是因果大循環。」明白宇宙間這個不變的因果報應法則，人們豈可不畏乎？

第七十四章　　民不畏死

民不畏死，奈何以死懼之？若使民常畏死，而為奇者，吾得執而殺之，孰敢？常有司殺者殺。夫代司殺者殺，是謂代大匠斲，夫代大匠斲者，稀有不傷其手矣。

◎本章主旨：本章延續上一章〝勇於敢則殺〞及〝勇於不敢則活〞，強調〝逆道者亡，順道者昌〞的宇宙自然規律，不論是逆道而行，還是順道而為，天網恢恢，疏而不失。強調萬物的生殺都是由天道所掌管，天道自然會懲惡揚善，是一個絕對公平、公正又無一絲疏漏的法則，不容他人越俎代庖。

人民生活都過的很幸福安康，自然就會貴生重死，珍惜自己的生命

而畏懼死亡。此時,若是有極少數〝勇於敢〞去為非作歹的邪惡之徒,天道昭昭,會視其情節輕重給予適當的懲罰或殺之,在此狀況下,誰又會敢〝逆道而行〞呢?

人之生,天生之。人之死,天殺之。在恒久不變的自然法則之中,天道專門掌管萬物的生殺大權,天網恢恢,疏而不失。有心之殺,乃嗜殺也,嗜殺傷慈,反取其殃。所有代司殺者〝逆道而行〞殺人的行為,〝天道好還〞,必定會有其一定的報應而傷及自身。

◎直譯:「民不畏死」:統治者以威權來治理國政,當人民所能承受的壓力已達到極限,難以繼續存活下去的時候,將不再畏懼死亡。「奈何」:怎樣、如何。「以死懼之」:用死亡去威脅,使其心生恐懼。「奈何以死懼之」:用死亡去威脅,使其心生恐懼,已經無法收到效果。

「若使民常畏死」:若是統治者以人民的利益為重,使人民豐衣足食,居有定所,人民也就自然會珍惜自己的生命而畏懼死亡。「奇」:〝奇〞是〝正〞的反面,這裡指的就是〝勇於敢〞去為非作歹的邪惡之徒。

「吾」:老子代天道而言,這裡指的就是天道。「得」:可以去做或不去做,兩者都行。「執」:拘捕、捉拿。「吾得執而殺之」:天道針對那些〝逆道而行〞為非作歹的邪惡之徒,將視其情節輕重給予適當的懲罰或殺之。「孰敢?」:天網恢恢,疏而不失,誰又會敢〝逆道而行〞呢?

「司」:掌管。「司殺者」:指專門掌管萬物生殺大權者,這裡指的是天道。萬物生殺,皆本於天道,何時結束一個人的生命,也是由天道所掌管。「常有司殺者殺」:恒久不變的自然法則中,專門掌管萬物生殺大權,負責生殺的就是天道。「代司殺者殺」:代替天道而去殺人者。

「大匠」:技藝高超的木工。形容天道掌管萬物生殺這件事情,有如技藝高超的木工。「斲」:音同卓。砍、削木。「是謂代大匠斲」:代替天道去殺人,這件事情就好比手法生疏的人,去代替技藝高超的木工去砍削木頭一樣。「傷其手」:傷害到自己。指的是亂施殺戮的人,這種〝逆道而行〞的行為,必定有其一定的報應而傷及自身。

◎意釋:本章:「吾得執而殺之」,「常有司殺者殺。夫代司殺者殺」,其中的〝吾〞、〝司殺者〞、〝代司殺者〞指的是誰?歷來注解者眾說紛紜,想要清楚瞭解老子的本意,我們可以從前幾章的主旨中,來釐清老子的思想脈絡,從而正確的判斷這三者究竟何指。

本章延續上一章〝勇於敢則殺〞及〝勇於不敢則活〞,強調〝逆道

者亡,順道者昌"的宇宙自然規律,能自動的相互吸引感應,不召而來,不論是逆道而行,還是順道而為,天道不爽,周密的因果關係讓其無一絲疏漏。善有善報,惡有惡報,天網恢恢,疏而不失。

　　本章強調萬物的生殺都是由天道所掌管,天道無言,而賞罰不遺,天道自然會懲惡揚善,是一個絕對公平、公正又無一絲疏漏的法則,不容他人越俎代庖。因此,我們可以得之,本章之中的"吾"、"司殺者",指的就是天道,而"代司殺者"指的就是越俎代庖的統治者。

　　「**民不畏死,奈何以死懼之?**」,在老子所處的春秋時期,天下動亂,社會動盪不安,統治者昏庸無道,以威權來治理國政,政令嚴苛、刑罰繁重,視人民如草芥,不惜以殺害人民的性命,來威迫人民來滿足自己的欲望,人民處於水深火熱之中,生命朝不保夕。當人民所能承受的壓力已達到極限,難以繼續存活下去的時候,將不再畏懼死亡,此時再用死亡去威脅,使其心生恐懼,已經無法收到效果。

　　孟子說:「所惡有甚於死者,故死有所不避也」,當統治者對人民的壓迫,已經到達了讓人民寧可死,也不願意再承受的地步,那麼當然就「民不畏死」了。在人民看來,生是痛苦的,死倒是一種最好的解脫,所以他們也就不懼怕死亡,對於不懼怕死的人來說,以死相威脅還有什麼意義呢?

　　「**若使民常畏死,而為奇者,吾得執而殺之,孰敢?**」,"螻蟻尚且貪生,為人怎不惜命。" 若是統治者行"無為"之道來治理國政,以人民的利益為重,使人民豐衣足食,居有定所,人民生活都過的很幸福安康,自然就會貴生重死,貴天生而重天殺,當然就會珍惜自己的生命而畏懼死亡,不會妄為作亂了。

　　此時,若是有極少數"勇於敢"去為非作歹的邪惡之徒,天道昭昭,會針對那些"逆道而行"的邪惡之徒,視其情節輕重給予適當的懲罰或殺之,天網恢恢,疏而不失,惡有惡報,沒有一個是漏網之魚,在此狀況下,誰又會敢"逆道而行"呢?

　　「**常有司殺者殺。夫代司殺者殺,是謂代大匠斲,夫代大匠斲者,希有不傷其手矣。**」,上一章「勇於敢則殺,勇於不敢則活。」闡述了天生天殺之理,萬物生殺,皆本於天道,天居高臨下,司察人過,何時結束一個人的生命,也是由天道所掌管,萬物生死,皆入於機。所以,在恆久不變的自然法則之中,專門掌管萬物生殺大權,負責生殺的就是天道,而且天網恢恢,疏而不失。

　　天道掌管萬物生殺這件事情,有如技藝高超的木工,在砍削木頭

時，運斤成風，其手法熟練精通，技術出神入化。統治者無殺人之權，而行殺人之事，越俎代庖的代替天道生殺予奪的殺戮人民，就好比手法生疏的人，去代替技藝高超的木工砍削木頭一樣。

有心之殺，乃嗜殺也，嗜殺傷慈，反取其殃。嗜殺中會充滿著仇視和怨恨，尤其是殺戮氾濫時，不但會造成生活氣氛的緊張，還會挑起人民的極端情緒，給社會帶來更多隱患。所有代司殺者〝逆道而行〞殺人的行為，〝天道好還〞，必定會有其一定的報應而傷及自身。

由上述可知，老子是主張廢死的，老天並沒有賦予人殺人的權利，所有代司殺者而殺，此一越俎代庖的行為，都是不符合自然的法則。不過在物欲橫流的時代，人們已經背離大道愈行愈遠，站在現代人的觀點來看，廢死成為一種見仁見智的觀念，世界各國想要達到完全廢死，其先決條件是人類必須先去除私欲妄念，精神領域往上提升一個層次，回歸於大道，才能達到「若使民常畏死，而為奇者，吾得執而殺之，孰敢？」一切回歸於自然的境界，此時廢死的目標方能水到渠成。

第七十五章　　無以生為

民之饑，以其上食稅之多，是以饑。民之難治，以其上之有為，是以難治。民之輕死，以其求生之厚，是以輕死。夫唯無以生為者，是賢於貴生。

◎**本章主旨**：本章中老子認為治國的理念，〝無為〞而治，要比〝有為〞之道，更能符合民心，也是治國治民長治久安之道，否則政權很快就會因為人民的反抗而提早滅亡。

人民之所以會飢餓，是因為統治者依靠人民繳納過重的賦稅，來供自己享受奢靡生活之故，由於人民要上繳的糧食太多，弄得人民無法自給，所以才使得他們過饑寒的生活。

當人民難以繼續存活下去的時候，為了生存就會鋌而走險，此時人民已經不再畏懼統治者的高壓威權政策，這不正是因為統治者〝有為〞的治理方式，反而造成了難治的結果。

好生惡死，人之常情。統治者為了縱慾玩樂，過份奢侈，把民脂民膏搜刮殆盡，當人民所能承受的賦稅已經達到極限，難以繼續存活下去的時候，所以他們也就不懼怕死亡。

老子最終提出他的結論及挽救的方法。統治者的治理方式,在〝無欲〞的狀況下,清心寡慾,一切作為順其自然發展,行〝無為〞之道者,肯定勝過為了滿足個人主觀上的欲望,刻意行〝有為〞之道,去追求生活上的奢侈享受者。

◎**直譯**:「民之饑」:人民之所以食不果腹,道有餓莩。「其上」:統治者。「食稅」:享受稅賦;靠賦稅而生活。「食稅之多」:賦稅太過繁重。「以其上食稅之多」:是因為統治者依靠過重的賦稅,來供其享受奢糜生活之故。

「民之難治」:人民之所以難治理。「有為」:有偏私利己的分別心,想要得到個人主觀欲望的滿足,以〝有欲〞之心刻意的有所作為。例如:政令繁苛、勞民傷財、繁重稅賦、嚴刑峻法…等。

「輕死」:以死事為輕,不怕死。「生」:這裡指的是生活。「以其求生之厚」:統治者窮奢極欲的縱慾玩樂,要求人民厚養其生活,過分的豐厚奢侈,索求過甚,聚斂無度。「是以輕死」:民不聊生之下,所以人民才會輕視生命、不怕死。

「夫」:文言發語詞,具提示作用。「唯」:只有,正因為。「無以生為者」:沒有刻意去追求生活上的奢侈享受。「夫唯無以生為者」:也只有不會為了滿足個人主觀上欲望,刻意行〝有為〞之道,去追求生活上的奢侈享受,因而損傷了人民的權益。而是在〝無欲〞的狀況下,清心寡慾,一切作為順其自然發展,行〝無為〞之道治理方式的統治者。

「是」:表示肯定。是必,肯定。「賢於」:勝過;超過。「貴」:重視。「貴生」:重視生活上的奢侈享樂。「是賢於貴生」:統治者的治理方式,清心寡慾,一切作為順其自然發展,行〝無為〞之道者,是必要勝過重視生活上的奢侈享樂,刻意行〝有為〞之道者。

◎**意釋**:《道德經》中的七十二章起至本章,其內容基本上都是對統治者的治理方式,提出嚴正的警告與建言。老子認為寬容自然的〝無為〞而治,要比暴虐刻意的〝有為〞之道,更能符合民心,也是治國治民長治久安之道,否則政權很快的就會提早滅亡。

在這幾章內容之中,老子從幾個方面來闡述〝以民為本〞的治國理念,其實在春秋時期著名的思想家管仲,在其《管子・牧民》中的治國理念和老子非常類似。管仲說:〝政之所興,在順民心;政之所廢,在逆民心〞。政令能夠推廣,在於順應民心;政令所以廢弛,在於違背民

心。《尚書・夏書・五子之歌》"民為邦本，本固邦寧"，及《孟子・盡心章》中說："民為貴，社稷次之，君為輕"，也都是同樣"以民為本"的治國理念。

「民之饑，以其上食稅之多，是以饑。」，縱觀歷代王朝之興衰，幾乎每個朝代的滅亡，都是因人民過著饑寒交迫的生活，民不聊生，官逼民反，人民才被迫起義推翻無道的君王。"國以民為本，民以食為天。"國家把人民看作根本，人民把糧食當作生命，統治者應重視解決人民所需的糧食，免於人民陷入飢餓的恐慌中。

通常人民的饑荒現象的產生，有兩個主要的原因，一是天災，一是人禍。天災如水旱災、蝗蟲…等，雖然是自然的災害無法避免，但這些災害並非經常性的發生，而且是可以經由人為的積極努力，相互支援幫忙，以減少這些災害的影響，減輕人民饑荒的程度。至於人禍，就如統治者的無道，兵燹的摧殘，往往會造成了饑荒連年，這才是人民陷入飢餓的主要原因。

老子進一步闡述人禍的普遍原因。人民為什麼會食不果腹，不得溫飽，以至於道有餓莩呢？是因為上位的統治者依靠人民繳納過重的賦稅，來供其享受奢糜生活之故，由於上位者食用耗繁，所以聚斂無度。就算是統治者只是稍事逸樂，稅收略重，也會因為上行下效，層層官吏的橫徵苛斂，剝削搜刮，在底層的農民也會不勝負荷，顆粒無存，已經嚴重侵犯了人民的基本生計。因此，就算是沒有天災發生，由於人民要上繳的糧食太多，弄得人民無法自給，所以才使得他們過饑寒的生活。

「民之難治，以其上之有為，是以難治。」，人民之所以難治理，是因為上位統治者有偏私利己的分別心，想要得到個人主觀欲望的滿足，以"有欲"之心刻意的有所作為。例如：政令繁苛、勞民傷財、繁重賦稅、嚴刑峻法…等。就是因為在上位的統治者肆意妄為，有為多事，干擾了人民的生活，使得人民求生不易，陷於飢荒，難以存活。

當人民所能承受的壓力已達到極限，處於民不聊生，難以繼續存活下去的時候，人民為了生存，以致於想盡辦法來應付政令、逃避稅法，飢寒起盜心之下，甚至還要鋌而走險，因而盜賊四起，此時人民已經不再畏懼統治者的高壓威權政策，這不正是因為統治者"有為"的治理方式，反而造成了難治的結果。

「民之輕死，以其求生之厚，是以輕死。」，人民之所以會輕視生命、不怕死的主要原因，是因為統治者窮奢極欲的縱慾玩樂，要求人民厚養其生活，過分的豐厚奢侈，索求過甚，聚斂無度，過分追求自己的

生活享受，而忽視人民正常的生活，造成人民生活非常困苦，已經達到無以維生的地步，所以人民才會輕視生命不怕死。

螻蟻尚且貪生，況乎人也，好生惡死，人之常情，無可厚非。人民生活都過的很幸福安康，自然就會貴生重死，珍惜自己的生命而畏懼死亡。但是在上位的統治者為了縱慾玩樂，過份奢侈，把民脂民膏搜刮殆盡，當人民所能承受的稅賦已經達到極限，難以繼續存活下去的時候，活下來是一種痛苦，死亡反倒是一種最好的解脫，所以他們也就不懼怕死亡。

一旦統治者試圖通過以強權壓迫，以死亡來威迫人民順從，那麼人民勢必群起反抗，民不畏死，奈何以死懼之？統治者治理人民的方式，本末倒置，治標不治本，在惡性循環之下，社會動盪不安，統治者的地位岌岌可危，國家政權搖搖欲墜，國家提早滅亡是必然的結果。

「夫唯無以生為者，是賢於貴生。」，人民之所以群起反抗，天下大亂，老子究其根本原因，是由於統治者的政令繁苛、勞民傷財、繁重稅賦、嚴刑峻法、聚斂無度所引起來的，而這些剝削與高壓政策主要目的是厚養統治者，讓其過度追求生活上的奢侈享受，人民在難以繼續存活下去的時候，只有鋌而走險，就算是斧鉞加身，也毫不畏懼死亡。

單靠刑罰是不足以使百姓感到畏懼，僅憑殺戮亦不足以使人民順從服帖。當刑罰人民已經不再害怕，法令就無法推行了，殺戮太多反而民心更加激憤不服，因此，統治者的地位就愈加危險了。

經過上述統治者治理方式的利弊分析比較，老子最終提出他的結論及挽救的方法。統治者的治理方式，在〝無欲〞的狀況下，清心寡慾，一切作為順其自然發展，行〝無為〞之道者，肯定勝過為了滿足個人主觀上的欲望，刻意行〝有為〞之道，去追求生活上的奢侈享受，因而損傷了人民的權益者。

我無為而民自化，我好靜而民自正，我無事而民自富，我無欲而民自樸。居上位清心寡慾，恬淡虛靜，清靜無為的統治者，要勝過以苛政繁令來壓榨人民，厚養自己的統治者許多。也就是統治者最佳的治國理念，當以淡泊無欲，清靜無為，以民為本，不強求，不多事，省刑罰，薄稅斂，愛民如愛己，使人民能身心安頓，安居樂業，上下和睦，一切順勢自然而為，〝無為而治〞的治國理念，這才是最好的治理方式。

第七十六章　　兵強則滅

人之生也柔弱，其死也堅強。萬物草木之生也柔脆，其死也枯槁。故堅強者死之徒，柔弱者生之徒。是以兵強則滅，木強則折。強大處下，柔弱處上。

◎本章主旨：老子為了要證明萬物不論是內在體質，還是外在的表象，其發展變化的趨勢，都是遵循大道自然的規律與法則〝弱者道之用〞而運動變化，因此本章特別引領我們觀察萬物外在種種現象，去掌握事物背後〝道〞的本質和規律，這也是老子在本章之中論述的重點。

人活著的時候，肌膚都是柔軟富有彈性，而死亡的時候，身體卻是堅挺僵硬。草木在活著的時候，其枝幹和莖葉柔軟脆嫩，死亡的時候卻是乾枯堅硬。根據上述〝生則柔弱，死則堅強〞得出一個定論，剛強的是容易死亡的一個類型，柔弱的是容易生存的一個類型，說明了〝柔弱則生，堅強則死〞，是自然規律中的一個通用法則。

所以，軍力強大而逞強者，恃強而驕，驕兵必敗，反而會在戰場上被敵殲滅。樹木高強粗大，反而會遭到砍伐。按照天道運行的法則，強大的事物發展已經達到極點，物極必反，是處於毫無生機的劣勢地位。而柔弱始生的事物，生機盎然，是處於發展潛力無窮的優勢地位。

◎重點提示：

一、第四十章「反者道之動，弱者道之用。」，是老子豐富的哲學思想中，所創有的樸素辯證法中最具特色的辯證法之一。說明統一物由對立面組合而成，對立面由量變引起質變而相互轉化。也就是〝道〞體所蘊含的陰陽自然規律，在〝德〞的動態物質世界中，體現出萬物無不內含著相反的對立面，在對立面交互作用下，又各自朝向相反的方向滲透變化與發展。

老子在整個《道德經》中所說的〝弱者道之用〞，是在日常生活中能夠產生實際作用的方式，其所要表達的意義，就是要用〝弱〞而不用〝強〞，用〝弱〞反而能〝強〞，反之，用〝強〞則反而會變〝弱〞。這是依據〝道〞體中所蘊含的相反相成、相互轉化的法則，因此，我們要站在事物發展趨勢最有利的地位，循〝道〞而行，自然而為，經過時間的推移，由量變到質變，相互轉化之後，就能柔弱勝剛強。

二、有鑑於此，因此老子提出〝弱者道之用〞此一樸素辯證法的哲學思想，我們要站在柔弱、低下、謙卑、不爭的一面，也就是站在事物發展趨勢最有利的地位，循〝道〞而行，自然而為，經過逐漸的量變，當〝強盛〞到達臨界點之後，就開始產生質變而消亡，〝強弱〞與〝剛柔〞兩者之間由量變引起質變，〝弱〞與〝強〞相互轉化之後，就能柔弱勝剛強。天道無為之用為〝弱〞，人道有為之用為〝強〞，然而，天道之〝弱〞為長生之道，那些不合天道的人道之〝強〞，實際上是早亡之道。

三、守柔者弱，弱者居下，居下不爭。這裡的〝弱〞就是不強勢，不急躁，不冒進，順其自然，只有在這種狀態下，〝道〞才可以更好的發揮作用。因此，立足於柔弱，才能順勢而行，柔弱在〝道〞的外在實際應用上，就發揮了很大的作用。老子在這裡所說的〝弱〞，只是象徵性的列舉說明而已，舉凡具有柔弱、低下、謙卑…等象徵性質者，皆含蓋在內，柔就是不強硬，弱就是不強勢，柔弱亦含有柔韌斂藏的意思。

◎**直譯**：「人之生」：人活著的時候。「柔弱」：身體是柔軟的。「堅強」：身體堅挺僵硬。「萬物草木」：萬物之中，例如草木的形體。「生也柔脆」：草木在活著的時候，其枝幹和莖葉柔軟脆嫩。「枯槁」：乾枯而堅硬。

「堅強者」：剛強頑固、自大妄為、好強鬥狠，不遵循自然規律的人。「徒」：同一類型的人。「死之徒」：是失去生機，提早走向死亡這一類型的人。「柔弱者」：守柔、處下、不爭、柔韌斂藏，遵循自然規律的人。「生之徒」：是充滿著生機，能夠讓生命長久活存這一類型的人。

「是以」：所以。「兵」：軍力。「滅」：遭受挫敗或被敵殲滅。「兵強則滅」：軍力強大而逞強者，恃強而驕，驕兵必敗，反而會在戰場上遭受挫敗或被敵殲滅。「木強」：樹木高強粗大。「折」：遭到斧斤砍伐。「木強則折」：樹木高強粗大，則為工匠所需，反而會遭到砍伐。

「處下」：處於劣勢或下風。「強大處下」：按照天道運行的法則，事物發展的趨勢，強大的事物發展已經達到極點，物極必反，是處於毫無生機的劣勢地位。「處上」：處於優勢或上風。「柔弱處上」：柔弱始生的事物，有如旭日東升，生機盎然，是處於發展潛力無窮的優勢地位。

◎**意釋**：老子為了要證明在第三十章：「物壯則老，是謂不道，不道早已。」、第四十二章「強梁者不得其死」、第四十三章「天下之至柔，馳騁天下之至堅。」、第七十三章「勇於敢則殺」、第七十六章「強大處

下，柔弱處上。」、「故堅強者死之徒，柔弱者生之徒。」、第七十八章「弱之勝強，柔之勝剛」…等，上述之中樸素辯證法加以推演闡述〝弱者道之用〞的思想內容，是遵循大道自然的規律與法則，特別引領我們觀察萬物外在種種現象，去掌握事物背後〝道〞的本質和規律，這也是老子在本章之中論述的重點。

「人之生也柔弱，其死也堅強。萬物草木之生也柔脆，其死也枯槁。」，不只萬事萬物的發展是循〝道〞而行，自然而為，經過時間的推移，由量變到質變而相互轉化，弱之勝強，柔之勝剛，連有生命的萬物，其外在現象也是如此顯示。例如：人活著的時候，其身體四肢柔軟靈活，肌膚都是柔軟富有彈性，能屈能伸，行動自如，而死亡的時候，身體卻是堅挺僵硬不能屈伸。

萬物之中，例如草木的形體在活著的時候，其枝幹和莖葉柔軟脆嫩，死亡的時候卻是乾枯而堅硬。天地萬物在變化的過程中，由活著的時候的柔軟到死後的僵硬，這也是宇宙中所有萬物的自然生態及必然過程與現象。萬物和人也都是一樣，我們看花草、樹木，在它們有生命的時候，也是枝條柔脆的，只有在它們死了之後，才會變得枯槁堅硬。

「故堅強者死之徒，柔弱者生之徒。」，根據上述人和草木〝生則柔弱，死則堅強〞所得出的一個定論，剛強的是容易死亡的一個類型，柔弱的是容易生存的一個類型，說明了〝柔弱則生，堅強則死〞，是自然規律中的一個通用法則。

所以我們也可以類推適用在人的行為方面，剛強頑固、自大妄為、好強鬥狠，不遵循大道自然規律的人，勇於敢則殺，是失去生機，提早走向死亡這一類型的人。而守柔、處下、不爭、柔韌歛藏，遵循大道自然規律的人，勇於不敢則活，則是充滿著生機，能夠讓生命長久活存這一類型的人。

例如：人體中的舌頭是柔軟的，一生之中也不見它毀壞脫落，而堅硬的牙齒，當人衰老之時就會牙脫齒落，舌存常見齒亡，剛強終不勝柔弱。這裡面的道裡告訴我們，越是柔弱的東西，越是能夠保存長久；越是堅硬的東西，越是容易損毀。

也就是說，堅強的東西已經失去了生機，柔弱的東西則充滿著生機。柔弱主生，剛強主滅，故柔弱者可長久發展，而強大了都會走向滅亡，這是自然法則。所以，無道剛強頑固者，就是提早邁向死亡的人，反而有道謙退柔弱者，才能走向長生之路。

「是以兵強則滅，木強則折。強大處下，柔弱處上。」，所以，軍

力強大而逞強者，恃強而驕，驕兵必敗，反而會在戰場上遭受挫敗或被敵殲滅。樹木高強粗大，則為工匠所需，反而會遭到砍伐，《荀子‧勸學》「林木茂而斧斤至。」，都是同一個道理。按照天道運行的法則，事物發展的趨勢，強大的事物發展已經達到極點，物極必反，是處於毫無生機的劣勢地位。而柔弱始生的事物，有如旭日東升，生機盎然，是處於發展潛力無窮的優勢地位。

　　大自然的種種現象中，以樹木為例，根幹堅強，卻在下端；枝葉柔弱，反而在上端。物之常理，精者在上，粗者在下。其精必柔弱，其粗必強大。老子藉自然現象來說明柔弱和剛強的得失好壞，而教人棄強取弱，捨剛守柔。經常自誇強大的人，反而使人討厭，讓人看不起他，而以謙退柔弱自處的人，反而讓人崇敬擁戴，世間的事理，無不如此。

　　因此，老子認為人生在世要遵行天道，不可逞強鬥勝，而應柔順謙下，剛硬強大的反而居劣勢下位，而柔弱謙下的才能居優勢上位。天道就是〝道〞的運行法則，也是自然的規律，這種規律就是「弱者道之用」，即柔弱是〝道〞的實現方式，而人為的強制行為，就是是悖道而行，必定事與願違。

　　〝弱者道之用〞這句話其中蘊含著奧妙的玄機，在強弱一對矛盾中，表面上看似強者，實際上卻是弱者；表面上看似弱者，實際上反倒是強者。換言之，表面的強弱只是一時的假象，真實的強弱恰恰與表象相反。因此，老子認識到事物發展相互轉化的規律，避免事物向相反的方向發展，防患於未然，因而提出了〝不爭〞、〝貴柔〞、〝守雌〞、〝安於卑下〞的處世原則，而且在《道德經》中反覆說明〝柔弱勝剛強〞這種觀點，供世人參考應用。

第七十七章　　為而不恃

　　天之道，其猶張弓與？高者抑之，下者舉之；有餘者損之，不足者補之。天之道，損有餘而補不足。人之道則不然，損不足以奉有餘。孰能有餘以奉天下，唯有道者。是以聖人為而不恃，功成而不處，其不欲見賢。

◎**本章主旨**：本章中老子藉著張弓射箭做為比喻，說明天之道所蘊含的機制，其〝損有餘而補不足〞的作用，就是維持萬物趨向與〝道〞

相同一致，達到陰陽平衡、和諧統一穩定的狀態，如此才有利於生態平衡與生命的繁衍發展。

人之道與天之道背道而馳，人類社會積習成俗的普遍法則與現象，總是"損不足以奉有餘"。天之道凌駕於人之道之上，萬物都會有一個回歸"道"的靜態本體中陰陽和諧平衡狀態的趨勢，縱然人之道"損不足而奉有餘"能夠得逞一時，但是在天之道自然機制運作下，終將會自動調和到陰陽平衡、和諧統一穩定的狀態。

上德之人深厚的德性與"道"極為脗合，能把有餘的奉獻給天下，不會自恃有恩德於天下，從不居功自傲，也不願意藉此來表現出自己的賢德。全章老子從天之道來與人之道作對比，說明唯有棄守人之道而順應天之道，人類才能得以繁衍生存持續的發展，否則就是自取滅亡。

◎**直譯**：「天之道」：宇宙自然規律所蘊含的機制。「猶」：如同、就好像。「張弓」：拉開弓弦準備射箭。「與」：用在句尾表示感歎。「抑」：往下壓低。「高者抑之」：瞄準線高了，就往下壓低。「舉」：向上抬高。「下者舉之」：瞄準線低了，就向上抬高。「有餘者損之」：弓拉得太滿，力道要放鬆點。「不足者補之」：弓拉得力道不足，要再加把勁。

「天之道，損有餘而補不足」：宇宙自然規律所蘊含的機制，是減少有餘者來補給不足者，以達萬物平衡和諧又統一的最佳狀態。「人之道」：人類社會積習成俗的普遍法則與現象。「不然」：不是這樣，並非如此。「奉」：供奉，供養。

「損不足以奉有餘」：減少不足者，來供養給有餘者。「孰能」：誰能夠。「道者」：得"道"的聖人。「聖人」：具有深厚德性的上德之人。「為」：做。無心施為的做了"有餘以奉天下"這件事。「恃」：倚仗。「為而不恃」："有餘以奉天下"是無心的施為，並不會自恃有恩德於天下。

「功成」：完成"有餘以奉天下"這件事。「不處」：不居功。「功成而不處」：完成"有餘以奉天下"這件事的功勞，完全是順其自然的無心施為，因此從不居功自傲。「不欲」：本來就無此意願，也不願意。「見」：音同現。表現。「不欲見賢」：本來就無此意願，也不願意來表現出自己的賢德。

◎**意釋**：天之道為甚麼會有"損有餘而補不足"這種作用的機制呢？在進入本章之前，我們必須先建立起一些基本觀念。"道"的靜態本體性質是處於陰陽未判，動靜未分，陰陽平衡又和諧統一的狀態，也是處

於混沌未明一片虛無的量子信息能量場。

因此,由"道"的靜態本體自然而然所化生在"德"動態物質世界中的萬物,在沒有外力干擾之下,其內在的體質與外在的生態平衡,其本質特性都是朝向陰陽平衡、和諧統一穩定狀態這個方向發展。

在"德"動態物質世界中的萬物,陰陽隨著時空的推移而不斷的運動變化,任何事物的發展變化總是朝著相反的方向演變,物極必反,盛極而衰,陰極生陽,陽極生陰。陰陽對立和陰陽交感調和的結果,永遠就是陽長陰消、陰長陽消,陰陽相推,相互轉換,相互運動的過程,陰陽之間雖然是相互對立,但是也可以相互交感而達到統一和諧的狀態,是陰陽對立變化的過程中必經的階段,也是"道"靜態本體的本質特徵。

由於"天道"中陰陽規律的制約,陰陽運動變化的過程中,會有一個回歸"道"的靜態本體中陰陽和諧平衡狀態的趨勢,因此在陰陽相推,相互轉換,相互運動的過程中,就會產生"損有餘而補不足"的自然作用機制。

陰陽平衡、和諧統一是萬物所追求的最佳理想狀態,整個大自然包括我們眾生,一切人、事、物,都是依循著這種自然的法則與機制在運作,若能使其維持、或者延長這一和諧平衡穩定的狀態,不致到達衰敗的臨界點,則事情的發展就會處於長久穩定最有利的狀態。

「天之道,其猶張弓與?」,宇宙自然規律中所蘊含的機制,不是好像我們拉開弓弦準備射箭一樣嗎?老子藉著張弓射箭做為比喻,說明天道在宇宙間所蘊含的機制,其"損有餘而補不足"的作用,就是維持萬物趨向與"道"靜態本體的本質特性相同一致,達到陰陽平衡、和諧統一穩定的狀態。

「高者抑之,下者舉之;有餘者損之,不足者補之。」,古人張弓射箭之時,射手要依據目標距離的遠近,根據自己經驗作出正確的判斷和決定,適當地調整瞄準線的高低與拉弓力道的大小,則張弓射箭就能準確的命中目標。因此,當射手瞄準目標,發現瞄準線太高之時,就必須往下壓低瞄準線;發現瞄準線太低之時,就必須向上抬高瞄準線。

當射手於瞄準線定好之後,如果力道太大,弓拉得太滿,則箭矢就容易飛越目標,"有餘者損之",此時就應將力道放鬆點;如果弓拉得力道不足,則箭矢就容易不及目標,"不足者補之",此時就應將力道再加強。張弓射箭之時,若能如此適當的調整平衡,就能達到準確命中目標的目的。

歷來各家注解「高者抑之,下者舉之;有餘者損之,不足者補之。」

這段文字時，張弓射箭解讀的部位或有不一，其實無關重要，因為萬物都是在此一機制下產生作用，其中的道理都是一樣，所以並無是非對錯的問題。

「**天之道，損有餘而補不足**」，天道的法則與機制，就像張弓射箭一樣，瞄準線的高低，拉弓力度的大小，各個環節都調整在最合適的狀態，也就是萬物都是在〝損有餘而補不足〞的機制作用下，自動調和到陰陽平衡、和諧統一穩定的狀態。

宇宙自然規律所蘊含的機制，是減少有餘者來補給不足者，以達萬物平衡和諧又統一的最佳狀態，是一種制衡的力量推動著萬物不斷的運動變化。〝損有餘而補不足〞相互制衡的自然現象，在萬物之中比比皆是，例如：高山會倒塌，深谷會填平；水由高處往低處流，因為連通管的原理，當水面靜止時，水面必定會在同一水平面上，與容器形狀、長度、粗細無關；天氣太冷之後就會逐漸轉暖；太熱了就會逐漸變涼；月盈則虧，日中則昃…等。

「**人之道則不然，損不足以奉有餘**」，自然的法則總是〝損有餘而補不足〞，但是人之道並非如此，和天之道正好相反，人類社會積習成俗的普遍法則與現象，總是〝損不足以奉有餘〞，減少不足者，來供養給有餘者，富者愈富，貧者愈貧。天道大公無私，故均；人道貪婪多私，故不均，兩者之間成鮮明的對比。

人之道與天之道背道而馳，人之道講的是人性的欲望，在貪婪不知足欲望的驅使下，以強凌弱，劫貧濟富，已經富餘者仍然要去巧取豪奪那些已經有所不足者，〝富在深山有遠親，貧居鬧市無人問〞，〝錦上添花易，雪中送炭難〞，這種〝損不足以奉有餘〞的種種現象，反映出人情冷暖，弱肉強食，人性貪婪無厭的一面。

天之道凌駕於人之道之上，萬物都會有一個回歸〝道〞的靜態本體中陰陽和諧平衡狀態的趨勢，縱然人之道〝損不足而奉有餘〞能夠一時得逞，但是在天之道〝損有餘而補不足〞的自然機制作用下，天之道終將會自動調和到陰陽平衡、和諧統一穩定的狀態。例如大家耳熟能詳的〝富不過三代〞、十年風水輪流轉…等，都是天之道〝損有餘而補不足〞的一種體現。

在〝德〞動態物質世界中的萬物，整體生態維持在一個和諧穩定平衡的狀態，有利於生命的繁衍與持續發展，如果生態系統中強者愈強，弱者愈弱；多者愈多，寡者愈少，生態將失去平衡，勢必會導致兩極化，最終將走向生態系統崩潰而滅亡的地步。因此，老子通過天之道與人之

道的對比，說明人類生存於天地間，別無其他選擇，唯有棄守人之道而順應天之道，人類才能得以繁衍生存持續的發展，否則就是自取滅亡。

「孰能有餘以奉天下，唯有道者。是以聖人為而不恃，功成而不處，其不欲見賢。」，誰才能善體天道，把有餘的奉獻給天下呢？只有德性深厚的上德之人，才可以做得到。上德之人深厚的德性與〝道〞的靜態本體本質特性極為肳合，所以能體察天之道而不是施行人之道，把有餘的奉獻給天下是無心的施為，並不會自恃有恩德於天下。

完成〝有餘以奉天下〞這件事的功勞，完全是順其自然的無心施為，因此也從不居功自傲。上德之人始終保持謙和、恭敬、處下的德行，並不想表現出比別人高尚，本來就無此意願，所以也不願意藉此來表現出自己的賢德。

第七十八章　　正言若反

天下莫柔弱於水，而攻堅強者莫之能勝，以其無以易之。弱之勝強，柔之勝剛，天下莫不知莫能行。是以聖人云：「受國之垢，是謂社稷主；受國不祥，是為天下王。」正言若反。

◎**本章主旨**：本章老子以水為喻，說明弱可以勝強、柔可以勝剛的道理，水德幾近於〝道〞，沒有其它物質可以取代它。依據相反相成、相互轉化的法則，只要站在柔弱、低下、謙卑、不爭的一面，也就是事物發展趨勢最有利的地位，循〝道〞而行，經過時間的推移，〝強弱〞與〝剛柔〞兩者之間由量變到質變，相互轉化之後，就能柔弱勝剛強。

天下沒有不瞭解〝弱之勝強，柔之勝剛〞這個道理，但是卻沒有人能夠去付諸實行。不能行的主要原因，就是人的思想觀念與行為模式與〝道〞漸行漸遠，已經背離了〝道〞的本質特性，所以人之道和天之道正好相反之故。

能夠承受全國人民將屈辱加諸於身者，能勇於承擔國家天災人禍、災難凶事責任者，就是具有水德這種趨下居卑，柔弱不爭，承擔一切屈辱和災難的上德之人，也方能得到眾人的擁戴，作為國家的君王，成為天下人民的共主。

「受國之垢，是謂社稷主；受國不祥，是為天下王。」這兩句話是

自然的常道，由於與世人正常的思維及認知正好相反，所以看起來好像是在說反話一樣，這就是所謂的〝正言若反〞。

◎**直譯**：「天下」：指天下的事物。「莫柔弱於水」：沒有比水更柔弱的東西。「攻堅強者」：攻擊堅強的東西。「莫之能勝」：沒有任何一樣東西能夠勝過水。「以其」：就是因為。「易」：交換、代替。「以其無以易之」：就是因為水德與〝道〞靜態本體的本質特性相同，所以天下沒有其它物質可以取代它。

「弱之勝強」：弱能勝過強。「柔之勝剛」：柔能勝過剛。「天下莫不知」：天下的人沒有不瞭解弱之勝強，柔之勝剛這個道理。「莫能行」：但是卻沒有人能夠去付諸實行。「是以」：所以。「受」：承受，承擔。「垢」：汙濁之物，隱指恥辱、屈辱。「受國之垢」：能夠承受全國人民所加諸於身的屈辱，或國家受難而遭受的恥辱。

「是謂」：這就叫做。「社稷主」：國家的君主。〝社〞本指土地神，〝稷〞是穀神，古代帝王都要祭祀社稷，故社稷後來便成為國家的代名詞。「不祥」：天災人禍、災難凶事。「受國不祥」：敢於承擔國家天災人禍、災難凶事的責任。「是為」：方能成為。「天下王」：天下人民的共主。

「正言若反」：〝道〞的真正內涵以及發生作用的方式，與世俗一般的認知往往相反，也就是真正的道理看起來好像是在說反話一樣。

◎**意釋**：「天下莫柔弱於水，而攻堅強者莫之能勝，以其無以易之。」，普天之下沒有比水更柔弱的物質，但是貌似柔弱的水，卻擁有任何堅強物質都不可抵擋的力量，例如滴水穿石、改變山川地形外貌…等，所以攻擊堅強的東西，沒有任何一樣東西能夠勝過水。在〝德〞的動態物質世界中，水之德性與德行幾近於〝道〞，與〝道〞靜態本體的本質特性相同，天下沒有其它物質可以取代它。所以這裡水的〝柔弱〞不是軟弱無力的意思，而具有著堅韌不拔的特性。

雖然在〝德〞動態物質世界中〝道〞的代稱很多，例如：嬰兒、素樸、谿谷、雌牝、江海、赤子…等，但是在〝柔弱勝剛強〞這部分，也唯有柔弱似水的德性，最能體現〝道〞的規律中〝弱者道之用〞的思想，水德在天地之間獨一無二，所以老子才說：沒有什麼東西可以取代它。〝柔弱〞是萬物具有生命力的表現，也是真正有力量的象徵，〝柔〞已經成為〝道〞的基本表現和作用。

「**弱之勝強，柔之勝剛**」，第四十章中說：「弱者道之用。」，這句

話是老子樸素辯證法的核心之一。老子主張柔弱，並非追求柔弱本身，而是依據〝道〞體中所蘊含的相反相成、相互轉化的法則，提示我們要站在柔弱、低下、謙卑、不爭的一面，也就是事物發展趨勢最有利的地位，循〝道〞而行，自然而為，經過時間的推移，〝強弱〞與〝剛柔〞兩者之間由量變到質變，相互轉化之後，就能柔弱勝剛強。

〝弱者道之用〞所要表達的意義，也就是能夠產生實際作用的方式，就是要用〝弱〞而不用〝強〞，用〝弱〞反而能〝強〞，反之，用〝強〞則反而會變〝弱〞。萬物之中柔弱的東西往往富於韌性，生機旺盛，來日方長，發展的空間極大，未來不可限量。看似剛強的東西，往往已經到達頂點，失去發展的空間，未來只能走向衰亡，生機不能持久，來日無多。

老子在第五十二章中說：「守柔曰強。」，柔弱可戰勝剛強，並不是指當下而言，而是站在自然規律發展的未來趨勢來說，柔軟的東西充滿旺盛的生機，相反的，強硬的東西則已經喪失生機，來日無多。也就是說，我們要通曉事物自然發展的趨勢，寧可居柔弱的一面，也要掌握事物運動變化中的〝勢〞。

為什麼在柔弱的外表裡面會蘊藏著巨大的力量呢？柔弱是如何勝過剛強的呢？如果急功好利的急於求成，柔弱和剛強立即硬碰硬的正面對抗，那無疑是以卵擊石，必敗無疑。大自然的啟示告誡我們，柔弱想要勝過剛強，只有等待萬物消長之機，〝強弱〞與〝剛柔〞兩者之間由量變到質變，相互轉化之後，屆時就〝弱能勝過強，柔能勝過剛〞。

老子在第七十六章中說：「強大處下，柔弱處上」，強大的東西是處於劣勢，而柔弱的東西居於上風，積弱可以為強，積柔也就變成剛，欲剛必以柔守之，欲強必以弱保之。當然，世間也會有以堅強勝柔弱者，但這只能是暫時的現象，因其不符合〝道〞的規律，故必定不能維持長久。以柔克剛，以弱勝強，則是體現了〝道〞的永恆真理，也突顯了事物轉化其勢不可阻擋，其力不可戰勝的必然性。

「天下莫不知莫能行」，天下的人沒有不瞭解〝弱之勝強，柔之勝剛〞這個道理，但是卻沒有人能夠去付諸實行。不能行的主要原因，就是人類社會積習成俗的普遍法則與現象，造成人的思想觀念與行為模式與〝道〞漸行漸遠，已經背離了〝道〞的本質特性，所以人之道和天之道正好相反之故。

老子在第十八章中說：「大道廢，有仁義；智慧出，有大偽」，當大道盛世之時，是處於陰陽平衡和諧統一的狀態，有如嬰兒自然無欲、智

慧未開，也沒有奸巧詐偽，符合〝道〞的本質特性。

爾後隨著時間的推移，人類智慧漸開，人性貪婪的慾望遮蔽住本性，個人由於修身不足之故，起心動念產生偏私〝有欲〞之分別心，開始有了追求個人主觀意願實現的慾望，於是世風日下，人心不古，社會已經不再有如嬰兒之純樸之風，崇尚物慾的人心奢靡行為，在社會中開始蔚為風尚。講人性欲望的人之道，在貪婪不知足欲望的驅使下，人性已經逐漸遠離〝道〞的本體，與天之道背道而馳，因而大道逐漸衰落廢棄而淡出。

在大道逐漸荒廢淡出的時期，人類從小就被灌輸一種思想，那就是要爭先、爭強，決不能軟弱，在〝恥謙卑、好強梁〞這種思想的驅使下，人們變得急功好利，急於求成，爭強好勝，與〝道〞背道而馳的這種錯誤思想觀念，已經成為人類共同的認知與固定的行為模式，縱然世人皆知〝弱勝強、柔勝剛〞，〝柔弱者久長，剛強者折傷〞的道理，卻無法身體力行付諸於實施。

「是以聖人云：受國之垢，是謂社稷主；受國不祥，是為天下王。」，所以德性深厚的上德之人說：「能夠承受全國人民所加諸於身的屈辱，或國家受難而遭受的恥辱者；能勇於承擔國家天災人禍、災難凶事責任者，也就是具有水德這種趨下居卑，柔弱不爭，保持謙下、柔弱，承擔一切屈辱和災難的上德之人，方能得到眾人的擁戴，作為國家的君王，成為天下人民的共主。」

而水甘願處於卑下柔弱的位置，即使身處骯髒汙穢、卑下低窪之地也不會嫌惡，不僅如此，還把彙集在那裡的一切汙穢都包容起來。具有水德的上德之人，當國家出現內憂外患；或遇災害禍亂，社會不寧；或人民貧苦，怨聲四起…等，能夠承擔責任引以自咎，反省自責，不怨天尤人，不推卸罪責，忍受別人受不了的艱難困苦和屈辱詬罵，處身愈卑下，所承受的屈辱愈多，自然更能獲得到人民的擁戴，作為國家的君王。

當國家遇戰事興起，天災人禍，天氣過旱過澇，山崩地震，瘟疫蝗害；人民饑饉貧寒，民心生怨；乃至妖孽之類怪異情事發生，皆為國之不祥。無論是什麼原因發生不祥之災禍，作為一國之主的國君，不能推卸責任，唯有反躬自省，不怨天地，不責於下。《論語》堯曰：「朕躬有罪，無以萬方；萬方有罪，罪在朕躬。」這才是把〝不祥〞歸咎於自己，代民受不祥禍殃之過，具有謙虛之德，方能成為天下人民的共主。

「正言若反」，「受國之垢，是謂社稷主；受國不祥，是謂天下王。」這兩句話是自然的常道，也是顛撲不破的至理名言，由於與世人正常的

思維及認知大相逕庭，正好相反，所以老子這些〝相反相成〞真正的道理，看起來好像是在說反話一樣，這就是所謂的〝正言若反〞，與所謂的〝良言苦口、忠言逆耳〞意境相同類似。

〝正言若反〞是老子樸素辯證法精髓論證之一，主要是通過聯結對立的概念，構成一個似乎是違反常識又似於悖論的語句，並用以表達事物的對立統一，從而在正面肯定性的言辭中，包含著反面否定性的因素。這也是〝弱者道之用〞的精髓所在。

〝正言若反〞這句話之中，〝若反〞是表像，〝正言〞是本質，表面上相互排斥，實際上是對立統一，在正面肯定性的言辭中，包含著反面否定性的因素。這種似乎是違反常識，又似乎是悖論的語句，在《道德經》中可謂是隨處可見，俯拾皆是，充分體現出老子哲學思想樸素辯證法的深刻性。

老子所言皆是自然的規律，也是萬物發展過程中大的趨勢，〝正言若反〞這種〝相反相成、相互轉化〞的思維方法，在規範人們對於矛盾對立、統一、轉化的認識同時，也可以進一步啟發人們作整體性的思考。老子〝正言若反〞的告訴世人，謙讓退後，反而能得到擁戴；將欲取之，必先與之；後其身而身先，外其身而身存。所以老子再三提示我們，要做到守柔，居下，謙退，示弱，不爭。

因此，我們若要求得正面，勢必要從反面著手，因為反面才是到達正面的捷徑，而對立面的相互轉化，並非一蹴可幾的事情，需要時間的積累，除了要依循〝道〞的原則行事之外，經過逐漸的量變，最終才能達到質變的結果，這種情形對於那些急功好利、急於求成的世俗者而言，確實是難以置信與接受的事情。

第七十九章　　天道無親

和大怨，必有餘怨，報怨以德，安可以為善？是以聖人執左契，而不責於人。有德司契，無德司徹。天道無親，常與善人。

◎本章主旨：本章是說國家領導統治者，應效法〝大道〞行無為而治，以德化民，抱持著施恩不求報的精神，積德不結怨，事先施德來預防事後怨恨的產生，這才是治理國政最佳的辦法。由於無德的為政者憑

藉著收稅的公權力，強制徵收賦稅，當人民已經難以繼續存活下去的時候，此時大怨就已經產生了。

等到怨恨累積到大得無法化解時，此時當政者再施以恩惠，想要以〝報怨以德〞的方式，撫平對方心中餘留的怨恨，為時已晚，人民沉積於心底的怨恨已經無法化解。因此，為政者事前不可蓄怨於民，不要激化與人民之間的矛盾，否則積怨太深，事後就會無法化解。

天道無偏無私，無愛無憎，沒有厚薄、高低、貴賤之分，全部一視同仁，不會有珍惜特別愛護的心態。雖然天道對誰也不偏愛，但是總是護佑幫助那些遵循自然規律的人。

◎**直譯**：「和」：和解。「和大怨」：和解大的怨恨。「餘怨」：心中對怨恨念念不忘，常存在心。「必有餘怨」：和解之後，也難以消除心中長年累積的怨恨，餘怨猶存。「報」：回報。「德」：恩澤、恩惠。「報怨以德」：當怨恨已經產生，和解之後，用恩德來回報對方，藉以化解撫平對方心中餘留的怨恨。是〝和大怨〞的一種方式。

〝報怨以德〞這句話，依據王弼本及通行本原在第六十三章之中，但是前後文之間似有些突兀。據本章上下文意，應置於〝和大怨，必有餘怨，報怨以德，安可以為善？〞之間，前後文方為通順，也與老子一貫思想相互脗合，故本書依據對應文句意義挪至於此。

「安」：怎麼。「安可以為善」：這種〝報怨以德〞事後補救〝和大怨〞的方式，怎麼可以算是最妥善的辦法呢？上善之舉就是在怨恨沒有產生前，多積德，多行善，不結怨。事前防範不要與人結下怨仇，事前的防範重於事後的補救。「是以」：所以。「聖人」：具有深厚德性的上德之人。

「契」：契約，即現代社會的常用詞〝合同〞。「左契」：又稱左券，契約的左半部分，為債權人所有，它是債權人向債務人索債的憑證。又可稱之為信物，有相待以誠、止息紛爭的含義。

〝契〞是用竹木製成的，中間刻橫畫，兩邊刻相同的文字，記載借貸財物的名稱、數量等，劈為兩片；左片就是左契，刻著負債人姓名，由債權人保存；右片叫右契，刻著債權人的姓名，由負債人保存。索物還物時，以兩契相合為憑據。

「責」：要求、索取。「聖人執左契，而不責於人」：聖人循〝道〞而行，生而不有，為而不恃，有如手中握著施予人民的恩澤憑證，卻不會主動要求人民償還或回報。「有德」：具有深厚德行的上德之人，循〝道〞

而行。「司契」：掌握契據。隱喻以誠信相待，不會主動要求人民繳稅而與民結怨。

「無德」：不能循〝道〞而行者。「徹」：周代是稅收的代名詞，田賦制度為十取一的稅法。「司徹」：主管稅收。隱喻不管人民是否有能力繳稅，憑藉著收稅的公權力強制徵收，因而與人民結怨。

「天道」：宇宙自然的規律。「無親」：天道無偏無私，無愛無憎，無心偏愛萬物，全部一視同仁。「與」：幫助。「善人」：依〝道〞而行者稱之為善人。「常與善人」：天道對誰也不偏愛，但是總是幫助那些有德行善，遵循自然規律的人。

◎意釋：「和大怨，必有餘怨，報怨以德，安可以為善？」，世人好勝之心甚強，私心過重，所以常常為了某些不如意的事情就發生爭執，或是結下仇恨，像這種事情，都是雙方自負好勝心過強，才造成雙方結下深仇大恨的結果。

中國自古以來有句俗話，就是冤家宜解不宜結。不論是政府與人民還是個人與個人，當雙方之間由於某種因素而產生深仇大恨，就算是經過和解之後，餘怨猶存，也難以消除心中長年累積的怨恨。為甚麼和解之後仍會有餘怨呢？因為創傷癒合之後，其疤痕猶存，餘怨是舊傷疤，和解大的怨恨之後，沒有新的摩擦還可以相安無事，一旦出現新的摩擦，新仇就容易勾起舊怨，新仇舊恨相互交加，事情就一發不可收拾。

一方希望能夠用〝報怨以德〞的方式來〝和大怨〞，也就是施以恩惠來回報怨恨的一方，藉恩惠以化解撫平對方心中餘留的怨恨，可是為時已晚，對方心裡一定還是會積怨難消，會有長年累月沉積於心底的怨恨無法化解。

這種〝報怨以德〞事後補救以圖〝和大怨〞的方式，又怎麼可以算是最妥善的辦法呢？按照老子在第六十四章中說：「為之於未有，治之於未亂」，在怨恨尚未成形之時，即應著手防範於未然，消弭於無形，上善之策就是積德不結怨，在怨恨還沒有產生之前，多積德，多行善，不要與人結下怨仇，這才是最佳的辦法，因為〝事前的防範，重於事後的補救〞，事先施德來預防事後怨恨的產生。

「是以聖人執左契，而不責於人。」，天生萬物〝生而不有，為而不恃〞，正因為〝道〞自然化生萬物，一切作為皆出於無私無欲，不為已，不望報，不求功，所以宇宙客觀規律〝道〞的功績反而永久存在。

所以具有深厚德性的上德之人，循〝道〞而行，效法〝大道〞〝生

而不有，為而不恃＂，施恩不求報的精神，心境虛靜恬淡，不與世人紛爭計較，就算有恩於世人，也不惦記於心懷。就好像民間債權人手中握著施予對方的恩澤憑證，卻不會主動要求對方償還或回報，相待以誠，故能止息紛爭而遠怨也。

「有德司契，無德司徹。」，綜上所述，老子認為一個國家的領導統御者，如果是具有深厚德性的上德之人，就會見素抱樸，少私寡慾，在＂無欲＂的狀況下，無私無我，一切作為自然而然、順其自然發展，遵循＂大道＂，行＂無為＂之道來治理國政。效法＂大道＂＂生而不有，為而不恃＂，施恩不求報的精神，對待人民以誠相待，當人民生活有困難，也不會主動要求人民繳稅而與民結怨，就像是聖人執左契，而不責於人一樣，這才是治國治民的長久之道。

當一個國家的領導統御者是個無德之人，治理國政與＂道＂相悖離的為政者，心念意識有偏私利己的分別心，心存＂有欲＂之非分之想，妄想在政績上面得到個人主觀慾望的滿足，行＂有為＂之道，刻意的有所作為，不論人民是否有能力繳稅，在國政上雷厲風行強制徵收苛刻的賦稅，來供其享受奢靡生活之故，弄得人民無法自給，迫使人民過上飢寒交迫的生活。

本章＂和大怨＂雖然沒有說明大怨是因何而結，由＂無德司徹＂可以看出就是大怨的根源。由於無德的為政者為了縱慾玩樂，過份奢侈，不管人民是否有能力繳稅，憑藉著收稅的公權力，強制徵收賦稅，把民脂民膏搜刮殆盡，當人民所能承受的賦稅已經達到極限，難以繼續存活下去的時候，此時大怨就已經產生了。

這不正是因為統治者＂有為＂的治理方式，所造成人民對政府產生深仇大恨，因而結下難以撫平的大怨嗎？這種違反自然的無德治國方式，人民與統治者之間將會出現深仇大恨的矛盾衝突，就是必然的結果，國祚無法維繫長久，崩潰滅亡，只是時間早晚的問題。

當人民怨恨已經初萌產生，但還不大的時候，第六十四章中說：「其脆易泮，其微易散」，以＂報怨以德＂的方式還容易化解掉此一怨恨。

積小怨而成大怨，但是等到怨恨累積到大得無法化解時，此時當政者再以減賦稅、免繇役…等一些恩惠，想要以＂報怨以德＂的方式，藉以化解撫平對方心中餘留的怨恨，可惜為時已晚，人民已不再信任，很難做到彼此瞭解、毫無疑慮的程度，心裡一定還是會有長年累月沉積於心底的怨恨無法化解。

這種藉著＂報怨以德＂的方式，企圖來解決由此所產生的一系列矛

盾，這不是最好的辦法，所以，老子說，"報怨以德，安可以為善？"因此，為政者事前不可蓄怨於民，不要激化與人民之間的矛盾，否則積怨太深，事後就會無法化解。

「**天道無親，常與善人。**」，萬物在天地之間依照自然法則運行，天道無偏無私，無愛無憎，沒有厚薄、高低、貴賤之分，全部一視同仁，不會有珍惜特別愛護的心態。雖然天道對誰也不偏愛，但是總是無意識地護佑幫助那些有德行善，遵循自然規律的人。因此，只要依循"道"的自然規律行事，就會永遠受到自然規律的護佑與幫助。

"天道無親，常與善人"與"天地不仁"的道理是一樣的，顯然是針對國家領導統治者所提出的箴言。老子的"有德司契"指的是無為而治，對天下百姓，當政者理應像天道待萬物那樣，雖有天下而不據以要求人民回報，給予而不索取，不擾害人民，事前防患於未然，不要與人民結下怨仇，以"無為"的方式治理國政，這就是"執左契而不責於人"的意旨，也是上上之策。

否則，以"無德司徹"的"有為"的方式來治理國政，不管人民是否有能力繳稅，憑藉著收稅的公權力強制徵收，肆意搜刮，隨意施用嚴刑峻法約束限制人民，那就會與人民結下大怨，這就是治理國政的下下之策。當大怨已經產生，就算是想要以"報怨以德"的方式來化解此一大怨，肯定還是會有殘餘的怨恨埋藏在心底。

老子希望國家的領導統治者，都能"有德司契"做個有德之善人，才可能得到天道的庇護，否則"無德司徹"者，必然會受到自然規律相對應的懲罰。

"天道無親，常與善人"，所得到天道的庇護，需要時間來轉化，其結果雖然會來得晚一點，不會立即顯示出來，但是總會給您答案，就好比您向空谷喊話，也要等一會兒才會聽到那綿長的回音。護佑幫助的回報，不一定在您付出之後就立即出現，只要您誠心相信宇宙自然的規律，美好的結果總會在您不經意的時候盛裝蒞臨。

第八十章　　小國寡民

小國寡民。使有什伯之器而不用，使民重死而不遠徙。雖有舟輿，無所乘之，雖有甲兵，無所陳之。使人復結繩而用之，甘其食，美其服，安其居，樂其俗。鄰國相

望，雞犬之聲相聞，民至老死，不相往來。

◎ **本章主旨**：本章之中〝小國寡民〞是一種內涵極為豐富的思想體系，它並不像字面上的意思那麼膚淺直白，它有更深一層的內涵，蘊含著老子一貫的哲學思想，我們可以簡單的概括為〝順其自然，清靜無為〞這八個字，思想的外在體現就是〝不爭〞。

〝小國寡民〞就是指老子心目中的理想〝大同世界〞。它是甚麼樣的狀況呢？各國之間維持原本既有的領土與人民，與周遭鄰國睦鄰友好，和平相處，沒有想要依靠武力向外擴張，爭奪兼併小國領土與人民，妄想成為大國的野心與思想。

即使有各式各樣的舟輿武器…等征伐他國之利器，也不會以武力去侵略兼併其它的小國的領土與人民。人民重視生命的意義，絕不會以武力傷害他人的生命，同樣也不想長途征戰而流離遷徙到遠處的他國。

讓人民恢復天真善良的純樸本性，重於精神上的提昇而淡於物質上的享受。相鄰兩國人民雙方密切往來，始終維持著純真樸實，恬淡自然的既有生活狀態，也從來不會發生戰爭與摩擦，大家都過著純樸和諧的生活。

◎ **重點提示**：

一、本章歷來各家注解的學者，多數將〝小國寡民〞膚淺的理解為「國家小，人民少」，直接從字面上來解讀，這種方式的注解固然沒有錯，但是注解完成後，連自己也都覺得很難自圓其說，難以符合人類時代必然的進步，更不符合老子在《道德經》中體現的精神與思想。本章要如何正確的解讀，〝小國寡民〞是全章的關鍵詞，〝小國寡民〞的內涵定位好了之後，後續的內容其解讀方向就迎刃而解。

〝小國寡民〞是一種內涵極為豐富的思想體系，它並不像字面上的意思那麼膚淺直白，它有更深一層的內涵，蘊含著老子一貫的哲學思想。孔子《論語・里仁》：「吾道一以貫之」。要知道〝聖人之道，一以貫之〞要想正確解讀老子的《道德經》，首先要把握老子的一貫思想，必須以一種思想道理來貫通於整本《道德經》之中。要是脫離了老子的一貫思想去解釋他的著作，雖然只是自以為是的想當然耳，但是對老子之言的本義，就造成了〝失之毫釐，謬以千里〞的結果。

二、老子樸素辯證法一貫的哲學思想，我們可以簡單的概括為〝順其

自然，清靜無為〞這八個字。所以，想要準確的注解〝小國寡民〞內涵的意義，就必須掌握老子這八個字的根本思想。因此，〝順其自然，清靜無為〞，就是安守〝小國寡民〞的純真樸實，臻於與〝道〞的靜態本體天人合一之自然狀態。

〝小國寡民〞就是老子〝清靜無為〞思想中的〝不爭〞，也是〝順其自然〞思想的一個外在體現。所謂的〝爭〞，就是人的意識有偏私利己的分別心，想要得到個人主觀慾望的滿足，以〝有欲〞之心刻意的有所作為。而〝不爭〞才是〝道〞靜態本體的本質特性，也是萬物反璞歸真最原始的本性。

◎**直譯**：「小國寡民」：字面上的解釋：國家領土小，人民也少的國家。依據老子《道德經》中純真樸實，不爭不武，清靜無為，順其自然的一貫思想，引申為：維持原本既有的領土與人民，與周遭鄰國睦鄰友好，和平相處，沒有想要依靠武力向外擴張，爭奪兼併小國領土與人民，妄想稱霸成為大國的野心與思想。〝小國寡民〞不稱霸的思想，就是老子心目中理想的〝大同世界〞。

「使」：假設、如果、即使。「使有」：如果維持原本既有領土人民的小國寡民，縱使擁有。「什」：音同石。數目字，同十之意。「伯」：音同百。數目字，同百之意。「什伯」：多種多樣，形容數目樣式極多。「什伯之器」：在這裡指的是以武力征伐兼併其他國家，所需要的各式各樣的舟輿武器…等，數目樣式極多。「不用」：不會使用各種攻伐的器具，以武力去侵略兼併其它的小國。

「重死」：重視生命的意義，不輕易冒著生命危險去做某件不適當的事情。「徙」：遷移、遠走。「不遠徙」：引申為：不因長途征戰而流離於遠處的他國。「輿」：音同於。車。「舟輿」：攻伐他國所使用的車船利器。「無所乘之」：也不會乘坐車船去攻伐他國。「甲兵」：戰服和兵器，這裡泛指武器和裝備。「陳」：列也。列陣用兵，也就是發動戰爭。

「雖有甲兵，無所陳之」：雖然有充足的武器裝備，但是也不會濫用武力發動戰爭。「復」：回復、回歸。「結繩」：遠古沒有文字，人們依靠在繩上打結以幫助記事。「使人復結繩而用之」：就好比人民回復到用結繩記事的時代一樣。引申為：讓人民復歸於樸，回復天真善良的純樸本性。

「其」：自己的。「甘其食，美其服，安其居，樂其俗。」：在大同世界中，人人恬淡寡慾，反璞歸真，重於精神上的提昇而淡於物質上的

享受,每個人都認為自己吃的食物甘美,自己穿的衣服漂亮,自己居住的安適,自己的風俗和諧。

「相望、相聞」:引申為兩國之間相處親密接近,雙方密切往來。「鄰國相望,雞犬之聲相聞」:引申為:相鄰兩國人民相處親密接近,雙方密切往來,交往關係密切到連雞鳴狗叫的聲音都混雜在一起,分不出彼此。「民至老死」:引申為:兩國之間的人民自始至終、從頭到尾。「不相往來」:引申為:兩國之間從來不會發生戰爭與摩擦。

「民至老死,不相往來」:相鄰兩國之間的人民,始終維持著純真樸實,恬淡自然,不相覬覦,不相侵擾,相處親近,密切往來的既有生活狀態,從來不會發生戰爭與摩擦。

◎意釋:「小國寡民」,在春秋末期,禮崩樂壞,諸侯大國爭霸,天下紛爭,烽火連天,狼煙四起,眾多諸侯小國土地與人民被兼併,使周王室越來越衰微,而個別諸侯大國力量則不斷擴充強大,而且仍在不斷謀求兼併他國,以便取得絕對的爭霸優勢。這種諸侯爭霸的亂世,和老子〝順其自然,清靜無為〞不爭不武的思想嚴重背離。

各諸侯國之間,不侵奪,不霸凌,不兼併,不貪大求多而謀擴張,不覬覦別人的土地和人民,睦鄰友好,和平共處,則天下太平。小國土地不會被搶奪變小,反之也不會變大;人民不會被虜掠變少,也不會突然變多,就會繼續保持著〝小國寡民〞的狀態,也就不會形成大國爭霸的局面,人民自然會悠然恬淡,與世無爭,即使粗衣淡食,亦自得其樂。這就是老子的〝小國寡民〞所蘊含的內容與思想。

各諸侯國之間結束戰爭,以解除人民痛苦,各國均維持原本既有的領土與人民,恢復到原本〝小國寡民〞的狀態,不要有想要擴充領土人民稱霸的思想,大家都各守本分、與世無爭,與周遭鄰國和平相處,沒有想要依靠武力向外擴張,爭奪兼併小國領土與人民,妄想稱霸成為大國的野心與思想。因此之故,老子所追求的理想大同世界〝小國寡民〞,這就成了老子一貫思想重要組成的一部分,也成為老子《道德經》中最終的篇章。

「使有什伯之器而不用,使民重死而不遠徙。」〝小國寡民〞老子心目中的理想〝大同世界〞是甚麼樣的狀況呢?在理想的大同世界中,各〝小國寡民〞由於國家領導者與人民,生性純樸,愛好和平,安守著自己原本固有的國家,縱使擁有數目樣式極多,可以用來武力征伐兼併其他國家,所需要的各式各樣的舟輿武器…等國之利器,也不會使用這

些攻伐的器具，以武力去侵略兼併其它的小國的領土與人民。

人民也都會重視生命的意義，絕不會為了擴張自己國家的領土與人民，而輕易冒著生命危險，去以武力攻伐他國，傷害他人的生命，同樣也不會想要因長途征戰而流離遷徙到遠處的他國。

「**雖有舟輿，無所乘之，雖有甲兵，無所陳之。使人復結繩而用之**」，這兩句話是對〝有什伯之器而不用〞的具體解釋。〝舟輿〞和〝甲兵〞都是堅船利炮的武裝力量，也是攻城掠地的〝什佰之器〞。

在理想的大同世界中，天下無爭，故〝什佰之器〞有而無用。雖然有攻伐他國所使用的車船利器，也不會乘坐車船去攻伐他國。雖然有充足的武器裝備，但是也不會濫用武力去發動戰爭，因為沒有使用它們的必要。

在理想的大同世界中，就好像人民回復到用結繩記事的時代一樣，讓人民復歸於樸，回復到自然狀態之中，恢復天真善良的純樸本性，這也是〝大道無為〞本質的具體表現。

「**甘其食，美其服，安其居，樂其俗。**」，在理想的大同世界中，內足而外無所慕，人人恬淡寡慾，反璞歸真，無爭無奪，各守本分，重於精神上的提昇而淡於物質上的享受，所以每個人都感覺認為自己吃的食物香甜甘美，自己穿戴的衣服美觀漂亮，自己所居住的住宅安適怡人，自己的風俗和諧滿意。一切順其自然，這就是知足常樂的世外桃源，符合老子所提倡〝清靜無為，順其自然〞的精神。

第四十六章中說：「禍莫大於不知足；咎莫大於欲得。故知足之足，常足矣。」，只有知道滿足的滿足才會一直滿足。這種人一方面知道自己滿足，而且對這種滿足又能感到滿足，把知足當成一種常態化，那就可以知足常樂永遠滿足。

「**鄰國相望，雞犬之聲相聞，民至老死，不相往來。**」，在理想的大同世界中，相鄰兩國人民相處親密接近，雙方密切往來，交往關係密切到連雞鳴狗叫的聲音都混雜在一起，分不出彼此，相鄰兩國之間的人民，始終維持著純真樸實，恬淡自然，不相覬覦，不相侵擾，相處親近，密切往來的既有生活狀態，也從來不會發生戰爭與摩擦，大家都過著純樸和諧的生活，這才是老子〝小國寡民〞真正的內涵，也是老子心目中理想的〝大同世界〞。

老子〝小國寡民〞心目中理想的〝大同世界〞，究竟能否實現？還是僅是一個理想而已？若是我們這個世界仍然是處於西方文明的〝霸道主義〞之下，來領導世界未來的走向，則爭奪戰爭永無休止。因為西方

文明就是遵守叢林法則,是個弱肉強食,只會用武力來征服別人,則〝大同世界〞的願景,永無實現的一天。

東方的〝王道文化〞重視和平,以德服人。所以,除非是在東方文明〝王道文化〞下,來領導這個世界的未來走向,則〝大同世界〞的願景,指日可待。當今世界美國霸權的衰落,與中國的復興崛起,恰恰又證明了柔弱勝剛強,〝王道〞勝過〝霸道〞,〝霸道〞不可能持續長久的自然規律。

〝小國寡民〞的內涵與思想,是與天道相胞合,不只是應用在國家方面,也可以應用在人事上的任何一個領域,包含人與人之間的交際往來,想要實現〝大同世界〞的願景,必須由個人做起。當今量子理論已成為現代的顯學,按照目前世界潮流及科技發展的趨勢,快則三十年,慢則五十年,當整個人類的精神領域往上提升一個層次的時候,〝大同世界〞自然水到渠成。

第八十一章　利而不害

信言不美,美言不信。善者不辯,辯者不善。知者不博,博者不知。聖人不積,既以為人己愈有,既以與人己愈多。天之道,利而不害;聖人之道,為而不爭。

◎**本章主旨**:本章為《德經》最後一章,全章內容是總結,也是老子為整部《道德經》所做的總結,因此我們在解讀的時候,應該站在宏觀的角度來解讀此章的內涵。

老子在本章中闡明天道質樸之言雖然不中聽,但其本質卻是顛撲不破的真理。〝天道〞樸實之言,不為他人所理解接受時,也不用多加辯解,因為客觀的宇宙自然規律,不以人的意志為轉移。〝天道〞在萬物之中均能一體適用,只要融會貫通,一通百通,不須外求博見多聞。

上德之人已經與〝道〞的本質特性相契合,效法天之道的〝利而不害〞,轉化成的具體行動就是〝為而不爭〞,心中無私,不為自己盈積,會盡己所能的幫助別人,利他之後,自己反而更加的充實。盡己所有的給予他人,利他之後,自己反而更加的豐富。

總而言之,老子是以〝天之道,利而不害;人之道,為而不爭。〞作為全章的總結,也是整部《道德經》的總結。

◎**直譯**:「信言」:真實可信的話,也是未經加工的質樸之言。「不美」:不能順耳動聽。「信言不美」:上德之人所言,都是真實可信的質樸之言,但是〝正言若反〞,與世俗一般的認知往往相反,聽起來好像是在說反話一樣,世人多不中聽也難以接受。

「美言」:順耳動聽的言語。「不信」:不是真實可信的話。「美言不信」:順耳動聽的美言巧語,多是經過虛偽粉飾,用浮華詞藻裝飾起來的虛言偽語,只是為了取悅於人,並不是質樸真實可信的話。

「善者」:《道德經》之中的所謂的〝善人或善者〞,是指具有深厚的德性與德行,一切作為是循〝道〞而行,合於〝道〞本質特性的上德之人。有德必善,有善必德。「辯」:辯解,言詞犀利,巧言善辯。「善者不辯」:大道至簡,樸實無華,當上德之人所言,不為他人所理解接受時,也不用多加辯解,因為事實勝於雄辯,客觀的宇宙自然規律,不以人的意志為轉移。

「不善」:對大道不能領悟,不是有德之人。「辯者不善」:對自己違反〝道〞的行為,用巧辭奇說的言語,逞口舌之利的為自己言行加以辯解,這種人對大道不能領悟,不是有德之人。

「知」:智慧。在某一領域專精。「知者」:具有深厚德性的上德之人,才是求真知的大智慧者。「博」:多見多聞,涉獵廣泛。「知者不博」:大道這個宇宙自然規律,在萬事萬物之中均一體適用,具有深厚德性的上德大智慧者,抱元守一而萬事畢,只要大道能融會貫通,一通百通,不須外求博見多聞,即能〝不出戶,知天下;不窺牖,見天道〞。

「博者不知」:涉獵太廣泛以博學多聞自居的人,對於任何一個領域就不能專精,略知皮毛而已,只知其然,而不知其所以然,這種人就不是有德之智慧者。

「聖人」:這裡指的是德性深厚的〝上德〞之人,其德性已經與〝道〞的靜態本體其本質特性相契合。「積」:積累,積聚。「聖人不積」:上德之人已經與〝道〞的本質特性相契合,效法大道,為而不爭。心中無私不積藏,不存佔為己有的私欲,而是盡力幫助別人,因此所作所為都是利他、不爭、不居功…等。

「既以」:既然已經。既然某項事情已經完成,而且成為事實。「為人」:盡己所能的幫助他人。「既以為人己愈有」:上德之人盡己所能的幫助他人,利他之後自己反而更加充實。「與」:給予。「與人」:盡己所有的給予他人。「既以與人己愈多」:上德之人盡己所有的給予他人,利他之後自己反而更加豐富。

「天之道」：宇宙自然的規律。「利而不害」：天道無私，宇宙自然的規律是讓萬事萬物都得到好處，而不會傷害它們。「聖人之道」：上德之人的行為準則。「為」：順應自然做事，促成有利的事情。「爭」：爭名奪利。「為而不爭」：是遵循大道〝利而不害〞的自然法則，有作為而不爭功，幫助世人而不與人爭名奪利的行為。

◎意釋：「信言不美，美言不信」，上德之人在行道時，有關〝道〞與〝德〞之論述，都是未經加工真實可信的質樸之言，但是〝正言若反〞，諸如：貴柔守雌、少私寡欲、戒盈忌滿、柔能勝剛、反璞歸真、順其自然、去甚、去奢、去泰、無為、不爭、無事、無欲、無私、無我、不言、處下、謙退…等，在急功近利妄求者的眼中，認為緩不濟急，與世俗一般人的認知往往相反，所以聽起來好像是在說反話一樣，世人多不中聽也難以接受。

第七十章：「吾言甚易知，甚易行。天下莫能知，莫能行。」老子所講〝道〞的理論思想，平凡易懂也容易做到，但是違反世人思維模式中主觀意識直覺的判斷，因此世人或為不信，或為半信半疑，或為錯誤偏差的認知，因而造成天下眾生絕大部分竟然不能理解，無法徹底實行。

依循大道行事，其最終的結果實現，是需要經過時空的轉化，並非一蹴可幾的事情，質樸之言雖然不中聽，就像是俗語：〝忠言逆耳、良藥苦口〞一般，但其本質卻是顛撲不破的真理，質樸無華，言之有物，言之有理，也是長生久視之道。

而順耳動聽的美言巧語，多是經過虛偽粉飾，用浮華詞藻裝飾起來的虛言偽語，只是為了取悅於人，並不是質樸真實可信的話，短視之見只會造成提早走向滅亡的結果。

「善者不辯，辯者不善」，大道至簡，樸實無華，有德必善，有善必德。當具有深厚的德性與德行，一切作為是循〝道〞而行，合於〝道〞本質特性的上德之人，所論述的樸實之言，不為他人所理解接受時，其心清靜平和自然，也不用多加辯解，因為事實勝於雄辯，客觀的宇宙自然規律，不以人的意志為轉移，它既不能被創造，也不能被消滅，人們只能認識它、接受它、運用它，而不能憑主觀意識去創造它、消滅它。也就是說，不是您不相信大道，它就不會存在。

而對於那些自己違反大道，不合天道真理的言行，反而用一些巧辭奇說的言語，逞口舌之利的來為自己言行加以辯解，這種人對大道不能領悟，不是有德之人。

「知者不博，博者不知」，一個人想要領悟與清楚的認知〝天道〞，不是往外去尋求，而是需要依靠自己的內觀，只有用內求、內證的方法去領悟，方能通過對天地萬物種種變化的歸納總結，對萬事萬物各種現象規律的抽象綜合，最終才能領悟出大自然的規律與法則，清楚的理解〝天道〞的思想概念。

〝天道〞這個宇宙自然規律，在萬事萬物之中均能一體適用，具有深厚德性的上德大智慧者，不必去刻意追求後天知識的廣博，絕學無憂，絕聖棄智，抱元守一而萬事畢，只要大道能夠融會貫通，洞曉陰陽，宇宙萬物融於一心，執本馭末，執簡駕繁，舉綱目張，一通百通，不須外求博見多聞，即能〝不出戶，知天下；不窺牖，見天道〞，天地間的一切事物，則無所不曉。

上德大智慧者凡事不需親自經歷，就能夠推知天下萬事萬物發展的趨勢及最終的結果，而不是必須對各類事物的所有細節，鉅細靡遺的都能瞭解。這就是所謂的〝知者不博〞。

相反的，涉獵太廣泛以博學多聞自居的人，對於任何一個領域就不能專精，只是略知皮毛而已，只知其然，而不知其所以然。所以，廣為涉獵外在的知識，而不能專精在大道質樸的真理上，反而偏離大道愈行愈遠，這種人就不是有德之智慧者，這就是所謂的〝博者不知〞。

「**聖人不積，既以為人己愈有，既以與人己愈多。**」，上德之人已經與〝道〞的本質特性相契合，效法天之道的〝利而不害〞，轉化成的具體行動就是〝為而不爭〞，心中無私，不為自己盈積，不存佔為己有的私欲，能體會天之道有創生天地萬物、好生惡殺之德，體而行之，順天之利，兩不相傷，為天下萬物謀福利。因此，上德之人會盡己所能的幫助別人，所作所為也都是利他、不爭、不居功…等。

上德之人盡己所能的幫助他人，利他之後，自己反而更加的充實。盡己所有的給予他人，利他之後，自己反而更加的豐富，也就是利他的同時，自身本身也會受益。但這種雙贏法的前提，就是您要先放下自己，不多為自己想，凡事先為大家考慮，大家再來成就您，從而獲得雙贏的局面。

「**天之道，利而不害；聖人之道，為而不爭**」，第五章中說：「天地不仁，以萬物為芻狗」，萬物在天地之間依照自然法則運行，天道無偏無私，無愛無憎，全部一視同仁，任其自生自成，不會有珍惜特別愛護的心態。因此，在本質上來說，天道自然的運作，對萬物並無利害可言，無利無害，視萬物一律平等。由於萬物皆順應天道之運作，因此對萬物

而言，也就是有利而無害。

上德之人行道時的行為準則，是效法天道"利而不害"的自然法則，沒有偏私利己之分別心，沒有想得到個人主觀慾望的滿足，在"無欲"的狀況下，一切作為自然而然、順其自然做事，促成有利的事情，有作為而不爭功，幫助世人而不與人爭名奪利。《道德經》中的"無為"，並不是甚麼都不做，而是在不違背"天之道"的狀況下，所作所為要以"不爭"為前提的作為。

"天道"是宇宙自然規律自發的本質特性，而"人道"就是聖人的德行類比效法"天道"，它們之間的共同點就是"利而不害"與"為而不爭"。總而言之，最後老子是以"天之道，利而不害；人之道，為而不爭。"作為全章的總結，也是整部《道德經》的總結。

※ 老子小檔案 ※ 老君台

傳說中老子的誕生地，楚國苦縣〈河南鹿邑縣的東北隅〉的縣城東門內，北側有一座升仙台，民間稱之為拜仙台、老君台，本來是明道宮之一，乃是唐玄宗天寶二年所建，台高13米，是由14個平面圍成的高壇形古建築，狀若圓柱有稜角，頂部面積765平方米，底面積略大，全台以古式大磚堆砌，由24個平面圍成圓柱形，台上環築七十厘米高的圍牆，形與城牆相似。

老君台現僅存一座高達數丈的台觀，上有一座正殿兩間配殿，正殿內供奉有老子銅像一尊，高兩米許，鑄工精巧。傳說老子修道成仙，且於此處飛升，故得今之地名。台上有正殿三間，東西配殿各一間。殿門檐下東西各嵌一碑，上書「道德真源」、「猶龍遺蹟」。山門內東側原有鐵柱一根，高七尺，徑七寸，山門下青石台階三十二級，加上正殿前一層，恰為三十三層，正合老子升三十三層天之說。

※ 老子小檔案 ※ 望氣台，又叫瞻紫樓。

望氣台，又叫瞻紫樓。傳說是函谷關關令尹喜一日登高望氣，觀察天象之地，見東方紫氣騰騰，霞光萬道，奇麗壯觀。尹喜善觀星象，認為紫氣升騰有祥瑞之兆，預示將有真人過關。未久果見一皓首長髯老者騎青牛徐徐而來，原來是東周柱下史老子。「紫氣東來」這一成語即源出於此。

揭開量子世界的秘密　2020.0115

鮮于文柱　哲學博士
中華易學教育研究院　易學講座教授
北京大學　客座教授
星元五術大學　易經學院院長

前言

　　量子理論中詭異的物理特性與現象，超乎我們一般人的認知與想像，匪夷所思，令人難以置信，因此能夠深入了解的人甚少。目前為止，在我們所接觸量子理論相關的論文或著作中，能將日常生活中的種種現象與量子理論稍有系統相互結合解讀，並能思想理論一以貫之的闡述者，幾乎是鳳毛麟角。

　　我們研究一套學理，要抱持著〝窮理於事物始生之處，研幾於心意初動之時〞這種學習態度，尤其是量子力學詭異的物理特性與現象，超乎我們一般人的認知與想像，這種最詭譎的理論，一般人初次接觸可能會一頭霧水，不知所云，難以接受。因此，必須借助其它行之有年、較為熟悉又相互脗合的學理來加以佐證，相互參證之下，有助於讀者快速理解其中奧妙所在。

　　量子理論所論述驗證的是〝宏觀與微觀、整體與部份、心靈〈意識〉與物質之間〞內在的連結關係。筆者曾於2019年4月出版《量子世界的奧秘》一書，雖然已經極盡所能的詳細解說，恐怕還是會有部分讀者難以更進一步完整體會與貫通其中的道理，筆者為求普羅大眾都能快速領悟此一宇宙規律，經深思熟慮之後，再以更淺顯易懂、深入淺出的方式，先行全面簡要的鋪陳敘述，讓讀者建立起一些初步概念之後，有關其中細節部分再閱讀《量子世界的奧秘》此書，就能夠輕車熟路、得心應手的進入此一領域！

一、所謂〝量子〞指的是甚麼？

　　自古以來，我們通常會去思考一個問題，在宏觀的物質世界中，萬事萬物最終發展的結果，其在初始期間到底是一種甚麼樣的狀態？是早就確定好了呢？還是屬於一種不確定狀態？要是我們能將事物整個發展變化的過程都了解之後，就能了解宇宙的規律究竟為何？

宏觀世界是微觀世界的累積，物質是由比原子還要小的基本粒子由於不同的排列組合而成，我們統稱為量子，所有描述微觀世界基本粒子之間的動力學、現象，統稱之為量子力學或量子理論。因此，科學家們想知道，物質在我們看不到的微觀世界其初始其間究竟是如何的狀態。

　　科學家發現，基本粒子在微觀世界是處於虛擬、無實體，只能以概率來代表其不確定的狀態，這種狀態我們稱之為具有量子化特性的量子態。虛擬的量子態由於並無實體，無法經由肉眼觀測到，它只是一種物理學的概念，在微觀世界是一種存在的狀態，而不是存在的本身，而您所能觀測到的物質世界各種現象，是已經由量子態轉化成為宏觀世界具有實體物理結構的物質。

　　現在問題來了，物質是如何從微觀量子世界的虛擬、不確定量子疊加狀態，量子疊加態的概率經過坍縮量變之後，最終由不確定的量子態轉化成宏觀物質世界的真實確定狀態？其中的關鍵究竟是甚麼？這就是科學家們研究探討的重點！

名詞解釋：

※**微觀世界**：在微觀世界不只基本粒子是處於量子疊加態，萬事萬物都是處於兩種以上的疊加態，其最終顯示的結果都是不確定的，每一種量子態都有可能發生，只是發生的概率大小而已。量子世界轉化成真實世界，跟我們的心念意識息息相關，沒有意識的參與，量子世界充其量只是處於一種虛擬不確定的量子疊加態。

※**宏觀世界**：量子系統的量子疊加態，從不確定到確定必須要有意識的參與，直到意識參與時，與意識信息相同的量子態才能確定成為事實，其餘各種量子態就會坍縮歸零。宏觀世界所展現給我們看的面貌，是依我們起心動念的不同而有所變異。量子力學離不開意識，意識是化虛擬為真實的關鍵因素，也是量子力學的基礎。

二、科學家是如何發現微觀世界的量子態？量子態有哪些特性？

　　物質〈陰〉、能量〈陽〉、信息〈意識〉，揭示了宇宙三種不同的存在形態。能量是不滅的，能量無法被創造或被銷毀，它只能從一種形態轉變為另一種形態。所有的物質都是由能量轉化而成，能量與物質之間可以相互轉化。

科學家由雙狹縫實驗中發現，在人的意識沒有參與之前，基本粒子此一量子系統是以波-粒二象性的量子態存在，〝既是粒子又是能量，既不是粒子又不是能量〞，是以粒子與能量這兩種量子態疊加而成的量子疊加態，各以概率的大小來代表其本身處於虛擬不確定狀態，此時具有波的特性，同時也具有物質的特性，是處於波與物質的不確定量子態。

人的意識是一種量子信息能量場，當人的意識想觀察其是否為粒子時，意識中所負載的想要觀察粒子是否為物質此一信息，就會與量子疊加態中的粒子此一量子態，產生內在的連結而交互作用，在同一時間，粒子的量子態概率轉化成百分百，而能量的量子態概率瞬間坍縮歸零。也就是說，當人的意識參與之後，微觀世界量子化的粒子才能由不確定狀態，轉化為宏觀世界確定的物質粒子狀態。

科學家們也發現，在沒有意識參與之下，一個基本粒子是以能量波的量子狀態呈現，在整個活動空間中無處不在，是處於〝處處皆在，卻又處處不在〞的混合疊加不確定狀態，因此又具有無處不在的分身能力。此時量子系統中的量子疊加態，是由無數個位置會出現粒子的量子態疊加而成，只是每一個位置發現它的概率大小各有不同而已。

當您的意識想觀察粒子是否在 A 點時，A 點量子態的概率瞬間轉變成百分百，其餘各點的概率同時坍縮歸零，此一粒子由虛擬不確定無實體狀態，隨意識的信息而轉化為真實具有實體的基本粒子呈現在 A 點，因此，微觀世界的量子態會隨意識所負載之信息而改變其本質特性。

人的任何起心動念，實質上的意義就代表已經進行了觀測，觀測造成量子態的坍縮，都會影響了周圍客觀環境與您的心念意識起了相同類似的變化，此一變化是由微觀世界的量變，直至宏觀世界的質變，所謂的〝相由心生〞，也是同樣的道理。

名詞解釋：

※量子化：微觀世界是處於虛擬、無實體，只能以概率來代表其不確定的狀態，這種狀態我們稱之為具有量子化特性的量子態。它只是一種物理學的概念，表達在微觀世界一種存在的狀態，而不是存在的本身。

※量子信息能量場：當今最接近解釋量子信息能量場的科學理論，當屬匈牙利科學/哲學家歐文・拉茲洛（Ervin Laszlo）教授/博士所論述的Ψ場，〈大寫Ψ，Psi，中文音譯：普西〉Ψ場是一種宇宙全息場，也就是本書中所稱之量子信息能量場。真空的零點場也叫做Ψ場，它通過解釋

粒子與其它粒子之間非局域性糾纏連結現象，使粒子的波函數論述得以完善，同時它還解釋了心靈感應、遙視和遠距離醫治等許多〝Ψ現象〞之謎。

物理學家把真空看作是自然界所有場和力，包括引力、慣性、電磁、核相互作用的一種媒介。電磁波在這種媒介中傳播速度與光速相同，由於電磁波所產生的作用是〝局域性的〞，而且波的強度會隨時間和空間而減弱，因此，電磁波不能解釋宇宙中我們在量子理論及生命世界中所發現〝非局域性〞的量子糾纏現象，也就是愛因斯坦所稱之為〝鬼魅似的遠距作用〞〈spooky action at a distance〉。Ψ場〈真空零點場〉則可以解釋〝非局域性〞的量子糾纏現象。

量子信息能量場〈Ψ場、真空零點場、〝道〞的靜態本體〉雖然沒有物質實體存在，但是它決不可能沒有能量存在，嚴格地說，決不可能沒有攜帶能量的場存在。無物質的空間充滿著各種複雜的場，它們是量子真空中延伸到整個空間的能量海中的場。真空的能量是內在地不可觀察的〈儘管它們有可能觀察到的效應〉，因此稱它們叫〝虛〞能。虛真空能量圍繞它們的零點基線值漲落，即使溫度在絕對零度時也很活躍。因此，它們被稱之為零點能，而它們的場就叫做零點場〈Ψ場、〝道〞的靜態本體〉。

有充分理由可以假設，宇宙的零點場攜帶著有能量、物質的信息，所以我們稱之為〝量子信息能量場〞。我們知道作為宇宙中所有物質，包含普通物質、暗物質、暗能量…等，存在於被稱之為量子真空的非常廣闊的虛能區域，在該能量區域內處處存在量子信息能量場〈Ψ場、零點場、〝道〞的靜態本體〉，在此一場內所有的量子態，就有如一個無限大的量子電腦中的位元〈bit〉，每一個量子態都具有深層次的量子糾纏關係，相互作用下，創生了延伸至整個時空中宏觀與微觀、整體與部份、心靈與物質之間內在相互〝非局域性〞的聯結。

站在宏觀的角度來說，場就是基本粒子之間相互作用的區域；站在微觀的角度來說，量子信息能量場就是量子態相互糾纏聯動的區域。量子理論中的量子糾纏、量子感應現象，坊間一般用語類比為頻率、振動，其實兩者指的都是同一件事情，只是用語通俗，並非科學上的專用術語，較為容易讓一般人理解認知而已。

※量子疊加態：微觀世界中一個量子系統中同時具有不同的量子態，所有的量子狀態疊加，共同組合而成此一量子系統。

※量子系統：一個量子系統至少有兩種以上的量子態疊加而成，我們稱之為此一量子系統是屬於量子疊加態。此一量子系統中的量子態數量多寡，與您起心動念抉擇的項目多寡相對應，只要您想得出的項目，都是其中的一個量子態，量子疊加態最終將坍縮成確定而真實的狀態，此一真實確定狀態是與您量子意識信息完全相同。

三、宏觀世界中是否也具有量子現象？

　　不論是宏觀還是微觀世界，宇宙的規律都是一體適用。宏觀世界是微觀世界的量化累積，因此宏觀世界中也具有量子現象，在我們日常生活當中處處可見，量子特性此一宇宙規律不但在微觀量子世界會產生作用，在宏觀世界同樣是能夠顯現，只不過愈是宏觀，其外在現象愈是不能明顯察覺。再加上我們不甚了解量子理論，不知道這些現象其實就是在此一宇宙規律的規範下發展變化的。

　　在人世間任何一個事件在您尚未抉擇之前，其結果是不確定且不存在的。人的意識能影響事件最終的走向，所以說是由於人的思想行為創造了這整個世界，要是沒有人居中的影響，這個世界未來的走向與最終的結果，只是多種可能性的無限疊加而已。您的心念意識就是〝因〞，事件的發生或結果就是〝果〞。怎麼樣的〝因〞，就有怎麼樣的〝果〞。

　　在此列舉幾個日常生活中簡單的案例，讀者與上述量子現象與特性相互比對，就能夠快速的領悟非常奇妙的道理，而在日常生活中加以實際應用，讓自己提升到前所未有的高度。

案例一、

　　假設當天您起床之後，您有五件不同顏色的襯衫，想要決定今天穿哪件襯衫這個事件，在您沒有決定之前，今天最終會穿哪件襯衫其結果是不存在的。在您起心動念的同時，微觀世界就相對應的有一個量子系統興起，此一量子系統是由五個不同顏色襯衫的量子態疊加而成，每一個襯衫都以概率來代表它的狀態，您比較喜歡的襯衫概率或許就大一點，不是那麼喜歡的或許就小一點，此一量子系統內的所有量子態都是虛擬、不確定、無實體的一種概念而已。

　　當您確定要穿白色的襯衫時，您量子意識所負載的白色襯衫信息，就能依據量子糾纏的原理，與量子疊加態中白色襯衫量子態產生內在的連結而交互作用，產生量子感應，白色襯衫量子態的概率瞬間轉化成百分百，同時其它襯衫的概率瞬間坍縮歸零，隨著時間的發展漸進，您今

天出門穿白色襯衫就已經在宏觀世界轉化為真實。

又假設在還沒有出門前,也就是事件還未定案前,中途忽然起心動念的想要穿藍色襯衫會更好,在那一霎挪之間,微觀世界又同時興起一個量子系統,您想換穿藍色襯衫的信息,量子感應藍色襯衫的概率轉化為百分百,其於顏色襯衫的概率瞬間坍縮歸零。

任何一件事情,當人的意念參與確定之後,事件的發生或未來的走向,就會隨著人的意念好壞或對錯而產生偏移,量子系統中其它量子態發生的概率就會坍縮歸零。

案例二、

任何一件事情最終是成功還是失敗?與天時、地利、人和能否獲得有關,簡單一點來說,和您的抉擇正確或錯誤息息相關。正確的抉擇結果獲得成功,當然錯誤的抉擇其結果就是失敗囉!

假設此一事件目前時機有利,成功概率80%,失敗概率20%,在您尚未抉擇如何去做之前,這件事情最終的結果是成功?還是失敗?是不存在的!當您起心動念想要抉擇如何去做此事時,微觀世界中由〝成功概率80%,失敗概率20%〞這兩個量子態疊加而成的量子系統就相對應的興起。如果您做出錯誤的抉擇,失敗概率就轉化為百分百,正確作為而獲得成功的量子態,其概率就瞬間坍縮歸零。此事由微觀世界的量變,隨著時間的推移,逐漸轉化質變成宏觀世界真實失敗的結果。反之亦然!

此一事件由量變到質變,其周期到底需要多久的時間?端視事件的難易程度及您積極推動的能量大小而定,只要在事件未定案前,中途調整改變您的抉擇與作為,事件的發展方向也是會隨著您的意識所負載的信息內容,而作相對應的改變,只是事件發展愈早愈容易改變;愈是在末了階段,愈難以調整改變!

四、甚麼是量子糾纏?為何量子意識的信息會感應量子系統中相同的量子態?

天文學家的大霹靂理論證實,宇宙間的萬事萬物在大霹靂之前,同是存在於一個無限小的奇異點,揭示了宇宙是個不可分割的整體,萬物都是一體同源,相互之間早已具有內在連結的量子糾纏特性。宇宙萬物具有整體性,不論微觀還是宏觀世界,外表看起來每一件個體都是分離的,分離其實是一種假像!由微觀到宏觀世界的任何一個部分,都是

整個宇宙的縮影,包含了整體的信息、現象與規律。由於一體同源,都存在著深層次的內在連結關係,每一件東西都是另一件東西的延伸,是大量子系統中具有內在連結關係的各個小量子系統。

萬物之間都具有相互吸引、感應、互通信息的能力,只是愈是相同類似兩者之間,相互感應吸引的能力愈強烈,差異性愈大的兩者之間,相互感應吸引的能力愈弱,仍然具有不受時空侷限的量子糾纏關係,能夠彼此之間保持聯繫,相互吸引感應的能力仍然存在,由微觀的量子世界到宏觀的現實生活中,包含我們人世間的人、事、物也都具有量子糾纏的現象,糾纏現象是萬物所具有的共通性,可說是量子理論的專有特徵。

量子意識就是量子信息能量場,所負載的信息內容能夠與量子系統疊加態中最相同類似的量子態,由於內在連結的關係,產生量子糾纏的量子吸引感應之交互作用,致使其概率轉化成分百,相對的其餘量子態概率坍縮歸零!

五、人的意識就是量子信息能量場。

能量具有波的特性,也就是具有波峯與波峯、波谷與波谷之間相互累積疊加;波峯與波谷相互抵銷的干涉特性。這叫做〝波的疊加原理〞。人的心念意識是量子信息能量場,能夠負載能量與信息,具有超脫時空的限制,無遠弗屆的與心念所及之目標產生相互相吸引、感應的能力。由於人的心念意識屬於量子信息能量場中的能量波型態,所以此一吸引、感應的力量,與波的型態相同,具有相互疊加或抵銷的作用。

所謂疊加或抵銷:指的就是正一加正一等於正二,負一加負一等於負二,正一加負一等於零,正二加負一等於正一。今日的正面思考,明日同樣的如此正面思考同樣一件事情,其累積的正面能量是正二,是隨著時間的推移而累積;同樣的今日的負面思考,明日還是如此負面思考同樣一件事情,其累積的負面能量是負二。

心靈上的念力或意念、意識,是一種不受我們身體局限的信息能量場,是宇宙中相同類似兩者之間相互感應、吸引溝通的橋梁,有能力改變物質的屬性及事件發展的方向,沒有侷限性,能夠超越時間及空間的限制。正面的意念產生正面的能量,負面的意念產生負面的能量,正負面的能量產生正負面的結果。每日正面思考則有與日俱增的作用;反之,每日負面思考則有逐日遞減您正面能量的作用。

人的意識其影響的程度,是由本身為中心,就像是波之漣漪一般向

外擴散,任何一個起心動念都是一個量子信息能量場的發射,量子意識所負載的信息,都會與宇宙間相同類似者產生內在的連結而相互糾纏感應。在此一量子系統中,其影響當事者本身最為強烈,愈是外圍其程度愈是輕微。因此,正面或負面的思想意識,獲益或受害最嚴重的就是本身自己。量子事件是可逆的,因此,若是心靈上負面的思考意識導致不良的結果,也可因正面調整改變您心靈上的思想意識而獲得改善。

萬物都是一體同源,量子領域顯示出了心靈與物質之間,確實是存在內在的糾纏連結,可以相互感應、吸引、互通信息,這種現象在宇宙間普遍存在。《易經》哲理指出天、地、人三才之中,我們人是站在天地之間,也就是在陰陽的規律中,能參與陰陽之間的相互轉化,左右陰陽變化的方向,站居舉足輕重的地位。

萬事萬物都是由於量子疊加態與量子意識這兩個量子系統,交互作用而產生各種千變萬化,人處於天地之間,居主導變化的地位,可以贊天地之化育,而與天地並列為三。佛家的〝萬物唯心造〞;《易經》的哲理〝人能參與天地之造化〞,其意義是完全相同。

吸引是由於您的心念意識而吸引相同類似的事物,由虛擬化為真實;感應是由於您的意識心念與相同類似者之間產生感應、互通信息。相同類似兩者之間的互動,皆須藉著心念意識的量子信息能量場作為溝通的媒介或橋梁。量子疊加態坍縮的結果,會隨著心念意識正面或負面能量的不同,而呈現與意識相同類似多樣性的變化。這個千變萬化的宏觀世界,都是每個人的心念意識其抉擇所造成的一個綜合體。

六、何謂正能量與負能量?要如何提升自己的正能量?意識具有正、負能量之分嗎?

由微觀世界至宏觀世界萬事萬物都具有陰陽的特性,陰陽這兩個相互對立的面,在宇宙萬事萬物中無法分割,無處不在。任何事物的架構都脫離不了陰陽這種基本型態,例如:善惡、好壞、成敗、對錯…等,能量當然也有正負之分。我們這個宇宙是以人為本,追求的是正面能量的往上提升,而不是負面能量的往下沉淪。

何謂正能量?以坊間的簡單用語來解釋,指的就是磁場。您會經常聽到人說:這個人正能量很高〈磁場很強〉;這個人負能量很大〈磁場很弱〉。一個人的正負能量的強弱高低是自我比較值,而不是絕對值。正能量高的人,自然負能量就弱;負能量大的人,相對的正能量就低,就像是陰陽之間的消長轉換一樣。

人本身的正能量愈高，所發射而出的量子意識其能量則愈強，愈能影響客觀環境與物質，隨著心念意識而產生相同類似的變化，由微觀世界的量變到宏觀世界的質變所需的時間也愈短。而人的正能量是可依靠正面的起心動念與正面的言行舉止而獲得提升。

　　中國民間有句諺語：〝信神則神至，疑鬼則鬼來〞，這句話說明：只要您以誠敬之心，所發射的正面量子意識所負載的信息，就會與宇宙中相同類似者產生內在的連結而相互吸引感應，也因此而獲得您所期待的結果；反之，您所發射的量子意識中所負載的負面信息，也會吸引感應與您信息相同類似，而您又擔心害怕不希望發生的事情，結果竟然發生了。

　　我們能因心懷正念、正面思考而累積自己正面的能量，在社會上做一番利人利己的事情。〝愛〞與〝寬恕〞…等代表的是正能量，〝怨恨、詛咒〞…等代表的是負能量。擴大自己的慈悲、感恩、祝福之心，博愛大眾、利益眾生。因此，我們平日要積極地培養利他的心態，不吝於迴向功德給眾生，以提升自己的正能量。

　　由於您心靈上意識的偏向都會改變微觀量子的屬性，宏觀世界的現象，就是微觀世界的表徵，所以每個宏觀事件的變化，都是由於您的心靈意識影響微觀世界的量子事件所造成的，是由微觀世界的量變，漸進到宏觀世界的質變。若是心中抱持著懷疑的態度，游移不決、模稜兩可，此時信念已經產生動搖，意志就不能專注，正負面能量兩者之間相互抵銷，也就難以藉著所發射的量子信息能量場與您所祈求的目標，產生量子系統之間相互相吸引、感應的效果！

　　人的一生際遇好壞，都是個人在不同的事件中所做的抉擇造成的。人的意識也就是人的各種情緒其影響的程度，由本身為中心向外擴散，其影響當事者本身最為強烈，一切外在的顯現，都與您心靈上的意識偏向息息相關，正面的意念產生正面的結果，負面的意念產生負面的結果。外在客觀正或負面的結果，又會影響個人心理層面，因而產生良性循環或惡性循環。因此，正面或負面的思想意識，獲益或受害最嚴重的就是自己本身。

七、累積正能量對我們有何好處？負能量又有何壞處？

　　我們人生活在這充滿萬物的世界當中，周遭的萬物對您此一生命個體而言，按照五行生剋的道理，某些是對您有利的正能量，某些是對您不利的負能量，而大部分是對您無足輕重的中和狀態。

所謂的吉凶、利害，並非絕對的數值，是以您本身所具有的能量來相對比的。比如：您的正能量高，外在的負能量就相對的小，可輕鬆的抵銷而化解於無形；您的負能量高，外在的負能量就會相對的大。就如民間所云：磁場弱的人儘量少去陰邪不潔之地，免得受到負能量的侵擾傷害；磁場強的軍警，前往陰邪不潔之地，也絲毫不受負能量的侵擾，這些都是同樣的道理！因此，提升累積我們的正能量，可以化解周遭環境的負能量而不受其侵擾傷害。

　　負面思考其所具有的負能量，會抵銷自身原有的正能量，造成本身正能量的降低而往下沉淪；正面思考所具有的正能量，會與本身原有的正能量相互疊加，可以提升本身正能量的強度。不論是正能量、還是負能量，能量是可以逐日累積疊加，正負能量也可以相互抵消。之所以會有正能量的累積，是因為您的觀念正確，思想意識是正面的，養成習性之後，就能逐日累積正面的能量；反之，思想觀念是負面的意識，也會積久成習的逐日累積負面的能量。

　　我們處於陰陽隨著時間推移不斷的變化之客觀環境中，您的起心動念〈意識信息〉偏向，能影響客觀環境物質其本質的變化與事情發展的偏向。也就是說，事物發展的結果，可以受到人的意識改變而與意識信息起相同類似的變化。因此，此一大千世界多樣性的變化，完全是由於各個人的量子意識與周遭的量子系統交互作用聚合而成的一個綜合體。

八、意識情緒影響最深的就是自己的身體健康。

　　人類的量子意識此一量子系統，可以與周遭環境中心念所及的任何一個量子事件產生量子交互作用，您的量子意識其影響作用力，是以您本身為中心往外擴散，影響最重大的就是您自己本身，您的一生際遇好壞，都是個人在不同的事件中所做的抉擇造成的，愈往外圍其影響力愈小，而影響您的身體健康及與您有關的事件又是最為嚴重。

　　人體之中的慢性疾病，是"七分心理，三分疾病"，量子意識的心理因素起了絕對性的作用。由於個人所處之不利客觀環境所造成精神上的壓力、或不良的生活與飲食習性、或個人思想上的偏差觀念，而引起精神上的疾病與壓力…等種種的不利因素，造成您身體微觀世界的細胞逐漸產生病變，這種病變是隨著時間的推移而逐漸累積，終將由量變而產生質變，讓我們在宏觀世界察覺此一病變。

　　一切物質包含我們的人體各組織的細胞在內，在微觀的量子世界中，這些物質都會隨著我們的量子意識所負載的信息，而產生與信息相

同類似的偏向，從而改變它的細胞本質的好壞。而且此一事件是可逆的，它既然能夠隨著您的負面意識慢慢變壞，也能夠經由您的量子意識的正面改變，及相信它能夠變好而往正面逐漸轉好，況且人的量子意識對自己身體的影響力，較對外在其它物質的影響力，具有超出十倍以上的功效。

　　人世間客觀的地理環境與事物，除了極少數會造成人立即性的吉凶外，其餘大部分都是屬於不嚴重或無足輕重的吉凶，最終之所以會有重大的影響，皆是由於當事人心中正面或負面的認知而深信不疑，縱然是些微的利弊，都可以經過長期能量累積之後，到達臨界點所產生的利與弊之結果。有道是：〝信神則神至，疑鬼則鬼來〞，如果總是懷疑自己得了甚麼病，循習漸進，時日一久，還真會得這種疾病，這兩者之間的道理，其實是相同一致的。

　　您的身體健康為甚麼會受到您的意識情緒影響而產生相對應的變化呢？這是因為量子系統之間有相互感應的現象，一個小的量子系統跟一個比它大的系統互動時，它會開始失去它原有的性質而順從更大的系統，也就是大的系統能感應小的系統，讓小的系統獲得大系統相同的信息，而與大系統趨於一致，就如同磁化作用一般，這種現象稱之為量子感應。我們的意識也是量子系統，可以左右物質世界從不確定到確定的轉化，而且是與您量子意識所負載的信息相同一致的轉化。

　　影響我們的身心健康與運勢發展的最主要因素，就是您的心理狀態如何，也就是心態、觀念、情緒…等，端視這些會影響您最終抉擇的心念意識，是具有正能量的善念、愛心…等？還是具有負能量的仇恨、忌妒…等？

名詞解釋：
※量子感應：一個量子系統跟一個比它大的量子系統互動時，它會開始失去它原有的性質而順從更大的量子系統，也就是大的量子系統能感應小的量子系統，讓小的量子系統獲得大量子系統相同的信息，而與大量子系統趨於一致，這種現象稱之為量子感應。

　　我們的量子意識對物質世界而言，是屬於大的量子系統，可以感應物質世界從不確定到確定的轉移，小的量子系統也獲得與量子意識相同類似的能量與信息。

九、命理風水是不是迷信？和量子理論有無關係？

〈一〉、命理。

陰陽五行學說認為，宇宙間萬事萬物的形成、運行、發展和變化，都是陰陽五行的生剋制化相互作用的結果，就因為如此，這些都成為命理風水學中用以判斷其吉凶最基本、也是最高的指導準則。

每個人的生辰八字代表著這個人的屬性，生辰八字的生肖都可以五行來分類。因此，人生活在天地之間，與周遭的地理環境與各種物質之間都會產生五行的生剋關係。每個人在日常生活中行走於各地，雖然會與周遭環境物質產生五行生剋的作用，但是此一生剋作用是屬於流動變化的狀態，對人而言，並不會有立即性的影響。

每個人也都有自己先天既定的命數，左右著自己未來的命運。所謂的命數，指的是您累世所作所為善惡的信息，都儲存在靈魂量子信息能量場的第八識資料庫內，當再世為人的時候，資量庫內所儲存累世的善惡之業因信息，除了會影響您這一世六道輪迴是往上提升？還是往下沉淪的方向之外，也會因量子力學中相同類似的兩個量子系統能夠相互吸引感應的規律，而影響您此生的生辰八字好壞。

前世的業因造就您會有甚麼樣的生辰八字，也就是先天的命格，不同的業因在此生就依據宇宙量子系統之間的感應規律，因緣果報的吸引感應相同類似的情事發生，因而產生〝善有善報、惡有惡報〞的因果報應現象。您此生的四柱八字命格，是先天已定的格局，改變起來非常困難，這就是所謂的〝先天之命〞。

命理學中所能預測的不僅是我們的先天之〝命〞，同時也包括我們的先天之〝運〞，即流年運程。〝命〞是先天，屬於靜態，非個人能力可以變更。〝後天之運〞是指後天的流運，依自然的法則規律在運行，是屬於動態。在人的一生過程中，吉凶禍福，每一個時期均有所不同，所以又稱之為〝時運〞，是由我們自己的起心動念所造作的，則不在命理學的預測範圍之內，是可以經由人為的積極努力而掌握、改變、甚至開創的。

我們要了解人生的命是怎麼一回事，命是天註定的，運卻要靠自我去扭轉，以平衡先天之不足，然後對人生作一種超越桎梏之跳脫，提昇到另一種境界，擺脫束縛，繼而掌握開創可以改變之〝運〞，藉著實施某些有利之作為，以達扭轉乾坤，趨吉避凶，〝知命握運〞的效果。

因此，不管是先天之命及運，還是後天之運，只要心懷正念，都是可以通過個人的積極努力去調整改變。換句話說，您起心動念的量子意識抉擇了事物發展未來的走向，當然也就決定了您未來命運的好壞。

〈二〉、風水。

　　我們周遭環境五行生剋力量的強弱並非絕對值，而是與您本身累積的正能量多寡來產生對比，這種力量是相對的而不是絕對的強弱。以量子特性上來說明，好的風水具有正面的能量，可以逐日累積您的正能量，同時也能抵銷您運勢不好的時候本身所接收的負面能量。

　　您相信此一風水能帶給您正面的效益，您所發出的量子意識所負載的正面信息，就能將您未來運勢轉化為往正面發展，隨著時間的推移，由微觀世界的量變到宏觀世界的質變，因此運勢就能逐漸轉佳。我們除了配合風水的調節，同時多讀書累積知識、以及心存善念、多行善事來累積陰德，就能夠累積自己的正能量，自己的運勢也就更能往正面轉化。

　　正如陰和陽之間的對立，風水也可分為好風水與壞風水這兩種，好的風水環境可以讓人運勢亨通，得到心靈和物質上的富足，累積自己的正面能量；壞的風水環境由於造成您身心負面的影響，長期累積之下，可以使人運勢否塞，從精神狀態到物質生活都處於弱勢和劣勢，充滿負面能量。

　　所謂〝福人居福地〞，一個與生就具有福份又平日裡行善積德的人，這種人正能量非常高，如果他所居住之地是福地，再加上持續的向善積德，由於福地的靈氣感應滋養，會讓他的福分更大；如果所居住之地為一般普通之地理環境，該地也會受到福人正能量的感應，而逐漸成為一塊具有靈氣的福地；就算是這塊地為具有負能量的凶地，也因福人正能量將負能量抵銷，此一地理環境也因〝境隨心改〞而逐漸的成為福地，強調的是〝人能養風水〞。

　　因此，只要正能量心存善念的福人所居住之地，就能成為福地，這就是量子特性中，由於人的量子意識裡所負載的正面信息與正能量，能改變周遭量子系統中的物質本性之故。

　　所謂〝福地福人居〞，一塊具有靈氣的風水福地，充滿著正面的能量，能夠感應蔭發所居住的人，在未來能夠獲得相對應的福分。不過想要得到此一福分，所居住的人必須要合乎一定的先決條件，也就是要心存善念具有正面能量才行；若是心存邪念、作惡多端，具有負面能量的人居住，福地靈氣的正能量與此人心念意識的負能量相互抵銷，居住者也難獲得應有的福分，福地也因此不會蔭發居住者未來的福份。因此之故，福地只有心存善念、多行善事的福人居住，才能彰顯福地蔭發的作用，這裡強調的是〝風水能養人〞。

　　不論是〝福人居福地〞還是〝福地福人居〞，也不論是居住之前，

還是居住之後,居住者都必須心存善念、多行善事來累積自己的正面能量,只要如此而為,也不用刻意的去尋找所謂的風水寶地,只要自己累積的正面能量足夠,處處都是風水寶地!

如果一個人的運勢正旺,再加上好的風水調配,運勢就會更加興旺,好的運勢就可以停留更長久一些;當流年運勢不佳之時,我們也可以藉著好風水的輔助,讓自己的運勢止跌回升,快速的脫離谷底,化戾氣為祥和,讓自己逢凶化吉。〝命理風水確實會影響一個人的運勢〞。只不過其中的緣由是〝您的起心動念與深信不疑,經過時間的推移累積,把它的正面或負面能量放大了〞!

風水派別眾多,究竟哪一個派別才是我們可以信賴的?

風水的派別確實很多,如果是毫無道理的論說或學理,自然會被潮流所淘汰,風水既然能在民間流傳幾千年,可見得還是有些案例是具有其真實性的,也就是對某些人有影響,而對某些人並無影響,為何有如此情形發生呢?這就是我們要嚴肅探究的地方。

人在世間經常到處遊走行動,不論您身處何處,周遭環境的萬事萬物都會對您產生五行生剋的作用,整體而言,有七成是處於平衡狀態,就算是其中正面或負面的能量稍微凸顯一點,由於並非長期處於此一狀況之下,因此對人身心的吉凶好壞幾乎是可以忽略不計。

嚴格來說,人世間地理風水的好壞,除了極少數對個人身心具有立即性影響的大吉大凶之地外,絕大多數是處於五行生剋平衡狀態,對個人而言並無影響。而為數不多對人影響極其輕微的中小吉凶,如果我們不特別關注而沒有產生心理上的影響,幾乎可以忽略它們的存在。

不過在周遭環境七成處於平衡狀態下,要是您針對某項事物特別關心重視,就算是其吉凶微不足道,也因您量子意識所負載正面或負面信息的關注,而逐日累積正面或負面能量,由微觀世界的量變到宏觀世界的質變,由虛擬不確定狀態轉化為真實確定狀態,最終將會有與您量子意識信息相同類似的結果產生。

量子意識能影響客觀環境的量子系統物質本質的變化與事件未來的走向。就如命理風水師所說的:〝命理風水確實會影響一個人的運勢〞。只不過其中的緣由是〝您的起心動念與深信不疑,經過時間的推移累積,最終必達到臨界點,因而產生正面或負面的作用。您能說風水是迷信嗎,它確實在其中產生了作用,只是您把它的正面或負面能量放大了〞!

命理風水在東方人較為注重風行，以往西方人不信命理風水，因此絕大數狀況下，對西洋人是不產生作用，就算是有作用也影響不大。難道命理風水在西方就失去作用嗎？也不是這麼說，風水中重大的吉凶之地還是對西方人有顯著的影響，只是他們不知道是受此影響而已，其餘輕微的吉凶之地，由於心中不相信命理風水，因而人的正面或負面的意識信息未參與其中，所以影響輕微，也就無法在日常生活中顯著的表現出來。

　　但是近來東風西漸，西方逐漸受到東方文化的影響，開始相信命理風水，只要一開始相信，量子意識正面或負面的能量與信息就能逐日累積而放大其效果，所以命理風水的作用，同樣會在西洋人身上產生。因此可以說，風水好壞的影響，是受到人的心念意識正負面信息的偏向而放大其效果。

十、抉擇正確與否影響事件未來的成敗，可是要怎樣才能知道自己當下的抉擇其正確與否呢？

　　我們在人生的旅途中，任何一件事情的成敗，都受到天時、地利、人和這三個條件能否掌握而定，也可以說是受到主、客觀因素影響甚鉅。天時與地利就是客觀因素，客觀因素是您無法掌控的因素；人和就是主觀因素，主觀因素就是方法、心態與作為，是您自己可以操控掌握的因素。

　　客觀因素有利，就必須適時掌握，因為大好時機稍縱即逝，主觀因素必須正確，否則也無法成事。主客觀因素必須兩者兼具，缺一不可，如此行事方能成功順利。按照量子理論規律，您的抉擇影響事情的得失成敗，問題在於，往往我們不知道自己在此一時空的所作所為是否正確？常常有〝不如意事，十常八九〞之情事發生，令人扼腕不已！若是我們能夠事先預先知道自己的所作所為是否正確，〝事後諸葛亮〞的遺憾就不會產生，也因為有如此需求，能夠預測未來的占卜就應運而生！

　　占卜並非算命，而是斷事，斷您想要進行的這件事情未來的結果如何？希望能獲得正確的信息，讓事件的發展能夠趨吉避凶。這是一種在事件最終結果產生前，預先藉著占卜預測未來的過程與結果，能否符合自己心中期待，而加以調整改變自己不當的作為，以趨吉避凶的預測學。

　　《易經》其原始的功能就是一本占卜的工具書，其之所以能夠發揮預測的功能，並非是神明指示，而是完全依據量子理論中量子的特性，而產生的一種預測功能，中外古今，所有的占卜都是運用同樣的道理。

當我們占卜之後，如果占卜結果是〝吉〞，就代表這件事情自己所作所為都是正確的作為，只要繼續積極努力的前往行事，就能獲得心中所期待的結果；如果占卜結果是〝凶〞，就代表這件事情按照您既定的方式前往行事，最終的結果是不能達成您心中的期待，也就是失敗收場。

任何一件事情的成敗得失，和您在天時、地利、人和這三方面能否掌握息息相關，只要有一項抉擇錯誤，就將導致失敗的結果。若能事先了解影響此事成敗的關鍵所在，自己是否做出錯誤的抉擇而適時的調整改變，則事情將會往成功的這方面轉化，最終自然能獲得成功，這就是占卜能夠趨吉避凶，轉禍為福的最大功能。

占卜所占斷的結果不論是成？是敗？占卜給人所指示的方向與前途，都是預測此事在此一時空之下，若是按照您原先的構想行事，未來此事發展的一種趨向、一種可能性而已。不論是吉是凶都是有其先決條件的，不是絕對或不可改變的既定事實，此事終究是吉是凶？還要看當事人的抉擇與實際行動到底如何而定。

占斷結果是〝吉〞，也不能守株待兔的坐等成功，否則將導致失敗；占斷結果是〝凶〞，也毋須灰心喪志的就此一蹶不振，只要按照占卜所提供的資訊做出正確的抉擇，事情就能趨吉避凶，轉禍為福的往正面轉化。任何一個占卜，一個吉後面必跟著一個凶；一個凶之後必跟著一個吉。是吉是凶？完全是由個人的心念意識所做的抉擇來決定。

這就是所謂的量子意識所負載之正確或錯誤的信息，可以影響事情未來的走向。〝正確的抉擇就是成功〞；〝錯誤的抉擇就是失敗〞。《易經》卦爻辭告訴您在此一時空之下，應該如何的作為才是最佳的抉擇，適時提供您正確的資訊供您參考，改變您錯誤的思想觀念，讓您做出正確的抉擇，達到事情圓滿成功的目的。

占卜為何能夠準確地預測未來？所依據的量子理論為何？

占卜之所以能夠準確地預測未來，其原理主要是依據量子糾纏、量子感應、量子疊加態、量子意識…等理論，也是自然界普遍存在的規律與現象。萬事萬物兩者之間具有內在的連結，愈是相同類似，其愈能相互吸引感應、互通信息，而您的心念就是量子意識，是一種量子信息能量場，能夠負載您所提問的信息。

人世間任何一個問題，都脫離不了《易經》三百八十四爻的涵蓋範圍之內。換句話說，《易經》三百八十四爻就是一個包含著三百八十四種量子態疊加的量子系統，在量子意識尚未參與之前，每一種量子態都

有可能出現或發生，其出現的概率是三百八十四分之一，是處於不確定的量子狀態。在您起心動念想要占卜時，微觀世界中就相對應的興起一個由三百八十四種量子態疊加而成的量子系統，其中就有一個量子態與您所問的問題最相同類似。

　當您藉者專注誠心的意念，能將您的量子意識所負載的問題信息，與工具書中與您問題最相近類似的量子態，產生量子系統間的感應作用，概率瞬間轉化為百分百，其餘三百八十三種與問題不相同的量子態其概率就同時坍縮歸零，並藉著某種占卜工具，將與您量子意識所負載信息相同類似的一種量子態〈卦爻〉感應而出，化虛擬不確定為確定真實狀態。由於工具書是完整的敘述，且而是以假象喻意的方式書寫，轉化到您的問題上去解讀，就具有預測未來的功能。

　占卜最主要的功能，是告訴您此一事件在此一時空下，影響成敗的主要關鍵有哪些？您是做對？還是做錯？提出正確的資訊供您參考抉擇，此一事件最終的成敗得失，吉凶禍福，決定權還是在於自己，最終是由您的量子意識所做的抉擇而確定的。

　自古以來，各種不同的占卜術數不知凡幾，其所運用的道理則相同一致，只要此一占卜預知術事先訂好詳細又不相互衝突的規則，工具書的內容又能將人世間的各種狀況包含在內，只要誠心發問，就能藉著量子糾纏與量子感應的特性，將工具書內與問題最相同類似的量子態感應而出，轉化到問題上去解籤斷卦，就有預測未來的功能。因此，量子理論就是所有占卜之所以能預測未來的科學依據！

結語。

　我們人類生存在這個世界上，每個人所見與認知的這個世界，就是您個人量子意識這個量子系統與周遭其它無數個量子系統，兩者交互作用之下而產生您的人生與世界，人類的量子意識也就是人的各種情緒，是可以塑造物質世界，這就是為什麼世界只有一個，而每一個人的人生經歷、感觸與認知卻有各自不同的緣故。

　由前文所論述的內容得悉，您的量子意識所負載的能量與信息，能在此一量子系統中感應出一個與您信息相同類似的量子態，由微觀世界的虛擬不確定的量子態，轉化成為宏觀世界的真實確定事物狀態。目前外在客觀環境的好與壞，完全是由當初您的心念意識所造成的；您此生所面臨不論是有利或不利的所有狀態，都是您的心念意識抉擇正確與否所造成的。心理情緒上的變化，同時會影響身體的生理健康，也能影響

個人未來的命運。

您個人的量子意識所負載的信息內容，決定了量子意識是具有正能量還是負能量，同時也決定了您本身是正能量不斷累積提升；還是負能量逐日累積增加。正能量愈高〈磁場愈強〉的人，外在客觀環境中的負面因素，非但不能對您產生任何負面的影響，還會受到您強大的正面能量與信息的感應而化解於無形；正能量愈低〈磁場愈弱〉的人，相對的外在負能量則會愈強，極易受到外在邪辟煞氣的侵擾傷害。

因此之故，在日常生活當中，我們如能配合命理風水的調節、多讀書來累積經驗與知識、以及心存善念、多行善事，來累積陰德及與德行，以提升自己正面能量與信念。或是藉著好的風水選擇，或是多讀書以充實自己的本職學能與經驗，或是藉著吉祥物它所具有的正面能量與信息，再加上自己心中深信它能對您有正面的效益，經過您如此運作之後，隨著時間的推移，正能量就能夠逐日的累積，同時負能量也相對的減少，除了對您當前的運勢轉化起到正面的作用，同時對您整體運勢與身心健康也會有正面的效益。

我們的一生當中所接觸的領域非常的多，每一個人都希望能夠事事如意、一帆風順。宇宙的規律涵蓋全領域，都能一體適用，其中的道理都是一樣的。宏觀世界量子效應的顯示，需要經過時間推移這個過程，由微觀世界的量變到宏觀世界的質變，需要時間與意識能量的累積，其轉化所需時間的長短與改變量子態的意識能量大小成反比。負面意識能量愈大，也就是您愈是深信不疑，負面的結果其轉化所需時間就愈快；負面意識能量愈小，也就是不要過於相信，則負面結果其轉化的時間就愈長；當然囉！您要是根本就不去相信它，這件事那就不會有任何影響了！

宇宙規律的關鍵核心就是：您的心念意識能化虛擬為真實，客觀事物將會隨著您的心念意識而轉變，是佛？是魔？在於您的一念之間！現在或未來所面臨的處境是好是壞，是吉是凶？都是您的量子意識所做的〝善惡〞或〝對錯〞抉擇所感應出來的。

《量子世界的奧秘》內容概要解說。

量子力學經過全世界頂尖物理學家近百年來的努力研究，已經成為有史以來被實驗證明最精確成功的一個理論，迄今為止，所有的實驗數據均無法推翻量子理論的證明，它詭譎莫測的物理特性與現象，超乎我

們一般人的認知與想像，令人匪夷所思，如今我們才發現對這個宇宙的認知，有許多部分都是錯誤的，當您開始研究量子力學，您會確信自己對這個世界簡直是一無所知。

在量子領域裡，一個量子具有分身的能力，能夠同時處於不同的位置，在空間中〝處處皆在，卻又處處不在〞；量子竟然〝知道〞被觀測了；訊息傳遞速度可以比光速快不知多少倍，沒有時空的限制；貓可以同時既是死的、又是活的；現在竟然可以決定過去 ；您的心念意識可以吸引相同類似的事物，由虛擬化為真實；事情在我們沒有抉擇之前，會有何種結果，它根本就不存在…等。物理學家已經對這些量子世界中弔詭的現象困惑了百餘年，迄今仍然是一知半解！

就連愛因斯坦也不得不感歎道：〝量子力學愈是取得成功，它自身就愈是顯得荒誕不稽〞；〝我的腦中懂得量子力學，但心中卻不懂〞；〝上帝不會擲骰子〞。量子理論創始人之一波耳也說：〝如果量子理論沒有讓您受到驚嚇，那就是您還沒有理解量子理論，我們稱之為真實的一切，都是由我們不能稱之為真實的東西所組成〞。物理大師霍金看著歷年來量子力學的實驗記錄，有些垂頭喪氣地說：〝上帝不但擲骰子，祂還把骰子擲到我們看不見的地方去〞，〝我去拿槍來把貓打死〞！

筆者研究《易經》與占卜二十餘年期間，在十年前對《易經》之研究自認為小有心得，唯有一點百思不得其解，也就是為何只要占卜者誠心提問，所卜之卦爻籤詩就能與其問題相互結合，而且皆能鉅細靡遺的敘述事件因果關係與精準的預測未來，這是甚麼道理呢？其科學依據為何？此事縈繞在心，一直困惑著我。

某日在網站上看到一個量子力學的相關影片，敘述量子有分身的能力，可以處在三千個不同的地方，這一點吸引了我的注意，發現量子理論非常神奇，經過不斷的蒐集相關資料與信息，不但頓解我心中迷惑，還因為量子理論與《易經》哲理的相互印證，讓此兩者的理論思想都能一以貫之，相得益彰。

量子物理學是闡述關於宏觀與微觀、整體與部份、心靈與物質之間內在連結關係的理論思想，量子物理科學家稱：最能解讀量子理論中詭異的物理特性與現象，就是東方神秘的佛學與《易經》哲學思想。宇宙的規律是獨一無二的，不論是哪家哲學思想，所依據的都是同一個宇宙規律。筆者從未深入接觸過佛家思想，因此就去翻查一些佛學經典文章與偈詩，發現均可以相互解讀驗證，且能更進一步的體會量子理論與《易經》之精髓。因此，在本書中為了要讓讀者能夠更深入的了解量子理論，

特以《易經》哲理與佛家、禪宗、道家思想輔助闡述說明，並協助讀者建立起正確的宇宙觀、生死觀與人生觀。

想要更深入的了解量子理論，一定要把人的意識加進去，您才能夠真正的認識搞懂它，意識是量子力學的基礎。在人的意念沒有參與之前，萬事萬物都是隨著時間的推移，循著陰陽的規律不斷的運動變化，一切的結果都是處於虛擬的不確定量子疊加態，以概率來代表。直到人的意識參與時，量子疊加態才坍縮成其中的一種，人的意識讓心念所及的事件從無變有，結果從不確定到確定，化虛擬為真實。您的心念意識就是〝因〞，事件的結果就是〝果〞。怎麼樣的〝因〞，就有怎麼樣的〝果〞。佛家思想中：起心動念，萬物唯心造；《易經》的哲理中：〝人能參與天地之造化〞；道家：〝道大，天大，地大，人亦大〞，就是對量子理論中特異現象最佳的闡釋。

本書針對量子理論思想的闡述主要內容包含：從微觀到宏觀、從整體到部分、從心靈到物質之間內在的連結關係，從科學實驗到理論的建立，及所謂怪力亂神的現象究竟如何？日常生活中如何實際的應用，命理風水與量子理論之間的關係…等，全方位的整體分析說明，以加強讀者對此一領域的認知。

近年來隨著科技的進步，量子理論開始漸漸的為人們所認知與實際應用，並走進我們的日常生活中，本書的出版冀望讀者能順利的接受嶄新的量子理論思維方式，對這個世界有重新的認識，讓您精神與知識領域更上層樓，往上提升到前所未有的高度。當我們深入了解之後，您會驚奇地發現，各項量子特性與現象，其實就在我們的身邊！

鮮于文柱所著作的《量子世界的奧祕》這本書，其內容究竟講些什麼？如果對〝量子〞一詞有接觸過的讀者，就知道量子理論所闡述的主要內容包含：從微觀到宏觀、從整體到部分、從心靈到物質之間內在的連結關係，量子現象在我們的日常生活當中無處不在，人的生生世世都受到這個宇宙規律所影響，您只能認識、接受它，而不能讓它不存在！

此書所闡述的主要內容包括：
1、量子有哪些特性？科學依據為何？為何有這些匪夷所思的現象？
2、吸引力法則是怎麼一回事？其中祕密何在？如何正確地運用？
3、何謂正面思考？如何正確的運用在日常生活中？
4、宗教、廟宇、祭祀、禱告、告解、迴向、祝福…等，這些是迷信？還是真的對我們有幫助嗎？它科學的依據為何？

5、所謂〝萬物由心造〞，真的是如此嗎？科學依據為何？

6、人從何來？又往何處去？人生在世最主要的目的是什麼？

7、所謂〝靈魂不滅，人不會真正死亡〞，這是真的嗎？科學依據為何？

8、所謂〝六道輪迴〞、〝造業種因〞、〝因果報應〞，是否真有其事？科學依據為何？

9、道家的符籙與咒語是否真的有效力？科學依據為何？

10、所謂〝造生基〞是否真的有效力？科學依據為何？

11、人的意識能負載正負能量與信息，影響物質本質的特性與事情的偏向，這是怎麼一回事？科學依據為何？

12、何謂命理、風水？真的能夠影響我們的身心健康與未來運勢嗎？科學依據為何？

13、風水學中的八卦鏡…等，真的能夠驅凶辟邪、鎮宅化煞嗎？科學依據為何？

14、開運吉祥物…等，真的對我們的運勢發展有幫助嗎？科學依據為何？

15、圖案、畫像、符號、文字都具有能量與信息，這是真的嗎？我們應該如何正確地來看待此一問題？

16、數字具有吉凶，真的會影響我們嗎？科學依據為何？

17、五術中的山、醫、命、卜、相，究竟何指？是否真的會影響我們？其科學依據及理論基礎何在？

18、如何將量子特性在日常生活中實踐應用？

19、如何增進我們的身體健康？以及如何提升我們的正能量？

20、宇宙的規律究竟何指？我們要如何建立起正確的宇宙觀、生死觀及人生觀？讓此生過得更有價值？

　　量子理論是當今世上的顯學，世人懂得不多，本書是科學與哲學結合解讀，讓宇宙的規律〝道〞的輪廓更加清晰完整，讓世人在日常生活中能充分應用。在量子理論上花費過腦力，您就沒有辜負您的大腦和這個時代。藉著您正能量與善知識的傳播，讓量子理論早日成為普通常識，同時也讓人類的精神領域往上提升到前有未有的高度！

　　人類千百年來，有如在漆黑的暗室中摸索尋覓未果的答案，《量子世界的奧秘》一書〝譬如一燈能破千年之暗〞，上述問題在書中都有詳細的論述，您讀完此書之後，將會有如醍醐灌頂，茅塞頓開，價值非凡。當您獲得此一寶庫且有心得之後，請將此一光明以愛心散發出去，造福更多的普羅眾生，利他之後必然迴向而利己，累積自己的正能量！

論述〝簡易、變易、不易〞易之三義。

大　綱

壹、前言。
貳、易有三義的緣起。
　　一、何謂《易緯‧乾鑿度》？
　　二、《乾鑿度》的宇宙生成論。
　　三、老子、《易經》與天文學的宇宙生成論。
叁、鄭玄在《乾鑿度》中所述易有三義的內涵。
　　一、簡易。
　　二、變易。
　　三、不易。
肆、宇宙的客觀規律為何？
　　一、《易經》哲理中所蘊涵的宇宙客觀規律。
　　〈一〉、陰陽規律。
　　〈二〉、天人感應。
　　二、量子理論中蘊涵的宇宙客觀規律。
　　三、量子理論概說。
　　〈一〉、雙縫實驗。
　　〈二〉、量子糾纏。
　　〈三〉、量子疊加態。
　　〈四〉、能量的疊加或抵消。
　　〈五〉、量子意識。
　　〈六〉、量子吸引、感應、互通信息。
伍、〝天道〞在日常生活中的實踐運用。
　　一、心理能影響生理的健康。
　　二、如何做出正確抉擇，讓行事更加順利。
陸、結語。

綱　要

"法陰陽之變，通天人之際"，其理萬世不易的《易經》哲學思想，概要的來說，其內涵可用"簡易、變易、不易"這三種義意來表達。再簡單的說，就是"天、地、人"三才之間的交互作用，也就是陰陽之間的交互作用與運動變化的過程中，人的意識在其中居主導變化的地位。

《易經》哲學思想的核心，是以陰陽規律為"經"，天人感應為"緯"，兩者之間的交互作用，在宇宙間產生千變萬化的萬事萬物。作者在《易經》哲學思想關鍵之處簡明扼要的點明要旨、突出重點，使宇宙客觀規律的描述更加生動傳神，頗具畫龍點睛之妙。

相同類似的兩者之間能夠相互吸引感應的糾纏現象，不論是微觀還是宏觀世界，在宇宙萬事萬物之間是普遍存在的現象。您一念之間的抉擇，決定了您此一事件未來的結果！"意識是物質世界的基礎，可以化虛擬為真實，促成了物質世界從微觀世界虛擬不確定，到宏觀世界真實確定的轉移。"

文中藉著量子物理科學的實驗與理論，來為《易經》"陰陽學說與天人感應"的哲學思想做科學佐證，證明我們的《易經》哲學思想，早在七千多年前伏羲時代，就已經掌握住萬物生成發展的宇宙基本規律。

壹、前言。

《易經》這部貫穿哲學思想而集知識大成的百科全書，是中國最古老的文獻之一，並被儒家尊為「五經」之首，大道之源，成為中華文明中一顆璀璨的明珠，在中華民族近七千年的歷史長河中，亙古常新，魅力永存。

《易經》原本就蘊涵著極為深邃的哲學思想，但是在初始期間僅作為占卜吉凶禍福的一種卜筮工具書。孔子五十而學易，經過長期的潛心研究，將中國儒家哲學思想與《易經》結合，完成解釋《易經》經文大義的《易傳》，把《易經》從原來僅有占卜功能的卜筮書籍，提升到具有人文哲學思想的境界，成為中國第一套的哲學書籍。由於《易經》已經掌握了宇宙的規律，所以後世任何一個領域，只要和《易經》結合，不論是援而入易，還是以易為援，都能自成一套學說。

自從東漢經學家鄭玄首次說明《易經》的內涵具有"簡易、變易、不易"三種義意之後，後世易學各家奉為圭臬，言必稱"易有三義"，由於受到科學發展程度所限，也只能大概解釋其意義，無法進一步說明

其細節部分，就算是當時有〝先知〞能夠解釋說明，恐怕也令人難以置信。因此眾人對宇宙客觀規律還是在一知半解、似懂非懂的狀態中。

有一天，作者幼時在眷村的友人，她對《易經》也非常有興趣，她告訴我：所謂的〝易有三義〞，我始終不了解它是甚麼意思？因此之故，當下興起一個念頭，想要撰寫一篇論文，來詳細深入的去解讀〝簡易、變易、不易〞這三種義意所要表達的意思。進一步來說，《易經》包括了〝簡易、變易、不易〞這三個法則，我們學易者研究《易經》這套天人之學，必須先要瞭解這三個法則究竟意有何指？

貳、易有三義的緣起。

鄭玄（127年～200年），字康成，北海高密（今山東省高密市）人，東漢經學家、預言家，集兩漢經學小成，曾拜大司農。少時習《易經》、《公羊傳》，有「神童」之稱，《拾遺記》稱鄭玄為「經神」。

易有三義一說，最早出現在東漢鄭玄所註解的《易緯·乾鑿度》上卷述易篇，孔子曰：易者，易也〈易簡或簡易〉，變易也，不易也。書中注解的關鍵重點，在於講述「變易」的道理和「易簡」的德性。

一、何謂《易緯·乾鑿度》？

《易緯》為何叫作「緯」？它與「經」字相對。「經」和「緯」都是織布機裡的直線，梭子帶著橫線經過，於是直線和橫線交接就織成了布。橫線叫作「緯線」。光有經線不能織成布，要加上緯線方能織成布匹。也就是說，單有經書尚有不足，要加上緯書詳細深入的解釋，經書才能發揮應有的功用，因此非常多的經書都出現緯書。

西漢末年，出現了一批解釋《易經》的書籍，這批古書我們叫作《易緯》。《易緯》各書中，特別是《乾鑿度》這本書，它吸收了道家的思想，甚至站在道家的立場來解釋及發展易學。同時它也吸收了京房的易學，以之作為基準，講述了一切與《易經》有關的知識，可以說這本書是漢代的易學概論。

《易緯·乾鑿度》，簡稱《乾鑿度》，是中國西漢末年《易緯》各書中的一本，此書出於何時已不可考，其理論思想在東漢初年已經是甚為流行。《乾鑿度》融合大易、數術於一體，是所有《易緯》各書之中保存完好、哲學思想較為豐富的一個作品。

二、《乾鑿度》的宇宙生成論。

《乾鑿度》其本意為何？"乾"為天，"鑿"開闢之意，"度"是路，有開闢通向天上道路的意思，我們可以再深入解讀，《乾鑿度》是一本"開闢通往領悟宇宙客觀規律的一條路"。清朝修《四庫全書》時將其從《永樂大典》中輯出，分上下兩卷。《乾鑿度》在書中提出了比較系統的宇宙生成論。

下列將《乾鑿度》的宇宙生成論、《老子》及《易經》哲學思想的圖示相互比對，讓讀者更能深入了解宇宙生成發展的過程與狀態。

《乾鑿度》的宇宙生成論
太易→太初→太始→太素→渾淪〈混沌〉→天地→萬物。

《老子》的哲學思想
無 ↔ 有 ↔陰陽↔　　萬物　　↔陰陽↔ 有 ↔ 無

《易經》的哲學思想
無極↔太極↔陰陽↔四象↔五行↔八卦↔六十四卦↔三百八十四爻↔六十四卦↔八卦↔五行↔四象↔陰陽↔太極↔無極

《乾鑿度》認為，由"寂然無物"的"太易"到"太始"，是一個從無形到有形的過程，"太易"是"未見氣"〈陰陽兩氣〉的一種虛無寂靜的狀態，鄭玄註《乾鑿度》說："以其寂然無物，故名之為太易"。也是《易經》中的"無極"，老子哲學中的"無"，在天文學上稱之為無限小的奇異點。

"太初"是"氣之始"，到了"太始"階段才有形可見。"形變而有質"，這是"太素"。氣、形、質三者渾然一體，而未分離，這就是"混沌"狀態。"混沌"是未分離的統一狀態，老子又稱為"一"或"有"，也就是《易經》中的"太極"。

"有"指的就是太極，在太極這個信息能量場之中，雖然陰陽未生，但是已經蘊含著組成萬事萬物的共同基因，也就是陰陽此一信息。

由"太極"生陰陽兩儀，一生為二，"清輕者上為天，濁重者下為地"，陽氣輕往上升，陰氣濁往下降，陰陽兩氣相交，兩者交互作用之下，產生萬事萬物。《乾鑿度》的天地萬物生成說，採用先秦子書《列子·天端篇》，爾後的宋明理學也受其影響。

三、老子、《易經》與天文學的宇宙生成論。

《老子，四十章》說：「天下萬物生於有，有生於無」。萬物是「有」生成的，而「有」又是從「無」生成的。這個〝無〞指的就是太極之前的無極，也就是宇宙大霹靂之前的〝奇異點〞。在物理學中無限小的點叫做奇異點，奇異點是一個沒有大小的點，宇宙在大霹靂之前是一個小到為 10 的負 34 次方的奇異點。

〝有〞指的就是太極，在太極這個能量場之中，雖然陰陽未生，但是已經蘊含著組成萬事萬物的共同基因，也就是陰陽。有〝由無到有〞，就會有〝由有到無〞這個過程與結果，就像《易經》陰陽的理論思想，陰極返陽，陽極返陰，物極必反，兩者之間相互轉化，互為消長。

此一自然規律周而復始、不斷循環運行，遍及天地萬物，絕不止息。〝有〞與〝無〞指的就是陰陽這兩個相對立的面，從〝無〞到〝有〞指的就是依據陰陽變化的規律與其演變的過程。

老子《道德經·四十二章》：「道生一，一生二，二生三，三生萬物。萬物負陰而抱陽，沖氣以為和」。〝道〞指的就是宇宙之間自然的規律。按照此一規律就會產生宇宙大霹靂，〝一〞指的就是太極。〝一生二〞太極動而陰陽生，〝二生三〞，所謂〝三〞指的是天、地、人三才。〝三生萬物〞指的是在陰陽相互變動、激發、轉化，生生不息所孕育的過程中，萬事萬物都是陰陽規律與天人感應這兩者，相互不斷的交互作用而產生的千變萬化。

「負陰而抱陽，沖氣以為和」。這句話是特別說明萬物構成的單位就是陰陽。說兩者之間是相互對立又相互融合，相互蘊含也相互激發，相互變動亦相互轉化。

物質是能量的壓縮，非物質的能量是先於物質，這幾乎是頂尖物理學家的共同看法，也是《易經》中所蘊含的哲理，《繫辭傳·上》「乾知大始，坤作成物。乾以易知，坤以簡能。易則易知，簡則易從」……。

「易」：容易，不難，一切都是本於自然。「知」：主導開啟事件的發端。「乾以易知」：乾陽主導創始萬物開端，本就是乾陽的特性，是件很容易就自然發生的事情。

「簡」：出自於本能，不繁瑣複雜，不需花費功夫。「能」：實行，完成事情。「坤以簡能」：乾陽已經開始的事情，坤陰順應自然，不需花費工夫就可以順手完成。乾之易，坤之簡，指一切都是順其自然，順理成章，自然始物，自然成物。天地之道，不為而善始，不勞而善成。

乾為陽，陰陽這兩個宇宙的基本單位中，乾陽代表能量，主導創始

萬物。坤陰代表物質,將基本粒子以不同的排列組合而化成萬物。雖然先有天地,然後有萬物,但是乾坤、陰陽在生成萬物〈諸卦〉的過程中,各自有其特性與功能。

乾陽由於健而動的特性,主導萬物資始,因此,萬物的生成就由此起頭開始。坤陰由於順而靜的特性,因此,順從乾陽接續完成萬物資生,萬物化育生成的工作,是在坤陰這裡完成。

宇宙萬物的生成,是由乾陽在很自然的狀況下,主導開啟事件的發端。坤陰也就很順應自然的完成化育萬物的工作。乾坤陰陽創生萬物〈諸卦〉的過程中,乾坤之易簡,就是自然始物,自然成物,沒有任何主觀意識的作為。

宇宙有甚麼規律,人世上就同樣有甚麼規律,不論是微觀世界還是宏觀世界,宇宙的規律都是一體適用。宇宙之間之所以能生成萬物,在於陰陽之間的配合無間,乾坤之間的特性是,易與簡、主與從、正與輔、動與靜。

也就是說,宇宙間先有信息能量場,因能量場的變動才有物質的出現,而且是以陰陽的方式成對出現。《易經》與《道德經》的理論思想,在在都說明了是站在時代尖端的科學論著。

《繫辭傳·上》:「是故易有太極,是生兩儀,兩儀生四象,四象生八卦,八卦定吉凶,吉凶生大業」。兩儀就是陰陽。「孤陽不生,獨陰不長」,陰中有陽,陽中有陰,兩者相互對立又相互融合,相互蘊含也相互激發,相互變動亦相互轉化,是一體兩面、如影隨形、變動不拘、生生不息的狀態,任何一方都不可能離開另一方單獨存在,因彼此的消長,陰陽可以經過不同的排列組合,在萬物間生成變化出許多不同的現象與分類。

陰陽是由太極動而產生,所以太極這個能量場之中,雖然陰陽未生,但是已經蘊含著組成萬事萬物的共同基因,也就是陰陽。《繫辭傳·下》:「一陰一陽之謂道」,〝道〞就是指宇宙之間不變的規律,這規律就是,宇宙間的萬事萬物都不脫離陰陽這兩種現象,其作用力是在支配著宇宙間時空的平衡與穩定性,並且是循著陰陽的規律隨著時空的推移不斷的變化,其變化最終的結果如何?只要您所能想得出的結果,都是一種可能,只是其概率大小而已。

「太極動而兩儀生」,陰陽生後,繼續不斷變動,又各自分裂出陽與陰不同之個體與型態,依此原則,繼續不斷的變動化分、排列組合下,

形成了宇宙間的萬事萬物。

太極圖

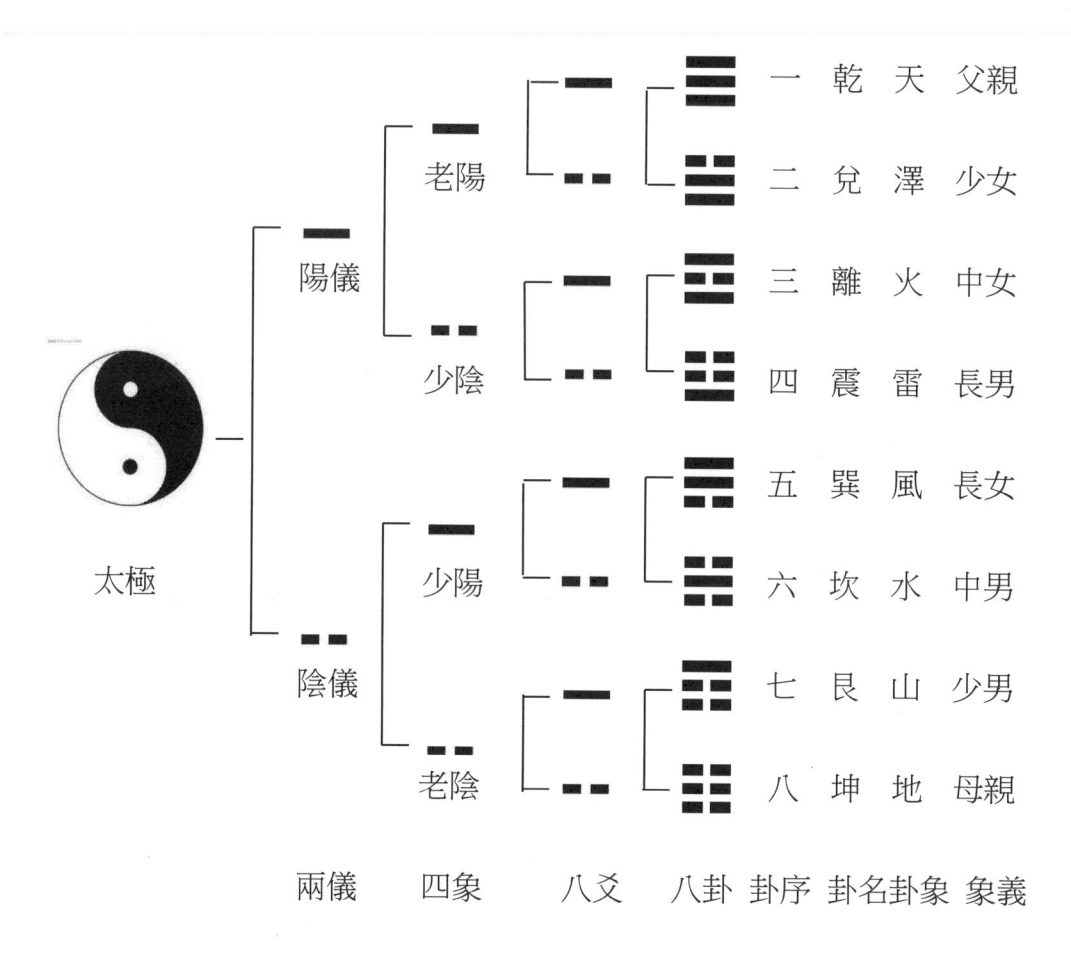

太極	兩儀	四象	八爻	八卦	卦序	卦名	卦象	象義
	陽儀	老陽	⚊	☰	一	乾	天	父親
			⚋	☱	二	兌	澤	少女
		少陰	⚊	☲	三	離	火	中女
			⚋	☳	四	震	雷	長男
	陰儀	少陽	⚊	☴	五	巽	風	長女
			⚋	☵	六	坎	水	中男
		老陰	⚊	☶	七	艮	山	少男
			⚋	☷	八	坤	地	母親

八卦〈萬事萬物〉生成分類圖，此一圖表雖然講的是八卦的生成分類圖，但是也可以稱之為萬事萬物的生成分類圖，其間的道理是一致的。

《易經》的思想是用陰與陽的相反相成,如同太極圖中陰陽相交、對立、矛盾、圓融與和諧,來表現出其統一狀態。所謂「孤陰不生、獨陽不長」,有了陰陽相感的交互作用,才能發揮創造的力量。所以孔子用「陰陽不測之謂神」,來表達自己對陰陽相互感應能力的讚嘆與神秘。

從上所述,我們可以看出天文學中的宇宙生成理論與《易經》、老子及《乾鑿度》書中的宇宙觀完全相互脗合,宇宙的基本基因就是陰陽此一型態,萬事萬物就是在陰陽這兩者交互作用下,所產生的千變萬化。

叁、鄭玄在《乾鑿度》中所述易有三義的內涵。

簡易、變易、不易的「三義」之說,可以說是對《周易》意涵最為經典的解釋。所謂易有三義,是指《周易》的「易」有〝簡易、變易,不易〞三層涵義,這裡是指《周易》的哲理也就是客觀的宇宙規律,包含了這三層意義,並不是說「易」這個字有這三個意思,〝易〞這個字有簡易與變易的意義,而「不易」之中的這個〝易〞字,有改變之意。

〝不易〞指的是簡易與變易的宇宙客觀規律不可改變。也就是說,宇宙的客觀規律並非人的主觀意識所能轉移〈並非您認為它不存在,它就可以不存在〉。

我們再假象喻意的進一步解釋,如《詩經》所說「日就月將」或「如月之恆,如日之升」,日月的運行表現出一種非人為的自然,簡單又明瞭,這是〝簡易〞的解釋說明;日與月其位置、形狀卻又隨著時間的推移不時的在變化,這是〝變易〞的解釋說明;然而其總是東方出、西方落,周而復始,循環不已,亙古不變,這是〝不易〞的解釋說明。

「易一名而含三義:簡易一也;變易二也;不易三也。」這句話總括了〝易〞的三種意思:「簡易」、「變易」和「恆常不變」。即是說宇宙事物存在的狀態是:一切順乎自然,就是自然始物,自然成物,沒有任何主觀意識的作為。表現出易和簡兩種性質;時時在變易之中;又保持一種恆常。

在「三義」之中「變易」又是最核心的,因為簡易與不易都是變易的進一步引申。簡易、變易、不易,易之三義,簡單敘述了宇宙客觀規律的性質,因此也成為後世闡釋《易經》本質的基調。

易道之陰陽變化固然無時或息,但是易道本身卻是不易的真理。總而言之,《易經》中〝一陰一陽之謂道〞,以「陰陽」此一簡單的基本型態概括萬事萬物,可以稱之為「簡易」;「一陰一陽」不斷的交互作用而產生千變萬化,可以稱之為「變易」;「道」此一宇宙客觀規律,永恆不

變,稱之為「不易」,所以易有三義。

一、簡易。

易有三義一說,出自東漢鄭玄所註解的《易緯‧乾鑿度》上卷述易篇,孔子曰:易者,易也〈易簡或簡易〉,變易也,不易也。鄭玄認為易一名而含三義:「易簡一也;變易二也;不易三也。」也就是說,《易經》這一本書包含了三項重要內容,《易經》的本義除了具有「變易」的涵義外,還具有「不易」〈亙古不變〉與「簡易」〈一切都是順其自然,順理成章〉這兩種涵義。

鄭玄所註解有關「簡易」內容,是出自《繫辭傳‧下》:「夫乾,確然示人易矣。夫坤,隤然示人簡矣。」
直譯:「確然」:堅定不移的樣子。「易」:乾之德,動而健,其中道理易而不難。「示人」:顯示其中的道理。「夫乾,確然示人易矣」:乾卦天之道,日月星辰之天體運行,晝夜有常,都是很明確又堅定不移地示人其中道理易而不難。

「隤然」:隤音同頹。柔順自然的樣子。「簡」:坤之德,靜而順,其中道理簡而不繁,順理成章。「夫坤,隤然示人簡矣」:坤卦地之道,柔順自然地順應乾之創始,繼而生生不息的繁衍萬事萬物,都是示人其中道理簡而不繁。

乾卦天之道,日月星辰之天體運行,晝夜有常,都是很明確又堅定不移地示人其中道理易而不難。坤卦地之道,柔順自然地順應乾之創始,繼而生生不息的繁衍萬事萬物,都是示人其中道理簡而不繁,順理成章。這裡面所講的乾坤,講的就是陰陽,說明了陰陽的規律其實易而不難,簡而不繁。

鄭玄在《乾鑿度》註解之中所說的「易」,就是指《繫辭傳‧下》內「易簡」的「易」。他特別提出,《易經》的德行,不涉及個人感情,不需要勞心,自然而然,就是「易簡」,即易的本性和易的作用。爾後鄭玄在其後續著作中,提到三義中的第一義時,「易」已經改稱「易簡」。東晉玄學思想家韓康伯綜合其意解釋「易簡」兩字之義,便說「天地之道,不為而善始,不勞而善成」。簡單的說:就是一切自然而然,順理成章,善事善終的成就萬事萬物生生不息之變化與發展。

鄭玄緊接著說《繫辭傳‧上》「易則易知,簡則易從」,那麼「易簡」也通「簡易」的意思,後世也就都這麼理解,易即平易、容易,難

易的易。易簡分別代表的是乾與坤或陽與陰的德行,也就是說,若能了解萬事萬物都是依循陰陽的規律隨著時間的推移不斷的在進行變化,其實《易經》的道理,易而不難,簡而不繁,也就是既簡單又容易明白。

二、變易。

鄭玄在《乾鑿度》註解之中所說的「變易」,是指易的氣,即陰陽兩氣交互作用而產生的變動,它們推動天地四季萬物的演變,萬事萬物無時無刻都在變動之中、永不停止。《易經》曾經被稱為《變經》,因為宇宙的萬事萬物一切都在變化之中,只要停止變化,萬物就終結止息,《易經》所表示的就是,在陰陽之間交互作用下,萬事萬物循著陰陽的規律隨著時間的推移不斷的運動變化。

「變易」是整本《易經》最關鍵的內容,任何事物永遠都在變動之中。所以讀過《易經》的人,都知道物極必反,陰陽相互轉換,我們所看到的只是事物目前的狀態,隨著時間的推移,它遲早會往相反的一面轉變。「變易」講的是陰陽的變化,如「陽變陰,陰變陽,老陽變為少陰,老陰變為少陽」,以及寒來暑往等⋯⋯。

《繫辭傳・上》「一陰一陽之謂道」:天地萬物是循著陰陽的規律,隨著時空的推移而不斷的運動變化,在萬事萬物之間形成不斷的生成始終,周而復始,循環不已,成就了萬事萬物一切生生不息之變化與發展,陰陽規律就是《易經》的哲學思想兩大主軸之一,這也是天地之間萬物共同的規律與法則,也就是所謂的「道」。

一陰一陽之謂道,以簡馭繁的來包括宇宙間一切變化現象。《繫辭傳・上》:「在天成象,在地成形,變化見矣!」由一元的道而產生陰陽二象,這就是「變易」,也是《易經》中最關鍵、最基本的原理。

否卦《象傳》:「天地不交而萬物不通也,上下不交而天下无邦也」。《易經》每一卦畫都稱爻,《繫辭傳》:「爻者,言乎變者也」,爻字為兩個交叉(相交),爻的本質就是交,以陰陽相互之間的交互作用,來顯示宇宙規律中的變化。

《繫辭傳・下》又說:「易之為書也不可遠,為道也屢遷。變動不居,周流六虛,上下无常,剛柔相易,不可為典要,唯變所適。」

直譯:「不可遠」:不可須臾遠離或忘懷。「易之為書也,不可遠」:《易經》這本書是宇宙法則的摹擬本,摹擬萬事萬物都是隨著時間的推移,循著陰陽規律不斷的運動變化,其中蘊含著人生哲理,是一部經世致用

之書，平時能提供我們人生的哲理與智慧，當遭遇疑難困惑時，亦可提供在此一時空之下，此一事件正確的行為準則，因此它具有非常重要的實用價值，應時時研習，切身以求，不可須臾遠離吾身。

「道」：一陰一陽之謂道，易道指的就是陰陽規律或宇宙的客觀規律或法則。「屢遷」：經常變動，變動不止。「為道也屢遷」：易道指的就是萬事萬物隨時都在變化之中。易書的實際應用解讀，隨著時空的推移而屢有變動，並非固定不變。

以上是站在哲學思想的角度，來說明宇宙萬事萬物的規律與現象，易書中的卦畫符號與卦爻辭已經固定寫成書籍，下段文字中的「變動」兩字，是指易書外在的實際運用解讀，也要了解其中變動的道理。

易書原本就是一本占卜的工具書，《繫辭傳》此一章節中又是說明易書一卦六爻之特性與變化，及在卜筮時爻辭的實際作用，因此，我們必須站在卜筮的角度來加以說明。

「不居」：沒有一定的位置。「變動不居」：在卜筮之前，此一動爻在六爻位之間其位置不確定、不固定〈量子疊加態〉。「周流」：周，遍也。流，行也。圓滿充實。「六虛」：宇宙中指的是東西南北上下，也是六合，指的就是時間與空間。在易書中指的就是一卦六爻由初至上六個爻位，不同的爻位代表不同的時空，爻者適時之變者也。

「周流六虛」：卜筮之前，動爻在六個爻位之中，處於不確定、不固定狀態。不言六位而言六虛，代表此一動爻其最終的落點，每一爻位都有出現動爻的可能，都是一個概率，只是概率大小而已，六位都是虛位以待。在卜筮之後，動爻確切的位置才能實際顯示出來。

「上下」：外三爻為上，內三爻為下。「無常」：沒有一定。「上下無常」：卜筮之前，動爻或在上，由上而下；亦或在下，由下而上，並無一定位置。

「剛柔」：一卦之中的陰陽爻，引用在人事上說明就必須稱為剛柔。「相易」：相互變化轉換。剛柔相互轉換就產生變化，也就是吉凶之間的變化轉換。「剛柔相易」：卜筮之前，當事人心念正確與錯誤的抉擇變化轉換，就影響事情最終吉凶成敗的轉變。

「典」：常也。「要」：約也。「典要」：定法，常規，準則。「不可為典要」：易書之解讀運用，因時而變，變化萬端，其吉凶並無常規定法，不可拘泥於一字一隅，一象一理，若能了解陰陽的觀念，通權達變之道，便能得心易之妙。

「唯」：只有，唯獨。「變」：要通權達變，不可固執而不知變通。「所

適」：最為適宜。「唯變所適」：易書之運用解讀，唯有觀其變化，明其趨向，適時通權達變的靈活應變，才是最為適宜的好方法。

意釋：這段講的是易書的重要性，不可須臾遠離。易道講的是變易，爻在卜筮之前也是變動不居；吉凶也隨人的意念抉擇而轉變，因此易書之解讀運用，其吉凶並無常規定法，唯有觀其變化，明其趨向，適時靈活應變。

　　《易經》這本書是宇宙客觀規律的摹擬本〈以通神明之德〉，摹擬萬事萬物都是隨著時間的推移，循著陰陽規律不斷的運動變化，其中蘊含著人生哲理，是一部經世致用之書，平時能提供我們人生的哲理與智慧，當遭遇疑難困惑時，亦可提供在此一時空之下，此一事件正確的行為準則，因此它具有非常重要的實用價值，應時時研習，切身以求，不可須臾遠離吾身。

　　易道講的就是萬事萬物隨時都在變化，當然易書的實際應用解讀，也會隨著時空的推移而屢有變動，並非固定不變。

　　在卜筮之前，動爻在六個爻位之中，處於不確定、不固定狀態。不言六位而言六虛，代表此一動爻其最終的落點，每一爻位都有出現動爻的可能，都是一個概率，只是概率大小而已，六位都是虛位以待。動爻或在上，由上而下；亦或在下，由下而上，並無一定位置。

　　剛柔相互轉換就產生變化，也就是吉凶之間的變化轉換。在卜筮之前，當事人心念正確與錯誤的抉擇變化轉換，就影響事情最終吉凶成敗的轉變。在卜筮之後，動爻確切的位置與爻辭吉凶，才能實際顯示出來。

　　易書之解讀運用，因時而變，變化萬端，其吉凶並無常規定法，不可拘泥於一字一隅，一象一理，易書之運用解讀，唯有觀其變化，明其趨向，適時通權達變的靈活應變，才是最為適宜的好方法，若能了解陰陽的觀念，通權達變之道，便能得心易之妙。

　　〝易〞取法於陰陽之變，通天人之際，其理萬世不易。「變易」是《易經》中最關鍵、最基本的原理。變化當中有不變，只不過「變易」更重要。變中之常是由變而產生的，所以是次要。故變是絕對，不變是相對的。

三、不易。

　　鄭玄在《乾鑿度》對「不易」之註解，引用《繫辭傳・上》「天尊地卑，乾坤定矣。卑高以陳，貴賤位矣。動靜有常，剛柔斷矣」。

直譯：「天尊地卑」：在自然現象中，天與地是最大的象，在天、地這

兩者之間，"天"在位階上較"地"為尊貴，"地"之位階相對是卑下。隱喻天地萬物之間的基本單位就是陰陽。陰陽之特性，陽為主、為動、為貴；陰為輔、為從、為靜、為卑。

「乾坤」：乾為天、為陽，坤為地、為陰。有天地才有萬物，"天"主導創生，"地"養育萬物。因此乾坤兩卦是易之門，也是後續六十二卦的父母卦。「乾坤定矣」：將《易經》的哲學思想內涵為"陰陽規律"定調，同時也彰顯《易經》六十四卦排序以乾坤為首的意義。

「卑高以陳」：一卦六爻象徵一個團體內部各個成員由下而上、由卑而貴的位階高低。由於一卦六爻的排列先後次序是由下而上，由卑處向高處排列，故言卑高以陳。「以陳」：排列之意。「貴賤位矣」：由於一卦六爻所處之位階高低與時空條件不同，貴賤位階因此而確定。

「動靜有常」：一卦六爻之中，各爻或陰或陽，以九代表陽爻，以六來代表陰爻。陽主動，動就是變，動以變為常；陰主靜，靜就是不變，靜以不變為常。一動一靜，動之前必有靜，動之後也有靜，動即是變，變而有常。此一動靜之原理，就是陰陽的規律，也是宇宙客觀的規律，此一規律是亙久不變。「常」：恆久不變、一定。與"變"相對稱。

「剛柔斷矣。」：陽為剛，陰為柔，剛柔各自有體，而其本質不同。卦中陰陽爻之剛柔，是需要以動靜來區分，六爻之變化，透過觀察陽動陰靜的常與變，則剛柔就可加以區分而斷然可知。此中不言陰陽而言剛柔，以其形而下可見者言也。陰陽為形而上之氣也，剛柔為形而下之質也，質可見氣不可見。「斷」：區分也。

鄭玄認為《易經》所謂的「不易」，是講位置的不變。其實如果我們細心讀原文，由「天尊地卑」一直到「貴賤位矣」，的確是講位置的不變。鄭玄是通過天地位置的不變，進一步引申到天地這個陰陽的規律，在永恆運動變化之中，有變與不變的常性。這常性就是宇宙客觀的規律，掌握這宇宙的規律，就能控制天地之間萬事萬物的變化。

「動靜有常，剛柔斷矣」，這兩句則說的是宇宙之間有動靜的常性。在變動中間有其規律性，這一宇宙客觀的規律是永恆不變的。鄭玄認為「不易」是從至變之中，借得其不變之則。

「變易」是《易經》中最關鍵、最基本的原理。但是在「變易」中有「常」，那麼我們應該怎樣去理解它呢？在《繫辭傳·下》：「夫乾，確然示人易矣。夫坤，隤然示人簡矣。」說"乾"的恆德就是「易」，"坤"的恆德就是「簡」。「恆」指的就是永恆不變，這裡就強調了規律的永恆

性，因為變化只是在規律發展時所見到的一種現象。

而在恆德中，「乾天」就表現在剛、易、健，即乾的性質是剛健、平易。其實「易」，或者「健」或者「剛」，都是同一事物的三種不同作用而已，而「坤地」就是陰柔、是順從、是簡略。

《十翼》之中專門解釋卦辭的《象傳》，解釋恆卦時就說：「天地之道，恆久而不已也。」天地陰陽的規律是永恆長久，而且是永遠不會停止的。「日月得天而能久照」，當日月得到天的原理，遵從宇宙的規律，它就永恆地照臨著大地。「四時變化而能久成」，四季中春、夏、秋、冬交替變化，依循陰陽的規律長久不變地發展，方能成就萬物。

鄭玄：易有三義。

我們可以將鄭玄所提的易有三義〝簡易、變易、不易〞整理歸納後，用一般簡要的文字來解釋說明這三種意義。

簡易：萬事萬物都是依循陰陽的規律隨著時間的推移，不斷的運動變化，自然始物，自然成物，沒有任何主觀意識的作為。若能了解其中道理，《易經》其實既簡單又容易明白。

變易：萬事萬物都是依循陰陽的規律，隨著時空的推移而不停的運動變化中，生生不息，周而復始，循環不已。

不易：上述的運動變化，均依循陰陽交互作用的規律進行，這種規律客觀的存在，永恆不變。〝易〞法陰陽之變，通天人之際，其理萬世不易。

肆、宇宙的客觀規律為何？

宇宙客觀的規律究竟為何？雖然上述易有三義〝簡易、變易、不易〞已經表述其概念，但也只是讓世人瞭解其輪廓而已，〝簡易、不易〞就勿需多言，三義之中的〝變易〞則是宇宙規律中最關鍵、最基本的原理，其運動變化的細節及實際運作的模式如何？在科學發展尚未達到一定程度之時，世人對宇宙客觀規律的認知還是一知半解。

就算古聖先賢對宇宙客觀規律能有真知灼見，而流傳下來的智慧，由於無科學上的驗證，世人只能將其納入玄學或哲學領域來探討。如今科學已經進入量子力學的時代，對〝宏觀與微觀、整體與部份、心靈〈意識〉與物質〞之間深層次內在的連結關係，科學已有更進一步的認識，也因此我們對〝變易〞的細部運作，可以做進一步的論述驗證。

不能了解宇宙萬物運動變化的規律如何運作，我們就難以在日常生

活中靈活的運用,在一知半解之下,經常會事倍功半,難達應有的效果。因此,本文是站在量子理論與《易經》哲學思想的基礎下,來更進一步闡述宇宙規律〝變易〞中的運動變化是何種模式。

易道之廣大無邊,放之則彌六合,卷之則退藏於密,一切完美具足,用言語來形容,遠則無遠弗屆,近則無處不在,萬事萬物都概括其中,廣大備悉,無所不包。

在日常生活之中,《易經》的哲學思想〝陰陽規律〞及〝天人感應〞,兩者之間交互作用下所產生的現象無處不在,經過實際操作運用後,就可彰顯易道所產生的效用,否則易道之效用也就無法顯示出來。易之道無思無為,本體的彰顯於外或退藏於密,是由於我們運用或不用之故。

易道也就是我們常說的宇宙客觀規律,它確實存在,易書也在面前,易道能否在日常生活中實際運用?端視有無真正了解它的人。若非真正了解的人,徒為空談,則易道難以憑空施行。真正能夠了解它的人,當您融會貫通之後,易道就能夠落實執行。

因此之故,首先我們要先了解宇宙的客觀規律究竟為何?當我們了解取法於陰陽之變,通天人之際,其理萬世不易的《易經》哲學思想之後,才能夠在日常生活中充分應用。

《易經》哲理、量子科學理論及〝易有三義〞三者所論述之宇宙規律實則為一,本篇章就作者研究《易經》的哲學思想及量子理論之心得,與〝易有三義〞結合,概分幾個部分更進一步闡述〝變易〞中的運動變化是何種模式,論述這令人類困擾迷惑數千年之久的宇宙客觀規律究竟為何?

一、《易經》哲理中所蘊涵的宇宙客觀規律。

筆者曾經想過,若是有人問我:能否將《易經》哲理中所蘊涵的宇宙客觀規律,以最簡潔的文字予以表達?筆者的答覆只有三個字:〝天、地、人〞。這樣的答覆,除非是對《易經》哲理有深刻認識領悟之人,一般人若無進一步的解釋說明,是無法了解此三字更深一層的涵義。〝法陰陽之變,通天人之際〞,其理萬世不易的《易經》哲學思想,簡單的說明就是〝天、地、人〞。

《繫辭傳・下》「易之為書也,廣大悉備,有天道焉、有人道焉、有地道焉,⋯三才之道也。」聖人摹擬天地之間的運動變化,將人與天地並列於易書的哲理之中,認為天、地、人是體現易道的三種基本材料,稱之為三才。〝天、地、人〞三才之道,站在「天之道」的角度來解釋,

指的就是宇宙客觀的規律；站在「人之事」的角度來解釋，指的就是天時、地利、人和，行事獲得成功的三項必要條件。

《易經》的哲學思想是以天、地、人來代表，也是易道的三種基本材料，不論三爻卦還是六爻卦，天地都在上下兩端，人處於中間。天代表乾陽，地代表坤陰，象徵著宇宙萬事萬物的基本單位就是陰陽，萬事萬物隨著時空的推移，循著陰陽的規律而不斷的運動變化，這也是天地之間萬物共同的規律與法則。

在隨著時空的推移陰陽交互作用變化的過程中，任何狀況都可能發生，只是其概率有大小區分而已，人處於天地陰陽變化的過程中，人的意識所負載的信息內容，能影響客觀環境事物本質的變化及發展的方向，象徵著天人感應。

事物發展最終的結果，是受到人的思想意念改變而左右，人在萬事萬物發展變化的過程中，居舉足輕重的地位，人能參與天地之造化，而與天地並列為三。萬事萬物都是《易經》哲學思想的兩大主軸陰陽學說與天人感應這兩者，相互不斷的交互作用而產生的千變萬化。

人不能離天地而獨立，天地亦不能離人而成功，天、地、人三者不可或缺，只有三者齊備，宇宙的規律方能得以完備，也只有人的參與，萬事萬物的發展才具有意義。因此，聖人摹擬天地之間的運動變化，將人與天地並列於易書的哲理之中，認為天、地、人是體現易道的三種基本材料，稱之為三才。

《繫辭傳·上》「乾知大始，坤作成物。乾以易知，坤以簡能。易則易知，簡則易從。」雖然先有天地，然後有萬物，但是乾坤、陰陽在生成萬事萬物的過程中，各自有其特性與功能。乾陽由於健而動的特性，主導萬物資始，因此，萬物的生成就由此起頭開始。坤陰由於順而靜的特性，因此，順從乾陽接續完成萬物資生，萬物化育生成的工作，是在坤陰這裡完成。

宇宙萬物的生成，是由乾陽在很自然的狀況下，主導開啟事件的發端。坤陰也就很順應自然的完成化育萬物的工作。乾坤陰陽創生萬物的過程中，乾坤之易簡，就是自然始物，自然成物，沒有任何主觀意識的作為。〈**易有三義中的〝簡易〞。**〉

宇宙有甚麼規律，人世上就同樣有甚麼規律，遠則無遠弗屆，近則無處不在，其大無外，其小無內，萬事萬物都概括其中，廣大備悉，無所不包。不論是〝宏觀與微觀、整體與部份、心靈〈意識〉與物質〞，宇宙的規律都是一體適用。宇宙之間之所以能生成萬物，在於陰陽之間

的配合無間，乾坤之間的特性是，易與簡、主與從、正與輔、動與靜。

《繫辭傳·下》「以通神明之德，以類萬物之情。」聖人領悟出陰陽盈虛，與時消息，是宇宙唯一的基本規律之後，於是創作了《易經》八卦。伏羲所創設的八卦，可將萬事萬物歸類於這八種符號之內，每一類都有其相同類似之處，相同類似的事物，均有其內在的連結，可以相互感應、吸引、互通信息，宇宙的基本規律在萬事萬物之間是普遍存在的。《易經》八卦中所蘊涵的哲學思想，陰陽學說與天人感應是和宇宙的規律與法則相通。

因此之故，《易經》哲學思想的兩大主軸〝陰陽規律下的萬般變化〞與〝天人感應中人的意識信息〞，這兩者交互作用而產生萬事萬物的千變萬化過程中，〝天人感應中人的意識信息〞〈乾陽〉居主導創生的觸媒作用，而〝陰陽規律下的萬般變化〞〈坤陰〉則順應自然的完成化育萬物的工作。一切生成發展變化的過程，都是自然始物，自然成物，非人為主觀意識所能轉移的宇宙客觀自然規律。〈易有三義中的〝變易〞。〉

《繫辭傳·上》「化而裁之存乎變。」萬事萬物都是隨著時間的推移，循著陰陽的規律不斷的運動變化之中，由微觀世界漸進式的量變而至於宏觀世界的質變。萬事萬物變化發展的結果，並非絕對不可改變，在漸進式量變發展過程中，只要最終的結果尚未呈現定案，中途加以外來人為的裁定改變，使之完成質變，而此一質變性質是依據人的意念偏向而改變的質變，稱之為變〈天人感應〉。

萬事萬物相同類似的兩者之間，具有內在深層次的連結，可以相互吸引、感應、互通信息。因此，人類心念意識所負載的信息，在陰陽變化的萬象中，與信息內容相同類似的現象，由微觀世界的量變到宏觀世界的質變，人的意識具有左右萬物變化偏移的能力。

所謂變化，「變」是事物的漸變，「化」是由量的漸變而達質的轉變，一切事物都在無情的變化，由微觀世界的量變到宏觀世界的質變，這種變化狀況無法靠人的意志來制止，因為這是宇宙中普遍的規律。

總結《易經》哲理中的宇宙客觀規律。

《易經》此一〝天人之學〞的哲學思想，〝法陰陽之變，通天人之際〞，指的就是〝陰陽規律〞與〝天人感應〞的思想理論，由於這兩者之間的交互作用，因而在萬事萬物之中產生各種運動變化，此一宇宙的客觀規律，我們可以總結如下：

《易經》以陰陽規律為〝經〞，闡明天地萬物的生成、發展、變

化及消亡,是隨著時空的推移循著陰陽的規律一直在不斷的運動變化,周而復始,循環不已。

事物的發生、變化或未來的走向,在陰陽交互作用的過程中,各種狀況的發生都是一種概率,其發展結果具有無限的可能性,只不過概率或大或小的問題。陰陽規律是《易經》的哲學思想兩大主軸之一,這也是天地之間萬物共同的規律與法則。

《易經》以天人感應為〝緯〞,來說明人類心念、意識具有左右萬物變化偏移的能力,而且是萬事萬物同類之間相互吸引、相互感應、互通信息的溝通媒介與橋梁,人與人之間相處互動因而所產生的事情,也不脫離此一規律與法則所規範。

萬事萬物都是由於陰陽規律與天人感應〈天人感應為陽,陰陽規律為陰〉相互不斷的交互作用,由不確定到確定,虛擬到真實,量變到質變,微觀到宏觀,而產生各種千變萬化的結果。〈變易〉

這兩者是宇宙客觀規律中的兩大主軸,人處於天地陰陽之間,居主導變化方向的地位,此一規律法則恆久不變〈不易〉。萬事萬物一切的變化,自然始物,自然成物,沒有任何主觀意識的作為。若能了解上述規律,則宇宙規律其實易而不難,簡而不繁。〈簡易〉

這種將陰陽變化的自然規律與人的意識交互作用合而為一的哲學思想,我們稱之為〝天人之學〞,也可以稱之為《易經》的本體。人處於天地陰陽之間,佔舉足輕重的地位,可以贊天地之化育,而與天地並列為三。

《易經》哲理中的宇宙客觀規律總結,
與〝簡易、變易,不易〞結合解釋。

簡易:宇宙萬物都是以陰陽為基本型態,循著陰陽的規律隨著時間的推移不斷的運動變化。萬事萬物一切的運動變化,自然始物,自然成物,只要能了解陰陽的規律,這一切都是非常簡單又容易的事情。

變易:宇宙萬物都是以陰陽這兩種基本型態存在,陰陽相互對立和相互融合,相互蘊含也相互激發,相互變動亦相互轉化的結果,永遠是陰中有陽、陽中有陰,陽長陰消、陰長陽消,陰極生陽、陽極生陰。

此一變化過程始終不斷的在進行,宇宙萬物依據此一陰陽變化的規律,生成始終,生生不息,周而復始,循環不已。在陰陽

變化的過程中,其變化方向會隨著人類意識所負載的信息內容而有所偏移。

盈虛變化是天地間的普遍規律,整個宇宙萬物都處於盈虛盛衰的不斷變化中,時間決定變化的性質,也是變化的基本條件,一切的變化都是隨著時間推移而進退消長。變化同時也是《易經》中最關鍵、最基本的原理。

不易:"法陰陽之變,通天人之際",上述的運動變化,均按照陰陽的規律進行,這種陰陽交互作用的規律客觀存在,其理萬世不易,永恆不變。

佛家思想與《易經》哲理對宇宙客觀規律的啟示。

依據科學家們的認知,《易經》哲理與佛家思想是最能解釋量子理論中的各種神奇玄妙特性與現象。筆者最近看到過一個視頻,講的是佛祖釋迦牟尼所悟出的"道"究竟為何?其中有段敘述引起我極大的關注。

據說佛祖釋迦牟尼剛出生落地的時候,就能直接站立行走,而且朝著東南西北四個方向各走了七步,每走一步,腳下就會綻放出一朵盛開的蓮花,最後讓人想不到的是,這嬰兒還一手指著天,一手指著地,說了一句極為霸氣的話,"天上地下,唯我獨尊"。佛家解釋說:「佛祖這句話不是說給自己聽的,而是要說給世人聽。」也就是說,天上地下一切都是您自己說的算」。

"一手指天,一手指地,天上地下,唯我獨尊"。這裡面隱喻著:在天地陰陽變化的過程中,其變化方向會隨著您的意識所負載的信息內容而有所偏移,也就是您的意識能主導萬物最終變化的結果,一切的結果都是您自己說的算。

不同心念意識的抉擇,事物的發展方向就會有所偏移而有不同的結果,因此,事物的發展的方向與結果,會受到您自己的意識影響而改變。您的心念意識就是"因",事件的發生或結果就是"果"。怎麼樣的"因",就有怎麼樣的"果"。這就是佛家思想中:起心動念,萬物唯心造。與《易經》哲理中的宇宙客觀規律不謀而合。

佛祖"周行四方,七步生蓮"。這裡面隱喻著:天地陰陽運動變化過程始終不斷的在進行,宇宙萬事萬物依據此一陰陽變化的規律,生成始終,生生不息,周而復始,循環不已。"七"指的就是萬事萬物生成始終的周期,不同領域〈四方〉各自有七或七的倍數不同周期,舊的事

物結束之後，又是一個有如盛開蓮花般嶄新的開始。

在《易經》中也有相同類似的隱喻，震為雷六二爻辭：震來厲，億喪貝，躋於九陵，勿逐，七日得；水火既濟六二爻辭：婦喪其茀，勿逐，七日得。「七日得」：七日將復得。易卦六爻，由本位循序而行，一爻代表一日，七日之後復歸原位，七日一變，又是一個局面，七代表一個周期、循環，至於時間單位是年、月、週或日、時，視不同領域而定。

萬事萬物的發展，都是循著元、亨、利、貞的程序與特性，相因相生，一個過程的結束，貞下啟元，將又是另一個過程的開始，周而復始，循環不已，不同領域的事物發展過程都有一個周期，只是周期長短各有不同而已。

《易經》哲理中的兩大主軸。

孔子作《易傳》，以傳釋經，闡明《易經》所蘊涵著〝陰陽規律〞與〝天人感應〞深奧的哲理，才將《易經》提升到具有人文哲理的境界。孔子《繫辭傳·上》說：「一陰一陽之謂道」。〝陰陽〞是我國古代哲學的重要思想之一，也是《易經》哲學思想的核心所在。說明客觀世界的一切運動變化，都是在一定的規律下進行，這個規律就叫做「道」，它的內涵就是陰陽對立的統一和鬥爭。

〝天人感應〞是中國古代的一種哲學思想，儒、釋、道三家均有闡述，是一種宇宙思維模式，它是《易經》哲學思想體系中兩大主軸之一，也是我國傳統文化中非常重要的一個概念。其基本思想是：萬事萬物之間都有內在深層次的連結，愈是相同類似的兩者之間，愈是能夠相互感應、吸引，並能互通信息，人類意識是相同類似的兩者之間溝通的媒介與橋梁。

萬事萬物都是隨著時間的推移，循著陰陽的規律不斷的運動變化，由微觀世界漸進式的量變而至於宏觀世界的質變。當漸進式量變發展到某一程度時，加以外來人為的裁定改變〈天人感應或稱之為人類意識的參與〉，使之完成質變。人為裁定改變之質變，是依據人的意念偏向而改變的質變，與原本陰陽交互作用下所產生的自然質變，性質完全不同。

《易經》哲學思想體系中，宇宙客觀規律的兩大主軸〝陰陽規律〞與〝天人感應〞，分別簡要概述如下：

〈一〉、陰陽規律。

中國古代的哲學家們透過觀察萬事萬物，發現自然界中的一切現

象,不論是極大或者極小,不論是有形還是無形,都存在著相互對立又相互作用的關係,萬物之間有其普遍一致的關連,永遠都處於無休止的變化之中。

因此就用〝陰陽〞這個概念,來解釋自然界兩種對立和相互消長的物質勢力。認為〝陰陽〞的對立和消長,是事物本身所固有的特性,進而認為〝陰陽〞的對立和消長,是自然界一切事物發生、發展、變化及消亡的根本原因,這也是宇宙的基本規律。

在《易經》哲學思想體系中,太極圖代表在能量場中蘊涵著兩條黑白相向,頭尾相抱,靜中有動,動中有靜的游魚,黑白分明的黑魚與白魚就是兩儀,也就是陰陽的代表,象徵陰陽交合可以孕生萬物,萬事萬物排列組合的最基本單位就是陰陽。

陰陽這兩個構成萬物的基本單位,是由太極動而產生,所以太極這個能量場之中,雖然陰陽未生,但是已經蘊涵著組成萬事萬物的共同基因,也就是陰陽,也可以說,萬物一體同源,具有內在的連結關係。

萬物之間不論是有形或無形,微觀或宏觀,都包括著陰陽相互對立的兩個方面,陰陽兩者之間相互對立又相互融合,相互蘊含也相互激發,相互變動亦相互轉化與消長,它們之間相互依靠,相互制約,是一體兩面、如影隨形、變動不拘、生生不息的狀態,萬物永遠都處於無休止的運動變化之中。

陰陽常存在於一個統一的事物之中,事物的發展是在矛盾統一運動形式下進行,而其發展變化總是朝著相反的方向演變,陰極則陽,陽極則陰,日中則昃,月盈則虧,天地盈虛,與時消息。盈虛變化是天地間的普遍規律,整個自然界都處於盈虛盛衰的不斷變化中,時間決定變化的性質,也是變化的基本條件,一切的變化都是隨著時間進退消長。

陰陽規律認為宇宙間所有事物皆有陰陽兩個屬性,它們之間相互依靠、相互制約、存有相互轉化的關係,而且任何一方都不可能離開另一方單獨存在。

任何事物均可以陰陽的屬性來劃分,但必須是針對相互關聯的一對事物,或是一個事物的兩個方面,這種劃分才有實際意義。如果被分析的兩個事物互不關聯,或不是統一體的兩個對立面,就不能用陰陽來區分其相對屬性及其相互關係。

事物的陰陽屬性,並不是絕對的,而是相對的。這種相對性,一方面可表現出:在一定的條件下,陰和陽之間可以發生相互轉化,即陰可以轉化為陽,陽也可以轉化為陰。另一方面,體現出事物具有無限的可

分性,而分陰分陽此一變化的過程,是始終不斷的在進行,宇宙萬物依據此一陰陽變化、剛柔相推的法則,而生成始終,生生不息,周而復始,循環不已。

雖然說分陰分陽,陰陽兩者相互對立,但也不是絕對的分開,還是可以陰中有陽,陽中有陰。而陰陽的對立也不是絕對的,兩者之間還是有交集的部份,此一部分是具有同一性。

陰陽之間雖然是相互對立,但是也可以相互交感而達到統一和諧的程度。任何事物的發展變化總是朝著相反的方向演變,陰極生陽,陽極生陰。陰陽對立和陰陽交感調和的結果,永遠就是陽長陰消、陰長陽消,陰陽相推,相互轉換,相互運動的過程。

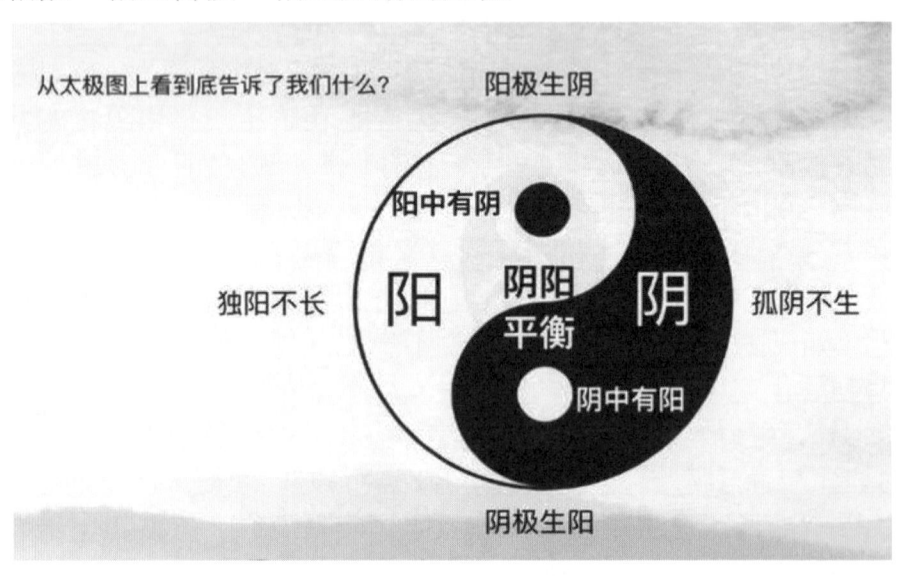

从太极图上看到底告诉了我们什么? 阳极生阴
阳中有阴
独阳不长　阳　阴阳平衡　阴　孤阴不生
阴中有阳
阴极生阳

《繫辭傳》上下篇各分十二章,上篇第一章就借著自然界天地最大的現象,開宗明義的說明宇宙的基本單位就是陰陽,同時也說明《易經》六十四卦是以乾坤為首、為易之門,彰顯先有乾坤兩卦才能再衍生其它各卦,有了天地、陰陽,然後萬物才能產生。乾坤、陰陽在生成萬物的過程中,各自有其特性與功能。乾陽主導萬物資始,萬物的生成就由此起頭開始;坤陰順從乾陽接續完成萬物化育生成的工作。

《繫辭傳・下》:「易,窮則變,變則通,通則久」,所謂〝窮〞,指的就是:事物發展到極點;〝變〞指的就是,由極點向反面變化;〝通〞指的就是,變為反面之後,又有一個新的發展;〝久〞指的就是,有了這些過程之後,事物才能生生不息、周而復始的長久發展演變下去。

宇宙萬物在沒有任何智慧意識參與之下,其發展趨勢是循著陰陽的

規律，隨著時間的推移而不斷的運動變化，陰陽可以經過不同的排列組合，在萬物之間生成變化出許多不同的現象與分類。事物的發生、變化或未來的走向，在陰陽交互作用的過程中，在微觀世界或事物始生階段，各種狀況的發生都是一種概率，具有無限的可能性，只不過是概率大小的問題。

一陰一陽之謂道，指的就是陰陽規律或宇宙的法則，講的就是萬事萬物隨著時空的推移，循著陰陽的規律不斷的運動變化。萬事萬物不會靜止不動，停止變化，要是如此，則宇宙就不會有生生不息，周而復始，循環不已之情事發生。

〈二〉、天人感應。

《繫辭傳・下》：「…於是始作八卦，以通神明之德，以類萬物之情」。這段話強調的是說，伏羲所創設的八卦，是將萬物歸類於這八種符號之內，每一類都有其相同類似之處，相同類似的事物，均有其內在深層次的連結，可以相互感應、吸引，互通信息。〝神明〞一詞在此是指客觀的宇宙規律，《易經》哲理是與宇宙的基本規律相通一致。

《繫辭傳・上》：「方以類聚，物以群分，吉凶生矣」。這段話意思就是說：天下的人同類相聚，天下之物以群相分，性質相近的東西會相互吸引、感應而聚集在一起。當您正面思考的時候，就會有正面的結果出現；反之，當您負面思考的時候，負面的結果也就容易出現，因此吉凶就產生了。

《文言・乾卦》：「同聲相應，同氣相求。水就濕，火就燥；雲從龍，風從虎。」這段話說明萬事萬物之間，相同類似的事物，具有內在的連結，能夠相互感應。例如：水性潤下而濕，地之濕者水必流，火性炎上而燥，物之燥者火必就；〝龍吟而景雲從，虎嘯而谷風生〞，雲隨龍吟而出，風隨虎嘯而起。

之所以會有這種現象，都是因為萬事萬物相同類似的兩者之間，具有內在的連結，可以相互感應、吸引，而且這種現象在自然界是普遍存在。天人感應的哲學思想發源於春秋時期，只是遲至近代量子力學的量子糾纏現象及雙狹縫實驗中才獲得科學驗證，宇宙間確實具有天人感應的現象。

天人感應的理論思想，說明人類心念、意識具有左右萬物變化偏移的能力，而且是萬事萬物同類之間相互吸引、相互感應、互通信息的溝通媒介與橋梁，人與人之間相處互動因而所產生的事情，也不脫離此一

規律與法則所規範。萬事萬物都是由於陰陽學說與天人感應這兩者，相互不斷的交互作用而產生各種千變萬化。

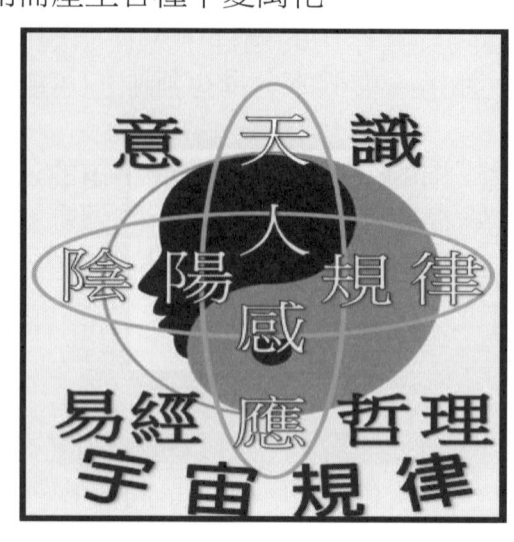

《易經》哲理總結中的宇宙規律示意圖。

　　所謂萬物，則包含一切有形或無形的人、事、物。此一哲學思想最早起源於春秋戰國時期，漢朝董仲舒將天人之間的關係引申為天人感應之說，程朱理學則引申為天理之說。中國古代的哲學思想中，認為自然有甚麼規律，萬物間就有甚麼規律，及同類之間能夠相互感應、相互吸引、互通信息的思想早就已經存在，這就是「天人合一」或「天人感應」的思想理論。

　　老子《道德經‧二十五章》：「人法地，地法天，天法道，道法自然」。〝天、地、人〞這三才，指的就是陰陽的規律與天人感應，〝道〞指的就是宇宙自然的規律。整句話的意思：宇宙間的萬事萬物，包含因為人類之間的互動而產生的種種事情，都有其一定的法則，而此一法則就是遵循自然的規律。

　　在《易經》天、地、人之中的天地，指的就是陰陽，在一卦六爻之中，人位又位於天位與地位之中，象徵著當人的意念參與其中，人的意念可以左右物質本質的變化，及事情發展的偏向，人的意念在此中佔舉足輕重的地位，贊天地之化育而與天地並列為三。

　　〝天人之學〞就是人類應如何效法天道以發揮人事之用的一種學問，也就是論述人類應如何適應宇宙規律而生存的一種學說。唯有「人」能夠與天建立起一種因相類似而相互感應、吸引的內在連結，這種關係

與內在的連結交融，我們稱為天人之學。因此《易經》哲學思想便成為「天人之學」的顯學，我們經過學習了解後，觸類旁通，相互引發，可以更進一步洞悉天下各領域，都是受到同一個宇宙規律所規範。

我們可以擴大引申，宇宙間陰陽變化的基本規律，在人的意識未參與之前，一切都處於不確定狀態，對人而言，毫無意義。當人的意識參與之後，由於陰陽規律與天人感應〈天人感應為陽，陰陽規律為陰〉相互不斷的交互作用，由不確定到確定，虛擬到真實，量變到質變，微觀到宏觀，而產生各種千變萬化的結果。

這兩者是宇宙客觀規律中的兩大主軸，人處於天地陰陽之間，居主導變化方向的地位。這種將陰陽變化的自然規律與人的意識交互作用合而為一的哲學思想，我們稱之為〝天人之學〞，也可以稱之為《易經》的本體。

〝天人之學〞是中國思想文化傳統中最基本的問題之一，「究天人之際」幾乎可以說是古代思想家們的共同願望，追求「天人合一」是中國人生哲學中的一個根本觀點，是中國文化中最主要的價值之一，而形成中國文化的一大特色。

孔子問〝道〞於老子。

孔子與老子是同一時代的人物，孔子五十而學易，年五十一，適周問禮於老子。孔子見老聃歸，三日不談。孔子謂弟子曰：〝吾乃今於是乎見龍。龍，合而成體，散而成章，乘乎雲氣而養乎陰陽……〞。

也就是說：「我見到老子，覺得他的思想境界就像遨遊在太虛中的龍一樣，乘雲駕霧，遨遊於太虛幻境，無影無形捉摸不定，我沒法追逐和捕捉他的思想」。從孔子而後曾說：「五十知天命」這句話中推測，孔子對《易經》理論思想的領悟與啟發，或與老子思想有關。老子的宇宙觀是與《易經》的宇宙觀相吻合的。

孔子與老子會面時主要探討的是〝何謂天道〞？也就是問：宇宙的客觀規律是甚麼？對此老子說：陰陽之道深不可測，人有眼睛卻看不見，有耳朵卻聽不見，有語言卻不能傳授，是平常人的智慧所不能理解的。因此，所謂得〝道〞，並非真正得〝道〞，而只是體〝道〞。假如您像認識宇宙有形事物一樣，藉助五官和語言去認識所謂的〝道〞，那將永遠無法得〝道〞。

求〝道〞的關鍵在於內心的覺悟，如果內心無法體悟到〝道〞的存在，〝道〞將無法保留，心中體悟到了〝道〞的存在，還要在現實生活

中獲得進一步印證，若是在日常生活中您無法得到進一步的印證，則得不到印證的〝道〞，在前往追求〝道〞的路途上，您將無法暢通無阻的前行。這就是得〝道〞的往聖先賢，內心雖然有所領悟，卻不能為外人道破的原因。

一個求〝道〞之人僅僅希望能從外界獲得關於〝道〞的認識，而不去用心的體會，那將是緣木求魚，即便是聖人也不願意教授他。就算是學識淵博的人，也不一定能懂得大〝道〞，就像是擅長辯論的人，不一定有智慧一樣，無用的知識與辯術，早已被聖人所摒棄。

所以得〝道〞的聖人，總是處於一種已體悟〝大道〞的狀態，〝道〞淵深似海，高聳如山，周而復始，循環不已，主宰萬物，並賦予萬物生生不息永無窮盡的動力，宇宙萬物就是有了〝道〞無形的推動力，才不至於匱乏。老子這段話道盡〝天道〞的玄機，孔子也因此獲益良多。

由上述可知，所有用語言、文字所描述的宇宙客觀規律，只是給您指引出一條通往〝天道〞的正確方向，〝也只是指著月亮的那隻手，而非月亮〞。我等亦不應氣餒，縱然所有言語、文字只能讓您認識〝道〞的正確方向，而非真正的〝天道〞，但雖未至亦不遠矣！還須每個求〝道〞之人在日常生活中用心體悟，相互驗證，最終方能在心中有所體驗而達成〝悟道〞的最高理想境界。

二、量子理論蘊涵的宇宙客觀規律。

《大學》之中〝窮理於事物始生之處，研幾於心意初動之時〞。〝物有本末，事有終始，知所先後，則近道矣〞。這兩句話雖然講的是追尋學問的真理及修己治人的功夫，但是和量子理論中的概念卻有相互脗合之處。

自古以來，我們通常會去思考一個問題，在宏觀的物質世界中，萬事萬物最終發展的結果，其在初始期間到底是一種甚麼樣的狀態？是早就確定好了呢？還是屬於一種不確定狀態？要是我們能夠將事物整個發展變化的過程都了解之後，就能了解客觀的宇宙規律究竟為何？

量子力學詭異的物理特性與現象，超乎我們一般人的認知與想像，這種當今物理學界最詭譎的理論，連科學家們迄今都不知其所以然，因此一般人初次接觸可能會發生一頭霧水，不知所云，難以接受的情事，這都是正常現象。

《易經》的哲學思想講的就是宇宙的客觀規律，易有三義中〝簡易、變易，不易〞只是簡要說明《易經》的基本概念與特性，對於事物的完

整發展過程中,其詳細的運作模式,可能還是一無所知。作者僅藉本篇論文進一步引申闡述,其最主要目的就是要論述〝客觀的宇宙規律究竟為何?〞我們在進一步認知之後,要如何的在日常生活中實際應用,以提升我們精神層次。

我們可以依據《易經》哲學思想內涵的輔助,更深入詳細的理解量子力學中種種詭異的理論,同時也可以藉助量子物理科學的理論思想,為精深奧妙、玄之又玄的《易經》哲學思想輔以佐證,兩者相互參照驗證、相得益彰之下,有助於讀者快速理解其中奧妙所在。

《繫辭傳·下》:「易道廣大,無所不包」。「以通神明之德,以類萬物之情」。《易經》哲學思想中所講述的陰陽規律與天人感應思想,由微觀的量子世界到宏觀的現實生活中,都是一體適用。再小的物質裡,都蘊藏著宇宙全部的規律與法則,整個宇宙不論大小都存在著相似性,相同類似者之間,具有內在深層次的連結,可以相互吸引、感應、互通信息。因此,現代物理科學中的量子力學,就是詮釋《易經》哲學思想符合科學依據的最佳論證。

不論是《易經》的哲學思想或老子的〝天道〞思想,還是鄭玄解讀易有三義中的〝簡易、變易,不易〞,站在科學的角度來說,他們指的都是唯一的客觀宇宙規律。而在本章節量子理論蘊涵的宇宙客觀規律之中,會將有關細節部分予以詳加解說。

數千年以來,人類一直試圖解開宇宙和人世間萬物運動變化的奧秘。至今人類已經歸納出了幾套物理定律,能清楚地說明宏觀世界裡物體的運動變化。然而現在我們又發現,在微觀世界中,事情並沒有那麼簡單,因為科學家所發現革命性的新規律,已經徹底顛覆了我們對宇宙的看法,這些新規律我們稱之為量子力學或量子理論。

量子力學主宰了所有物質中的基本粒子,包括恒星和行星,岩石和建築,甚至是您和我。我們在日常生活中,並未明顯感受到量子力學的奇異之處,但是主宰微觀世界的量子力學定律,與我們所認知的物理定律,兩者之間卻是大相徑庭。要是您對它們有些許瞭解,您看待世界的視野,便會大幅度的提升到前所未有的高度。

在量子力學各項超出常理的特性尚未被發現之前,我們在日常生活中,會經常發現有些事情的現象異常玄妙難解,我們認為是超自然現象,或是神明的指示,殊不知這些現象都和量子力學息息相關,我們只是不知曉而已。例如心電感應、宗教的神示、動植物能了解您的心意、占卜具有預測未來的功能⋯等。

量子力學是描寫微觀世界的一個物理學理論，與愛因斯坦的相對論，一起被認為是現代物理學的兩大基本支柱，許多物理學理論如：原子物理學、固體物理學、核物理學和粒子物理學…等，以及其它相關的學科，都是以量子力學為基礎來進行研究的。

三、量子理論概說。

宇宙中的萬物，都是由能量轉化而成，不論是固體、氣體或是液體，不論是有形或無形，都是一種能量的表現。深入微觀量子世界探究物質的幾微之處，發現由基本粒子不同的排列組合，所組合而成不同性質的原子，其實是沒有實體物理結構，原子是由無形的能量轉化而成，而不是由有形的物質所組成。

宇宙的真空中，基本粒子可以憑空出現，也可以憑空消失湮滅，不斷的有粒子產生及消失，出現的時候是由能量轉化成物質，不見的時候已經由物質轉化成能量，〝質〞與〝能〞是可以相互轉化，就如同陰陽之間的轉化。能量無法被創造或被銷毀，它只能從一種型態轉變為另一種型態。

量子理論中科學家們揭示了宇宙三種不同的存在型態，物質〈陰〉、能量〈陽〉、信息〈意識〉，此中的物質指的是我們宏觀的物質世界；能量指的是宇宙混屯的量子信息能量場此一大的量子系統；信息指的就是能負載人類起心動念此一信息的量子意識能量場。

只要是比原子還小的基本粒子，都統稱之為量子。描述微觀世界基本粒子之間的動力學，統稱之為量子力學。所有闡述量子物理性質、現象的論說，我們稱之為量子理論。微觀世界的量子具有許多不同特殊的現象與性質，我們稱之為量子特性，例如：量子糾纏，量子疊加態、量子感應、概率波的坍縮…等。

我們現在生活的世界就是宏觀世界，所有的物質都是確定的實體，具有特定的物理性質與位置，接受經典物理定律的規範與描述。而微觀世界是我們肉眼無法看到的範圍，宏觀世界的一切物質在微觀世界是沒有實體的物理結構，是處於虛擬、不確定的狀態，以概率來代表它的存在，經典的物理定律無法加以描述解釋，這種狀態我們稱之為量子態。

微觀世界的所有一切，都是以量子態的形式存在，微觀世界是處於一個大量子系統中包含無限多個小量子系統，大大小小的量子系統中的量子態都有內在的連結，就像是全球網路都可以互通信息一樣。

在微觀世界裡一個量子系統中有多個量子態同時存在，相互疊加而

成一個量子系統,此一系統中每一個量子態都有可能在宏觀世界發生,處於不確定狀態,沒有實體的物理結構,每一個量子態其最終發生的可能性,只能用概率來代表。此一系統稱之為量子系統,此一量子系統的狀態是由多個量子態組合而成,稱之為量子疊加態。

　　所有的量子系統都包含兩個以上的量子態組合而成量子疊加態,量子系統也是處於虛擬、不確定狀態,並非固定存在,其存在時機是在人的量子意識參與之時,至於此一量子系統究竟有多少量子態疊加組合而成?完全視量子意識所負載的信息內容而定。

　　也就是您的量子意識是正反兩面的抉擇,則此一量子系統就是由兩個相對立的量子態組合而成的量子疊加態;如果您的量子意識是由眾多項目中加以抉擇,則此一量子系統就是由眾多的項目的量子態,組合而成的量子疊加態,餘此類推。

　　此一量子系統量子疊加態之中,就會有一個與您量子意識所負載信息相同類似的量子態存在,由於萬物一體同源,相同類似的兩者之間具有內在連結的糾纏關係,能夠相互吸引感應。

　　當您的量子意識此一量子系統參與之後,兩個量子系統產生交互作用,微觀世界此一量子系統中與您量子意識信息不相同的量子態概率坍縮歸零;而量子疊加態中與您意識中信息相同類似的量子態,其概率同時轉變為百分百,由虛擬、不確定狀態轉化為真實確定狀態,由微觀世界的量變轉化為宏觀世界的質變。

　　由於您的起心動念,化虛擬為真實。因此微觀世界不確定的量子疊加態,會受到有智慧人類的心念意識觸發影響,而在宏觀世界產生與心念意識相同類似的結果。

　　如果您想找出基本粒子在活動範圍內,它目前是在處於哪個位置,由於基本粒子在微觀世界是處於沒有實體的量子態,量子態是一種量子能量場狀態,可以瀰漫在其活動範圍之內〈量子系統〉的任何一點,每一位置都有可能存在,是以出現的概率來代表它的存在。

　　在此一量子系統中,基本粒子是由無限個位置的量子態組合而成為量子疊加態。因此,這個基本粒子何止是可以同時處於三千個不同位置,可以說是無處不在,因為每一位置都有它出現的概率;也可以說是處處不在,因為它只有一個基本粒子。

　　虛擬的量子態由於並無實體,無法經由肉眼觀測到,它只是一種物理學的概念,在微觀世界是一種存在的狀態,而不是存在的本身,而您所能觀測到的物質世界各種現象,是已經由量子態轉化成為宏觀世界具

有實體物理結構的物質。

現在問題來了，物質是如何從微觀量子世界的虛擬、不確定的量子疊加狀態，轉化為宏觀世界真實確定有實體的物理狀態呢？那就需要人的意識參與其中。當人的意識參與之後，量子系統疊加態中的各種量子態，與心念意識相同類似的量子態概率轉變成100％，同時其餘量子態的概率坍縮為0，由量變到質變，由微觀世界的不確定狀態，轉變成宏觀世界的確定狀態。

量子系統中的量子疊加態，概率經過坍縮量變之後，最終由虛擬不確定的量子態，轉化成宏觀物質世界的真實確定狀態？到底是甚麼因素起到關鍵的作用？這就是科學家們研究探討的重點之一！

量子理論所論述驗證的是宇宙萬物之間，〝宏觀與微觀、整體與部份、心靈〈意識〉與物質之間〞內在深層次的連結關係。此一思想理論顛覆了西方傳統觀念，而與東方的神秘哲學思想概念相同類似，包括中國的《易經》、道教的《道德經》、佛教等⋯，這些思想觀念最能解讀量子力學中不可思議的怪異現象。

儒釋道三家共同的觀點，就是認為人的〝心〞很重要，〝一念上天堂，一念下地獄〞，您心念意識的偏向，就是成佛成魔的關鍵所在，與量子特性中〝人的心念意識能夠塑造物質世界〞完全的脗合。

相同類似的兩者之間能夠相互吸引感應的糾纏現象，不論是微觀還是宏觀世界，在宇宙萬事萬物之間是普遍存在的現象。您一念之間的抉擇，決定了您此一事件未來的結果！〝意識是物質世界的基礎，可以化虛擬為真實，促成了物質世界從微觀世界虛擬不確定，到宏觀世界真實確定的轉移。〞

我們可以藉著量子力學中的理論，來為《易經》〝陰陽學說與天人感應〞的哲學思想做科學論證，證明我們中國的《易經》哲學思想，早在七千多年前伏羲時代，就已經掌握住萬物生成發展的宇宙基本規律。

影響量子特性的幾個關鍵因素。

我們這個宇宙中，之所以會有這些奇異的量子特性，必須追本溯源，原始反終，也就是想要知道事物為何會有如此結果？必須先去了解其原始狀況究竟是因何之故，經過探究分析出幾個關鍵因素：

1、萬物一體同源，宇宙萬物具有整體性，每一個狀似分開的個體，與整體相互之間都存在著深層次的內在糾纏連結關係，因此量子糾纏現象是萬物所具有的共通性。

2、在微觀量子世界沒有實體的物理結構，都是處於量子疊加態，在人的心念意識未參與之前，一切事物都是處於虛擬不確定狀態，只能以概率來代表其存在狀態。
3、相同類似兩者之間能夠相互吸引感應、互通信息，人的量子意識是其中溝通的媒介與橋梁。
4、宇宙萬物都是循著陰陽的規律，隨著時間的推移不斷的運動變化。在變化的過程中，人的量子意識所負載的信息內容，能夠左右事物變化的偏向。
5、宏觀世界是微觀世界的累積顯現，量子理論貫穿整體宇宙，在微觀與宏觀世界均一體適用。
6、宇宙萬物都是由能量轉化而成，質能之間可以相互有如陰陽之間的轉換。
7、量子系統的量子態由不確定到確定，需要人的意識參與，量子事件其結果與意識彼此不可分割，人的心念意識能夠塑造物質世界。陰陽規律〈量子疊加態〉與天人感應〈量子意識〉交互作用下，產生千變萬化的大千世界。
8、量子理論闡述〝宏觀與微觀〞、〝整體與部份〞、〝心靈與物質〞之間深層次的內在連結關係。

〈一〉、雙縫實驗。

　　2002年《物理世界》雜誌評出十大經典物理實驗，楊氏雙縫實驗名列第一名。雙縫實驗是量子力學的核心實驗，因為它包含著量子力學中最為神秘之處。費曼說：量子理論的奧秘都隱藏在雙縫實驗裡，量子領域顯示出了心靈與物質之間，確實是存在內在深層次的連結，可以相互感應、吸引、互動的。

　　雙縫實驗結果所代表的意義：人的心念意識想觀察粒子是否為物質之時，基本粒子的量子疊加態中物質與能量這兩種量子態，其中物質量子態與意識信息相同類似觸發其概率轉化為百分之百，能量的量子態概率則坍縮歸零，由微觀世界虛擬、無實體、不確定的量子態，轉化為宏觀世界具有實體物理結構的確定狀態。

　　也就是說，量子系統會隨著人的心念意識，而改變其物質本質的性質，由波－粒二象性轉化為粒子，並在宏觀世界中顯現。量子具有這種「波－粒二象性」也就是既是物質也是能量、既不是物質也不是能量的特性，就與《易經》的陰陽理論中陰陽同時存在，也可以相互轉化的特

性不謀而合。

我們仔細的思考雙縫實驗的意義,就能夠逐漸的了解整個量子世界的真諦。量子也就是基本粒子,任何基本粒子均具有波-粒二象性,或者也可以說是基本粒子均同時具有物質與能量這兩種互不相容的性質。萬物都是由基本粒子由於排列組合不同所構建而成,因此所有物質均具有波-粒二象性。

從雙縫實驗中物理學家得出結論:量子系統存在著多種量子狀態,是一種量子疊加態,在沒有測量觀察之前,其最終顯示的結果是不確定的,以概率波函數來代表,從不確定到確定必須要有意識的參與,直到被觀測時,才確定某種量子態從虛擬轉化為實體顯示,其餘各種量子態的概率就會坍縮歸零。

在量子理論當中,觀察者的量子意識和量子系統之間存在著相互作用,這種相互作用的力量,已經強到我們不能認為量子系統可以離開觀察者〈人的意識〉而獨立存在。

就像不確定性原理中所說的,如果我們想精確的測定粒子的位置〈物質的位置〉,就必須是粒子的動量〈能量〉變得更加不確定,反之亦然。微觀物體的波動性與粒子性互補,就像是陰陽之間一體兩面的關係,陰消陽長,陽消陰長,相互推移,相互消長,具有互補之關係,也就是中國《易經》中所說,客觀世界的一切運動變化,都是隨著時間的推移循著陰陽規律不斷進行之中。

因此,觀察者的意識創造了現實,意識與客觀環境的變化具有某種特定的內在連結關係。人的心念意識能參天地之造化,在影響客觀環境的變化中居主導的地位,同時也強調了物質與心靈〈意識〉之間深層次內在連結的關係。

〈二〉、量子糾纏。

量子糾纏現象是量子力學中,最重要也是處於最關鍵的地位,量子理論中所有其它的量子特性與其息息相關,就是因為有了它的存在,其它量子特性的存在才能合理化。

天文學家的大霹靂理論也證實,宇宙間的萬事萬物在大霹靂之前,同是由一個無限小的奇異點所產生,相互之間早已具備內在深層次的連結關係,當萬物由能量轉化產生之後,相同類似的兩者之間產生了糾纏現象,均可以相互吸引感應、互通信息,只是強弱有所差異而已,這種現象在宇宙萬事萬物之間普遍存在。

中國的《易經》哲學思想早在數千年前，就已經將宇宙的規律一語點破，揭示了宇宙是個不可分割的整體。《易經》八卦中所述「上通神明之德，以類萬物之情」，在《易經》無極奇異點之時，萬物一體同源，都有內在的連結，就算是陰陽產生化生成萬物之後，萬事萬物都仍然具有內在深層次的連結，可以互通信息、相互吸引感應。

只是愈是相同類似的兩者之間感應愈強，反之則弱。人的意識則是萬事萬物相同類似的兩者之間相互吸引、相互感應、互通信息的溝通媒介與橋梁。

我們人世間的人、事、物也都同樣具有「量子糾纏」的現象，糾纏現象是宇宙萬物具有的共通性。因此，老子說：「天地與我同根，萬物與我一體。」是有科學上的依據。《易經》同時指出天、地、人三才之中，我們人是站在天地之間，也就是在陰陽的規律之中，能夠左右陰陽變化的方向，佔有主導變化的地位。

量子糾纏現象是指，具有內在連結的兩個糾纏之基本粒子，是一體之兩面，就如同陰陽不可分割一般，能夠彼此之間保持聯繫，不管它們之間的距離有多遠，能超越時空的限制，具有相互吸引、感應、互通信息的能力。由基本粒子組合而成的原子、分子，以至於萬物，由微觀的量子世界至宏觀的物質世界，由於差異性愈來愈大，其相互感應、吸引的能力仍然存在，只是逐漸減弱而已。

宇宙中萬物之間的分離，其實是一種假像！外表看起來每一件東西都是分離的，在更深的層次裡，卻具有相互內在連結的關係，每一件東西都是另一件東西的延伸，糾纏的基本粒子並不是分離的兩個單獨的個體，而是一個量子系統中的兩個量子態疊加而成的量子疊加態。量子疊加態中各量子態都具有相互糾纏的關係，而且還是處於一種互補的狀態。存在互補關係的兩者之間，必定具有內在糾纏的連結關係。

量子糾纏是指萬事萬物之間具有內在的連結，相同類似的兩者之間具有量子糾纏的關係。愈是相同類似的兩者之間，其相互吸引感應的能力愈強；差異愈大的兩者之間，也能相互吸引感應，只是吸引感應的能力較弱而已。

例如：您的量子意識中所負載的信息，就能與量子疊加態之中信息相同類似的一個量子態產生吸引感應作用，讓其它的量子態概率坍縮歸零，這就是量子糾纏的效應，重點在內在的連結與相同類似，而量子意識在其中產生觸發或媒介的作用。

〈三〉、量子疊加態。

　　事情在我們沒有抉擇之前,事情會有何種一定的結果,它根本就不存在。科學家擁護這樣一種觀念:進行實驗之前,實驗的結果它根本就不存在。所謂量子疊加態,是指一個量子系統中具有不同的量子態,所有的量子狀態疊加,共同組合而成此一量子系統。

　　量子系統存在著多種量子態的疊加,每一種量子態最終是否能在宏觀世界真實的發生,都是以概率〈概率波函數〉來代表它的存在,是處於虛擬、不確定、無實體的一種狀態下,而且它只是一種概念而已。直到人的意識參與觸發時,才坍縮成為與量子意識所負載信息內容相同的一種,此一系統我們稱之為具有量子疊加態的量子系統。

　　微觀世界的任何一個量子系統,都是至少兩個以上的量子態疊加組合而成量子疊加態。例如宇宙此一大的量子系統,是無限多個小量子系統分層疊加而成,只要是您所能想得出的任何狀態,在此一大量子系統的量子疊加態中,都是有可能發生的一種量子態,而每一個量子態均為虛擬、不確定、無實體的一種狀態下,因此均以概率來代表它的存在。

　　就以現實生活中來舉例說明,任何一件事情的最終結果如何?在沒有量子意識參與之下,也就是您尚未作出最後抉擇之前,此一事件最終的結果具有多樣性及不確定性,每一種結果都有可能發生,只是概率大小不同而已。

　　量子疊加態最基本的型態,指的就是正反兩面的狀態,在人的意識沒有介入之前,兩面都同時存在。例如量子同時具有波–粒二象性,人的意識沒有介入之前,量子呈現的是〝既是物質又是能量;既不是物質也不是能量〞,是具有波–粒二象性的量子疊加態,在此一空間內以量子信息能量場的量子疊加態瀰漫在整個空間,由於是一種能量場,所以一個基本粒子可以在其活動範圍內無處不在。

　　當人的意識要觀察其是否在這裡的時候,就呈現粒子的物質狀態,其餘各處粒子出現的概率就會坍縮歸零。這就是有名的雙縫實驗所驗證的微觀量子現象。微觀世界的任何一個量子系統,都是至少有兩個以上的量子態疊加組合而成的量子疊加態。

　　例如宇宙此一大的量子系統,是無限多個量子態疊加而成,只要是您所能想得出的狀態,在此一量子系統的量子疊加態中,就會有一個量子態與您的量子意識所負載的信息內容相同類似,而量子疊加態中每一個量子態均為虛擬、不確定、無實體,僅能以概率來代表它的存在,此一結論從此之後開啟了量子力學的新紀元。

這個世界上沒有宏觀經典物理學可以測量的微觀世界粒子，量子世界的虛擬不確定性，不允許我們以經典的方式去描述它，我們只能選用概率這樣的描述方式，這種描述方式對我們而言，既是正確也是惟一的。

　　觀測行為就是人的意識參與，自然展現給我們看的面貌，會依我們觀測方式的不同而有所變異。基本粒子在觀測前，是處於一種量子疊加態，量子疊加態一經觀測，就會坍縮到與意識信息相同的固定狀態，而由微觀量子世界轉化到宏觀的物質世界。

　　而在沒有被觀測之前，基本粒子則是處於〝處處皆在，卻又處處不在〞的混合疊加不確定狀態。粒子在宏觀世界表現出的性質，全憑觀測者的觀測行為所決定，除非進行觀測，否則一切都是不真實的，因此粒子實際上只存在於觀測中，觀測之外不存在一個實在的、客觀的粒子。

　　量子不確定性意味著對於某一系統中的特定量子態而言，存在著很多〈也許是無限多〉不同的未來或是可能的真實狀況。對於每一個意識參與之測量結果，量子力學可以算出它們可能出現的相對概率，不過它無法明確說出究竟哪一個可能性會轉化成事實。但是，一旦觀測者做出一項測量，他就只會得到一個結果。

　　整個宇宙就是一個大的量子系統，萬事萬物的生成、發展、變化及消亡，是隨著時空的推移循著陰陽的規律一直在不斷的運動變化，事物的發生、變化或未來的走向，在陰陽交互作用的過程中，各種狀態〈量子態〉的發生都是以概率來代表，萬事萬物的發展結果具有無限的可能性，只不過概率或大或小的問題，只要您能想得到的各種狀況，都在宇宙此一大的量子系統量子疊加態中存在，也就是整個宇宙中具有無限多個量子態，也就是最終的結果具有無限多個可能性。

　　宇宙這個大的量子系統之中，分支為無限多個分量子系統，各分量子系統再分支無限多個小量子系統，所有量子系統環環相扣，由於萬事萬物一體同源之故，都具有內在的連結與糾纏的關係，每一個量子系統都是另一個量子系統的延伸，這就是整體與部分之間的內在連結關係。

　　我們人生在世，您的意念所及任何一個事件，都是具有量子系統性質的量子事件，都是受著量子力學的規律所規範。如果您的心念意識是從無限個目標中尋找所要追求的目標時，此一量子系統的量子疊加態，就是由無限個量子態疊加組合而成。

　　當您一開始起心動念，在微觀世界就自然同時產生一個量子系統。如果您目標的尋找，只是在相對立的兩個面中去找尋目標之時，則此一量子系統就是由兩個量子態組合而成的量子疊加態。量子系統中的量子

疊加態,到底是由幾個量子態所組合而成?完全依您的心念意識信息內容所要抉擇的範圍多寡而定。

例如:您想知道基本粒子是物質還是能量的型態,則此一量子系統就是由能量與物質這兩種量子態疊加而成。當您想要知道此一基本粒子在其活動空間中,現在的位置究竟何在?因為基本粒子是以能量場的型態存在,因此在此一活動空間的任何一個位置都可能存在,所以是由無數個量子態疊加而成的量子疊加態。

在薛丁格的貓實驗中,您想知道此貓是死還是活?此一量子系統就是由〝是死和是活〞這兩個量子態疊加而成。簡而言之,量子疊加態中究竟有幾個量子態疊加而成,端視您心中的意念如何?並無一定的標準可言!

我們在人生中所遭遇的任何一件事情,在您沒有針對此一事件做出任何抉擇之前,此一事件是處於無數可能所組合而成的量子疊加態,每一個可能都是以概率來代表,未來的發展與結果,是處於不確定狀態,此一事件可以稱之為量子事件,或稱此一事件的量子系統。

當您針對此一量子事件做出抉擇之後,您的量子意識中負載著抉擇的信息,就會與此一事件的量子系統產生交互作用,量子事件中某一與信息相同類似的量子態受到量子感應,造成其它量子態概率坍縮歸零,而與信息相同類似的量子態,轉化為百分之百的確定狀態,並且在宏觀世界呈現顯示。

因此,宇宙中的量子系統是大量子系統包含無數小的量子系統,層層相疊、環環相扣,都是虛擬的狀態,並無一定的實體存在,微觀世界的量子系統其出現時機,是在人的起心動念的時候,視心念意識的內容而決定量子系統的量子態多寡與型態。

我們這個宇宙中的萬事萬物隨著時間的推移,都是循著陰陽的規律不斷的運動變化,在此一運動變化的過程中,具有無限多個可能事件會發生,各種可能事件都是以概率來代表,是處於微觀世界虛擬又不確定的量子疊加態,只要人類能想像出的任何事件,都在其涵蓋範圍之內。

也就是說,在量子疊加態中所有一切的量子態,都是陰陽之間交互作用而產生的一切虛擬不確定的可能狀態。在您量子意識尚未參與之前,都是虛擬無實體結構的假象,其涵蓋的範圍包含一切的可能性,您的心念意識不參與,它就不會真實的呈現在我們宏觀的物質世界,這些奇異玄妙的量子現象,值得我們深思其中蘊涵的禪意!

〈四〉、能量的疊加或抵消。

　　能量具有波的特性，也就是具有波峯與波峯、波谷與波谷之間相互累積疊加；波峯與波谷相互抵銷的干涉特性。這叫做〝波的疊加原理〞。所謂疊加或抵銷：指的就是正一加正一等於正二，負一加負一等於負二，正一加負一等於零，正二加負一等於正一。

　　今日的正面思考，明日還是如此正面思考同樣一件事情，其累積的正面能量是正二，是隨著時間的推移而累積；同樣的今日的負面思考，明日還是如此負面思考同樣一件事情，其累積的負面能量是負二。

　　波是一個能量場，能夠負載能量與信息，具有相互疊加與抵消的特性。正面的能量信息波與正面的能量信息波之間，可以疊加累積。負面的能量信息波與負面的能量信息波之間，也可以疊加累積，只不過是負面的效應。在正負兩面的能量信息之間，是可以相互抵消化解。

　　量子意識是量子信息能量場，屬於能量波型態，能夠負載能量與信息，具有波的特性，因此吸引、感應的力量具有相互疊加或抵銷的作用。今日正面思考，明日同樣的如此正面思考同樣一件事情，其累積的正面能量是正二，是隨著時間的推移而累積。

　　同樣的，今日的負面思考，明日還是如此負面思考同樣一件事情，其累積的負面能量是負二，同樣也是隨著時間的推移而累積。正面的意念產生正面的能量，負面的意念產生負面的能量，正負面的能量產生正負面的結果。每日正面思考則有正能量與日俱增的作用；反之，每日負面思考則有逐日遞減您正面能量的作用。

　　客觀環境、物質的好壞，是隨著人類意識的善惡、好壞而偏向，此一量子特性不但在微觀量子世界會出現，在宏觀世界同樣是能夠顯現，只是愈是宏觀，其外在現象愈是不能立即明顯發現，但是其微觀量子狀態，還是會隨著時間的推移，或所加諸之意識能量的疊加累積，漸進式的由量變而至於質變，最終會在宏觀世界中顯現，而讓您感受到它正負面的作用。

　　這一觀點認知非常重要，我們一生一切事件最終的結果利弊得失、吉凶悔吝，都是因此而產生。在日常生活中正能量與負能量的累積，在初始期間您還感覺不出它對您的影響，隨著時間的推移而不斷的累積能量，終究會達到臨界點，正能量您就會得到應有的福報，反之，負能量您就會深受負面結果所害。

〈五〉、量子意識。

一切福田，不離方寸。人的心念意識是量子信息能量場，能夠負載能量與信息，具有超脫時空的限制，無遠弗屆的與心念所及之目標產生相互相吸引、感應的能力。由於人的心念意識屬於量子信息能量場中的能量波的型態，所以此一吸引、感應的力量，與波的特性相同，具有相互疊加或抵銷的作用。

　　心靈上的念力或意念、意識，是一種不受我們身體局限的量子信息能量場，是宇宙中相同類似兩者之間相互感應、吸引溝通的橋梁，有能力改變物質的屬性及事件發展的方向，沒有侷限性，能夠超越時間及空間的限制。正面的意念產生正面的能量，負面的意念產生負面的能量，正負面的能量產生正負面的結果。每日正面思考則有與日俱增的作用；反之，每日負面思考則有逐日遞減您正面能量的作用。

　　人的意識其影響的程度與範圍，是由本身為中心，就像是波之漣漪一般向外擴散，任何一個起心動念都是一個量子信息能量場的發射，量子意識所負載的信息，都會與宇宙間相同類似者產生內在的連結而相互糾纏吸引感應，其影響當事者本身最為強烈，尤其是身體的健康影響尤鉅，愈是外圍其影響程度愈是輕微。

　　因此，正面或負面的思想意識，獲益或受害最嚴重的就是本身自己。量子事件是可逆的，因此，若是心靈上負面的思考意識導致不良的結果，也可因正面調整改變您心靈上的思想意識而獲得改善。

　　萬物都是一體同源，量子領域顯示出了心靈與物質之間，確實是存在內在的糾纏連結，可以相互感應、吸引、互通信息，這種現象在宇宙間普遍存在。《易經》哲理指出天、地、人三才之中，我們人是站在天地之間，也就是在陰陽的規律中，能參與陰陽之間的相互轉化，左右陰陽變化的方向。

　　萬事萬物都是由於量子疊加態與量子意識這兩個量子系統，交互作用而產生各種千變萬化，人處於天地之間，居主導變化的地位，可以贊天地之化育，而與天地並列為三。佛家的〝萬物唯心造〞；《易經》的哲理〝人能參與天地之造化〞，其意義是完全相同。

　　吸引是由於您的心念意識而吸引相同類似的事物，由虛擬化為真實；感應是由於您的意識心念與相同類似者之間產生感應、互通信息。相同類似兩者之間的互動，皆須藉著心念意識的量子信息能量場作為溝通的媒介或橋梁。量子疊加態坍縮的結果，會隨著心念意識正面或負面信息內容的不同，而呈現與意識相同類似多樣性的變化。

　　這個千變萬化的宏觀世界，都是每個人的心念意識其抉擇所造成的

一個綜合體。人的意識是物質領域的創造者，人在基本層面上參與了宇宙的造化，每一個人都是自己一生的創造者，個人意識上的抉擇創造了自己的一生，也就是說，不同的思想抉擇，就有不同的人生。

《易經》中的哲理：萬事萬物都是隨著時間的推移，循著陰陽〈量子疊加態〉的規律不斷的運動變化之中，由微觀世界漸進式的量變而至於宏觀世界的質變。在萬事萬物之間形成不斷的生成始終，周而復始，循環不已，成就了萬事萬物一切生生不息之發展與變化。

要是無人類意識〈觀測〉參與其中，萬事萬物最終變化的結果縱有千萬種，每一種結果的出現都是一種概率，只是概率大小不同而已，但是對人類而言則是毫無意義。

當微觀世界漸進式量變發展到某一程度時，人類的意識參與其中，加以人為的裁定改變，事物變化最終的結果〈由微觀世界概率波的坍縮，到宏觀世界的顯示〉，就會隨著人類的意識偏向而完成質變〈由微觀世界的量變，轉化成宏觀世界的質變〉，此一質變性質是依據人的意念內容而改變的質變，稱之為變化。也就是說，萬事萬物最終發展變化的結果，是由於陰陽之間的變化〈量子疊加態〉與天人感應〈量子意識〉這兩個量子系統交互作用之下的產物。

〝意識是物質世界的基礎，促成了物質世界從不確定到確定的轉移。〞因此，研究討論量子力學離不開意識，意識是量子力學的基礎，意識在量子力學中所扮演的角色，就是〝觀測者創造現實〞。物質世界和意識無法分開，簡單的解釋就是，所有的量子系統都無法在被觀測的情況下而不被影響。

微觀的量子世界與宏觀的經典世界，中間就好像隔著一層朦朧的簾幕，您看不清楚微觀世界的真面目，一切都是以概率來代表，以虛擬、不確定的狀態存在，〈這就是物理大師霍金所說的：上帝不但擲骰子，祂還把骰子擲到我們看不見的地方去〉除非是您起心動念去觀察它，微觀世界才會依據您的觀察，展現出與您心念意識相同類似的結果出現，才會由微觀世界的虛擬、不確定狀態，隨著時間的推移，由漸進式的量變到宏觀世界的質變，轉化為確定真實狀態。

量子力學所論述驗證的是〝宏觀與微觀、整體與部份、心靈〈意識〉與物質〞之間內在的連結關係。人之意識其發動過程，實際上是通過起心動念然後進行觀測，所謂〝剛開始動起念頭〞，其實質上的意義就代表已經進行了觀測，觀測造成量子態概率的坍縮。

同時微觀世界的量子系統就已經開始受到影響而改變，其本質的變

化是隨著與您的心念意識起了相同類似的變化，此一變化是由微觀世界的量變，直至宏觀世界的質變。客觀事物是產生於意識的參與，也就是產生於人的意念初動之時。您在此一生當中任何一個起心動念，都是您的量子意識與心念所及的量子事件兩者之間的交互作用，您的一生各種事件的產生與結果，都受到量子理論所規範。

人世間的任何事情都是量子事件，事件的結果或未來的走向，在人的意念未參與抉擇之前，此一事件的各種結果都是處於不確定狀態，也就是都有可能發生，只不過概率大或小的問題；當人的心念意識參與抉擇之後，事件的發生或未來的走向，就會隨著人的心念意識而產生偏移，其它狀況發生的概率就會坍縮歸零。

萬事萬物都是存在陰陽兩個面，引用在人事上來說，正面是我們想要追求的那個面，負面是我們不想要的那個面，這兩個面可以經由我們意識的偏向而相互轉換，好也可以變壞，壞也可以變好，當您意識轉變的時候，周遭的事物就會隨著時間的推移，由微觀世界的量變而到宏觀世界的質變。

念頭不變，命運就無法改變，念頭一變，您的世界就開始轉變！境隨心轉，您的心念可以轉變外在客觀環境的好壞，目前外在客觀環境的好與壞，完全是由當初您的心念所造成的，心境變化同時也會影響身體的生理變化，也能影響個人未來的命運。

改變思想就會改變您的抉擇，改變抉擇就能改變您的人生。您的心念意識能影響您周遭的人、事、物，也就是影響物質的屬性與事情的偏向，當然也就影響到您未來人生的好與壞。

您的起心動念的意識內容就是〝因〞，事件的結果就是〝果〞。怎麼樣的〝因〞，就有怎麼樣的〝果〞。也就是說，正面思想會有正面的結果，負面思想會有負面的結果。佛家思想中：〝起心動念，萬物唯心造〞。就是對此一量子意識現象最佳的闡釋。

〈六〉、量子吸引、感應、互通信息。

之前我們說過，量子理論中揭示了宇宙三種不同的存在型態，物質〈陰〉、能量〈陽〉、信息〈意識〉，此中的物質指的是我們宏觀的物質世界；能量指的是宇宙混屯的量子信息能量場此一大的量子系統；信息指的就是能負載人類起心動念此一信息的量子意識。

在微觀世界任何一個物質都是具有波－粒二象性，既是能量也是物質，在宏觀世界的任何一個物質都是由能量轉化而成，物質也能轉化成

能量,因此物質這一量子系統具有能量,物質波的波長由於極小,在宏觀世界幾乎可以忽略不計。人的意識是量子信息能量場,具有能量與信息,相對於其它物質而言,是一個大的量子系統。

萬物一體同源,都有內在的連結,就算是陰陽交互作用化生成萬物之後,萬事萬物都仍然具有內在深層次的連結,可以互通信息、相互吸引感應。只是愈是相同類似的兩者之間互通信息能力愈強,反之則弱。人的意識則是萬事萬物相同類似的兩者之間相互吸引、相互感應、互通信息的溝通媒介與橋梁。

人的意識是量子信息能量場,具有能量及負載信息,吸引是由於您的量子意識所負載的信息而吸引相同類似的事物,由虛擬化為真實;感應是由於您的量子意識此一大的量子系統,可以感應小的量子系統,讓它失去原有的性質而獲得大量子系統相同的信息與能量,這兩者皆須藉著量子意識的信息能量場作為溝通的媒介與橋梁。萬物之間愈是相同類似的兩者之間互通信息能力愈強,反之則弱。

本章節講述重點,分析在量子領域中有關量子吸引、感應、互通信息其運作模式與時機,這些量子現象在宏觀世界日常生活中處處可見,就如孔子所說,〝易道〞百姓日用而不知。

1、量子吸引。

《繫辭傳・上》第一章:「方以類聚,物以群分,吉凶生矣」。《文言傳》:「子曰:同聲相應,同氣相求。水流濕,火就燥;雲從龍,風從虎。」說明萬事萬物之間,同類相聚,以群相分,相同類似的事物,具有內在深層次的連結,能夠相互吸引、感應而聚集在一起。自古以來,在天人感應哲理中就特別強調:〝人可以參與天地之造化〞,與佛家思想中〝萬物唯心造〞是相同的意思。

在量子理論中量子糾纏是一切量子特性之所以會產生的一個最根本的因素,人類的量子意識具有左右萬物變化偏移的能力,包含人與人之間相處互動因而所產生的事情,也不脫離此一規律與法則所規範,也是萬事萬物相同類似兩者之間相互吸引、感應的溝通媒介與橋梁,這種現象在自然界是普遍存在。所以在中國古早的時候,天地之間同類可以相互吸引感應的思想早就有了。

人類心靈上的念力或意念、意識,是一種不受我們身體局限的量子信息能量場,它能負載信息與能量,沒有侷限性,能夠超越時間及空間的限制。其所負載的信息正面或負面的內容,直接就影響量子信息能量

場的能量是正面能量或是負面能量。所謂的正能量或負能量，是針對能協助人類往上提升？還是往下沉淪相對而言的一種表示。只要對人類有正面影響的能量就是正能量，有負面影響的能量就是負能量。

量子吸引其運作到底是甚麼樣的模式呢？思想是一種意念、念力、意識、心靈上的力量，是一種量子信息能量場。當您思考時，那些思想意識就會依據量子糾纏特性，超脫時空地域的限制，無遠弗屆的發送到宇宙中，它們會吸引與您量子意識所負載信息相同類似的事物，此一相同類似的事物，都會與發出此一能量信息的源頭〈那個源頭就是您〉，兩者之間相互吸引感應，結果您的思想意識就會成為事實。這就是量子理論中，〝宇宙中相似的兩者之間能夠相互感應、吸引〞的原理。

好的心像吸引好的結果，壞的心像吸引壞的結果。您生命中所發生的一切，都是您吸引來的，它們是被您心中所抱持的〝心像信息〞吸引而來，不論您心中想什麼，您都會把它們吸引過來而成為事實，好的心像吸引好的結果，壞的心像吸引壞的結果。因此我們可以歸納成簡單的一句話：思想能變成實物，想像將會成為事實。正面思想會得到正面的結果，負面思想就得到負面的結果。

2、量子感應。

在量子領域中，大的量子系統具有較強的能量，能夠感應磁化小的量子系統，當兩個系統交互作用時，小系統會開始失去它原有的性質而順從更大的系統，讓小的系統獲得大系統相同的信息，而與大系統趨於一致，就如同磁化作用一般，這就是量子感應現象。

小的量子系統不只僅限於物質，包括符號、文字、圖案、畫像…等也在其內。例如佛、菩薩…等文字，幾千年來人類就在意識中賦予認定其具有正面的能量與信息，經過長時間無數人的能量累積，實際上這些文字就已經具備了正面的能量與信息；同理可證，那些魔鬼之類的負面文字，同樣也具備負面的能量與信息。

在人世間，人的量子意識相對於物質的量子系統而言，是較大的量子系統。例如：開運吉祥物、符籙、文字、圖案…等，人們對某一物質認為其具有某種吉祥的象徵與信息，經過無數人普遍認知及長久正能量的累積，此一物質就具有相同的信息與能量，這就是量子感應現象，重點在於能量相對的強弱。

又例如道家的符咒…等，當初道行高深的人創立符咒的時候，就以量子意識感應這些符號具有某種特定意義與能量，也因此這類符咒就具

有剋制某類負面能量的作用。《量子世界的奧秘》一書中所述〝水知道〞〝水的酸鹼值〞及鐘擺漸趨一致的實驗，均為大的量子系統能感應小的量子系統，而與大的系統中的量子信息漸趨於一致的最佳例證。

〝萬物唯心造〞，萬事萬物會依照我們心念意識的方向隨著時間的推移，由微觀世界的量變，逐漸轉化為宏觀世界的真實，其轉化過程所需要的時間長短，與人的心念意識能量強弱成反比。因此，我們的意識能對物質世界有直接的影響，在日常生活中諸多例證顯示出了心靈〈意識〉與物質之間，確實是存在內在深層次的糾纏連結，可以相互感應、吸引、互動。

3、量子之間互通信息。

另一種量子糾纏指的是，相同類似兩者之間可以互通信息。例如萬事萬物之間，同一族類之間能夠互通信息，跨越種族也能夠互通信息，只是較困難而已。量子糾纏現象揭示了宇宙是個不可分割的整體，萬物都是一體同源，因此都具有內在的連結，都具有相互吸引、感應的能力，只是愈是相同類似者之間，相互感應吸引的能力愈強烈，差異性愈大的兩者之間，相互感應吸引的能力愈弱，包含我們人世間的人、事、物也都具有「量子糾纏」的現象。

諸如人與人之間能夠相互溝通、互通信息，而與動物之間就有所差距而溝通較為困難，又與植物之間差距更大，因此溝通就更加困難，但也不是不能互通信息，只是我們已經喪失了此一本能而已。世間常有母子連心，同卵孿生兩者之間可以心電感應…等，無不顯示出宏觀世界中，愈是相同類似兩者之間，互通信息的能力愈強烈，差異性愈大的兩者之間，互通信息的能力愈弱，這些量子特性在我們日常生活中處處可見，毫不稀奇，只是我們知其然而不知其所以然而已。

宏觀世界量子效應的顯示，需要經過時間推移這個過程，由微觀世界的量變到宏觀世界的質變，有些事件需要時間與意識能量的累積，其轉化所需時間的長短與改變量子態的意識能量大小成反比。意識能量愈強大，其轉化質變所需時間就愈少；意識能量愈微小〈例如意志力、決心、毅力、或積極推動力…等〉，則轉化質變的時間就愈長。

伍、〝天道〞在日常生活中的實踐運用。

宇宙中的萬事萬物總是按照一定的規律運行，那些看似雜亂無章運動變化現象的背後，總是存在著可以被人類理解的〝宇宙客觀的規律〞，

我們稱之為"天道"或"道"。在這裡所說的是可以用言語文字加以解釋說明，並且在日常生活中體驗及運用的"天道"或"道"，而非無法名狀必須用心體悟的真正"天道"或"道"。老子說："道可道，非常道；名可名，非常名"。

本論文中所述"簡易、變易、不易"易之三義，或《易經》中的哲理及量子理論，都是**"法陰陽之變，通天人之際"**其理萬世不易的宇宙客觀規律。在此統整之後，將其重要觀念概略敘述於後，方便讀者認知與記憶。

一、在宇宙萬物陰陽交互作用所產生的運動變化之中，**乾陽**主導創始萬物開端，**坤陰**順應自然，不需花費工夫就可以順手完成後續的工作，這些本就是自然的規律，因此是一件很容易就自然發生與完成的事情。

二、萬事萬物在陰陽交互作用下所產生的運動變化，只要您想得到的都有可能發生，只是概率大小而已。也就是說，您自己的事情在您沒有決斷之前，此一事件最終的結果如何？它是不存在的！

三、當您一起心動念，微觀世界就同時感應出一個量子系統，此一量子系統的量子疊加態中，就會有一個與您量子意識所負載信息相同類似的量子態，產生內在糾纏連結而感應成百分之一百的概率，由微觀世界的量變轉化成宏觀世界的質變，化虛擬為真實。

四、您起心動念的量子信息能量場，其所負載信息內容的善或不善、正確或錯誤，將影響您本身的能量是正或負，或者此一事件最終的得失成敗。

五、您起心動念就是**乾陽**，量子世界的量子疊加態就是**坤陰**，當您一起心動念的觸發感應，感應後轉化成百分百概率的量子態，就會自然地往您信息內容相同類似的這個方向自然生成發展，最終成為事實呈現在宏觀世界。

六、您的意識此一量子信息能量場其信息內容善或不善，將決定所負載的能量是正或負能量，正或負能量影響一個人的身心健康甚鉅。能量具有相互疊加累積或抵消之特性。因此相同一件事情，不論是正能量還是負能量，逐日累積疊加，最終一定會達到臨界點，而對人體身心健康或整體運勢產生顯著的效果。〈這點非常重要！〉

宇宙客觀的規律其大無外，其小無內，不論是微觀還是宏觀世界都一體適用，在我們日常生活中無處不在，只是百姓日用而不知而已。人

的一生您所有的抉擇不計其數,幾乎每一個都會影響事件後續的結果與方向,我們在此可以簡單歸納成身心健康與行事順利這兩種重要類型,來列舉敘述〝天道〞在日常生活中的實踐運用,其餘未列舉部分,都可舉一反三,類推適用。

一、心理能影響生理的健康。

在日常生活中正面或負面的思想意識,會影響個人生理變化的現象,比比皆是,例如在作者《量子世界的奧秘》一書中,就專闢一篇章列舉不可思議的〝安慰劑效應〞,詳細解釋說明心理與生理之間內在的連結糾纏關係。

科學家們發現,當人心懷善念、積極思考時,人體內會分泌出令細胞健康的神經傳導物質,免疫細胞也變的活躍,人就不容易生病,正念常存,人的免疫系統就強健;而當心存惡意、負面思考時,負面系統被激發啟動,而正面系統被抑制住,身體機能的良性循環就會被破壞。這也就是中外古今的先聖先賢,或各宗教團體指引教導我們要心存善念、多行善事最主要的目的。

人體之中的慢性疾病,是由於個人所處之不利客觀環境所造成精神上的壓力、或不良的生活與飲食習性、或個人思想上的偏差觀念,而引起精神上的疾病與壓力…等,種種的不利因素造成您身體微觀世界的細胞逐漸產生病變,這種病變是隨著時間的推移而逐漸累積,終將由量變而產生質變,讓我們在宏觀世界發覺此一病變。

一切物質包含我們的人體各組織的細胞在內,在微觀的量子世界中,這些物質都會隨著我們的量子意識所負載的信息,而產生與信息相同類似的偏向,從而改變它的細胞本質的好壞。而且此一事件是可逆的,它既然能夠隨著您的負面意識慢慢變壞,也能夠經由您的量子意識的正面改變,及相信它能夠變好而往正面逐漸轉好,況且人的量子意識對自己身體的影響力,較對外在其它物質的影響力,具有超出十倍以上的功效。

安慰劑效應受測病人事先堅信此藥具有療效,正面的量子意識將影響身體微觀世界的量子系統,由虛擬不確定狀態轉變為真實確定狀態,此一轉變是隨著您的正面意識而改變,因此身體狀況也就會往正面轉化,病情因而得到舒緩。

實驗人員發現,不光是病人自我精神感受舒服多了,其身體真的發生了物質性的改變,如紅腫消失或緩解,通常止痛的實驗例子最為明

顯，在止痛藥的試驗中，常常看到澱粉片安慰劑的對照組，病患的疼痛程度明顯獲得減輕，心理能夠影響生理，我們稱之為安慰劑效應。

一個假的治療能夠讓病人恢復健康的原理，是由於病人相信此一治療對其病體有實質上的效力，病人正面的量子意識就能夠吸引感應病灶中的病變細胞往正面轉化，這就說明了人類心念意識具有左右萬物變化偏移的能力。當然，擔心害怕此一病情能否治好，或擔心是否會惡化等，這些負面的量子意識，也會影響病情往負面十倍於平常速度的惡化。

在安慰劑效應實驗中，另一個性質完全相反的效應亦同時存在，這就是〝反安慰劑效應〞，指的是病人事前不相信此藥具有療效，反而會令其病情惡化。這個效應並不是由所服用的藥物引起，而是基於病人心理上對康復不抱有任何期望所致，哪怕是服用白開水，病人都會出現病情加重的現象。無論是安慰劑還是反安慰劑效應，都印證了中國有句古話：人得病，是〝七分心理，三分疾病〞，量子意識的心理因素起了絕對性的作用。

要知道，身體好壞的關鍵是在您心理上的情緒思想，它會直接的影響您生理上的健康。要盡量不斷地對自己說：〝我感覺自己的身體很正常，因為生命會自己尋找一條生路〞，並且要真實的去感受它，因為這是宇宙中的規律，也是量子理論中的量子感應現象，它事實上存在我們的日常生活中。

如果有任何慢性疾病的犧牲者，那是因為您不相信、不了解這種驚人的力量就操縱在您自己的手上，它確實可以影響我們的健康，而且每一個人都具有這種極微妙又不易察覺的能力，宇宙客觀的規律就是天道，天道無私，天助自助，沒有絲毫的偏袒。

根據量子力學的理論，如果一種反應是可能的，相反的反應也是可能的，也就是說，量子事件是可逆的。您當前個人的身體健康要是出現了問題，完全是由於當初您的負面心念意識所造成的，心理上的負面心態情緒，同時也會產生負面的生理變化。

若是心靈上負面的心念意識導致身體健康慢慢轉壞，也可因正面調整改變您心理上的心念意識而逐漸轉好。既然我們的心念意識具有可以改變外在事物好壞與偏向的能力，我們身體微觀世界中的細胞，更加能夠受我們心念意識的影響而轉化，而且是十倍相對於外在的影響力。

科學家們許多不同的實驗都得出了相同的結論，也就是當心懷善念、純淨、慈善、包容、寬恕…等正面的思想，體內會分泌出對身體有益處的神經遞質，免疫系統活躍，免疫能力增強，不容易生病，就能令

生命健康喜悅；當心有惡念、貪念、邪念、爭執、衝突…等負面思想，則免疫能力降低，就會讓身體機體組織失衡而產生病變。

很多的慢性疾病最後都是自己〝想像〞和〝恐懼〞出來的，〝信神神至，疑鬼鬼來，懷疑自己有甚麼樣的疾病，久而久之，就會得到這種病〞。心神安定堅強時，病就不會那麼厲害，也可以這麼說：〝病邪也是欺善怕惡〞。生腸胃病也好，肝病、腎臟病也好，都可以調整心情來自我療愈。當然有些跟飲食作息有關，但是心理狀態所佔的比重，幾乎達百分之六十以上。

正面的心念意識，影響身體中的量子態往正面轉化；負面的心念意識，影響身體中的量子態往負面轉化。這些量子現象科學家所做過的實驗不勝枚舉，例如：水的分子結構，會隨人的意念好壞而形成不同的結晶形狀…等，在在都顯示著人的意念能夠左右客觀物質本質的變化與事件的走向。

每一個人正確的思想信念，對自己身體健康非常重要，應該消除潛意識對健康有負面影響的偏見、悲傷、恐懼、擔憂……等。有時候，這些心中的想像與疾病的關聯性明顯到令人驚訝，表示心理上的思想觀念所產生的心念意識，與身體的健康息息相關，負面的思想有創造疾病的能力；反之，將思想觀念往正面調整，身體上的疾病也會因此往正面轉化，也就會有自我療愈疾病的能力，如此作為必定會獲得身心健康。

二、如何做出正確抉擇，讓行事更加順利。

我們在人生的旅途中，任何一件事情的成敗，都受到天時、地利、人和這三個條件能否掌握而定，也可以說是受到主、客觀因素影響甚鉅。天時與地利就是客觀因素，客觀因素是您無法掌控的因素；人和就是主觀因素，主觀因素就是方法、心態與作為，是您自己可以操控掌握的因素。

客觀因素有利，就必須適時掌握，因為大好時機稍縱即逝，主觀因素必須正確，否則也無法成事。主客觀因素必須兩者兼具，缺一不可，如此行事方能成功順利。問題在於，往往我們不知道自己在此一時空的所作所為是否正確？也就是您此刻的抉擇是否正確？常常有〝不如意事，十常八九〞之情事發生，令人扼腕不已！若是我們能夠預先知道自己的所作所為是否正確，〝事後諸葛亮〞的遺憾就不會產生，也因為有如此需求，能夠預測未來的占卜就應運而生！

占卜之所以能夠準確地預測未來，其原理主要是依據量子糾纏、量

子感應、量子疊加態、量子意識…等理論，也是自然界普遍存在的規律與現象。萬事萬物兩者之間具有內在的連結，愈是相同類似，其愈能相互吸引感應、互通信息，而我們的意識是一個量子信息能量場，能夠負載信息，藉者專注誠心的意念，能將您的問題與工具書〈易經六十四卦、三百八十四爻〉中與您問題最相近類似的卦爻，藉著某種占卜工具感應而出，由於工具書是完整的敘述，且而是以假象喻意的方式書寫，轉化到您的問題上去解讀，就具有預測未來的功能。

當我們占卜之後，如果占卜結果是〝吉〞，就代表這件事情自己所作所為都是正確的作為，只要繼續積極努力的前往行事，就能獲得心中所期待的結果；如果占卜結果是〝凶〞，就代表這件事情按照您既定的方式前往行事，最終的結果是不能達成您心中的期待，也就是失敗收場。

任何一件事情的成敗得失，和您在天時、地利、人和這三方面能否掌握息息相關，只要有一項抉擇錯誤，就將導致失敗的結果。若能事先了解影響此事成敗的關鍵所在，知道自己做出錯誤的抉擇而適時的調整改變，則事情將會往成功的這方面轉化，最終自然能獲得成功，這就是占卜能夠趨吉避凶，轉禍為福的最大功能。

占卜所占斷的結果不論是成？是敗？占卜給人所指示的方向與前途，都是預測此事在此一時空之下，若是按照您原先的構想行事，未來此事發展的一種趨勢、一種可能性而已。不論是吉是凶、是悔是吝，都是有其先決條件的，不是絕對或不可改變的既定事實，此事終究是吉是凶？是悔是吝？還要看當事人的抉擇與實際行動到底如何而定。

占斷結果是〝吉〞，也不能守株待兔的坐等成功，否則將導致失敗；占斷結果是〝凶〞，也毋須灰心喪志的就此一蹶不振，只要按照占卜所提供的資訊做出正確的抉擇，事情就能趨吉避凶，轉禍為福的往正面轉化。任何一個占卜，一個吉後面必跟著一個凶；一個凶之後必跟著一個吉。是吉是凶？完全是由個人的心念意識最終所做的抉擇來決定。這就是所謂的量子意識可以影響事情未來的走向。〝正確的抉擇就是成功〞；〝錯誤的抉擇就是失敗〞。

當我們所要做的這件事情，由於事關重大，經不起失敗的結果發生，事前難免會擔心考量不夠周延，或擔心有不虞之變發生，或心生疑慮而猶豫不決，或信心不足而擔心害怕…等，類似情事在我們的一生當中，難免會不時的出現。當您心生疑惑的當下，此時如果沒有其他有經驗的智者在旁可供諮詢，您就需要運用占卜來當作您的行事指南。

占卜最大的功能，就是能夠適時提供您影響此事成敗的關鍵因素究竟為何？此事您是做對了？還是做錯了？提出正確的資訊供您參考，讓

您做出正確的抉擇。

而此一建言,並非虛無飄渺令人無法置信的空話,而是顛撲不破,擲地有聲,大家都公認為此時此刻應有的作為,只是您一時疏忽而遺漏,或信心不足而猶豫不決,或經驗不足而未想到的正確又關鍵的資訊,並且是白紙黑字的寫在工具書上,並非牽強附會的順著您的話來說。在您正確抉擇之下,當然事情就能順利成功,事情一順就百順,您的運勢自然就能轉向通達旺盛。

陸、結語。

《易經》成書之後,其原始的功用原本只有卜筮而已,是一本卜筮的工具書,經過孔子作《易傳》,以傳釋經,闡明《易經》所蘊藏著「陰陽規律與天人感應」深奧的哲理,才將《易經》提升到具有人文哲理的境界。近兩千年前鄭玄首先提及〝簡易、變易、不易〞易有三義一說,讓世人概略了解宇宙客觀規律的輪廓,及至近百年來量子物理的發展,有了科學的佐證,我們方對宇宙客觀規律有了更進一步的認識。

宇宙客觀的規律或者稱之為〝天道〞、〝道〞〈非常道〉,其內涵究竟為何?我們可以用言語文字簡單的說明如下:

萬事萬物都是隨著時間的推移,循著陰陽的規律陰陽之間不斷的交互作用而運動變化〈**變易**〉。陰陽之間的交互作用具有一定的特性,〝陽〞的特性是起到創始觸發的作用;〝陰〞的特性是接受〝陽〞的信息,而完成後續繁衍、生成的工作。自然始物,自然成物,這一切都是自然而然非常簡單又容易的事情。〈**簡易**〉

萬事萬物都是陰陽之間的交互作用所產生的千變萬化,〝陽〞負責創始,傳遞信息,由〝陰〞負責完成後續化育繁衍、生成的工作。在宇宙整體的量子信息能量場之中,陰陽交互作用之下,任何狀況都可能發生,只是概率大小而已。

當人起心動念之後,人的量子意識是處於〝陽〞的地位,負責創始與傳遞信息,而宇宙大的量子信息能量場是處於〝陰〞的地位,這兩者之間陰陽交互作用下,與人的量子意識信息內容最相同類似的量子態,就會由微觀世界的量子疊加態中,瞬間轉化成百分百的概率,由微觀世界的量變到宏觀世界的質變,化虛擬為真實,並且由當事人觀察出來。其變化的方向是依據意識所負載的信息內容,而產生多樣性的變化。〈**變易**〉

上述的運動變化,均依循陰陽交互作用的規律進行,生生不息,周而復始,循環不已。這種〝法陰陽之變,通天人之際〞的宇宙客觀規律,

其理萬世不易，永恆不變。〈**不易**〉

莊子說：以道馭術，術必成；離道之術，術必衰。在電視劇《天道》裡有這句話：有道無術，術尚可求也；有術無道，止於術。也就等於說：有道無術，術在其中；有術無道，一切成空！

在這裡所說的〝道〞就是體，內在的理論思想，也就是宇宙的客觀規律，其大無外，其小無內；〝術〞就是用，外在的實際應用或方法。舉凡人世間各個領域中的各項實際應用，都是受到宇宙客觀規律所規範，只是所使用的方法有所差異而已，天意無私，大道歸一，萬法匯流，殊途同歸。若是我們想要將宇宙的客觀規律實際運用在日常生活中，讓人生充滿正面能量，身心更加健康，事業更加順利，就必須先明體方能達用，這也是作者論述這篇文章最主要的目的。

萬物負陰而抱陽，沖氣以為和。萬事萬物都是存在陰陽兩個面，引用在人事上來說，正面是我們想要追求的那個面，負面是我們不想要的那個面，這兩個面可以經由我們意念的偏向而相互轉換，好也可以變壞，壞也可以變好，當您心念轉變的時候，周遭的事物就會隨著時間的推移，由微觀世界漸進式的量變而到宏觀世界的質變。

簡而言之，宇宙的規律就是：當您起心動念一開始，您的量子意識能與宇宙間相同類似的量子態產生內在的連結而相互糾纏感應，由量變到質變，由微觀世界的虛擬不確定狀態，轉變成宏觀世界的真實確定狀態。其本質的變化是隨著與心念意識相同類似這個方向而改變。也就是說，隨著意識正面或負面能量的高低，而呈現與意識所負載之信息相同類似多樣性的變化。

人類通過心念或意識的力量，不但可以影響人們自己的身體好壞，還無時不刻在改變著周圍的世界一切物質環境。人心要是朝正面思想，周遭世界的一切物質都會變得美好，表現出來就是和諧；人心要是朝負面去思想，周圍世界的一切物質都會變得醜陋扭曲，表現出來就是氛圍不好或天災人禍，看不到和諧美好的景象。

宇宙規律的關鍵核心就是：您的心念意識能化虛擬為真實，客觀事物將會隨著您的心念意識而轉變，是佛？是魔？在於您的一念之間！現在或未來所面臨的處境是好是壞，是吉是凶？都是您的量子意識所做的〝善惡〞或〝對錯〞抉擇所感應出來的。因此，量子物理學家提醒人類，周圍環境的一切，都是我們自己所造成的，人類必須正面思考，做正確的事情，世界才會朝正面發展，更加美好和諧。〈2022.0322 完稿〉

鮮于文柱博士簡介及易學相關著作。

鮮于文柱　　複姓鮮于　　　別號：鳴鶴軒之諸葛草廬
祖籍：湖北　宜昌
桃園市易學教育研究院　創院院長　哲學博士
北京大學　易學應用研究所　　客座教授
中國五術教育協會 星元五術大學　易經學院 院長
桃園市五術教育協會 創會理事長
道家易經陰盤奇門遁甲研究學會　名譽會長
中華風水命相學會　榮譽會長
中華易學教育研究院　易學院士　易學講座教授　榮譽院長
易學從業人員〈易經信息諮商師〉國家認證專業證照
基本、高級訓練教材與題庫　　編輯委員

作者　鮮于文柱
北大客座教授

孔明大易神數
〈解籤斷卦篇、易經篇、基礎篇〉

《孔明大易神數・基礎篇》初級 550 頁 47 萬字
　　2003 初版，2004 年再版，2005 年增修版。是一千七百餘年來，中國第一本依據《易經》白話詳解《諸葛神數》籤詩之占卜命理奇書。列舉十項一般人常問之占卜問題，剖析籤詩隱藏之更深一層意義，將《易

經》相對應之卦爻精神納入分析，詳解後供讀者參考！超神準！是應用孔明籤詩占卜最基礎的一本命理書籍，也可以說是一本濟世書籍。內容簡單，一般人都能充分的了解籤詩涵意，運用自如，得心應手，等級是屬於初級程度。

《孔明大易神數‧易經篇》高級 574 頁 53 萬字

2005 年初版，2011 年再版。以《易經》來解讀孔明籤詩，藉孔明籤詩來反證《易經》，完全白話詳解籤詩與《易經》，將理論與占卜實務相結合，進而拓展到日常生活領域中因而獲益，兩者溶匯合一，相得益彰，這是此書最吸引人又愛不釋手之處。

〈易經篇〉中詳解《易經》卦爻辭的義理與象數，及揭示籤詩所表述的預測結果其來源出處與因果關係，對從未接觸《易經》的讀者來說，剛開始閱讀的時候，難免會有些困難度，但是繼續研讀下去之後就會發現，想要進入《易經》的領域一窺玄妙，《孔明大易神數‧易經篇》確實是入門的終南捷徑，也不可否認，在這套系列書籍中，〈易經篇〉是站在核心的地位，等級是屬於高級程度。

《孔明大易神數‧解籤斷卦篇》中級 640 頁 50 萬字

2013 年初版。占卜準確與否和解籤斷卦者的功力息息相關，民間有關《周易》或《義理易》應如何解籤斷卦的書籍，有如鳳毛麟角，很難尋獲。讀者有了《孔明大易神數》〈基礎篇〉及〈易經篇〉這套詳盡的工具書後，要是不知如何的解籤斷卦，這套書至少喪失了一半的功能，就算是能準確的預測事件的吉凶禍福，細節部份恐怕也是一知半解。

期使《孔明大易神數》義理易占卜的解籤斷卦方式與要領能形諸於文字，以便流傳後世與諸君分享，作者繼續推出〈解籤斷卦篇〉，此書重點除了詳述解籤斷卦的要領與方法，及籤詩卦爻的義理與象數之外，還增列一些《易經》的起源與發展、占卜歷來的演變，《易經》的陰陽學說與天人合一的理論思想，及站在科學的角度，以量子理論來印證易經占卜是符合科學的依據…等，期使讀者對《易經》有更加充實的認知。

為了要讓讀者能夠融會貫通易經占卜此一領域的玄機奧妙，經過作者十餘年上萬人次的實際案例驗證，潛心琢磨，殫精竭智，博觀而約取，厚積而薄發，將解籤斷卦這方面探幽索秘而獲得的心得，以有系統又深入淺出的方式形諸於文字，繼〈易經篇〉之後完成第三本書籍〈解籤斷卦篇〉，俾使《孔明大易神數》義理易占卜系列書籍臻於完善。書中將

解籤斷卦的方式及其運用時機,配合實證案例,分門別類的一一列舉詳細解說,可迅速提升讀者解籤斷卦的功力。等級是屬於中級程度。

<h3 style="text-align:center">《周易白話精解》18開上中下三冊 96萬字 1560餘頁</h3>

2014年初版。《周易白話精解》偏重於《易經》學術方面,完全是正解正念,不涉及怪力亂神、牽強附會,將《易經》整體概念,體用之間的關係,科學上的依據,哲學思想及如何實際運用等思想觀念等⋯,本書經過提綱挈領,深入淺出,言簡意賅、循序漸進有系統的作一整體詳細描述,適合初學者進入《易經》的領域,初學者研讀此書,對《易經》的認識自能豁然開朗,一以貫之,舉一反三的融會貫通。

《周易白話精解》這本書的封面就已顯示出宇宙的規律,也就是《易經》的哲學思想的核心以天地人來代表,上面白雲藍天代表天,也代表陽;下面山脈代表地,也代表陰,象徵陰陽學說;中間富有禪機的蓮花指代表人,象徵天人感應。人居其中,象徵人的意念、思想能左右客觀物質的變化,居舉足輕重的地位。

《周易》這本〝天人之學〞的哲學思想核心,就是陰陽學說與天人合一或天人感應的哲學思想。《周易》以陰陽學說為〝經〞,闡明天地萬物是以陰陽的規律,隨著時空的推移而不斷的運動變化,這也是天地之間萬物共同的規律與法則。《周易》以天人感應為〝緯〞,來說明人類心念具有左右萬物變化偏移的能力,而且同類之間能夠相互吸引、相互感應、互通信息,人與人之間相處互動因而所產生的事情,也不脫離

此一規律與法則所規範。這種將自然規律與人的意識合而為一的哲學思想，我們稱之為〝天人之學〞。

《周易白話精解》與《孔明大易神數》的差別在於：

《周易白話精解》偏重於《易經》學術方面，完全是正解正念，不涉及怪力亂神、牽強附會，將《易經》整體概念，體用之間的關係，科學上的依據，哲學思想及如何實際運用等思想觀念等⋯，本書經過提綱挈領，深入淺出，言簡意賅、循序漸進有系統的作一整體詳細描述，適合初學者進入《易經》的領域，初學者研讀此書，對《易經》的認識自能豁然開朗，一以貫之，舉一反三的融會貫通。讀者反映，坊間的易經讀本，類似如此周詳又鉅細靡遺的論述，至今尚未見過。

《孔明大易神數》偏重於占卜實用部分，要深入了解《易經》必須與占卜相結合，古人治易，自古就有條定律，叫做〝先筮後易，由技入道〞。也就是說：了解《周易》卦爻辭必須先從占卜入手，由技法開頭，在此基礎上，經由問題與卦爻辭的相互驗證比對，再去探究卦爻辭之義理。本書以《易經》來解讀孔明籤詩，藉孔明籤詩來反證《易經》，完全白話詳解籤詩與《易經》，將理論與占卜實務相結合，進而拓展到日常生活領域中因而獲益，兩者溶匯合一，相得益彰，這是此書最吸引人又愛不釋手之處。

初學者若是想循序漸進的了解《易經》，則《周易白話精解》有系統又周詳的白話精解，是初學者正確的選擇。若是想要快速的進入占卜實際應用，則《孔明大易神數》是不錯的選擇。

《周易聖斷》單行本 18 開，608 頁，46 萬餘字。

2016 年 4 月初版。本書將《易經》成書的過程、整體結構、哲學思想、體用之間的關係、科學上的依據，及如何落實在日生活中實踐運用等⋯，提綱挈領，深入淺出，言簡意賅的作一整體描述。特將量子力學與陰陽學說、天人感應之間，有關於宏觀與微觀、整體與部份、心靈與物質之間的相互關聯性，詳予列舉分析，加強讀者對此一領域的認知。

如何正確解讀《易經》卦爻辭？經筆者博觀而約取，厚積而薄發，分析其實用價值後，兼容並蓄，去蕪存菁，統整成：時、位、中、應、比、承、乘等各項實用基本規則，此一規則是義理與象數學派解易的精髓，也是解開六十四卦模式的一把金鑰匙，能提供一個從時間、空間、條件，全方位來分析問題及認識事物的一種邏輯思維。將卦爻辭轉換到

人生哲學領域去解讀，就成為一本在不同的時空條件下，我們應該如何的抉擇與作為，方能獲得最大成功的人生智慧語錄，也是一部完整的行為準則。

　　本書專就《易經》哲理與經文卦爻辭部分整體敘述解讀，不涉及占卜部分的實際應用。研讀此書之後，應可達成下列幾項具體目標：能明瞭《易經》的整體結構、哲學思想內涵、卦爻辭的正確解讀方式及所蘊含的人生智慧與行為準則，並能將其落實在日常生活中充分應用，同時也了解五術各領域是如何與《易經》哲學思想相互結合應用。

讀者研讀此系列書籍之後，應可達成下列幾項具體目標：
1. 能明瞭《易經》的整體結構。
2. 能熟悉及掌握《易經》的哲學思想內涵。
3. 能熟悉及掌握《易經》卦爻辭的正確解讀方式。
4. 能熟悉及掌握《易經》卦爻辭中所蘊含的人生智慧及行為準則。
5. 能將《易經》哲學思想落實在日常生活中充分應用。
6. 能了解五術各領域是如何與《易經》哲學思想相互結合應用。

《孔明大易神數・普及版》18開592頁 58萬字。
　　2016年4月初版。《孔明大易神數》自從初版發行之後，深受廣大讀者的喜愛，在這十餘年期間，筆者日以繼夜的鑽研《易經》哲理與

占卜實際應用,隨著數十次的開班授課及累積上萬人次的占卜實際案例經驗,在此一領域日精月益,因此,《孔明大易神數》歷經初版、再版、增修版〈均二刷〉,內容不斷的增添更新、精實詳盡。

部分讀者反映,由於對《易經》興趣不大或自認為不可能了解《易經》,希望只要購買《孔明大易神數》占卜實際應用的單行本。此書於再版之後就未曾發行過單行本,因此廣大讀者查詢書局,所獲答案均為:已經絕版!為嘉惠所有向隅的讀者,今編撰《孔明大易神數》〈普及版〉單行本,內容不涉及《易經》卦爻辭部分,完全是依據《易經》哲理落實在占卜方面的實際應用,較初版增添一倍有餘,較增修版每籤詩增加數百字。〈普及版〉出版發行之後,對讀者而言,將更加精準實用!以不負所有喜愛《孔明大易神數》的讀者!

2013年澳洲巡迴演講宣揚易學

《周易聖斷‧繫辭篇》18開,496頁,40餘萬字。

2017年5月初版。古人治易,自古就有兩條途徑,其一為:先筮後易,由技入道。其二為:先研讀《繫辭傳》,再去鑽研《易經》,就不容易出現不著邊際之感。孔子撰寫的《繫辭傳》中的內容,是解釋繫於經文之後之卦爻辭,是闡發六十四卦經文的要義及貫穿各爻辭的義理,用以闡述經文中所蘊含的哲學思想,也可以說是《易經》的整體概論,是這七種論述中思想水準最高的作品,也是《易大傳》思想的主要代表作。

孔子在《繫辭傳》內揭示了卦與卦之間、卦象與卦辭之間、爻象與

爻辭之間、卦與爻之間的內在聯繫，並且站在陰陽規律及天人感應思想的立場，闡釋天、地、人三才相互之間的關係，強調人的意念在天地之間，居左右變化的重要地位，萬事萬物無一不是天地人三才交互作用而產生的各種變化。《繫辭傳》其內涵廣博深刻又周密系統化，既富哲理性又具有邏輯性，說明宏觀與微觀、整體與部份、心靈與物質，其相互之間的關聯性，從而建構成經傳合一的有機體，把《易經》提升到具有人文哲學思想的境界。

《量子世界的奧秘》 18 開 520 頁 44 萬字。

  2019 年 3 月初版。量子力學是有史以來被實驗證明最精確成功的一個理論，至今為止，所有的實驗數據均無法推翻量子理論的証明，它詭異的物理特性與現象，超乎我們一般人的認知與想像，匪夷所思，令人難以置信。直到如今，我們才發現對宇宙和物質運動變化的規律，以及心靈上的〝意識〞與物質世界的內在連結關係，有許多部分都是錯誤的認知。

  想要更深入的了解量子理論，一定要把意識加進去，您才能夠認識搞懂它。在量子領域裡，一個基本粒子具有分身的能力，處處皆在，卻又處處不在；訊息傳遞速度可以比光速快，沒有時空的限制；而貓可以同時既是死的、又是活的！量子系統具有可逆之現象，現在可以決定過

去！您的心念意識可以吸引相同類似的事物，由虛擬化為真實…等。

　　本書針對量子理論思想的闡述內容，從微觀到宏觀、從整體到部分、從心靈到物質之間內在的連結關係，及日常生活中的實際應用，全方位的整體分析說明，以加強讀者對此一領域的認知，冀望讀者順利的接受嶄新的量子理論思維方式，讓您精神與知識領域更上層樓，往上提升到前所未有的高度。

鮮于文柱教授論文發表

2012 年參加中華易學現代化論壇發表論文：如何將《易經》與占卜相互結合，落實在日常生活中充分運用。

2013 年參加中華易學現代化論壇發表論文：易經總體思想的核心。

2015 年參加北京大學世界周易論壇發表論文：如何正確解讀《易經》卦爻辭。

2016 年參加中華易學現代化論壇發表論文：如何將易學生活化。

2016 年參加南京東方易學文化高峰論壇發表論文：影響占卜準確率的關鍵因素。

2017 年第六屆中華易學現代化學術研討會　和門生郁文風、劉芳利聯合發表：孔明大易神數結合易經占卜之實例應用。

2018 年第七屆中華易學現代化學術研討會　和門生郁文風、劉芳利聯合發表：揭開孔明大易神數籤詩之秘。

2019 年第八屆中華易學現代化論壇發表論文：量子科學理論與《易經》哲理有驚人的脗合之研究。

2020.0115 以更淺顯易懂的方式，完成〝揭開量子世界的秘密〞論文一篇，分享對量子有興趣的讀者！

2020 年第九屆中華易學現代化論壇發表論文：從易經占卜探討新冠疫情對中國大陸的影響。

2022 年第十屆中華易學現代化論壇發表論文：論述〝簡易、變易、不易〞易之三義。

在報章雜誌發表《易經》相關文章數十篇文章。

《道德經白話精解》18 開 608 餘頁 50 餘萬字。預計 2024 年出版

2013年受邀雪梨專題演講 　　　2016中華易學現代化學術研討會
　　　　　　　　　　　　　　　論文發表及會場主持。

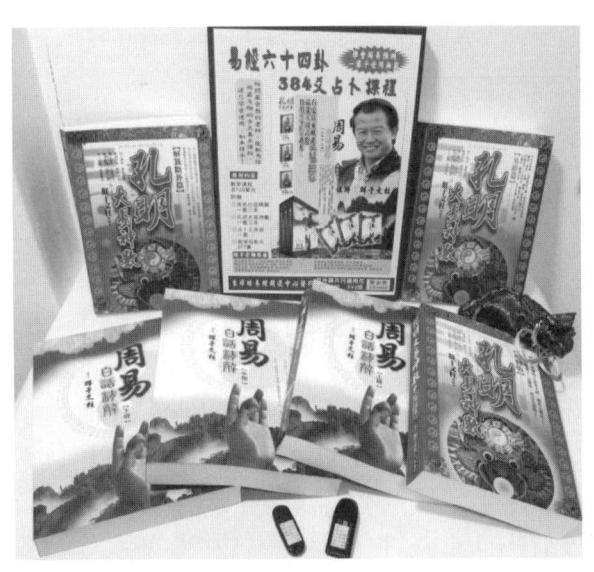

120小時占卜與易經教學影音光碟，含贈送所出版的十本書、
一本講義、占卜工具，及570餘張教學投影片。
〈附贈鮮于文柱全套出版之書籍〉

鮮于文柱教授研究《易經》的方向。

鮮于文柱教授有鑑於《易經》自古以來令人難懂，經過近二十年的苦心專研，《易經》研究的方向可分為三大部分：

一、《易經》哲學思想方面：

以現代物理科學中的量子力學來印證《易經》中的哲學思想。《周

易》此一〝天人之學〞的哲學思想核心，指的就是陰陽學說與天人感應的思想理論，並以量子科學理論來加以佐證，我們可以總結其規律與法則如下：

《周易》以陰陽學說為〝經〞，闡明天地萬物是循著陰陽的規律，隨著時空的推移而不斷的運動變化，這也是天地之間萬物共同的規律與法則。

《周易》以天人感應為〝緯〞，來說明人類心念具有左右萬物變化偏移的能力，而且是萬事萬物同類之間相互吸引、相互感應、互通信息的溝通媒介與橋梁，人與人之間相處互動因而所產生的事情，也不脫離此一規律與法則所規範。

萬事萬物都是由於陰陽學說與天人感應這兩者，相互不斷的交互作用而產生各種千變萬化。這種將陰陽變化的自然規律與人的意識交互作用、合而為一的哲學思想，我們稱之為〝天人之學〞，也可以稱之為《易經》的本體。

二、釐清《易經》卦爻辭的正確解讀方式：

將《易經》理論與實務相結合，一以貫之，由淺入深，循序漸進，化繁為簡，以簡馭繁，並將義理與象數學派的優缺點，去蕪存菁，兼容並蓄，體用兼備，整理一套以時、位、中、應、比、承、乘解讀卦爻辭的規則，理出一些基本觀念，卦爻辭以正解正念的方式闡述說明，並將心得形諸於文字，撰寫成《周易白話精解》一套三本及《周易聖斷》單行本，共近近146萬字的書籍，俾使學易者能有完整的概念，順利進入易學領域，最終都能輕易看得懂易經，讓易學成為21世紀的顯學，全人類精神領域往上提升一個層次！

三、獨創《孔明大易神數》義理易占卜方式

諸葛神數384首籤詩，在中國民間流傳已一千七百餘年，大家都知道其準確率與《易經》並駕齊驅，但是無人詳解。鮮于文柱教授是第一人將籤詩與《易經》相對應的卦爻辭結合，用《易經》來解讀籤詩，藉籤詩來反證《易經》，為《易經》爻辭意義定調，並以150萬字詳解，獨創《孔明大易神數》義理易占卜方式。此一占卜方式將正卦及動爻獲得之後，再由正卦推演出其他副卦，如綜卦、互卦、錯卦，四卦同時參考其爻辭隱喻，如此就能將事情的主要原因、遠因、近因、問題癥結所在、危機、轉機等相關因素觀察清楚，所以解籤斷卦將更為精準明確，

因此在名間頗獲好評。

2015 年接受北京大學邀請，新疆特克斯八卦城國際周易論壇論文發表。

2016 年南京東方易學論壇　　　　　2016 年榮獲易學講座教授
　論文專題發表

　　民間《易經》占卜法三大主流之中，《孔明大易神數》與文王卦、梅花易數三足鼎立，文王卦以斷卦的角度來說，雖然也是《易經》占卜法的一種，但是它與《周易》的關係已漸行漸遠了！在體系上雖跟「梅花易數」不盡相同，但在重視五行生剋的角度上，還是有其雷同之處，都可稱之為「五行易」。
　　五行易雖說也是《易經》占卜的一種，能準確地告訴您事件未來的吉凶，但是不懂《易經》卦爻辭一樣可以占卜。《孔明大易神數》是必需要懂《易經》卦爻辭為其先決條件，兩者之間的差異不可同日而語。

八八易學坊

　　常言道：〝人生不如意事十常八九〞，又言：〝千金難買早知道，人生沒有後悔藥〞！當我們走到人生十字路口，遇事不知如何抉擇時，為何不自己學會易經占卜，**學會將一生受用不盡，從此不走冤枉路**！或平日多研讀體會易經的為人處世之道，以趨吉避凶而成功立業！

　　個人於 2000 年起致力於易經及易經占卜的研究，期間並義務跟多位親朋好友占卜，雖獲好評，但是始終覺得〝只在此山中，雲深不知處〞。後於 2020 年 4 月遇見鮮于文柱老師後，得聞世間竟有〝孔明大易神數〞易經占卜，對其**結合易經 384 爻爻辭，將易經占卜以 384 首籤詩為解籤斷卦的依歸**，其占卜神準無比，且簡單易懂、人人可學。

　　讚佩之餘乃拜師鮮于老師，將致力於〝孔明大易神數〞易經占卜的推廣，除設 LINE 及 WECHAT 的 〝八八易學坊〞群組外，亦設立 〝八八易學坊〞網站（首頁 - 八八易學坊 (88iching.com)），以推廣 〝孔明大易神數〞，其主要目的為：
1、中華傳統文化五術之交流、研究及教學平台，尤其易學方面。
2、〝孔明大易神數〞易經占卜之交流、研究及教學平台。

張西川　學經歷：

成大電機系及政大科管所畢業。台灣 3C 產業研發、工廠、事業單位主管。張大先公司合夥人。桃園市五術教育協會副理事長。
中華世界道教五術大法師協會全國總會理事及台北分會理事長。
中華農耕隊發展協會秘書長。
聯絡資訊：手機：0939-970-252（TWN）；136-3276-9300（CN）
郵箱：billbcchang@gmail.com

劉芳利 老師 　　　　與恩師合影

　　「易術」為東方最古老的智慧，更是綿延不斷的中華文化中，最神祕的瑰寶。因此在十六歲時，接觸了易經與道法，在心中對易術求知的種子便悄然萌生。透過研習古老經典、術數，了達天地人之變化與均衡之理（道），建立自我憂患意識，在面對人生中各種順逆之境，能適時調整心態與行為，免於對未來深陷憂疑、恐懼、迷惘，達到趨吉避凶，持盈保泰之目的。

　　「不忘初心，方得始終」，鮮于恩師傳達善知識的理念亦然。以恩師為標竿時時自勉，掌握事物『道』的本質和規律，提供正向不迷信的交流，傳達正能量提升生命維度，編織屬於自己人生的機會、希望、光明。

現任資歷：
台灣上市櫃前三百大企業　資訊部主管
北京大學　文化資源研究中心易經應用研究所　客座教授
道家易經陰盤奇門遁甲研究學會　理事長
中華易學教育研究院　桃園分院　副院長
金龍堪輿學會　台北分會會長

五術專長：
孔明大易神數、周易六爻（文王卦）、子平八字、擇日、陽宅鑑定、梅花易數、道法符籙、奇門遁甲。

聯繫資訊：◎手機：+886-958-111679　◎郵箱：alston.liu@gmail.com
　　　　　　Line ID: alstonliu　　　　WeChat ID: alstonkoala

國家圖書館出版品預行編目(CIP)資料

```
道德經白話精解/ 鮮于文柱 著. -- 初版.
-- 桃園市 ：鮮于文柱, 2024.03
          面 ；   公分
ISBN  978-626-01-2514-1  （平裝）
    1.CST: 道德經 2.CST: 注釋
121.311                      113002605
```

《道德經白話精解》

作　　者：鮮于 文柱
主　　編：鮮于 文柱
出 版 者：鮮于 文柱
　　　桃園市桃園區樹林七街 10 巷 11-1 號
　　　TEL：03 － 3663827、0939036456
　　　E-MAIL：shean_yu1003@yahoo.com.tw
　　　　　　　shean_yu1003@qq.com

發 行 人：鮮于 文柱
印刷裝訂：世和印製企業有限公司
ＩＳＢＮ：978-626-01-2514-1
初　　版：2024 年 3 月　《道德經白話精解》
定　　價：NT$ 700 元

本書如有倒裝，破損情形，請於一週內退換
版權所有　•　翻印必究
Printed　in　Taiwan

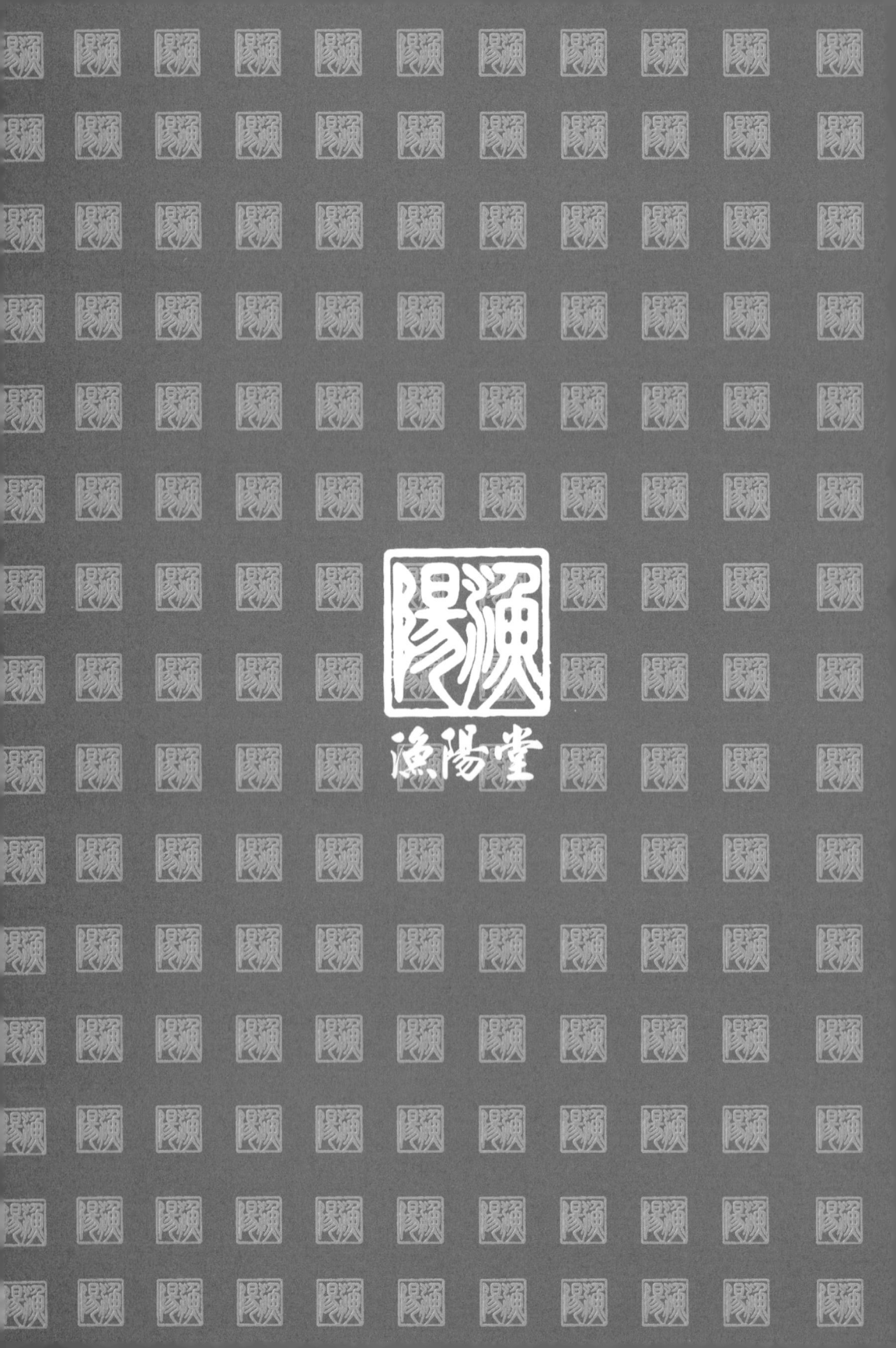

漁陽堂